DICTIONNAIRE
DES RIMES
PAR P. RICHELET.

TOME SECOND.

J. — Z.

J.

m FOhi, Roi de la Chine.
m I, voyelle.
m Saphi, Cavalier Turc, *eques Turcicus.*

Voyez les rimes en AI. dissyllabe, BI, DI, &c.

I A. dissyllabe.

substantifs masculins.

Acacia, arbre.
le cieco d'Adria, Poëte.
A-quia, *ad metam non loqui.*
le Bernia, Poëte Italien.
Dia, terme de Chartier.
Filaria, arbre, *philyra.*
Kaia, Commandant des Janissaires d'Egypte.
Popilia, à la popilia, c'est-à-dire, à l'abandon.
Ratafia, *aromatites.*
Sophia, plante.

VERBES.

verbes au prétérit indéfini.

Allia, *sociavit.*
Amplifia, *-ficavit.*
Appropria, *adoptavit.*
Apprécia, *æstimavit.*
Associa, *ad societatem adscivit.*
Béatifia, *-ficavit.*
Calomnia, *calumniatus est.*
Certifia, *asseruit.*
Châtia, *castigavit.*
Chia, *cacavit.*
Confia, *confidit.*
Congédia, *dimisit.*
Copia, *transcripsit.*
Cria, *clamavit.*
Crucifia, *crucifixit.*
Dédia, *dicavit.*
Défia, *provocavit.*
Délia, *exsolvit.*
Dénia, *denegavit.*
Déplia, *expandit.*
Diversifia, *variavit.*
s'Ecria, *exclamavit.*
Edifia, *ædificavit.*
Envia, *invidit.*
Estropia, *mutilavit.*
Etudia, *studuit.*
Expédia, *confecit.*
Expia, *expiavit.*
Fia, *confidit.*
Glorifia, *-ficavit.*
Humilia, *-avit.*
Justifia, *-ficavit.*
Lia, *ligavit.*
Licencia, *dimisit.*
Mandia, *mendicavit.*
Mania, *contrectavit.*
Méfia, *diffidit.*
Modifia, *modificavit.*
Mortifia, *maceravit.* Item *castigavit.* Item *molestiam creavit.*
Multiplia, *-icavit.*
Négocia, *-tiatus est.*
Nia, *negavit.*
Notifia, *-ficavit.*
Officia, *sacra fecit.*
Oublia, *oblitus est.*
Pacifia, *pacificavit.*
Pallia, *obtexit.*
Plia, *inflexit.*

verbes au prétérit indéfini.

Pria, *oravit.*
Publia, *evulgavit.*
Purifia, *-ficavit,*
Rallia, *coëgit.*
Rassasia, *satiavit.*
Réconcilia, *-avit.*
Relia, *religavit.*
Remercia, *gratias egit.*
Répudia, *rejecit.*
Sacrifia, *-ficavit.*
Sanctifia . . .
Scia, *serrâ dissecuit.*
Signifia, *-ficavit.*
Supplia, *-icavit.*
Tria, *selegit.*
Varia, *-avit.*
Vérifia, *comprobavit.*

Voyez le prétérit indéfini des autres verbes en ier.

J A.

Déja, *jam, jam jam. voyez* GEA.

IANT. *voyez* ANT.

IAT. *voyez* AT.

JANT. *voyez* ANT.

JAT. *voyez* AT.

I B.

m Abib, premier mois de l'année des Hébreux.

IBE.

f Bribe de pain, *frustulum panis.*

m Caraïbe, peuple, *-ba.*
v Exhibe, terme de Palais, *exhibeo.*
v Inhibe, terme de Palais, *inhibeo.*
m Polybe, Auteur Grec, *-ius.*
v Prohibe, terme de Palais, *prohibeo.*
m Scribe, Docteur Juif, *-ba.*
m Scribe, écrivain, *scriptor.*

IBLE.

Les noms en ible *sont des adjectifs communs verbaux, qui signifient le sujet avec la qualité ou la modification passive. Ils se terminent en latin en* ibilis, ibile, *ou en* endus, a, um.

adjectifs communs.

Accessible, *-bilis.*
Admissible . . .
Amovible, *amovibilis.*
f Bible, *biblia.*
Cessible, terme de Droit François, *qui potest tradi alteri.*
Comestible, *edulis.*
Compatible, *-bilis.*
Compréhensible . . .
Compressible . . .
Concupiscible . . .
Contemptible . . .
Conversible . . .
Corruptible . . .
m Crible, *cribrum.*
v il Crible, *cribrat.*
Défensible, *defensioni opportunus.*
Déponible, adj. de tout genre.
Disponible, *quod dari, aut legari potest.*

adjectifs communs.

Divisible, *-bilis.*
Duisible, *conveniens.*
Eligible, *quod eligi potest.*
Exigible, *-bilis.*
Extensible...
Flexible...
Fongible, terme de Jurisprudence, tout ce qui se compte, se mesure & se pése.
Fusible, qui se fond, *fusilis.*
Horrible, *horrendus.*
Immarcessible, qui ne se corrompt point, *incorruptus.*
Impassible, *nulli dolori obnoxius.*
Impossible, *-bilis.*
Imperceptible, *sub sensum oculorum non cadens.*
Imprescriptible, *præscriptioni vel usucapioni non obnoxius.*
Inaccessible, *inaccessus.*
Inadmissible, *quod admitti nequit.*
Incombustible, *-bilis.*
Incompatible, *insociabilis.*
Incompréhensible, *-bilis.*
Inconvertible, *quod converti non potest.*
Incorrigible, *inemendabilis.*
Incorruptible, *-bilis.*
Incrédible, vieux mot...
Indéfectible...
Indestructible...
Indicible...
Indisponible, *quod legitimè non potest legari aut dari.*
Indivisible, *-bilis.*
Inéligible...
Inexpressible...

adjectifs communs.

Inextinguible, *-bilis.*
Infaillible, *omnis erroris expers, certus.*
Inflexible, *-bilis.*
Innascible, terme de Théologie, *innascibilis.*
Insensible, *-bilis.*
Intelligible...
Intraduisible, *quod in aliam linguam verti nequit.*
Invincible, *insuperabilis.*
Invisible, *-bilis.*
Irascible...
Irréductible...
Irrémissible, *inexpiabilis.*
Irrepréhensible, *-bilis.*
Irrésistible, *cui obstare non possumus.*
Lisible, *legibilis.*
Loisible, vieux mot, *licitus.*
Nuisible, *nocivus.*
Ostensible, *quod ostendi potest.*
Paisible, *quietus.*
Passible, *-bilis.*
Pénible, *operosus.*
Perceptible, *-bilis.*
Persuasible, *quod suaderi potest.*
Plausible, *probandus.*
Possible, *-bilis.*
Prescriptible, *præscriptioni obnoxius.*
Réductible, *-bilis.*
Réflexible, *quod reflecti potest.*
Réfrangible, *-bilis.*
Rémissible, *veniâ dignus.*
Répréhensible, *-bilis.*
Réversible...
Sensible...
Susceptible, *obnoxius, facilis.*

Terrible, *-bilis.*
Transmissible...
Visible...

IBRE.

m Calibre, diamétre, *diametros.* mesure, *mensura.* grandeur & grosseur, *magnitudinis modus.* d'une piéce d'artillerie, *æneі tormenti diametros.* d'un tube, *tubi modus.* d'une embouchure, *oris amplitudo.* gros calibre, *major modus.* qualité, *-itas.*
m Equilibre, *æquilibrium.* de deux choses opposées, *libratio.*
f Fibre, au plur. *-bra.*
a Libre, non contraint, *liber.* ingénu, *-uus.* trop libre, *liberior.* hardi, *audax.* licencieux, *petulans.* demi-libre, *semiliber.* affranchi, *libertus.*
m Tibre, fleuve, *Tiberis.*

IC.

Substantifs masculins.

Agaric, drogue, *-um.*
Alambic, *vas distillandis succis herbarum.* fourneau, *clibanus.* pour évaporer, *vaporarium.*
Alaric, Roi, *-us.*
Arsénic, poison, *-um.*
Aspic, serpent, *aspis.*
Aspic, herbe, *spica nardus.*
Astic, espéce d'os dont se servent les Cordonniers.
Bachalic, Gouvernement des Provinces chez les Turcs, *Bachalicatus.*
Basilic, serpent, *-iscus.*
Basilic, *-um.* herbe, *ocymum* piéce d'artillerie, *basiliscus muralis.*
Clic, *crepitaculum.*
Copernic, Astronome, *-us.*
Cric, terme de débauche, machine, *tollò dentatus.*
Dantzic, ville, *-tiscum.*
Fic, maladie qui vient aux hommes & aux chevaux, ulcère, *ficus.* porreau d'un cheval, *verruca.* qui supure, *marisca.*
Genseric, Roi, *-us.*
Mastic, suc de lentisque, *mastiche.* ciment, *lithocholla.* de Menuisier, *cholla.*
Mastric, ville, *Trajectum ad mosam.*
Pic, *-us.* oiseau, montagne, *mons arduus.* instrument à fouir, *unidens ligo.* pic & repic, terme de Picquet, *sexageni & nonageni.*
Pic, Prince de la Mirandole, *Picus Mirandulanus.*
Public, *-us.* commun, *-is.* connu, *cognitus.* manifeste, *-tus.* connu de tous, *pervulgatus.* divulgué, *divulgatus.* lieu public, *publicum.* en public, *palàm.*
Pronostic, *-um. ou* présage, *præsagium.* prédiction, *-io.*
Ric-à-ric, adv. *exactè.*
Syndic, *consul.* de village, *decurio.* Procureur de Communauté, *Procura-*

substantifs masc.

tor syndicus. censeur, *-sor.*

Théodoric, Roi, *-us.*

Tic, maladie de cheval, *anhelitus.* vermine des chiens, *ricinus.*

Tic & Tac.

Trafic, négoce, *negotiatio.* commerce, *-ium.* marchandise, *mercatura.* faire trafic, *negotiari.*

Zurich, ville, *Tigurum.*

a de Zurich, *Tigurinus.*

ICE. & ISSE.

substantifs & adjectifs masculins & fémin.

Abscisse, terme de Géométrie, *abscissa.*

Aglatonice, femme sçavante dans l'Astrologie, *-ice.*

Amande-lice, *amygdala plana.*

* Appendice, *-ix.* dépendance, *-entia.* accessoire, *-orium.* appentis, *appendix.* petit incident, *appendicula.*

Artifice, *-cium.* avec artifice, *artificiosè.* avec un bel artifice, *callidè.* sans artifice, *inartificialiter.* finesse, *fallacia.* feu d'artifice, *ignis missibilis.*

Aruspice, *-pex.* l'art des Aruspices, *aruspicina.*

Avarice, *-tia.* avidité, *-tas.* soif insatiable d'or & d'argent, *auri argentique fames & sitis.*

Auspice, *-ium.* au pluriel, présage. Qui juge par le chant des oiseaux, *auspex.*

Basse-lice, tapisserie de soie & de laine.

substantifs & adjectifs masculins & féminins.

Bénéfice, *-cium.* Ecclésiastique, *-icum.* Consistorial, *-e.* simple, *-ex.* à charge d'ames, *cum cura animarum.* en titre, *cum titulo.* séculier, *-lare.* régulier, *-lare.* en commande, *in commenda.* manuel, *-ale.* amovible, *mobile.*

Bénéfice, gain, profit, *lucrum.* émolument, *-um.* de ventre, terme de Médecine, *alvi profluvium.*

Bénéfice, terme de Jurisprudence, de cession de biens, *cum cessione bonorum.* de dispense d'âge, *cum dispensatione ob ætatem.* d'inventaire, *ex bonorum recensione.*

Bérénice, Reine d'Egypte, *Berenice.*

Bourre-lanisse, *tomentum laneum.*

Calice, *-ix.* sacré, *sacer.* d'une tulipe, *caliculus.*

Cérémisses, *ou* Czérémisses, au pluriel, peuples de la Moscovie Orientale.

Céropisse, sorte d'emplâtre.

Chalcidie, pays de Syrie.

Chaude-pisse, *luis Venereæ species.*

Cilice, *-cium.*

Cilice, terme de guerre.

Clarisse, Religieuse.

Compétitrice.

Complice, *conscius.* d'un crime, *consors facinoris.*

Cotisse.

Coulisse, *canalis.* de chassis,

canaliculus. grille, herse, *cataracta.* porte coulisse, *porta canalicia.* chassis à coulisse, *cancelli ductiles.*

Délice, au pluriel, *-cia.*

Dentifice, *dentificium.*

Desservice, *offensio.*

Eclisse de luth, *costa.* à fromage, *cribrum rarius.* à redresser les jambes, *assicula.*

Edifice, *ædificium.*

Epice, épicerie, *aromata.* d'épice, *aromaticus.* épices de procès, *judiciariæ sportulæ.*

Esquisse, terme de Peintre, *prima lineamenta.*

Euridice, femme d'Orphée.

Exercice, *-ium.* du corps *ou* de l'esprit, *exercitatio.* apprentissage, *tyrocinium.* discipline, *-na.* militaire, *-aris.* profession, *-io.* d'une charge, *muneris functio.* maniére de vie, *vitæ institutum.* qui a de l'exercice, *exercitatus.* occupation, *-io.* art, *ars.* des armes, *armorum disciplina.* faire exercice, *exercere se.* lieu de l'exercice, *palæstra.*

Extispice, *-tium.*

Fricatrice.

Frontispice, *ædificii frons.*

Génisse, jeune vache, *juvenca.*

Hautelice, tapisserie, *supremi licii aulæum.* tapis de hautelice, *sumptuosi texti tapes.*

Hospice, Couvent, *-tium.*

Jaunisse, maladie, *morbus ictericus, aurigo.* qui a la jaunisse, *ictericus.*

Jectice, *-itius.*

Immondice, au pluriel, *immundities.*

Indice, table d'un livre, *index.* marque, *indicium.* signe, *-num.* preuve, *probatio.* vestige, *-gium.* catalogue, *-us.* c'est aussi un terme d'Horlogerie, pour exprimer l'éguille des cadrans.

Interstice, *-itium.*

Lanice, *tomentum laneum.*

Lectrice, *quæ legit.*

Législatrice, *quæ fert leges.*

Lice, arène, *stadium.* de course, *curriculum.* aux chevaux, *hippodromus.* aux piétons, *stadium.* bout de la lice, *meta.* course de lice, *stadii cursus.* lice pour lutter, *arena.* entrer en lice, *inire stadium.* courre la lice, *stadium decurrere.*

Lice, étofe, *pretiosa materia exquisitum opus.* terme de Rubanier, *subtegmen.*

Lice, chienne, *canis prolelaria.*

Lice, *canis venatica.* On donne aussi ce nom à une femme débauchée.

Linifice, *-cium.*

Lisse, *lævis.*

Maléfice, *-icium.* sorcellerie, *fascinatio.* enchantement, *incantamentum.*

Substantifs & adjectifs masculins & féminins.

Malice, *-itia.* malignité, *-tas.* mauvaise volonté, *improbitas.* perversité. *-tas.* mauvaise volonté, *malefica voluntas.* tour fait pour rire, *jocosa fallacia.*

Manisse, idole adorée en Tartarie.

Mélisse, herbe, *melissophyllon.* citragon, *-go.* l'herbe à l'abeille, *apiastrum.*

Métisse, *hybris.*

Milice, *-tia.* gens de guerre, *milites.* guerre, *res militaris.* troupes, *copiæ.* troupes du pays, *conscriptus indigenarum exercitus.*

Narcisse, nom propre, *-us.*

Narcisse, fleur . . .

huile de Narcisse, *oleum narcissinum.*

Natalice, poëme sur la naissance de quelqu'un, *-ium.*

Nice, ville, *Nicæa.*

de Nice, *Nicænus.*

Nice, vieux mot, *simplex.*

Nice, terme de Droit, *nudus.* promesse nice, *simplex & nuda promissio.* action nice, *actio ex simplici sponsu.*

Notice, au pluriel, Registres des Notaires.

Notice, terme de Palais, *cognitio.*

Office, *officium.* devoir, office, charge, *munus.* charge publique, *magistratus.* service, *favor.* courtoisie, grace, *gratia.* bienfait, *beneficium.*

Office divin, *res divina.*

Substantifs & adjectifs masculins & féminins.

le saint Office, les Inquisiteurs, *fidei quæsitores.*

l'Office, sommellerie, *cella vasoria.*

Orifice, entrée, *ostiolum.* ou gosier, *œsophagus.* ou ventricule, *imus stomachus.* de l'âpre artère, *larynx.*

Patrice, *-itius.*

Pélice, fourrure, *pellis villosa.* robe fourrée de pélice, *pellita vestis.* vêtu de pélice, *pellitus.*

Plice, vieux mot, pour Pélisse, *pellis.*

Police, bon ordre, *disciplina politica.* discipline civile, *-is.* juge de police, *agoranomus.* ordonnances de police, *ædilitia edictiones.*

Précipice, *præcipitium.* tomber dans un précipice, *in præruptum locum devolvi.* bord du précipice, *extremum periculum.*

Préjudice, *præjudicium.* dommage, *damnum.* perte, *detrimentum.* incommodité, *-dum.* faire préjudice, *afferre damnum.* a préjudice, *cum damno.* sans préjudice, *salvo jure.* souffrir préjudice, *detrimentum pati.*

Prémice, au pluriel, *primitiæ.* droit de prémices, *jus primitiarum.*

Profectice, terme de Droit Canon, *-tius.*

Propice, *-tius.* clément, *-ens.* rendre propice, *pla-*

substantifs & adjectifs masculins & féminins.

care. fortune, propice, *fortuna secunda.* propice, convenable, *aptus.*

Pythonisse, *Pythia.*

Réglisse, *glycyrrhiza.*

Sacrifice, *-icium.* par rapport à sa matiére, il s'appelle victime, *-ma.* immolation, *-io.* libation, *libamen.* par rapport à sa forme, holocauste, *-tum.* hostie pour le péché, *hostia pro peccato.* hostie, *-ia.* pacifique, *-ca.* par rapport à sa fin, latreutique, *-icum.* d'action de graces, *eucharisticum.* impétratoire, *-torium.* propitiatoire, *-torium.*

Sacrifice, *-ium.* de la loi, *legis.* de nature, *-ræ.* écrite, *scriptæ.* Evangélique, *-icæ.* c'est celui du Corps & du Sang de Jesus-Christ, que nous appellons le Sacrifice de la Messe, *Sacrificium Missæ Corporis & Sanguinis Domini nostri Jesu Christi oblatio incruenta.*

Saucice à manger, *botellus.*

Saucisse, terme de Mineurs, *botellus pyrausticus.*

Sulpice, nom propre, *Sulpicius.*

Supplice, *-ium.* peine, *pœna.* dernier supplice, *ultimum supplicium.*

Varice, veine, *varix.*

Vénéfice, *-ium.* sortilége, *-ium.* enchantement, *incantamentum.*

substantifs & adjectifs masculins & féminins.

Ulysse, Roi d'Itaque, *-es.*

Il y a plusieurs mots verbaux féminins en ice, *qui sont tirés des mots verbaux latins en* ix, *comme* nutrix, *nourrice; lesquels signifient le sujet avec la qualité ou dignité habituelle, la puissance, la dignité ou la famille. Ils sont formés sur les noms en* eur.

Accusatrice, *-trix.*

Actrice . . .

Ambassadrice, *legati uxor.*

Approbatrice, *-trix.*

Attractrice, *attrahendi vim habens.*

Auditrice, *-trix.*

Autrice, *quæ scripsit.*

Bienfaictrice, *benefactrix.*

Caprice, bizarrerie, *morositas.* légéreté, *animi levitas.* opiniâtreté, *pertinacia.* de la fortune, *fortunæ inconstantia.* par caprice, *subita morositatis impetu.*

Cicatrice, *-ix.* petite, *cicatricula.* d'un fer chaud, *stigma.*

Coadjutrice, *-ix.*

Conductrice, *quæ ducit.*

Conservatrice, *quæ servat.*

Consultrice, *-ix.*

Coopératrice, *rei alicujus perficiendæ socia.*

Corruptrice, *quæ vitiat.*

Débitrice, *quæ debet.*

Destructrice, *quæ diruit.*

Dictatrice, *dictatoris uxor.*

Directrice, *moderatrix.*

Distributrice, *quæ distribuit.*

Electrice, femme d'Electeur, *Electrix.*

Substantifs & adjectifs masculins & féminins.

Emulatrice, *æmula.*
Exécutrice, *quæ exequitur.*
Expultrice, *quæ expellit.*
Fautrice, *quæ favet.*
Fornicatrice, *quæ fornicatur.*
Imitatrice, *quæ imitatur.*
Impératrice, *-trix.*
Inſtitutrice, *quæ inſtituit.*
Inventrice, *quæ invenit.*
Jocriſſe, terme populaire.
Libératrice, *libertatis vindex.*
Matrice, de femme, *-ix.* mal de matrice, *morbus hyſtericus.* coin dont on forme la monnoie & moule de lettres d'Imprimerie, *archetypum.* langue matrice, *lingua matrix.*
Nourrice, *nutrix.*
Opératrice, *-ix.*
Patrice, dignité Romaine, *Patritius.*
Procuratrice, *-ix.*
Protectrice, *patrona.*
Rétentrice, *-ix.* faculté, *-tas retentrix.*
Spectatrice, *-ix.*
Teſtatrice, *mulier quæ teſtamentum fecit.*
Tutrice, *quæ curat pupilli bona & illius perſonam.*
Uſurpatrice, *quæ aliena bona occupat.*
Zélatrice, nom de la troiſiéme Religieuſe chez les Urſulines.

Et autres qui ſe peuvent faire ſur les mots en eur.

Ecreviſſe, *aſtacus fluvialis, aſtacus marinus.* cancre, *carcinus.* de mer, *marinus.* hommar, *cammarus.* pinces d'écreviſſe, *chelæ, forcipes.* la couverture de l'écreviſſe, *cruſta.*
Ecreviſſe, ſigne du Zodiaque, *cancer.*
Factrice, mot factice, fait exprès, *factitius.*
Injuſtice, *-tia.* iniquité, *-tas.*
Juſtice, *-tia.* équité, *æquitas.* droit, *æquum jus.* juriſdiction, *-tio.* haute, ſuprême, *-ma.* moyenne, *jus carceris & mulctæ.* baſſe, *jus levioris mulctæ.* gens de juſtice, *Judices.*
Juſtice légale, *-alis. ou* générale, *-alis.* univerſelle, *-alis.* particuliére, *-laris.* ſpéciale, *-alis.* directrice, *-ix.* exécutrice, *-ix.* commutative, *-va.* diſtributive, *-va.* rémunérative, *-va.* vindicative, *-va. ou* punitive, *-va.* capitale, *-is.* civile, *-is.* morale, *-is.* chrétienne, *chriſtiana.*
Juſtice, rigueur, *-gor.* Officiers de Juſtice, *Juſtitiæ miniſtri.* tribunal, *forum.* expédition, *-io.* jugement, *judicium.* ſupplice, *-cium.* lieu du ſupplice, *patibulum.*
Notice, *notitia.*
Novice, étranger, *peregrinus.* ignorant, *ignarus.* nouveau, *novus.*
Novice, neuf, *rudis.* apprentif, *tyro.* de Religion, *novitius.* une Novice, *novitia virgo.*

subst. & adj. masc. & fém.

Obreptice, *-titius.*
Service, action de service, *opera*, *ministerium*. attachement à quelqu'un, *addictio*. service, terme, quartier de service, *semestris*. cheval de service, *operarius equus*. service de valet, *famulare*. en Cour, *opera aulica*. homme de service, *homo utilis*. service, honneur, *cultus*, *obsequium*. service divin, *Sacra*. pour un mort, *funeralia*.
Service, plaisir, *gratia*. office, *-cium*. bienfait, *beneficium*. utilité, *utilitas*. de linge, *missus linteorum*. de table, *mensæ instructus*. mets, *fercula*. de vaisselle d'or, *mensæ vasarium aureum*. festin à trois services, *triplici missu adornatum convivium*.
Solstice, *-icium*. d'hyver, *hybernum*. d'été, *æstivum*.
Subreptice, *-titius.*
la Suisse, *Helvetia.*
un Suisse, *Helvetius*. un portier, *janitor*.
Vice, défaut, *vitium*. de nature, *nativum*. né avec nous, *congenitum*. déréglement de mœurs, *morum corruptela*. enraciné, *pervalidum*. malice, *malitia*. par excès, *per excessum*. par défaut, *per defectum*.
Eloigné du vice, *remotus à vitio*. qui n'a point de vice, *nullo vitio laborans*. adonné au vice, *vitiis deditus*. à toutes sortes de vices, *sceleratus*. vice qui regne, *vitium regnans*, *vigens*.

VERBES.

verbes au présent, à l'imparfait & à l'impérat.

Apprisse, *discerem.*
Bannisse, *expellerem.*
Bénisse, *benedicerem.*
Brunisse, *polirem.*
Craignisse, *timerem.*
Définisse, *definirem.*
Défisse, *destruerem.*
Descendisse, *-derem.*
Feignisse, *fingerem.*
Fendisse, *finderem.*
Finisse, *finirem.*
Fisse, *facerem.*
Garnisse, *ornarem.*
Glisse, *reperem.*
Lisse, *lævigarem.*
Pâlisse, *pallerem.*
Pâtisse, *paterer.*
Perdisse, *perderem.*
Pisse, *meïerem.*
Polisse, *polirem.*
Prévisse, *præviderem.*
Puisse, *possem.*
Ratisse, *raderem.*
Répondisse, *-derem.*
Revisse, *reviderem.*
Réunisse, *adunarem.*
Vendisse, *venderem.*
Visse, *viderem.*
Unisse, *unirem.*

Voyez les autres verbes en cer, isser, ir, dre, ettre, ire, *& les composés de* faire.

ICHE. & ISCHE.

subst. & adj. masc. & fém.

Acrostiche, *-chis.*
Affiche, *affixum.*
Autriche, *Austria.*
Maison d'Autriche, *Domus Austriaca.*
Babiche, terme enfantin.
Biche, *cerva.*
Botiche, vaisseau dont on se sert au Chili, pour mettre le vin.
Bouliche, grand vase de terre, dont on se sert sur les vaisseaux, *metreta.*
Bouriche, espéce de panier.
Caniche, sorte de chienne.
Chiche, *parcus.*
Corniche, *corona.*
Fiche de jeu, *talea.* de Serrurier, *fibula.*
Friche, terre en friche, *ager incultus.*
Godiche, diminutif de Claude.
Hémistiche, demi vers, *hemistichium.*
Levriche, *vertagus.*
Macrostiche, *-chus.*
Miche, petit pain, *panis similagineus.*
Niche de statue, *loculamentum.*
Niche, tromperie, *jocularis ludificatio.*
faire Niche, *jlocalariter ludificari.*
Pentacrostiche, vers, *-chus.*
Pois-chiche, *cicer.*
Postiche, *adscititius.*
Pouliche, jeune cavale, *equula.*
a Riche, *dives.*
m Stocfiche, poisson, *piscis exsiccatus.*

VERBES.

au présent.

Affiche, *affigo.*
Défriche, *agrum novo.*
Déniche, *nido depello.*
Fiche, *figo.*
Niche, *nidifico.*
Triche, *decipio.*

ICLE.

subst. masc. & fém.

Article, *-culus.*
Bernicle, mot populaire, pour dire Rien.
Bésicle, au plur. lunettes, *conspicillum.*
Cycle, *cyclus.* solaire, *solaris.* lunaire, *lunaris.* d'indiction, *indictionis.*
Epicycle des planétes, *epicyclus.*
Manicle, *manica.*
Sicle, monnoie, poids ancien, *siclus.*

ICT.

m District, ressort, *ou* étendue de jurisdiction, *jurisdictionis fines.*

ICTE.

v Dicte, *-to.*
m Picte, ancien peuple d'Ecosse, *Picti.*
f Vindicte, *-ta.*

ID.

m David, Prophéte.
m Cid.
m Nid, *-us. voyez* NI. *ou* NIT. *car le* d *ne se prononce point.*

IDE.

substantifs & adjectifs masculins & féminins.

Abantide, l'Eubée *ou* Négrepont, *Abantis.*
Abrotanoïde, plante, *-ïdes.*
Alcide, *ou* Hercule, *Alcides.*
Aloïde, terme de Mythologie, *Aloïdes.*
Amygdaloïde, terme de Lithologie, *amygdaloïdes.*
Anigride, au pluriel, nymphes.
Antipatride, ville de la Palestine, *Antipatris.*
Aonides, au pluriel, les Muses, *Aonides.*
Aride, *-dus.*
Arsacide, *-da.*
Ascaride, espéce de vers.
Astéroïde, plante, *-ides.*
Atlantide, *-tis.*
Avide, *-idus.*
Auranitide, contrée de Syrie, *Auranitis.*
Bastide, maison de campagne, *villula.*
Bride, *frenum.* mors de bride, *lupatum.* renne de bride, *habena.* petite bride, *ou* bridon, *anglicum frenum.* abattue, *remissa habena.* sans bride, *infrenatus.* tenir en bride, *infrenare.* tenir bride en main, *inhibere cursum.* tenir la bride, *adducere habenas.* boire la bride, *lupatum ebibere.* la main de la bride, *sinistra manus.* lâcher la bride, *habenas remittere.* à ses passions, *libidinibus obsequi.* leur tenir la bride, *cupiditates continere.* à bride abattue, *effuso cursu.* bride de boutonniére, *retinaculum.*
sainte Brigide, *sancta Brigitta.*
Cabirides, au pluriel, nymphes, filles de Vulcain & de Cabire.
Candide, *-dus.*
Caraphyloïde, pierre figurée.
Carotides, au pluriel, *carotides venæ.*
Chrysalide, *-alis.*
Condyloïde, terme d'Anatomie, *condyloïdes.*
Coralloïde, *-ïdes.*
Coronoïde, terme d'Anatomie, *coronoïdes.*
Cupide, désireux, *-dus.*
Danaïde, au pluriel, *-es.*
Déïcide, *-da.*
Devuide, terme de Billard.
Druide, Prêtre des anciens Gaulois, *Druida.*
vieux Druide, *vetus Druida.*
Egide, bouclier de Minerve, *ægis.*
Elide, *Elis.*
Elliptoïde, terme de Géométrie & d'Analyse, *elliptoïs.*

Substantifs & adjectifs masculins & féminins.

Eneïde, Poëme héroïque latin, *Æneis.*
Ephélides, au pluriel, taches qui viennent au visage par l'ardeur du soleil, *ephelides.*
Ephéméride, *-des.*
Epicycloïde, terme de Géométrie, *epicycloïs.*
Epinyctide, sorte de pustule, *epinyctis.*
Epomide, chapperon, *epomis.*
Euclide, Mathématicien, *Euclides.*
Euménide, au pluriel, *-des.* furies, *-iæ.*
Euripide, Poëte tragique, *Euripides.*
Faïde, droit de venger un meurtre.
Fétide, *fœtidus.*
Fiévre putride, *febris putrida.*
Floride, pays, *-da.*
Fluide, *-dus.*
Fratricide, *-da.* meurtre, *fratricidium.*
Gnide, Vénus de Gnide, *Venus Gnidia.*
Guide, *dux viæ.*
Guides des pécheurs, fiacre à glaces de bois.
Le Guide, Peintre.
Gynide, androgyne, *ou* Hermaphrodite.
Hémorrhoide, au plur. *-es.*
Hespéride, au plur...
Hibride, *Barbarus.*
Hispide, *hirsutus.*
Homicide, *-da.* le meurtre, *homicidium.*
Humide, *-dus.*

Substantifs & adjectifs masculins & féminins.

Hydatide, terme de Médecine.
Hypoglottide, terme d'Anatomie, *hypoglottis.*
Ide, se dit au pluriel, *idæ.*
Ilissides *ou* Ilissiade, surnom des Muses.
Insipide, *nullius saporis.*
Intrépide, *-dus.* hardi, *audax.* courageux, *strenuus.*
Invalide, *-dus.*
Limpide, *-dus.* clair, *clarus.*
Liquide, *-dus.*
—coulant, *fluens.* net, *nitidus.*
Livide, *-dus.*
Lucide, luisant, *-dus.*
Malacoïde, plante.
Molybdoïde, espéce de mine de plomb, *molybdoïdes.*
Mouche cantharide, *cantharis.*
Néréïde, nymphe de la mer, *Nereïs.*
Oenide, nymphe.
Onde Aganippide, celle qui fait les Poëtes, *unda Aganippedea.*
Ovide, Poëte Latin, *-dius.*
Parotide, terme de Médecine.
Parricide, *-da.* meurtre, *parricidium.*
Perfide, *-dus.*
Permesside, qui appartient au Permesse.
Pyramide, *pyramis.*
Rapide, *-dus.*
Régicide, *-da.*
Ride, *ruga.*
Rigide, *-dus.*
Ricinoïde, noix des Barbares.

substantifs & adject. masculins & féminins.

Said, *ou* plutôt Sayde, *Thebaïs.*
Samoloïde, plante, *-ïdes.*
Sarronides, Théologiens de l'ancienne Gaule.
Simonide, Poëte Grec, *-des.*
Sithnides, nymphes.
Solide, *-dus.* ferme, *firmus.* immobile, *constans.*
Sordide, *-dus.*
Splendide . . .
Stupide . . .
Styloïde, terme d'Anatomie, *styloïdes.*
Subside, *-dium.*
Suicide, *sui ipsius peremptio.*
Thébaïde, *-aïs.*
Thucydide, *-des.*
Timide, *-dus.*
Upsiloïde, *upsiloïdes.*
Vuide, *vacuus.*
le Vuide, *vacuum.*
Zone, *-na.* torride, *-da.*

VERBES.

verb. au prés. & à l'impérat.

Bride, *freno.*
Consolide, *-do.*
Décide, *judico, dirimo.*
Guide, *duco.*
Lapide, *-do.*
Préside, *præsideo.*
Réside, *commoror.*
Ride, *rugo.*
Valide, *-do.*
Vuide, *evacuo.*

Voyez les autres verbes en ider.

IDRE.

m Cidre, *cicera pomacea.*
f Clepsydre, horloge d'eau, *clepsydra.*
f Hydre, serpent à plusieurs têtes, *hydra.*
m Hydre, serpent d'eau, *hydrus.*

IÉ. monosyllabe.

substantifs & adjectifs masculins.

Aglaïé, une des Graces, *-ïe.*
Allié, *affinis.* parent, *consanguineus.* confédéré, *confœderatus.*
d'Arrache-pié, *uno ductu.*
Chambres de plein pié, *conclavia quæ sunt pleno pede.*
Chausse-pié, *corium quo calcei inducuntur.*
Chévre-pié, satyre, *capripodion.*
à Cloche-pié, *claudicando.*
Couvre-pié, espéce de couverture.
Délié, *tenuis.* qui a de l'esprit, *subtile ingenium.*
Domicilié, *manens.*
Disgracié, odieux, *odiosus.* du Prince, *gratiâ Principis privatus.* de la nature, *nullis naturæ donis instructus.*
Emacié, *macie deformatus.*
Estropié, *membro aliquo captus.*
Excommunié, *-icatus.*
Immortifié, *indomitus.*
Marche-pié, *hypopodion.*
Mauvaistié, vieux mot, pour Méchanceté, *malitia.*
Moitié, *dimidium.*
plus grand de la Moitié, *altero tanto major.*

subst. & adj. masculins.

la Moitié moins, *dimidio minor.* plus cher, *cariùs.* plus fou, *stultior.*

Moitié, femme *ou* mari, *dimidia pars, conjux.*

Notarié, passé pardevant Notaire.

Passe-pié, danse, *celeris chorea.*

Pié, *pes.* petit pié, *pediculus.* divisé en doigts, *digitatus.* fourché, *bisulcus.* fendu, *bifidus.* plein, *solidus.* tout d'une piéce, *solidipes.* plat, *planus, palmatus, palmipes.* plat & large, *plancus, plautus.* pié ouvert, *varus.* joint, *vagus.* qui n'a qu'un pié, *unipes, monopus.* qui en a deux, *bipes.* trois, *tripes.* quatre, *quadrupes.* cent, *centipes.* léger, *levipes.* mol, *mollipes.* long, *longipes.* d'airain, *æripes.* le coup du pié, *tarsus.* le dessous du coup du pié, *metatarsus.* la cheville du pié, *malleolus.* la plante du pié, *planta, vestigium.* l'orteil, *digitus pedis.* qui est de pié, *pedaneus.*

Pié d'une montagne, d'un rocher, *radices montis, rupis.* d'une fleur, *petiolus.* d'une muraille, *ima muri pars.* d'un arbre, *truncus.* d'un lit, *fulcrum.* pié à pié, tout de suite, *uno ductu.* statue à pié, *statua pedestris.* gagner au pié, lâcher le pié, s'enfuir, *se in fugam dare.* battre du pié, *pedem supplodere.*

subst. & adj. masculins.

Donner des coups de pié, *calcibus concidere.* qui a bon pié, *celeris incessûs.* pié à terre, *exscensus.* au pié levé, *imparatus.* prendre pié, *fundum tenere.* perdre pié, *destitui solo fugiente.* donner pié, *ansam dare.* à contre-pié, *infeliciter.* aller à pié, *pedibus ire.* homme de pié, *pedes.* valet de pié, *pedissequus.* gens de pié, *pedites.* sur le pié, à proportion, *servatâ proportione.* pié, mesure, *pes.* demi pié, *semipes.* un pié & demi, *sesqui pes.* pour pié, *in pedem.* petit pié, *modulus.* réduit au petit pié, *in angustias redactus.* de la grandeur d'un pié, *pedalis.* d'un demi pié, *semipedalis.* d'un pié & demi, *sesquipedalis.*

Pié, comble, *globosum cornu.* gras, *cornu tenuius.* neuf, *recens.*

Pié de vers, *pes.* exemple, *exemplum.* modéle, échantillon, *exemplar.* maniére, *modus.*

Pié de biche, arc-boutant, *repagulum parietis.* de chévre, *ferreus vectis.* d'oiseau, *ornithopedium.* de veau, herbe, *arum.* de liévre, *lagopus.* de cheval, herbe, *tussilago.* de lion, *leontopedium.* fiché,

substantifs & adjectifs masculins.

en terme de Blâson, *pes in acumen desinens.*
Pié d'estal, *stylobata.*
Pié droit, jambage de porte, *orthostata.*
Pié fort, arc-boutant, *antheris.*
Pitié, compassion, *commiseratio.* miséricorde, *-dia.*
Pouce-pié, coquillage multivalve, *pollicipes.*
Pouillé de bénéfices, *spolium.*
Privilégié, *-io donatus.*
Rebourcié, vieux mot, *recurvus.*
Repoitié, vieux mot, *mora.*
Rogne-pié, outil de Maréchal.
Tapis de pié, *subpedaneus tapes.*
Tirepié, *pedis eductor.*
Trepié, *tripes.* de fer, *ferreus.*

VERBES.

verbes au prétérit & participe masculins.

Amplifié, *-icatus.*
* Angustié, *arctus.*
Apostasié, *fidei desertor.*
Apparié, *conjunctus.*
Apprécié, *æstimatus.*
Approprié, *expolitus.*
Appuyé, *innixus.*
Associé, *sociatus.*
Béatifié, *Sanctorum catalogo ascriptus.*
Brutifié, devenu brute, *brutus effectus.*
Calomnié, *calumniis impetitus.*
Carié, *cariosus.*
Certifié, *assertus.*

verbes au prétérit & participe masculins.

Charrié, *curru exportatus.*
Châtié, *castigatus.*
Chié, *cacatus.*
Clarifié, *limpidus factus.*
Communié, *Corpore Christ. pastus.*
Confié, *confisus.*
Congédié, *dimissus.*
Contrarié, *impugnatus.*
Copié, *exscriptus.*
Crié, *inclamatus.*
Crucifié, *-fixus.*
Décrié, *infamatus.*
Dédié, *dedicatus.*
Défié, *provocatus.*
Déïfié, *-icatus.*
Délié, *vinculis solutus.*
Démarié, *matrimonio solutus.*
Dénié, *denegatus.*
Déplié, *explicatus.*
Déprié, *renuntiatus.*
Desennuyé, *tædio levatus.*
Diversifié, *distinctus.*
Edifié, *ædificatus.*
Emié, *friatus.*
Ennuyé, *pertæsus.*
Envié, *in invidiam vocatus.*
Epié, *observatus.*
Essensifié, *in florem versus.*
Essuyé, *tersus.*
Estropié, *mutilus.*
Etudié, *curâ elaboratus.*
Excommunié, *-icatus.*
Expédié, *-itus.*
Expié, *-iatus.*
Falsifié, *-ficatus.*
*Fascié, *fasciatus.*
Fié, *confisus.*
Folié, terme de Chymie, tartre folié, terre foliée.
Fortifié, *corroboratus.*

verbes au prétérit & participe masc.

Glorifié, *collaudatus, immortali gloriâ donatus.*
Gratifié, *gratiâ donatus.*
Historié, *variis simulacris distinctus.*
Humilié, *-atus.*
Injurié, *injuriâ affectus.*
Inventorié, *in indicem descriptus.*
Justicié, *meritis pœnis affectus.*
Justifié, *-icatus.*
Licencié, *-iatus.*
Lié, *ligatus.*
Liquéfié, *-factus.*
Mandié, *mendicatus.*
Manié, *contrectatus.*
Marié, *matrimonio junctus.*
Méfié, *diffisus.*
Modifié, *-icatus.*
Mollifié ...
Mortifié, *maceratus, vitæ asperitate insignis.*
Multiplié, *-icatus.*
Négocié, *administratus.*
Nié, *negatus.*
Notifié, *significatus.*
Officié, *officio functus.*
Orthographié, *rectè scriptus.*
Oublié, *oblitus.*
Pacifié, *-icatus.*
Pallié, *palliatus.*
Parié, *sponsione promissus.*
Pétrifié, *-icatus.*
Pilorié, *ad cippum alligatus.*
Plié, *plicatus.*
Préjudicié, *detrimentum attulit.*
Prié, *rogatus.*
Publié, *divulgatus.*
Purifié, *-icatus.*
Putréfié, *putrefactus.*
Qualifié, *nobilitatus, spectatus.*

verbes au prétérit & participe masc.

Rapatrié, *reconciliatus.*
Rassasié, *satiatus.*
Ratifié, *ratus.*
Réconcilié, *-iatus.*
Rectifié, *correctus.*
Réfugié, *in refugium receptus.*
Rélié, *compactus.*
Remédié, *remedio donatus.*
Remercié, *cui gratiæ actæ sunt.*
Replié, *-icatus, in spiram collectus.*
Répudié, *rejectus.*
Sacrifié, *-icatus.*
Salarié, *mercede pactâ donatus.*
Sanctifié, *-icatus.*
Scié, *serrâ dissectus.*
Sied (il) *decet.*
Signifié, *-icatus.*
Solfié, *decantatus.*
Soucié, *sollicitus.*
Spécifié, *-icatus.*
Stibié, terme de Médecine, *stibiatus.*
Stipendié, *stipendio donatus.*
Stupéfié, *stupefactus.*
Supplié, *-icatus.*
Trié, *selectus.*
Varié, *-atus.*
Vérifié, *comprobatus.*
Versifié, *strictâ oratione conscriptus.*

Voyez les autres verbes en ier.

IE. dont l'E est féminin.

f Ebahie, *stupefacta.*
f Envahie, *invasa.*
f Haïe, *odiosa.*

subst. femin.

Hie, instrument pour enfoncer, *fistuca*.

Obéie, vieux mot, *obedientia*.

Trahie, *tradita*.

Voyez BIE. CIE. DIE. FIE. GIE. &c.

IES.

Tous ces noms sont des pluriels, & marquent des Fêtes de quelque Divinité.

Bendidies, fêtes de Diane, *bendidia*.

Chronies, fêtes de Saturne, *chronia*.

Daphnéphories, fêtes Grecques en l'honneur d'Apollon, *daphnephoria*.

Eories, fêtes d'Athènes en l'honneur d'Erigone.

Epigies, Nymphes terrestres.

Euménidies, fêtes des Furies.

Hécalésies, fête en l'honneur d'Hécale, *Hecalesia*.

Lagénophories, *-ria*.

Lampadophories, fêtes Grecques.

Saronies, fêtes de Diane.

Sciéries, fêtes en l'honneur de Bacchus.

Strophies, fêtes à l'honneur de Diane.

IED.

Marche-pied, &c. *hypopodion*.

Pied, chévre-pied, *capripodion*.

Voyez IÉ. *le* D *ne se prononce point*.

v il s'Assied, *sedet*.

v il Messied, *dedecet*.

v il Sied, *decet*.

IÉE. dissyl.

substantifs & adjectifs féminins.

Alliée, *affinis*.

Criée, terme de Palais, *praconium*.

Déliée, mince, *tenuis*. détachée, *soluta*. spirituelle, *subtilis ingenii*.

Femme répudiée, *uxor repudiata*.

une Mariée, *conjux*.

Mariée, danse.

Voyez les participes féminins des verbes en ier *dissyllabe.*

IEL. *voyez* EL.

IEN. monosyllabe.

substantifs & adjectifs masculins.

Acarnanien, nom de peuple, *Acarnan*.

Ambrosien, Religieux, *Ambrosianus*.

Antescien, au pluriel, terme de Géographie, *antiscii*.

Antichrétien, *antichristianus*.

Antiochien, *-chenus*.

Antivénérien, *-eum*.

Aphésiens, au pluriel, surnom de Castor & Pollux, *Aphesii*.

Aristotélicien, *-cus*.

Artien, terme de Collége.

Subst. & adj. masc.

Assyrien, *-anus.*
Asturien, *Astur.*
Augustinien, *-ianus.*
Autrichien, *Austriacus.*
Basilien, Religieux, *Basilianus.*
Béryllien, nom de secte, *Beryllianus.*
Bien, contraire au mal, *bonum.* bien, adv. *benè.* raisonnablement, *rectè.* de bonne sorte, *bellè.* bien, posé le cas que, *esto.*
Bien, richesse, *opes.* gens de bien, *viri probi.*
Biscayen, espéce de fusil.
Bonasien, hérétique du quatriéme siécle.
Borbonien, *ou* Borborite, nom de secte, *-anus* ou *-ita.*
Brachyscien, qui est d'un climat où l'ombre du soleil est très-courte, *Brachyscius.*
Brésilien, Brasilien; ce dernier est plus usité, *-anus.*
Britinien, Religieux Hermite d'Italie.
Brizomancien, celui ou celle qui devinent par les songes.
Célestien, hérétique, *-anus.*
Carchésien, terme de Chirurgie, *laqueus carchesius.*
Carlien, Carlovingien, *Carlianus.*
Cartouchien, voleur de la bande de Cartouche.
Cassien, secte de Jurisconsultes Romains.

Subst. & adj. masc.

Cataphrygien, nom de secte, *Cataphryx.*
Chant Grégorien, *cantus Gregorianus.*
Chien, *canis.* c'est aussi un terme injurieux.
rompre les chiens, faire changer le discours, *vertere sermonem.*
Chironien, *chironium ulcus.*
Chrétien, *Christianus.*
bon-Chrétien, poire, *pyrum mammosum.*
Cicéronien, *-anus.*
Coccygien; il se dit des muscles du coccyx, *coccygianus.*
Cockien, monnoie du Japon, *Cockienus nummus.*
Collégien, terme Provincial, écolier de Collége.
Collyridien, hérétiques, *Collyridianus.*
Colophonien, *-onius.*
Combien, adv. *quantùm, quot.*
Constantinien, *-ianus.*
Crico-pharyngien, muscle, *crico-pharyngius.*
Cuméen, le même que Cumain.
Cyrtien, nom de secte, *Cyrtianus.*
Delphien, *delphicus.*
Dialecticien, *-cus.*
Dosithéen, hérétiques anciens.
Entretien, *colloquium.* nourriture, *impensa.* occupation, *-io.*
Esophagien, terme d'Anatomie, *œsophagianus.*

ſubſtantifs & adjectifs maſculins.

Euclidien, -*anus.*
Eunomiophronien, nom de ſecte.
Euſébien, ſorte d'hérétiques Ariens.
Exacountien, nom de ſecte.
Fief Régalien, *feudum Regale.*
Firmien, nom de ſecte.
Gaſtrocnémiens, muſcles, *gaſtrocnemii.*
Géomantien, -*icus.*
Gloſſo-pharyngien, muſcle.
Horatien, imité d'Horace, *Horatianus.*
Iduméen, -*aus.*
Ionien, -*icus.*
Iſtrien, peuple.
Laconien, -*icus.*
Latitudinarien.
Maintien, contenance, *corporis habitus.*
—appui, *fulcimen.*
Méchanicien, -*icus.*
Mendéſien, qui eſt de la ville de Mendès en Egypte.
Méridien, -*anus.*
Métacarpien, muſcle, -*pius.*
Métaphyſicien, -*icus.*
Métatarſien, terme d'Anatomie.
Mien, le mien, *mea res.*
Népotiens, ſectateurs de Népos.
Néronien, -*anus.*
Neſtorien...
Opticien...
Oratorien...
Pariſien, -*acus.*
Parnaſſien, Poëte.

ſubſtantifs & adjectifs maſculins.

Patricien, -*tius.*
Pégaſien, terme de Juriſprudence Romaine.
Perſien, -*icus.*
Pharmacien, -*cus.*
Phrygien, -*gius.*
Pyrrhonien, -*anus.*
Pythien, -*icus.*
Quintilien, un des trois Colléges des Luperques.
Quotidien, -*ianus.*
Rien, *nihil, nihilum.*
Rufien, *leno.*
Saliens, Prêtres de Mars, *Salii.*
Salluviens, peuple de Ligurie, *Salluvii.*
Sidonien, -*nius.*
Sien, *ſuus.*
Soûtien, *fulcrum.* baſe, *baſis.* aide, *ſubſidium.* défenſe, -*io.*
Téléphien; il ſe dit d'un ulcère, *telephicum ulcus.*
Tête de chien, ſerpent de la Dominique.
Théoxénien, ſurnom d'Apollon.
Thymbrien, ſurnom d'Apollon.
Tien, *tuus.*
Tragédien, Acteur de Tragédie.
Tue-chien, plante.
* Vaurien, *nequam.*
Victorien, Chanoine Régulier de ſaint Victor.
Virgilien, -*anus.*

VERBES.

Abſtien, *abſtine.*

verbes à l'impératif.

Contien, *contine.*
Convien, *-veni.*
Détien, *detine.*
Disconvien, *dissenti.*
Entretien, *conserva.*
Intervien, *-veni.*
Maintien, *sustine, tutare.*
Obtien, *obtine.*
Parvien, *perveni.*
Prévien, *præveni.*
Soûtien, *sustine.*
Souvien, *recordare.*
Survien, *superveni.*
Tien, *tene, accipe.*
Vien, *veni.*

Voyez les autres verbes en tenir *&* venir.

IEN. & YEN. dissyllabe.

subst. & adj. masc.

Académicien, *-icus.*
Adrien, *-ianus.*
Alsacien, *Alsatianus.*
Ange Gardien, *Angelus custos.*
Aristotélicien, *-telicus.*
Arithméticien, *-icus.*
Assyrien, *-rius.*
Aurélien, *-ianus.*
Babylonien, *-nius.*
Bohémien, *-mus.*
Cartésien, *-ianus.*
Chiromantien, *-ticus.*
Chirurgien, *-gus.* Item : poisson de mer de l'Amérique.
Citoyen, *civis.*
Claudien, *-ianus.*
Comédien, *comœdus.*
Concitoyen, *concivis.*
Corinthien, *-thius.*
Dioclétien, *-ianus.*

subst. & adj. masc.

Domitien, *-ianus.*
Dorien, *-icus.*
Doyen, *Decanus.* rural, *ruralis.*
Eolien, *Æolius.*
Epicurien, *-reus.*
Essénien, *-nus.*
Galérien, *remex.*
Gallien, *-ianus.*
Gardien, *custos.*
Géomancien, *-ticus.*
Gordien, *-ianus.*
Grammairien, *-aticus.*
Gratien, *-ianus.*
Historien, *-ricus.*
Ilien, vieux mot, *Insulanus.*
Indien, *Indus.*
Ionien, *-nius.*
Jovien, *-ianus.*
Italien, *Italus.*
Julien, *-ianus.*
Justinien...
Lien, *vinculum.*
Logicien, *-cus.*
Lucien, Auteur Grec, *Lucianus.*
Luthérien, *-ranus.*
Lydien, *-dius.*
Magicien, *magus.*
Mathématicien, *-ticus.*
Maximien, *-ianus.*
Maximilien...
Méchanicien, *-cus.*
Mitoyen, *intermedius.*
—mis entre, *interjectus.*
Mont-Valérien, *mons Valerianus.*
Moyen, qui est entre deux, *medium.* médiocre, *-cris.* maniére, *ratio.* biais, *via.* condition, *-io.* soin,

subst. & adj. masc.

cura, *opera*. par quel moyen? *quî? quomodo? quo pacto?*
par mon Moyen, *meâ operâ*, *meo beneficio*.
Moyen, au pluriel, richesses, *divitiæ*. commodités, *facultates*.
Musicien, *-cus*.
Nécromancien, *-ticus*.
Nœud Gordien, *nodus Gordius*.
Parisien, de la ville de Paris, *Parisinus*.
—du Diocèse, *Parisiensis*.
Paroissien, *parochianus*.
Patricien, *pragmaticus*. ancien, vieux, *antiquus*. fort âgé, *vetustus*. des premiers siécles, *priscus*. ancien ami, *vetus amicus*. très-ancien, *antiquissimus*. qu'on avoit auparavant, *pristinus*. aussi ancien, *æquævus*. fort vieux, *pervetustus*.
Payen, *ethnicus*. infidéle, *infidelis*. idolâtre, *idolatra*.
Pere Gardien, *pater Custos*.
Péripatéticien, *-icus*.
Pharisien, *-sæus*.
Phrygien, *-ius*.
Physicien, *physicus*.
Platonicien, *-nicus*.
Pupien, *-ianus*.
Pyrrhonien, *-nius*.
Pythagoricien, *-oreus*.
Rhétoricien, *rhetor*.
Ris Sardonien, maladie, *risus Sardonicus*.
Saturnien, *-ianus*.

subst. & adj. mascul.

Soudoyen, *subdecanus*.
Stoïcien, *-icus*.
Stygien, *-ius*.
Syrien, *Syrus*.
Terrien, *terrenus*.
Tetilien, peintre, *-anus*.
Théologien, *-logus*.
Tribonien, *-ianus*.
Valentinien ...
Valérien ...
Vénérien, *-reus*.
Vent Etésien, *ventus etesius*. *ou* au pluriel, *etesiæ*.
Vespasien, *-ianus*.
Volusien ...
Voyez les verbes à l'impératif ci-devant.

IENS.

Voyez les noms en ien, *qui font au pluriel* iens.

VERBES.

verbes au présent.

Abstiens, *-ineo*.
Contiens, *-ineo*.
Contreviens, *violo*.
Conviens, *-venio*, *congruo*.
Détiens, *detineo*.
Entretiens, *colloquor*.
Interviens, *-venio*.
Maintiens, *tueor*.
Obtiens, *-tineo*.
Parviens, *pervenio*.
Préviens, *prævenio*.
Proviens, *-venio*.
Retiens, *retineo*.
Soûtiens, *sustineo*.
Souviens, *recordor*.
Tiens, *teneo*.
Viens, *venio*.

Voyez les autres verbes en tenir *&* venir.

IER. monosyllabe.

Ces noms en ier *marquent quelques sortes d'officiers, d'ouvriers, ou d'arbres fruitiers pour la plûpart, & les noms de quelques dignités. La plûpart de ces noms se terminent en latin en* arius, *& les noms des arbres en* us, *comme* Cerisier, *cerasus, &c.*

substantifs & adjectifs masculins.

Abricotier, *Armeniaca malus.*
Acier, *chalybs.*
d'Acier, *chalybeus.*
Aisselier, sorte de piéce de bois.
Alizier, arbre, *lotus.*
Alquier, mesure des liquides & des choses séches.
Amandier, *amygdala.*
Antiphonier, *ou* Antiphonaire, livre d'Eglise, *antiphonarium.*
Arbouzier, *arbutus.*
Arêtier, terme de Charpentier.
Argentier, qui a soin de la vaisselle d'argent, *vasarii custos.* Banquier, *argentarius.* qui reçoit & manie l'argent, *argentarius.*
Armarier, Officier de quelques Abbayes, *Armarius.*
Armurier, *armorum faber.*
Arquebusier, *catapultarius.*
Artificier, qui fait des feux d'artifice, *pyrausticus.*
Asnier, *asinarius.*

substantifs & adjectifs masculins.

Atelier, *artificis abacus.*
Avant-dernier, *penultimus.*
Avanturier, qui se hazarde, *temerarius.* de guerre, enfant perdu, *veles.*
Aubier, *alburnum.*
Audiencier, Greffier de l'Audience, *notarius forensis.* Huissier de l'Audience, *præco forensis.*
Aumônier, *eleemosynarius.* Officier chez les Princes, *stipi erogandæ præfectus.* du Roi, *Regi ab eleemosynis.* Grand Aumônier de France, *regiarum largitionum præfectus.*
Azerolier, *mespilus.*
Bachelier, *baccalaureus.*
Baguenaudier, *nugator.*
Baguier, *arcula.*
Bahutier, *arcarius.*
Balancier, qui fait des balances, *librarius.* de monnoie, *libramentum.* piéce d'horloge, *libramentum.* poignée de fer qui tient en suspens, *ansa.*
Balonnier, *follium artifex.*
Bananier, *bananus.*
Bandoulier, *grassator.*
Banqueroutier, *fraudulentus alieni æris decoctor.*
Banquier, *trapezita.* être Banquier, *argentariam exercere.*
Baquier, *gossipium quoddam.*
Barbier, *tonsor.*
Basselissier, ouvrier.
Batelier, *nauta.*
Bâtonnier, *causidicorum coryphæus.*

Substantifs & adj. masculins.

Baveſtier, terme Provincial, *Cenomanenſis inferior*.
Bedier, vieux mot, âne, ignorant, *indoctus*.
Bélier, *aries*. ſigne du Zodiaque, *aries*. machine de guerre, *aretaria machina*.
Bénéficier, -*ciarius*.
Bénitier, *aquæ luſtralis urceus*. grand, *crater*, *labrum*. petit, *urceolus*. autrefois Benoîtier.
Berruyer, *Bituricus*.
Beſacier, *mendicarius*.
Bezier, poirier ſauvage.
Bigarrotier, arbre, *ceraſius duracina*.
Bijoutier, qui vend des bijoux, *monilium propola*. qui les aime, *amator*.
Bimblotier, *crepundiorum opifex*.
Boiſillier, terme de Marine, coupeur de bois, *lignator*.
Bombardier, *ænei tormenti librator*.
Bonnetier, *pilopola*.
Bon-voilier, qui va bien à la voile, *velaria navis*.
* Bordelier, *ſcortator*.
Bordier, vieux mot, pour âne, *indoctus*.
Bordier, celui qui a des terres qui confinent aux grands chemins.
Boſſetier, terme de Verrerie.
Boucanier, *boum venator*. qui enfume les viandes, *carnium infumator*.
Bouclier, terme de Pharmacie, ſtomachique, *ſcutum*.
Boudinier, qui fait ou vend des Boudins.
Bourdonnier, qui porte un Bourdon.
Bourdelier, terme de Juriſprudence.
Bourelier, *tomentarius*.
Bourſier, faiſeur de bourſes, *ſaccularius*. Penſionnaire dans un Collége, *gratuitæ attributionis jure utens*.
Bouteillier, *ampullarius*.
Boutiquier, Marchand qui vend en boutique.
Bouvier, *bubulcus*. ſtupide, -*dus*. Item : petit poiſſon de mer, *bubulca*.
Boyau-entier, *inteſtinum rectum*.
Braïer, *ſubligar*. terme de Fauconnerie, *anus*.
Brancardier, qui conduit un brancard.
Brandevinier, qui vend du brandevin.
Braſier, *ardentes prunæ*. réchaud, *ignitabulum menſarium*.
Brelandier, *aleator*.
Brelandinier, ouvrier qui n'a point de boutique.
Brigadier d'armée, *agminis ductor*. de compagnie, *manipularis*. ſous-Brigadier, *ſubmanipularis ductor*.
Buiſſonnier, *ſegnis*.
Buvetier, *popinarius*.
Cabaretier, *vinarius*. qui tient Cabaret, *caupo*. qui le hante, *ganeo*.
Cagier, terme d'Oiſellerie,

homme qui vend des cages, *cavearius.*
Cahimitier, arbre fruitier de l'Amérique.
Calvanier, *fascium frumenti structor.*
Caleçonnier, qui fait des caleçons.
Calotier.
Campanier, sonneur, *campanarius.*
Canonier, *tormentorum explosor.*
Carabinier, terme de guerre.
Cardier, *pectinum ferreorum artifex.*
Carnacier; *carnivorus.*
Carrossier, qui fait des carrosses, *carrucarius.*
Carossier, arbre d'Afrique.
Carottier, joueur avare, *aleator timidus.*
Carrier, *lapidicida.*
Cartouchier, petit coffre où le soldat met ses cartouches.
Casanier, *homo ignavus.*
Cartier, celui qui fait des cartes, *chartularum lusoriarum artifex.*
Cavalier, homme de cheval, *eques.* qui suit les armes, *eques castrensis*, *militaris bellator.* homme vaillant, *vir strenuus.* plateforme, *castellum jaculatorium*, *editus ager machinarius.*
battre en Cavalier, *ex edito, quatere mœnia tormentis.*
Cazanier, *ignavus.*
Ceinturier, *zonarius.*

Substantifs & adjectifs masculins.

Célérier, œconome d'un Couvent, *cellarius.* qui distribue les provisions, *administrator penûs.*
Cellier à mettre le vin, *cellarium.*
Censier, Fermier, *villanus.* Seigneur d'un cens ou censive, *dynasta.* livre qui contient les terres censives, *codex fiduciarius.*
Centenier, *centurio.*
Cerclier, *circulorum opifex.*
Cerisier, arbre, *cerasus.* petit cerisier, *chamecerasus.*
Cervoisier, ou Cervisier, Brasseur.
Chaînetier, *catellarum opifex.*
Chambrier, Officier Ecclésiastique, *camerarius.*
Chamelier, conducteur de chameaux, *camelarius.*
Chancelier, *Cancellarius.*
Chandelier, qui fait la chandelle, *candelarius.* à mettre la chandelle, *candelabrum.*
Chansonnier, *cantilenis pangendis idoneus.*
Chantier, lieu où l'on vend le bois, *lignorum strues.*
Chantier qu'on met sous les tonneaux, *tignum.*
Chanvrier, sorte d'ouvrier.
Chapelier, *pileorum opifex.*
Charbonnier, marchand de charbon, *carbonarius.* lieu à mettre le charbon, *carbonarium.*
Charbonnier, espéce de mezange.

Subſtantifs & adjectifs maſculins

Charcutier, *ſuillarius.*
Charnier, *oſſarium.*
Charpentier, *lignarius faber.*
Charroyer, vieux mot, qui charroie, *plauſtri ductor*, vel *arator.*
Chartier, conſtellation, *auriga.*
Chartier, *carrucarius.*
Chartrier, *tabularium.*
Chaſublier, *caſularum opifex.*
Châteignier, *caſtanea.*
Chaudronier, *lebetum faber.*
Chaufournier, qui fait de la chaux, *calcarius.*
Chauſſetier, *tibialium ſartor.*
Chevalier, *eques.*
Chevalier de l'Ordre, *Eques torquatus.* d'induſtrie, *aruſcator*, *ſycophanta.*
Chévecier, *ou* Chefecier, celui qui a ſoin des chapes & de la cire, *Primicerius.*
Chevrier, *caprarius.*
Chifonnier, *pannicularius.*
Chipotier, *vitiligator.*
Ciergier, *cereorum opifex.*
Cimier d'un caſque, *apex.* de bœuf, *lumbus bubulus.* de cerf, *cervinus.* d'armoiries, *appendix.*
Cinquantenier, *pentacontarchus.*
Citronnier, *citrus malus.*
Clapier, *cunicularium.*
Clavier à clefs, *claviarius ciſtellus.* d'épinette, rang des touches, *pinnæ.*
Clinquallier, *ou* Quinquallier, *frivolarius.*

Subſtantifs & adjectifs maſculins.

Cloſier, vieux mot, *cuſtos.*
Cloutier, *clavarius faber.*
Cocotier, arbre qui porte le cocos, *cocoteria malus.*
Coignaſſier, arbre, *cydonea malus.*
Collier, *torques.* ornement de cou, *monile.* de perles, *linea margaritarum.* de chien, *millus.* de cheval, *helcium.* carcan, *torques*, *ferrea lamella.* qui porte collier, *torquatus.*
Collier, c'eſt ce qui forme le contour d'un limaçon.
Collier de l'Ordre, *torques Ordinis.*
Colombier, *columbarium.*
Conférencier, *collationis præſes.*
Confiturier, *condimentarius.*
Contrebandier, *mercium vetitarum mercator.*
Contre-eſpalier, *adverſi pali oppoſiti.*
Contre-ſommier, terme de Parcheminier.
Coquetier, *ovorum propola.*
Coquillier, amas de coquilles.
Corbeiller, Officier de l'Egliſe d'Angers.
Cordelier, *Cordiger.* Religieux Franciſcain, *Franciſcanus.*
Cordier, *cordiger.*
Cordonnier, *ſutor*, *calcearius.* métier de Cordonnier, *ſutoria.* boutique de Cordonnier, *ſutrina.* de Cordonnier, *ſutrinus*, *ſutorius.*

Substantifs & adjectifs masculins.

Cormier, *sorbus.*
Cornouillier, *cornus.*
Courier, *cursor.*
Coursier, cheval, *equus cursor.* coureur, *veredus.* cheval de guerre, *bellator.* de Naples, *Neapolitanus.*
Coursier, canon d'un vaisseau, *navale tormentum.* passage de proue à poupe & à travers, *agea.*
Courtier de banque, *proxeneta.* salaire de Courtier, *proxeneticum.*
Courtier d'amour, *amoris sequester.*
Coutelier, *cultrarius.*
Coutumier, *solitus.* livre des Coutumes, *usuarii juris codex.*
Couturier, *sarcinator.*
Créancier, *creditor.*
Crédencier, *panarius.*
Croupier, v. m. *ludi socius.*
Cuirassier, *loricatus.*
Cuisinier, *coquus.*
Cuvier, cuveau, *laculus.* petit cuvier, *labellum.* de lessive, *lacus lexivius.*
Dacier, Auteur Franç.-*cerius.*
Daintier, *cervinus testiculus.*
Damier, *alveolus lusorius.*
Dattier, palmier, arbre, *palma.* fruit de dattier, *palmeus termes.*
Demiseptier, *semisextarius.*
Denier, *denarius.* monnoie de France, *francicus denariolus.* Tournois, *Turonicus.* Parisis, *Parisius.* de cuivre, *decussis.* d'argent, *bigatus.* demi denier d'argent, *victoriatus.* quart de denier, *sestercius.* dixain de denier d'argent, *libella.* vingtain, *sembella.* quarantain, *teruncius.* denier 24. d'une once d'or ou d'argent, *auri vel argenti scrupulus.* au denier vingt, *usuris quincuncibus.* dix-huit, *usuris semissibus.* douze, *bessibus.* dix, *dextantibus.*
Denier, au plur. une somme, *pecuniæ summa.*
Dentier, *dentium ordo.*
Dépensier, qui a soin de la dépense, *promus.* qui dépense beaucoup, *in impensas profusus.*
Dernier, *ultimus.*
Détourbier, vieux mot, *impedimentum.*
Devancier, *prædecessor.*
Dieu nôcier, *hymenæus.*
Dindonnier, *gallorum Indicorum pastor.*
Dizenier, *decurio.*
Doigtier, *pellicea* vel *linea digitorum theca.*
Dominicalier, *qui diebus Dominicis concionem habet.*
Dominotier, *cucullorum opifex.*
Dossier de lit, *lecti dorsum.* de papier.
Douairier, terme de Palais.
Douanier, *portitor.*
Drapier, *pannarius.*
Droitier, *dextrâ utens.*
Droiturier, vieux mot, *æquus.*

substantifs & adjectifs masculins.

Dumoutier, Peintre.
Ebénier, *ebenus.*
Ecaillier, *desquamator.*
Echiquier, jeu, *tessellarum lusus.* filet à pêcher, *rete.* assemblée de Juges *ou* chambre de Justice en Angleterre, *majorum Judicum cœtus.* piéce de blâson, *tessellæ.* arbres plantés en Echiquier, *directi in quinquuncem arborum ordines.*
Ecolier, disciple, *-pulus.* auditeur, *-tor.* qui commence, *tyro.* petit écolier, *tyrunculus.* fig. novice, *tyro.*
Eguilletier, *ligularius.*
Encombrier, vieux mot, *detrimentum.*
Engingnier, vieux mot, *machinarum bellicarum moderator.*
Entier, *integer.* plein, *plenus.* solide, *-dus.* tout, *totus.* intégre, *integer.* juste, *-tus.* opiniâtre, *propositi tenax.* obstiné, *pertinax.* non châtré, *non castratus.*
Eperonnier, *calcarius.*
Epervier, *ou* Eprevier, oiseau de proie, *accipiter.* mouchet d'Eprevier, le mâle, *sparvarius mas.* ou tiercelet, *minor tertiarius.* cri de l'Eprevier, *pipiatus.* filet à pêcher, *rete piscatorium orbiculare.*
Epervier, terme de Chirurgie, sorte de bandage.

substantifs & adjectifs masculins.

Epicier, *aromatarius.*
Epistolier, *cantor epistolæ.*
Escalier, *scala.*
Espalier de galère, *thalamius remex.* de jardin, *arbuscula palis implicata.*
Estafier, *stipator.*
Etalier-boucher, *carnium instructor.*
Etapier, *annonæ castrensis præfectus.*
Fablier, mot inventé par Madame de Bouillon, *fabularum scriptor.*
Façonier, *textor.* qui fait des façons, *putidus officiorum affectator.*
Facturier, terme de Manufacture.
Faisandier, *phasianorum propola.*
Familier, *-iaris.*
Fardelier, vieux mot, *bajulus.*
Farinier, *-arius.*
Farmoutier, Village & Abbaye de Brie en France.
Fauconnier, *accipitrum institutor.*
Faux-saunier, *pseudo-salinarius.*
Fayancier, *vasorum faventinorum opifex.* qui vend de la Fayance, *faventinopola.*
Fermier, *conductor.* des fermes publiques, *redemptor.* des dixmes, *decumanus.*
Ferronier, *ferrarius.*
Fessier, *nates, dorsum.*
Feutrier, ouvrier.
Ficellier, espéce de tourniquet de bois.

Figuier, *ficus.*
Filassier, *lini pexi propola.*
Financier, *rei ærariæ administer.*
Finassier, celui qui use de finesse.
Flibustier, aventurier de mer, *excursor nauticus.*
Foncier, Seigneur foncier, *dynasta, fundi Dominus.*
Foncier, qui a de l'habileté dans son métier.
Fontenier, *aquilex.*
Forêtier, *sylvanus.*
Foulonnier, ouvrier qui apprête les draps.
Fournier, *furnarius.* métier de fournier, *ars furnaria.* terme de billard & de mail, *deflexus.*
Fourier, *hospitiorum designator.*
Fraisier, plante, *fragus.*
Framboisier, plante, *rubus Idæus.*
Fripier, *veteramentarius, interpolator.*
Friponnier, *nebulo.*
Fruitier, qui rapporte du fruit, *fructifer.* jardin fruitier, *pomarium.* vendeur de fruits, *fructuarius.* lieu à garder le fruit, *cella fructuaria.* arbre non fruitier, *arbor non felix.*
Fruitier, plat à fruits, *catinus fructuarius.*
Fumier, *stercus.*
Fuselier, *fistulator.*
Gagne-denier, *bajulus.* porte-faix, *gerulus.*
Galefretier, injure, *scabiosus.*

substantifs & adjectifs masculins.

Gantier, qui fait des gants, *chirothecarum sutor.* qui en vend, *chirothecarius.*
* Garcier, *scortator.*
Garénier, *leporarius.*
Gargotier, *tabernarius.*
Gâte-métier, *malus artifex.*
Gautier, joueur de luth, *Gualterius.*
Gazetier, *nuntiorum per urbem gerulus.*
Geolier, *ergastularius.*
Gesier d'oiseau, *aviarius ventriculus.* mulette de l'estomach, *aviarii stomachi fundula.*
Gibier, *præda.* pris à la chasse, *venatica.*
voler le Gibier, *prædam asfectari.*
* Gibier, exercice, *argumentum.* Matiére, *materia.*
Gondoulier, *cymbarius.*
Gonfalonier, dignité d'Italie, *signifer.*
Gosier, *guttur.* le haut du gosier, le dehors, *jugulum.*
Grand-bâlier, injure, *stupidus.*
Grand-Louvetier, *lupariorum venatorum præpositus.*
Greffier, *scriba.*
Grenadier, soldat, *igniariorum glandium librator.* arbre, *malus Punica.*
Grenetier, *granarius.*
Grenier, *granarium horreum.*
Grimacier, *vultus ementitor.*

Grosselier, *grossularia.*

Grossier, épais, *crassus.* lourd, *rudis.* marchand, *mercator solidarius.*

Guerrier, *bellator.* vaillant, *egregius.* grand homme de guerre, *bellicosus.* de guerre, *militaris*, ou *bellicus.*

Guichetier, *ostioli custos.*

Halebardier, *doryphorus.*

Hallier, buisson, *dumus.* filet, *rete.*

Hanappier.

Haut-Justicier, *jus habens supremæ jurisdictionis.*

Hebdomadier, *-darius.*

Héritier, *heres.* légitime, *-mus.* universel, *ex asse.* par moitié, *ex semisse.* d'un tiers, *ex triente.* de deux tiers, *ex besse.* d'un quart, *ex quadrante*, ou *ex teruncio.* de trois quarts, *ex dodrante.* d'un sixiéme, *ex sextante*, ou *ex duabus unciis.* d'un douziéme, *ex uncia.* d'un 24. *ex semiuncia.* d'un 72. *ex sextula.* héritier substitué, *secundus heres.* confidenciaire, *fiduciarius.* faire un héritier, *heredem facere.* se porter pour héritier, *hereditatem adire.*

Hospitalier, *-larius.*

Hôtelier, *stabularius.*

Houlier, *prædator.*

Houspaillier, malpropre.

Huilier, *olearius.*

Huissier, *accensus.* de la chaîne, *torquatus apparitor.* de la Chambre, *accensus ostiarius.* faire l'office d'Huissier, *apparituræ munus obire.* office d'Huissier, *apparitura.* Huissier à Verge, *accensus virgatus.* à pié, *pedarius.* à cheval, *equester.*

Huîtrier, *ostreorum venditor.*

Hunier, mât de hune, *carchesium.* grand & petit hunier, *majoris & minoris carchesii velum.*

Jambier, morceau de bois où les Bouchers attachent les bœufs tués.

Janvier, *Januarius.*

Jardinier, *hortulanus.*

Jetonnier.

Infirmier, *valetudinarii curator.*

Ingenier, vieux mot, *industrius*, *solers.*

Joaillier, *annularius*, *gemmarius.*

Journalier, *operarius.*

Irrégulier, *-laris.* qui méprise ses Régles, *instituti contemptor.* non conforme à la Régle, *à regulâ deflectens.* verbe irrégulier, anomal, *-um.* censuré, *ad ministeria sacra inhabilis.* contre les loix, *contra leges.*

Ivoirier, qui travaille en ivoire.

Justicier, *judex æquissimus.* Seigneur, *dynasta*, *jurisdictionis compos.*

Lainier, *lanarius.*

Laitiers, terme de grosse forge.

substantifs & adjectifs masculins.

Lancier, *lancearius.*
Landier, chenet, *canterius focarius.*
Lanier, oiseau de proie, *lanerius.*
Lanternier, *laternarius.* injure, *tergiversator.*
Lardier, vieux mot, *lardarium.*
Larénier, terme de Menuiserie.
Larmier, terme d'Architecture. D'une corniche, *coronis.* d'une muraille, *corona.* son dessous *ou* mouchette, *mentum.* des yeux, *cavum.* fenêtre sans croison ébrasée, *obliquati secti fenestra.* montant, *medii scapi obliquata fenestra.* sans montant, *simplaria liminis obliquata fenestra.*
Latinier, *latina lingua peritus.*
Lavandier, *lotor.*
Laurier, arbre, *laurus.* de laurier, *laurinus.* grain de laurier, *lauri bacca.* couronne de laurier, *laurea.* couronné de laurier, *laureatus.* feuille de laurier, *laureola.* laurier-rose, *rhodo-daphne.* bocage de laurier, *lauretum.* laurier-cerisier, *lauro-cerasus.*
Levier, *vectis.* de la premiére, deuxiéme *ou* troisiéme espéce, *prima, secunda, aut tertia speciei.* levier recourbé, *vectis incurvatus.* universel, *pantomochlium.*
Lignier, vieux mot, *lignarium.*
Limier, chien de chasse, *canis indagator.*
un gros Limier, injure, *insulsus.*
Limonadier, qui vend la limonade, *poculorum citrearum propola.*
Limonier, cheval, *carrucarius ad temonem.* arbre, *limonia pomus.*
Linier, Marchand de lin.
Lodier, *lodix.*
Loup cervier, *lynx.*
Lourdier, pour Lourdaut.
Louvetier, *venator luparius.*
Lunetier, *conspicillorum opifex.*
Luthier, faiseur de luths, *lyrarum opifex.*
Macellier, vieux mot, pour Boucher, *Macellarius.*
Mache-Laurier, Poëte.
Madrigalier, Auteur de Madrigaux.
Maillier, chaînetier, artisan.
Malier, cheval de poste, *sarcinarius.*
Malingrier, vieux mot, Sacristain.
Malletier, *arcarum opifex.*
Maltotier, *tributarius exactor.*
Mancanilier, arbre des Indes Occidentales.
Manufacturier, *opifex.*
Marguillier, *æditus.*
Marinier, *nauta.*

substantifs & adjectifs mascul.

Marmitier, *assator.*
Maronier, arbre, *castanea major.*
Marselier, vieux mot, *macellarius.*
Massier, *claviger.*
Matelassier, *culcitrarius artifex.*
Médaillier, cabinet de Médailles.
Mégissier, *alutarius.*
Mélancolier, vieux mot, chagriner, *mœrore afficere.*
Melonnier, qui vend des melons.
Ménétrier, vieux mot, *auladus.*
Menuisier, *minuti operis lignarius opifex.*
Mercier, *minutus mercator.*
Merisier, arbre, *cerasinus duracinus.*
Messier, *clavator.*
Messier, *messium & vinearum custos.*
Métier, *ars.* méchanique, *illiberalis.* artifice, *-cium.* homme de métier, *artifex.* ouvrier, *opifex.* ouvrage de métier, *opificium.* métier de la guerre, *bellica disciplina.* faire un métier, *artem factitare.* sçavant en son métier, *artis suæ peritus.* métier, besoin, *opus.*
Métier sur quoi on travaille, *jugum.*
petit Métier de pâtisserie, *crustula mellita.*
Métivier, v. m. *messor.*

substantifs & adjectifs mascul.

Meunier, *molitor.*
Meurier, arbre, *morus.*
Midenier, moitié d'une somme.
Millier, *milliarium.*
Milsoudier, *millassarius.*
Minaudier, face minaudiére, *facies venustula.*
Miroitier, *speculorum propola.*
Molinier, vieux mot, *molitor.*
Mortier à piler, *mortarium.* petit mortier, *mortariolum.* de Président, *honorarius cudo.*
Moutardier, *sinapiarius.*
Moutier, *ou* Moustier, Monastère, *monasterium.*
Moutonier, *vervecinarius.*
Muletier, *mulio.* de muletier, *mulionius.*
Natier, *mattarius.*
Nautonier, pilote, *navarchus.*
Nefflier, *mespilus.*
Négrier, espéce de vaisseau.
Nocier, vieux mot, *nuptiarum præses.*
Noisillier, *corylus.*
Norrequier, *pecuarius.*
Nourricier, *nutritor.*
—qui éléve, *educator.*
Nouvellier, vieux mot, *inconstans.*
Officier, qui exerce un office, *muneris administer.* d'une maison, *minister.* d'armée, *castrensis præfectus.* haut officier, *summus præfectus.* de Justice, *causarum forensium cognitor.*

de Justice au dessous des Juges, *rei forensis minister.* d'une République, *Reipublicæ administrator.* magistrat, *-us.* d'une Société, *ou* Confrairie, *sodalitii præpositus.*

Officier des forêts, *saltuarius.*

Oiselier, *aviarius.*

Olivier, nom d'homme, *Olivarius.* arbre, *oliva.* franc, *sativa.* de jardin, *hortensis.* sauvage, *oleaster.* feuille d'olivier, *folia oleacea.*

Ordurier, diseur d'obscénités.

Oreillier, *pulvinus.*

Orier, vieux mot, *orarium.*

Osier, *vimen.* d'osier, *vimineus.* panier d'osier, *vimineus qualus.* franc osier, *amerina salix.* flexible comme l'osier, *viminalis.*

Paillier, *palearium.*

Palfrenier, *stabuli curator*, *agaso.*

Palier d'escalier, *scalarum areola.*

Palmier, *palma.*

Panetier, *panis promus*, *panis curator.*

Panier, *qualus.* corbeille, *canistrum.* manequin, *cista.* petit panier, *quasillus.* petite corbeille, *cistula.*

Pantouflier, *crepidarius.*

Papefiguier.

Papetier, qui fait du papier, *chartæ opifex.* qui en vend, *chartæ propola.*

Papier, arbrisseau, *papyrus.* à écrire, *charta.* qui boit, brouillard, *bibula.* qui est de papier, *chartaceus* appartenant au papier, *chartarius.* papier, livre, *liber*, *codex.* journal, *diarium.* mémoire, *commentarius.* titres, *tabulæ.*

Paquier, Auteur François, *Paschasius.*

Parcheminier, *pergamentarius.*

Parlier, vieux mot, Avocat, *causidicus.*

Parsonnier, associé pour tenir un ménage.

Particulier, propre, *-prius.* singulier, *-laris.* Lieutenant particulier, *privatus prætor.* en particulier, adv. *privatim.* bien particulier, *bonum privatum.* en particulier, à part, *seorsum.* solitaire, *-arius.*

Passementier, *tæniarum textor.*

Patenôtrier, *corollarum precariarum opifex.*

Pâtissier, *dulciarius.*

Paulier, dixmeur.

Paumier, *sphæristerii custos.*

Péagier, vieux mot, *vectigalis.*

Peaussier, *ou* Peaucier, *pellio.*

Pelletier, *pellio.*

Pénancier, vieux mot, *pænitentiarius.*

Pénitencier, *pœnitentiarius.*

Pertuisannier, *hastatus.*

Petardier, qui fait des petards, *pylocaustri molitor.* qui les tire, *pylocaustri librator.*

Petit-métier de pâtisserie, *crustula mellita.*

Phrasier, qui cherche des tours nouveaux.

Pierrier, canon, *balista ejaculandis lapidibus.*

Pigeonnier, *columbarium.*

Pilier, *stela, pila.*

Pincellier, *vasculum purgandis penicillis idoneum.*

Piquier, *lancearius.*

Pistolier, *sclopetarius faber.*

Pitancier, *obsonator.*

Plombier, *plumbarius artifex.*

Plumacier, *plumarius.*

Pluvier, oiseau, *pluvialis.*

Poaillier, terme de Fondeur, *cymbalorum artifex.*

Poëlier, qui fait des poëles.

Poilier, piéce de fer qui porte la fusée & la meule d'un moulin.

Poirier, arbre, *pyrus.*

Poissonnier, *piscarius.*

Pommier, *malus.*

Pontanier, celui qui perçoit le droit de pontage.

Pontonnier, *vector nauticus.*

Porte-panier, *cistophorus.*

Portier, *janitor.*

Potier, *figulus.* terre à Potier, *argilla.*

Pouillier, bicoque, *oppidulum.*

Poulaillier, qui nourrit les poulles, *gallinarius curator.* qui en vend, *gallinarum propola.* le lieu où elles se retirent, *gallinarium.*

Pourpier, *portulaca.*

Poussier, *pulvis carboneus.*

Premier, *primus.* de deux, *prior.* en dignité, *primarius.* en origine, *primogenitus.* primitif, *-ivus.* en esprit, *ingenii princeps.* Président, *summus præses.* Médecin, *archiater.* le premier des enfans, *natu major.* le premier venu, *obvius quisque.* le premier d'après, *proximus.*

Président à mortier, *honorarii cudonis compos.* couvert de son mortier, *insignis cudone.* mortier à bâtir, *arenatum.*

Pressier, *vectuarius Typographus.*

Primicier, *primicerius.*

Printanier, *vernus.*

Prisonnier, *incarceratus.*

Prumier, vieux mot, *primus.*

Prunier, *prunus.*

Pseautier, *psalterium.*

* Putassier, *scortator.*

Quaissier, *ou* Caissier, qui fait des caisses, *capsarius.* de Banquier, *capsæ nummariæ administer.*

Quarantinier, terme de Marine, *funis sex, novem, ad usque octodecim filis constans.*

Quartanier, terme de chasse, *aper quadriennis.*

Quartenier, *urbanæ regionis tribunus.*

Substantifs & adjectifs masculins.

Quartier, le quart, *quarta pars.* d'une ville, *urbis regio.* d'une armée, *statio.* de pain, *panis quadrans.* de pays, *agri tractus.* donner quartier, *vitam concedere.* demander quartier, *dedere se.* la vie, *vitam petere.* ne donner aucun quartier, *omnes internecione delere.* quartier en termes de guerre, *deditio.* enlever un quartier de l'armée, *partem hostilis exercitûs fundere.*

à Quartier, à part, *seorsum.* se retirer à quartier, *recedere.*

Quartier, quatriéme partie d'une année, *trimestre spatium.* servir son quartier, *trimestri operâ defungi.* achever son quartier, *trimestre munus explere.*

Quartier, argent dû pour la pension d'un quartier, *trimestris pensio.* payer son quartier, *debitam pro trimestri pecuniam dependere.* quartier du pied du cheval, *equini cornu latera.*

Quartier de réduction, instrument qui sert sur mer à réduire les dégrés de l'Est à l'Ouest.

Quartier, terme de Marchand de bois, terme de Corroyeur, mesure de grain.

Quayer, vieux mot, *codex.*

Quilier, *motularum area.*

Substantifs & adjectifs masculins.

Quintessencier, *spiritum extrahens.*

Ramier, *palumbus.*

Ratelier d'armes, *clatrum.* d'écurie, *clatratum præsepe.* de dents, *clatrum dentium.*

Ratier, *plenus larvarum, cerritus.*

Recettier, qui a des recettes pour bien des maux.

Redevancier, *cliens beneficiarius addictior.*

Regnier, Poëte François, *Regnerius.*

Regratier, *interpolator.*

—fripier d'habits, *veterarius interpolator.*

Régulier, *-laris.* conforme à la régle, *ad normam exactus.* ordinaire, *-arius.* constant, *-ans.* certain, *certus.* qui garde ses régles, *instituti custos.* Religieux, *religiosus.* engagé à une vie reguliére, *religiosæ vitæ adstrictus.*

Rentier, qui paye rente, *manceps.* livre où les rentes sont écrites, *redituum codex.*

Revertier, jeu, *ludus versorius.*

Romancier, Auteur de Roman, *falsæ narrationis auctor.*

Rosier, arbrisseau, *rosarum spina.*

Rosier sauvage, *cynorrhodon.*

Roturier, *plebeïus.*

Roulier, *carrucarius vector.*

Routier, livre des cartes marines, *mapparum nauticarum liber*. qui sçait les routes, *viarum peritus*. expérimenté, *expertus*. versé, *peritus*. un fin routier, *callidus veterator*. homme habile, *multo usu doctus*.

Rubanier, *tæniarius*.

Sablonier, *sabularius*.

Sabotier, qui fait des sabots, *calopodiorum faber*. qui en porte, *gestator*. qui en vend, *propola*.

Sacquatier, charroyeur de charbon dans les forges.

Safranier, *crocetum*. Item: *fraudulentus æris alieni decoctor*.

Sainturier, celui qui expose les Reliques des Saints.

Saladier, *discus acetarius*.

Sandalier, *sandaliorum opifex*.

Santier, valet de Ville, *stipator*.

Saucier, *qui condimenta conficit*.

Saucissier, *botellorum compositor*.

Savetier, *veteramentorum sutor*.

* Savetier, peu habile, *rudis tyro*.

Saunier, *salinarius*.

Séculier, laïque, *laïcus*. profane, *-nus*. non régulier, *sæcularis*.

Sellier, qui fait des selles, *ephippiarius*.

Semainier, *hebdomadarius*.

Sentier, *callis*. qui traverse, *trames*. faire un sentier, *semitam aperire*.

Septier, *sextarius*.

Seraskier, Général Turc, *Seraskierus*.

Sérurier, *serarius*.

Singulier, *-laris*. unique, *-cus*. seul, *solus*. propre, *-prius*. excellent, *-ens*. rare, *-rus*. exquis, *-itus*.

Solier, vieux mot, gallerie ou maison à deux étages, *solarium*.

Sommelier, *vinarius promus*.

Sommier, poutre, *transtrum redivivum*. cheval de somme, *equus sarcinarius*. dernier cercle d'un tonneau, *frontalis circulus*. d'orgue, *organicorum tubulorum sedes*. de pilastre, *incumbens columnæ lapis*. grosse solive, *tignum majus*. sommier, matelas de crin, *culcita jubis farta*. des orgues, *canon musicus*.

Sorcier, *veneficus*.

grand Sorcier, *triveneficus*.

Sotisier, homme qui dit des sotises, ou recueil de sotises.

Soufermier, *submanceps*.

Souhaitier, vieux mot, *optatum*.

Soulier, *calceus*. petit soulier, *calceolus*. à simple semelle, *simplarius*. à talons relevés, *pediolo subductus*. à platte semelle, *planæ soleæ*. à double semelle, *ge-*

minæ soleæ. liége, *suber suffectus.* ferré de clou, *uncinatus.* découpé, *intersectus.* de vache, *bubulus.* de maroquin, *hircinus.* de veau, *vitulinus.* escarpin, *socculus.* de bois, tout d'une piéce, *calopus.* soulier bas pour les acteurs comiques, *soccus.* soulier haut, *ou* brodequin pour les acteurs tragiques, *cothurnus.* à haute semelle, *phæcasius.* d'Empereur, de Prince, &c. *tzanga.* semelle de soulier, *solea.* assortiment de soulier, *calcearius instructus.*

Soupénitencier, *subpœnitentiarius.*

Soupier, *offæ amator.*

Stagier, Chanoine qui fait son stage.

Survivancier, *successor designatus.*

Tabletier, *tabularius.*

Taillablier, vieux mot, *stipendiarius.*

Taillandier, *faber ferrarius.*

Tapissier, *aulæorum opifex.*

Tavernier, *caupo.*

Taumier, terme injurieux.

Tenancier, *fiduciarius clientelaris.*

Terrassier, *aggerarius opifex.*

Terre-Neuvier, Habitant de Terre-Neuve.

Terrier, rôle des terres, *codex censualis.* terrier de garenne, *cunicularium latibulum.*

Thrésorier de France, *quæsturæ præfectus.* de l'Epargne, *sanctioris ærarii tribunus.* de thrésorier, *quæstorius.* femme de thrésorier, *quæstoris femina.* charge de thrésorier, *quæstura.*

Thrésaurier d'une Eglise, *thesauri sacri custos.*

Timbalier, *tympanotriba.*

Teinturier, *infector.*

Tisonnier, *qui titiones amat commovere.*

Titrier, qui a fabriqué de faux titres.

Tombelier, *plaustrarius.*

Tonnelier, *doliarius.*

Tontinier, qui a mis de l'argent à la Tontine, *societatis tontinariæ particeps.*

Tracassier, qui tourmente, *importunus agitator.* qui se tourmente, *sollicitè operosus.*

Traversier, navire, *lembus.* mis de travers, *transversus.*

Tripier, *iliorum propola.*

Tuillier, *tegularius.*

Vanier, *vannorum opifex.*

Verdier, sorte de crapaut, *rubeta.*

Verdier, garde-bois, *saltuarius.*

Verdier, Auteur François, *Verderius.*

Verrier, *vitrarius*, *ampullarius.*

Vice-Chancelier, *vice-cancellarius.*

Viguier, *urbis præfectus.*

subst. & adject. masc.

Violier, *violarium.*
Vivandier, *annonarius.*
Vivier, réservoir de poissons, *piscium vivarium.* près de la mer pour les gros poissons, *cetarium.*
Viviers, ville, *Viviarium.*
de Viviers, *Viviarensis.*
Voiturier, *vector.* à charette, *carrucarius.* à batteau, *portitor.* à monture, *jumentarius.* qui est porté, *vectus.*
Usufruitier, *-fructuarius.*
Usurier, *fœnerator*, *danista.*

IER. dissyllabe.

Aiglantier, arbrisseau.
Arbalêtrier, *balistarius.* assemblage de poutres en forme d'arc, *balista.*
Baudrier, *balteus.*
Bouclier, *clypeus.* petit, *parmula.* à quatre angles, *scutum.* en forme de croissant, *pelta.* étroit, long & recourbé aux côtés, *ancile.* à l'Epagnole, de corroies entrelassées, *certra.* bosse de bouclier, *umbo.* armé de bouclier, *clipeatus.* levée de bouclier en termes d'escrime, *ludicra rudium palmularumque prolusio.* vaine entreprise sans effet, *irritus & inanis conatus.* faire bouclier de son ignorance, *suâ se tegere ignorantiâ.*

subst. & adject. masc.

Bouclier, sorte de météore ignée, *clipeus igneus.*
Boutiquier, Marchand qui vend en boutique.
Calendrier, *-darium.*
Camérier, *-arius.*
Cendrier, où l'on met les cendres, *cinerarium.* souffleur de cendres, *cinisto.*
Chambrier, valet de chambre, *cubicularius minister.* qui vit en chambre, *conductor in conclavi degens.*
Chévrier, *caprarius.*
Coudrier, *corylus.*
Du Ryer, Auteur François.
Ecuyer, *armiger.* noble, *scutarius.* d'écurie, *equiso.* de manége, *equiso magister.* de cuisine, *coquus.* d'une Dame, *nobilis ancillans.* simple gentilhomme, *scutarius nobilis.*
Grand Ecuyer de France, *regii stabuli magister.*
Ecuyer tranchant, *sector mensarius.*
Epinglier, qui fait ou vend des épingles, *acicularius.* coussinet pour les mettre, *acicularius pulvinus.*
Espalier, *arbores extentæ & muris applicitæ.*
Etrier, *scandula.* porte-étrier, *scandularium.* mettre le pied à l'étrier, *equum ascendere.* appuyer sur l'étrier, *scandulæ inniti.*
Février, *Februarius.*
Gabarier.

subst. & adject. masc.

Gagier, v. m. *adituus.*
Gagne-denier, *mercenarius.*
Gaînier, *vaginarum opifex.*
Galier, vieux mot, *strigosus equus.*
Gargotier, *popinarius.*
Gâte-métier.
Gaufrier, *tessellarius.*
Gautier, *sylvarum incola.*
Génévrier, *ou* Geniévre, arbre, *juniperus.* fruit de génévrier, *juniperi bacca.*
Gingembrier, Epicier.
Gorrier, magnifique.
Goyer.
Grayer, *stagnorum custos.*
Gruier des Eaux & Forêts, *saltuarius judex.* garde-bois, *nemoris custos.*
Guêpier, ruche des guêpes, *apiarium.*
* un Gruier, fig. un homme habile, *cautus & expertus vir.*
Lévrier, chien de chasse, *vertagus.*
Licencier, qui licencie, *licenciator.*
Marbrier, *marmorarius.*
Ménétrier, *auladus.*
Meurtrier, *interfector.*
Moutier, v. m. *monasterium.*
Neffier, *mespilus.*
Ouvrier, artisan, *opifex.* manœuvre, *operarius.*
jour Ouvrier, *dies profestus, negotiosus.*
Paludier, homme qui travaille aux salines.
Peuplier, arbre, *populus.* de peuplier, *populeus.*
Plâtrier, *gypsarius.*

subst. & adject. masc.

Poudrier, faiseur de poudre, *sulfurati pulveris opifex.* boëte à poudre, *pyxis pulveris.* horloge de sable, *pulverarium.*
Rancunier, qui a de la rancune.
Salpêtrier, *salis nitri coctor.*
Sanglier, *aper.* porc sauvage, *porcus agrestis.* jeune marcassin, *aprunculus.* de sanglier, *aprinus.* chair de sanglier, *aprugna caro.*
Sucrier, qui fait du sucre, *saccharius.* vase où on le met, *saccharinum.*
Tablier d'artisan, *opificis pluteus.* devantier, *perizonium.* à jouer aux dames, *scruporum alveus.*
Templier, *templarius.*
Verdurier, *viridarius.*
Viguier, *judex quidam.*
Vinaigrier, qui fait & vend du vinaigre, *acetarius.* vase à tenir le vinaigre, *acetabulum.*
Vitrier, *vitreorum specularium opifex.* de vitrier, *vitrarius.* drague de vitrier, *vitrarium penicillum.*

VERBES.

Verbes à l'infinitif.

* Abrier, *operire.*
Aiguayer, *lavare.*
Allier des métaux, *metalla miscere.*
s'Allier, faire alliance, *affinitatem contrahere.*
Amodier, donner à ferme,

verbes à l'infinitif.

locare. prendre à ferme, *redimere.* à louage, *conducere.*
Amplifier, *-ficare.*
Apostasier, *à fide deficere.*
Apparier, *conjungere.* au fig. marier, *copulare matrimonio.*
Apprétier, *pretium rebus imponere.*
Approprier, *expolire.* accommoder, *concinnare.* ajuster, *aptare ad.*
s'Approprier, *sibi attribuere.*
Appuyer, *fulcire.* maintenir, *tueri.*
Associer, *consociare.*
Attédier, *fastidium parere.*
Barbifier, *barbam radere.*
Barroyer, *forum frequentare.*
Béatifier, *-ficare.*
Bornoyer, *observare.*
Bougier, *cerâ illinire.*
Bousquier, terme de Marine, dont on prononce fortement l'*s*.
Brutifier, *brutum fieri.*
Calomnier, *calumniari.*
Carier, *cariosum efficere.*
Carnifier, (se) *caro fieri.*
Cartayer, terme de cocher & de chartier.
Certifier, faire sçavoir, *certiorem facere.* affirmer, *-mare.* munir, *-ire.*
Charier, *carro exportare.*
Charier, la riviére charie, *glaciem vectare.*
Châtier, *castigare.*
Chier, *cacare.*
Choyer, *tractare aliquem cautè.*

verbes à l'infinitif.

Circonstancier, *rei adjuncta recensere.*
Clarifier, *-ficare, limpidum facere.*
Colorer, terme de Peintre, *colores aptè inducere.*
Communier, *Corpore Christi pasci.*
Confier, *-fidere.*
Contrarier, *impugnare.*
Convoyer, vieux mot, *invitare.*
Copier, *transcribere.*
Corporifier, donner un corps, *corpus attribuere.*
Crier, *clamare.* tempêter, *vociferari.*
Crucifier, *-figere.*
Déblayer, *expedire se ab aliquo.*
Décrier, *rei usum damnare.* au fig. perdre de réputation, *famam minuere.*
Dédier, *dicare.* consacrer, *consecrare, inaugurare.* destiner, *-nare.*
Défier, provoquer, *-care.* se défier, *diffidere.* craindre, *timere.* avoir soupçon, *suspicari.*
Déifier, *in deorum album referre.*
Délier, *exsolvere.* absoudre, *absolvere.* détacher, *solvere.* délivrer, *liberare.*
Démarier, *matrimonium solvere.*
se Démarier, *matrimonium dimittere.*
Dénier, *denegare.*
Déparier, *disjungere.*
Déplier de la marchandise, *explicare.*

verbes à l'infinitif.

Déprier, *rogare aliquem aliud.*
Desennuyer, *tædio levare.*
Desenrayer, *sufflamina amovere.*
Desexcommunier, remettre dans la Communion de l'Eglise.
Différencier, *discriminare.*
Disgracier, *gratiâ privare.*
Diversifier, *variare.*
Domicilier, *habitare in urbe.*
Domifier, *cœlum partiri in duodecim domos.*
Dulcifier, *mitigare, lenire.*
s'Ecrier, *exclamare.*
Edifier, bâtir, *ædificare.*
Edifier son prochain, *bonum exemplum præbere.*
Effigier, *sontis imaginem cruci affigere.*
—supplicier, *per effigiem suspensum in tabellâ proponere.*
Efformier, vieux mot, *scatere.*
Embronchier, vieux mot, *offendere.*
Emier, *friare.*
Ennuyer, *tædium, satietatem afferre.*
s'Ennuyer, *tædere.*
Enrayer, *sufflaminare.*
Envier, *invidere.*
Epier, *explorare.*
Episodier, étendre par des Episodes.
Essencier, *expresso liquore perfundere.*
Essonier, vieux mot, *excusare.*
Essuyer, *tergere.* souffrir, *pati.*

verbes à l'infinitif.

Essuyer des coups, *percuti.*
Estropier, *truncare.* mutiler, *-lare.*
Estropier un discours, *sermonem confundere.*
Etudier, *studere.* quelqu'un, l'observer, *-vare.* s'étudier, s'appliquer, *operam dare.*
Excommunier, *-icare.*
Excorier, *corium detrahere*
Exfolier, *-are.*
s'Expatrier, *peregrinari.*
Expédier, faire vîte, *expedire.* quelqu'un, le dépêcher, *absolvere.* au fig. faire mourir, *sontem dare neci.*
Expier, *-iare.*
Falsifier, *depravare, adulterare.*
Fantasier, vieux mot, *irritare.*
Fier. confier, *credere.* se fier à, *confidere.*
Folier, *ludere.*
se Fortifier, *invalescere.*
Glorifier, *immortali gloriâ aliquem donare.*
Gratifier, *remunerari.*
Guéer une riviére.
Guerroyer, vieux mot, *bellicare.*
Guier, vieux mot, *ducere.*
Hardoyer, vieux mot, *lacessere.*
Héroifier, *in heroum numerum adscribere.*
Historier, *variis simulacris distinguere.*
Humilier, *-iare.*
Identifier, *facere idem.*

verbes à l'infinitif.

Induſtrier, vieux mot, employer ſon induſtrie.
s'Ingénier, vieux mot, acquérir de l'eſprit.
Injurier, *injuriis afficere.*
Inventorier, *in bonorum indicem ſcribere.*
Juſtifier, *purgare.*
Lamboyer, terme de Marine.
Lapidifier, *in lapidem convertere.*
Larmoyer, *lacrymari.*
Lénifier, vieux mot, *levigare.*
Licencier, *dimittere.*
Lier, *ligare.* enſemble, *colligare.* à quelque choſe, *alligare.* ramaſſer, *colligere.* ſerrer, *conſtringere.*
Lier une partie, *convenire.*
Lignifier, *lignum fieri.*
Liquéfier, *liquefacere.*
Lubrifier, terme de Médecine, oindre, *ungere.*
Magnifier, vieux mot, *magnificare.*
Mandier, *mendicare.* demander l'aumône, *ſtipem erogare.*
Manier, *tractare.* toucher, *tangere.* traiter, *gerere.* gouverner, *regere.* manier un cheval, *equum circumagere.*
Mareſcaucier, vieux mot, *ſoleis ferreis equi ungulam munire.*
Marier, *matrimonio jungere.*
ſe Marier, en parlant d'un homme, *uxorem ducere.* d'une femme, *viro nubere.*

verbes à l'infinitif.

ſe Méfier, *diffidere.*
Mélancolier, *mœrori ſe tradere.*
ſe Meſallier, *impari connubio conjungi.*
Métrifier, faire des vers.
Modifier, *rebus modum adhibere.*
Mollifier, terme de Médecine, *mollem reddere.*
Mondifier, *purgare.*
Mortifier, *macerare.* ſa chair, *corpus aſperè habere.* ſes paſſions, *animi motus coërcere.* affliger, *contriſtari.* faire honte, *pudore ſuffundere.*
Multiplier, *-icare.*
Négocier, *-tiari.*
Nier, *negare.*
Noncier, vieux mot, *nunciare.*
Notifier, terme de Palais, *notificare.*
Obſcurifier, *obſcurare.*
Obvier, *occurrere.*
Ochier, *ou* Ocier, vieux mot, *occidere.*
Officier, terme d'Egliſe, *ſacra facere.*
Ombroyer, vieux mot, *obumbrare.*
Ordoyer, vieux mot, *inquinare.*
Orthographier, *rectè ſcribere.*
Ortier, vieux mot, *urticâ urere.*
Oſſifier, *oſſis naturam inducere.*
Oublier, *oblivíſci.*
Pacifier, *-ficare.*

verbes à l'infinitif.

Pailier, colorer, *colorare*, *causam obtendere*.

Papier, vieux mot, Bégayer comme les enfans.

Parier, *sponsione polliceri*.

Parodier, *traducere*.

Parpayer, *reliquum as solvere*.

Paulmoyer, vieux mot, *peritè tractare*.

Pépier, *pipilare*.

Personifier, *per prosopopœiam personam fingere*.

Pétrifier, *in lapidem mutare*.

se Pétrifier, *lapidescere*.

Pilorier, mettre au pilori, *ad infamem cippum alligare*.

Player, vieux mot, pour Blesser, *vulnerare*.

Plier, *plicare*. courber, *flectere*. fléchir, *domare*. ramasser, *colligere*. se soumettre, *se submittere*. se plier, *inflecti*.

Préjudicier, *præjudicium inferre*.

Présumptier, vieux mot, *multum sibi arrogare*.

Prier, *precari*. en suppliant, *supplicare*. en conjurant, *obtestari*. par les choses sacrées, *obsecrare*.

Privilégier, *privilegio donare*.

Psalmodier, *psallere*. chanter des Pseaumes, *psalmos canere*.

Publier, *publicare*. dénoncer, *denunciare*. afficher, *proscribere*.

verbes à l'infinitif.

Purifier, *-ficare*.

Putréfier, *putrem reddere*.

se Putréfier, *putrescere*.

Qualifier, *nomen adscribere*.

Quidier, vieux verbe, *existimare*.

Rallier des troupes, *copias dissipatas colligere*.

Ramifier, terme de Facteur d'orgue, *dissonare*.

Rapatrier, *reconciliare*.

Raréfier, *-facere*.

Rassasier, *satiare*.

Ratifier, *comprobare*.

Réconcilier, *in concordiam reducere*.

se Récrier, *reclamare*.

Réfugier, *confugere*.

Regracier, vieux mot, *gratias agere*.

Rejoyer, vieux mot, *delectari*.

Relier un livre, *librum compingere*.

se Remarier, *alteras nuptias inire*.

Remédier, *mederi*. soulager, *levare*.

Remercier, *gratias agere*.

Remucier, vieux mot, cacher.

Renoyer, vieux mot, *negare*.

Répudier, *-iare*. sa femme, *uxori repudium nunciare*.

Résilier, annuller un acte.

Retrahier, vieux mot, *retrahere*.

Rimoyer, vieux mot, Rimer, *canere*.

Sacrifier, immoler, *-ficare*.
—dédier, *consecrare*.

Salarier,

verbes à l'infinitif.

Salarier, vieux mot, payer le salaire, *mercedem solvere.*
Sanctifier, honorer, *colere, venerari.*
Scier, *serrâ desecare.*
Seigneurier, *imperare.*
Sentencier, terme de Palais, *damnatione mulctare.*
Seyer les bleds, *frumenta secare.*
Signifier, *-ficare.*
Socier, vieux mot, *sociare.*
Solacier, vieux mot, *recreare.*
Solfier, terme de Musique, *cantare ad numerum.*
Sordoyer, vieux mot, *scaturire.*
Soucier, *curare.*
Spécifier, *distinctè exprimere.*
Spolier, *-are.*
Spolier un criminel, *reum ex apparitorum manibus extrahere.*
Stupéfier, *-facere.*
Supplicier, *afficere supplicio.*
Supplier, *-icare.*
Supployer, vieux mot, *supplicare.*
Tartuffier, faire le Tartuffe.
Tendrifier, terme de Précieuse, attendrir.
* Testifier, *-ficari.*
* Toupier, *trocho ludere.*
Toupier, *ou* Toupillier, *in modum turbinis volutari.*
Trépudier, *ou* Tripudier, *tripudiare.*
Trier, *eligere.*

verbes à l'infinitif.

Tuméfier, *-facere.*
se Tuméfier, *intumescere.*
Varier, *-are.*
Vérifier, *comprobare.*
* Versifier, *-ficari.*
Vicarier, faire les fonctions de Vicaire.
Vicier, *contaminare.*
Vitrifier, *in vitrum convertere.*
Vivifier, *-ficare.*

Voyez les rimes en AIER. *ou* AYER. *&* OIER.

IERE.

substantifs & adjectifs féminins.

Acquiere, *acquiro.*
Aiguiére, *aqualis.*
Altiére, *tumida.*
Arbalêtriére, terme de Galère.
Armuriére, *armorum propola.*
Arriére, *longè.* derriére, *ponè, post.* hors d'ici, *apage.* aller en arriére, *retrogredi.* mettre en arriére, *præterire.* être en arriére, *procul abesse.* ouvert tout arriére, *omnino patens.*
Arriére du Vaisseau, *puppis.*
Avancouriére, *prodroma.*
Avanturiére, *temeraria.*
Aumôniére, *eleemosynaria.*
Aurore matiniére, *aurora matutina.*
Baissiére, vin au bas, *vinum fæcatum.*
Banniére, *vexillum.*
Banqueroutiére, *alieni æris decoctrix.*
Banquiére, *trapezitis.*

substantifs & adjectifs féminins.

Barriére, *obex*. clôture, *claustrum*.
—combat de barriére, *equestris decursio*.
Bâtardiére, terme d'Agriculture, *plantarium*.
Bateliére, *navicularia*.
Beliére, vieux mot, *annulus*.
Bénéficiaire, *-ciaria*.
Bernardiére, poire.
Beurriére, *butyraria*.
Biére, cercueil, *feretrum*. boiſſon, *cervisia*.
Bonnetiére, *pileorum opifex*.
Bordeliére, petit poiſſon de riviére, *ballerus*.
Bouquetiére, *coronaria*.
Bouviére, *bubulca*. mal adroite, *inepta*. groſſiére, *ſtupida*.
Braſſiére, au pl. *brachialia*.
Brelandiére, *ſaltatrix*.
Bruyére, *erica*. coq-de-bruyére, *ericarius gallus*.
Buſquiére de femme, *aſſula pectoralis foramen*.
Cabaretiére, *cauponaria*.
Cabotiére, ſorte de bateau.
Cacaoyére, *locus arboribus cacao conſitus*.
Caffetiére, *caffetarium vas*.
Canardïere, guérite.
Cantonniére de lit, *lecti cortina*.
Cantonniére, *meretrix*.
Caponniére, fortification, *crypta longior*.
Carnaſſiére, *ſacculus*.
Carriére, lice, *curriculum*. pour la courſe des chevaux, *hippodromus*. barre de carriére, *carceres*. le bout, *meta*. qui court la carriére, *ſtadiodromus*. entrer en carriére, *curriculum ingredi*. courir la carriére, *ſtadium decurrere*. s'arrêter en la carriére, *in medio curriculo ſubſiſtere*. fournir ſa carriére, *ſtadium decurrere*.
ſe donner Carriére, *licentiùs divagari*.
Carriére de pierre, *lapidicina*.
Celleriére, *celleraria*.
Cerveliére, vieux mot, *galea*.
Chacuniére, vieux mot, *domus*.
Chaircutiére, *ſuillaria*.
Chambonniére, Muſicien.
Chambriére, fille de chambre, *cubicularis ancilla*. fouet de manége, *flagellum*. ruban qui tient la quenouille, *colûs retinaculum*.
Champignonniére, couche de fumier où l'on fait venir des champignons.
Chancelliére, *cancellarii uxor*.
Chandeliére, *candelaria*.
Chapeliére, *pilearia*.
Chaponiére, *vas coquendis caponibus idoneum*.
Chapperonniére, herbe, *petaſites*.
Charboniére, *carbonaria*.
Chardonniére, *carduetum*.
Charniére, *verticulum*.
Chatiére, *cataria*.

Substantifs & adjectifs feminins.

Chaumiére, *stipulis tecta domus.*
Chayére, vieux mot, pour dire chaire.
Cheneviére, *ager cannabe consitus.*
Chevaliére, *eques femina.*
Chocolatiére, *vas chocolatorium.*
Cimetiére, *cœmeterium.*
Civiére, *brachiata crates.*
Clairiére, endroit des toiles mal faites, qui est plus clair que le reste.
Cloüère, petite enclume, *incus.*
Confituriére, *mulier condimentaria.*
Connilliére, vieux mot, échappatoire, *suffugium.*
v Conquiére, *conquiro.*
Coquilliére, pierre où il se trouve des coquilles.
Cordeliére, *cordigera.* Religieuse, *Franciscana.*
Cordeliére, terme d'Armoiries, *funiculi variis nodis implicati.*
Cordeliére, cordon que les femmes portent au col, *torques nigro serico textus.*
Cordeliére, espéce de serge.
Cordiére, *restiaria.*
Cousiniére, nombreuse parenté.
Couteliére, *cultraria.* étui à couteau, *cultraria theca.*
Coutumiére, *solita.*
Couturiére, *sarcinatrix.*
Crapaudiére, *locus bufonibus refertus.*
Créanciére, *creditrix.*

Substantifs & adjectifs feminins.

Crémailliére, *ou* Cremilliére, *cramacularia focaria.*
Cressonniére, *locus nasturtii ferax.*
Criniére de cheval, *equina juba.* toile du caparasson sur le col, *collare tegumentum.*
Croisiére, plage de mer, *statio.*
Croupiére, *postilena.*
* tailler des Croupiéres, *facescere negotia.*
Cuilliére, *ou* Cuiller, *cochlear, cochleare.*
Cuisse héroniére, *ou* maigre, *femur ardeolarium.*
Damasquiniére, *Damasceni artificii opus.*
Dent macheliére, *dens molaris.*
Dépensiére, *dispensatrix.*
Derriére, *tergum.* le cul, *podex, anus.*
Deshouliére, Dame Françoise qui excelloit dans la Poësie.
Devanciére, *quæ antecedit.*
Devantiére, long tablier.
Dindonniére, *quæ gallos Indicos pascit.*
Dossiére, *dorsualia.*
Douairiére, *vidua usufructuaria.*
Drapiére, *pannaria.*
Ecole buissonniére, *absentia à scholâ.*
Emperiére, vieux mot, pour Impératrice.
v Enquiere, *inquiro.*
Epiciére, *aromataria.*
Epingliére, *acicularia.*

Substantifs & adjectifs féminins.

Etriviére, *scutica.*
donner les Etriviéres, *cædere loris.*
Façonniére, *putida officiorum usurpatrix.*
Faîtiére, sorte de tuile.
Familiére, *-iaris.*
Feluniére, au pluriel, coquillages de terre.
Fesse-chambriére, le même qu'ancillariole.
Fêtiére d'un bâtiment, *imbrex.*
Feuilliére, terme de Carrier, veine de terre.
Fiére, fourche fiére, *furca ferrea.*
Filandiére, fileuse, *mulier nens; lanifica.*
Filiére, *resticula.*
Fondriére, *lacuna*, *gurges.*
m Fouquiére, Peintre.
Fourmiliére, *formicarum nidus.*
Fourriére, office de Fourrier, *hospitiorum designatio.*
* Fripiére, *interpolatrix.*
Fruitiére, *fructuaria.*
* Garçoniére, *virosa.*
Gargotiére, *tabernaria.*
Genoüillere, artifice aquatique.
Genouilliére, le jarret, *poples.* de Gendarme, *genuale tegmen.*
Gentilhommiére, maison de Gentilhomme, *villa nobilis.*
Gibeciére, *marsurpium.*
Glaciére, *cella glacialis.*
Gouttiére, *stillicidium.*

Substantifs & adjectifs féminins.

Grenetiére, *granaria.*
Grenouillére, *ranarum lacuna.*
—herbe, *ranunculus.*
Greviére, blessure qu'on se fait en se heurtant sur l'os du devant de la jambe.
Grimaciére, *vultûs simulatrix.*
Herbiére, *olitoria.*
Héritiére, *hæres.*
Hospitaliére, Religieuse, *Xenodochia.*
Houblonniére, *lupularia.*
Jardiniére, sorte de broderie qui n'est pas en plein.
Jarretiére, *periscelis.*
Ordre de la Jarretiére en Angleterre, *ordo periscelidis.*
Indulgence pléniére, *indulgentia plenaria.*
Journaliére, *diurna*, *communis*, *anceps.*
Irréguliére, *abnormis.*
Jument pouliniére, *equa proletaria.*
Laitiére, *lactaria.*
m La Sabliére, Poëte François.
Lavandiére, *lotrix.*
Limonadiére, *citronaria.*
Lingotiére, moule d'un lingot, *massularia.*
Liniére, Poëte satyr. François.
Lisiére, *limbus*, *ova.*
Litiére, voiture, *lectica.* de chevaux, *stramentum.*
être sur la Litiére *ou* malade, *lecto decumbere.* faire litiére, *ou* prodiguer, *rem pro nihilo ducere.*

Substantifs & adjectifs féminins.

Lumiére, *lux.* de lampe *ou* chandelle, *lumen.* qui fuit la lumiére, *lucifugus.* mettre en lumiére, *in lucem edere.* lumiére, connoissance, *notitia.* de l'esprit, *animi perspicacitas, cognitio.*

Lumiére d'un canon, *tormenti bellici foramen.*

Lunettiére, celle qui met des lunettes.

Luzerniére, terre où l'on a semé de la luzerne.

Macheliére, *molaris.*

Maniére, *modus.* façon, *ratio.* sorte, *genus.* coutume, *mos, institutum.* de maniére, *ita.*

Mareschiére, vieux mot, *palus.*

Marliére, *fossa unde eruitur terra, stercorandis agris apta.*

Matiére, *materia.* argument, *-um.* question, *-io.* tout ce dont il s'agit, *res.*

Matiére, pus, *sanies.*

Matiniére, vieux mot, *matutina.*

Meloniére, *melonarium.*

Menuisiére, *lignaria.*

Mentonniére, *circumducta mento fascia.*

Meuliére.

Meurtriére, *cruenta.*

Main meurtriére, *mortifera manus.*

Meurtriére, terme de Fortification, *specula jaculatoria.*

Minaudiére, *vultûs simulatrix.*

Substantifs & adjectifs féminins.

Miniére, *fodina.*

Miroitiére, *specularia.*

Fête Mobiliére, *festus mobilis.*

Moliére, Poëte Comique François.

Moliére, endroit où l'on pêche des moules.

Museliére, *capistrum.*

Naviére, *naparia.*

Obroniére, terme de Serrurier, *lamina cardinis serræ.*

Orniére, *orbita.*

Oulmiére, *ager ulmis consitus.*

Ouvriére, *operaria.*

Pantiére, espéce de filet pour prendre des oiseaux.

Pannetiére, *panaria.*

Papetiére, *papyraria.*

Parciére, *qui aliquid cum aliquo partitur.*

Particuliére, *-laris.*

Paumiére, Maîtresse d'un jeu de Paume.

Paupiére, *palpebra.*

Pepiniére, *seminarium.* de vigne, *vitiarium surcularium.* d'arbres, *arborarium.*

Pissotiére, *membrum virile & muliebre.*

Plâtriére, lieu où l'on prend le plâtre, *gypsi fodina.*

Plombiére, Bourg en Lorraine célébre par les bains.

Poivriére.

Pontiére, *-anus.*

Portiére de Couvent, *ostiaria.* de carrosse, *janua.*

d'étofe qu'on met devant une porte, *cortina janua appensa.*

Pouliniére, *equa poletaria.*

Poussiére, *pulvis.*

Poussiniére, *pullaria.* constellation des Pléyades, *Pleyades*, *vergiliæ.*

Priére, *precatio.* demande, *rogatio.* oraison, *oratio.*

Quartiére, mesure de grains en Angleterre.

Raboulliére, *cubile parientis cuniculi.*

Ramponiére.

* Rapiére, épée, *rubiginosa machæra.*

Ratiére, *muscipula.*

Rayére, *fenestella longa.*

Recettiére, vieux mot, Recelleuse, *receptrix.*

Reguliére, *-laris.*

Rente fonciére, *vectigal viatorium.*

v Requiére, *requiro.*

Risiére, campagne semée de ris.

Riviére, *fluvius.*

Robiére, *vestiaria.*

Roturiére, *plebeïa.*

Sabliére, horloge de sable.

Sabloniére, lieu où l'on tient le sable, *arenaria.* lieu stérile, *sabuletum.*

Saliére, *salinum.* creux à la gorge, *gutturis sinus.*

Salpêtriére, *officina salis nitri.*

Sangliére, *sus sylvatica.*

Sapiniére, *abietina*

Saucissiére, *botellaria.*

Savetiére, *veteramentaria sutrix.*

substantifs & adjectifs féminins.

Saussiére, *catinus embammarius.*

Séculiére, *sæcularis.*

Serpilliére, *segestre lineum.*

Souclaviére, veine, *vena subclavaria.*

Sourissiére, *muscipula.*

Tabatiére, qui vend du Tabac.

Tabatiére, *pixis tabacaria.*

Talonniére, au plur. *talearia.*

Taniére, *ferarum lustrum*, *spelæum.*

Tapissiére, *aulæorum opifex.*

Taupiére, *talparius laqueus.*

Taupiniére, *talparius cumulus.*

Teinturiére, *infectrix.*

Terriére, outil de Charpentier, *ou* de Menuisier, *terebra.*

Terriére, trou des lapins.

Têtiére, *puerilis calantica.*

Têtiére de cheval, *capistrum.*

Tétonniére, *tænia mammillaris.*

Thétiére, *ou* Théïére, vase propre à faire du thé.

Thrésoriére, *thesauriaria.*

Tortionniére, vieux mot, retenant à tort, *injusta.*

Tourriére de Couvent, *turricularia.*

Tourtiére, *vas quo torta coquitur*, *artopta.*

* Tracassiére, *sollicitè operosa.*

m Traîne-Rapiére, *qui longo accingitur gladio.*

Tripiére, *iliaria.*

substantifs & adjectifs féminins.

Truffiére, lieu où il vient des Truffes.
Vent arriére, *ventus secundus.*
Verriére, *operculum vitreum.*
Vilotiére, fille *ou* femme galante, *meretrix.*
Visiére d'un casque, *cassidæ conspicillum.* hausser la visiére, *bucculum attollere.* la baisser, *speculare dejicere.* rompre en visiére, *societatem disturbare.* visiére, canonniére d'un vaisseau, *joculatorium ostiolum.* de canon de fusil, *libratoria arena.*
Vitriére, *vitraria.*
Vivandiére, *annonaria.*
Voliére, *aviarium.*
Usufruitiére, *usufructuaria.*
Usuriére, *usuraria.*
Yere, riviére de Normandie, *Eara.*

IERGE. *voyez* ERGE.

IEZ. monossyllabe.

Voyez les rimes en IE'. IED. *dont le pluriel fait* iés: pieds, inimitiés.

Plus divers temps de tous les verbes aimiez, aimeriez, aimassiez, *&c.*

IEZ. dissyllabe.

v Riez, de Rire, *ride.*
v Souriez, *subride.*

Plus divers temps & diverses personnes des verbes en iez.

substantifs & adjectifs masculins.

Plus le pluriel des noms en ié *dissyllabe :* mariés.
Viez, vieux mot, *senex.*

IET. & JET. *voyez* ET.

IEU. & YEU. *voyez* EU.

IEUX. & YEUX.

Les noms en ieux *&* yeux *sont des substantifs, & pour la plûpart des adjectifs qui marquent dans le sujet abondance, plénitude, excès ou habitude. Ils sont terminés pour la plûpart en* osus, a, um.

Ambitieux, *-tiosus.*
Avaricieux, *avarus.*
Audacieux, *audax.*
Ayeux, *avi.*
Bilieux, au fig. *mordax.*
Bisayeux, *atavi.*
Calomnieux, *calumniosus.*
Capricieux, *morosus.* changeant, *levis.*
Captieux, *-iosus, fallax.*
Cérémonieux, *nimius comitatis affectator.*
Chassieux, *lippus.*
Cieux, *cœli.*
Consciencieux, *justus, integer, religiosus.*
Contagieux, *-iosus.*
Copieux, abondant, *affluens, uber.*
Curieux, *-iosus, studiosus.*
Délicieux, *suavis, jucundus.*
Dévotieux, *devotus.*
Ennuyeux, *tædiosus.*
Envieux, *invidus.*

subst. & adj. masculins.

Facétieux, *facetus*, *festivus*.
Factieux, *-iosus*.
Fallacieux, *fallax*.
Fastidieux, *-iosus*.
Furieux, *furens*.
Glorieux, orgueilleux, *superbus*.
Gracieux, *blandus*, *comis*.
Harmonieux, *-icus*, *musicus*.
Ignominieux, *-iosus*.
Impérieux...
Industrieux, *-ius*.
Ingénieux, inventif, *-iosus*.
Injurieux...
Joyeux, *hilaris*.
Irréligieux, *-iosus*.
Judicieux, *prudens*.
Laborieux, *-iosus*.
Licencieux, *procax*.
Lieux, *loci*.
Litigieux, *-iosus*.
Luxurieux...
Malgracieux, *invenustus*.
Malicieux, *improbus*.
Mélodieux, *harmonicus*.
Mieux, adv. *meliùs*.
* des Mieux, *quàm optimè*.
à qui Mieux Mieux, *certatim*.
Miséricordieux, *misericors*.
Mystérieux, *mysticus*. secret, *secretus*.
Odieux, *-iosus*.
Officieux, *obsequiosus*.
Oublieux, qui vend des oublies, *mellitarum crustularum propola*.
* Pécunieux, *-iosus*.
Pernicieux...
Pestilentieux, *pestilens*.
Pluvieux, *-iosus*.
Précieux...

subst. & adj. masculins.

Prodigieux, *mirus*.
Radieux, *-iosus*.
Religieux, Moine...
Religieux, dévot, *-us*.
* Révérencieux, *observator*.
* Roupieux, *cui stiria pendet ab naso*.
Séditieux, *-iosus*, *factiosus*.
Sentencieux, *sententiis quasi luminibus ornatus*.
Sérieux, *gravis*.
Soucieux, *sollicitus*.
Spacieux, *-tiosus*.
Spécieux...
Spongieux, *-iosus*, *fistulosus*.
Studieux, *-iosus*.
Substantieux, *-tialis*.
Superstitieux, *-iosus*.
Trisayeux, *proavi*.
Vicieux, *-tiosus*, *flagitiosus*.
Victorieux, *victor*.
Vieux, *vetus*. âgé, *ætate provectus*. vieillard, *senex*. fort vieux, *annosus*. décrépit, *-us*. usé, *detritus*. hors d'usage, *antiquatus*. homme du vieux temps, *prisci temporis*. devenir vieux, *consenescere*. s'user, *deperire*. vieux, pour dire expert, *multâ experientiâ doctus*.
Yeux, *oculi*. petits, *ocelli*. beaux, *venusti*. bien fendus, *patentes*. ouverts, *aperti*. vifs, *acuti*. pleins de feu, *ardentes*. étincelans, *scintillantes*. tendres, *teneri*. mourans, *semivivi*. languissans, *languidi*. fins, *perspicaces*. perçans, *arguti*. péné-

Substantifs & adjectifs masculins.

trans, *acres, acuti.* fripons, *astuti.* amoureux, *lubrici, amasii.* bleus, *cærulei.* doux, *blandientes.* enfoncés, *compressi.* creux, *sinuosi.* louches, *distorti.* bigles, *distracti.* chassieux, *lippi.* pleureux, *molles.* égarés, *errantes* vel *ludibundi.* troubles, *graves.* battus, *luridi.* rouges, *cruentati.* borgnes, *lusci.* remplis de taies, *albuginosi.* de travers, *limi.* meurtris, *liventes.* verds, *glauci.* qui sortent de la tête, *emissitii.* gros à fleur de tête, *prominentes.* sans yeux, *inoculatus.* avec des yeux, *oculatus.* qui saute aux yeux, *luce clariùs.* jetter les yeux, *circumspicere.* en bas, *despicere.* en haut, *suspicere.* de côté, *oculos circumferre.*

Plus les pluriels des noms en ieu : Jeux, *qui se prononce comme* Geux, *voyez* EUX.

I F.

Ces noms en if *sont pour la plûpart des termes du Palais, de Médecine ou de Grammaire, qui marquent le sujet avec la qualité ou modification active, & se terminent quasi tous en latin en* ivus, a, um.

Abbréviatif, *-ivus.*
Ablatif...

Substantifs & adjectifs masculins.

Abortif, *-ivus.*
Absterſif...
Abuſif, *inordinatus, perversus.*
Accélératif, terme de Phyſ.
Accuſatif, *-ivus.*
Actif...
Adjectif...
Adjudicatif...
Admiratif...
Adoptif...
Adoratif...
Adventif, bien, *bonum adventitium.*
Adulatif, *adulator.*
Affectif, *-ivus.*
Affirmatif...
Agglutinatif...
Altératif, terme de Médecine, *alterans.*
Apéritif, *-ivus.*
Appellatif...
Appétitif...
Appréciatif...
Appréhenſif...
Apprentif...
Approbatif...
Argent vif, naturel, *argentum vivum.* artificiel, *hydrargyrum.*
Attentif, *-ivus.*
Atténuatif...
Auditif...
Augmentatif, *quod augendi vim habet.*
Baïf, Poëte François.
Baillif, *Prætor, Baillivus.*
Blémitif, vieux mot, *pallorem inducens.*
Canif, *cultellus.*
Captif, *-ivus.*
Carminatif, terme de Mé-

decine, *tormina discutiens.*
Chérif, Roi de Fez, dignité chez les Arabes: Dignité en Angleterre, *Consul.*
Chétif, vil, *vilis.* misérable, *miser.*
Cicatrisatif, *-ivus.*
Coactif...
Coagulatif...
Collatif...
Collectif, nom, *nomen collectivum.*
Colliquatif, *colliquescens.*
Communicatif, *diffusus, diffusivus.*
Commutatif, adv. *-ivus.*
Comparatif...
Compositif...
Confortatif, *corroborans.*
Conglutinatif, *-ivus.*
Conjonctif, *conjunctivus.*
Consécutif, *subsequens, continuus.*
Conservatif, *-ivus.*
Consolatif, *solatium afferens.*
Consomptif, terme de Médecine.
Constitutif, *-ivus.*
Constructif...
Contemplatif...
Contentif, terme de Chirurgie, bandage contentif, *continens fascia.*
Convulsif, *convulsus.*
Copulatif, *copulans, connexivus.*
Correctif, *temperamentum.*
Correlatif, *-ivus.*
Corroboratif, *corroborandi vim habens.*

Corrosif, *rodens.*
Corruptif, *-ivus.*
Craintif, *timidus.*
Cumulatif, *-ivus.*
Curatif, *curationi serviens.*
Datif, tutéle dative; *tutela dativa.*
Déceptif, vieux mot, *fallax.*
Décisif, *decretorius.*
Déclaratif, *-ivus.*
Défensif, terme d'Oculiste.
Défectif, *-ivus.*
Définitif...
Délibératif...
Démonstratif, genre délibératif, terme de Rhétorique, *genus deliberativum.*
Dénominatif, *-ivus.*
Dépilatif, terme de Médecine...
Déprécatif...
Dérivatif...
Désignatif...
Desobstructif...
Désolatif, *calamitosus.*
Desopilatif, *discutiendi virtute præditus.*
Dessicatif, *exsiccandi vim habens.*
Destructif, *-ivus.*
Déterminatif...
Détersif, *detergens.*
Dévolutif, *-vus.*
Diffusif, bien, *bonum diffusivum.*
Digestif, *-ivus.*
Diminutif...
Directif...
Discursif...
Discussif...

subst. & adj. masc.

Disjonctif, *disjunctivus.*
Dispensatif, *-ivus.*
Dispensif...
Dispositif...
Dissolutif...
Distinctif...
Distributif...
Divisif...
Dormitif...
Dulcificatif...
Effectif...
Electif...
Elémentatif...
Enonciatif...
Entensif, vieux mot, *attentus.*
Eradicatif, *-ivus.*
Esquif, *scapha.*
Estimatif, *æstimandi vim habens.*
* Etrif, vieux mot, débat, *rixa.*
Evacuatif, *-ivus.*
Evaporatif...
Exagératif...
Excessif, *nimius.*
Excitatif, *-ivus.*
Exclamatif...
Excogrif, *æruscator.*
Exécutif, *-ivus.*
Exfoliatif...
Exhortatif...
Expansif...
Expéditif, *strenuus, impiger.*
Explétif...
Explicatif...
Expressif...
Exprimitif...
Expulsif...
Exterminatif...
Extinctif...
Exulcératif...

subst. & adj. masc.

Factif, *-ivus.*
Facultatif...
Fautif, *mendosus.* vicieux, *-tiosus.*
Fermentatif, *-ivus.*
Fictif, *-itius.*
Figuratif, *-ivus.*
Finitif...
Fixatif...
Fomentatif...
Frustratif...
Fugitif...
Furtif...
Géminatif...
Génératif...
Génitif...
Germinatif...
Gérondif...
Glutinatif...
Hâtif, prompt, *velox.* empressé, *sollicitus.*
fruit Hâtif, *præcox.*
If, arbre, *taxus.*
Illatif, d'où l'on infère quelque chose.
Illuminatif, *-ivus.*
Imaginatif...
Impératif...
Impulsif...
Imputatif...
Incarnatif, *carnis regenerativum.*
Incisif, muscle, *-ivus.*
Inchoatif...
Indicatif...
Infinitif...
Infirmatif...
Informatif...
Initiatif...
Insinuatif...
Instructif...
Instrumentatif...

Substantifs & adjectifs masculins.

Insuccessif, *-ivus.*
Intellectif...
Interprétatif...
Intransitif, terme de Grammaire...
Introductif, terme de Palais...
Intuitif, *-ivus.*
Invectif...
Inventif...
Itératif...
Juif, *Judæus.*
Justificatif, *-ivus.*
Lascif...
Laxatif...
Législatif...
Lénitif...
Limitatif...
Locatif...
Lucratif...
Lustratif...
Maladif, *valetudinarius.*
Massif, *solidus.* terme de Maçonnerie, *pulvinus.*
Méditatif, *-ivus.*
Mémoratif...
Métif, *ou* Metis, *hybrida.*
Minoratif, *-ivus.*
Mitigatif...
Modificatif, terme de Grammaire...
Mondificatif, terme de Médecine...
Morosif, *-ivus.*
Motif...
Naïf, *nativus.* sincère, *-rus.* ingénu, *-uus.* candide, *-dus.*
Narratif, Poëme narratif, *poëma narrativum.*
Natif, *-ivus.*
Négatif...

Substantifs & adjectifs masculins.

Noisif, vieux mot, *nocens.*
Nominatif, *-ivus.*
Nuncupatif...
Nutritif...
Objectif, verre, *vitrum objectivum.*
Obstructif, *-ivus.*
Offensif...
Oisif, *otiosus.*
Olfactif, *-ivus.*
Opératif...
Oppilatif, *obstructivus.*
Oppositif, *-vus.*
Optatif...
Ostensif...
Palliatif...
Partitif...
Passif...
Pénétratif...
Pensif...
Perceptif...
Perspectif...
Pignoratif...
Plaintif, *querulus.*
Pontificatif, *-ivus.*
Portatif...
Positif...
Possessif...
Poussif...
Préparatif...
Préparatif de guerre, *apparatus.* de voyage, au pl. *apparatus.*
Présomptif, *præsumptivus.*
Primitif, *-ivus.*
Privatif...
Probatif...
Processif...
Productif...
Profectif...
Progressif...
Prohibitif...

Subſtantifs & adj. maſculins.

Prorogatif, *-ivus.*
Pulſatif. . .
Purgatif. . .
Putréfactif. . .
Quetif, vieux mot, *vilis.*
Rationatif, *-ivus.*
Rebarbatif, *truculentus.*
Récitatif, *-ivus.*
Récréatif, *exhilarans.*
Réductif, *-ivus.*
Réduplicatif. . .
Réflexif. . .
Réfrigératif. . .
Réïtératif. . .
Relatif. . .
Rémémoratif. . .
Rémollitif, onguent, *unguentum remolliens.*
Rémolliatif, *-ivus.*
Rémunératif. . .
Répercuſſif. . .
Répréhenſif. . .
Repréſentatif. . .
Répurgatif. . . .
Réſolutif. . .
Reſpectif. . .
Reſponſif. . .
Reſtauratif. . .
Reſtraintif, qui reſſerre le ventre. . .
Reſtrictif. . .
Rétif, *reſiſtens.*
Rétroactif, *-ivus.*
Révocatif. . .
Révolutif. . .
Révulſif. . .
Sédatif. . .
Senſitif. . .
Séparatif. . .
Significatif. . .
Solutif. . .
Soporatif, *ſoporifer.*

Subſtantifs & adject. maſculins.

Spéculatif, *-ivus.*
Sternutatif. . .
Stupéfactif. . .
Subjectif. . .
Subjonctif. . .
Succeſſif. . .
Subſécutif. . .
Subſtantif. . .
Suif, *ſebum.*
Superlatif, *-ivus.*
Suſpenſif. . .
Tardif, *tardus.* lent, *-us.* fruit tardif, *fructus ſerotinus.* eſprit tardif, *ingenium obtuſum.*
Tarif, *pretii index.*
Tempeſtatif, *tumultuoſus.*
Tentatif, *-ivus.*
Tranſlatif. . .
Tranſmutatif. . .
Turbatif. . .
Végétatif. . .
Vif, *vivus.* vivant, *animatus.* coloris, *vividus color.*
Vindicatif, *ultionis cupidus.*
Viſif, *facultas videndi.*
Vocatif, *-ivus.*
Vomitif. . .

IPHE. *ou* IFE.

a Apocryphe, *-phus.* douteux, *dubius.*
v * Attife, *como.*
v * Biſe, *deleo.*
v * Briſe, *voro.*
m Caïphe, *-phas.*
m Caliphe, ſucceſſeur de Mahomet en Arabie, *Caliphus.*
f Chife, *reſegmen.*

a Escogrife, *aruscator.*
a Griffe, homme ou femme nés de parens l'un Négre & l'autre Sauvage.
f Grife, *unguis.* de bêtes sauvages, *falcula.*
f Grife, au fig. il est tombé sous la grife d'un Procureur, *Procuratore rapace usus est.*
m Hiéroglyphe, *-phus.*
m Logogriphe...
—énigme, *ænigma.*
Pontife, *-fex.*

IFLE.

Mornifle, vieux jeu de cartes, *chartularum lusoriarum antiquus ludus.*
donner * Mornifle, un soufflet, *alapam impingere.*

VERBES.

verb. au pres.
Chifle, *ou* plutôt Sifle, *exsibilo.*
* Chifle, bois, *bibo.*
Ecornifle, *mensarum asseclam importunius ago.*
Renifle, *spiritu reciproco pituitam deduco.*
Sifle, *sibilo.*

IFRE.

m Chifre, *numeralis nota.* écriture secréte, *arcana scriptura.* entrelacement de lettres, *notis arithmeticis intricata scriptura.*
v Chifre, *numero.*
v Déchifre, *extrico.*

m Fifre, *fistula.*
m Fifre, joueur de fifre, *fistulator.*
a Pifre, *obesus.*

IGE.

a Lige, droit du Seigneur sur son Vassal, *jus clientelare.* homme lige, *clientelaris.*
a Litige, *lis.*
—débat, *controversia.*
m Prestige, *præstigium.*
m Prodige, *-gium.*
—mauvais, *portentum.*
f Tige d'arbre, *caudex.* branche, *thyrsus.* creuse, *caulis.* à une tige, *unicaulis.* à plusieurs tiges, *multicaulis.* qui porte l'épi, *culmus.*
f Tige de famille, *caput, stirps, origo.*
m Vertige (maladie) *vertigo.*
Vestige, *-gium.*

VERBES.

verbes au présent & subjonctif.
Afflige, *-go.*
Collige...
Corrige...
Désoblige, *offendo.*
Dirige, *-go.*
Erige...
Exige...
Fige, *coagulo.*
Fustige, *fustibus cado.*
Mitige, *-go.*
Navige...
Néglige...
Oblige...
Rédige...

v Transige, *-go.*
v Voltige, *volito.*
Voyez les autres verbes en iger.
Plus divers temps d'autres verbes, comme dis-je, fis-je, *&c.*

IGLE.

a Bigle, *luscus.*

IGME.

Borborygme, terme de Médecine, *borborygmus.*
f Enigme, *ænigma.*
Paradigme, terme de Grammaire, *paradigma.*
Phœnigme, *-ma.*

IGNE.

subst. & adj. masc. & fém.

Bénigne, *-gnus.*
Curviligne, *-linearis.*
Cygne, oiseau, constellation, *cygnus.*
Digne, *-gnus.*
Guigne, cerise douce, *cerasum crassius.*
Indigne, *-gnus.*
Insigne, *-signis.*
Interligne, *-linearis.*
Ligne, *linea.* d'écriture, *versus.* à pêcher, *piscaria.* de fortification, de circonvallation, d'archit. *amussis.* de bataille, *ala.* de compte, *in rationes adscriptio.*
trait de Ligne, *lineamentum.*
Ligne, rang, *ordo.*

subst. & adj. mascul. & féminins.

à la Ligne, *à linea.*
Ligne équinoxiale, *linea æquinoctialis.*
Maligne, *-gna.*
fiévre Maligne, *febris maligna.*
Rectiligne, *linearis.*
Signe, *signum.* indice, *argumentum.* témoignage, *testimonium.* marque, *nota.* vestige, *-gium.* présage, *præsagium.* maniére de signer, *chirographum.*
Signe de la tête, *nutus.* des yeux, *oculorum conjectus.*
Signe du Zodiaque, *signum cœleste.*
Vigne, *vitis, vinea.* à petit pied, *sessilis.* de haute souche, *arrectariæ stirpis.* plantée, *consita.* à échalas, *palata.* perchée, *jugata.* treillée, *pergulana.* déchaussée, *albaqueata.* fumée, *stercorata.* taillée, *putata.* provignée, *propagata.* débourgeonnée, *pampinata.* sarcellée, *runcata.* sauvage, *labruscata.* élevée, *alta.* qui est de vigne, *vinearius.*

VERBES.

verb. au prés. &c.

Aligne, *ad amussim duco.*
* Barguigne, *mercor.*
Cligne, *conniveo.*
Désigne, *-gno.*
Enligne, *lineâ metor.*
* Guigne, *limis oculis intueor.*

v * Réchigne, *ringo.*
v * Trépigne, *tripudio.*
Voyez les autres verbes en igner.

IGRE.

v * Dénigre, c'est-à-dire, méprise, *diffamo.*
m Tigre (animal) *tygris.*
—au fig. cruel, *crudelis.*
m Tigre, fleuve, *Tygris.*

IGUE.

Substantifs féminins.

Bécafigue (oiseau) *avis ficaria.*
Brigue, *ambitus.*
Digue, *agger.*
Fatigue, lassitude, *fatigatio.*
—travail, *labor.*
Figue, *ficus.*
—verte, *grossus.*
—petite, *ficulus.*
—grasse, *pinguis.*
Gigue, (danse) *numerosa saltatio.*
Grande gigue, *puella jocosa.*
Intrigue, *intricatio.*
Ligue, *fœdus.*
—société, *-tas.*
—bande, faction, *factio.* offensive, *-iva.* défensive, *-iva.*
Papefigue.
Prodigue, *-gus.*
enfant Prodigue, *puer prodigus.*
Rodrigue, *Rodericus.*
Plus divers temps & diverses personnes des verbes en iguer : Brigue.

verbes au prés. &c.

VERBES.

* Bigue, *-go.*
Brigue, *ambio.*
Fatigue, *-go.*
Intrigue, *intrico, implico.*
Prodigue, *-go, effundo.*
Voyez les autres verbes en iguer.

IL.

Alguazil, Huissier Espagnol.
Anil, plante du Brésil.
Bil, mot Anglois, réglement, loi.
Bissextil, *intercalaris.*
Chacril, arbre de l'Amérique.
Cil, vieux mot, *ille.*
Civil, *-is.* courtois, *comis.* humain, *-anus.* Etat civil, *civilis status.* droit civil, *jus civile.* procès civil, *ordinaria causa.* Juge civil, *judex ordinarius* ou *temporarius.* Lieutenant civil, *ordinarii tribunalis secundarius prætor.*
Dousil, c'est le fosset d'un tonneau.
Exil, *-ium.* aller en exil, *in exilium abire.* envoyer en exil, *exulare.* faire revenir d'exil, *ab exilio reducere.*
Fil, *-um.* de quenouille, *stamen.* corde ou droit fil, *amussis.* ligne, *linea.*
Fil, tranchant de fer coupant, *acies.*

Fil

Substantifs & adjectifs masculins.

Fil de l'eau, *profluens aqua.* d'un discours, *orationis contextus.*
poignée de Fil, *fili manipulus.*
à droit Fil, *filatim.*
Fil à fil, *filatim.*
Goupil, vieux mot, *vulpeculus.*
Grosil, gros verre cassé.
Il, *ille.*
Incivil, *agrestis.* rustique, *-icus.* un peu incivil, *subagrestis.* impoli, *-tus.*
Menil, vieux mot, *villa.*
Mil, (nombre) *voyez* mille, *mille.*
Morfil, *ou* ivoire, *ebur.*
—inégalité d'un couteau ou d'un rasoir, *acuta ferri acies inæqualis.*
Nil, (fleuve) *Nilus.*
Partil, terme d'Astronomie, sorte d'aspect.
Pistil, terme de Botanique.
Profil, *monogramma*, *pictura icon.*
—d'un bâtiment, *scenographia.*
de Profil, adv. *obliquè.*
Puéril, *-is.*
Sextil, terme d'Astronomie, *sextilis.*
Subtil, *-is.*
Vil, *vilis.* abject, *abjectus.* méprisable, *contemnendus.*
Vil prix, *tenue pretium.*
Viril, *-is.* fort, *-is.* robuste, *-tus.*
Volatil, *-is.* qui vole, *volucris.*
sel Volatil, *sal volatile.*

Substantifs & adjectifs masculins.

I L. dont l'L est mouillée, & où elle ne se prononce que très-peu.

Avril, mois, *Aprilis.*
Babil, *garrulitas.*
Baril, *cadus.*
Béril, pierre précieuse, *berillus.*
Brésil, pays, *Brasilia.* de Brésil, *Brasiliensis.* bois de Brésil, *Brasileum lignum rubrum.*
Cabril, *caprea.*
Chenil, *canile.*
Conil, petit lapin, *cuniculus.*
Emeril, *ou* Emery, pierre métal, *smyris.*
Fournil, *suppeditatio.*
Fusil à faire feu, *igniarium.* arme à feu, *ferrea fistula longior.* arquebuse, *catapulta.* pierre à fusil, *pyrites.* méches à fusil, *igniarium ellychnium.* fusil à éguiser les couteaux, *samiator chalybs.*
Gentil, payen, *ethnicus.* brave, joli, *lepidus*, *venustus.* agréable, *concinnus.* poli, *-tus.* élégant, *-gans.* fort gentil, *perlepidus.* un petit enfant gentil, *puer venustulus.*
Gresil, *ou* grêle, *grando.*
Gril, *craticula.* de foyer, *focaria.* de cuisine, *coquinaria.*
Mil, graine, *milium.* de mil, *miliarius.*
Nombril, *umbilicus.*

substantifs masculins.

Outil, *instrumentum.*
Pénil, *abdomen.*
Péril, *periculum.* danger, *discrimen.* éminent, *imminens.*
avec Péril, *periculosè.*
sans Péril, *citra discrimen.*
être en Péril, *periclitari.*
Persil, herbe, *apium, selinum.*
—sauvage, *apiastrum.*
Sourcil, *supercilium.*

ILDE.

subst. fémin.

Clotilde, Reine de France, *Clotildis.*
Herménigilde, nom propre, *Hermenigildis.*
Matilde, *-dis.*

ILE. & ILLE. dont l'L ne se mouille pas.

substantifs & adjectifs masculins & féminins.

Achille, fils de Pélée & de Thétis, *Achilles.*
Agile, *-lis.* prompt, *-us.* alaigre, *alacer.* vîte, *celer.* expéditif, *-itus.*
Agropile, espéce de Bézoard, *agropilus.*
Antifébrile, *-ile.*
Arbalêtrille, terme de Marine.
Aréostyle, terme d'Architecture, *araostylus.*
Argile, *-illa, creta.* d'argile, *argillaceus.*
Asyle, *-lum.* réfuge, *perfugium.*
Belle-isle, île de France, *Calonesus.*
Bibliophile, *qui in libris colligendis studium omne ponit.*
Bile, *bilis.*
Caville, *malum purpureum.*
Chyle, *-lus.*
Civile, *-lis.*
Concile, *-ium.* général, *-ale.* œcuménique, *-icum.* universel, *-ale.* national, *-ale*, ou *gentile.* provincial, *-ale.*
assembler un Concile, *Concilium cogere.* le dénoncer, *indicare.* le tenir, *habere.*
Crocodile, animal, *-lus.*
Croix-pile, jeu, *aversi nummi sortita lusio.*
Débile, *-lis.* foible, infirme, *-mus.* imbécille, *-lis.*
Difficile, *-lis.* mal-aisé, *arduus.* obscur, *-us.* fort difficile, *perdifficilis.* bizarre, *morosus.* austère, *-rus.* rigide, *-dus.*
Docile, *-lis.* facile, *-lis.* flexible, *-ibilis.* traitable, *tractabilis.*
Domicile, *-ium.* demeure, *sedes.* maison, *domus.* habitation, *-atio.*
Egagropile, *ou* Agropile, pierre en forme de boule.
Eolipile, boule d'airain creuse, *æolipila.*
Evangile, *-gelium.*
Facile, *-lis.* commode, *-dus.* docile, *-lis.* flexible, *flexibilis.*
Fertile, *-lis.* fécond, *fœcundus.*

substantifs & adjectifs masculins & féminins.

File, suite, *series*. ordre, *ordo*. rang, *ductus*. rangée de soldats, *militum series directa*. file à file, *perpetuâ serie*. à la file, *alii post alios*.

chef de File, *dux ordinum*. serre-file, *uragus*. demi-file, *linea militum dimidia*. serre demi-file, *anterior uragus*. chef de la seconde file, *secundæ dimidiæ seriei dux*.

Fluviatile, *-lis*.

Fossile, *-lis*. sel fossile, *sal fossile*.

Fragile, *-lis*. foible, *debilis*. infirme, *-mus*.

Gentile, nom qu'on donne aux peuples par rapport aux pays dont ils sont les habitans.

Gille, nom d'homme, *Ægidius*.

Gille, vieux mot, *fraus*. * faire Gille, s'en aller, *fugere*.

Gomberville, Poëte François.

Habile, *-lis*, *doctus*. actif, *-ivus*. prompt, *-us*. expéditif, *-itus*. industrieux, *-ius*.

Hôtel de Ville, *Basilica consilii civilis*.

Idyle, petit Poëme, *Idyllium*.

Imbécille, *-illus*.

Incivile, *-ilis*.

Indélébile. . .

Indocile, *-ilis*. âpre, *asper*.

Infertile, *sterilis*.

Inhabile, *-ilis*.

substantifs & adjectifs masculins & féminins.

Intactile, *-lis*.

Inutile, *-ilis*. vain, *vanus*.

Légile.

Logistille, terme de Musique.

Longueville, Bourg de France en Normandie.

Maison de Ville, *voyez* Hôtel de Ville.

Malhabile, *ineptus*.

Malleville, Auteur François.

Mantille.

Mille, nombre, *mille*. ensemble ou de rang, *milleni*. appartenant à mille, *milliarius*. dixaine de mille, *decena millia*. deux mille, *bis mille*. vingt & six mille, *sex & viginti millia*. ou *viginti sex millia*. mille fois, *millies*. de mille pas de long, *milliarius*. mesure de mille pas, *milliarium*. un mille & demi, *sesquimilliarium*. à cinq mille de la ville, *ad quintum ab urbe milliarium*.

Mobile, *-lis*. peu stable, *instabilis*. fête mobile, *conceptivum festum*. premier mobile, *primum mobile*.

Myrtille, plante, *vitis Idæa*.

Nautile, *concha marina*.

Nubile, *-lis*. à marier, *matura nuptiis*. propre au mariage, *apta viro*.

Pædophile, qui aime les enfans, *-lus*.

Péristyle, *locus columnis cinctus*.

Substantifs & adjectifs masculins & féminins.

abondant, *uber.* qui porte, *ferax.*
Pile, *strues.* tas, *cumulus.* de maçonnerie, *moles.* revers de monnoie, *aversa nummi facies.*
Psylles, anciens peuples de Lybie.
Puérile, *-ilis.*
Pupille, *-illus.*
Pycnostyle, *pycnostylum.*
Reptile, *-ilis.*
Scurrile, *-ilis.*
Sebille, espéce de jatte de bois.
Sectile, *-lis.*
Sensile, galère ordinaire.
Servile, *-is.*
Sibile de pressoir, *concha.*
Sibylle, (la) Prophéteffe, *Prophetissa.*
Sicile, pays, *Sicilia.* Trinacrie, *-cria.*
de Sicile, *Siculus.*
Stérile, *-lis.* infructueux, *-uosus.* non fécond, *infœcundus.* devenir stérile, *sterilescere.* rendre stérile, *sterilitate afficere.*
Style, *stylus.* maniére de composer, *scribendi ratio.* style froid, *frigida dictio.* pratique, *usus.* coûtume, *mos.* usage, *ritus.*
Subtile, *-lis.* ingénieux, *-iosus.* menu, *tenuis.* mince, *exilis.* rusé, *argutus.* pénétrant, *acutus.* léger, *subtilis.* à rouler, *pernix.* à agir, *velox.* à monter, *levis.*
Tactile, *tactu facilis.*
Textile, qui peut être tiré en filets, *textilis.*
Théophile, *-ilus.*
Tranchefile de livre, *sectura libri adversa.*
Tranquille, *-uillus.* appaisé, *pacatus.* reposé, *sedatus.* en repos, *quietus.* esprit tranquille, *animus liber*, *sui compos.* avoir l'esprit tranquille, *esse quietâ mente.*
Vau-de-ville, *plebeïa cantilena.*
Versatile, *inconstans.*
Vigile, *-ilia.*
Vile, chose vile, *vilis.*
Ville, *urbs*, *civitas.*
Virgile, nom d'homme, *Virgilius.*
Virile, *-ilis.*
Volatile, fém. *volatilis.*
Ustencile, *ou* utensile, *vasa.* de chambre, *cubicularia vasa.* de table, *mensaria vasa.* de cuisine, *culinarii vasarii supellex.* menues denrées, *cibaria utensilia.*
Utile, *-lis.* profitable, *fructuosus.* commode, *-dus.*

VERBES.

Verbes au présent.

Affile, *acuo.*
Compile, *-lo.*
Défile, *detexo.*
Désopile, *recludo.*
Distille, *-lo.*
Enfile, *acum filo instruo.*
Exile, *pello.*
Faufile, *leviter suo.*

verbes au prés. &c.

Faufile (ſe) *aſſociatur.*
File, *-no, in fila duco.*
Mutile, *-lo.*
Opile, *occludo.*
Pile, *tundo.*
Style, *inſtruo.*
Vacile, *vacillo.*

Voyez les autres verbes en iler.

ILE. long. & ISLE.

ſubſtantifs feminins.

Huile, *oleum.* d'olive, *olivum.* de noix, *nuceum.* vierge, *prodromum.* preſſée, *tortivum.* la plus pure huile, *flos olei ſecretus ab amurca.* la plus épaiſſe, *olei faces.* de chanvre, *canabinum.* de lin, *lineum.* de navette, *napinum.* de roſe ou roſat, *roſaceum.* abondant en huile, *oleoſus.* d'huile, *olearius, olearis.* moulin à huile, *mola olearia, olearis.* ſemblable à l'huile, *oleaceus.* qui verſe l'huile, *capulator.* pour les viandes, *edule.* pour oindre, *unguentarium.* ſainte huile, au pluriel, *ſanctum oleum.* Extrême-onction, *unctio extrema.*

Iſle, l'*s* ne ſe prononce point, *inſula.*

Preſqu'iſle, *ou* Péninſule, *peninſula.*

Tuile, *later.* à couvrir, *tegula.* plate, *planus later.* creuſe, *imbrex.* à crochet, *uncinatus.* gironnée, *pinnulatus.* faîtiére, *major imbrex.* verniſſée, *ſaudarucanus.* petite tuile, tuileau, *laterculus.* piéce de tuile caſſée, *teſta.* fait de tuile, *lateritius.* qui eſt de tuile, *laterarius.* façonnée en tuile creuſe, *imbricatus.*

ILLA. *voyez* LA.

ILLANT. *voyez* ANT.

ILLE. qui ſe mouille.

ſubſtantifs feminins.

Aiguille à coudre, *acus.* de cadran, *ou* d'horloge, *gnomon.* aimantée, *magnetica.* aiguille de tête d'une femme, *acus capillaris.* de cheveux, *crinalis.*

Aiguille, obéliſque, pyramide, *pyramis, obeliſcus.* de clocher, *templi obeliſcus.*

Anguille, poiſſon, *anguilla.* de fil en Aiguille, *ex amuſſi.*

Apoſtille, *appendicula.* —d'une lettre, *appendix.*

Baſtille, priſon, *carcer quem Baſtillam vocant Pariſiis.* petit Fort, *caſtellum.*

Béatilles, au plur. *leves & delicati cibi.*

Belle-fille, *nurus.* item : ſorte de pomme.

Béquille, *ſcipio.*

Bétille, *lineæ telæ genus*

Bille de billard, *clava.* petite, *clavula trudicula.*

d'embaleur, *sarcinatoris clavula.*

Bille de bois, *clavula lignea.*

* Bisbille, terme populaire, *jurgium.*

Blanquille, monnoie de Maroc, valant à peu près six blancs.

Broutilles, au plur. *culeoli.*

Brusquembille, jeu de cartes.

Camomille, *camomilla, camœmelum.*

Canetille, *ou* cantille, *tæniola, vittula.* d'or & d'argent, *aurea & argentea.* plate, *plana.* ronde, *rotunda teresque.* chamarré de Canetille, *segmentatus.*

Cantatille, petite cantate.

Cascarille, écorce des Indes Orientales, *cascarilla.*

Castille, Royaume, *Castella, Celtiberia.* de Castille, *ou* Castellan, *Castillanus, Celtiber.*

Caudille, terme du jeu d'Ombre.

Chenille, *eruca, campe, multipeda.* petit agrément de soie dont on pare les jupes, *serica tæniola undatim flexa.*

Cheville, *subscus.* d'un char, *operaria subscus.* coulisse, *mobilis subscus.* de luth, *claviculus.* du pié, *malleolus.* d'un verre, *inane versûs complementum.*

Choupille, terme de Chasseur, & nom de chien.

Cochenille, graine à teindre en écarlate, *vermiculus Indicus.*

Codille, terme de jeu.

Coquille, *concha.* d'œufs, *ovi putamen.* d'un limaçon, *testa limacis.* au fig. *minima quæque.*

Cordille, jeune thon.

Courtille, jardin.

Croustille, petite croûte, *crustula.*

Dille, vieux mot, Fausset, *veruculum doliare.*

Drille, vieux haillon, *vetus & detrita lacinia.*

un Drille, *pannosis vestibus opertus.*

Ecrille, sorte de clôture.

Effondrille, au plur. *fæces.*

Esquille, *schidia.*

Etrille, *strigilis.*

Famille, *familia.* pere de famille, *paterfamilias.* fils de famille, *filiusfamilias.* chefs de famille, *patresfamilias.* d'une même famille, *gentilis.*

Faucille à couper, *secula, falcula.*

Fibrille, *-illa.*

Fille, *filia, nata.* petite, *filiola.* petite fille, *neptis.* arriére petite fille, *proneptis.* belle fille, *privigna.* fille à l'égard du sexe, *puella virgo.* appartenant à fille, *puellaris.* fille non mariée, *virgo, nuptiarum expers.* fille de chambre, *ancilla cubicularis.* servante, *famula.* fille de joie, *meretrix, scortum.*

substantifs féminins.

Flotille, petite flotte.
Fondrille, lie, *fæx.*
Gautier-Garguille.
Gentille, adj. *lepida.*
Golille, collet à l'Espagnol.
Goupille, clavette, *cuneus.*
—de fusil, *subrues.*
Grille, *crater.*
—de religion, *craticula.*
—herse de porte, *cataracta.*
—barreaux, *chlatri.*
Guenille, *detritæ vestis cento.*
Hatille, *recentis suillæ frustum.*
Jonquille, fleur, *jonquilla, narcissus Iberus.*
Lentille, graine, *lens.* figure de lentille, *figura lenticulæ.* lentille, verre, *vitrum lenticulare.* tache au visage, *lintigo.* d'eau, herbe, *lenticula palustris.*
Mandille, *penula.*
Manille, terme de jeu d'Ombre.
Mantille, espéce de fichu que portent les Dames.
Morille, *fungus pumicosus.*
Nille, *pampinus.*
Pacotille, terme de Commerce de mer; on écrit aussi paquotille.
Papille, *-illa.*
Peccadille, petit péché, *noxa levis.*
Pointille, *jurgii causa subtilissima.*
Quadrille, troupe de Cavaliers, *agmen.* sorte de jeu de cartes.
Quille, *metula.* jeu, *metularum ludus.*
Quille de navire, *navis spina stercobata.* quille de char, *temo.*
Quintille, jeu de l'Ombre à cinq.
Roquille, moitié d'un demi septier, *semi-sextarius.*
Roupille, *substrictum equestre sagulum.*
Séville, ville, *Hispalis.*
de Séville, *Hispalensis.*
Simille, vieux mot, froment, *triticum.*
Smille, terme de Maçon, *acutus utrinque malleus.*
Soudrille, *famula.* méchant soldat, *gregarius miles.*
Souquenille, vêtement, *vestis crassior & sordidior.*
Spadille, terme de jeu d'Ombre.
Squille, oignon, *squilla.*
Tormentille, herbe, *septifolium.*
Torpille, poisson, *torpedo.*
Vanille, graine.
Vétille, *nugæ.*
Volatile, *volatilia.*
Volille.

VERBES.

verbes au présent, &c.

Babille, *garrio.*
Boursille, *de meâ pecuniâ confero.*
* Brandille, *moto.*
Brille, *emico.*
Cheville, *fibulo.*
Croustille, *crustulas comedo.*
Dessille, *oculos aperio.*
Détortille, *evolvo.*
Ecarquille, *divarico.*

verbes au présent, &c.

Echenille, *erucas excutio.*
Egosille, (s') *vociferatur.*
Entortille, *involvo.*
Entortille, (s') *convolvit.*
* Eparpille, *spargo.*
Etrille, *strigili defrico.*
Fourmille, *affluo.*
Fretille, *inquietus sum, mobilitor.*
* Gaspille, *dilapido.*
* Gouspille, *dispergo.*
Grille, *asso.*
Habille, *vestio.*
* Houspille, *disturbo.*
Pétille, *crepito.*
Pille, *expilo.*
Recoquille, *cochleæ in morem similo.*
Sille, *oculos claudo.*
Sourcille, *supercilia tollo.*
Tortille, *torqueo.*
Voyez les autres verbes en iller.

ILLÉE. *voyez* LÉE.

ILLER. *voyez* LER.

ILLERE. *voyez* ERE.

ILLET. *voyez* ET.

ILLEUX. *voyez* EUX.

ILLI. *voyez* LI.

ILLIR. *voyez* IR.

ILLIS. *voyez* IS.

ILLON. *voyez* LON.

ILTRE.

m Filtre, breuvage pour donner de l'amour, *philtrum.*
v il Filtre, *colat.*

ILVE.

f Sylve, *-va.*

IM.

f Crim, ville, *Crimea.*
Tartares de Crim, *Tartari Crimei.*
m Ibrahim, Sultan.
Intérim, Gouverneur par Intérim.
Platatim, adv. burlesque.
m Solim, Sultan.
Thummin, terme Hébreu.
Urim, terme Hébreu.
Zaïm, *eques apud Turcas.*
Voyez AIM. & AIN.

IMBE.

m Limbe, bord d'un astre ou d'une planéte, *limbus.*
Limbes, au plur. lieu où sont les ames des enfans morts sans Baptême, *limbi.*
v Regimbe, (il) *recalcitrat.*

IMBRE.

m Cimbre, peuple, *-ber.*
m Timbre d'une cloche, *cymbalum.* d'un casque, *coronis.* marque, *nota.*
m Timbre, cervelle, *cerebrum.*
v Timbre, *noto.*

IME, long, *ou* ISME.

m Abîme, *abyssus.*

v Abîme, *devoro.*
f Dîme, *decima.*
v Dîme, *decimas colligo.*

Voyez le pluriel des prétérits des verbes qui n'ont pas er *à l'infinitif, pour ceux qui voudront rimer au pluriel :* prîmes, puuîmes.

IME. bref.

ſubſtantifs & adjectifs maſculins & féminins.

Ampliſſime, *-mus.*
Anonyme, ſans nom, *anonymus.*
Baſſiſſime, *profundiſſimus.*
Cacochyme, *vitioſis humoribus redundans.*
Callionyme, poiſſon de mer, *callionymus.*
Catholiciſſime, très-Catholique, *catholiciſſimus.*
Cime, *vertex.*
Circonſpectiſſime, *-mus.*
Clariſſime...
Crime, *crimen.* énorme, *ſcelus.* honteux, *turpe facinus.* capital, *-ale crimen.* de lèze-Majeſté, *Majeſtatis læſæ crimen.*
Cryptonyme, Auteur qui cache ou déguiſe ſon nom.
Décime, *decima.*
Eminentiſſime, *-mus.*
Engaſtronyme, qui parle de l'eſtomach.
Eſcrime, *gladiatura.*
ſalle d'Eſcrime, *laniſtæ ludus.*
maître d'Eſcrime, *laniſta.*
Eſtime, *æſtimatio.* calcul, *numeratio.* réputation, *fama.* conſidération, *exiſtimatio.*

ſubſtantifs & adjectifs maſculins & féminins.

Excellentiſſime, *-mus.*
Fauſiſſime, *falſiſſimus.*
Fourbiſſime, *vaferrimus.*
Généraliſſime, *-mus.*
Ginglyme, terme d'Anatomie., charniére, *ginglymus.*
Grandiſſime, *-mus.*
Grime, *puſio.*
Habiliſſime, *eruditiſſimus.*
Homonyme, *-mus.*
Ignorantiſſime, *ignariſſimus.*
Illégitime, *-mus.*
Illuſtriſſime...
Infime, vieux mot, *infimus.*
Infinitéſime, ſous-entendant partie, *infiniteſima pars.*
Ingratiſſime, vieux mot, *ingratiſſimus.*
Intime, *-mus.*
Légitime, *-mus.* juſte, *-tus.* enfant légitime, *ingenuus.* non légitime, *nothus.*
Légitime, portion d'héritage, *hæreditatis legitima portio.*
Lime, *-ma.*
Longanime, *-mus.*
Maritime...
Maxime, Empereur, *Maximus.*
Maxime, *apophthegma.* d'Etat, *ratio ſtatûs.*
Milléſime, *-mus.*
Mime, bouffon, *mimus.*
Minime, Religieux, *Minimus.*
couleur Minime, *fuſcus color.*
Monorime, poëſie ſur une

Subst. & adject. masc. & femin.

même rime, *monorythmus.*
Nobilissime, *-mus.*
Pantomime...
Piissime...
Polyonyme...
Prime, jeu, *prima.* c'est aussi une des Heures Canoniales.
Prime, vieux mot, pour Premier, *primus.*
Pseudonyme, qu prend un faux nom, *pseudonymus.*
Pusillanime, *-mus.*
Quadragésime, *ou* Carême, *quadragesima.*
Quinquagésime, *-ma.*
Rarissime, *-mus.*
Régime de vivre, *vescendi ratio.* de vie, *vitæ institutum.* diéte, *diæta.* terme de Grammaire, *regimen.*
Révérendissime, *-mus.*
Rime, *rythmus.* suite, connexion, *nexus.*
Saintissime, *sanctissimus.*
Sçavantissime, *doctissimus.*
Septuagésime, *-ma.*
Sexagésime...
Simplicissime, très-simple, *simplicissimus.*
Sublime, *-mis.* relevé, *eximius.*
Synonyme, *-mus.*
Victime, *-ma.*
Unanime, *-mus.*
Yphtime, nymphe qui fut mere des Satyres.

VERBES.

Verbes au présent & au subjonctif.

Anime, *excito.*
Décime, *decimas colligo.*
Elime, *tero.*
Envenime, *veneno inficio.*
Estime, *æstimo, existimo.*
Exprime, *-mo.*
Imprime, *prælo excudo.*
Intime, terme de Palais, *denuntio.*
Lime, *-mo, limâ detero.*
Mésestime, *parvipendo.*
Opprime, *-mo.*
Prime, *præoccupo.*
Rédime, vieux mot, *-mo.*
Réimprime, *iterùm typis mando.*
Réprime, *-mo.*
Rime, *eodem sono termino.*
Sublime, *-mo.*
Supprime...
Voyez les autres verbes en imer.

IMNE.

f Hymne, *-nus.*
f Méthymne, ville, *-na.*

IMPE.

f Guimpe de Religieuse, *fascia pectoralis.*
v Grimpe (il) *ascendit.*
m Olympe, ciel *ou* montagne, *Olympus.*

IMPHE. ou YMPHE.

f Lymphe, *-pha.*
f Nymphe, *-pha.* des eaux, *Naïas, Nereis.* des forêts, *Dryas, Hamadryas.* des montagnes, *Oreas.* des jardins, *Napæa.*

Paranymphe, *-phus.*

IMPLE.

a Simple, non double, *simplex.* sans ornement, *minimè ornatus.* habit simple, *vestis sine ornatu.* sincère, *-rus.* qui n'est guère fin, *incautus.* sans malice, *innocens.*

f Simple, herbe, *herba medica.*

IN.

Parmi les mots terminés en in *&* ine, inus, a, um, *il y en a plusieurs qui sont substantifs, & beaucoup d'adjectifs, de qualité, profession & office, &c.*

substantifs & adiectifs masculins.

Abyssin, nom de peuple, *Abyssinus.*

Adultérin, *-us.*

Afin, adv. *ut.*

Agnelin, au plur. *agninæ pelles.*

Aigrefin, poisson de mer: on appelle aussi de la sorte un Chevalier d'industrie.

Airain, cuivre, *æs.*

Aldobrandin, nom d'un Cardinal & Ministre d'Espagne.

Alexandrin, espéce de vers, *Alexandrinus.*

Altin, Royaume de la grande Tartarie, *Altinum regnum.*

Alvin, poisson, *seminalis piscis.*

Ambrelin, *succineus.*

Anodyn, remède, *remedium anodynum.*

substantifs & adiectifs masculins.

Antonin, Empereur, *-us.*

Apocyn, arbrisseau, *apocynum.*

Apostolin, Religieux, *-us.*

Aquilin. . .

Archipatelin, *veterator astutissimus.*

Architriclin, *-us.*

Arétin, Poëte Italien, *Aretinus.*

Argentin, *-us.*

Argousin, terme de Marine, *satelles remigibus regendis ac custodiendis præpositus.*

Arlequin, bouffon, *Arlequinus.*

Armoisin, taffetas des Indes Orientales, *pannus sericus.*

Assassin, *sicarius.* mouches qu'on met sur le visage, *macula nigra.*

Aubépin, arbre, *alba spina.*

Avertin, *vertigo.*

Avortin, *-us.*

Augustin, nom propre, *Augustinus.*

Avranchin, *Abrincensis ager.*

Badin, *joculator.*

Baladin, *saltator.*

Baldaquin, *umbella.*

Ballotin, *sarcinula.*

Bambin, *puer lactens.*

Bardin, Auteur François.

Bassin, *polubrum.* plat, *discus.* de chaise percée *scaphium.* de balance, *lanx.* de fontaine, *crater.*

Bavardin, *loquax, futilis.*

Bazin, étoffe, *pannus xylinus tenuis.*

Bec-de-corbin, *rostrum corvinum.* c'est aussi un instrument en usage dans les Sucreries.
Bedoüin, *ou* Bedun, secte qui croit en la loi d'Héli, qu'elle dit être oncle de Mahomet.
Beguin, *puerilis calantica.*
Béguin, Religieux du tiers Ordre de Saint François, *Beguinus.*
Beledin, coton du Levant.
Bénédictin, Religieux, *Benedictinus.*
Benjamin, nom d'homme, *Benjaminus.*
Benin, *benignus.*
Bernardin, Religieux, *-us.*
Bernin (le Cavalier) Sculpteur.
Berretin, Religieux, *Barretinus.*
Bezestin, marché, halle.
Biscotin, *placenta.*
Blin, terme de Marine.
Blondin, *subflavus.*
Bobelin, *calceamenti plebeii genus.*
Bombakin, *bombycinum lanâ mistum.*
Bouccassin, *pannus lineus.*
Boudin, *botellus.* de sang, *sanguiculus.*
Boulin de Colombier, *cellula.* Boulin, solive que les Maçons mettent pour échaffauder, *transversum lignum.*
Boulingrin, *hortus cespitatus.*
Bouquin, *caprinus.* luxurieux, *-iosus.* vieux livre, *antiquus liber & vilis.*

substantifs & adjectifs masculins.

Cornet à Bouquin, *musicum cornu.*
Bouzin, terme de Carrier & de Maçon.
Bramin, Prêtre Indien idolâtre, *Braminus.*
Brandevin, eau de vie.
Bredindin.
Brigantin, *myoparo, navis prædatoria.*
Brigittin, Religieux, *-us.*
Brin, rameau, *ramusculus.* de paille, *festuca.*
Brodequin, *cothurnus.*
Bulletin, *ædilitiæ litteræ.*
Burin, *cœlum.*
Butin, *præda.*
Cadouin, Religieux, *-us.*
Caïn, fils de Noé, *Caïnus.*
Calbotin, *quasillus sutorius.*
Calchaquin, peuple de l'Amérique Méridionale.
Calepin, *-us.*
Calin, paysan, *rusticus.*
Callixtin, sectaire.
Canepin, *summa ovis cuticula.*
Canin, *-us.*
Canobin, le principal Monastère des Religieux Maronites.
Capucin, Religieux, *-us.*
Carabin, *eques sclopetarius.*
Carmin, rouge, *minium.*
Casaquin, *chlamydula.*
Casetin, *Typorum casula.*
Cassetin, terme d'Imprimerie, *loculamentum.*
Cavin, terme de guerre, *locus nativâ cavitate tectus ab hostibus.*

substantifs & adjectifs masculins.

Céleſtin, Religieux, *Cœleſtinus.*
Céleſtin, vieux mot, pour Céleſte, *Cœleſtis.*
Chafouin, *cujus ridiculus eſt vultus.*
Chagrin, *triſtitia.* qui eſt triſte, *mœſtus.*
Chagrin, cuir dur, *ſquali corium.*
Chapin, chauſſure Eſpagnole.
Chélin, monnoie, *chelinum.*
Chemin, *via, iter.*
Chérubin, *cherubinus.*
Chevrotin, *hædina pellicula.*
Chicotin, poulpe de coloquinte, *pulpa colocyntidis.* herbe appellée orpin, *craſſula major.*
Chriſtodin, ancien nom des Calviniſtes.
Circonvoiſin, *circumjectus.*
Ciſalpin, *-pinus.*
Citadin, *civis.*
Citrin, *-us.*
Clandeſtin...
Clarenin, Religieux...
Claveſſin d'épinette, *majus organum fidiculis intextum.*
Clementin, *-us.*
Clin d'œil, *nictatio.*
Coffin, vieux mot, *cophinus.*
Colletin de buffle, *thorax coriaceus.*
Colombin, couleur, *columbinus.*
Confins, au plur. *fines, termini.*
Conin, *cuniculus.*
Conſanguin, *-neus.*
Conſtantin, Empereur, *-us.*
Contadin, payſan habitant de la campagne.
Coquin, *nequam.*
Coralin, *-us.*
Corbin, vieux mot, *corvus.*
Couſin, fils des deux freres, *patruelis.* des deux ſœurs, *conſobrinus.* du frere & de la ſœur, *amitinus.* iſſu de germain, *ſobrinus.*
Couſin, moucheron, *culex tinnulus.*
Couſſin, carreau à s'aſſeoir, *pulvinus.* petit couſſin, *pulvillus.* fait en forme de couſſin, *pulvinatus.* couſſin de tête, *cervical.*
Craquelin, *libum.*
Cremlin, palais du Czar à Moſcou.
Crêpin (ſon ſaint) ſon fait, *peculium.*
Crin, *crinis.*
Crottin.
Cryſtallin, *-us.*
Cucurbitin, terme de Médecine.
Culotin, enfant nouvellement en culotte.
Cumin, herbe, *-um.*
Dandin, *ſtultus.*
George Dandin, *Georgius Dandinus.*
Dauphin, poiſſon, *delphinus.* fils aîné de France, *Delphinus.*
Déclin d'arme à feu, *ſchaſterium.*
—d'un Empire, *declivitas.*
Deſtin, *fatum.*

Devin, *vates.*
Diablotin, *nequam.*
Diamantin, *adamantinus.*
Divin, *-us.*
—excellent, *eximius.*
Doguin, *canis Britannici catulus.*
Dominiquin, *ou* Dominicain, Religieux, *Dominicanus.* c'est aussi le nom d'un Peintre.
Ecarlatin, *sicera purpurea.*
Echevin, *Scabinus.*
Ecrin, coffret, *cistella.*
Enclin, *propensus.*
Enfantin, *puerilis.*
Enfin, *denique.*
Engin, machine, *machina.* Item : vieux mot, *ingenium.*
Entérin, vieux mot, *integer.*
Eparvin de cheval, *nervorum rigor.*
Escalin, monnoie, *escalinus.*
Escarpin, *socculus.*
Espadassin, un traîneur d'épée.
Esterlin, monnoie d'Angleterre.
Estrapontin, *stratum.*
Euxin (Pont) mer, *Pontus Euxinus.*
Fagotin, bouffon, *scurra.*
Fantassin, *pedes.*
Faquin, *despectus.*
Farcin, *scabies equina.*
Féminin, *-us.*
Férin, terme de Médecine, *ferinus.*
Festin, banquet, *convivium.*
Fin, *finis.*

sans Fin, *infinitus.* infiniment, *in infinitum.* sur la fin, *ad extremum.* à quelle fin, *quorsum?* mettre fin, *conficere.*
à la Fin, *tandem.*
Fin, borne, *terminus.* limite, *limes.* issue, *eventus, exitus.* clôture, *clausula.*
bonne Fin, *fœlix exitus.* mauvaise fin, *exitium.*
Fin, terme de Palais, *juris exceptio.*
Fin, intention, *intentum consilium.*
Fin, au fig. la mort, tirer à la fin, *esse in extremo spiritu.*
Fin, *tenuis.* délié, *exilis.* pur, *purus.* exquis, *-situs.* précieux, *-iosus.* drap fin, *pannus subtili stamine.* argent fin, *argentum pustulatum.* or fin, *aurum obrizum.*
Fin, subtil, *-lis.* rusé, *astutus, callidus.* pénétrant, *acutus.* ingénieux, *argutus.*
Fin, délicat pour les viandes, *palatum sagax.*
Flandrin (grand) *magnus Belga.*
Florentin, *-us.*
Florin, monnoie, *florinus.*
Fortin, petit fort, *castellum.*
Franciscain, Religieux, *Franciscanus.*
Francolin, oiseau, *atagen.*
Fretin, *piscium quisquiliæ.*
Frusquin (son) *peculium.*
Funin, cordage, *funium apparatus.*

substantifs & adjectifs masculins.

Fusin, crayon, *graphium.*
Galopin, marmiton, *coquinarius.*
Garbin, vent, *Africus.*
Gazetin, petite gazette.
Gobin, *gibbus.*
Gibelin, nom d'homme, *Gibelinus.*
Gigantin, *giganteus.*
Gilotin, écolier de Sainte Barbe à Paris.
Gobelin, *lemur.* Item : homme facile à tromper.
Godin, veau déja fort.
Gonin (un maître) *lepidus homo.*
Gorgetin, *hypotrachelium.*
Gerondin *ou* Girondin, *Gerondinus* ou *Girondinus.*
Gostampin, arbre des Indes.
* Gourdin, bâton, *fustis.*
—de navire, *fustis.*
Gradin, *gradus minor.*
Grandolin, terme provincial, *insulsus.*
Grapin, instrument de fer, *harpago.*
Grassin, milice de nouvelle création.
Gratin, *pultis crassamen.*
Gredin, *mendicus.*
Grappin, terme de Marine.
Gribelin, Peintre, *-us.*
Grimelin, *pusio.*
Gris de lin, *color violaceus dilutior.*
Guilledin, cheval, *mannus tolutarius.*
Hutin, vieux mot, *altercatio.*
Jacobin, Religieux, *Dominicanus.*

substantifs & adjectifs masculins.

Jardin, *hortus.* potager, *olitorius.* à fleurs, *coronarius.* de plaisir, *voluptuarius.* à compartimens, *topiarius.* sur le couvert des maisons, *horti pensiles.* qui appartient au jardin, *hortensis.* qui a soin du jardin, *hortulanus.*
Jasmin, fleur, *-us.*
Jenin, vieux mot, sot, idiot.
Ignorantin, *ignarus.*
Incarnadin, *roseus.*
Intestin, *-inus.* domestique, *domesticus.* boyau, *intestinum.*
Juin, mois, *Junius.*
Jupin, Jupiter.
Justin, nom d'homme, *Justinus.*
Lambin, *lentulus.*
Lambrequin, *laciniæ fluentes ex galeâ.*
Lamentin, gros poisson de mer, *lamentinus piscis.*
Lapin, *cuniculus.*
Larcin, *latrocinium.*
Latin, *-us.* pays Latin *ou* l'Université, *Regio latina.*
Lectrin, vieux mot, *pluteus.*
Léonin, sorte de vers, *versus leoninus.*
Lévantin, *Orientalis.*
Libertin, *dissolutus.*
Lin, sorte de navire, *linter.*
Lin, *linum.*
Londrins, sorte de draps.
Lopin, *frustum.*
Lupin, légume, *lupinum.*
Lutin, *larva.*
Lutrin, *pluteus.*

Subſtantifs & adjectifs maſculins.

Magaſin, *apotheca.*
Maillotin, vieux mot, *tudicula.*
Mairin, pour Maire.
Malendrin, *leproſus.*
Malengin, *dolus malus.*
Malin, *malignus.*
le Malin, *diabolus.*
Mandarin, Grand de la Chine, *Mandarinus.*
Manequin, panier, *profunda ciſta.*
Manequin, modéle des Peintres, *ligneum hominis ſimulacrum.*
Marcaſſin, *aperculus.*
Marin, nom, *Marinus.* qui eſt de mer, *maritimus.*
Pié-Marin, *rei navalis peritus.*
Cheval Marin, *equus marinus.*
Veau Marin, *vitulus marinus.*
Maroquin, peau, *hircinum corium.* noir, *nigrum.* rouge, *rubrum.* violet, *violaceum.* verd, *viride.* jaune, *flavum.*
Maſculin, *-us.*
Mataſſins, au plur. danſe, *ludionis ſaltatio.*
Mathurin, Religieux, *Mathurinus.*
tranchées de Saint Mathurin, fig. folie, *amentia.*
Mâtin, *canis villaticus.*
Matin, *matutinum.*
Mazarin, nom d'homme, *Mazarinus.*
Mazelin, *ou* Mazerin, vieux mot, *poculum.*

Subſtantifs & adjectifs maſculins.

Médecin, *medicus.*
Médiaſtin, *-us.*
Menin, *puer honorarius.*
Merlin, vieux mot, ſorcier, *merlinus.*
Meſchin, Meſchine, vieux mot, jeune garçon, jeune fille.
Meſquin, *ſordidus, vilis.*
Miramolin, *-us.*
Mont-Ferrin, habitant du Mont-Ferrat.
Moulin, *moletrina.*
fer à Moulin, terme d'Armoirie, *ferrum moletrinæ decuſſatum.*
Muſcadin, *apianus.*
Mutin, *rixoſus, pervicax, ſeditioſus.*
Nanquin, ville, *Nanquinum.*
Nervin, *-us.*
Obſervantin...
Ohin, *defectus.*
Orphelin, *orphanus.*
Orpin, orpiment, *auripigmentum.*
Oudin, Auteur François, *Oudinus.*
Paladin, *-us.*
Palanguin, chaiſe à porteur des Indes, *palanguinum.*
Palatin, *-us.*
Papalin...
Papin, bouillie, *pulticula.*
Parchemin, *pergamenus.*
Paſquin, ſtatue mutilée de Rome, d'où les Paſquinades ont pris leur nom, *Paſquinus.*
Paſquin *ou* Paſquinade, ſatyre piquante, *programma maledicum.*

Patelin,

Substantifs & adjectifs masculins.

Pascalin, machine d'Arithmétique.
Pasquin, *-us.*
Patelin, *deceptor, palpator.*
Patepin.
Patin, soulier, *altior calceus.*
Patin à aller sur la glace, *solea ferro instructa.*
Patin, Médecin & Epistolaire François.
Pavin (Saint) Poëte François, *Pavinus.*
Pekin, ville, *Pekinum.*
Pélerin, *peregrinus, viator.*
Pepin, *granum, acinus.*
Peregrin, faucon, hagard, *peregrinus.*
Périgourdin, *Petragorensis.*
Perlinpinpin.
Picotin d'avoine, *quadrans avenarii modioli.*
Pin, *pinus.* pomme de pin, *pomum pineum.*
Plaisantin, Acteur qui joue dans une farce.
Plantin, herbe, *plantago.*
Poitevin, *Pictavus.*
Potin, métal composé, *æs mixtum.*
Poulévrin à amorcer un mousquet, *pyxis pulveraria.*
Poupelin, *lactarium crustulum.*
Poupin, *concinnus.*
Poussin, *pullus.*
petit Poussin, *pullulus.*
Le Poussin, Peintre.
Prin, vieux mot, *primus.*
Provin de vigne, *propago.*
rose de Provin, *rosa trachiana.*

Substantifs & adjectifs masculins.

Pulvérin, poële à poudre à canon, *pyxis pulveris tormentarii.*
Quadrin, denier Romain moderne.
Quatre-vingts, espéce de légitime coutumiére des biens propres.
Quintin, toile fine, *tela Quintiniana.*
Rabbin, Docteur Juif, *Rabbinus.*
Raisin, fruit de vigne, *uva.* grappe de raisin, *racemus.* grain de raisin, *acinus.* raisin muscat, *uva apiana.* de corinthe, *corinthia.* séché au soleil, *passa.* de Gréce, *gracula.* de damas, *damascena.* frumenteau blanc & dur, *duracina.* à grains rouges, *taminia*, vel *purpurea.* confit, *condita.* propre à confire, *condimentaria.* blanc, appellé goët, *rabuscula* ou *ravuscula.* de raisin, *racemarius.* abondant en raisin, *racemosus.*
Ramequin, ragoût, *condimentum.*
Raphael d'Urbin, excellent Peintre.
Rapin, Auteur François.
Ravelin, *lenula.*
Ravin, *aqua torrens.*
Repentin, vieux mot burlesque.
Replein, vieux mot, *plenus.*
Réveil-matin, celui qui éveille les autres, *matutinus excitator.* horloge

Substantifs & adjectifs masculins.

qui réveille, *æreum suscitabulum*. herbe appellée tintimale, *-lum*.
Révolin, tourbillon, *turbo*.
Rhin, fleuve, *Rhenus*.
Robin, *togatus*.
Robin, nom d'homme, *Robinus*.
Rondelin, mot burlesque, homme fort rond.
Romain, *Romanus*.
Romarin, arbrisseau, *ros marinus*.
Roussin, *equus crassus*.
Saladin, Soudan, *Saladinus*.
Salin, *-us*.
Salins, au plur. ancienne Jurisdiction de la Rochelle.
Sanguin, *in quo sanguis prævalet*.
Sapin, arbre, *abies*.
Sarrasin, Poëte François, *Sarrasinus*. Peuple, *Sarracenus*.
Satin, ras, *sericum rasum spissius*.
Sauvagin, chair de bête sauvage, *ferina*.
Scopetin, *eques catapultâ recurvâ armatus*.
Scrutin, *scrutinium*. —recueil des suffrages, *suffragiorum collectio*.
Sebelin, v. m. *zibelinus*.
Sequin, monnoie, *-um*.
Séraphin, *-us*.
Serpentin, *-us*. de serpent, de mousquet, *catapultariæ admovendæ machinula*. terme de Chymie, tuyau de cuivre fait en serpent, *tubus serpens*. coulevrine, piéce d'artillerie, *tormentum à colubro dictum*. marbre tacheté, *ophytes*.
Sibyllin, *sibyllinus*.
livres Sibyllins, *sibyllini libri*.
Smectin, *terra saponaria*.
Songe-malin, *fraudum assiduus artifex*.
Spadassin, *machærophorus*.
Sterlin, monnoie, *sterlinum*.
Strapontin, *lectus pensilis*. petit siége, *sedecula mobilis*.
Suint, pour Sueur.
Sultanin, monnoie Turque, *sultaninus*.
Superfin, terme des Tireurs d'or, *perexilis*.
Tabarin, bâteleur, *histrio*.
Tabourin, *tympanum*.
Talapoin, Officier Indien.
Tamarin, fruit, *myrice*.
Tambourin, *ou* Tabourin, sorte de perle.
Tantin, vieux mot, *tantillum*.
Taquin, *tenax*.
Tarin, oiseau, *-us*.
Tarquin, Empereur...
Tâte-vin, sorte d'instrument.
Taupin, *nigellus*.
Tetin, *papilla*.
Théatin, Religieux, *-us*.
Thin, *ou* Thym, herbe, *thymus*.
Tinrelintintin, terme populaire.
Tintin de sonnette, *tinnitus campanæ*.

subst. & adj. mascul.

Tintouin, *aurium tinnitus.*
Tocsin, *ou* Toxin, *campana signum tumultuarium.*
Transmarin, au-delà de la mer.
Transpontin, *-us.*
Traversin, *pulvinar.*
Trivelin, *-us.*
Trotin, laquais, *pedissequus.*
Troussequin, *posticus ephippii arculus.*
Tubalcaïn, *-us.*
Turin, ville, *Taurinum.*
Turlupin, *insulsus sanio.*
Turquin, bleu, *cæruleus Turcicus.*
Vagin, terme de Médecine, *vagina.*
Varadin, ville, *-um.*
Vélin, *membrana.*
Venin, *venenum.*
Vercoquin, caprice, *morositas.*
Vertugadin, *infantis custos.* habit Espagnol.
Victorin, *-us.*
Villebrequin, *terebellum.*
Vin, *vinum.* pur, *merum.* mêlé d'eau, *dilutum.* blanc, *album.* rouge, *rubrum.* noir, gros vin rouge, *atrum*, *nigrum.* clairet, *rubellum.* paillet, *helvum.* cuit, *sapa*, *defrutum.* nouveau, *novum.* qui a de la force, *ingentium virium.* foible, qui n'a point de force, *nullarum virium.* petit vin, *villum*, *leve vel tenue vinum.* sans saveur, *infirmi saporis*, *languidius.* rude, dur, *durum.* doux, *mustum.* de liqueur, *dulce.* ferme, de garde, *firmissimum.* poussé, *vappa.* qui passe, *fugiens.* de l'année, *hornum.* qui sent le terroir, *resipiens virus terrenum.* du pays, *indigena.* de dépense, *lora.* de la piquette, *acinaceum*, *fæcatum.* de montagne, *collinum.* qui est dans sa boite, *mediâ ætate.* aigre, *acidum.* un peu aigre, *subacidum.* de mere goutte, *lixivium* ou *protropum.* de pressurage, *circumcidaneum mustum.* qui se veut boire, *quod promi postulat.* qui n'est point dans sa boite, *nondum promendum ad usum.*

subst. & adj. mascul.

Vin de premiére cueillette, *præliganeum procoquum.* vieux, *vetus.* clair, *pellucidum.* âpre, *asperum.* puissant, *vehemens.* piquant, *acris morsûs.* fumeux, *fumosum*, *fumidum.* gros, moëlleux, *crassius & succi plenum.* léger, *tenue.* de deux ans, *bimum.* de trois, *trimum*, *trienne.* de quatre, *quaternum.* de cinq, *quinum.* de dix, *denum.* de vingt, *vicenum.* de trente ans, *tricenum vinum.* mistionné, *conditum.* médecinal, *medicatum.* cuit, *defrutum.* pour le ménage, *cibarium.* pour les ouvriers, *operarium.* de

Substantifs & adjectifs masculins.

pressoir, *tortivum.* qui n'est pas de garde, *fugiens.* éventé, *evanidum.* verd, *acerbum.* pur & net, *purum & defæcatum.* vin muscat, *apianum.* d'Espagne, *Hispanicum.* d'absynthe, *absynthites.* d'hyssope, *hyssopites.* d'aurosne, *abrotonites.* de thym, *thymites.* de fenouil, *marathrites.* de réglisse, *glycyrrithes.* adonné *ou* sujet au vin, *vino deditus.* suc qui a le goût du vin, *succus vinosus.* de suc de vin, *saporis vinosi.* qui boit du vin, *vini potor.* qui ne boit point de vin, *abstemius.* plein de vin, *temulentus*, *madidus.* qui aime le vin, *vinolentus.*

de Vin, *vinarius.* esprit de vin, eau-de-vie, *aqua vinaria.* vase, où on met le vin, *vas vinarium.* la cave du vin, *cella vinaria.* vaisseau à porter le vin, *œnophorum.* lieu où on vend le vin, *œnopolium.* qui vend du vin, *vinarius propola.*

cuver le Vin, *mustum in lacu fervefacere.* bondonner le vin, *vinaria dolia operculare.* nourrir le vin, *vinum affusè vino fovere.* le rafraîchir, *refrigerare.* le traiter, *curare.* le frelater, *infuscare.* le temps de goûter le vin, *vinalia.* le tirer, *haurire*, *promere.*

Substantifs & adjectifs masculins.

le tremper, *diluere, aquâ macerare.* sentir le vin, *vinum olere.* plein de vin comme une soupe, *vino suffusus.* cuver son vin, *crapulam exhalare.* filet de vin, *vini stilla.* doigt de vin, *vini haustus.* soupe en vin, *offa vinaria.*

Vin, surcroît du prix, *ou* marché, *accessio*, *corollarium.*

Voisin, *vicinus.*

Utérin, *-us.*

INC. & INQ.

Cinq, *quinque.*

m Zinc, sorte de demi métal, *zincum.*

INCE. & INSE.

v Grince, *dentibus strideo.*

a Mince, *gracilis*, *tenuis*, *subtilis*, *exilis*, *minutus.*

m Mince, fleuve, *Mincius.*

f Pince d'un collet, *cuspis.* —tenaille, *forceps ferreus.*

v Pince, *vellico.*

m Prince, *princeps*, souverain, *summo jure.* vassal, *alienæ ditionis.* du sang royal, *regius.* Prince des Poëtes, *Poëtarum princeps primus* vel *coriphæus.*

f Province, *-cia.*

v Rince, *eluo.*

Plus divers temps & diverses personnes d'une partie des verbes en nir : tinsse.

INCT.

a Diſtinct, *diſtinctus.* différent, *diverſus.* ſéparé, *ſecretus.*

m Inſtinct, *-us.* mouvement, *motus*, *impulſus.*

a Succinct, *brevis.* concis, *conciſus.* abbrégé, *contractus.*

INCTE.

f Diſtincte, *-ta.* choſe diſtincte, *res excreta.*

f Succincte, *brevis*, *contracta.*

INDE.

Blinde, au plur. terme de fortification, *pluteus.*

f. Clorinde, nom de femme, *Clorinda.*

m Coq d'Inde, *gallus Indicus.*

v. Guinde, *attollo.*

f Inde, *India.* couleur, *Indicum.* fleuve, *Indus.*

f Mélinde, nom de femme, *Melinda.*

f Olinde, nom de femme, *Olinda.* lame d'épée, *enſis lamina.*

m Pinde, montagne, *-dus.*

f Poule d'Inde, *gallina Indica.*

INDRE.

m Cylindre, *cylindrus.*

a Graindre, vieux mot, *grandior.*

m Indre, riviére, *Inger.*

Verbes à l'infinitif.

VERBES.

Atteindre, *attingere.*

Aveindre, tirer dehors, *depromere.*

Ceindre, *accingere.* ſon épée, *ſe gladio cingere.* une ville de murailles, *urbem mœnibus circumdare.*

Complaindre, *queri.*

Contraindre, *cogere.* ſe contraindre, *diſſimulare.* ſe retenir, *temperare ſibi.*

Craindre, *timere.* faire craindre, *metum incutere.*

Dépeindre, *depingere.* par paroles, *verbis deſcribere.*

Déteindre, *decolorare.* ſe déteindre, *colorem amittere.*

Enceindre, *præcingere.*

Enfreindre, *infringere*, *violare.*

Epreindre, *exprimere.*

Eteindre, *extinguere.* au fig. éteindre la vie, *vitam abolere.*

* Etreindre, *conſtringere.*

Feindre, *fingere.* faire ſemblant, *ſimulare.*

Freindre, vieux mot, *frangere.*

Geindre, vieux verbe, *gemere.*

Maindre, vieux mot, *manere.*

Peindre, *pingere.* en détrempe, *aquario ſubactu.* à l'huile, *pigmento oleario.* à freſque, *recenti albario.* en apprêt ſur le verre, *vitrum pingere.* avec

verbes à l'infinitif.

le fer chaud ſur la cire, *veruculo ceras pingere.* de la vaiſſelle de terre, *teſtacea encauſto vitreo.* un homme au vif, *ex vero vultum hominis graphicè fingere.* au vif la pâleur ſur le viſage, *ſuffundere in vultu pallorem.* achever de peindre, *famam jam obſcuratam planè denigrare.*

Plaindre, *gemere.* ſe plaindre, *queri.*

Reſtraindre, *reſtringere.* limiter, *moderari.*

Teindre, *inficere, imbuere.*

INE.

Subſtantifs & adjectifs feminins.

Acadine, fontaine de Sicile, *Acadina.*

Agrippine, Impératrice, *-na.*

Alphonſine, terme d'Aſtronomie, les tables Alphonſines, *tabulæ Alphonſinæ.*

Alvine, herbe, *abſynthium.*

Amarantine, fleur, *-ina.*

Androgyne, *-nus.* hermaphrodite, *-tus.*

Angéline, nom de femme, *Angelina.*

Angevine; on appelle ainſi en Anjou la fête de la Nativité de la Vierge.

Angine, maladie de la gorge, *angina.*

Annotine, Pâque annotine.

Argentine, herbe, *-ina.*

Armeline, peau de Laponie.

Aruſpicine, *-ina.*

Avanturine, *lapis fortuitus.*

Subſtantifs & adjectifs féminins.

Aubépine, *alba ſpina.*

Aveline, *avellana.*

Auſpicine, l'art de deviner, *auſpicina.*

Babine, *labium.*

Badines, pincettes légères.

Balancine, au plur. *rudentes.*

Balſamine, plante, *-ina.*

Baſſine, *lancula.*

Bécaſſine, *ruſticula minor.*

Béguine, *calantica mulier.*

Bernardine, Religieuſe, *-ina.*

Bête aſine, *aſinina beſtia.*

—chevaline, *caballina.*

Bobine, *fuſus.*

Botine, *ocrea.*

Boudine, nœud du verre.

Bouline, terme de mer, *adverſus à vento funis obliquatus.* aller de bouline, *tranſverſario vento uti proſperiore.*

Brigantine, arme, *hamatus thorax.*

Brigittine, Religieuſe.

Bruine, *pruina.*

Buccine, vieux mot, *buccina.*

Burgandine, ſorte de nacre.

Cache-platine, terme de guerre.

Calamine, pierre minérale, *cadmia.*

—ville des Indes, *Calamina.*

Cambraſine, toile fine d'Egypte.

Cameline, robe de camelot.

Cameline, plante, *-ina.*

Camelotine, *pannus tenui filo, cilicii operis more contextus.*

Substantifs & adjectifs féminins.

Cantine, cabaret d'armée, *popina castrensis.* coffre à mettre des bouteilles, *arca ampullaria.*
Capeline, chapeau, *petasus.* de femme, *causia muliebris.*
Capeline de fer, *brevior & alta cassis.* homme de capeline, d'exécution, *animi præsentis & manu promptus homo.*
Capucine, Religieuse.
—plante, *cardamendrum.*
Carabine, *catapulta.*
Cardamine, plante, *-ina.*
Caroline, Ordonnance faite par l'Empereur Charles V.
Caroline, contrée de l'Amérique : monnoie d'argent de Suéde, *Carolina.*
Cassine, petite case, *villa.*
Cérasine, sorte de breuvage.
Chevaline, *pabulum.*
Chevrotine, menu-plomb.
Chine, pays, *China.*
Chopine, *sextarius Gallicus.* demie chopine, *quartarius.* quart de chopine, *acetabulum.*
Clarine, *vaccinum tintinnabulum.*
Clémentines, au plur. partie du Droit Canon, *Clementina.*
Cochinchine, pays, *-na.*
Coffine, ardoise coffine, un peu voûtée.
Colombine, nom de Comédienne, *Colombina.*
Concubine, *-na.*
Contremine, *objectus cuniculus.*

Substantifs & adjectifs féminins.

Coralline, *-na.*
Corinne, nom de femme, *Corinna.*
Cornachine, sorte de remède, *pulvis cornachinus.*
Cornaline, *onyx corneola.*
Cotonine, pierre précieuse.
Coulévrine, petite piéce d'artillerie, *tormentum bellicum formam habens colubri.*
Courtine, rideau, *lecti velum.*
—de fortification, *frons aggeris.*
Crapaudine, pierre, *batrachites.* terme de Serrurier, *alveolus.*
Crêpine, *fimbria.*
Crystalline, eau, *aqua crystallina.*
Cuisine, *culina.*
Dauphine, sorte d'étoffe, *delphina.*
Devine, *hariola.*
Discipline, *-na.* instruction, *-io.* science, *-tia.* art, *ars.* fouet, *flagellum*, *flagrum.* faire la discipline, *se flagellis cædere.*
Discipline Ecclésiastique, *-ica disciplina.*
Doctrine, *doctrina*, *eruditio.* science, *-tia.* grande, *abundans.* superficielle, *tenuis.* homme de grande doctrine, *vir exquisitæ litteraturæ.*
Doguine, *canis quædam fæmina.*
Duracine, *durasina persica.*
Echine, *spina dorsi*, *lumbus.*

subst. & adj. feminins.

ovale, *ou* œuf, terme d'Architecture, *echinus.* coupée, *decuminatus.*

Eglantine, prix de Poësie aux jeux floraux.

Elégantine, fleur, *camina rosa.*

Enfantine (humeur) *puerilis indoles.*

Epine, *spina.*

Esclavine, vieux mot, *penula.*

Esquine, racine, *squina.*

Etamine, *textum cilicinum.* Il a passé par l'étamine, *multis doloribus & plurimis medicamentis tentatum fuit illius corpus.*

Extispicine, *extispicina.*

Faim canine, *fames canina.*

Famine, *fames.*

Farine, *-na.* de farine, *farinarius.* fleur de farine, *pollis.* de froment, *simila, similago.* pain de fleur de farine, *panis siligineus.* d'orge, *polenta.* de féves, *lomentum.* de brique & autres choses, *testaceus pulvis.*

Jean-farine, *fatuus, stultus.*

Fascine, *vigultorum fascia.*

Ferrandine, *pannus lanâ & serico textus.*

Feuillantine, Religieuse, *Fullienfis sanctimonialis.*

Fouine, *mustela.*

Fureur utérine, terme de Médecine, délire mélancolique dans les femmes, *furor uterinus.*

Gabadine, *dolus.*

subst. & adj. feminins.

Galvardine, sorte d'habillement.

Gandine, vieux mot, *sylva.*

Gélasines, dents du milieu, *gelasini dentes.*

Geline, *gallina.*

Gésine, vieux mot, *puerperium.*

Gingrine, flûte des anciens.

Gouine, *scortum.*

Gourgandine, coureuse, *prostibulum.* c'est aussi une sorte d'ajustement de femme.

Hale-bouline, méchant matelot, *nauta imperitus.*

Herbeline, *ovis macra.*

Hermine, belette, *mus ponticus.* peau d'hermine, *vellus ponticinum.* fourré d'hermine, *pontico vellere obductus.*

Héroïne, *herois.*

Hongreline, *vestis muliebris Hungarica.*

Houssine, *virgula.*

Jacqueline, *Jacoba.*

Javeline, *hasta, sarissa.*

Intestine (guerre) *bellum intestinum.*

Lambine, *lentula.*

Landgravine, *Landgravina.*

Langue serpentine, *lingua serpentina.*

Latrines, au plur. *latrina.*

Légatine, étoffe.

Lettrine, terme d'Imprimerie, *litterula.*

Libitine, *-na.*

Lucine, surnom de Junon, *Lucina.*

Lustrine, étoffe de soie.

ſubſtantifs & adjectifs féminins.

Macémutine, ancienne monnoie d'or d'Arragon.

Machine, *-na.* à lever des fardeaux, *ſcanſoria, ſcanſilis.* à tirer & traîner, *tractoria, ductoria, helciarium machinamentum.* à jetter & darder, *baliſtaria emiſſaria.* terme de Cordonnier, *ſulphurata cera.*

Madouine, piſtole de Piedmont.

Maline, dentelle de Flandres.

Manteline, *palliolum muliebre.*

La Marine, *res nautica.* marine, adj. *maritima.* ſcience de la marine, *nauticarum rerum ſcientia.* garde-marine, *epibata.* entendre la marine, *rei navalis peritum eſſe.* ſoldat de marine, *claſſiarius.*

Marteline, *denticulatus malleolus.*

Mathurine.

Matine, *matutinum.*

Médecine, art, *medicina, ars medica.* faire la médecine, *medicinam exercere.* potion médecinale, *potio medica.*

Médine, ville, *-na.*

Méluſine. . .

Ménine, *puella honoraria.*

Meſſaline, Impératrice, *-na.*

Mezeline, *Attalicum textile ex lana & lino.*

Mine, livre grecque, *mina, Attica libra.* meſure de grains, double minot, *medimnus & quadrans.* veine de métal, *vena metallica, metallum.* d'or, *aurifodina.* miniére, foſſé ou eſt la mine, *fodina, metallum.* de mine, *metallicus.*

Mine, terme de guerre, foſſe ſouterraine, *cuniculus.* faire une mine, *cuniculum agere.* la conduire, *perducere.* faire jouer la mine, *cuniculo ignem applicare.* éventer la mine, *cuniculum difflare.*

Mine de viſage, *oris ſpecies,* ou *habitus.* homme de bonne mine, *vultûs dignitate clarus.* enfant de bonne mine, *puer eleganti formâ.* de mauvaiſe mine, *homo fœdâ oris ſpecie.* mine d'honnête homme, *ſpecies liberalis.* joyeuſe, *hilaris, læta frons.* mine triſte, *tetricus aſpectus.* mine étrangère, *peregrina facies.*

Mine, couleur rouge, *minium, uſta.*

Mnémoſyne, *-ne.*

Morgeline, plante, *morſus gallinæ.*

Mouſſeline, toile, *tenuiſſima carbaſus.*

Narine, *naris.*

Nundine, Déeſſe de l'Antiquité.

Origine, *origo.*

Palatine, fourrure dont les femmes ſe couvrent le

cou, *pelliceus colli amictus.*
Papeline, étoffe, *pannus ex ferico crassiore.*
Pascaline, machine d'Arithmétique de M. Pascal.
Piscantine, c'est de l'eau jettée sur le marc de vendange.
Piscine, *-na.*
Platine, *lamina.* de fusil, *lamina catapultaria.*
Platine, Auteur, *Platina.*
* Pleurine, caution, *vas.*
m Pline, nom de deux Auteurs latins, *Plinius.*
m Point de Maline, *textum denticulatum Mechlinienfe.*
Poitrine, *pectus.* mauvaise poitrine, *male affectum.* petite poitrine, *pectusculum.* qui a grande & large poitrine, *pectorosus.* armure, parure de poitrine, *pectorale.* de poitrine, *pectoralis.*
Popine, cabaret, *popina.*
Prâline, sorte d'amande préparée..
Proserpine, femme de Pluton, *Proserpina.*
Putine, mot burlesque, *scortulum.*
Quine, au plur. terme de Trictrac.
Racine, *radix.* petite, *radicula.* des plantes, *fibra*, *capillamenta.* prendre racine, *radicari.*
v couper la Racine des procès, *secare lites.*

Substantifs & adjectifs feminins.

m Racine, Poëte dramatique françois, *Racinus.*
Rapine, *-na.*
Ratine, étoffe, *pannus rasus.*
Ravine, *aqua torrens.*
Résine, *-na.* poix résine, *resina pix.*
Robertine, thèse que doit soûtenir chaque Bachelier qui veut être de la Maison de Sorbonne, *Robertina.*
Rousseline, poire.
Routine, *diuturnus usus.*
Ruine, chûte, *ruina.* perte, *pernicies.* destruction, *exitium*, *vastatio.* qui menace ruine, *ruinosus.* battre une ville en ruine, *vi tormentorum quatere urbem.*
Sabbatine, *thesis sabbatica.*
Sabine, herbe, Impératrice, *Sabina.*
Saisine, terme de Droit, *possessio.*
Saline, au plur. *salina.*
Sanguine, crayon, *creta*, *hæmatites.*
—pierre précieuse, *lapis schistitus.*
Santonine, *-na.*
Sapine, terme d'Architecture, *tignum abietinum.*
Sardine, poisson, *-nia.*
Sauvagine, *sylvatica.* chair de bête sauvage, *ferina.*
Scalvine, *cucurbita.*
Scarlatine, *febris scarlatina.*
Sentine, *-na.*
Serpentine, pierre précieuse.
Sourdine, trompette, *tuba obtusa.*
à la Sourdine, *secretò*, *clam.*

Substantifs & adjectifs feminins.

substantifs & adjectifs féminins.

Squine, racine médecinale, *squina.*
Térébenthine, *terebinthina resina.*
Termine, vieux mot, *tempus.*
Terrine, *pelvis fictilis.*
Tetine, *papilla.*
Tine, *cupala lignea.*
Tontine, jeu de cartes.
Tontine, *-na.* rente viagère avec accroissement, *reditus ad vitam cum augmento.*
Tourmentine, *terebenthina resina.*
Tricline, terme d'Antiquité, *triclinium.*
Trine, *trinus aspectus.*
Vermine, *vermis.*
Vipérine, plante, *-ina.*
Visitandine, Religieuse de la Visitation.
Voisine, *vicina.*
Urine, *-na*, *lotium.* difficulté d'urine, *dysuria.* flux d'urine, *lotii profluvium.*
Ursuline, Religieuse, *-na.*
Usine, vieux mot, ménage, *parsimonia.*
Xantoline, *semen contra vermes.*
Zibeline (martre) *martes.* vel *ictis zibelina.*
Voyez les féminins en in.

VERBES.

verbes au prés. &c.

Achemine, *adduco.*
Accoquine, *desidem facio.*
Affine, *purgo.*
Assassine, *trucido.*
Badine, *nugor.*
Bassine, *vulnus abluo.*
* Bouquine, *obsoletos codices evolvo.*
Bruine, *rorem congelo.*
Burine, *cœlo.*
Butine, *deprædor.*
Caline, *rusticè ago.*
Chagrine, *irrito.*
Chemine, *ambulo.*
Chopine, *sextarium bibo.*
Combine, *compono.*
Confine, *relego.*
Conglutine, *-no.*
Contremine, *adversum cuniculum fodio.*
Dandine, *ineptio.*
Décline, *-no.*
Déracine, *eradico.*
Destine, *-no.*
Détermine, *statuo*, *præfinio.*
Devine, *vaticinor.*
Discipline, *instruo.*
Domine, *dominor.*
Embéguine, *calanticâ induo.*
Enracine, *radico.*
Entérine, *approbo.*
Examine, *-ino*, *pondero*, *perpendo.*
Extermine, *funditùs tollo.*
Fascine, *incanto.*
Festine, vieux mot, *epulor.*
Fulmine, *debacchor*, *diris devoveo.*
Illumine, *illustro.*
Imagine, *animo effingo.*
Incline, *-no*, *propendeo.*
Lutine, *larvam ago.*
Machine, *-nor.*
Mâtine, *vexo.*
Mine, *suffodio.*

verbes au présent, &c.

Obstine, *obfirmo.*
Opine, *-nor.*
Pateline, *palpando fallo.*
Patine, *palpo.*
Piétine, *pedibus subsilio.*
Prédestine, *ad vitam æternam destino.*
Prédomine, *prævaleo.*
Raffine, *perpurgo.*
Rapine, *rapio.*
Ruine, *vasto.*
Rumine, *-no.*
Termine...
Turlupine, *scurrili dicacitate illudo.*
Voisine, *vicinum adeo.*
Urine, *meio.*
Voyez les autres verbes en iner.

INE. long, *ou* ISNE.

v Dîne (il) *prandium sumit.*

INGE.

m Linge, *linteum.* menu linge, *linteolum.* qui est de linge, *linteus.* appartenant au linge, *lintearius.*
m Singe, *simia.*
f Thuringe, pays, *-gia.*

INGLE.

v Cingle (il) en mer, *passis velis fertur.*
f Epingle, *acicula.*
v Single (il) fouette fort, *verberat.*
f m Tringle de fer, *ferula ferrea.*

INGUE.

m Camerlingue, dignité de Rome, *Camerlingus.*
v Distingue, *-guo.*
v Fringue, *eluo.*
f Norlingue, ville, *-gua.*
f Seringue, *syphon.*
v Seringue, *syphone instillo.*
Tope & Tingue, terme de jeu.

INQ.

Cinq, *quinque.*

INQUE.

v Chinque, vieux mot, *invito in cœna largiùs.*
v Trinque, *bibo.*

INS.

Echevins, au plur. *Scabini.*
Les Quinze-vingts, au pl. Hôpital, *trecenti cæci.*
Voyez les noms en in, *dont le pluriel fait* ins.
Plus divers temps & diverses personnes des verbes en nir : tins.

INSE. *voyez* INCE.

INSMES.

Si l'on veut rimer au pluriel, on prend le prétérit des verbes tenir, venir, *& leurs composés*, tinsmes, vinsmes, *tenuimus*, *venimus.*

INT.

Celarent, terme de Logique, second mode direct de la premiére figure.

a Quint, *-us.*

m Quint & requint, *geminus quintarius.* Droit de quint & requint, *gemini quintarii jus clientelare.*

a Succinct, *brevis.*

Vingt, *viginti.*

VERBES.

verbes à l'aoriste.

Abstint, *abstinuit.*

Contint, *continuit.*

Contrevint, *contrafecit.*

Convint, *convenit.*

Détint, *detinuit.*

Disconvint, *abnuit.*

Entretint, *tuitus est.*

Intervint, *intervenit.*

Maintint, *sustinuit.*

Obtint, *obtinuit.*

Parvint, *pervenit.*

Soûtint, *sustinuit.*

Survint, *intervenit.*

Tint, *tenuit.*

Vint, *venit.*

Voyez les autres verbes en tenir *&* venir.

Voyez aussi les rimes en aint *&* eint.

INTE.

substantifs & adject. masculins & féminins.

f Absynthe, *-thium.* amertume, *amaror.* vin d'absynthe, *absynthites.*

m Aminte, nom d'homme, *Amintas.*

Coloquinte, *colocynthis.*

Corynthe, ville, *-thus.* raisin de Corinthe, *racemus Corinthius.*

Hyacinthe, fleur, pierre précieuse, *hyacinthus.*

Labyrinthe, *-thus.*

Pinte, mesure, *sextarius.*

Pinte, verbe, *bibo sextarium.*

Plinthe, terme d'Architecture, *plinthis.*

Quinte, *morositas.* terme de Musique, *diapente.* terme de jeu de Piquet, *quinarius.*

Quinte, fiévre, *quintana febris.*

Succincte, *brevis.*

Térébinte, arbre, *terebintus.*

Tinte, *tinnit.*

Voyez les rimes en ainte, *& pour rimer au pluriel, voyez les prétérits des verbes en* nir.

INTRE.

m Ceintre, voûte, *camera.*

v il Ceintre, *concamerat.*

m Peintre, *pictor.* de peintre, *pictorius.* palette de peintre, *palmula pictorum.* chevalet de peintre, *equuleus pictorius.*

INX. & YNX.

m Larynx, nœud de la gorge, *larynx.*

m Lynx, animal, *lynx.*

a m f — yeux de Lynx, *lyncæi oculi.*
Sphinx, monstre fabuleux.
Syrinx, nymphe.

INZE.

Demi-quinze, terme de jeu de paume.
Quinze, *quindecim.*

IUM. qui se prononce comme IOM.

Opium, suc de pavot.
Pallium, ornement des Primats & des Archevêques.

JON. & GEON.

substantifs masculins.

Badigeon, *incrustamentum lapideum*, vel *gypseum.*
Bourgeon d'arbre, *gemma.* du visage, *papula.*
Dongeon, *ou* Donjon, *supremum arcis propugnaculum.*
Drageon, terme de Jardinier, *surculus.*
Escourgeon, espéce d'orge, *hordeum præcox.* sorte de laniére, *lorum coriaceum.*
Eturgeon, *sturio.*
Gougeon, *gobio.*
Jonc, bague, *annulus.* herbe, *juncus.* de jonc, *junceus.* plein de jonc, *juncosus.* lieu où il vient du jonc, *juncetum.*
Pigeon, *columbus.* de pigeon, *columbinus.*
gorge de Pigeon, couleur, *color varians.*

substantifs masculins.

Plongeon, oiseau, *mergus.*
faire le Plongeon, *immergere se.* au figuré, se dédire.
Sauvageon, *insitiva sylvestris arbor.*
Surgeon, rejetton, *surculus.*

ION. dissyllabe.

Les noms en ion *sont presque tous des mots verbaux substantifs, qui expriment quelque espéce particuliére d'action, d'opération, de disposition ou de passion & de production. Ils ont la force des verbes dont ils sont formés, & ils sont presque tous terminés en latin en* io. *Il y en a 950. de cette sorte; les autres mots en* ion *sont des noms propres, d'instrumens ou d'espéces, mais en petit nombre.*

substantifs féminins.

Abdication, *-tio.*
Aberration, terme d'Astronomie, *aberratio.*
Abjection, *-tio.*
Abjuration, *-tio.* expresse, *-sa.* implicite, *-cita.* déprécatoire, *-catoria.* qui commande, *præceptiva.* exécratoire, *-toria.* d'une chose insensible, *rei insensatæ.*
Ablution, *-tio.*
Abnégation. . .
Abolition. . .
Abomination. . .
Abrasion, terme de Médecine, *abrasio.*

substantifs féminins.

Abréviation, -*tio*.
Abrogation, -*tio*. de la loi, *legis*. de la coûtume, *consuetudinis*.
Absolution, -*io*. d'un crime, *criminis*. suffrage d'absolution, *absolutoria sententia*. du Prêtre, *absolutio sacerdotalis de peccatis*.
Absorption, terme de Physique, *absorptio*.
Abstersion, terme de Médecine, *abstersio*.
Abstraction, -*tio*.
Accélération...
Acceptation...
Acceptilation...
Acception...
Accession...
Acclamation...
Accumulation...
Accusation...
Acquisition...
Action, *actio*. fait, *factum*. geste, *gestus*. publique, *actio*. harangue, *oratio*. emportement, *iracundia*. procès, *actio*, *lis*.
Action, *actio*. d'homme, *hominis*. humaine, *humana*. élicite, *elicita*. commandée, *imperata*. libre, *libera*. nécessaire, *necessaria*. bonne, *bona*. mauvaise, *mala*. indifférente, -*ens*.
Addition, -*tio*.
Ademption, terme de Jurisprudence, *ademptio*.
Adhésion, terme de Physique, *adhasio*.
Adjection, -*tio*.

substantifs féminins.

Adjudication, -*tio*.
Administration...
Admiration...
Admission, -*sio*.
Admonition, -*tio*.
Adnotation, au plur. terme de Chancellerie, *adnotationes*.
Adoption, -*tio*.
Adoration, -*atio*. culte divin, *divinus cultus*. vénération, *veneratio*. révérence, *reverentia*. adoration, *adoratio*. interne, *interna*. externe, *externa*. honoraire, -*aria*.
Adrogation, -*tio*.
Adustion...
Affabulation...
Affectation...
Affection...
Affiliation...
Affirmation...
Affliction...
Agglutination...
Aggrégation...
Aggression...
Agitation...
Agnation, terme de Jurisprudence, *agnatio*.
m Alcyon, oiseau, *alcyon*.
Alérion, terme de Blâson, *aquila mutila*.
Aliénation, -*io*.
Allégation...
Allocution, terme d'Antiquaire, *allocutio*.
Allusion, -*io*.
Altération...
Altercation...
Amalgamation...
Ambition...

substantifs féminins.

Amélioration, *-io.*
Amodiation...
Amphion...
Amphitryon...
Ampliation, terme de Jurisprudence, *ampliatio.*
Amplification, *-io.*
Animation...
Annihilation...
Annonciation...
Annotation...
Annullation, *rescissio.*
Anticipation, *æstimatio.*
Appellation, *-io.*
Application...
Appoſition...
—de ſcellé, *sigilli appositio.*
Appréciation, *-io.*
Appréhenſion...
Approbation, *-io.* expreſſe, *-essa.* tacite, *tacita.* publique, *-ica.* ſecréte, *secreta.*
Appropriation, *-io.*
Arbitration, *æstimatio.*
m Arion, nom d'homme & de cheval.
Articulation, *-io.*
Aſperſion...
Aſphalion, nom de Neptune, *Stabilitor.*
Aſpiration, *-io.*
Aſſation...
Aſſertion...
Aſſignation...
Aſſimilation, terme de Rhétorique, *assimilatio.*
Aſſociation, *-io.*
Aſſomption...
Aſtriction...
Attention, *-io.* de l'oraiſon, *orationis.* externe, *-na.* intérieure, *interna.* actuelle, *-alis.* virtuelle, *-alis.* habituelle, *-ualis.* interprétative, *-iva.*
Atténuation, *-io.*
Atteſtation, *-io.* témoignage, *testimonium*, *testificatio.* par écrit, *litteris consignata.* du nom de Dieu, *divini numinis.*
Attraction, *-io.*
Attribution...
Attrition...
Audition, terme de Palais, *auditio.*
Augmentation, *auctus.*
Autoriſation, *auctoritas.*
Ballotation, *agitatio.*
Baſtion, *turris*, *propugnaculum.*
Béatification, *-io.*
Bénédiction...
Bifurcation, l'endroit où une branche devient fourchue.
m Bion, Poëte Grec, *Bion.*
Billion, terme d'Arithmétique, *decies centeni milliones.*
Brinborions, *quisquiliæ.*
Brutification, *-io.*
Calcination...
m Camion, petite épingle, *acicula.*
Canoniſation, *-io.*
Capitation...
Capitulation...
Caprification, maniére de rendre les figues ſauvages bonnes à manger.
Carnation, terme de Peinture.

substantifs féminins.

Carnification, changement des os en chair.
Cassation, *abrogatio.*
Castramétation, *-io.*
Castration...
Cavillation...
Cautélisation...
Célébration...
Centurion...
Cération, *præparatio materiæ cujuspiam ad liquamen.*
Certification, *-io.*
Cessation d'armes, *armorum cessatio.*
Cession, *-io.*
—de biens, *bonorum cessio.*
m Chamænérion, plante, *chamænerion.*
m Champion, *pugnator.*
Chrismation, *-io.*
Chylification, *chylopoiesis.*
Circoncision, *circumcisio.*
Circonlocution...
Circonspection...
Circonvallation...
Circonvention...
—tromperie, *fraus dolo malo impacta.*
Circulation, *-io.*
Citation...
Clarification...
Claudication...
m Clayon, *crates.*
Coagulation, *-io.*
Cohésion, *cohæsio.*
Cohobation, terme de Chymie.
Coindication, terme de Médecine, connoissance de certains signes, qui autorise l'indication qu'on a prise.

substantifs féminins.

Coïon, timide, *ignavus, timidus.*
Collation, *vespertinum prandium.*
Collation, *-io.* de bénéfice, *beneficii.* petit repas, *cœnula.* goûter, *merenda.* copie, *exemplum.*
Collection, *-io.*
Colliquation...
Collocation...
Collusion...
Colorisation, terme de Chymie & de Peinture, *colorisatio.*
Combustion, *-io.*
Comessation...
Commémoration...
Commisération...
Commotion...
Communication...
Communion, *-io.* l'action de recevoir le Corps de N. S. *sanctissimæ Eucharistiæ sumptio.* participation, *-cipatio.* des Saints, *Sanctorum communio.*
Comparution, terme de Palais, *vadimonii obitus.*
Compassion, *miseratio, misericordia.*
Compensation, *-io.*
Compilation...
Complexion...
Complication...
Componction, *ex peccatis dolor.*
Composition, *-io.* piéce d'esprit, *scriptio.* accord, *pactum.* convention, *-io.* d'un démêlé, *controversiæ diremptio.* d'Imprimerie,

Substantifs féminins.

typographica compositio. de médecine, de drogues, *medica compositio.* d'une ville qui se rend, *deditionis pactio.*
Compréhension, *-io.*
Compression...
Computation...
Conception, *-io.* pensée, *conceptus.* faculté de concevoir, *mens.* dure, *dura.* facile, *facilis.* humaine, *-ana.* premiére, *prima.* seconde, *secunda.*
Concentration, il se dit du pouls.
Concession, *-io.*
Concion, vieux mot, *concio.*
Concision, *verborum concisio.*
Conciliation, *-io.*
Conclamation...
Conclusion, *-sio.* vraie, *vera.* fausse, *falsa.* certaine, *certa.* probable, *-babilis.* évidente, *evidens.* théologique, *-ica.* philosophique, *-ica.*
Concussion, *-io.*
Condamnation...
Condensation...
Condition, *-itio.* modification, *-catio.* loi, *lex.* article, *articulus.* état, *status, locus.* rang, *genus.* servile, *-ilis.* libre, *libera.* contraire, *-aria.*
Confédération, *-fœderatio.*
Confession, *-sio.* sacramentale, *-talis.* de foi, *fidei.* de louange, *laudis.* des péchés, *peccatorum.* entiére, *integra.* integrité de la confession, *confessionis integritas.*

Substantifs féminins.

Configuration, *-io.*
Confirmation, *-atio.* Sacrement, *Sacramentum Confirmationis.*
Confiscation, *-io.*
Conflagration, *incendium.*
Confortation, *corroboratio.*
Conformation, *-io.*
Confrontation, *commissio.*
Confusion, *-io.*
Confutation...
Congéiation...
Congestion, amas d'ordure, *puris & saniei accumulatio.*
Conglobation, figure de Rhétorique, *conglobatio.*
Conglutination, *-io.*
Congratulation...
Congrégation...
Conjonction, *conjunctio.*
Conjuration, *-io.*
Consécration...
Consécution, terme d'Astronomie, *consecutio.*
Conservation, *-atio.* directe, *-ta.* indirecte, *-ta.* salut, *salus.* protection, *-ectio.*
Considération, *-io.*
Consignation, *depositio.*
Consolation, *-io.*
Consolidation...
Consommation, *absumedo, absolutio.*
Consomption, *consumptio.*
Conspiration, *-io.*
Constellation...
Consternation, *pavor.*
Constipation, *alvi astrictio.*
Constitution, *-io.* du corps,

Substantifs féminins.

corporis. Constitution de rente, *pecuniæ constitutio.*
Constriction, *-io.*
Construction, *ædificatio.*
Consubstantiation, *-io.*
Consultation...
Contagion, *-io.* peste, *-tis.* attouchement, *contactus.* gâté par contagion, *contactu infectus.* une grande contagion, *pestilentia gravis.* mort de contagion, *à peste consumptus.*
Contamination, *-io.*
Contemplation...
Contemplation, terme de Médecine, c'est la catalepsie.
Contention, débat, *contestatio.* effort, *conatus.*
Contestation, *concertatio.*
Contignation, *coagmentatio.*
Continuation, *-io.*
Contorsion...
Contraction...
Contradiction...
Contravention, *violatio.*
Contrefaction, le même que Contrefaçon, mais celui-là se dit plus particuliérement en parlant d'un livre.
Contre-indication, terme de Médecine.
Contrevallation, *contravallatio.*
Contribution, *-io.* de guerre, *tributum,* terme de Palais, *pecuniarum contributio.*
Contusion, *-io.*
Conversation...

Substantifs féminins.

Conversion, changement de Religion, *conversio.*
Conversion, terme de Logique, *-io.*
Conversion, terme de guerre, *-io.*
Conviction, *-io.*
Convocation...
Convulsion...
Coopération...
Cooptation, terme dont on se sert dans les Universités.
Copulation, *-io.*
Corporation, communauté d'habitans, *-io.*
Corporification, *-io.*
Correction...
Correlation, relation commune & réciproque entre deux choses, *-io.*
Corruption, *-io.*
Cotisation, *quota vel justa pars.*
Crayon à peindre, *graphium.*
Crayon, portrait, *graphidis opus absolutum.*
Création, *-io.*
Crispation, terme de Chirurgie, *crispatio.*
Croupion, *uropygium.*
Crucifixion, *-io.*
Crystallisation...
Cultivation, *cultura.*
Curation, *-io.*
Damnation...
Déalbation...
Débilitation...
Décantation, terme de Chymie, *decantatio.*
Décapitation, *-io.*
Déception...

substantifs féminins.

Décimation, *-io.*
Décision, *placitum, decretum.*
Déclaration, *-io.*
Déclamation...
Déclination...
Décoction...
Décollation...
Décoration...
Décrépitation...
m Décurion...
Décussation, *conjunctio radiorum in decussim.*
Dédition, *-io.*
Déduction...
Défection...
Définition, *-tio.* du nom, *nominis.* de la chose, *rei.* métaphysique, *-ica.* physique, *-ica.*
Déflagration...
Défloration, *vitiatio.*
Dégénération, *-io.*
Déglutition, *sorbitio.*
Dégradation, *strages.*
Dégustation, *-io.*
Déification...
Délectation, *-io.* plaisir, *lætitia.* complaisance, *complacentia.* joie, *gaudium.* jouissance, *fruitio.* spirituelle, *-alis.* charnelle, *carnalis.* morose, *-osa.*
Délégation, *-io.*
Délibation...
Délibération, *-io.* consultation, *-atio.* parfaite, *perfecta.* imparfaite, *imperfecta.*
Délinéation, *-io.*
Démission...
Démolition...

substantifs féminins.

Démonstration, *-io.* signe, *signum.* des plantes, *plantarum.* oculaire, *ocularis.* géométrique, *-ica.* vraie, *vera.*
Dénomination, *-io.*
Dénonciation...
Dépilation...
Dépopulation...
Déposition, *-io.* témoignage, *testificatio.* privation de charge, *muneris abdicatio.*
Dépossession, *-io.*
Dépravation...
Déprécation...
Déprédation...
Députation, *legatio.*
Déraison, *rationis defectus.*
Dérision, *-io.*
Dérivation...
Dérogation...
Descension, terme d'Astronomie.
Description, *-io.*
Desinfection, *expurgatio.*
Désolation, *-io.*
Desopilation, *vis discutiendi obstructiones.*
Desponsation, *-io.*
Desquammation...
Dessication...
Destination...
Destitution...
Destruction...
Desunion, *separatio.*
Détention, *-io.* retardement, *mora, retardatio.* de prison, *captivitas, incarceratio.* du bien d'autrui, *alieni occupatio.*
Détermination, *-io.*

Substantifs féminins.

Détérioration, *corruptio.*
Détestation, *-io.*
Détonation, terme de Chymie, *detonatio.*
Détraction, *-io.*
Déviation...
Dévolution...
Dévotion, *-io.* piété, *-tas.* service, *officium.* à sa dévotion, *illius obsequio mancipatus.*
Diction, *-io.*
Diffamation, *suggillatio.*
Diffusion, *-io.*
Digestion...
Digression...
Dilatation...
Dilection, qualité qui se donne aux Electeurs.
Dimension, *-io.*
Diminution...
Direction...
Disceptation...
Discontinuation, *intermissio.*
Discrétion, *-io.* prudence, *-entia.* circonspection, *-io.* considération, *-tio.* une discrétion, terme de jeu, *arbitrium.* à discrétion, terme de guerre, *ad arbitrium.*
Discursion, *-io.*
Discussion, *circumspectio.*
Disjonction, *disjunctio.*
Dislocation, *ossis*, ou *alicujus membri è sua sede motio.*
Disparition, *ab oculis subductio.*
Dispensation, *-io.* œconomie, *-mia.* distribution, *-io.* subreptice, *-titia.* obreptice, *-titia.* d'un vœu, *voti.*

Substantifs féminins.

Dispersion, *-io.*
Disposition, *-io.* ordre, *ordo.* arrangement, *series.* préparation, *-tio.* aptitude, *-udo.* habileté, *-litas.* état de santé, *valetudo.* bonne disposition, *bona valetudo.* mauvaise disposition, *infirma valetudo.* disposition de l'esprit, *animi affectio.*
Disproportion, *-io.*
Disquisition...
—recherche, *investigatio.*
Dissection, *-io.*
Dissension...
Dissertation...
Dissimulation...
Dissipation...
Dissolution, *-io.* dissipation, *dissipatio.* déréglement de mœurs, débauche, *intemperantia.* de mariage, *matrimonii solutio.* liquéfaction, *-io.* de Chymie, *fusio.*
Dissuasion, *-io.*
Distillation...
Distinction...
Distraction...
Distribution...
Diversion...
Divination, *-atio.* divine, *-ina.* superstitieuse, *-iosa.*
Division, *-io.* partage, *partitio.* discorde, *-dia.*
Division d'armée navale, *agminis divisus manipulus.*
Division, querelle, *dissensio, rixa.*

substantifs feminins.

Division, régle d'Arithmétique, *-io.*
Divulgation, *-io.*
Divulsion...
Domination...
Donation...
Dormition, terme dogmatique, dont on se sert pour exprimer la maniére dont la Ste Vierge quitta la terre, pour aller au ciel.
Dotation, *-io.*
Dubitation...
Duplication...
Ebullition...
Edification, *bonum exemplum.*
Edition, *-io.*
Education...
Efféminarion, maniére des femmes.
Effraction, *effractura.*
Effusion, *-io.*
Ejaculation...
Ejection...
Elaboration...
Election...
Elévation...
Elision, terme de Grammaire.
Elixation, *-io.*
Elixiviation, terme de Chymie.
Elocution, *-io.*
Elongation...
Emanation...
Emancipation...
Embrion...
Emendation...
Emission...
Emotion, *-io.* d'esprit, *animi.* sédition, *-io.* altération de santé, *corporis commotio.* tumulte, *-us.*

subst. femin.

Emulation, *æmulatio.*
Emulsion, *-io.*
m Endymion...
Enervation, supplice en usage sous la premiére & la seconde Race de nos Rois.
Enonciation, *locutio.*
Entonation, terme de Musique, *intonatio.*
Enumération, *-io.*
Equation, *æquatio.*
Erection, *-io.*
Eructation, excrétion des rots.
Erudition, *-io.*
Eruption...
m Escophion, *calyptra.*
m Espion, *explorator.*
Estimation, *æstimatio.*
Evacuation, *-io.*
Evagation...
Evaluation...
Evaporation...
Evasion...
Eversion...
Eviction...
Evocation...
Evolution, terme de guerre, *agminis in aliam formam conversio.*
Evulsion, *-io.*
Exaction...
Exagération...
Exaltation...
Examilion, muraille célébre de l'île de Corinthe.
Exanimation, *-io.*
Exautoration...

Substantifs féminins.

Excavation, *-io.*
Excédation...
Exception...
Excision...
Excitation...
Exclamation...
Exclusion...
Excommunication, *-io.* majeure, *major.* mineure, *minor.* de droit, *à jure.* de l'homme, *ab homine.* de sentence portée, *lata sententia.* de sentence à porter, *ferenda sententia.*
Excoriation, *cutis laceratio.*
Excussion, *-io.*
Exécration...
Exécution...
Exemption, *immunitas.*
Exercitation, *-io.*
Exfoliation...
Exhalation, *expiratio.*
Exhérédation, *-io.*
Exhibition...
Exhortation...
Exhumation...
Expansion, *dilatatio.*
Expectoration, *-io.*
Expédition, *-io.* dépêche, *acceleratio.* achévement, *absolutio., rei confectio.*
Expiation, *-io.*
Expilation...
Expiration...
Explication...
Exploitation, terme de Palais, *vadimonii denunciatio.*
Explosion, *-io.*
Exportation...
Exposition...
Expression...

Substantifs féminins.

Expulsion, *-io.*
Extension...
Exténuation...
Extinction...
Extirpation...
Extorsion...
Extraction...
Extradition...
Extravagation, *eruptio.*
Extravasation, *-io.*
Exulcération...
Faction, *-io.* en faction, *in statione.*
Fabrication, terme de monnoie.
Falsification, *-io.*
Fascination...
Félicitation...
Fermentation...
Ferrification, terme de Physique, *conversio in ferrum.*
Fiction, *-io.*
Filtration...
Fixation...
Flagellation...
Flexion...
Fluctuation...
Fluxion...
Fomentation...
Fonction...
Fondation...
Forclusion, terme de Palais, *depulsio de jure tuendæ causæ.*
Formation, *-io.*
Fornication...
Fortification, *munitio, munimentum.*
Fourmi-lion, insecte, *formica-leo.*
Fraction, *-io.*
Fréquentation, *juncta cum aliquo consuetudo.*

Substantifs féminins.

Friction, *-io.*
Fruition, joüiſſance, *fruitio.*
Fulmination, *-io.*
Fumigation, *ſuffitus.*
Fuſion, *-io.*
Fuſtigation...
Futurition, terme de Théologie.
m Gabion, ſorte de Panier, *corbis terrâ farta.*
m Galion, *gaulus major*, ou *amplior.*
m Gavion, vieux mot, *guttur, fauces.*
Génération, *-io.* active, *-va.* paſſive, *paſſiva.* dans les choſes divines, *in divinis.*
m Génuflexion, *-io.*
Gérion, monſtre...
Germination...
Geſtation, exercice de la Gymnaſtique.
Geſticulation, *-io.*
Geſtion...
Glorification...
Gradation...
Graduation...
Granulation...
Gratification...
Gravitation...
Guſtation...
Habitation...
Habituation, place d'habitué.
Herboriſation, *plantarum inquiſitio.*
aller en partie d'Herboriſation, *agros & rura ad plantas inquirendas luſtrare.*
m Hiſtrion, farceur, *-io.*

Substantifs féminins.

m * Horion, *ictus capiti impactus.*
Humectation, *-io.*
Humiliation...
Jectation...
Illation...
Illumination...
Illuſion...
Illuſtration...
Illutation...
Imagination...
Imbibition...
Imitation...
Immédiation, *-tio.* de ſuppôt, *ſuppoſiti.* de vertu, *virtutis.*
Immerſion, *-io.*
Immodération...
Immolation...
Impanation...
Imperfection...
Implication...
Impoſition...
Imprécation...
Impregnation...
Impreſſion...
Impulſion...
Imputation...
Inaction, *deſidia*, *inertia.*
Inanition, *inanitas.*
Inauguration, *augurales cæremoniæ.*
Incantation, *-io.*
Incarnation, *-io.* avant qu'elle ſoit faite, *in fieri.* après qu'elle s'eſt faite, *in facto eſſe.*
Inceſſion, *inceſſus.*
Inciſion, *-io.*
Incitation...
Inclination...
[I]nconſidération...

substantifs féminins.

Incontradiction, *-io.*
Incorporation...
Incorrection...
Incorruption...
Incrustation...
Incubation...
Inculpation, terme de Palais.
Incursion, *-io.*
Indécision...
Indétermination...
Indévotion...
Indication...
Indiction...
Indigestion...
Indignation...
Indiscrétion, *imprudentia.*
Indisposition, *-io.* du corps, *invaletudo.* du temps, *intemperies tempestatis.*
Indistinction, *-io.*
Induction...
—persuasion, *suasio.*
Inescation, *-io.*
Inexécution, *nulla executio.*
Infamation, *-io.*
Infatuation, prévention, *praoccupatio.*
Infection, *-io.*
Inféodation...
Infiltration...
Inflammation...
Inflexion...
Information...
Infraction, *violatio.*
Infusion, *-io.*
Ingression, terme d'Astrologie judiciaire.
Inhibition, *-io.*
Inhumation...
Injection...
Injonction, *edictio.*

substantifs féminins.

Innovation, *-io.*
Inobservation...
Inoculation...
Inondation, *exundatio.*
Inquiétation, *-io.*
Inquisition...
Insémination...
Insertion...
Insinuation...
Inspection...
Inspiration...
Installation, *actus quo quis in aliquo munere instituitur.*
Instauration, *-io.*
Instigation...
Instillation...
Institution...
Instruction...
Intégration, terme de Géométrie nouvelle.
Intension, terme de Physique.
Intention, *-io.* du ministre, *ministri.* actuelle, *-ualis.* virtuelle, *-ualis.* habituelle, *-ualis.* interprétative, *-iva.* absolue, *-uta.* conditionnée, *-nata.* de celui qui reçoit, *suscipientis.*
Intercalation, *-io.*
Intercession...
Interjection...
Intermission...
Interpellation...
Interpolation...
Interposition...
Interprétation, *-io.* verbale, *-balis.* bénigne, *per epikeiam.* des mots, *verborum.*
Interruption, *-io.*

Substantifs feminins.

Interfection, *-io.*
Intervention...
Interversion...
Intimation, *denuntiatio.*
Intimidation, *absterrendi actus.*
Intitulation, *inscriptio.*
Intonation, *-io.*
Introduction, *admissio.*
Intronisation, *-io.*
Intrusion, *obreptio.*
Invasion, *occupatio.*
Invention, *-io.*
Inversion...
Investigation...
Invitation...
Invocation...
Involution de procès, *litium implicatio.*
Jonction, *conjunctio.*
Irradiation, *radiorum solis immissio.*
Irréligion, *impietas.*
Irrésolution, *-io.* inconstance, *-tia.* doute, *dubitatio.* incertitude d'esprit, *animi anxietas.*
Irrision, *-io.*
Irritation...
Irroration...
Irruption...
Isthmion, coëffure des femmes chez les anciens Grecs, *isthmium.*
Jubilation, *-io.*
Jurisdiction...
Jussion...
Justification, *-tio.* active, *-iva.* passive, *-iva.* premiére, *prima.* seconde, *secunda.*
Juxtaposition, terme d'Histoire naturelle.

m substantifs feminins.

Ixion, Roi de Thessalie.
Lacération, *-io.*
Lamentation...
Lampion, petite lampe, *lucernula.*
Lamproyon, *ou* Lamprillon, *-io.*
Lapidation, *-io.*
Lapidification...
Latinisation...
Légalisation...
Légation...
Légion...
Législation, terme de droit public.
Légitimation, *-io.*
Lésion, *sauciatio, offensa.*
Lévigation, terme de Pharmacie, *levigatio.*
Libation, cérémonie payenne, *-io.*
Libération, *-io.*
Libration...
Licitation...
Limitation...
Lion, animal, *leo.* c'est aussi un signe du Zodiaque.
—de lion, *leoninus.*
Liquéfaction, *-io.*
Liquidation...
Lixiviation, terme de Chymie.
Locution, *-io.* parole, *verbum.* angélique, *-ica.* propre, *-pria.* impropre, *impropria.*
Lucubration, vieux mot, *lucubratio.*
Lustration, *-io.*
Lutation...
Luxation, terme de Chirurgie, *luxatio.*

Substantifs féminins.

Lyon, ville, *Lugdunum.*
—de Lyon, *Lugdunensis.*
Macération, *-io.*
Machination...
Malédiction...
Malversation, *mala gestio.*
Manducation, *-io.*
Manipulation, *collectio gleba argentosa.*
Manucordion, instrument de Musique.
jouer du Manicordion, au fig. quand une fille fait l'amour secrettement, *secretos amores colere.*
Manumission, *-io.*
Manutention...
Marion, *-ria.*
Mastication, terme de Médecine.
Médiation, *-io.*
Mention...
m Million, *decies centum millia.*
m Mion, petit garçon, *pusio.*
Mission, *-io.*
Pere de la Mission, *Missionarius.*
Mixtion, *-io.*
Modération...
Modification...
Modulation, terme de Musique.
Monition, *-io.*
Morion, *cassis.*
donner le Morion, *casside mulctare.*
m Morion, pierre précieuse.
m Morpion, *pediculus inguinalis.*
Mortification, *carnium maceratio, corporis afflictatio, acerbitas.*

Substantifs féminins.

Multiplication, *-io.*
Munition...
Mutation, *-io.* de matiére, *materia.* de forme, *forma.* de la matiére & de la forme, *materia & forma mutatio.*
Mutilation, *-io.*
Narration...
Nation...
Naturalisation, terme de Droit, *jus Civitatis.*
Navigation, *-io.*
Négotiation...
Nomination...
Notification...
Notion...
Novation...
Noyon, ville, *Noviodunum.*
Nutrition, *-io.*
Objection...
Objurgation...
Oblation...
Obligation...
Obreption...
Observation...
Obsidion...
Obstination...
Obstruction...
Obtension...
Obvention...
Occasion, *-io.* cause, *causa.* matiére, *materia.* prétexte, *species, pratextus.* sujet, *subjectum.*
Occasion, *-io.* du péché, *peccati.* prochaine, *proxima.* éloignée, *remota.*
Occasion de guerre, rencontre, *conflictus.*
Occision, *-io.*
Occultation...

Substantifs féminins.

Occupation, *-io.*
Ochision, vieux mot, tuerie, *occisio.*
Ocquisition, vieux mot, occasion.
Odoration, *odorum perceptio.*
Omission, *-io.*
Omologation. . .
Onction. . .
Ondulation. . .
Opération, *-io.* vitale, *-lis.* naturelle, *-alis.* surnaturelle, *supernaturalis.* quant à la substance, *quantum ad substantiam.* quant à la maniére, *quantum ad modum.*
Opinion, *sententia.* estime, *existimatio.* pensée, *cogitatio.*
Opinion, *opinio.* téméraire, *-aria.* dangereuse, *periculosa.*
Oppilation, *obstructio.*
Opposition, *-io.*
Oppression. . .
Option. . .
Ordination. . .
Origination, vieux mot, *origo.*
Orillon, maladie des Parotides.
Orion, constellation.
Oscillation, *-io.*
Ossification, terme d'Anatomie, *ossium formatio.*
Ostentation, *-io.*
Ovation, petit triomphe des Romains.
Pacification, *-io.*
Paction. . .
Palliation. . .

Substantifs féminins.

Pallion, vieux mot, *pallium.*
Palpitation, *-io.*
Participation, *communicatio*, *societas.*
Partition, *-io.*
Passation, terme de Pratique.
Passion, *-io.* mouvement de l'ame, *animi motus.* affection, *-io.* de l'appétit concupiscible, *cupiditas.* de colère, *iracundia.* amour des plaisirs, *libido.* ardeur, *ardor.* grand desir, *studium.* mouvement déréglé, *motus animi turbulentus.* déreglée, *concitatus animi motus.* souffrance, *cruciatus.* de Notre Seigneur, *Christi cruciatus acerbissimi.* Dimanche de la Passion, *Dominica Passionis.* sermon de la Passion, *oratio de acerbissima Christi morte.*
Passion, amour, *amor.* déréglé, *effrenatus.* honnête, *honestus.* fidéle, *fidelis.* constant, *-ans.* volage, *inconstans.*
avec Passion, *ardente studio.*
Passion en Morale, *animi agitatio.* de l'appétit concupiscible, *-bilis appetitus.* qui sont la volupté, *-tas.* la douleur, *dolor.* la cupidité *ou* desir, *desiderium.* la fuite, *fuga.* l'amour, *odium.* de l'appétit irascible, *appetitus irascibilis.* qui sont la colère, *ira.* l'audace, *audacia.* la

Substantifs féminins.

crainte, *timor*. l'espérance, *spes*. le desespoir, *desperatio*.
avoir grande Passion, *studio flagrare*. suivre sa passion, *cupiditati parere*. qui n'est pas maître de sa passion, *impotens*.
colique, Passion, maladie, *colica*, *passio*.

Autres Passions.

La honte, *pudor*. la rage, *rabies*. la fureur, *furor*. la joie, *lætitia*. la tristesse, *tristitia*. l'impatience, *-tia*. l'indignation, *-io*. le dépit, *stomachus*. l'émulation, *æmulatio*. la jalousie, *zelotypia*. la compassion, *commiseratio*.
Pélion, montagne.
Pénétration, *-io*.
Pension...
Péragration, terme d'Astronomie, mois de péragration, mois périodique.
Perception, *-io*.
Percussion...
Perdition...
Perfection...
Permission...
Permutation...
Perquisition...
Persécution...
Perspiration...
Persuasion...
Perversion...
Pétrification...
m Pion d'Echecs, *pedes*.
damer le Pion, au fig. *alicui anteponi*.
Pluspétition, terme de Droit; elle n'a plus lieu en France.
Pollicitation, terme de Droit écrit.
Pollution, *-io*.
Ponctuation...
Porrection, la maniére dont se confèrent les ordres mineurs.
Position, *-io*.
Possession, *-io*. fonds de terre, *prædium*. possession, *-io*. de fait, *facti*. de droit, *juris*. de bonne foi, *bonæ fidei*. de mauvaise foi, *malæ fidei*. juste, *-ta*. injuste, *-ta*. colorée, *-rata*. naturelle, *-alis*. civile, *-lis*. très-civile, *civilissima*. d'un bénéfice, *beneficii*.
Possession, héritage, *hæreditas*.
Postulation, Plaidoierie.
Potion, *-io*.
Précaution, *cautio*. provision, *-io*. rétribution, *-io*.
Précipitation, *nimia celeritas*.
Précision, *præcisio*.
Préconisation, *alicujus ad prælaturam renuntiatio*.
Prédestination, *ad vitam æternam gratuita Dei electio*.
Prédétermination, *prædeterminatio*.
Prédication, *concio*.
Prédiction, *prædictio*.
Prédilection, *prædilectio*.
Prédomination, *prædominatio*.
Préfixion, terme de Palais, *statæ diei assignatio*.

Substantifs féminins.

Prémotion, *præmotio.*
Prénotion, *anticipatio.*
Préparation, *apparatus.*
Prépoſition, *præpoſitio.*
Préoccupation, *prævium judicium.*
Préordination, *præordinatio.*
Preſcription, *præſcriptio.* quant au temps, *quoad tempus.* interrompue, *-rupta.* non interrompue, *non interrupta.*
Préſentation, *præſentatio.*
Préſervation, *propulſatio.*
Préſomption, *præſumptio.* de droit, *juris.* liquide, *liquida.* modique, *modica*
Préſuppoſition, *præſuppoſitio.*
Prétention, deſſein, *conſilium, mens.* droit, *animo ac ſpe præceptum jus.*
Prétérition, *prætermiſſio.*
Prévarication, *prævaricatio.*
Prévention, *inſita jam antè menti opinio.*
Préviſion, *proviſio.*
Principion, *Princeps ſecundarius.*
Privation, *-io.*
Probation...
Proceſſion, *-io.* priére, *ſupplicatio.* ſolemnelle, *ſolemnis.* émanation, *-atio.* au dedans, *ad intra.* au dehors, *ad extra.*
Procréation, *-io.*
Procuration...
Production d'eſprit, *ingenii opus, fœtus.* génération, *-io.* choſe produite, *fœtura, fœtus.* de plantes, *plantarum fruticatio.* de té- moins, terme de Palais, *teſtium editio.* des piéces & écrits, *inſtrumentorum litis prolatio.*

Subſtantifs féminins.

Profection, terme d'Aſtrologie judiciaire, ſorte de calcul.
Profeſſion, *-io.*
Profuſion...
Progreſſion...
Prohibition...
Projection...
Prolongation...
Promiſſion (terre de) *promiſſionis terra.*
Promotion, *-io.*
Promulgation, publication des loix.
Prononciation, *-io.*
Pronoſtication, *præſignificatio.*
Propagation, *-io.*
Propenſion...
Propitiation...
Proportion, *-io.* égale, *æqualis.* inégale, *inæqualis.* arithmétique, *-ica.* géométrique, *-ica.*
Propoſition, *-io.*
Prorogation...
Proſcription...
Proſtration, *humi dejectio.*
Protection, *-io.*
Proſtitution, *projecta vita ad omnem impudicitiam.*
Proteſtation, *ſcripta reclamatio, teſtificatio.*
Proviſion, *-io.* préparation, *præparatio.* par proviſion, terme de Palais, *jure fiduciario.*
Provocation, *-io.*
Pſaltérion, *-ium.*

Substantifs fém. m

Publication, *-io.*
Pulsation...
Pulvérisation...
Purgation...
Purification...
Putréfaction...
Pygmation, Roi de Tyr, *Pygmation.* c'est aussi le nom d'un Sculpteur.
Qualification, *-io.*
Question, *quæstio.* gêne, *tormentum.* il n'est pas question de cela, *non de hoc agitur.*
Radiation, *-io.*
Raréfaction...
Ratification...
Ration...
Rayon, *radius.*
—de miel, *favus.*
Réaction, *-io.*
Rébellion...
Récapitulation, *congregatio, enumeratio.*
Réception, *cooptatio.*
Récitation, *-io.*
Récognition, examen...
Récollection...
Réconciliation...
Réconstruction, *readificatio.*
Récréation, *oblectamentum, animi remissio.*
Récrimination, *criminis in accusatorem translatio.*
Rectification, *correctio.*
Récusation, *rejectio.*
Reddition de comptes, *rationum relatio.*
—de place, *loci deditio.*
Rédemption, *redemptio.*
Réduction, *-io.*
Réduplication, fig. de Rhétorique.

Substantifs feminins.

Réédition, *nova editio.*
Réfection, *refectio, instauratio.*
Réflexion, *reputatio, attentio.*
Réformation, *emendatio.*
Réfraction, *-io.*
Réfutation...
Régénération...
Région, *-io.* moyenne, *media.* inférieure, *-ior.* supérieure, *-ior.* plus basse, *infima.*
Régistration, vieux mot, droit de registre.
Réhabilitation, *restitutio.*
Réimpression, *libri secunda typis mandatio.*
Réitération, *iteratio.*
Rélation, *-io.* récit, *narratio.* rapport, *respectus.* habitude, *habitudo.* du pere au fils, *paternitas.* du fils au pere, *filiatio.* du pere, & du fils au saint Esprit, *spiratio activa.* du saint Esprit au pere & au fils, *spiratio passiva.* catégorique, *-ica.* putative, *-iva.* selon l'être, *secundùm esse.* selon le dire, *secundùm dici.*
Rélaxation, *-io.*
Religion, *-io.* chrétienne, *christiana.* ordre religieux, *religiosus ordo.* vie religieuse, *religiosa vita.* couvent, *monasterium.*
Relocation, terme de Jurisprudence.
Rémission, *venia.*
Rénonciation, *renuntiatio.*

Substantifs féminins.

Rénovation, *instauratio.*
Réordination, action de conférer pour la seconde fois les Ordres sacrés.
Réparation, *refectio.*
Répartition, *partitio.*
Répercussion, *repercussus.*
Répetition, *-io*
Réplétion, *redundatio.*
Répréhension, *-io.*
Représentation, image, *imago.*
—de Comédie, *actio.*
Réprobation, *-io.* négative, *-iva.* positive, *-iva.* cause, *-sa.* effet, *effectus.*
Répudiation, *repudium.*
Réputation, estime, *existimatio.* renommée, *fama.* bonne, *bona.* mauvaise, *mala.* être en bonne réputation, *bene audire.* être en mauvaise, *male audire.*
Réquisition, *-io.*
Rescription. . .
Résignation, *-io.* de bénéfice, *beneficii.* tacite, *tacita.* expresse, *expressa.*
Résiliation, *ou* Résiliment, cassation d'un acte.
Résolution, *-tio.* dessein, *consilium.* éclaircissement, *explicatio.* de nerfs, *nervorum laxatio.* hardiesse, *audacia.* courage, *animus.* avec résolution, *fortiter.* prendre résolution, *consilium capere.*
Respiration, *respiratio*, *halitus.*
Responsion, taxe des Commanderies, *responsio.*

Substantifs féminins.

Restauration, *-io.*
Restipulation, stipulation réciproque.
Restitution, *-io.* en entier, *in integrum.* solidaire, *in solidum.*
Restriction, *-io.*
Résurrection. . .
Rétention, terme de Palais.
—d'urine, *stranguria.*
Rétorsion, Repartie, *-io.*
Rétractation, *palinodia.*
Rétribution, *merces.*
Rétrocession, *-io.*
Rétrogradation. . .
Révélation. . .
Revendication. . .
Réverbération, *repercussus.*
Révision de compte, *rationum altera putatio.* de procès, *relatio litis judicatæ.*
Révivification, *-io.*
Réunion, *conjunctio.*
Révocation, *abrogatio*, *recisio.*
Révolution, *mutatio*, *conversio.*
Rhétorication, *rhetoris imitatio.*
Rogations, au pluriel, *Rogationes.*
Rubification, *-io.*
Salification. . .
Salivation. . .
Salvation, terme de Palais, *contradictorum dissolutio.*
Salutation, *-io.*
Sanctification. . .
Sanction. . .
Sanguification. . .
Satisfaction, *delectatio*, *expurgatio.*

Substantifs masculins & féminins.

Satyrion, herbe, *-io.*
Sayon, habillement militaire, *sagum.*
Scarification, *-io.*
Scintillation...
Scion, *surculus.*
Scipion, *-io.*
Scission...
Scorpion, signe du Zodiaque, *scorpius.*
Sécrétion, *-io.*
Section...
Sédition...
Séduction...
Ségrégation, terme dogmatique, *segregatio.*
Sensation, *-io.*
Séparation...
Septentrion...
Sequestration...
Signification...
Sion, ville, *Sedunum.* montagne, *Sion.*
—d'arbre, *surculus.*
Situation, *status.*
Sollicitation, *instigatio, sollicitatio.*
Solution, *-io.*
Sommation, *admonitio, denuntiatio.*
Sophistication, *-io.*
Soumission, *submissio.*
Souscription, *subscriptio.*
Soustraction, *deductio.*
Spécification, *designatio.*
Spéculation, *contemplatio.*
Spiritualisation, terme de Chymie.
Spoliation, *-io.*
Sputation...
Stagnation...
Station...

Substantifs féminins.

Stipulation, *-io.*
Strangulation...
Stupéfaction...
Sublimation, terme de Chymie.
Subdélégation, *-io.*
Subdivision...
Subhastation, *venditio sub hastâ.*
Submersion, *-io.*
Subordination, *ordo.*
Subornation, *corruptela.*
Subreption, *-io.*
Substitution, *-io.* vulgaire, *-garis.* pupillaire, *-laris.* exemplaire, *-plaris.* réciproque, *-proca.* militaire, *-taris.* fidei-commissaire, *fidei-commissaria.*
Subvention, terme de Palais, *-io.* secours, *auxilium.*
Subversion, *eversio.*
Succession, *series, hæreditas.*
Suffocation, *-io.*
Suffumigation, *suffitus.*
Suffusion, *-io.*
Suggestion, *suggestus, monitus.*
Sujétion, *servitus.*
Superfétation, terme de Médecine, *-io.*
Superpurgation, terme de Médecine, *-io.*
Superstition, *-io.* de la vraie divinité, *veri numinis.* d'une fausse divinité, *falsi numinis.*
Supplantation, *-io.*
Supposition...
Suppression, *abrogatio, cohibitio.*

Substantifs féminins.

Supputation, *computatio.*
Supuration, *-io.*
Surérogation, *opus ultra debitum.*
Suscitation, *impulsus*, *instigatio.*
Suscription, *suprà-scriptio.*
Suspension, *-sio.* totale, *totalis.* partielle, *-ialis.* perpétuelle, *perpetua.* pour un temps, *ad tempus.* d'un ordre, *ab uno ordine.*
Suspicion, *-io.*
Sustentation...
Syllabisation...
Tabellion, *actuarius publicus.*
Taction, *-io.*
Talion, loi, *talio.*
Taudion, lieu sale & malpropre.
Taxation, *-io.*
Tayon...
Tension...
Tentation, *-atio.* de Dieu, *Dei.* explicite, *-cita.* implicite, *-cita.*
Térébration, *-io.*
Titillation, terme de Physique, *-io.*
Titubation, terme d'Astronomie, *motus librationis.*
Torréfaction, *-io.*
Tractation, la maniére de traiter une matiére, *-atio.*
Tradition, *-io.* de foi, *fidei.* de Rits, *rituum.* de mœurs, *morum.* divine, *divina.* externe, *externa.* interne, *interna.* apostolique, *-ica.* ecclésiastique, *-ica.*
Traduction, *-io.* version, *-sio.* interprétation, *-tio.*
Transaction, *amicabilis compositio.*
Transcolation, terme de Pharmacie, *filtratio.*
Transcription, *-io.*
Transélémentation...
Transfiguration...
Transformation...
Transfusion...
Transgression, *infractio.*
Transition, *-io.*
Translation...
Transmission...
Transmutation, *immutatio.*
Transpiration, *expiratio*, *meatus.*
Transplantation, *arborum translatio.*
Transposition, *trajectio*, *inversio.*
Transubstantiation, *-io.*
Tréméfaction...
Trituration...
Troublation, vieux mot, *tumultus.*
Tution, vieux mot, *tutela.*
Vacation, *-io.*
Vacillation...
Validation, terme de Chancellerie.
Variation, *-io.*
Vaticination...
Végétation, terme de Chymie.
Vendication, *-io.*
Vendition...
Vénération...
Ventilation...
Verbération...
Vérification, *probatio*, *confirmatio.*

substantifs feminins.

Versification, *-io.*
Version, *interpretatio.*
Vibration, *agitatio.*
Vice-légation, *-io.*
Vindication, vieux mot, *ultio.*
Violation, *-io.*
Vision, *-io.* béatifique, *-ica.* intuitive, *-iva.* intuitive de Dieu, *Dei intuitiva.* vision de Prophéte, *-tica visio.* fantaisie, *arbitrium.*
Visitation, *-io.*
Vitrification...
Ulcération...
Ultion, vieux mot, *ultio.*
Union, *-io.* hypostatique, *-ica.* active, *-iva.* passive, *-iva.* substantielle, *-alis.* subsistantielle, *subsistentialis.* essentielle, *-ialis.*
Univocation, *-io.*
Vocation...
Volatilisation, *attenuatio.*
Votation, action de donner sa voix.
Usucapion, *-io.*
Ustion...
Xiphion, plante.
Saint Yon, Ordre Religieux.

I P.

Egip, grand Officier Tartare.
Grip, terme de Faucon.

I P E.

f Aganippe, fontaine consacrée aux Muses.
m Antitype, *-pus.*
m Aristippe, nom d'homme, *Aristippus.*

substantifs masculins & feminins.

Equipe, nombre de batteaux appartenant à un même voiturier.
Euripe, détroit de la mer, *euripus.*
* Fripe (la) mangeaille, *cibaria.*
Gipe, souquenille de grosse toile.
Frippe-lippe, vieux mot, *helluo.*
* Grippe, *rapina.*
Grippe, vieux mot, *indoles.*
* Guenipe, *spurca.*
Lipe, grosse lévre, *labrum.* qui a grosse lipe, *labeo.* faire la lipe, *labia exerere.*
Lipe, riviére, *Lupias.*
Nipes, *mundus muliebris.*
Oedipe, nom d'homme, *-pus.*
Participe, *-pium.*
Philippe, nom d'homme, *Philippus.*
Pipe de vin, *grande dolium.* —de tabac, *syrinx.*
Polype, excressance de chair, *Polypus.*
Principe, *-pium.*
Prototype, original, *-pus.*
Tripe, *ilia, exta.* —* de latin, *fragmentum latinum.*
Tulipe, fleur, *tulipa.*
Type, figure, *typus.*
Xantippe, nom de la femme de Socrate.

V E R B E S.

Anticipe, *-po.*
Constipe, *alvum astringo.*

verbes au présent.

Dissipe, *-po.*
Emancipe, *-po, plus æquo mihi sumo.*
Equipe, *instruo.*
* Fripe, use, *tero.*
* Gripe, *furor.*
Participe, *-po.*
Pipe, *pipilo, fallo.*
Voyez les autres verbes en iper.

IPLE.

m Disciple, *-pulus.*
a Multiple, *-plex.*
a Triple...
v Triple, *triplico.*

IPRE.

f Chypre, île, *-prus.*
poudre de Chypre, *pulvis Cyprius.*
f Ypre, ville, *Ypra.*

IPSE.

f Apocalypse, *-sis.*
—révélation, *-io.*
f Eclipse de soleil, de lune, *eclipsis.*
—quand on se cache, *absconsio.*
f Ellipse, figure de Rhétorique, *ellipsis.*
m Lipse, nom d'un Auteur, *Lipsius.*
Egypte, Pays, *Ægyptus.*

IQUE.

La plûpart des noms en ique, *sont des adjectifs de rapports ou de propriétés. Ils sont terminés en latin en* icus, a, um.

adjectifs communs.

Académique, *-icus.*
Acataleptique, anciens Philosophes, *-icus.*
Achronique, terme d'Astronomie, *-icus.*
Acoustique, science, *acustice.*
Actiatique, terme d'Hist.
Adonique, (vers) *versus Adonicus.*
Mer Adriatique *ou* Golfe de Venise, *Adriaticum mare.*
Afrique, partie du monde, *Africa.*
Agiologique, *-icus.*
Agnatique, terme de Jurisprudence, *paternus.*
Algébraïque, *-icus.*
Allégorique...
Amérique, partie du monde, *America.*
Amphibologique, *-icus.*
Anacréontique...
Analeptique, terme de Médecine, *-icus.*
Analogique, *ou* Mystique, *-icus.*
Analytique, *-icus.*
Anarchique...
Anastomatique...
Angélique, herbe, *-ica.*
Angélique, nom...
Angélique, *-icus.*
Angélique, instrument de Musique, *angelica lyra.*
Angélique, anémone, *anemone alba villis distincta, coloris violacei dilutioris.*
Antarctique (pole) *polus antarcticus.*

adjectifs communs.

Antéphialtique, terme de Médecine, *-icus.*
Anthypnotique, sorte de reméde, *-icum.*
Antiapoplectique, *-icum.*
Antiarthritique...
Antiasmatique...
Antidysentérique...
Antihystérique...
Antimélancolique...
Antinéphritique...
Antiparalytique...
Antipathique, *-icus.*
Antipodagrique, *-icum.*
Antipyrétique...
Antique, *-uus.*
Antirrhétique, *-icus.*
Antiscorbutique...
Antispasmodique, *-icum.*
Antivérolique, *antivariolicus.*
Apathique, *humanorum affectuum expers.*
Aphoristique, terme de Médecine, *-icus.*
Apocalyptique, *-icus.*
Apocroustique...
Apodacrytique, *-icum.*
Apologétique, *-icus.*
Aponévrotique, terme d'Anatomie, *-icus.*
Apoplectique, *-icus.*
Apostolique...
Applique, *tessellatum opus.*
Aquatique, *-icus.*
Arabique...
Archangélique, plante, *lamium.*
m Arctique (pole) *polus arcticus.*
Aréotique, *-icus.*
Argentifique, terme d'Alchymie.

adjectifs communs.

Aristocratique, *-icus.*
Arithmétique, *-ica*
Arthritique, terme de Médecine, *articularis.*
Ascétique, terme dogmatique, *-icus.*
Ascitique, terme de Médecine, *-icus.*
Asthmatique, *-icus.*
Astrologique...
Astronomique...
Asymptotique, terme de Géométrie, *-icus.*
Athlétique, *-icus.*
f Atlantique (mer) *mare Atlanticum.*
Attique, pays, *-ica.*
—ordre, terme d'Architecte, *ordo Atticus.*
Aulique, *-icus*
Aurifique, *-ficus.*
Authentique, *-icus.*
Bacchique, (air) *cantilena Bacchica.*
Baléarique, *-icus.*
f Balthique (mer) *mare Balthicum.*
f Barique, *cadus.*
Basilique, *-ica.*
Béatifique, *-icus.*
Bédonique (Poëte) celui dont les vers se pouvoient chanter au son du bedon, *ou* petit tambour.
* Bellique, *-icus.*
f Botanique, *botanice.*
f Bourique, *asinus.*
Boutique de Marchand, *officina.*
Boutique de poisson, *ichthyotrophium.*
arriére-Boutique, *servatoria taberna.*

adj. comm.

Brachycataleptique, terme de Poëſie Grecque & Latine, *-icus.*

f Brique, *later.*

f Bucolique, *-ica.*

Cabaliſtique...

Cabarétique...

Cachectique, terme de Médecine, *-icus.*

m Cacique, dignité Indienne, *-icus.*

Cagiologique, *-icus.*

m Caïque, eſquif de galère, *Caïca.*

Calippique, terme de Chronologie, période de 76. ans, inventée par Calipe, Mathématicien de Cyzique.

Cambrique, nom qu'on donne à la langue du pays de Galles en Angleterre.

Canonique, *-icus.*

m Cantique, *-icum.*

Caractériſtique, *littera deſignans.*

Catéchiſtique, qui eſt par demandes & par réponſes.

Catégorématique, terme de Dialectique.

Catégorique, terme de Logique & de Palais.

Cathartique, *-icus.*

Cathédratique...

Catholique...

f Catoptrique, *-ica.*

Cauſtique, *-icus.*

Cautéretique, terme de Médecine, *-icus.*

Célique, *cœlicus.*

Céphalique, *-icus.*

Chauchique, langue qu'on parle dans la Friſe Orientale.

adjectifs communs.

Chimérique, *commentitius.*

Chirographique, *-icus.*

Chirurgique...

Chromatique...

Chronique, au plur. ce ſont deux livres de l'Ancien Teſtament.

Chronologique, *-icus.*

Civique (couronne) *corona civica.*

Claſſique, (Auteur) *autor claſſicus.*

Climactérique (année) *-icus annus.*

f Clique, *conſortium ſocietas.*

Colérique, *-icus.*

Comique...

Concentrique...

Conique, (figure) *figura conica.*

Coſmographique, *-icus.*

Crique, *ſtatio tuta.*

Critique, *-icus.*

Chromatique...

Cryptographique...

Cubique...

Cyclique, Poëte Cyclique, *Poëta Cyclicus.*

Cylindrique, *-icus.*

Cynécocratique...

Cynégétique, qui concerne la chaſſe, *-icus.*

Cynique (Philoſophe) *-icus.*

Cyſtique, terme de Méd...

Dactylique...

Dalmatique...

Décaſyllabique...

Déïfique...

Démocratique...

Deſpotique...

adjectifs communs.

Diabolique, -*icus.*
Diacoustique...
Diagnostique, terme de Médecine, -*icus.*
Dialectique, fém. -*ica.*
Diaphorétique, -*icus.*
Diaphragmatique...
Diapnotique, reméde qui fait transpirer, -*icus.*
Diatonique...
Didactique...
Diétésique, partie de la Médecine, -*icus.*
f Dioptrique, -*ica.*
Diplomatique, -*icus.*
Dissyllabique...
Distique...
Diurétique...
Dogmatique...
Domestique...
Dorique...
Dramatique, (Poëme)...
Drastique, qui agit avec force, -*icus.*
f Duplique, *iterata dictio.*
Dynamique, science des forces, *dynamica.*
Ecclésiastique, -*icus.*
f Ecliptique, route du soleil, *linea ecliptica.*
Economique, *œconomicus.*
Elastique...
Electrique...
Elenchtique, Théologie Elenchtique, *elenchtica.*
Elliptique, en ovale, -*ica.*
Emétique, vin Emétique, -*icum vinum.*
Emphatique, -*icus.*
Emblématique...
Eméro-cathartique, reméde qui purge par haut & par bas, -*icus.*

adjectifs communs.

Emphatique, *vehemens.*
Emhytéotique, -*icus.*
Empirique...
Enclitique, -*ica.*
Endémique, terme de Médecine, qui naît au milieu d'un peuple.
Energique, -*icus.*
Enétique, *ab enecando.* mot forgé par allusion au vin émétique.
Enharmonique, genre de Musique.
Epileptique, -*icus.*
Epilotique...
Episodique...
Erotique...
Erratique (fiévre) *febris erratica.*
Escarotique, -*icus.*
f Ethique, partie de la Philosophie, *ethica*, *moralis.*
Ethymologique, -*icus.*
Etique, maigre, *macer.*
Evangélique, -*icus.*
Eucharistique...
Euryalique...
Excentrique...
Exégétique...
Exotérique, *vulgaris.*
Extatique, -*icus.*
Ezotérique, ce qui est caché & obscur; on dit Ouvrages Ezotériques des anciens.
f Fabrique, -*ica.*
Famélique, -*icus.*
Fanatique...
Fantastique...
Fatidique...
Flegmatique...
Fique, terme populaire, par

adjectifs communs.

ma Fique, *per meam fidem.*
Frigorifique, *-icus.*
Garde-boutique, *merces vetula.*
Galliambique, *-icus.*
Gallique, vieux mot...
Gématrique...
Généalogique...
Générique...
Géocentrique...
Géographique, *-icus.* coquillage marin, *concha geographica.*
Géomantique, *-icus.*
Géométrique...
Gnomique, ſententieux...
f Gnomonique, *gnomonice.*
Gothique, *-icus.*
architecture Gothique, *architectura Gothica.*
Gymnaſtique, *-icus.*
Harmonique...
Hébraïque...
Héliocentrique...
Helvétique (corps) les Suiſſes, *corpus Helveticum.*
Hépatique, flux Hépatique, *-icus fluxus.*
Héraldique, *-icus.*
Hérétique...
Héroïque...
Héroï-comique, eſpéce de Poëme, *-icus.*
Hermétique, *-icus.*
Hiérarchique...
Hiéroglyphique...
Hippocratique...
Hiſtérique...
Hiſtorique...
Homérique...
Honorifique, droits honorifiques, *jura honorifica.*

adjectifs comm.

Hybriſtiques, fêtes d'Argos, en l'honneur des femmes qui avoient pris les armes.
Hydraulique, *-icus.*
Hydrographique...
Hydropique, *hydrops.*
f Hydroſtatique, *-ica.*
Hydrotique, *ſudorificus.*
Hyperbolique, *-icus.*
Hypercritique, *nimiùm auſterus cenſor.*
Hypnotique, *quod ſomnum parit.*
Hypothalattique, l'art de naviger, *-ice.*
Hypothétique, *-icus.*
paſſion Hyſtérique, *ou* mal de mere, *paſſio hyſterica.*
Jamaïque, *-ica.*
Iambique, *-icus.*
Janſéniſtique...
Identique, *idem.*
Idiopathique, *-icus.*
Idolatrique...
Impudique...
Ionique...
ordre Ionique, *Ionicus ordo.*
Ironique, *-icus.*
Italique, lettre Italique, *littera Italica.*
Ithyphallique, figure Ithyphallique *ou* obſcéne, *figura obſcæna.*
Judaïque, *-icus.*
Juridique...
Ixeutique, l'art de prendre des oiſeaux à la glu.
Laconique, *-icus.*
Laïque...
Latreutique...
Léthargique...
m Lévitique, un des cinq livres de Moyſe, *-icus.*

adjectifs com.

mer Liguſtique, *ou* de Gènes, *mare Liguſticum.*

Lipogrammatique, ouvrage où il manque quelque lettre de l'alphabet.

f Logique, *-ica.*

Lubrique, *-icus.*

Lunatique. . .

Lymphatique, *vas lymphaticum.*

Lyrique, *-icus.*

Macaronique, (Poëme) *-icum poëma.*

Magique, *-icus.*

Magnétique, (vertu) *virtus magnetica.*

Magnifique, *-icus.*

Manique. . .

Marganatique, *matrimonium cum muliere conditionis inferioris.*

f Martinique, île, *-ica.*

Mathématique, *-icus.*

Mécanique, *mechanicus.* meſquin, *avarus.*

art Mécanique, *-ice.*

f Mécanique, ſcience des machines, *mechanice.*

Mélancolique, *-icus.*

Méſentérique. . .

Métallique. . .

Métaphorique. . .

f Métaphyſique, *-ica.*

Météorologique, *-icus.*

Métrique, *metro conſtans.*

Mexique, pays, *-ica.*

* Mirlifique, *mirus.*

Modique, *-icus.*

Monarchique. . .

Monaſtique. . .

Monoſyllabique. . .

Morbifique. . .

adjectifs communs.

Mozaïque, *-ica.* ouvrage de rapport, *opus muſivum.*

Mozarabique, *-icus.*

Muſique. . .

Myſtique. . .

Mythologique. . .

Narcotique. . .

Nautique. . .

Néologique. . .

Néphrétique. . .

Neuritique. . .

Nique, faire la Nique, *naſo ſuſpendere.*

Numérique, *-icus.*

Numiſmatique. . .

Oblique. . .

Odontalgique. . .

Oeconomique. . .

Oecuménique. . .

Oedipodique. . .

Oligarchique. . .

Olympiques (jeux) *ludi Olympici.*

f Optique, *-ica.*

Orcheſtrique, *-icus.*

Organique. . .

Pacifique, mer Pacifique, *mare Pacificum.*

Paleſtrique, *-læſtricus.*

Pandémique, le même qu'épidémique, *-icus.*

m Panégyrique, *-icus.*

Panique, (terreur) *terror panicus.*

Papiſtique, *-icus.*

Parabolique. . .

Paralytique. . .

Paraſitique. . .

Parénétique; il ſe dit des ouvrages d'exhortations.

Pathétique, *-icus.*

Pathognomonique, terme de Médecine, *-icus.*

adjectifs communs.

Pathologique, *-icus.*
Patronymique...
Pédagogique...
Péripatétique...
Perrique, espéce de Perroquet, *-icus.*
Pharisaïque, *-icus.*
Pharmaceutique, partie de la Médecine, *-icus.*
Philippiques, au plur. *-ica.*
Philologique, *-icus.*
Philosophique...
Phtisique...
f Physique, *-ica.*
Pique, arme, *hasta.*
Pique, couleur de cartes, *spicum.*
Pique, querelle, *rixa.* passer par les piques, *sariцis perfodi.* Pique-nique, faire un repas à Pique-nique.
Pithagorique, *-icus.*
Plastique, il est ordinairement précédé de vertu.
Platonique, *-icus.*
Pléthorique, abondant en humeur, *-icus.*
Pleurétique, *-icus.*
Pneumatique, (machine) *machina pneumatica.*
Pneumonique, médicament, *-icum.*
f Poëtique, Traité de la Poësie, *ars Poëtica.*
Polémique, *-icus.*
Politique...
m Portique...
f Pragmatique, *-ica.*
f Pratique, *praxis.*
f Pratique de Notaire *ou* de Procureur, *clientes.*

adjectifs communs.

Prismatique, *-icus.*
Probatique, (piscine) *piscina probatica.*
Problématique, *-icus.*
Prolifique...
Prophétique...
Pseudo-catholique...
Ptarmique, sternutatoire, *-icum.*
Publique, *-ica.*
Pudique, *-icus.*
Pulmonique...
Pycnotique, terme de Médecine, *-icus.*
Pythiques, au plur. *ludi Pythici.*
Quolibétique, fécond en quolibets.
Rabbinique, *-icus.*
Rachitique...
f Relique, *-quia.*
f Réplique, *responsio.*
f République, *Respublica.*
f Rhétorique, *-ice.*
Rhopatique, sorte de vers, *-icus.*
m Rithmique, (vers) *versus rithmicus.*
f Rubrique, *-ica.*
Runique, *-icus.*
Rustique...
Ryptique, *detersivum.*
Sabbatique, *-icus.*
f Saïque, vaisseau, *-ica.*
Sapphique, vers Sapphique, *versus -icus.*
Sarcotique, le même qu'incarnatif, *-ivus.*
Satyrique, *-icus.*
Scénique...
Sceptique, Philosophe...
Schismatique...

adjectifs communs.

Scholastique, *-ica Theologia.*
à la Scholastique, *scholasticè.*
Scholastique, *-icus.*
Sciatique, maladie, *-ica, ischiatis.*
Scientifique, *-icus.*
Sélénifique...
Sélénographique...
Séméotique...
Séraphique...
Socratique...
Sophistique...
Sorbonique...
Spagirique, (Médecin) *-icus medicus.*
Spécifique, *-icus.*
Spermatique...
Sphérique...
Splénétiques, au plur. *splenetica remedia.*
Splénique, *-icus.*
Sporadique, terme de Médecine, *dispersus.*
Statique, science des poids, *statica.*
Stoïque, *-icus.*
Stomachique...
Sudorifique...
Supercatholique, Catholique au suprême dégré, *-icus.*
Supplique, *-icus.*
Syllabique...
Syllogistique...
Symbolique...
Symmétrique...
Sympatique...
Symptomatique...
Synallagmatique...
Synodique...
Systallique...
Tabarinique...
Tabifique, qui cause la Phtisie, *-icus.*

adjectifs communs.

Tactique, *tactica militaris.*
Talismanique, (figure) *-ica figura.*
Talmudique, *-icus.*
Taurique, pays, fém. *-ica.*
Technique, *ou* Tecnique, sorte de vers, *-icus.*
Tétrique, *-icus.*
Teutonique, qui appartient aux Teutons, & en général aux Allemands, *-icus.*
Théandrique, terme dogmatique, *-icus.*
Théologique, *-icus.*
Théorique...
Thessalonique, ville ancienne, *-ice.*
Thocratique, *-icus.*
Tonique, terme de Méd...
Toparchique...
Topique, remède Topique, *-icum remedium.*
Topographique, *-icus.*
Tragicomique...
Tragique...
Triplique...
Trique, *fustis.*
Triquenique, *trica nullius momenti.*
m Tropique, *-icus.*
Tropologique...
f Tunique, *-ica.*
Typique, *-icus.*
Typographique...
Tyrannique...
Vénéfique...
Véridique...
Vérolique...
Viatique, *commeatus.*
Viatique, *-icum.*
Vitriolique, *-icus.*
Vivifique...

adject. comm.

[illegible]nique, *-icus.*
Vomique, abfcès, *-ica.*
Zététique, la méthode pour réfoudre un problême en Mathématique.

VERBES.

verbes au préfent.

Alambique, *animum incaffum torqueo.*
Applique, *admoveo, deftino.*
Complique, *implico.*
Explique, *-ico.*
Fabrique. . .
Implique. . .
Indique. . .
Maftique, *maftiche vel lithocollâ linio.*
Pique, *pungo.*
Pratique, *ago.*
Prévarique, *prævaricor.*
Pronoftique, *prædico.*
Réplique, *refpondeo.*
Revendique, *mihi affero.*
Trafique, *negotior.*
Vendique, *vindico.*
Voyez les autres verbes en iquer.

IR.

fubftantifs mafculins.

Comirs, au plur. efpéce de farceur.
Cuir, *corium.*
Déplaifir, *moleftia.*
Defir, fouhait, *cupido.* déréglé, *libido.* de voir, &c. *defiderium.* de biens, de richeffes, *cupiditas.*
Dormir, (le) *fomnus.*
Elixir, *metallorum vel plantarum fuccus.*
Fakir, dévot Indien, *-us.*

fubftantifs mafculins.

Guadalquivir, fleuve, *Bætis.*
Loifir, *otium.*
Martyr, *martyr.*
Nadir, terme d'Aftrologie, *nadirus.*
Novemvir, Magiftrat d'Athènes.
Plaifir, *delectatio.* joie, *gaudium.* contentement, *oblectamentum.* volupté, *-tas.* recréation, *-atio.* plaifir honnête, *liberalis oblectatio.* defordonné, *libido.* adonné à fon plaifir, *libidinofus.* prendre plaifir, *voluptati indulgere.*
Plaifir, volonté, *voluntas.* faire à plaifir, *ad libidinem facere.* vivre à plaifir, *animo obfequi.*
Plaifir, *gratia.* bienfait, *beneficium.* courtoifie, *officium.* faire plaifir à quelqu'un, *de aliquo bene mereri.* accorder une grace, *gratiam concedere.*
Plaifir, difcrétion, *arbitrium.* à mon plaifir, *ad arbitrium.* par plaifir, *animi gratiâ.* conte fait à plaifir, *ficta fabula.* bruits faits à plaifir, *ficti rumores.*
Quatuorvir, Officier des anciens Romains.
Quinquevir, Offic. Rom.
Repentir, *pœnitentia.*
Saphir, pierre précieufe, *fapphirus.*
Soupir, *fufpirium.*
Souvenir, *memoria, recordatio.*
Vizir, dignité Turque.

m Zéphir, vent, *-us.*

VERBES.

verbes à l'infinitif.

Abâtardir, *vitiare.*
Abêtir, *aliquem stupidum & efferatum reddere.*
Abolir, *abolere.*
Abonnir, *rem meliorem facere.* Item : *meliorem fieri.*
Aboutir, avoir issue, *evadere.* aboutir en pointe, *in conum desinere.* à un point, *in punctum coïre.* à un dessein, *in consilium tendere.*
Abrutir, *vecordem efficere.*
Abstenir, *abstinere.*
Accomplir, *adimplere.*
Accourcir, *abbreviare.*
Accourir, *accurrere.*
s'Accroupir, *incubare.*
Accueillir, recevoir, *excipere.*
Acquérir, *acquirere.*
—surprendre, *excipere.*
Adoucir, *mitigare.*
Affadir, *saporem infuscare.*
Affermir, *confirmare.*
s'Affermir dans une résolution, *obfirmare se in proposito.*
Affoiblir, *debilitare.*
Affranchir, *liberare.*
Aggrandir, *augere.*
Agir, *agere.* travailler, *laborare.* être puissant, *valere.*
s'Aguerrir, *militiâ se imbuere.*
Aigrir, *acorem facere.*
Aigrir, *irritare.*
s'Aigrir, *acescere.*

verbes à l'infinitif.

Allentir, *mitigare.*
Alourdir, *obtundere.*
Amatir, *aurum impolitum inducere.*
Amincir, *minuere.*
Amoindrir, *imminuere.*
Amollir, *emollire.*
—émouvoir, *emovere.* devenir mol, *molliri.*
Amortir, *extinguere.*
—réprimer, *coërcere.*
Anéantir, *ad nihilum redigere.*
Annoblir, donner titre de Noble, *in nobilium ordinem adscribere.* rendre illustre, *nobilitare.*
Apiétrir, *decrescere.*
Apoltronir, *accipitrem ignavum efficere.*
Appartenir, *pertinere.*
Appauvrir, *egenum facere.*
Appesantir, *aggravare.*
Applanir, *æquare.*
Applatir, *applanare.*
Applaudir, *plaudere.*
Arrondir, *rotundare.*
Assagir, vieux mot, *erudire.*
Assaillir, *aggredi.*
Assortir, *instruere.*
Assoupir, *sopire.*
—appaiser, *sedare.*
* Assourdir, *surdum efficere.*
Assouvir, *exsatiare.*
Assujettir, *subjicere.*
Attendrir, *mollire.*
s'Attendrir, *mollescere.*
s'Attiédir, *tepescere.*
s'Avachir, *flaccescere.*
Avertir, *monere.*
Avilir, *vilem facere.*
s'Avilir, *vilescere.*

Bannir, exiler, *in exilium ejicere.* chasser, *expellere.*
Bâtir, *ædificare.* auprès, *astruere.* au devant, *obstruere.*
Bâtir sa fortune sur les ruines d'un autre, *ex incommodis alienis sua commoda comparare.*
Bâtir un habit, *construere vestem.*
Baudir, vieux mot, *gaudere.*
Blanchir, *dealbare.*
—pallier, *palliare.*
Blandir, vieux mot, *blandiri.*
Blêmir, *pallere.*
—devenir blanc, *pallescere.*
Bondir, *exultare.*
Bouffir, *turgere.*
Bouillir, *bullire.*
* Brandir, *vibrare.*
Brunir, *polire.* en terme d'Orfévrerie, *aurum levigare.*
Catir (une étoffe) *pectine textorio stipare.*
Chauvir, vieux mot, *aures subrigere.*
Chérir, *diligere.*
Chevir, vieux adv. *adducere aliquem quò velis.*
Choisir, *eligere.*
Concourir, *concurrere.*
Conquérir, *armis quærere.*
Consentir, *consentire.*
Contenir, *continere.*
—comprendre, *capere.* contraindre, *cohibere.*
Contrevenir à une loi, *legem violare.*
Convenir, *convenire.*
Convertir, *convertere.*
Cotir, *contundere.*

verbes à l'infinitif.

Courrir, *currere.* un prix, *stadium.* une bête, *feram sectari.* courrir sur, *grassari in.* courrir du haut en bas, *decurrere.* jusqu'au bout, *percurrere.* çà & là, *discurrere.* l'un contre l'autre, *concurrere.* en avant, *percurrere.* devant, *præcurrere.* contre, *incurrere.* aux environs, *circumcurrere.* courrir les rues, *vagari.* la poste, *citatis equis ferri.* poursuivre, *persequi.* briguer, *ambire.* voyager, *peregrinari.*
Couvrir, *cooperire.*
Crêpir, *crassiore arenato induere, parietem trullissare.*
Croupir, *desidere.*
Cueillir, *colligere.*
Cuir, ou plûtôt Cuire, *coquere.*
Débouillir.
Débrutir, *polire.*
Décharpir, *lineamentum carptum volsumque tollere.*
Déconfir, vieux mot, *hostes fundere.*
Dédormir, *temperare aquæ frigus.*
Dédurcir, empêcher d'être dur.
Défaillir, *deficere.*
Définir, *definire.*
Défleurir, *deflorescere.*
Dégarnir, *spoliare.* ôter les meubles, *nudare.*
Dégauchir, *complanare, convertere.*
Dégourdir, *torporem discutere.*

verbes à l'infinitif.

Dégrossir, *decrescere.*
Déguerpir, *abire.*
Démentir, *mendacium exprobrare.*
se Démentir, *pugnantia loqui.* se relâcher, *dissolvi.* ne pas répondre à l'estime qu'on a, *famam minuere.*
Démentir son sang, *ab avorum gloria descijcere.*
Démolir, *demoliri.*
—détruire, *destruere.*
—abattre, *evertere.*
Démunir, *spoliare munimentis.*
Départir, *dividere.*
Dépérir, *deperire.*
Déprévenir, *errorem alicui eripere.*
Déroidir, *rigorem mitigare.*
Dérougir, *pudorem amittere.*
Desassortir, vieux adj.
Desemplir, *deplere.*
Desendormir, *expergefacere.*
Desétourdir, *stuporem discutere.*
Desobéir, *non obtemperare.*
Desourdir, *telam retexere.*
Desservir, *offendere.*
—une table, *fercula tollere.*
—une Cure, *Curiæ inservire.*
Desunir, *disjungere.*
Détenir, *detinere.*
Devenir, *fieri, evadere.*
Dévêtir, *exuere, spoliare.*
Disconvenir, *dissentiri.*
Discourir, *differere.*
Divertir, *avocare.*
—détourner, *avertere.*
—se divertir, *genio indulgere.*

verbes à l'infinitif.

Dormir, *-ire.* endormir, *soporem inducere.* s'endormir, faire dormir, *somnum conciliare.* en quelque affaire, n'en avoir point de soin, *alicui rei indormire.* se rendormir, *iterum dormire.*
Durcir, *indurare.*
s'Ebahir, *mirari.*
s'Ebaudir, *hilarior fieri.*
Eblouir, *oculorum aciem perstringere.*
Ebouillir, *ebullire.*
Eclaircir, *elucidare.* rendre clair, *illustrare.* rendre facile, *explicare.*
Eclaircir un différend, *rixam explanare.*
s'Eclaircir d'une chose, *certiorem se facere de re.*
Ecrouir, battre à froid les métaux.
Ejoüir, vieux mot, *hilarare.*
Elargir un habit, *vestem dilatare.*
—un prisonnier, *captivum dimittere.*
Embellir, *ornare.*
Embrunir, *fusco colore inficere.*
Emmaigrir, *macrescere.*
Emplir, *implere.*
Empuantir, *fœtorem inducere.*
s'Empuantir, *fœtorem concipere.*
Enchérir sur, *contrà liceri.* causer la cherté, *annonam premere.* devenir cher, *pretio augeri.* augmenter pardessus, *suprà adjicere.*

verbes à l'infinitif.

Encourrir, *incurrere.*
Endurcir, *indurare.*
Enforcir, *corroborare.*
Enfouir, *infodere.*
s'Enfiérir, vieux mot, devenir fier, *superbire.*
s'Enfuir, *fugere.*
faire Enfuir, *fugare.*
Engloutir, *absorbere.*
Engourdir, *torporem inferre.*
* s'Enhardir, *animos sumere.*
Enlaidir, *deformare*, vel *deformem fieri.*
s'Enorgueillir, *superbire.*
Enquérir, *inquirere.*
Enrichir, *ditare.*
s'Enrichir, *ditescere.*
Ensevelir, *sepelire.*
Entretenir amitié, *amicitiam colere.* entretenir, fournir tout à quelqu'un, *suppeditare.* entretenir, fomenter, *fovere.* conserver, *conservare.* donner espérance, *spem facere.* occuper, *-pare.* amuser, *tenere.* parler, *colloqui.* nourrir, *alere.*
s'Entretenir, être continu, *continuari.* s'entretenir de peu, *paucis contentum esse.* s'entretenir de tout, *se sustentare.*
Envahir, *invadere.*
Epaissir, *densare.*
s'Epaissir, *concrescere.*
Epanouir, *explicare.*
s'Epanouir, *dehiscere.*
Estommir, vieux mot, *exturbare.*
Etablir, *stabilire.* créer, *statuere.* fonder, *creare.* mettre, constituer, *-ere.* rendre stable, *stabilire.*

verbes à l'infinitif.

Etourdir, *stupefacere.*
Etrecir, *arctare.*
Esthuir, vieux mot, Oter.
Evanouir, *evanescere.*
s'Evanouir, *animi deliquium pati.*
Faillir, *errare.*
Faillir, vieux mot, *desinere.*
Farcir, *farcire.*
Férir, *ferire.*
Feüillir, vieux mot, *frondere.*
Finir, terminer, *finire*, *terminare.*
Flatir, terme de Monnoyeur.
Fléchir, *flectere.*
Flétrir, *contabescere.*
—l'honneur, *famam imminuere.*
se Flétrir, *marcescere.*
Fleurir, *florere.*
Foiblir, *labascere.*
Fouir, *fodere.*
* Foupir, *rugosum facere.*
Fourbir, *detergere*, *polire.*
Fournir, *suppeditare.*
Franchir, sauter au-delà, *transilire.*
—une difficulté, passer pardessus, *difficultatem praterire.*
Frémir, *fremere.*
Froidir, *frigescere.*
Fuir, *fugere.*
Garantir, *tueri.* faire bon, *praestare.*
Garnir, *instruere.* une maison de meubles, *domum supellectili instruere.* un habit de rubans, *vestem vittis ornare.*

Gauchir,

verbes à l'infinitif.

Gauchir, *ad sinistram deflectere.*
* Gaudir, mot comique, *deridere.*
Géhir, vieux mot, *extorquere veritatem.*
Gémir, *gemere.*
Gésir, vieux mot, *jacere.*
Glapir, *gannire.*
Grandir, *crescere.*
Gravir, *adrepere.*
Grossir, *augere.* en fait de fruit, *tumere.*
Guérir, *sanare.*
Haïr, *odisse.* vouloir mal, *odio prosequi.* faire haïr, *in odium inducere.* se faire haïr, *suscipere odium.*
Hannir, *ou* Hennir, *hinnire.*
Havir, vieux mot, *ustulare.*
Heudrir, vieux mot, *putrescere.*
Honnir, vieux mot, blâmer, *vituperare.*
Jaillir, *salire.*
Jaunir, teindre en jaune, *flavo colore inficere.* devenir jaune, *flavescere.*
Impartir, vieux mot, *impertiri.*
Intervenir, *intervenire.*
Intervertir, *turbare.*
Investir, *in possessionem mittere.*
—une Place, *urbem circumdare.*
Joüir, *frui.*
Issir, vieux mot, Sortir, *egredi.*
Languir, *languere.* attendre, *expectare.* faire languir de regret, *desiderio conficere.*

verbes à l'infinitif.

dans les tourmens, *lento cruciatu torquere.*
Lédir, vieux mot, *pudore afficere.*
Lotir, *in partes dividere.*
Maigrir, *marcescere.*
Mainburnir, vieux mot, *defendere, tueri.*
Maintenir, *continere.*
—conserver, *servare.* affermir, *asserere.*
Mattir, *rude atque impolitum efficere.*
Mentir, *-iri.* sans mentir, *bonâ fide.*
Mesavenir, *adversi aliquid contingere.*
Mesoffrir, *minus offerre.*
Messervir, vieux mot, pour Déservir.
Meurir, *maturescere.*
Meurtrir, *contundere.*
Mipartir, *bipartiri.*
se Moisir, *mucescere.*
Mollir, *labascere, remissiorem esse.*
Mourir, *mori.*
Mugir, *mugire.*
Munir, *munire.*
Murdrir, vieux mot, *occidere.*
Mutir, vieux mot.
Nantir, consigner, *deponere.* saisir de la main, *capere.* payer, *solvere.* mettre en main, *alicui cavere.*
Noircir, devenir noir, *nigrescere.* rendre noir, *nigrore imbuere.*
—la réputation, *famam inquinare.*
Nourrir, *nutrire.*
Obéir, *obedire.* céder, *cedere.* plier, *flectere.*

verbes à l'infinitif.

Obſcurcir, *obſcurare.*
Obtenir, *obtinere.*
Occurſir, vieux mot, *occurrere.*
Offrir, *offerre.*
Ouir, *audire.*
* Ourdir de la toile, *telam texere.*
—une conſpiration, *conſpirare.*
Ouvrir, *aperire.*
Pâlir, *pallere.*
Parboüillir, *leviter ebullire.*
Parcourir, *percurrere.*
Parfournir, *ſupplere.*
Partir, s'en aller, *proficiſci.*
—partager, *partiri.*
Parvenir, *pervenire.*
Pâtir, *pati.*
Périr, *perire.*
Pétrir, *pinſere.*
Plévir, vieux mot, *vadari, fide jubere.*
Polir, *polire.* fig. ſe dit de l'eſprit d'un ouvrage, &c. *politiorem efficere.*
Pourrir, *putreſcere.*
Prémunir (ſe) *præmunire ſe.*
Preſſentir, *præſentire.*
Prévenir, *prævenire.*
Punir, *punire.*
Querir, *quærere.*
Rabêtir, *ſtupidum efficere.*
Rabonnir, rendre meilleur.
Rabougrir, terme de Foreſtier, *retorrere.*
Racornir, *indurare in modum cornu.*
Racourcir, *abbreviare.*
Raffermir, *iterùm confirmare.*
Rafraîchir, *refrigerare.*
Rafraîchir des troupes, *copias reficere.* la mémoire, *memoriam refricare.* un manteau, *pallium renovare.*
* Ragaillardir, *hilariorem efficere, exhilarare.*
Rajeunir, *juveneſcere.* quelqu'un, *juventuti reſtituere.*
Rallentir, *remittere.*
ſe Rallentir, *refrigeſcere.*
Rancir (ſe) *rancorem contrahere.*
Rangourir, vieux mot, *langueſcere.*
Ravilir, *in contemptum adducere.*
Ravir, *ſtupefacere.* enlever, *rapere.* de joie, *lætitiam afferre.*
Rebâtir, *reædificare.*
Rebaudir, vieux mot, *excitare.*
Rebénir, *iterùm benedicere.*
Recourir, *recurrere.*
Recueillir, *colligere.*
Refaillir, vieux mot, *labi iterum.*
Réfléchir, *reflectere.*
Refleurir, *refloreſcere.*
Refoilir, vieux verbe, jetter des feuilles.
Refroidir, *refrigeſcere.*
Refuir, terme de Vénerie, *refugere.*
Régir, gouverner, *regere.*
Régir, terme de Gram. *regere.*
Rejaillir, *reſilire.*
Rejaunir, *flaveſcere.*
Réjoüir, (ſe) *gaudere.*
Rejouvenir, vieux verbe, *repueraſcere.*
Relanquir, vieux mot, délaiſſer, abandonner.

verbes à l'infinitif.

Rembrunir, *iterùm expolire*
Remplir, *replere.*
Remplir ſa charge, ſes devoirs, *munus exequi.*
Remplir de la dentelle, *reficere.*
Renchérir, *pretium augere.*
Renformir, terme de Maçon, *reſtaurare.*
Renhardir, *metum deponere.*
Repaiſſir, rendre ou devenir plus épais.
Répartir, *partiri.*
—répondre, *reſpondere.*
Repentir, (ſe) *pœnitere.*
Requérir, *requirere.*
Reſplendir, *ſplendeſcere.*
Reſſentir, *ſentire.*
ſe Reſſentir d'une injure, *ou* d'une obligation, *injuriam* vel *beneficium recordari.*
Reſſortir, terme de Palais, *jus appellationis habere.*
Reſſouvenir, *meminiſſe.*
Retenir, *retinere.* uſurper, *uſurpare.* retarder, *morari.* ſe retenir, *ſibi temperare.*
Revenir, *reverti.*
Reverdir, *revireſcere.*
Revêtir, *denuò induere.* mettre par deſſus, *ſuperimponere.* orner, *exornare.* mettre autour, *circumveſtire.* terme de fortification, *circumexſtruere.*
Reünir, *conjungere.*
Revomir, *revomere.*
Réuſſir, *feliciter agere.*
Roidir, (ſe) *obniti.*
Rôtir, *torrere.*
Rougir, *erubeſcere.*
Rouir de la filace, *cannabum macerare.*

verbes à l'infinitif.

Rouſſir, *ruſare.*
—devenir roux, *rufeſcere.*
—en term. de cuiſine, *frigere*
Rouvrir, *iterùm aperire.*
Rugir, *rugire.*
Saillir, *ſalire.*
Saillir, courir, *currere.*
Saiſir, empoigner, *prehendere.* rendre poſſeſſeur, *tradere.*
Saiſir, terme de Palais, *bona obſignare.*
ſe Saiſir, s'emparer, *occupare.* avoir peur, *metu capi.*
Salir, *fœdare.* rendre ſale, *maculare.*
Sancir, terme de mer, *peſſum ire, demergi.*
Secourir, *juvare.*
Seigneurir, vieux verbe, *dominari.*
Sentir, *-ire.* goûter, *guſtare.* fleurer, *odorari.* ſentir ſon bien, ſa nobleſſe, *honeſtatem, nobilitatem præ ſe ferre.*
Servir, *ſervire.* être valet, *famulari.* obéir, rendre ſervice, *obſequi.* honorer, *colere.* ſervir, être utile à quelque choſe, *prodeſſe.* faire plaiſir, *beneficium impertire.* obliger, *ſtudia ſua in aliquem conferre.* ſervir, duire, *uſui eſſe.* ſervir à l'armée, *militare miniſterium impendere.* ſervir ſur table, *menſam cibis inſtruere.* ſervir, valoir, *valere.*
ſe Servir, uſer, *uſurpare.*

verbes à l'infinitif.

Sorbir, avaler, *forbere.*
Sortir, vieux mot, *unire fe.*
Sortir, aller dehors, *egredi.* naître, *emergere.* fortir de, *migrare ex.* fortir de charge, *munere abire.* fe débarraffer, *fe explicare.* fortir, emporter, *evehere.* tirer hors, *auferre.* fortir de propos, *ab argumento difcedere.* faire fortir d'un trou, *extrudere.* chaffer, *expellere.* de la maifon, *domo ejicere.* faire fortir en étreignant, *exprimere.* en perçant, *haurire.* en battant, *elidere.*
Souffrir, *perferre.* être travaillé, *perpeti.*
Souffrir une perfonne par complaifance, *tolerare.*
Soutenir, *fuftinere.* protéger, *tueri.* défendre, *-dere.* fecourir, *excipere.* porter, *ferre.* foûtenir une Thèfe, *thefes propugnare.*
Souvenir, *recordari.*
Subir, *fubire.*
Subvertir, *fubvertere.*
Surgir, arriver au port, *nave appelli.*
Survenir, *fupervenire.*
Tapir, *humi fternere.*
Tarir, *exhaurire.*
Taudir, vieux verbe, fe couvrir.
Tenir, *tenere.* avoir, *habere.* retarder, *detinere.* réprimer, *continere.* occuper, *occupare.* poffëder, *poffidere.* enfermer, *continere.* affembler, *cogere.* tenir par la main, *manu ducere.* tenir la main à, *dare operam ut.* tenir quelque chofe de quelqu'un, *acceptum alicui referre.* tenir d'un autre, lui reffembler, *aliquem referre.*
Tenir, avoir oüi, *accipere.* tenir tels propos, *his vocibus uti.* tenir un marché, fa promeffe, &c. *pactum, promiffum tenere.* tenir à, *adhibere.* tenir bon, réfifter, *-ere.* être ferme, *fibi conftare.* fe tenir à, *adniti.* fe tenir de rire, *rifum tenere.* tenir contre, *adverfam partem fectari.* fe tenir aux champs, à la ville, à la maifon, *in agris, urbe, domo degere.* tenir, eftimer, juger, *cenfere, exiftimare.* tenir, dépendre, *pendere.* tenir, relever de quelqu'un, *aliquid ad aliquo clientelari jure poffidere.* tenir le bec en l'eau, *fpem alere.*
Ternir, *obfcurare.*
Terrir, terme de Marine, *ad terram ire.*
Thouillir, vieux mot, *turbare.*
Tiédir, *tepefcere.*
Tir, terme de guerre.
Tollir, vieux mot, *auferre.*
Trahir, *tradere.* un fecret, *arcanum evulgare.*
Transgloutir, vieux mot, *deglutire.*
Tranfir, *frigore confici.* —de peur, *pavore enecari.*

verbes à l'infinitif.

Travestir, *alienam vestem induere.*
Tressaillir, *exultare.*
Tripolir, *Samio lapide detergere.*
Venir, *venire.* arriver, *advenire.* venir par hazard, *contingere.* venir au monde, *nasci.* croître, *crescere.*
Verdir, *virescere.*
Vernir, *junipero diluto illinere.*
Vertir, vieux mot, *redire.*
Vessir, *flatum ventris emittere.*
Vêtir, *vestire.*
Vieillir, *senescere.*
Unir, *unire.*
—joindre, *jungere.*
Vomir, *vomere.* des injures, *injurias evomere.*

IRE.

substantifs masculins & feminins.

Antisatyre, *-ra.*
Argyre, nymphe, *Argyra.*
Cabire, au plur. *Dii Cabiri.*
Chauffecire, Officier de la Chancellerie, *ærarii præfectus.*
Cire, *cera.*
Collyre, *-rium.*
Déjanire, femme d'Hercule, *Dejanira.*
Délire, *-rium.*
Dire, *sermo.* opinion, *-io.* proverbe, *-bium.* un oüi-dire, *rumor.*
Dires, au plur. *dira.*
Empire, *imperium.*
Hégire, Ere de Mahomet, *Hegira.*
Lyre, instrument & constellation, *lyra.*
Ire, *ira.*
Martyre, *martyrium.*
Messire, *dominus.*
Mire, vieux mot, *medicus.*
Mire, visée, *delineatio.*
Myrrhe, *myrrha.*
Navire, *navis.* petit, *navicula.* de trajet, *ponto.* long ou frégate, *celes.* couvert, *cataphracta.* découvert, *acataphractum.* de charge, *oneraria.* à passer chevaux, *hippago.* de haut bord, *navigium majus.*
Ogire, terme d'Architecture, *arcus decussatus.*
Panégyre, vieux mot, *panegyricus.*
Pire, *pejor.* avoir du pire, *malè se habere.*
Poncire, citron, *limonium.*
Porphyre, *-rium.* marbre, *-rites.*
Porphyre, Philos. *Porphyrius.*
Satyre, Poëme moral & railleur, *satyra.* un satyre, *satyrus.*
Sbirre, *accensus Romanus.*
Sire, Seigneur, *dominus.*
Sire, terme dont on se sert en parlant ou en écrivant au Roi, *Rex augustissime.*
Sire, se dit aussi d'un artisan, Sire Jacques, *magister.*
un maître Sire, *habilis magister.*
Squirre, terme de Médecine.
Tire (tout d'une) *uno ductu.*

f Tirelire, *stipi cogendæ cippus portatilis.*

VERBES.

Verbes au présent & à l'infinitif.

Admire, *miror.*
Aspire, -*ro*, *contendo.*
Attire, *attraho.*
Bruire, *strepere.*
Circoncire, *circumcidere.*
Circonscrire, *circumscribere.*
Cire, *cerâ linio.*
Conduire, *ducere.* mener devant soi, *agere.* gouverner, *regere.* avoir soin, *administrare.* accompagner par honneur, *deducere.*
Confire, *condire.*
Conspire, *conspiro.*
Construire, *construere.*
Contredire, *contradicere.*
Cuire, *coquere.*
Déchire, *lacero.*
Déconfire une armée, *exercitum profligare.*
Décrire, *describere.*
Decuire, *plus justò liquefieri.*
Dédire, *dictum repudiare.*
se Dédire, *dicta retractare.*
Déduire, *deducere.*
Desire, *desidero.*
Détruire, *destruere.*
Dire, *dicere.* signifier, *denotare.* que veut-il dire? *quid sibi vult?* dire le mot pour rire, *jocari.* dire le contraire, *inficiari.* dire bien, *benedicere.* dire mal, *maledicere.* diffamer, *famæ detrahere.* c'est-à-dire, *id est.* être à dire, *deesse.* ce n'est pas à dire que, *non ideo.* dire non, *negare.*
Duire, vieux mot, *decere.*
Econduire, *excludere.* rejetter, *rejicere.* refuser, *repudiare.*
Ecrire, *scribere.* composer, *conscribere*, *componere.*
Elire, *eligere.*
Empire, *ingravesco.*
Enduire, *illinere.*
Escondire, vieux mot, *excusare.*
Expire, *expiro.*
Frire, *fricare.*
avoir de quoi Frire, *dives esse.*
Induire, *inducere.*
Inscrire, *inscribere.*
Inspire, *inspiro.*
Instruire, dresser, *informare.* avertir, enseigner, *docere.* instruire un procès, *litem instruere.*
Interdire, -*icere.* défendre, *prohibere.* rendre muet, *stupefacere.*
Introduire, -*ducere.*
Lire, *legere.*
Luire, *lucere.*
Maudire, *execrari.*
Médire, *maledicere.*
Mire, *collineo.*
Nuire, *nocere.*
Occire, vieux mot, *occidere.*
Prédire, *prædicere.*
Prescrire, *præscribere.*
Produire, mettre en évidence, *prodere.* montrer, *exponere.* faire entendre, *producere.* alléguer, citer, *laudare, citare.* prolonger, *proferre.* engendrer, *procreare.*

verbes au présent & à l'infinitif.

Proscrire, *proscribere.*
Reconduire, *reducere.*
Recuire, *recoquere.*
Redire, *repetere.*
Réduire, *-ucere.* remettre au premier état, *restituere.* soûmettre, *subjicere.* faire évaporer, *redigere.* subjuguer, *-are.*
Relire, *relegere.*
Reluire, *lucere.*
Renduire, *rursùs induere.*
Reproduire, *iterùm producere.*
Respire, *-ro.*
Revire, *aliò flecto.*
Rire, *ridere.* du bout des dents, *simulare risum.* à gorge déployée, *in risum vehementem effundi.* rire en approuvant, *arridere.* en méprisant, *contemnere.* sans rire, tout de bon, *seriò.* pour rire, *per jocum.* mot pour rire, *dictum facetum.* faire rire, *risum conciliare.* enclin à rire, *risivus.*
Séduire, *seducere.*
Soupire, *suspiro.*
Sourire, *subridere.*
Souscrire, *subscribere.*
Suscrire, *inscribere.*
Tire, *attraho.*
Traduire, *-ducere.* interpréter, *-tari.*
Transcrire, *transcribere.*
Vire, *flecto.*
Voyez les autres verbes en irer.

IRME.

v Affirme, *affirmo.*
v Confirme, *-mo.*
a Infirme, *-mus.*
v Infirme, *rescindo.*

IRPE.

v Extirpe, *stirpitùs exigo.*

IRQUE.

m Cirque, *circus.*

IRSE.

m Agathyrse, peuple, *-sa.*
m Thyrse de Bacchus, *Thyrsus.*

IRTE.

m Absyrte, frere de Médée, *Absyrtus.*
m Myrte, *-tus.*
m Syrtes, au plur. détroit, *Syrtes.*

IS.

substantifs & adjectifs masculins.

Abaris, Scythe célébre.
Abassis, monnoie de Perse.
Abbatis, *dejectio.*
Abris, au plur. *aprica.*
Adonis, nom d'homme.
Affranchis, au plur. *liberti.*
Almoradis, faction des Maures.
Amadis, nom d'homme.
Amaryllis, nom de femme.
Ambre-gris, *ambarum.*
Amis, au plur. *amici.*
Anacharsis, Philosophe.
Ancenis, ville de France, *Ancenisium.*

Anis, plante, *anisum.*
Anubis, Dieu des Egyptiens.
Apentis, *appendix.* taudis bâti contre une muraille, *taguriolum parieti affixum.* toit qui n'a sa pente que d'un côté, *tectum in unam partem devergens.*
Apis, Dieu des Egyptiens.
Apprentis, au plur. *tyrones.*
Appris, (bien) *benè educatus.* (mal) *malè.*
Appuis, au plur. *fulcra.*
Arrachis, *tenerarum plantarum evulsio.*
Assis, composition dont se servent les Egyptiens pour se rendre gais.
Atys, Prêtre de Cybéle.
Avis, *consilium.*
* Avis, brûlés, *combusti.*
Baillis, au pl. Juges, *Ballivi.*
Bannis, au plur. *exules.*
Barbouillis, *conspurcatio.*
Béis, Poëte François.
Bénaris, oiseau.
Berberis, arbrisseau.
Bidoris, monture des Officiers subalternes d'Infant.
Bis, répétition, *bis.*
pain Bis, *panis ater.*
Boufis, au plur. *tumidi.*
Boüis, arbre, *buxus.*
donner le Boüis, *buxo perpolire.*
Briséis, Amante d'Achille.
Bruits, au plur. *rumores.*
Brunis, *lævigati.*
Caciz, au pl. Docteur de la loi Mahométane.
Cadix, ville, *Gaditum.*
Camboüis, *arvina nigra.*

Cauris, coquilles blanches dont les Négres se servent pour monnoie.
Chalassis, terme d'Oculiste.
Chamaillis, *digladiatio.*
Chassis d'un tableau, *margo regularis.* de porte, de fenêtre, *quadrum.* de table, de treteaux, *mensæ canterii.* des fenêtres, *crates fenestrales.* jour du carreau du chassis, *fenestralis quadri os, lumen.* chassis de papier, *cancelli.* carreau de chassis, *quadrum cratis.* papier ou verre de chassis, *plagula, pagina.*
Chervis, au pl. racine, *siser.*
Circoncis, au plur. *-us.*
Circuits, au plur. *circuitus.*
Cliquetis, *crepitus.*
Clitoris, *-is.*
Cloris, nom de femme.
Coagis, terme en usage dans le Levant, Commission.
Cochevis, oiseau, *galerita.*
Coloris, terme de Peinture, *coloratio.*
Commis recommandé, *commissus.* un commis, *rei alicui præpositus.* commis par la Cour, *à curia præpositus.* pour informer d'un crime, *criminis quæsitor datus.* substitué, *optio.* Vicaire, *vicarius.* à la douanne, *optio redemptoris portoriorum.* aux greniers à sel, *vicarius mancipis salarii.* droit de commis, *jus commissi nomine.*

Substantifs & adjectifs masculins.

Compromis, *-issum.*
Coucis, *-us.*
Conduits, au plur. *ductus.*
Conils, au plur. *cuniculi.*
Convis, au plur. vieux mot, *epulæ.*
Coris, coquille qui sert de monnoie à Siam.
Coulis, (vent) *spirans per rimam ventus.*
Coutis, *compactissima tela.*
Cris, au plur. *clamores.* machine à lever, *machinæ dentatæ ad sublevanda onera.*
Crucifix, *Imago crucifixi.*
f Cypris *ou* Venus.
Daphnis, nom d'homme.
Débris, au plur. *fracturæ.*
Décis, vieux mot, *-us.*
Décrépits, au pl. *decrepiti.*
Dégobillis, *vomitus.*
Denys, nom d'homme, *Dionysius.*
Dépits, au plur. *offensiones.*
Dépris, vieux mot, *spernendus.*
Deprofundis.
Depuis, *deinde.*
Dervis, Religieux Turc.
v Desobéis, *non obedio.*
Devis, *colloquium.*
—ouvrage, *delineatio.*
Diésis de Musique.
Dix, adv. *decem.*
f Doris, nom de femme.
v Ebahis, *stupefacio.*
Eboulis, vieux mot, *ingens ruina.*
Ecrits, au plur. *scripta.*
Empris, vieux mot, *susceptus.*

Substantifs & adjectifs masculins.

Ennemis, au plur. *inimici.*
Ennuis, au plur. *tædia.*
—dégoûts, *fastidia.*
Entrepris de ses membres, *membris captus.*
Envahis, verb. *invado.*
Envis, vieux mot, *invitè.*
Epics, au plur. *spicæ.*
Epris, *captus.*
Esprits, au plur. *spiritus.*
Eupolis, Poëte Grec.
Exquis, *exquisitus.*
Famis, vieux mot, *famelicus.*
Favoris, au plur. *gratiâ florentes.*
Fidéicommis, *-issum.*
Fils, *filius.*
petit Fils, *nepos.*
Finits, au plur. *finiti.*
Fleuretis, terme de Musique, *extemporanea cantûs elegantia.*
v Fourbis, *polio.*
f Fourmis, au plur. *formicæ.*
Fris, au plur. *fricati.*
Fruits, au plur. *fructus.*
Fusils, au plur. *catapultæ.*
Gachis, *maceratio.*
f Galanthis, servante d'Alcméne.
Gazouillis, *durus strepitus.*
Gentils, au plur. Payens, *gentiles.*
Jolis, *festivi.*
Glacis, *talus.* de muraille, *imi muri declivitas.* esplanade, *æquata planities.* la pente du chemin couvert, *declivitas viæ tectæ.*
Gratis, adv. *pro nihilo.*
Grenetis, *granorum ordo.*

Griselidis, nom de femme.
Gris, *leucophæus color.*
Guillochis, terme d'Archit. *quadræ inter se insertæ.*
Habits, au plur. *vestimenta.*
Hachis, *minutal.*
Hahalis, cri de chasse.
Hémorrhosis, vieux mot, *hæmorrhoïs.*
Hormis, adv. *præter.*
Huis, porte, *ostium.*
Javaris, sanglier de l'Amérique.
Impris, vieux mot, pour non pris.
Indécis, *non decisus.*
Indivis, adverbialement, par indivis, *indivisè.*
Infinis, au plur. *infiniti.*
Inouis, au plur. *inauditi.*
Iphis, nom de femme.
Iris, nom de fleur & de constellation, *iris.*
Isis, Déesse des Egyptiens.
Kempis, (Thomas à) Auteur Latin.
Lachésis, une des Parques.
Lacis, *reticulum.*
Laïs, courtisanne.
Lambris, *lacunar.*
Lapis, pierre précieuse, *stellatus lapis.*
Larris, vieux mot, *ager incultus.*
Lascaris, nom d'homme.
Lattis, *assulæ stratæ.*
Lavis, terme de Peinture, *ablutio.*
Levis, (pont). *sublicius pons.*
Lis, fleur, *lilium.* fleur de lis, *liliaceus flos.* qui est de lis, *liliaceus.* garnis de lis, *liliatus.* lieu planté de lis, *lilicetum.* lis d'étang, *nymphæa.* lis de vent, droit fil, *recta regio principis venti.* lis du vent, *flantis venti limes.*
fleur de Lis ouverte, *calix.* oignon de lis, *lilii bulbus.* huile de lis, *oleum ex lilio.*
donner la fleur de Lis, *nota infami scapulas inurere.*
la Lis, fleuve, *Lisa.* ou *Legia.*
Lis, vieux mot, *politus.*
Logis, *domus.*
Longis, vieux mot, *lentus.*
Loüis, nom d'homme, *Ludovicus.*
—d'or, *nummus aureus.*
Machicoulis, *declives fenestræ.*
Macis, épicerie, *macis.*
Maravédis, monnoie d'Espagne.
Margouillis, *volutabulum.*
Maris, au plur. *conjugati.*
Marquis, *Marchio.*
Maugis, nom d'homme.
Mauvis, oiseau, *turdus.*
Memphis, ville.
Métis, de race différente, *hybrida.*
chien Métis, *canis hybrida.*
Mi-bis, moitié bis.
Mitis, matou.
Muits, *dolia.*
Naïs, mere du Centaure Chiron.
Némésis, Divinité malfaisante, *Nemesis.*

Substantifs & adjectifs masculins.

Substantifs & adjectifs masculins.

Substantifs & adjectifs masculins.

Nitocris, Reine de Babylone.
Nolis, terme de marine, *naulum.*
Nombrils, au plur. *umbilici.*
Non-prix, non-valeur, *vile pretium.*
Nuits, au plur. *noctes.*
Nuits, ville, *Nucium.*
Occis, vieux mot, *-us.*
Osyris, Dieu des Egyptiens.
Outils, au plur. on prononce Outis, *instrumenta.*
Panaris, *paronychia.*
Paradis, *-isus.*
Paradis d'Eglise, *oratorium ornatum.*
oiseau de Paradis, *apodus.*
Paraphimosis, terme de Médecine.
Pareatis, terme de Palais.
Pâris, Troyen.
f Paris, ville, *Lutetia.*
Parisis, *Parisiensis ager.*
Parvis, *atrium.*
Passe-dix, jeu de dez.
Patris, Poëte François.
Patrouillis, *conspurcatio.*
Pavis, fruit, *persicum.*
Pays, région, *-io.* terre, *-ra.* climat, *solum.* plat pays, *agri.* patrie, *-ia.* du pays, *patrius.* qui n'est pas du pays, *externus.* de mon pays, *popularis meus.* de quel pays? *cujas?* né dans le pays, *indigena.* de votre *ou* de notre pays, *vestras* vel *nostras.* langue du pays, *lingua vernacula.* étendue du pays, *terræ plaga.* gagner pays, *aliò pergere.*

Substantifs & adjectifs masculins.

m Le Païs, Aut. Franç. *Paisius.*
f Perdrix, oiseau, *perdix.*
Pertuis, *foramen.*
Phalaris, tyran.
Pilotis, *palus.*
Pis, mammelles, *mammæ.*
Pis, *pejus.*
Plorcis, vieux mot, *luctus.*
Poncis, *delineatio punctuata.*
Porc-épics, au plur. *histrices.*
Pouillis, *locus pediculosus.*
Pourpris, *ambitus.*
Précis, *certus ac definitus.*
Pressis de viande, *succus carneus compressus.*
Prix, estime, *pretium.* de prix, précieux, *pretiosus.* au prix, en comparaison, *habitâ ratione.* au prix de lui, *præ illo.* à bas prix, *vili.* à si bas prix, *tantulò.* à quel prix que ce soit, *quanti quanti.* à haut prix, *majori pretio.*
Prix, récompense, *præmium.* prix de la victoire, *palmarium.* gagner le prix, *palmam ferre.* qui gagne le prix, *vir palmaris.* jour qu'on donne le prix, *agonalis dies.*
Produits, au plur. *fructus.*
Profits, au plur. *emolumenta.*
Propolis, *cera nova.* vel *propolis.*
Pubis, (os)
Puis, adv. *deindè.*
Puits, *puteus.*
Rabougris, *retortus.*
Rassis, reposé, *sedatus.* tranquille, *-illus.* pain rassis, *panis residens.* vin rassis,

substantifs & adjectifs masculins.

vinum sedatum. homme d'un esprit rassis, *tranquilli animi vir.* de sens rassis, *sedati animi.*
Ratopolis, ville capitale des rats.
Réavis, second avis.
Récits, au plur. *recitationes.*
Réduits, au plur. *secessus.*
Régis, Philosophe François.
à Remotis, adv. à quartier, *seorsim.*
Renformis, terme de Maçon.
Reversis, terme de jeu.
Ris, *-us.*
—graine, *oriza.*
Rominagrobis, *felium princeps.*
Rossolis, *aromatites.*
Roulis de navire, *navis agitatio.*
Rubis, *carbunculus.*
f Salmacis, fontaine de Carie.
Salmis, ragoût, *embamma.*
f Semiramis, Reine d'Assyrie.
Sérapis, ancien Dieu des Egyptiens.
Sis, vieux mot, *situs.*
Six, adv. *sex.*
f Sizigambis, Reine de Perse.
Soucis, au plur. soins, *curæ.*
—fleur, *calendula.*
Souduis, vieux mot, *seductor.*
Sourcils, au plur. *supercilia.*
Souris, au plur. *lenis risus.*
f Souris, animal, *sorex.*
—chauve-souris, *vespertilio.*
Soutiex, *ou* Soutis, vieux mot, *subtilis.*
Splénitis, nom d'une veine.
Surcis, *mora.*

subst. & adj. masc.

Surplis, *superpelliceus.*
Tabis, étoffe, *pannus sericus undulatus.*
Taillis, *sylva cædua.*
gagner le Taillis, s'enfuir, *fugere.*
bois Taillis, *sylva cædua.*
f Talestris, Reine des Amazones.
Tamis, *incerniculum.*
Tanaïs, fleuve.
Tandis, vieux adv. *paululùm.*
Tapis, *tapes.* de Flandre, *Belgicus.* de Bergame, *Bergamicus.* de Turquie, *Phrygius.* fait à l'éguille, *acu textus.* richement ouvragé, *magnificis operibus pictus.* de jardin, *area herbacea.*
Tapis, terme de manége, raser le tapis, galoper près de terre, *humum currendo radere.*
Taudis, *tuguriolum.*
Teurtis, *ou* Torteis, vieux mot, *tædæ, faces.*
f Themis, Déesse de la Justice.
Thespis, Poëte Grec.
f Thétis, Déesse de la mer.
Tircis, berger.
Torchis de maison, *lutarius paries.*
Tourne-vis.
Traictis, vieux mot, *mollis.*
Treillis de toile, *gummita tela.*
—de fer, *cancelli ferrei.*
Tunis, ville, *Tunetum*
Verd de gris, *ærugo*
Vernis, *vernigo*

substantifs & adjectifs masculins.

Viandis, *cervi pabulum.*
Vis d'un pressoir, *cochlea.* petite vis, *cochlidium.* escalier à vis, *scalæ cochlides.* vis à tour, *scalæ spiratim circumductæ.* vis saint Gille, rampantes, *cochleatæ & fornicatæ scalæ.* vis sans fin, *cochlea perpetua.* qui est vis-à-vis, *adversus.* vis-à-vis, *juxtà.* façonné à vis, *cochleatus.* tourner une vis, *cochleam circumagere.*
Vis-à-vis, sorte de voiture.
Voultis, vieux mot, beau, agréable, *lepidus.*
Zamolxis, Dieu des Thraces & des Gétes.
Zégris, faction des Maures.
Zeuxis, Peintre.
Zinibis, petit coquillage qui sert de monnoie dans l'Ethiopie Occidentale.

VERBES.

verbes au prés. & au prét. indéfini.

Abatis, *everti.*
Abêtis, *stupefacio.*
Abolis, *aboleo.*
m'Abrutis, *obbrutesco.*
Accourcis, *decurto, contraho.*
m'Accroupis, *in clunes resideo.*
Acquis, *acquisivi.*
Adoucis, *emollio.*
Affadis, part. plur. *infuscati.*
Affermis, *roboro.*
Affoiblis, *debilito.*
Aggrandis, *augeo.*
Agis, *ago.*
Aguerris, *in re militari exerceo.*

verbes au prés. & au prét. indéfini.

Aigris, *accesco.*
Amollis, *mollio.*
Amortis, *lenio.*
Anéantis, *destruo.*
Annoblis, *nobilito.*
Applatis, *planum facio.*
Arrondis, *rotundo.*
Asservis, *servum facio.*
Assis, *sedi.*
Assortis, *instruo.*
Assoupis, *sopio.*
Assouvis, *exsaturo.*
Assujettis, *domo.*
Attendris, *molliorem facio.*
Avertis, *moneo.*
Avilis, *vilem facio.*
Bannis, *expello.*
Bâtis, *ædifico.*
Batis, *cecidi.*
Bénis, *benedico.*
Blanchis, *dealbo.*
Blêmis, *pallesco.*
Chéris, *diligo.*
Combattis, *pugnavi.*
Compâtis, *compatior.*
Compris, *comprehendi.*
Confis, *condio.*
Conquis, *armis quæsivi.*
Contraignis, *coëgi.*
Contrefis, *effinxi.*
Convainquis, *convici.*
Convertis, *converto.*
Craignis, *timui.*
Croupis, *desideo.*
Déconfis, *destruo.*
Décrivis, *descripsi.*
Défis, *destruxi.*
Défleuris, *defloresco.*
Dégarnis, *nudo*
Déguerpis, *abeo.*
Démentis, *mendacii argui.*
Démolis, *demolior.*

verb. au prés. & au prét. indéfini.

Dépéris, *deterior fio.*
Descendis, *descendi.*
Deſſervis, *ferçula de menſa tuli.*
Deſunis, *disjungo.*
Divertis, *exhilaro.*
Dormis, *dormivi.*
Elargis, *dilato.*
Engourdis, part. pl. *torpentes.*
Enlaidis, *deformo.*
Enquis, *inquiſivi.*
Enrichis, *dito.*
Entendis, *audivi.*
Etendis, *extendi.*
Etourdis, *ſtupefacio.*
Farcis, *infarcio.*
Feignis, *finxi.*
Fendis, *fidi.*
Fis, *feci.*
Fléchis, *flecto.*
Flétris, *ignominiam inuro.*
Fleuris, *floreo.*
Franchis, *tranſilio.*
Frémis, *fremo.*
Fuis, *fugio.*
Garantis, *tueor.*
Garnis, *orno.*
Gémis, *gemo.*
Groſſis, *augeo, in craſſitudinem excreſco.*
Guéris, *ſano.*
Haïs, *odio proſequor.*
Jaunis, *luteo inficio.*
Inſcrivis, *inſcripſi.*
Interrompis, *interrupi.*
Joignis, *junxi.*
Languis, *langueo.*
Maigris, *macilentus fio.*
Meurtris, *contundo.*
Mipartis, *bipartior.*
Mugis, *mugio.*
Munis, *munio.*

verb. au prés. & au prét. indéfini.

Naquis, *natus ſum.*
Noircis, *denigro, nigreſco.*
Nourris, *nutrio.*
Obéis, *obedio.*
Obſcurcis, *obſcuro.*
Occis, *occidi.*
Oignis, *unxi.*
Omis, *omiſi.*
Pâlis, *palleſco.*
Paîtris, *pinſo.*
Partis, *profectus ſum.*
Pâtis, *patior.*
Péris, *pereo.*
Pendis, *pependi.*
Pervertis, *perverto, depravo.*
Plaignis, *gemui.*
Pourris, *putreſco.*
Pourſuivis, *perſecutus ſum.*
Preſcrivis, *præſcripſi.*
Prétendis, *contendi.*
Pris, *cepi.*
Proſcrivis, *proſcripſi.*
Puis (de Pouvoir) *poſſum.*
Punis, *punio.*
Rabattis, *petulantiam fregi.*
Rafraîchis, *refrigero.*
Rajeunis, *juventuti reſtituo.*
Rallentis, *lenio.*
Refroidis, *frigeſco.*
Régis, *rego.*
Rendis, *reddidi.*
Repentis, *me pœnituit.*
Repris, *objurgavi.*
Requis, *requiſivi.*
Réunis, *conjungo.*
Ris, *rideo.*
Rompis, *fregi.*
Rôtis, *aſſo.*
Rougis, *erubeſco.*
Rouſſis, *ruborem contraho.*
Rugis, *rugio.*
Salis, *inquino.*

verbes au prés. & au prét. indéfini.

Satisfis, *satisfeci.*
Servis, *servivi.*
Soumis, *submisi, subjeci.*
Souscrivis, *subscripsi.*
Subis, *subeo.*
Suffis, *sufficio.*
Suis, d'Etre, *sum.*
Suis, de Suivre, *sequor.*
Surcis, *supersedeo.*
Surfis, *justo pluris indicavi.*
Surpris, *decepi.*
Survêquis, *superstes fui.*
Suscrivis, *suprascripsi.*
Suspendis, *suspendi.*
Taris, *exsicco.*
Tendis, *tetendi.*
Tiédis, part. plur. *tepefacti.*
Trahis, *prodo.*
Transcrivis, *transcripsi.*
Transis, *rigeo*, ou plûtôt, *frigoris vi aliquem propè exanimo.*
Tu gis, vieux mot, *jaces.*
Vainquis, *vici.*
Vendis, *vendidi.*
Vêquis, *vixi.*
Unis, *unio.*
Vomis, *vomo.*

ISC.

m Fisc, *ou* Fisque, *fiscus.*

ISCHE. *voyez* ICHE.

ISE. *voyez* IZE.

ISLE. *voyez* ILE. long.

ISME. dont l'S ne se prononce point.

Abysme, *abyssus.*

f Dîme, *decima.*
Voyez IME. *long.*

ISME. dont l'S se prononce.

Ces mots en ISME. *marquent quelque sorte particuliére de créance, d'opinion, d'hérésie, de secte, de maniére ou façon d'agir, de penser ou de parler, dont il y a beaucoup de noms factices.*

substantifs masculins.

Accisme, terme dogmatique, *-mus.*
Anachronisme, *-mus.*
Anagrammatisme...
Analogisme...
Anathématisme...
Anatocisme, intérêt...
Anévrisme, terme de Médecine, *-mus.*
Anglicisme, façon de parler Angloise, *-mus.*
Antichristianisme, *-mus.*
Apédeutisme, *inscitia.*
Aphorisme, *-mus.*
Archaïsme, usage des vieux mots, *-mus.*
Arianisme, *-mus.*
Arminianisme...
Athéïsme...
Atticisme...
Automatisme, qualité ou état des bêtes, *-mus.*
Badaudisme, qualité de Badaud.
Baïanisme, *-mus.*
Barbarisme...
Bétonisme...
Bourguignonisme...
Brounisme, sorte de secte, *brounismus.*

substantifs masculins.

Calvinisme, -mus.
Caractérisme...
Caraïsme, secte...
Cardinalisme...
Caractérisme, terme de Botanique, certaine conformité que les plantes ont avec le corps humain.
Cartésianisme, -mus.
Cataclysme, *diluvium.*
Cataglottysme, baiser des Italiens, -*mus.*
Catéchisme, -*mus.*
Catholicisme...
Charlatanisme, *fallacia.*
Christianisme, -*mus.*
Cilicisme, maniére de parler qui se ressent du langage des Ciliciens, -*mus.*
Coccéianisme, secte de Cocceius, -*mus.*
Congruisme, terme de Théologie, -*mus.*
Datisme, -*mus.*
Despotisme...
Dialogisme...
Donatisme...
Druidisme...
Emblématisme...
Empirisme, Médecine pratique fondée sur l'expérience, -*mus.*
Epicurisme, -*mus.*
Eréthisme, irritation des fibres, -*mus.*
Ergotisme, -*mus.*
Exorcisme...
Expectisme, visite & rapport d'Expers, -*mus.*
Fanatisme, -*mus.*
Fatisme, *stolidi ingenium.*
Fatuisme, *fatui mens.*

substantifs masculins.

Figurisme, -*mus.*
Galénisme...
Gallicisme...
Gargarisme...
Gasconisme, *Vasconismus.*
Gentilisme, -*mus.*
Germanisme, façon de parler Allemande.
Grécisme, *hellenismus.*
Hébraisme, -*mus.*
Hellénisme...
Huguenotisme...
Jansénisme...
Idiotisme...
Jésuitisme...
Intolérantisme...
Indépendantisme...
Italianisme...
Judaïsme...
Kyphonisme...
Laconisme...
Latinisme...
Luthérianisme...
Macaronisme...
Machiavélisme...
Malebranchisme...
Mahométisme...
Métacisme, terme de Grammaire, -*mus.*
Molinisme, -*mus.*
Molinosisme...
Monachisme...
Monophysisme...
Musulmanisme...
Mutisme, état des muets.
Naturalisme, -*mus.*
Néographisme, maniére d'écrire contre l'usage reçu, -*mus.*
Néologisme, -*mus.*
Népotisme...
Nestorianisme...

substantifs masculins.

Neutonianisme, *-mus.*
Nominatisme...
Origénisme...
Ostracisme...
Paganisme...
Panégyrisme, louange outrée, *-mus.*
Papisme, *-mus.*
Parachronisme...
Parallélisme...
Paralogisme...
Particularisme...
Pathétisme, l'art d'émouvoir les passions, *-mus.*
Pédantisme, *-mus.*
Pélagianisme...
Péripatétisme...
Pétalisme, jugement qui s'exerçoit à Syracuse contre ceux qui étoient trop puissans.
Pharisaïsme, *-mus.*
Platonisme...
Priapisme, maladie...
Prisme de verre, *prisma.*
Probabilisme, *-mus.*
Protestantisme...
Purisme...
Puritanisme...
Putanisme, *scortatio.*
Pyrrhonisme, *-mus.*
Pythagorisme...
Quakérianisme, secte des Quakers.
Quiétisme, *-mus.*
Rabbinisme...
Rhumatisme, *rheumatismus.*
Rigorisme, *-mus.*
Ruffianisme, paillardise.
Saducéisme, *-mus.*
Schisme, *schisma.*
Scotisme, *-mus.*

substantifs masculins.

Semipélagianisme, *-mus.*
Spinosisme, doctrine de Spinosa, *-mut.*
Socianisme *ou* Socinisme.
Solécisme, *solœcismus.*
Sophisme, *-mus.*
Stoïcisme...
Syllogisme...
Tétragonisme...
Thomisme...
Tolérantisme...
Vulcanisme, état de celui dont la femme est infidéle.
Wicléfisme, *-mus.*
Zuinglianisme, secte de Zuingle.

ISNE. ou INE. long.

v Disne, on prononce & l'on écrit Dîne, *prandeo.*

ISQUE. dont l'S se prononce.

m Astérisque, terme d'Imprimerie, *asteriscus.*
f Bisque, terme de cuisine, *jus ex diversarum carnium succo conditum.*
f Bisque de tripot, *quindenarii quadrans.*
v Confisque, *fisco addico.*
m Fisque, *ou* Fisc, *-us.*
a Frisque, *ou* Froid, *frigidus.*
m Lentisque, arbre, *lentiscus.*
m Morisque, *Maurus.*
m Obélisque, *-iscus.*
Risque, hazard, *discrimen.* péril, *periculum.* courir risque, *in discrimen venire.* se mettre en danger, *periculum adire.*

substantifs masculins.

Trochisque, terme de Médecine, *-iscus.*

ISSE. *voyez* ICE.

ISTE où l'S ne se prononce point, *voyez* ITE. long.

ISTE dont l'S se prononce.

Ces mots en iste *signifient des noms d'offices, de devoir, de dignité, de sectaires, d'hérétiques, &c.*

Académiste, *-ista.*
Algébriste...
Allégoriste...
Améthyste, *ametystus.*
Anabaptiste, *-ista.*
Anagrammatiste...
Analyste, terme de Mathématique, *-ista.*
Annaliste, *-ista.*
Antagoniste...
Apologiste...
Archiviste, *archivorum studiosus.*
Arrêtiste, *decretorum collector.*
Artiste, *artifex chymicus.* qui a étudié les arts libéraux, *in artibus magister.* fait avec artifice, *arte factus.*
Athéïste, *ou* Athée, *-ista.*
Atomiste...
Baïaniste, *Baïanus.*
Balliste, ancienne machine de guerre, *-ista.*
Baptiste, (toile de)
Botaniste, *herbarius.*
Bouquiniste, *veterum librorum propola.*
Bulliste, Congrégation de l'Ordre de S. François.
Buraliste, Commis, *exhedræ præfectus.*
Cabaliste, *-ista.*
Calviniste...
Caméristе, *cameraria.*
Canoniste, *-ista.*
Casuiste...
Cathariste...
Catéchiste...
Chiste, *ou* plûtôt Kiste, terme d'Anatomie, *cista.*
Choriste, *chorostates.*
Chronologiste, *ou* Chronologue, *-gus.*
Chymiste, *chymicus.*
Coloriste, *-ista.*
Communaliste, membre de certaine Communauté.
Conclaviste, *-ista.*
Conformiste...
non Conformiste, *pædicator.*
Conformaliste, *non alienus.*
Congréganiste, *sodalis.*
Congruiste, *-ista.*
Controversiste...
Copiste, *scriba.*
Corpusculiste, le même que Corpusculaire.
Dialogiste, *-ista.*
Décrétiste...
Dentiste...
Détailliste...
Dictionnariste, *lexicographus.*
Donatiste, *-ista.*
Droguiste, *pharmacopola.*
Duelliste, *ad singulare certamen provocator.*
Ebéniste, *ebeni sector.*
Eléadroniste, *-ista.*
Elogiste...

Substantifs masculins.

Engagiste, *-ista.*
Epigrammatiste...
Etuviste, *balneator.*
Etymologiste, *-ista.*
Evangéliste...
Evantailliste, *flabellorum pictor.*
Eudiste, *Eudista monialis.*
Exorciste, *-ista.*
Fabuliste, *fabularum scriptor.*
Fataliste, qui attribue tout au destin.
Fatiste, *idem.*
Figuriste, *-ista.*
Fleuriste, *florum cultor.*
Flotiste, qui commerce par la flotte.
Formaliste, *formularius.*
Formuliste, *-ista.*
Gagiste...
Galéniste...
Galioniste; qui commerce par les galions.
Gassendiste, *-ista.*
Gomariste...
Grammatiste, qui enseigne ou qui apprend la Grammaire, *-ista.*
Gymnosophiste, *-ista.*
Herboriste, *herbarius.*
Homériste, *-ista.*
Humaniste...
Humoriste...
Hymniste...
Janséniste, sectateur de Jansénius.
Janséniste, petit panier ou jupe de femme.
Immatérialiste, *-ista.*
Impérialiste, *imperatorius.*
Improviste (à l') *ex improviso.*

Substantifs masculins.

Journaliste, *ephemeridum scriptor.*
Juriste, *Jurisperitus.*
Labbadiste, *-ista.*
Latiniste...
Lanterniste, Académicien de Toulouse.
Légiste, *leguleius.*
Léoniste, *ou* Lioniste, *-ista.*
Liste, *catalogus.*
Liturgiste, *-ista.*
Loyoliste, *ou* Loyolite...
Lulliste...
Lucaniste, partisan de Lucain.
Machiniste, *-ista.*
Machiavéliste...
Mahométiste...
Malebranchiste...
Maniériste, peintre qui s'est fait une maniére.
Mémorialiste, Auteur de Mémoires.
Métallurgiste, *-ista.*
Médailliste, *numismatum curiosus conquisitor.*
Modiste, *comptioris formula sectarius.*
Moliniste, *-ista.*
Monoculiste, cyclope...
Montaniste...
Moraliste...
Mythologiste, *mythologus.*
Naturaliste, *investigator rerum naturalium.*
Non-conformiste, *-ista.*
Nouvéliste, *nunciorum distributor.*
Oariste, *-stis.*
Oculiste, *ocularis medicus.*
Opinioniste, *-ista.*
Organiste, *organicus cantor.*

ſubſtantifs maſculins.

Origéniſte, *-iſta.*
Ovariſte, *qui hominem ex ovo generari putat.*
Panégyriſte, *-iſta.*
Papinianiſte...
Papiſte...
Paracelſiſte...
Paraphoniſte...
Parodiſte...
Partiaiiſte...
Particulariſte, qui ſoûtient une opinion particuliére.
Payſagiſte, *-iſta.*
Phalangiſte, *ou* Phalangite, ſoldat de la phalange.
Phlébotomiſte, *-iſta.*
Phrontiſte...
Phyſionomiſte, *phyſionomus.*
f Piſte, *veſtigium.*
Pléniſte, *-iſta.*
Probabilioriſte, *qui opinionem probabiliorem ſemper amplectendam docet.*
Probabiliſte, *-iſta.*
Pſalmiſte...
Puriſte...
Pyroboliſte, ingénieur à feu.
Quiétiſte, *-iſta.*
Quénelliſte, *voyez* Anticonſtitutionnaire.
Rabbaniſte, Juif qui ſuit les Rabbins.
Rapſodiſte, *-iſta.*
Ragouiſte, qui fait de bons ragoûts.
Réaliſte, terme de Philoſophie.
Régaliſte, *-iſta.*
Rituliſte, Auteur d'un Rituel.
Royaliſte, *regius.*
Ruiſte, vieux mot, rude.

ſubſtantifs maſculins.

Scotiſte, *-iſta.*
Séminariſte...
Simpliciſte, *botanicus.*
Sophiſte, *-iſta.*
Sorboniſte...
Spinoſiſte...
Squadroniſte, *cardinalis nullius partes amplectens.*
Symphoniſte, *-iſta.*
Talmudiſte...
Tertullianiſte...
Triſmégiſte, *-iſtus.*
a Triſte, *triſtis.*
Typographiſte, *-iſta.*
Vacuiſte, qui admet du vuide dans la nature.
Ubicuiſte, *-iſta.*
Univerſaliſte, qui croit la grace univerſelle.
Vocabuliſte, *lexicographus.*
Urbaniſte, Religieuſe, *-iſta.*
Wicléfiſte...
Xyſte...

VERBES.

Aſſiſte, *adſum.*
Attriſte, *mœrore afficio.*
Conſiſte, *-iſto.*
Contriſte...
Déſiſte...
Inſiſte, *pertendo.*
Perſiſte, *perſevero.*
Réſiſte, *-iſto.*
Subſiſte, *exſto.*
Voyez les autres verbes en iſter.

ISTHME.

m Iſthme de Corinthe, de Suez, de Panama, &c. *iſthmus.*

ISTRE. dont l'S ne se prononce pas, *voyez* ITRE.

ISTRE. dont l'S se prononce.

v Administre, *-istro.*
m Caïstre, fleuve, *-strus.*
m Cuistre, *homo nihili.*
m Ministre, *-ister.*
—d'Etat, *Reipublicæ administrator.*
a Sinistre, *-ister.*
m Sistre, instrument de Musique, *sistrum.*

IT.

Substantifs masculins.

Acabit, *bona* vel *mala qualitas.*
Accessit, terme de Collége, prononcez le *t* comme dans le latin, *accessit.*
Aconit, poison, *-um.*
Acquit, payement, *solutio.* de légats, *præstatio legatorum.* de cens, de tributs, *præstatio vectigalium.* quittance, *acceptilatio.* par maniére d'acquit, *oscitanter.*
Anuict, vieux mot, *hâc nocte.*
Appétit, faim, *fames.* sans appétit, *fastidiosè.* bon appétit, *fames integra.* faire perdre l'appétit, *fastidium creare.*
Appétit, fantaisie, *arbitrium.* ardeur, convoitise, *æstus, cupido.*
Appétit, desir, *appetitus.* irascible, *-ilis.* concupiscible, *-ilis.*
Bénit, (chardon) herbe, *carduus benedictus.*
—pain bénit, *panis lustralis.*
—grain bénit, *granum benedictum.*
Biscapit, double emploi.
Biscuit, pâtisserie, *crustulum dulciarium.*
—de mer, *panis nauticus.*
Bruit, *sonus.* bruit sourd, *murmur.* bruit doux, *susurrus.* bruit confus, *tumultus.* d'abeilles, *bombus.* de canon, *fragor.*
Bruit, ce qu'on dit, *sermo.* rumeur, *rumor.* à petit bruit, *quietè.* faire courir un bruit, *sermonem spargere.*
Bruit, querelle, *contentio, rixa.* avoir bruit avec quelqu'un, *cum aliquo contendere.*
Bruit, plainte, *querimonia.* faire du bruit, se plaindre, *fremere, querimonias jactare.* faire bruit sourd, *murmurare.* faire bruit par tout, *personare.* faire bruit tout autour, *circumsonare.* comme les cloches, *resonare.* faire un bruit aigre, *stridere.* fraper des piés & des mains, *perstrepere.* faire du bruit, au fig. *magnas tragœdias agere.* faire bruit avec éclat & violence, *fragorem edere.*
Bruit, renommée, *fama.*

Substantifs masculins.

estime, *nomen*. opinion, *-io*. avoir bon bruit, bonne réputation, *existimatione florere*. avoir mauvais bruit, *infamiâ laborare*.
faux-Bruit, *falsus rumor*, *commentum*.
Chalit, *lecti compages*.
Chauffelit, *vas calfactorium*.
Chianlit, masque qui court les rues, *larvatus*.
Circuit, *-us*.
Coït...
Conduit, passage par où coule, *meatus*. canal, *alveus*. aqueduc, *aquæ-ductus*.
Conduit, adj. *deductus*.
sauf-Conduit, *salvus conductus*.
Conduit, vieux mot, Conduite, *ductus*.
Conflit, *-ictus*.
a Contrit, *-us*.
Crédit, *auctoritas*. estime, *existimatio*.
—entre les Marchands, *fides*.
Crit, sorte de poignard, *sica*.
Débit, *venditio*.
a Décrépit, *-us*.
Dédit, *dictorum revocatio*.
Déduit, *oblectamentum*.
Deficit, terme de Palais.
Défruit, provision.
Délit, *delictum*. en flagrant délit, *in flagranti delicto*.
Dépit, *indignatio*.
Dit, *acutè dictum*.
Discrédit.
Dissentit, plante, *hedypnois*.
Econduit, *repulsam passus*.

Substantifs masculins.

Ecrit, *scriptum*.
droit Ecrit, *jus scriptum*.
Edit, *edictum*.
Encuit, vieux mot, *incoctus*.
Ennuict, vieux mot, *hodie*.
Erudit, *-us*.
Esprit, substance spirituelle, *spiritus*. le saint Esprit, *sanctus Spiritus*. esprit malin, démon, *malus dæmon*. esprit, ame humaine, *animus*. entendement, *ingenium*. bon entendement, *ingenium*. bon esprit, excellent esprit, grand esprit, *excellens ingenium*. bel esprit, *præclarum ingenium*. un esprit brillant, *splendidum ingenium*. vif, subtil, *acre ingenium*. la pointe de l'esprit, *ingenii acumen*. avec esprit, *solerter*. esprit folet, lutin, *larva*. esprit de vin, *vini spiritus*. esprit lourd, *hebes ingenium*.
Chevalier du saint Esprit, *Eques torquatus*.
a Fortuit, *-us*.
cas Fortuit, *casus fortuitus*.
v Fourbit, *polivit*
Fruit d'animal, *fœtus*. d'arbre, *fructus*. de la terre, *fruges*. dessert, *bellaria*.
Gabarit, terme de mer, *navis archetypa*.
Gagne-petit, *samiator*.
Gambit, terme en usage parmi les joueurs d'échecs.
Granit, (marbre) *granitum marmor*.

a substantifs masculins. a

Gratuit, *-us.*
don Gratuit, *donum gratuitum.*
Habit, *vestis.* habillement, *vestimentum.* qui joint au corps, *amictus, vestitus.* de deuil, *funebris.* de fête, *festivus.* de paix, *prætexta.* de guerre, *paludamentum.*
Impérit, *ignarus.*
Interdit, *-ictus.* embarrassé, *attonitus.* qui ne peut contracter, *à suo jure depulsus.*
Interdit, Royaume en interdit, *regnum interdictum.*
Introït, *-us.*
Lit, *lectus.* chevet de lit, *summus lecti pluteus.* ciel de lit, *lecti umbella.* pente de lit, *ala.* rideau de lit, *lecti siparium.* tour de lit, *lecti velum.* lit de parade, *solemnis lecti apparatus.* lit d'herbes, *torus.* gîte de bête sauvage, *latibulum.* lit de justice, *considentium judicum tribunal.* petit lit, *lectulus.*
Lit, au fig. mariage du premier lit, *thalamus.*
Lit de riviére, *alveus.*
Lit, couche, un lit de paille sur un lit de fruit, *stratum.*
garder le Lit, *decumbere lecto.*
Manuscrit, *manuscriptum.*
Maudit, *maledictus.*
Minuit, *media nox.*
Messe de Minuit, *missa in mediâ nocte.*
Nid, *-us.*

f substantifs masculins.

Nuit, *nox.* de nuit, *nocte.* durant la nuit, *per noctem.* de jour & de nuit, *interdiu noctuque.* en une nuit, *una nocte.* à l'entrée de la nuit, *apparente nocte.* occupation, *lucubratio.* ouvrage fait la nuit, *opus elucubratum.* le profond de la nuit, *concubia nox.* nuit bien avancée, *adulta nox.* appartenant à la nuit, *nocturnus.* passer la nuit, *pernoctare.* la male nuit, *mala nox.*
Obit, *-us.*
Petit, *parvus.* modique, *-icus* fort petit, *pusillus.* bien petit, *minutulus.* tant petit, *tantulus.* plus petit, *minor.* très-petit, *minimus.*
Petit, adv. peu, *parum.* petit-à-petit, *paulatim.* petit-à-petit, successivement, *sensim.*
Petit, fruit de la mere, *fœtus, partus.* de jument, *pullus.* de vache, *vitulus.* de biche, dain, *hinnulus.* de chévre, *hœdus.* de chienne, louve, ours, &c. *catulus.* de brebis, *agnellus.* faire ses petits, *fœtus edere.*
Pissenlit, fleur, *hedypnoïs.* —injure d'enfans, *mictor in lectulo.*
Postcrit, *postscriptum.*
Prétérit, *præteritum.*
Produit d'une affaire, *reditus.* —d'arithmétique, *summa.*
Profit, *emolumentum.*

substantifs masculins.

Proſcrit, *-iptus.*
Prurit, *-us.*
Quaſidélit, terme de Barreau, *quaſi delictum.*
Racquit, action de racquiter.
Récit, *recitatio.*
—de ballet, *chorus.*
Réduit, lieu retiré, *interior latebra.* retirade, ſorte de fortification, *munitio ad receptum.*
Réduit, adj. *redactus.*
Répit, reſpiration, *halitus.* relâche, *laxamentum.* délai, prolongement, *prorogatio diei pecuniæ.* lettre de répi, *diploma diei pecuniæ.*
Reſcrit, *reſcriptum.*
Rit, uſage, *-us.*
Ruït, vieux mot, Ruiſſeau.
Subit, *-us.*
Tretuit, vieux mot, tous, *omnes.*
Uſufruit, *uſusfructus.*
Zénith.

VERBES.

verbes au préſent & au prétérit.

Abâtardit, *depravavit.*
Abbatit, *dejecit.*
s'Abêtit, *ſtupeſcit.*
Abolit, *abolet.*
Abrutit, *ſtupefacit.*
Accourcit, *coarctat.*
Accroupit, (s') *reſidet.*
Acquit, *acquiſivit.*
Adoucit, *mitigavit.*
Affermit, *firmat.*
Affoiblit, *debilitat.*
Affranchit, *liberat.*
Agit, *egit.*
Agrandit, *amplificat.*
Aguerrit, (s') *rei militaris peritus eſſe incipit.*
Aigrit, *aceſcit.*
Amollit, *mollit.*
Amortit, *extinguit.*
Anéantit, *delet.*
Annoblit, *nobilitat.*
Appauvrit, *egenum facit.*
Applanit, *æquat.*
Applatit, *complanat.*
Apprit, *didicit.*
Arrondit, *rotundat.*
Aſſervit, *ſubmittit.*
Aſſit, *ſedit.*
Aſſortit, *conſociat, nectit.*
Aſſoupit, *ſoporem dat.*
Aſſouvit, *ſatiat.*
Attendrit, *emollit.*
Avertit, *monet.*
Avilit, *deprimit.*
Bannit, *in exilium mittit.*
Bâtit, *ædificat.*
Battit, *vapulavit.*
Bénit, *benedicit.*
Blanchit, *dealbat.*
Blêmit, *pallet.*
Bouſit, *tumeſcit.*
Brunit, *expolit.*
Chérit, *diligit.*
Choiſit, *eligit.*
Combattit, *pugnavit.*
Compâtit, *miſertus eſt.*
Comprit, *concepit.*
Conduit, *conducit.*
Confit, *ſaccharo condit.*
Confondit, *confudit.*
Conquit, *armis quæſivit.*
Conſtruit, *conſtruit.*
Contraignit, *coëgit.*
Contredit, *contradicit.*
Contrefit, *ſimulavit.*

verbes au présent & au prétérit.

Convainquit, *convicit.*
Convertit, *-tit.*
Correſpondit, *reſpondit.*
Couſit, *aſſuit.*
Craignit, *timuit.*
Croupit, *deſedit.*
Cuit, *coquit.*
Déconfit, *fudit.*
Découſit, *deſuit.*
Décrit, *deſcribit.*
Décrivit, *deſcripſit.*
Dédit, *dicta revocat.*
Définit, *definit.*
Dégarnit, *nudavit.*
Déguerpit, *abit.*
Démentit, *mendacii arguit.*
Démolit, *demolitur.*
Dépérit, *deperit.*
Deſcendit, *-dit.*
Deſobéit, *non obedivit.*
Deſſervit, *malè meritus eſt.*
Déſunit, *disjungit.*
Détruit, *deſtruit.*
Dit, *dicit.*
Dormit, *dormivit.*
Eblouit, *perſtringit.*
Eclaircit, *illuſtrat.*
Ecrit, *ſcribit.*
Ecrivit, *ſcripſit.*
Elargit, *dilatavit.*
Empuantit, *tetro odore infeſtat.*
s'Empuantit, *putruit.*
Endormit, *conſopivit.*
Enduit, *oblinit.*
Endurcit, *indurat.*
Enfouit, *infodit.*
s'Enfuit, *fugit.*
Engourdit, *torporem inducit.*
Enlaidit, *deformat.*
Enquit, (s') *inquiſivit.*
Enrichit, *ditat.*

verbes au présent & au prétérit.

s'Enrichit, *diteſcit.*
Enſevelit, *ſepelit.*
Enſuit, *inſequitur.*
Entendit, *audivit.*
Epaiſſit, *denſavit.*
Epanouit, *diffudit.*
Eteignit, *extinxit.*
Etendit, *extendit.*
Etourdit, *ſtupefacit.*
Etraignit, *ſtrinxit.*
Etrécit, *coarctat.*
Evanouit, *evaneſcit.*
Farcit, *farcit.*
Feignit, *finxit.*
Fendit, *findit.*
Finit, *finit.*
Fit, *fecit.*
Fléchit, *flectit.*
Flêtrit, *ſplendorem rebus auferre.*
ſe Flêtrit, *marceſſit.*
Fleurit, *floret.*
Fondit, *fudit.*
Franchit, *tranſilit, præterit.*
Frémit, *fremit.*
Fuit, *fugit.*
Garantit, *ſervat.*
Garnit, *inſtruit.*
Gémit, *gemit.*
Glapit, *gannit.*
Groſſit, *auget.*
Guérit, *ſanat.*
Jaunit, *flaveſcit.*
Inſcrit, *inſcribit.*
Inſcrivit, *inſcripſit.*
Interrompit, *interrupit.*
Introduit, *introducit.*
Joignit, *junxit.*
Jouit, *potitur.*
Languit, *languet.*
Lit, *legit.*
Luit, *lucet.*

verbes au présent & au prétérit.

Maigrit, *marcessit.*
Médit, *detrahit.*
Mentit, *mentitus est.*
Meurit, *maturavit.*
Mit, *posuit.*
Moisit, *mucuit.*
Morfondit, *frigus contraxit.*
Mugit, *mugit.*
Munit, *munit.*
Nâquit, *natus est.*
Noircit, *denigrat.*
Nourrit, *nutrit.*
Nuit, *nocet.*
Obéit, *obedit.*
Obscurcit, *obscurat.*
Ouit, *audit.*
Paîtrit, *subegit.*
Pâlit, *pallet.*
Partit, *profectus est.*
Pâtit, *passus est.*
Pendit, *pependit.*
Périt, *perit.*
Permit, *permisit.*
Pervertit, -*it, depravavit.*
Plaignit, *conquestus est.*
Pourrit, *putrescit.*
Poursuit, *persequitur.*
Poursuivit, *persecutus est.*
Prédit, *prædicit.*
Prescrit, *præscribit.*
Prescrivit, *præscripsit.*
Prétendit, *contendit.*
Prit, *cepit.*
Produisit, *produxit.*
Produit, *producit.*
Promit, *promisit.*
Proscrit, *proscribit.*
Proscrivit, *proscripsit.*
Punit, *punit.*
Rabattit, *fregit.*
Rafraîchit, *refrigeravit.*
Rajeunit, n. *juvenescit.*

verbes au présent & au prétérit.

Rajeunit, act. *juventuti restituit.*
Ravit, *rapit.*
Reconquit, *rursum domuit.*
Recuit, *recoquit.*
Redit, *repetit.*
Réduisit, *reduxit.*
Réduit, *reducit.*
Refroidit, *refrigescit.*
Régit, *regit.*
Rejaillit, *salit.*
Réjouit, *exhilarat.*
Rendit, *reddidit.*
Repentit, *pœnituit.*
Répondit, *respondit.*
Reprit, *arguit.*
Requit, *requisivit.*
Reverdit, *revirescit.*
Réunit, *jungit.*
Réussit, *succedit.*
Rompit, *fregit.*
Rotit, *assavit.*
Rougit, *erubescit.*
Roussit, *rufavit.*
Rugit, *rugit.*
Saisit, *corripit.*
Salit, *fœdat.*
Satisfit, *satisfecit.*
Séduisit, *seduxit.*
Séduit, *seducit.*
Servit, *servivit.*
Soumit, *submisit.*
Souscrit, *subscribit.*
Souscrivit, *subscripsit.*
Suffit, *sufficit.*
Suit, *sequitur.*
Surfit, *merce justo pluris indicavit.*
Surprit, *decepit.*
Suscrit, *suprascribit.*
Suscrivit, *suprascripsit.*
Suspendit, *suspendit.*

verbes au présent & au prétérit.

Tarit, *arescit.*
Tendit, *tetendit.*
Tiédit, *tepescit.*
Tondit, *rasit.*
Traduisit, *convertit, traduxit.*
Traduit, *traducit.*
Transcrit, *transcribit.*
Transcrivit, *transcripsit.*
Vainquit, *vicit.*
Vendit, *vendidit.*
Vêquit, *vixit.*
Vit, *vivit.*
Unit, *unit.*
Vomit, *vomit.*

ISE. *voyez* IZE.

ITE.

substantifs & adjectifs masculins & féminins.

Adamite, hérétique, *-ta.*
Amalécite...
Ammonite, terme d'Histoire Naturelle, *-tes.*
Ampélite, terme de Lithologie, *-tes.*
Amphitrite, *-tes. ou* Téthys, femme de Neptune, *Tethys.*
le sein d'Amphitrite, *ou* la mer, *mare.*
Anthracite, sorte de pierre, *schistus.*
Anthropomorphite, *-ta.*
Aphocite, surnom de Vénus, *-ta.*
Argyrite, marcassite d'argent.
Aromatite, pierre précieuse, *-tes.*
Ascalonite, sorte d'échalote.
Ascite; il se dit d'une espéce d'hydropisie, *-tes.*
Astroïte, terme de Lithologie, *-tes.*
Azymite, *-ta.*
Baalite, *Baalis cultor.*
Barnabite, Religieux, *-ta.*
Barthélemite, Religieux...
Bathracite, sorte de pierre, *-tes.*
Bélemnite, fossile, *-tes.*
Bénite, (eau) *aqua lustralis.*
Bethléemite, Religieux, *-ta.*
Bolétite, pierre qui représente une morille.
Bonite, poisson, *piscis species.*
Bostrychite, pierre qui ressemble à la chevelure d'une femme.
Botryte, terme de Naturaliste, *-tes.*
Brathite, pierre figurée.
Cadrite, Religieux Mahométan.
Caraïte, Juif, *-ta.*
Carmélite, Religieux, *-ta.*
Castanite, pierre de la couleur d'une chataigne.
Catochite, sorte de pierre.
Catorchite, espéce de vin.
Cédrite, vin de Cédre.
Cellite, *cellularius.*
Cénobite, Moine, *Cœnobita.*
Censite, *censui obnoxius.*
Charites (les) les graces, *charites.*
Chatemite, *adulator.*
Chirite, pierre figurée, *-tes.*
Chrysolithe, pierre précieuse, *chrysolythus.*
Cocyte, fleuve d'Enfer, *-tus.*
Colorite, Religieux, *-tus.*
Comite de galères, *remigii præses.*

Substantifs & adjectifs masculins & féminins.

Compoſite, ordre d'Architecture, *compoſitus ordo.*
Conchite, ſorte de pétrification, *-tes.*
Conduite, *prudentia.*
—d armée, *ductus exercitûs.*
Contreviſite, *reviſitatio.*
Coracite, pierre figurée, *-tes.*
Cucurbite, inſtrument de Chymie, *-ta.*
Cuitte, *coctio.*
Décrépite, *-ta.*
Démérite, *-tum.*
Démocrite, *-tus.*
Ebionite, hérétique, *-ta.*
Echinite.
Elite, *electio.*
Emérite, *-tus.*
Encéphalite, pierre imitant le cerveau humain.
Entychite, nom de ſecte, *-ta.*
Epitrite, terme de Poëſie latine.
Exercite, vieux mot, armée, *exercitus.*
Exjéſuite, ſorti de l'ordre des Jéſuites, *-ta.*
Explicite, *-tus.*
Faillite, banqueroute, *crediti explicandi penuria.*
Favorite, *gratiſſima.*
Fléatite, pierre brune, *-tes.*
Fongite, pierre figurée, *-tes.*
Fortuites, loix ſur leſquels les Juges interrogent les Récipiendaires.
Fuite, *fuga.*
Galactite, ſorte de pierre, *-tes.*
Gammarolithe, pierre figurée, *-tes.*
Garamantite, pierre précieuſe, *-tes.*
Guérite, *ſpecula.*
gagner la Guérite, *fugere.*
Hamnite, eſpéce de pierre, *-tes.*
Hématite, pierre, *hæmatites.*
Hépatite, maladie du foie, *hepatitis.*
Héraclite, *-tus.*
Hermaphrodite, *-ta.*
Hermite, *eremita.*
Hétéroclite, *-tus.*
Hippolyte, nom d'homme, *-tus.*
Hyſpurite, pierre, *-tes.*
Hypocrite, *-ta.*
Jacobite...
Idolothyte.
Jéſuite...
Illicite, *-tus.*
Implicite...
Inconduite, *mala agendi ratio.*
Inſolite, *-tus.*
Iſraëlite, *-ta.*
Lagénite, ſorte de pierre.
Lapithe, *-tha.*
Lazarite, *-ta.*
Lèchefrite, *aſſaria cucuma.*
Lévite, *-ta.*
Licite, *-tus.*
Limites, au plur. *fines.*
Lithophyte, pierre-plante, *-tes.*
Lychnite, pierre précieuſe, *-tes.*
Malachite, pierre précieuſe, *-tes.*
Marcaſſite, pierre, *pyrites.*
Marcionite, hérétique, *-ta.*
Marguerite, fleur, *bellis.*
Marmite, *olla.*
Maronite *-ta.*

Substantifs & adjectifs masculins & féminins.

Mélitite, pierre, *-tes.*
Mérite, *-tum.*
Mite de fromage, *vermiculus.*
Morabite, *-ta.*
Munafichite, secte des Turcs, *-ta.*
Myrtillite, pierre figurée, *-tes.*
Narcissite, *lapis narcissi florem referens.*
Néophyte, nouveau Chrétien, *-yta.*
Nérite, espéce de coquillage.
Opposite (à l') adv. *contrà.*
Orbite d'une planéte, de l'œil, *-ta.*
Parasite, *-tus.*
Petite, *parva.*
Pissite, vin de poix, *-ites.*
Pite, monnoie, *uncia dodrans.*
Pitrepite, liqueur forte.
Pituite, *-ta.*
Plébiscite, *-tum.*
Pospolite, *nobilium Polonorum exercitus.*
Poursuite, *persecutio.*
Préadamites, au plur. *-ta.*
Prosélyte, *-ta.* qui a nouvellement embrassé une Religion, *Neophyta.*
Quitte, *solutus.*
Quitte à Quitte, *exsolutis ex utraque parte juribus.*
Redite, *repetitio.*
Refuite, *agitatæ feræ refugium.*
Réussite, *successus.*
Salicite, pierre imitant les fleurs de saule.
Scélite, pierre, *-tes.*
Scythe, peuple, *Scytha.*
Servite, Religieux, *-ta.*
Sibarite, habitant de l'ancienne Sibaris, *-ta.*
Sinaïte, du mont Sinaï, *-ta.*
Sodomite...
Subite (mort) *mors subitanea.*
Suite, *ordo.* rangée, *series.* liaison, *nexus.* conséquence, *consecutio.* ensuite, *consequenter.* de suite, *ordine.* par suite, *per vices.* ensuite, conformément, *consequenter.* suite, effet, *effectum.* suite, train de gens, *comitatus.*
Sunamite, *-ta.*
Tacite, *-ta.* Auteur latin, *Tacitus.*
Théocrite, *-tus.*
Thersite, *-tes.*
Tripartite (histoire) *historia tripartita.*
Troglodyte, peuple d'Afrique, *-ta.*
Truite, poisson, *truta.*
Truite saumonée, *truta guttata.*
Visite, *visitatio.*
Zoophyte, espéce de poisson, *-ytes.*

VERBES.

verb. au prés.

Accrédite, *auctoritatem tribuo.*
Agite, *-ito.*
Allite, *lecto attineo.*
Aquitte, *solvo.*
Cite, *cito.*

verbes au présent.

Débilite, *-ito.*
Décapite, *capite plecto.*
Décrédite, *fidem detraho.*
Dépite, *moveo stomachum.*
Deshérite, *exhæredo.*
Evite, *evito.*
Excite, *-ito.*
Facilite, *explanat, expedit.*
Félicite, *gratulor.*
Hérite, *hæres sum.*
Hésite, *hæsito.*
Imite, *-itor.*
Incite, *-ito.*
Invite...
Irrite, *instigo.*
Limite, *terminis circumscribit.*
Médite, *-itor.*
Mérite, *mereor.*
Palpite, *-ito.*
Profite, *proficio.*
Quitte, *relinquo.*
Récite, *-ito.*
Réhabilite, *restituo.*
Ressuscite, *à mortuis excito.*
Sollicite, *-ito.*
Suscite...
Visite, *inviso.*

Voyez les autres verbes en iter, *& les participes féminins en* ite : dite, écrite.

ITE. long. *ou* ISTE. où l'S ne se prononce pas.

f Bénîte (eau) *aqua lustralis.*
m Gîte, *cubile.* d'un liévre, *leporinum.*
v Gîte, *diversatur.*
Vîte, adv. *citò.*

Plus pour rimer au pluriel, voyez le prétérit des verbes en ir, aire *&* endre : ouîtes, médites, fîtes, prîtes, *&c.*

ITME.

m Logarithme, terme de Géométrie, *-mus.*

ITRE. & ISTRE. dont l'S ne se prononce pas.

substantifs masculins & féminins.

Aphronitre, terme de Médecine, *-nitrum.*
Arbitre, Juge, *-ter.*
franc-Arbitre, *liberum arbitrium.*
sur-Arbitre, *supremus arbiter.*
Bélitre, *mendicus.*
Chapitre, section, *caput.* assemblée Ecclésiastique, *Capitulum.*
donner le Chapitre, châtier, *corrigere.*
Epître, *epistola.*
Huître, *ostrea.*
Litre d'Eglise, *cingulum gentilitium auro pictum.*
Mitre, *mitra.*
Nitre, *nitrum.*
Pupitre, *pulpitum.*
Registre, *actorum codex.*
Titre, point *ou* ligne sur un mot, *apex.* inscription, *-o, titulus.* qualité honoraire, *insigne.* droit, *jus, nomen.* à quel titre, *quo nomine.* à bon titre, *merito.* à faux titre, *pravo nomine.* excuse, *causa.* sujet, *ratio.* prétexte, *obtentus.* titre, au plur. *auctoritates.*

f Vitre, *vitrum.*

VERBES.

verbes au présent.

Attitre, *appono.*
Chapitre, *arguo.*
Enregiſtre, *in tabulas publicas refero.*
Mitre, *mitrâ redimo.*
Vitre, *vitro inſtruo.*

IVE.

ſubſtantifs & adjectifs feminins.

Active, *-iva.*
Adverſative (particule) *-iva particula.*
Affirmative, *-iva.*
Afflictive (peine) *-iva pœna.*
Alternative, *-iva.*
donner l'Alternative, *alternam vicem tribuere.*
Avives, au plur. maladie de chevaux, *ſtruma.*
Cenſive, *cenſus.*
Conjonctive, particule, *conjunctiva.*
Conſultative, *-iva.*
Contemplative (vie) *-iva vita.*
Convive, *-iva.*
Craintive, *timida.*
Défenſive, au plur. *arma ad tegendum.*
Endive, plante, *inſubus.*
Eſtimative, *æſtimandi facultas.*
Expectative, thèſe qu'on ſoûtient la veille du Doctorat.
Expectative, droit de ſurvivance, *-iva.*
Fugitive, *-iva.*

ſubſtantifs & adjectifs feminin.

Gencive, *gingiva.*
Générative, (vertu) *virtus generatrix.*
Grive, *turdus.*
vie Illuminative, *-va.* Contemplative, *-va.* Active, *-va.* Unitive, *unitiva vita.*
Imaginative, *vis imaginandi.*
Inſtructive, *ad docendum apta.*
Intellective, *-lectus.*
Invective, *acerrima objurgatio.*
Juive, *Judaïca.*
Leſſive, *lixivium.*
Maldives, îles, *Maldivæ.*
Miſſive, *epiſtola.*
Narrative, *narrandi modus.*
Négative, *-iva.*
Ninive, ville, *Ninive.*
Offenſive, au plur. *arma ad nocendum.*
Olive, *-iva.*
Olive d'un mors, d'un éperon, &c. *oliva ferrea.*
huile d'Olive, *oleum.*
couleur d'Olive, *oleaginus color.*
Paſſive, *-iva.*
Perſpective, ſcience, *ichnographia.* optique, *optice*
Poſitive, (Théologie) *theologia poſitiva.*
Prérogative, *prærogativa.*
Qui-vive, *vigilia.* être ſur le qui-vive, *vigilare.* ſe tenir ſur ſon qui-vive, *ſuperbum ſe præſtare.*
Recidive, *lapſus recidivus in malum.*
Rétive, *reſtitans, pervicax.*
Rive, *ripa.*

Substantifs & adjectifs féminins.

Salive, *-iva.*
Sensitive, herbe, *sensitiva.*
Spéculative, *-iva.*
Solive, *lignum.*
Tentative, *periclitatio, tentamen.*
faire une Tentative, *tentare.*
Traditive, *-iva.*
Végétative...
Vive, poisson, *viva, draco marinus.*
Unitive, *-iva.*

Plus les féminins des noms en if : naïf, naïve.

VERBES.

Verbes au subjonctif.

Décrive, *describam.*
Ecrive, *scribam.*
Inscrive, *inscribam.*
Poursuive, *persequar.*
Prescrive, *praescribam.*
Proscrive, *proscribam.*
Souscrive, *subscribam.*
Suive, *sequar.*
Survive, *superstes sim.*
Suscrive, *superscribam.*
Transcrive, *transcribam.*
Vive, *vivam.*

IVRE.

m Cuivre, *aes.*
a Ivre, *ebrius.*
f Livre, poids, *libra.* livre & demie, *sesquilibra.* demi-livre, *selibra.* pesant une livre, *libralis.* pesant demi-livre, *semissalis.* pesant deux livres, *bilibris.* poids de cent livres, *centipodium.* livre, monnoie valant 20. sols; *viginti solidi asses.*

Livre, *liber.* volume, *codex.*
m Vivre, *victus.* au plur. *cibaria.*

VERBES.

Verbes au présent & à l'infinitif.

Délivre, *libero.*
Desenivre, *crapulam exhalo.*
Enivre, *inebrio.*
Ensuivre, *insequi.*
Ivre, *inebrio.*
Livre, *trado.*
Poursuivre, *prosequi.*
Revivre, *reviviscere.* faire revivre, *ad vitam revocare.*
Vivre, *vivere.* se nourrir, *vitam fovere.* se comporter, *se gerere.* passer la vie, *degere.*

IX.

f Béatrix, nom de femme.
m Crucifix, *-ixum.*
m Félix, nom d'homme.
Natrix, serpent aquatique.
Onyx, pierre précieuse, *onyx.*
m Phénix, oiseau, *phoenix.* au fig. rare, *-rus.*
a Préfix, *praefixus.*
Sandix, espéce de minium.
m Styx, fleuve, *Styx.* par le Styx, *per stygias undas.*

IXE.

f Fixe (vûe) *visus fixus.*
v il Fixe, *stabile efficit, praefinit.*

Préfixe,

f	Préfixe, *definita.*
f	Prolixe, *-xa.*

IXTE.

m	Calixte, nom d'homme, *-tus.*
m	Mixte, *-tus.*
f	Sixte, *sexta.*

ISE. & IZE.

m	Acrise, Roi d'Argos, pere de Danaé, *Acrisius.*
substantifs feminins.	Alise, ville, *Alesia.*
	Ambrise, tulipe, *-isa.*
	Ammochryse, terme de Lithologie, *ammochrysus.*
	Analyse, *-sis.*
	Apolyse, terme de Liturgie Grecque, il répond à notre *ite.*
	Apophyse, terme de Médecine, *-sis.*
	Artémise, nom de femme, *-isia.*
	Assise, terme de Palais, *conventus.* Item : terme de Maçon, *collocatio lapidum ad libellam & horizontem.*
	Balise, *nota maritima navigationis.*
	Balourdise, *stupiditas.*
	Bâtardise, *spurium genus.*
	Bêtise, *stupor.*
	Bise, vent, *aquilo.*
	pâte Bise, *massa leucophaea.*
	couleur Bise, *fuscus color.*
	Bourlanise, grosse laine qui reste au moulin où l'on foule les draps fins.
	Cagnardise, *otiositas.*
m	Céphise, fleuve, *-isus.*
substantifs feminins.	Cerise, *cerasum.*
	Chalandise, *emptorum celebritas.*
	Chemise, *tunica.*
	Chise, espéce de poivre du Mexique.
	Convoitise, *libido.*
	Couardise, *ignavia.*
	Crise, *-sis.*
	Cytise, arbrisseau, *-sus.*
	Denyse, *Dionysia.*
	Devise, *inscriptio.*
	—terme de Blâson, *minuta fascia.*
	Eglise, *Ecclesia.* au fig. l'assemblée des Chrétiens, *fidelium communio.*
	Elise, Didon, *-sa.*
	Emprise, vieux mot, pour Entreprise.
	Entremise, *meditatio, opera.*
	Entreprise, *susceptio.*
	Etourdise, *stupor.*
	Fainéantise, *ignavia.*
	Feintise, *simulatio.*
	Franchise, *immunitas.*
	Friandise, *cupedia.*
	Frise, étoffe, *pannus crispatus.*
	Frise, pays, *-sia.*
	cheval de Frise, terme de fortification, *exasperata trabs.*
	Gaillardise, *hilaritas.*
	Galantise.
	Gourmandise, *gula.*
a	Grise, *leucophaea.*
	Guise, *modus.*
	à sa Guise, *suo modo.*
	Hantise, *frequentatio.*
	Hypercryse, terme de Médecine, *-sis.*

Substantifs féminins

Maîtrise, *magistrorum titulus.*
Marchandise, *merx.*
Menuise, petit plomb à tirer.
Méprise, *error.*
Mignardise, *blanditia.*
Mignotise, *mollitia delicatior.*
Mise, terme d'Arithmétique, *impensa.*
être de Mise, *esse acceptabilem.*
Main-mise, terme de Palais, *manumissio.*
m Moyse, *Moyses.*
Nazillardise, *balbâ de nare locutio.*
Octrise, vieux mot, pour Octroi, *concessio.*
Paillardise, *impudicitia.*
Papelardise, *adulatio.*
Payse, celle qui est du même Pays, *popularis.*
Pertise, vieux mot, *dexteritas.*
Prêtrise, *presbyteratus.*
Prise, terme de Médecine, *potio, dosis.*
—de ville, *captio.*
Promise, (terre) *promissionis terra.*
Remise, *remissa.* délai, *mora.* terme de banque, *pretium permutationis.*
Remise de carrosse, *rhedarium receptaculum.*
Reprise de chanson, *repetitio.*
a Sise, située, *sita.*
Sotise, *stultitia.*
Surprise, *interceptio.*
Symphise, terme d'Anatomie.

subst. femin.

Tamise, riviére, *-isus.*
Tournise, qui a des évanoüissemens.
Vaillantise, vieux mot, *generositas.*
Valise, *hippopera.*

VERBES.

verbes au présent.

Agonise, *animam exhalo.*
Avise, *monet.*
Autorise, *auctoritatem dat.*
Baptise, *baptisat.*
Barbarise, *in grammatica leges peccat.*
Brise, *frangit.*
Canonise, *in sanctos refer.*
Civilise, *urbanis moribus instruit.*
Conduise, *conducam.*
Cottise, *tributum in capita distribuit.*
Courtise, *officiosè colit.*
Devise, *sermocinatur.*
Déguise, *fingit.*
Dévalise, *spoliat.*
Dise, *dicat.*
Divise, *dividit.*
Epuise, *exhaurit.*
Eternise, *aeternitati mandat.*
Exorcise, *exorcisat.*
Familiarise, *familiariter utitur.*
se Formalise, *offenditur.*
Frise, *crispat.*
Herborise, *medicas herbas perquirit.*
Immortalise, *immortalitati commendat.*
Indamnise, *damnum praestat.*
Maîtrise, *dominatur.*
Martyrise, *cruciat.*

verbes au présent.

Méprise, *contemnit.*
Moralise, *ex re aliquâ documenta eruit.*
Pindarise, *tinnulè differit.*
Préconise, *laudibus extollit.*
Prise, *æstimat.*
Prophétise, *vaticinatur.*
Puise, *haurit.*
Pulvérise, *in pulverem redigit.*
Scandalise, *alicui est malo exemplo.*
Sécularise, *religiosâ disciplinâ exsolvit.*
Solemnise, *celebrat.*

verbes au présent.

Sympatise, *convenit.*
Temporise, *cunctatur.*
Tranquillise, *sedat.*
Tympanise, *convitiatur.*
Tyrannise, *torquet.*
Verbalise, *rei gestæ acta scribit.*
Vise, *in scopum collimat.*

Voyez les autres verbes en izer *&* iser.

Plus les féminins des participes & adjectifs en is : précise, admise.

Plus divers temps du conjonctif des verbes en ire : dise.

L.

L A.

m ANgola, Royaume de la basse Ethiopie.
m Attila, Roi des Huns.
m Caligula, Empereur.
m Caracalla, Empereur.
Cela, pron. *hòc*, *id.*
Chou-là, terme de Chasseur.
f Dalila, nom de femme.
Delà, adv. *indè*, *illinc.* par delà, *ultrà.* au delà, *suprà.*
Falbala, ornement à l'usage des femmes.
Holà ! pour appeller, *heus !*
Holà, c'est assez, *satis est.*
m Hola, la paix, *pax.*
mettre le Hola, *pacificare*, *sedare.*
Hola-ligonde.
La, article fém. *hæc*, *illa.*
La, note de Musique.
Là, adv. *ibi*, *illic.*
Parci-parlà, *hâc*, *illâc.*
m Quinola, jeu, meneur, *ductor.*
m Scylla, nom d'homme.
f Stimula, Déesse de l'émulation.
m Totila, Roi des Gots.
Voilà, adv. *en*, *ecce.*

V E R B E S.

verbes au prétérit indéfini.

Accabla, *oppressit.*
Accolla, *amplexus est.*
Accoupla, *conjunxit.*
Accula, *ad incitas redegit.*
Accumula, *accumulavit.*
Agenoüilla, *genua flexit.*
Alla, *ivit.*
Amoncela, *congessit.*
Annula, *abrogavit*, *rescidit.*
Appareilla, *instruxit.*

verbes au prétérit indéfini.

Appella, *vocavit.*
Articula, *articulatim distinxit.*
Assembla, *congregavit.*
Attela, *conjugavit.*
Avala, *hausit.*
Babilla, *garriit.*
Bailla, *dedit.*
Bâilla, *oscitavit.*
Barbouilla, *inquinavit.*
Bourela, *excruciavit.*
Boursilla, *suppeditavit.*
Bottela, *in fascem collegit.*
Brailla, *rudiit.*
Branla, *movit.*
Brilla, *scintillavit.*
Brouilla, *intricavit.*
Brûla, *incendit.*
Cabala, *conspiravit.*
Cageola, *blando sermone promulsit.*
Calcula, *numeravit*
Cannela, *striavit.*
Capitula, *pactus est.*
Caracola, *equum circumegit.*
Carrela, *laterculis stravit.*
Cela, *celavit.*
Chamailla, *digladiatus est.*
Chancela, *titubavit.*
Chapela, *crustas panis decîdit.*
Chatouilla, *titillavit.*
Cingla, *passis velis latus est.*
Circula, *circulatus est, in gyrum motus est.*
Cizela, *cœlavit.*
Coagula, *coagulavit.*
Cola, *glutinavit.*
Combla, *cumulavit.*
Compila, *congessit.*
Congela, *congelavit.*
Consola, *solatus est.*

verbes au prétérit indéfini.

Contempla, *contemplatus est.*
Controlla, *carpsit.*
Coula, *fluxit.*
Cribla, *cribravit.*
Débrouilla, *extricavit.*
Décela, *detexit.*
Déchevela, *comam turbavit.*
Découpla, *disjunxit.*
Démantela, *mania diruit.*
Démêla, *extricavit.*
Démeubla, *spoliavit ædes supellectili.*
Dépouilla, *spoliavit.*
Desaveugla, *visum restituit.*
Desensorcela, *fascino solvit.*
Désola, *vastavit.*
Détela, *disjunxit.*
Dissimula, *dissimulavit.*
Distilla, *distillavit.*
Doubla, *duplicavit.*
Eboula, *diruit.*
Ebranla, *commovit.*
Ecartela, *quadrifariàm dissecavit.*
Ecornifla, *parasitatus est.*
Ecoula, *effluxit.*
Ecroula, *cecidit.*
Egala, *adæquavit.*
Emailla, *encausto instruxit.*
Emballa, *sarcinas collegit.*
Emmitouffla, *vestibus se se involvit.*
Empala, *stipem per medium hominem transfixit.*
Enfila, *acum filo trajecit.*
Enfla, *inflavit.*
Enrolla, *in numerum retulit.*
Ensorcela, *fascinavit.*
Entabla, *circumegit.*
Entortilla, *involvit.*
Eparpilla, *sparsit.*
Erafla, *laceravit.*

verbes au prétérit indéfini.

Etala, *venale exposuit.*
Etincela, *scintillavit.*
Etrangla, *strangulavit.*
Etrilla, *strigili fricavit.*
Eveilla, *evigilavit.*
Exhala, *exhalavit.*
Exila, *in exilium misit.*
Faufila, *leviter suit.*
Fila, *nevit.*
Fouilla, *scrutatus est.*
Foula, *conculcavit.*
Habla, *verba fudit.*
Houspilla, *vestem trahendo laceravit.*
Huila, *oleo linivit.*
Hurla, *ululavit.*
Installa, *constituit.*
Interpella, *-vit.*
Immola...
Martela, *malleo contudit.*
Mêla, *miscuit.*
Meubla, *supellectili domum instituit.*
Mouilla, *madefecit.*
Moûla, *typo effinxit.*
Nivella, *ad libellam exegit.*
Ourla, *limbum circumdedit*
Parla, *locutus est.*
Pela, *cortice nudavit.*
Petilla, *crepitavit.*
Peupla, *propagavit.*
Pila, *trivit.*
Pilla, *populatus est.*
Postula, *-vit.*
Pullula...
Racla, *rasit.*
Rafla, *corrasit.*
Railla, *cavillatus est.*
Recela, *occultavit.*
Recula, *recessit.*
Redoubla, *reduplicavit.*
Régala, *magnificè excepit.*

verbes au prétérit indéfini.

Renifla, *narium pituitam retraxit.*
Renouvella, *renovavit.*
Révéla, *-vit.*
Rimailla, *malos versus effutiit.*
Ronfla, *stertuit.*
Rouilla, *rubedinem contraxit.*
Roula, *volvit.*
Sala, *sale condiit.*
Sangla, *cingulo substrinxit.*
Saoula, *saturavit.*
Scella, *sigillo munivit.*
Sembla, *visus est.*
Siffla, *sibilavit.*
Signala, *illustravit.*
Sommeilla, *dormitavit.*
Souffla, *insufflavit.*
Souilla, *inquinavit.*
Stipula, *stipulatus est.*
Styla, *instruxit.*
Tailla, *secuit.*
Tenailla, *candenti forcipe laniavit.*
Travailla, *laboravit.*
Trembla, *contremuit.*
Troubla, *turbavit.*
Veilla, *vigilavit.*
Viola, *-vit.*
Voila, *velavit.*
Vola, *-vit*, déroba, *furatus est.*

Voyez les autres verbes en ler.

LANT. *voyez* ANT.

LAT. *voyez* AT.

LÉ.

m Affilé (bec) *lingua sagax.*

substantifs & adjectifs masculins.

Ailé, *alatus.*
Appatelé.
Attelé, *ad rhedam junctus.*
Blé ou Bled, *frumentum.* herbe, *seges.* en épi, *spica, seges.* beau, *læta.* froment, *frumentum, triticum.* le meilleur froment, *siligo.* froment barbu, à gros grains, *ador, adoreum far.* semé pour le fourrage du bétail, *farrago, secale.* Métail, *miscellum frumentum.* de bled, *frumentarius.* terre à bled, *frumenti solum.* provision de bled, *frumentatio.* grand amas, *magnus frumenti numerus.* aller à la provision de bled, *frumentari.* couper le bled, *segetes secare.* bled qui pousse, *sata micantia.* marchand de bled, *frumentarius.* marché au bled, *forum frumentarium.* manger son bled en herbe ou verd, *versuram ab ineunte anno facere.*
Bouclé, *in cincinnos calamistratus.*
Boursoufflé, *tumescens.*
Brouillé, terme de manége, cheval brouillé, celui qui au lieu d'obéir, se précipite, se traverse & se désunit.
Cizelé (argent) *argentum cælatum.*
velours Cizelé, *heteromallum picto stemmate distinctum.*
Clé ou Clef, *clavis.* petite clef, *clavicula.* clef de voûte, *tholus.* forteresse, frontiére, *regni claustra.*
Défilé, *retextus.* passage étroit, *itineris angustiæ.*
Démêlé, *contestatio.*
Deshabillé, (en) adv. *in veste cubicularia.*
Dissimulé, *obtectus, simulator.*
Ecervelé, *dementatus.*
Egueulé, *collum habens fractum.*
Emmiellé, *mellitus.*
Empoulé, *tumidus.*
Endiablé, *cacodæmon.*
Ensellé (cheval) *ephippio parum aptus.*
Essoufflé, *anhelus.*
Etoillé, *stellatus.*
Evolé, vieux mot, *inconsideratus.*
Faufilé, *intricatus.*
Gabelé, sel Gabelé.
Grêlé, *grandine percussus.*
Grenelé, *granatus.*
Grivelé, *gilvo & ferrugineo colore varius.*
Immaculé, *-atus.*
Immatriculé, *in album relatus.*
Inarticulé, se dit des êtres mal formés, *informis.*
Intitulé, titre d'un acte, *titulus.*
Isolé, libre, *liber.*
Jubilé, *-laus.*
Lé, largeur de toile.
Legilé, piéce d'étoffe dont on couvre le pupitre où l'on chante l'Evangile.
Maflé, *crassus.*

substantifs & adjectifs masculins.

Maillé, (perdreau) *perdix maculatus.*
fer Maillé, *ferrum hamatum.*
Pelé, *excoriatus.*
Perdiablé, possédé du diable.
Perlé, *margaritis distinctus.*
Persillé, *mucidus.*
Pipolé, vieux mot, Enjolivé, *ornatus.*
Pommelé, *scutulatus.*
Potelé, *vultu plenus.*
Recelé, terme de Droit, divertissement.
Recorvelé, vieux mot, *recurvus.*
Rieulé, vieux mot, Régulier.
Riflé, *voratus.*
Riolé, *coloribus variis distinctus.*
Salé, qui a un goût de sel, *salsus.* assaisonné de sel, *sale conditus.* où il y a du sel, *sale respersus.* chair salée, *salsamentum.*
franc-Salé, *salarium immune.*
Salé, ville, *Saletum.*
Scellé, *sigillo munitus.*
Simulé, *-atus.*
Tourellé, terme d'Ant. garni de tours.
Triboulé, il se dit des bas qui ne sont pas bien tirés.
Vitriolé, *chalchanto respersus.*
Zélé, *zelator.*

VERBES.

verb. au prét. & au part. c.

Accablé, *oppressus.*
Accouplé, *conjunctus.*
Acculé, *in angustias redactus.*
Accumulé, *congestus.*
Affublé, *vestibus circumvolutus.*
Allé, *ivit.*
Amoncelé, *accumulatus.*
Annulé, *abrogatus.*
Appareillé, *instructus.*
Appellé, *vocatus.*
Articulé, *distinctè prolatus.*
Assemblé, *collectus.*
Assimilé, *similis factus.*
Attelé, *jugatus.*
Avalé, *absorptus.*
Aveuglé, *excæcatus.*
Baillé, *datus.*
Bariolé, *variegatus.*
Bottelé, *in fascem collectus.*
Bouclé, *infibulatus.*
Bourrelé, *stimulatus.*
Bouzillé, *limo linitus.*
Braillé, vieux mot, *pectore tectus.*
Brillé, *scintillavit.*
Brouillé, *intricatus.*
Cabalé, *conspiravit.*
Caillé, *coagulatus.*
Calculé, *numeratus.*
Cannelé, *striatus.*
Capitulé, *pactus est.*
Carrelé, *lateribus stratus.*
Celé, *celatus.*
Chamaillé, *digladiatus.*
Chapelé, *cui leviter decussæ sunt summæ crustæ.*
Chatouillé, *titillatus.*
Chevillé, *infibulatus.*
Cinglé, *passis velis latus.*
Circulé, *orbes fecit.*
Cizelé, *incisus.*
Clavelé, qui est attaqué du claveau.
Coagulé, *-atus.*

verbes au prés. & au part.

Comblé, *cumulatus.*
Compilé, *compilatus.*
Congelé, *congelatus.*
Conſeillé, *conſultus.*
Conſolé, *cui allatum eſt ſolatium.*
Conſtellé, qui a été fait ſous une certaine conſtellation.
Contrôlé, *recenſitus.*
Corallé, terme de Pharmacie, *corallo mixtus.*
Coulé, *fluxit.*
Criblé, *cribratus.*
Débraillé, *ad pectus nudatus.*
Debredouillé, *jure lucri duplicis privatus.*
Débrouillé, *extricatus.*
Décelé, *proditus.*
Déchevelé, *disjectus comas.*
Découplé, *disjunctus.*
Dédoublé, *aſcititio texto exutus.*
Défeuillé, *foliis privatus.*
Défilé, *filatim ſolutus.*
Deguenillé, *pannoſá veſte indutus.*
Démantelé, *munimentis exutus.*
Démeublé, *ſupellectili exutus.*
Dépenaillé, *pennis exutus.*
Dépeuplé, *vaſtatus.*
Dépouillé, *ſpoliatus.*
Deſaſſemblé, *diſſipatus.*
Deſenrôlé, *ex albo deletus.*
Deſenſorcelé, *faſcino liberatus.*
Déſolé, *deſolatus, mœſtus.*
Deſſalé, *aſtutus.*
Deſſolé, *ſoleâ exutus.*
Dételé, *à jugo liberatus.*
Dévoilé, *revelatus.*

verbes au prés. & au part.

Diſtillé, *-ſtillatus.*
Doublé, *duplicatus.*
Eboulé, *dirutus.*
Ecartelé, *quadrifariàm diſſectus.*
Echaboulé, *puſtulis laborans.*
Ecornifié, *alienis menſis protervè involavit.*
Ecoulé, *qui effluxit.*
Ecrouellé, *ſtrumarum morbo laborans.*
Effilé, *filatim retextus.*
Egalé, *æquatus.*
Emaillé, *variegatus.*
Emballé, *in ſarcinam collectus.*
Emmantelé, *pallio involutus.*
Emmitoufflé, *veſtibus circumvolutus.*
Empalé, *ſtipe per medium transfixus.*
Empilé, *in ſtruem collectus.*
Encolé, tête mal encolée.
Enfilé, *filo intextus.*
Enflé, *inflatus.*
Engoulé, vieux mot.
Engrumelé, *concretus.*
Enguenillé, *lacernatus.*
Enhuilé, vieux mot, *oleo ſupremo tinctus.*
Enrôlé, *inſcriptus.*
Enſorcelé, *infaſcinatus.*
Entablé, *projectus.*
Entortillé, *involutus.*
Entripaillé, qui a une groſſe bedaine, *cui pingue eſt abdomen.*
Envolé, *evolavit.*
Epaulé, *fultus.*
Epelé, *appellatus.*
Eraillé, *divaricatus.*
Eſchapillé, vieux mot, *paſſus.*

verbes au prét. & au part.

Etalé, *venalis expositus.*
Etranglé, *strangulatus.*
Etrillé, *strigili fricatus.*
Eveillé, *expergefactus.*
Exhalé, *exhalatus.*
Exilé, *exilio mulctatus.*
Fêlé, *leviter fractus.*
Filé, *netus.*
Filé, allongé, affilé, *acutus.*
Fouillé, *fossus.*
Foulé, *conculcatus.*
Frêtelé, vieux mot, *fractus.*
Gabele, *insolatus.*
Gelé, *congelatus.*
Gonflé, *tumefactus.*
Grillé, *assatus.*
Habillé, *vestitus.*
Hâlé, *æstu adustus.*
Harcelé, *divexatus.*
Houspillé, *excussus.*
Huilé, *oleo linitus.*
Hurlé, *ululavit.*
Immolé, *-atus.*
Installé, *constitutus.*
Interpellé, *-atus.*
Intitulé, *inscriptus.*
Isolé, *nullâ ex parte circumfultus.*
Martelé, *malleo contusus.*
Mêlé, *mixtus.*
Meublé, *supellectili instructus.*
Mouillé, *madefactus.*
Moulé, *in formam fusus.*
Niélé, *rubiginosus.*
Nivelé, *ad libellam æquatus.*
Ourlé, *limbo ornatus.*
Parlé, *locutus est.*
Pétillé, *crepitavit.*
Peuplé, *populo refertus.*
Pilé, *tusus.*
Pillé, *devastatus.*
Postulé, *-atus.*

verbes au prét. & au part.

Pullulé, *-atus.*
Raclé, *rasus.*
Rafflé, *corrasus.*
Raillé, *irrisus.*
Recelé, *receptus.*
Reculé, *remotus.*
Redoublé, *reduplicatus.*
Régalé, *lautè exceptus.*
Réglé, *ordinatus.*
Renouvellé, *renovatus.*
Repeuplé, *populo respersus.*
Révélé, *revelatus.*
Rimaillé, *similiter desinens.*
Rissolé, *assus, tostus.*
Ronflé, *ronchissavit.*
Rouillé, *rubegine affectus.*
Roulé, *revolutus.*
Sablé, *saburrâ munitus.*
Salé, *salitus.*
Sanglé, *cingulâ constrictus.*
Saoulé, *saturatus.*
Sarclé, *sarculatus.*
Scellé, *sigillo munitus.*
Sellé, *ephippio instructus.*
Sifflé, *sibilatus, sibilis proscissus.*
Signalé, *illustratus.*
Sommeillé, *dormitavit.*
Soufflé, *flatus.*
Souillé, *inquinatus.*
Stipulé, *stipulatus.*
Stylé, *instructus.*
Taillé, *incisus.*
Tenaillé, *candenti forcipe laniatus.*
Tortillé, au fig. se dit du style, *impeditus.*
Travaillé, *elaboratus.*
Troublé, *turbatus.*
Veillé, *vigilavit.*
Vérolé, *morbo venereo infectus.*

verb. au pret. &c.

Verticillé, terme de Botan.
Violé, *violatus.*
Voilé, *velatus.*
Volé, *furatus est* ou *expilatus.*
Voutelé, vieux mot, *camératus.*

LEAU. *voyez* AU.

LÉE.

substantifs & adjectifs feminins.

La plûpart des mots en lée *marquent abondance, plénitude; il y a des mots propres & appellatifs, & plusieurs adjectifs féminins tirés des participes masculins en* é; aimé: aimée.

Aiguillée, *acia.*
Allée de jardin, *ambulacrum.*
Allée & venue, *itus & reditus.*
Amyclée, ville des Lacédémoniens, *Amyclæ.*
Assemblée, gens assemblés, *consessus.* compagnie de divertissement, *cœtus lætantium.*
Batelée, *navicula plena.*
Bête épaulée, *bellua vitiata.*
Boisselée, *frumenti modius.*
Cannelée, colomne cannelée, *columna striata.*
Céphalée, *cephalæa.*
Clavelée, maladie de brebis, *ovilis morbus.*
Conception immaculée, *immaculata conceptio.*
Corbeillée, *referta corbis.*
Corneille emmantelée, *cornix chlamydata* vel *pennata.*
Coulée, *incile, ancon.*
Coulée, *declivitas.*
Culée d'un pont, *anteris.*
Doilée.
* une Ecervelée, *stolida.*
Echevelée, *sparsis capillis fœmina.*
Emblée, prendre d'emblée, *primo impetu capere.*
Enfilée, tranchée enfilée, *fossa Castrensis transfixa.*
Faufilée, *filis leviter concinnata.*
Fêlée, fendue, *rimosa, fissa.*
Feuillée, *umbraculum ramosum.*
Fouillée, *effossa.*
Galée, vieux mot, galère, *biremis, triremis, quadriremis.*
Gallée, compagnie.
Gargouillée, *lapsus aquæ à canali emissæ.*
Gelée, *gelu.*
Gelée de viande, *jus glaciatum.*
Giboulée de Mars, *nebula Martia.*
Giroflée, fleur, *leucoïum.*
Goulée, vieux mot, *buccella.*
Gravelée, *calculosa.*
Grivelée, vol de commis, *rapina, peculatus.*
Gueulée, *verba obscæna.*
Guilée, vieux mot, *nimbus.*
Mausolée, *-læum.*
Mêlée, combat, *conflictus.*
Miaulée, terme populaire, faire des miaulées.
Palée, terme d'Architecture.
Pélée, pere d'Achille, *-leus.*
Pellée, *ou* Pellevée, *patella plena.*

Substantifs & adjectifs féminins.

Pentésilée, Reine des Amazones, *-lea.*
Poëlée, *sartago plena.*
Quenouillée, *colus obducta lanâ.*
* Ratelée, dire sa ratelée, *quæ sit de re sententia ingenuè efferre.*
Recelée, vieux mot, cachette, *latebra.*
Reculée, *recessus.*
affaire Révélée, *negotium patefactum.*
Souillée, *inquinata.*
terre Sigillée, *sigillata terra.*
Tablée, *accubatio.*
Tolée, terme bas, *turba.*
Vallée, *vallis.*
Veillée, *vigilia.*
Volée d'oiseau, *avium grex.*
Volée, pour vol, *volatus.*
il prend sa Volée, *evolat.*
Volée de canon, *tormenti bellici ictus.*
Volée, terme de jeu de paume, *pilæ ictus.*
Volée, condition, *-ditio, sors.* &c.
il n'est pas de sa Volée, *non est ejusdem sortis.*
à la Volée, à la légère, *inconsideratè, temerè.*
Xénoclée, Prêtresse de Delphes.

Plus les participes féminins des verbes en ler, iller, *&* uler : celée, *celata.* mouillée, acculée, *madida, in angustias redacta.*

LER.

verbes à l'infinitif.

Accabler, *obruere.*
Accoller, *amplexari.*
Accoupler, au joug, *adjugare.* des bœufs, *tauros jungere.* pour la génération, *copulare.*
Acculer, *ad incitas aliquem adducere.*
Acculer, terme de Marine.
Accumuler, *congerere.*
Achaler, terme Provincial, *tædio afficere.*
Affiler, *acuere.*
Affoler, *stultum efficere.*
* Affubler, *vestibus obvolvere.*
Agenouiller, *genibus procumbere.*
s'Agenouiller, *genua flectere.* devant quelqu'un, *genibus alicujus advolvi.*
Aller, *ire.* partir, *proficisci.* se transporter, *se conferre.* cheminer, *ambulare.* marcher, *incedere.* tendre, *tendere.* aboutir, *spectare.* aspirer, *-rare.* agir, *agere.* se mouvoir, *moveri.* s'agir, *agi.* être bienséant, *decere.* avoir cours, *accipi.* monter, *ascendere.* descendre, *-dere.*
Aller devant *ou* au-devant, *obire, anteire.* en avant, *progredi.* plus avant, *ultrà.* au-delà, *præterire.* en arriére, *retrò incedere.* après, *subsequi.* auprès, *comitari.* à l'entour, *circumire.* en bas, *delabi.* contremont, *subire.* contre, *contraire.* par dessus, *supervadere.* çà & là, *vagari.* par force,

vi agere. vîte, *properare.* lentement, *sensim incedere.* doucement, *lento passu ire.* de compagnie, *simul incedere.* loin, *longè abire.* par-tout, *peragere.* vers, *adire.* aller & venir, *commeare.*

Aller à la ville, *ire in urbem.* au marché, *in forum.* à la maison, *domum.* à Rome, *Romam.* souper, *cœnatum.* coucher, *cubitum.* promener, *ambulatum.* à la selle, *cacatum.* au secours, *opitulatum.* aux avis, *ad consilium.* en un lieu, *locum petere.*

Aller à cheval, *equitare.* en carrosse, *rhedâ vehi.* par eau, *navigio ire.* par terre, par mer, *terrâ marique iter facere.* sur les pas de quelqu'un, *instare alicujus vestigiis.* à quelque fin, *tendere ad.*

Aller au devant, *occurrere.* prévenir, *prævenire.* s'opposer, *se opponere.* aller à fond, *sidere.* au fond, *ad rem venire.* à ses fins, *suis commodis servire.* au devin, *consulere.* en jugement, *in jus adire.* son train, *ire viam, institutum tenere.* son grand chemin, *candidè agere.* aller bien ou mal, *benè aut malè ire, aut se habere.*

Aller, se monter à, *æstimari.*

Aller, mettre en jeu, *in ludo deponere.*

verbes à l'infinitif.

s'en Aller, *abire, procedere.* s'échaper, *evadere.* s'écouler, *diffluere.* se répandre, *exundare.*

faire Aller, *expellere.* chasser, *fugare.* faire hâter d'aller, *iter accelerare.*

laisser Aller, *dimittere.* négliger, *-ere.* se laisser aller, *facilem se præbere, se negligere.*

au pis Aller, *ad pejus.*

Amonceler, *congerere.*

Annihiler, *-lare.*

Annuller, rendre nul, *tollere.*

—abroger, *-gare.* une loi, *legem rescindere.* un testament, *testamentum irritum facere.* casser, *rescindere.*

Apostiller, *notis instruere.*

Appareiller, *æquare, instruere, adornare.*

Appateler, *escam in os ingerere.*

Appeller, nommer, *nominare, vocare.* quelqu'un, *adsciscere.* à haute voix, *inclamare.* à son aide, *auxilium alicujus implorare.* à témoin, *testem appellare.* en justice, *in jus vocare.* à un Juge supérieur, *ad judicem superiorem appellare.*

Articuler, *distinctè proferre.*

Assembler des gens, *homines congregare.* joindre, *jungere.* un livre, *librum disponere.* ramasser, *colligere.* s'assembler en un lieu, *convenire.* se joindre com-

verbes à l'infinitif.

me deux riviéres, *confluere.*
Attabler, *assidere mensæ.*
Atteler, *jugare.* joindre, *conjungere.*
Avaler, *haurire.* un œuf, *ovum sorbere.* de la viande, *cibum vorare.*
Aveugler, *excæcare.*
Avitailler, *cibario commeatu munire.*
Babiller, *garrire, loquitari.*
Bacler, *catenis* vel *repagulis obserare.*
Baculer, *fuste dolare.*
Bâiller, *oscitari.*
Bailler, *dare.*
Baller, *saltare.*
Barbouiller, salir, *inquinare.* gâter, *deturpare.* souiller, *maculare.* peindre mal, *ineptè pingere.*
Barioler, *variegare.*
* Batailler, *præliari.*
Batifoler, *jocari.*
* Beffler, *illudere.*
Bêler, *balare.*
Béquiller, *uti baculo supernè rostrato.*
Beugler, *boare.*
Beuiller, regarder de près.
Bosseler, *gibbosum efficere.*
Boteler, *in fasciculos colligere.*
Boucler, *fibulare.* les cheveux, *capillos in annulos colligere.*
Bourreler, *divexare.*
Boursiller, *sumptus suppeditare.*
Boursouffler, a. *sufflatione tumefacere.*

verbes à l'infinitif.

Boursouffler, n. *tumescere.*
* Bousiller, *ineptè aptare.*
Brailler, *clamitare.*
Brandiller, *jactitare.*
Branler, *agitare.* secouer, *movere.* chanceler, *titubare.* pour marquer de la résolution, *nutare.*
se Branler, *motare se.*
Brasiller, *prunis torrere.*
Bredouiller, *verba frangere.* confondre les mots, *dictionem confundere.* entrecouper ses mots, *verba interscindere.* bégayer, *balbutire.*
Bresiller, *Brasilico ligno tingere.*
Bresiller, *in frusta concidere.*
Bretailler, *ensem temerè evaginare.*
Brételer, terme d'Architect.
Bricoler, *tergiversari.*
Briller, *fulgere.* éclater, *splendere.* dans la conversation, *in congressibus elucere.* reluire, *lucere.* beaucoup, *emicare.*
Brimbaler, *hùc & illùc agitare, jactare.*
Brouiller, mêler, *permiscere.* confondre des œufs, *ova subigere.* troubler, *turbare.* mêlanger, *miscere.*
se Brouiller avec quelqu'un, *simultates cum aliquo suscipere.* une affaire, *negotium implicare.*
Brûler, *urere.* mettre dans le feu, *cremare.* de l'encens, *thus incendere.* de quelque passion, *cupidine*

verbes à l'infinitif.

flagrare. être au feu, *ardere.*
Cabaler, *clandeſtinam ſocietatem inire, machinari.*
Cadeler, faire des Cadeaux.
Cailler, *coagulare.*
Cailler, imiter le cri de la caille.
Cajoler, *blandiri.*
Calculer, *numerare.*
Caler la voile, *velum deprimere.*
—filer doux, *mitiùs agere.*
Canneler, *ſtriare.*
Capituler, *ad pactionem venire, de re aliqua tranſigere.*
Caprioler, *agili ſaltu ſe in ſublime tollere.*
Caracoler, *equum circumagere.*
Caracouler; il ſe dit du cri des pigeons.
Carcailler; il ſe dit du cri des cailles.
Carreler, *lateribus inſternere.*
Celer, *abſcondere.*
Chabler, *funem alligare.*
Challer, vieux mot, *excorticare.*
Chamailler, *digladiari.*
Chanceler, *titubare.*
Chapeler, *cruſtulas panis decutere.*
Charbouiller; il ſe dit des effets de la nielle.
Chatouiller, *titillare.* les oreilles, *lenocinari.*
Chauler le bled.
Cheviller, *fibulare.*
Chiller, terme de Faucon.
Chocailler, *inebriari.*

verbes à l'infinitif.

Cidrailler.
Ciller, *nictare.*
Cingler en mer, *navigare.*
Cingler avec des verges, *virgis excipere.*
Ciſeler, *calare.*
Coaguler, *-are.*
Cocheniller, mettre les étoffes à une teinture faite avec la cochenille.
Coller, *glutinare.*
Combler, remplir, *cumulare.* de joie, *gaudio.* un foſſé, *complere.*
Compiler, *-are.*
Congeler...
Congratuler, *-ari.*
Conſeiller, *conſilio juvare.* inciter, *ſuadere.*
Conſoler, *-ari.*
Contempler...
Controller, terme de Palais, *recenſere.* critiquer, *carpere.* reprendre, *redarguere.*
Convoler en ſecondes nôces, *ad ſecundas nuptias convolare.*
Corailler; il ſe dit du cri des corbeaux.
Cordeler, *in funem contorquere.*
Couler, *fluere.* à l'entour, *circumfluere.* deſſous, *ſubterfluere.* en bas, *defluere.* de tout côté, *diffluere.* enſemble, *confluere.* vers un lieu, *affluere.* paſſer une liqueur, *colare.* à fond, *demergere.* paſſer, *effluere.* deux ou trois ans, *duos, treſve annos exigere.* faire

verbes à l'infinitif.

entrer goutte à goutte, *infundere*. se couler, *pervenire*, *repere*. s'écouler comme le temps, *praterire*, *effluí*.

Coupeler, *aurum catino excoquere*.

Coupler, attacher ensemble, *copulare*.

Coupler des chiens, *canes jugare*.

Creneler, *in grana efformare*.

Creteler; il se dit du cri des poules quand elles ont pondu.

Criailler, *clamitare*.

Cribler, *cribrare*.

Crouler, *labare*.

Croustiller, *crustulas edere*

Dardiller, *efferre stamina*.

Débacler, *reserare*.

Débagouler, *vomere*, *deblaterare*.

Déballer, *sarcinas explicare*.

Débarbouiller, *maculas extergere*.

se Débrailler, *se ad pectus nudare*.

Débeller, vieux mot, *debellare*

Déboucler, *annulos crinium relaxare* vel *diffibulare*.

Débredouiller, *jus ad lucrum duplex adimere*.

Débrouiller, débarrasser, *extricare*. éclaircir, *explicare*. une affaire, *rei exitum expedire*.

Déceler, *revelare*. découvrir, *aperire*. un secret, *arcanum patefacere*. les complices, *conscios prodere*.

verbes à l'infinitif.

Décheveler, *comam disjicere*.

Décoller, *deglutinare*. un criminel, *decollare*.

Découler, *derivare*.

Découpler, *disjungere*.

Déculper, *pannum alterum detrahere*. Item: *ordines simplos efficere*.

Déferler les voiles, *vela explicare*.

* Deffubler, *vestibus circumvolutis exuere*.

Défiler, *angustâ viâ procedere*.

Dégeler, *regelari*, *solvi*.

* Dégobiller, *vomere*.

Dégringoler, *devolvi*.

Dégueuler, terme populaire, *vomere*.

Démailler, *restibus extrahere*.

Démanteler, *muro exuere*.

Demêler une affaire, *rem extricare*.

Démeubler, *supellectili spoliare*.

Denteler, *denticulis distinguere*.

Déparler, *tacere* vel *cessare à loquendo*.

Dépeupler, *depopulari*. ravager, *vastare*. détruire, *destruere*.

Dépouiller, *spoliare*. de ses biens, *depeculari*. de son Royaume, *regno exuere*. de ses armes, *exarmare*. un habit, *vestem exuere*. l'arracher, *detrahere*.

se Dépouiller, se démettre d'une charge, *à magistratu se abdicare*.

verbes à l'infinitif.

Dépuceler, *virginem vitiare.*
Dérégler, *depravare.*
Dérouiller, *æruginem abstergere.*
Dérouler, *evolvere.*
Desaveugler, *visum restituere.*
Desenfler, *tumorem discutere.*
Desensorceler, *fascino solvere.*
Desentortiller, *revolvere.*
Désoler, ravager, *devastare.* affliger, *mœrore afficere.* faire de la peine, *angere.*
Desopiler, *obstructum solvere.*
Dessaler, *carnes* vel *pisces in aqua macerare.*
Dessangler, *equi cingulum solvere.*
Dessiller, *revelare oculos.*
Dessoler, *soleam exsolvere.*
Détailler, *in partes secare.* Item: *singula dicendo prosequi.*
Détailler la marchandise, *singula divendere.*
Détaler, *merces colligere.*
Dételer, *equos curru* vel *jugo solvere.*
Détortiller, *intortum detorquere.*
Dévaler, *descendere.*
Dévérouiller, *removere pessulum.*
Dévoiler, *detegere.*
Dissimuler, *-are.* cacher, *abscondere.* couvrir, *obtegere.*
Distiller, *-are.*

verbes à l'infinitif.

Doler, terme de Tonnelier, *dolare.*
Doubler un nombre, *numerum duplicare.* le pas, *gradum accelerare.* un habit, *vestibus pannum assuere.*
* Driller, *celeriter currere.*
Ebouler, *diruere.* renverser, *evertere.* faire tomber, *proterere.*
Ebranler, *concutere.* un escadron, *agmen labefacere.* émouvoir, *impellere.*
—faire changer de dessein, *de sententia dimovere.*
Ecailler, *exsquamare.*
Ecaler, *putamen egerere.*
* Ecarbouiller, *contundere.*
Ecarteler, tirer à quatre chevaux, *in quatuor partes discindere.* terme de Blâson, *in quatuor partes secare.*
Echeler, *scalam applicare.*
Echeniller, *erucas colligere.*
Echerpiller, vieux mot, *prædari.*
Ecornifler, *alienis mensis protervius involare.*
Ecouler, *manare.* faire couler, *aquam emittere.* s'écouler, *effluere.* s'échaper, *evadere.* s'esquiver, *subduci.*
Ecrouler, *quatefacere.*
Eculer, *atterere.*
Effaufiler, *fila serica decerpere.*
Effiler, *filatim dissolvere.*
Egaler, *æquare.* aplanir, unir, *complanare.*
s'Egosiller, *vociferari.*

* s'Egueuler,

verbes à l'infinitif.

* s'Egueuler, *clamitare.*
Egueuler, *os frangere.*
Emailler, *encausto ornare.*
Emajusculer.
Embaler, *sarcinas colligere.*
Embler, vieux mot, *rapere.*
Embrouiller, embarrasser, *intricare*, *irretire.*
s'Embrouiller, *implicare se.*
Embuffler, tromper, *decipere.*
Emerveiller, *mirari.*
Emmanteler, *muro instruere.*
Emmieller, *melle illinire.*
Emmitouffler, *vestibus circumvolvere.*
Emmuseler, *infrenare*, *capistrare.*
Empaler, *stipitem per medium transfigere.*
Empiler, *in struem colligere.*
s'Encanailler, *cum nebulonibus se immiscere.*
Encasteler; se dit d'un cheval qui a le talon trop serré.
Encastiller, vieux mot, *castello* vel *carcere includere.*
* s'Encornailler, *cornibus se instruere.*
Enfieller, *felle tingere.*
Enfiler, *filo retexere.* terme de Trictrac, *intexere.*
Enfler, *inflare.*
Enfutailler, *in dolio concludere.*
Engeoler, *lenociniis captare.*
* Engouler, *ore patulo haurire.*
Engrumeler, *concrescere.*
Engueniller, *sordidare.*
Enjabler, *compingere.*
Enjauler, *voyez* Engeoler.

verbes à l'infinitif.

Enrôler, *conscribere milites.*
Ensabler, *in sabulo condere.*
Ensorceler, *fascinare.*
Entabler, *tabulare.* des bestiaux, *in stabulo colligere.*
Entailler, *incidere.*
Entoiler, mettre de la toile à une dentelle.
Entortiller, *convolvere.*
s'Entretailler, *se se mutuò dissecare.*
Eparpiller, *dispergere.*
Epauler, aider, *fulcire.* soûtenir, *sustinere.* couvrir, *tegere.* mettre à couvert, *protegere.*
Epeler, *litteras appellare.*
Epouiller, *pediculos detergere.*
Equipoller, *æquipollere.*
Erafler, *eradere*, *perstringere.*
Escarbouiller, *luto inquinare.*
Escarquiller, *divaricare.*
Etaler, *explicare.* des marchandises, &c. *merces venales exponere.*
Etinceler, *scintillare.*
Etrangler, pendre, *strangulare.* étouffer, *suffocare.*
Etrangler une affaire, la juger sans l'avoir bien examinée, *rem inauditam judicare.*
Etriller, *strigili equum defricare.* fouetter, *scuticâ aliquem agere.*
Evantiller, terme de Pratiq.
Eveiller, *evigilare.*
Exceller, *excellere.* surpasser, *præstare.*
Exhaler, *exhalare*, *expirare.*
Exiler, *exilio plectere.*
Expeller, vieux mot, *expellere.*

verbes à l'infinitif.

Extoller, vieux mot, *extollere.*
Farfouiller, *perscrutari.*
Faufiler, *leviter assuere.* se Faufiler avec quelqu'un, *se se cum aliquo immiscere.*
Fêler, *vasi fissuram indere.*
Ferler les voiles, *vela colligere.*
Ferrailler, *digladiari.*
Fignoler, raffiner, *subtilius & nasutius dijudicare.*
Filer, *nere.* terme de guerre, *ordine procedere.*
Filer doux, *remissius agere.*
* Fioler, *potare.*
Flageller, *flagris excipere.*
Formuler, terme de Médecine, *formulas scribere.*
Fouailler, *flagellare.*
Fouiller, *scrutari.* creuser, *fodere.* une personne, *quaerere.* chercher, *investigare.*
Fouler aux pieds, *calcare.* mépriser, *proculcare.* les draps, *pannos stipare.* le peuple, l'opprimer, *opprimere.* un nerf, *nervum oblidere.*
Fourmiller, abonder, *abundare.*
—en vers, *vermibus scatere.*
Fretiller, *se se agitare.*
Frigaler, vieux mot, *fricare.*
Frôler, *stringere.*
Fumer, vieux mot, *irritare.*
Gabeler, *salem insolare.*
se Galer, *scalpere se.*
Gambiller, *sublatis in orbem cruribus saltare.*
Gargouiller, *aquam vomere.*
* Garçailler, *scortari.*

verbes à l'infinitif.

Gaspiller, *dilapidare.* prodiguer, *prodigere.* en débauches, *profundere.* consumer, *consumere.* dissiper, *-are.*
Gauler, *perticâ decutere.*
Gazouiller, causer, *nugari.* comme les oiseaux, *garrire.* murmurer, *murmur edere.* de mauvaise grace, *cornicari.*
Geler, *congelare.*
Gesticuler, *-ari.*
Giller, vieux mot, *exire.*
* Godailler, *inebriari.*
Gonfler, *tumescere.*
Grabeler, vieux mot.
Granuler, *in grana dividere.*
Grapiller, *racemare.*
Grêler, *grandinare.*
Greneler, faire paroître du grain sur quelque chose.
* Grenouiller, boire, *perpotare.*
* Gresiller, *grandinare.*
Gribouiller, *perturbare.*
Griller, rôtir, *assare.* mettre des grilles, *cratibus instruere.*
Gripeler, terme de Tisserand, se crêper.
Grisailler; se dit du chant de l'alouette.
Griveler, *depopulari.*
Grommeler, *grunnire.*
Grouiller, *moveri.*
Gruller, greloter de froid.
Grumeler, crier comme les sangliers.
Gueuler, *vociferari.*
Gueusailler, *mendicare.*
Guiller, vieux mot, *decipere.*

verbes à l'infinitif.

Habiller, *vestire.* vêtir, *veste induere.*
s'Habiller, *vestem induere.* faire des habits, *vestes conficere.* écorcher, terme de Boucher, *pellem exsolvere.* du poisson, le vuider, *pisces purgare.*
Habler, *mendaciter fabulari.*
* Haisler, *aliquem vocare clamando eminùs* hais! hais!
Haler au soleil, *ad solem exsiccare.*
Haler des chiens, *canes excitare.*
—un bateau, *navem fune contento trahere.*
Harceler, *fatigare.*
Harpailler, vieux mot, *aliquem ictibus impetere.*
Heuler, *inclamare.*
Houspiller, tirailler, *trahendo vestes dilacerare.* déchirer en morceaux, *mordendo discindere.*
Huiler, *oleo linire.*
Hurler, *ululare.*
Immatriculer, *in album referre.*
Immoler, *-are.*
Inoculer, *inserere.*
Insoler, *insolare.*
Installer, *constituere.*
Intabuler, *ad officium aliquod notare.*
Intercaler, *-are.*
Interpeller...
Interpoler...
Intituler, *inscribere.*
Jubiler, se réjouir, *lætari.*
Maculer, *-are.*

verbes à l'infinitif.

Mailler; se dit des perdreaux, *maculis distingui*
Marler, *pinguefacere.*
Marteler, *malleo tundere.*
Mêler, *miscere.* des cartes, *chartulas lusorias commiscere.* se mêler d'une affaire, *negotio se immiscere.*
Mesurer, *metiri.*
Meubler, *supellectili instruere.*
Meugler, *mugire.*
Miauler, *mia clamitare.*
Monopoler, *monopolium exercere.*
Morceler, *in frusta dissecare.*
Mordiller, dimin. de Mordre, *mordicare.*
Morfiler, *in frusta dissecare.*
Mouffler, *nasum & genas stringere.*
Mouiller, *humectare.* arroser, *rigare.* tremper, *madefacere.* jetter de l'eau sur quelque chose, *aquâ respergere.* l'ancre, *anchoram jacere.*
Mouler, *ex proplasmate effingere.*
Mutiler, *-are.*
* Nasiller, *naso verba proferre.*
Nieller, *malâ rubigine torrere segetes.*
Niveller, *ad libellam examinare.*
Oiseler, terme de Fauconnerie, *venari.*
Oler, vieux mot, sentir bon, *olere.*
Opiler, *obstruere.*
Oreiller, vieux mot, Rouler, *volvere.*

verbes à l'infinitif.

Oſciller, terme de Méchanique, *oſcillari.*
Ourler, *panni extremitates replicare.*
Paiſſeler, *ſtatuminare.*
Paller, vieux mot, *loqui.*
Panteler, *anhelare.*
Pantoufler, parler de nouvelles commodément.
Parler, *loqui.* dire, *dicere.* entre ſes dents, *muſſitare.* comme un perroquet, *inanes voces fundere.* mal de quelqu'un, *alicui obloqui.* oüir parler, *auditione accipere.* faire parler, *introducere.* de ſoi, *in ſermonem hominum venire.* le parler, le diſcours, *ſermo, oratio.*
Paroler, vieux mot, *loqui.*
Patrouiller, faire la patrouille, *exploratorias agitare excubias.* dans la boue, *in aqua cœnoſa verſari.*
Peler, ôter la peau, l'écorce, *cute* vel *corio exuere.* ſe peler, *glabrum fieri.*
Pendiller, *pendere.*
Pétiller, *crepitare.* être inquiet, *anxio eſſe animo.*
Peupler une ville, *in urbem cives inducere.* augmenter le monde, *propagare.*
Piailler, *vociferari.*
Piauler, *pipire.*
Piler, *tundere.*
Piller, *ſpoliare.* faire dégât, *populari.* entiérement, *expilare.* épuiſer, *exinanire.* ronger, *arrodere.* piller, ſe dit d'un chien, *arripere.*

verbes à l'infinitif.

Pioller; il ſe dit du cri des poulets.
Piſtoler, *ſclopeto occidere.*
Pointiller, *vitiligare.* conteſter ſans ſujet, *inani altercatione uti.* s'amuſer à des pointes ou ſubtilités trop recherchées, *inanes argutias conſectari.*
Poſtuler, *-are.*
Pouiller, *pediculos venari.*
un Pourparler, *colloquium.*
Préceller, vieux mot, *præcellere.*
Pretintailler, *ſupparo inferiori quædam ornamenta aſſuere.*
Profiler, *delineare.*
Pulluler, *pullulaſcere.*
Pupuler; il ſe dit du cri de la hupe.
Quadrupler, *uſque ad quatuor augere.*
Quereller, *jurgari.*
Quiller, *metulas dejicere.*
ſe Quitteler, vieux mot, *ſiſtere.*
Racler, *radere.* le boyau, jouer mal du violon, *inconcinnè fide radere.*
Rafler, *rapere & auferre omnia, corradere.*
Railler, *irridere.*
Râler, *proflare pectore lethalem ſomnum.*
Raller, *ex morbo iterum decumbere.*
Rappeller, *revocare.* en ſa mémoire, *in memoriam reducere.*
Raſſembler, *recolligere.*
Ravaler, *deprimere.*

verbes à l'infinitif.

Ravitailler, *iterùm cibo munire.*
Réatteler, *iterùm jugare.*
se Rebeller, *in aliquem rebellare.*
Recaler, *expolire.*
Receller, *abscondere.* un larcin, *furtum occultare.* cacher, *occulere.*
Recoller, *rursùs glutinare.* des témoins, *testes revocare & cum reis componere.*
Recoquiller, *sinuosis orbibus convolvere.*
Reculer, *retrocedere.* faire reculer, *retrò agere.* un navire, *navem retrò inhibere.*
Refouler, *refluere.* la marée, *navigare adverso fluxu.*
Régaler, *lautè accipere.*
Régler, tirer des lignes, *lineas ducere.* arrêter, ordonner, conclure, *ordinare, statuere.* mettre dans l'ordre, *in ordinem redigere.*
Regouler, vieux mot, *objurgare.*
Rendoubler, *reduplicare.*
Renifler, *reciproco narium spiritu pituitam ducere.*
Renouveller, *renovare.*
Rentoiler, *iterùm in telas conjicere.*
Reparler, *iterùm loqui.*
Répulluler, *-are.*
Ressembler, *assimilari.*
Réveiller, *excitare.* du sommeil, *expergefacere.* faire lever, *suscitare.* une querelle, *renovare.* se réveiller, *expergefieri.*

verbes à l'infinitif.

Révéler, *patefacere, pandere.*
Riffler, terme populaire, *vorare.*
Rigoler, *animum relaxare.*
Rimailler, *versiculos condere.*
Rissoler, *torrere.*
Ronfler, *stertere.*
Rossignoler, *Philomelæ cantum imitari.*
Rouiller, *rubiginem contrahere.*
Rouler, *volvere.*
Roupiller, *dormitare.*
Ruisseler, *dimanare.*
Sabler, terme de Buveurs, *cyathum exhaurire.*
Sabouler, *humi jocando pervolvere.*
Saler, *salire.* vendre cher, *cariùs vendere.*
Sangler, *cingulo constringere.* —fesser, *fustigare.*
Saouler, rassasier, *saturare.* se Saouler de viandes, *effarcire se cibis.* s'enivrer, *vino se obruere.* saouler sa haine, *satiare odium.* se lasser, *defatigari, satiari.*
Sarcler, *ou* Sercler, terme de Jardin. *sarrire.*
Sautiller, *saltitare.*
Sceller, *sigillo munire*
Seller un cheval, *equum ephippio instruere.*
Sembler, *videri.*
Sétioler, vieux mot, *altiùs crescere.*
Siffler, *sibilare.*
* Siffler, boire, *potare.*
se Signaler, *sibi famam facere.*

Siller les yeux, *velare oculos.*
Smiller, terme de Maçon.
Sommeiller, *dormitare.*
Souffler, *sufflare.* travailler à la Chymie, *chymiæ operam navare.*
Souffler un écolier, *suggerere.* une chandelle, *candelam extinguere.* de la viande, *carnem insufflare.*
Souffler, *aliquid auferre.*
Souiller, *maculare.*
se Souiller, *se contaminare.*
Sourciller, *supercilium movere.*
Spéculer, *meditari attentè.*
Stimuler, vieux mot, *stimulare.*
Stipuler, *-ari.*
Styler, *instruere.*
Surveiller, *advigilare alicui.*
Tabler, *statuere.* c'est aussi un terme du jeu de Trictrac.
Tailler, *scindere.* couper, *secare.* en piéces, *concidere.* une plume, *scalpere.* la vigne, *vitem putare.* un bois, *sylvam cædere.* une personne qui a la pierre, *calculum per incisionem eximere.* une figure sur le marbre, *ducere vivos vultus ex marmore.* des pierres, *lapides malleo dissecare & polire.* un habit, *pannum dissecare.*
Tailler, terme de Bassette, *dividere.*
Tareler, *maculis variare.*
Tenailler, *candenti forcipe membra discerpere.*

Tirailler, *huc illuc rapere.*
Teiller, *cannabim philyris exuere.*
Tonneler, au fig. faire donner dans un piége.
Tortiller, *torquere.*
Toupiller, *involvere.* embarrasser, *intricare.* empaqueter, *in sarcinam colligere.*
Tranchefiler, terme de Relieur, *serico exteriorem libri suturam instruere.*
Travailler, *laborare.* un ouvrage, *opus facere.* assidûment, *operi instare.* avec excès, *laboribus se frangere.* avec soin, *elaborare.* envain, *frustrà operam consumere.* tourmenter, *vexare.* fatiguer, *-gare.* un cheval, *equum exercere.* se tourmenter l'esprit, *afflictare se.*
Treguiller, *irrepere.*
Trembler, être mû, *moveri.* être agité, *tremere.* de peur, *timore contremiscere.* la fiévre, *ex febri inhorrescere.* de froid, *frigore horrere.*
faire Trembler, *timore percellere.*
Treseler, sonner les cloches solemnellement.
Tribouiller, terme populaire, *agitare.*
Tripler, *triplicare*, *in triplum augere.*
Trôler, *huc & illuc movere.*
Troubler, *turbare.*
se Troubler, *turbari.* devenir fou, *stultescere.*

verbes à l'infinitif.

Tuiler, terme de Chantre d'Eglise.
Vaciller, *-are.*
Veiller, *vigilare.*
Vêler, faire un veau, *vitulum edere.*
Ventiler, terme de Palais, *-are.*
Ventroiller, vieux mot, *callidè evadere.*
Verrouiller, *pessulo obserare.*
Vétiller, *vitiligare.*
Violer, *-are.* sa parole, *fidem frangere.* une fille, *stuprare.*
Virguler, *virgulis distinguere.*
Voiler, *velare.*
Voler comme les oiseaux, *volare.* du haut en bas, *devolarè.* à l'entour, *circumvolare.* d'un lieu en un autre, *advolare.* s'envoler, *evolare.* par troupe, *convolare.* par-dessus, *supervolare.*

NOMS.

substantifs masculins.

Bouteiller, *ampullarius.*
Clinquailler, *frivolarius.*
Conseiller, *consiliarius, senator.*
Cornouiller, *cornus.*
Cuillier, *cochlear.*
Genouiller, ornement.
Groseiller, *grossularius.*
Marguiller, *adituus.*
Noizillier, *corylus.*
Oreiller, *cervical.*
Pailler, *palearium.*
Pouiller, *beneficiorum Ecclesiasticorum index.*

subst. masc.

Poulailler, *gallinarius propola.*
Quillier, *tudicularum area, locus.*
Vrillier, qui fait des vrilles.

LET. *voyez* ET.

LEUX. *voyez* EUX.

LI.

substantifs & adjectifs masculins.

Arnaud d'Andilly, fameux Auteur François, *Arnaldus Andilius.*
Bailli, dignité, *Ballivus.*
Bali, langue de Siam.
Belilli, nom d'une espéce de médicament qui vient des Indes, *belilli Indicum.*
Bouilli, viande, *elixa caro.*
Bouilli, adj. *elixus.*
Caracoli, métal qui vient de la terre ferme.
Carcapuli, fruit de l'île de Java.
Chili, Royaume d'Amérique.
Coli, pour Nicolas.
Contrepli, *adversa plicatura.*
Etabli de boutique, *tabulatum.*
Fleuve d'Oubli, *lethe.*
Joli, *bellulus, pulcher.*
Langeli, fou, *-us.*
Lulli, Musicien célébre, *-us.*
Neroly, espéce d'essence.
Nulli, vieux mot, personne, aucun, *nemo.*
Oubli, *oblivio.*
Paroli, terme de jeu, *parilas.*

substantifs & adjectifs masculins.

Pli, pliement, *plicatura.* du jarret, *suffraginum flexus.* des robes, &c. *sinus.* rides, *rugæ.* habitude, coûtume, *mos.* faux pli, *mala institutio.*

Poli, *-tus.* uni, *lævis.* qui a de la politesse, *urbanus.*

Repli, *sinus, volumen.* des lettres royaux, *Regii diplomatis deflexa ora.*

Tekeli, fameux Capitaine Hongrois, *-us.*

Tivoli, *Tibur.*

* Torticoli, injure, *qui obstipo est capite.*

Tripoli, craie, *Samius lapis.*

Tripoli, Royaume, *Tripolitanum Regnum.*

Vermicelli, pâte.

Vice-bailli, *vice-ballivus.*

VERBES.

verbes au prétérit & au participe.

Aboli, *abolevi.*

Accompli, *adimplevi.*

Accueilli, *excepi.*

Affoibli, *debilitavi.*

Amolli, *mollivi.*

Annobli, *nobilitavi.*

Assailli, *assilivi, adortus sum.*

Avili, *depressi.*

Cueilli, *collegi.*

Démoli, *demolitus sum.*

Desempli, *deplevi.*

Empli, *implevi.*

* Enorgueilli, *superbum effeci.*

Enseveli, *inhumavi.*

Envieilli, *inveteratus.*

Etabli, *stabilivi.*

Failli, *erravi.*

verb. au prét. & part.

Li, *lege.*

Recueilli, *collegi.*

Rejailli, *resilii.*

Rempli, *replevi.*

* Sailli, *salii.*

Sali, *inquinavi.*

Tressailli, *exultavi, subsilii.*

Vieilli, *inveteravi.*

LIE.

substantifs féminins.

Ancholie, fleur, *-ia.*

Anomalie, terme d'Astronomie, *-ia.*

Aphélie, terme d'Astronomie, *summa absis.*

Baillie, pour Baillive, *ballivii uxor.*

Balie, langue sçavante des Siamois.

Bouillie, *puls.*

Cacochylie, mauvaise digestion.

Cimolie, *ou* Cimolée, terre liquide qui tombe sous les meules des Couteliers.

Complie, priére, *completorium.*

Connétablie, *comitis stabuli dignitas* vel *tribunal.*

Cornélie, Dame Romaine, *Cornelia.*

Elie, Prophéte, *-ias.*

Erablie, vieux mot, *agmen.*

Etolie, pays, *Ætolia.*

Eutrapélie, maniére agréable, *-lia.*

Folie, *stultitia.*

Homélie, *-ia.* sermon, *sermo, concio.*

a Jolie, *bella, pulchra.*

Italie, pays, *-ia.*

substantifs féminins.

Lélie, Vestale, *Lalia.*
Lie de vin, *fæx.*
Lie du peuple, *plebs.*
Mélancolie, *-ia.*
Mingrélie, pays...
Natolie, pays, *Anatolia.*
Oublie, pâtisserie, *crustula mellita.*
Paltelie, vieux mot, *pugna levis.*
Parélie, *parelium.*
Plie, poisson, *passer.*
Podolie, pays, *-ia.*
Poulie, *trochlea.*
Saillie, sortie, *egressus.* de maison, *projectura.* d'une corniche, *ecphora.* relief, *eminentia.* d'esprit, *ingenii impetus.* bourade, *cæcus animi impetus.*
Scholie, *scholium.*
Stymphalie, surnom de Diane, *-ia.*
Thessalie, pays, *-ia.*

VERBES.

verbes au présent.

Allie, *socio.*
Délie, *solvo.*
Déplie, *explico.*
Humilie, *altiores spiritus comprimo.*
Lie, *ligo.*
Multiplie, *-ico.*
Oublie, *obliviscor.*
Pallie, colore, *rationem, causam obtendo.*
Plie, *plico.*
Publie, *divulgo.*
Rallie, *res dispersas colligo.*
Réconcilie, *in gratiam reduco.*

verb. au prés.

Relie, *compingo.*
Supplie, *supplico.*

Voyez divers temps des verbes en lier, *& les participes féminins des verbes en* lir : bouillie, amolie, *bullita, emollita.*

LIER. monos. *voyez* IER. monosyllabe.

LIER. dissyllabe, *voyez* IER. dissyllabe.

LIN. *voyez* IN.

LION. *voyez* ION.

LIR. *voyez* IR.

LIS. *voyez* IS.

LO. *voyez* O.

LON.

Les mots en lon *sont substantifs, mots d'espéce, d'instrument, ou propres.*

substantifs masculins.

Absalon, nom propre.
Aiguillon, *ou* Eguillon d'abeille, *aculeus.* de bouvier, *stimulus.* pour exciter, *incitamentum.* pointe, *spiculum.*
Apollon, *Apollo.*
Aquilon, vent, *Aquilo.* Borée, *Boreas.*
Ardillon, *fibula.*
Bâillon, *epistomium.*
Balon à jouer, *follis.*
Balon, vaisseau Siamois, *navis Siamica.*

Substantifs masculins.

Barbillon, *barbatulus.*
Barcalon, dignité Siamoiſe, *Barcalo.*
Bataillon, *agmen.*
Bellon, grand cuvier des preſſoirs, où l'on braſſe les cidres & les poirés.
Billon, *improbati nummi.*
Bohémillon, petit Bohémien.
Bocquillon, c'eſt le même que Bocheron, *ou* Bucheron, *lignator.*
Bouillon, onde, *unda.* qu'on hume, *jus.* petit, *juſculum.* de colère, *iracundiæ æſtus.* de la jeuneſſe, *ætatis fervor.* galon crêpé, *criſpata tæniola.*
Bouillon, herbe, *verbaſcum.* noir, *nigrum.* blanc, *album.* ſauvage, *agreſte.*
Bouillon, ville, *Bullonium.* de Bouillon, *Bullonius.* Duché, *Ducatus Bullonienſis.*
Bouvillon, *bubulus.*
Brouillon, qui trouble, *turbator.* étourdi, *imprudens.* badin, *nugator.* injure, *nebulo.* papier brouillon, *adverſaria.*
Carillon, *modulatus æris campani ſonitus.*
Carpillon, *parvulus cyprinus.*
* Chambrillon, *ancillula.*
Chilon, un des ſept Sages.
Chocaillon, *crepula.*
Colon, boyau, *colon.*
Corbillon, *corbula.*
Cotillon, *crocotula.*
Couillon, *teſticulus.*
Coulon, vieux mot, *columbus.*

Substantifs masculins.

Court-bouillon, *lixatura.*
Diachilon, terme de Pharm.
Diaculum, drogue.
Doublon, double piſtole d'Eſpagne, *duplio.*
Durillon, *callus.*
Echantillon, *mercis ſpecimen.*
Echelon, *gradus ſcalaris.*
Ecouvillon, *ſcopula clibanaria.*
Emerillon, *æſalo.*
Epulon, *conviva.*
Eſcabelon, *ſcabellum.*
Etalon, cheval entier, *equus admiſſarius.* meſure, *menſura juridica.*
Etranguillon, maladie, *ſtrangulatio.*
Faraillon, petit banc de ſable.
Felon, *perfidus.* cruel, *trux.*
Fillon, *filiolus.*
Flonflon, refrain de Vaudeville..
Foulon, *fullo.*
Frêlon, mouche, *crabro.* mante ſauvage, herbe, *ruſcus.*
Galon, ruban de ſoie, *limbus ſericus.* de fil, de laine, *lineus, laneus.*
Ganelon, *-lo.*
Gelon, peuple, *Gelo.*
Gerbillon, *parvus manipulus.*
Goupillon, *aſperſorium.*
Graillon, *repotia.*
* Grapillon, *racemulus.*
Grillon, *gryllus.*
Guenillon, *panniculus lacer.*
Guillon, vieux mot, *infortunium.*
Haillon, *panniculus detritus.*

Substantifs masculins.

Houblon, plante, *lupus salictarius.*
Houspillon, *vini haustus.*
Long, adj. *longus.*
Mammelon, *papilla.*
Marie-Graillon, *immunda.*
Médaillon, *majus numisma.*
Melon, *pepo.*
Merlon, terme de Fortification, *peribolus interjectus.*
Modillon, terme d'Architecture, *modulus.*
Moilon, *cœmentum.*
Moinillon, petit Moine.
Moraillon, *scatorium.*
Morillon, raisin, *nigella uva.*
Négrillon, petite Négresse.
Nillon, *ou* Ninon, dimin. du mot Anne.
Oblong, terme de Géométrie, *oblongus.*
Osillon, *avicula.*
Orillon, *moles prominens à latere propugnaculi.*
Orillon, au plur. maladie, *parotides.*
Paillon, terme d'Orfévre, *ferrumen.*
Pantalon, boufon, *histrio.*
Pantalon, habit, *strictior vestis.*
Papillon, *papilio.*
Passe-filon, *fili trajectorium.*
Pavillon d'un logis, *adium tabernaculum.* d'un lit, *conopœum.* d'un navire, *vexillum, signum.* tente, *tentorium.*
Penaillon, Moine, *Item :* vieux habits, *panniculus detritus.*

Substantifs masculins.

Pilon à piler, *pistillum.*
—petit pilier, *columella.*
Plomb, *plumbum.* pour alligner, *perpendiculum.* à plomb, *directo.*
Plombs, cônes dont les femmes se servent pour se coëffer.
Poilon, *ou* Poëlon à frire, *sartago, pultarium.*
Poires d'étranguillon, *pyra strangulatoria.*
Postillon, *veredarius.*
Quarré-long, terme de fortification.
Ratillon, petit rat.
Réveillon, *nocturna comessatio.*
Sablon, *arenula.*
Salon, *locus amplissimus.* grande salle, *aula spatiosa.*
Salon, *ou* Selon, ville, *Salona.* de Salon, *Salonicus.*
Scabellon, terme d'Architecture, *scabellum.*
Selon, préposition, *secundùm.*
Sillon, *lira, porca.*
Solon, un des sept Sages, *Solo.*
Souillon, *sordidus.* de cuisine, *mediastinus.*
Taillon, *vectigal minus.*
Talon, *calx.* le talon de la main, le talon d'un fusil.
Tatillon, qui entre mal-à-propos dans de petits détails.
Taupe-grillon, insecte.
Telon, vieux mot, pour lyre, *psalterium.*

Substantifs masculins.

Tortillon, *calidum tortile.*
Touaillon, v. m. *mantile.*
Toulon, *vestis detrita.*
Tourbillon, *turbo.*
Tourillon, *turricula.*
Vallon, *vallis.*
Vermillon, *minium.*
Vertillon, vieux mot, *verticulum.*
Villon, Poëte François, *Villonius.*
Villon, *ou* Villonerie, vieux mot, *moneta adulterina.*
Violon, *fidis.* celui qui joue du violon, *fidicen.*
un plaisant Violon, fig. un ridicule, *lepidum caput.*

LU. & LEU.

Substantifs & adjectifs masculins.

Absolu, *-tus.*
Arcalu, Principauté de Tartarie, *Arcaluanus Principatus.*
Bien-voulu, *gratus.*
Boulu, *elixus.*
Chevelu, *crinitus.*
Chevelu, serpent du pays des Hottentots.
Cuveju, fleur, *cyanus.*
Dévolu, *-tus.*
Dissolu. . .
Elu, *electus.* charge, *tributorum descriptor.* prédestiné, *prædestinatus.*
Feuillu, *frondosus.*
Glu, *viscus.*
Gogelu, *superbus pecuniâ.*
Goulu, *gulosus.*
Gourlu, purification des Turcs.
Hurlubrelu, terme pop. *temerè.*
Impollu, *mundus.*
Joufflu, *maxillosus.*
Irrésolu, *dubius.*
Lanturelu, terme pop. interjection, *apage.*
Machedru, *helluo.*
Maflu, pour Maflé.
Malotru, *abjectus.*
Malvoulu, *odiosus.*
Mammelu, *mammosus.*
or Moulu, *aurum tritum.*
Moussu, *muscosus.*
Pate-pelu, hypocrite, *-ta.*
Pelu, vieux mot, *pilosus.*
Pollu, *-tus.*
Quoquelu, vieux mot, avide de gloire.
Rablu, qui a le rable épais, *latis lumbis & humeris.*
Résolu, *audax.*
Révolu, *-tus.*
Superflu, *superfluus.*
Talu, *declivitas.*
Trelu, avoir le Trelu, *malè prospicere.*
Trupelu, enjoué, plaisant, *festivus.*
Velu, *villosus.*
Vermoulu, *cariosus.*
Urlu-brelu, *taliter, qualiter.*

VERBES.

Elu, *elegi.*
Lu, *legi.*
Moulu, *molui.*
Plu, de Plaire, *placui.*
Plu, de Pleuvoir, *plui.*
Prévalu, *prævalui.*
Résolu, *decrevi.*
Tollu, v. m. enlevé, *ablatus.*
Valu, *valui.*
Voulu, *volui.*

M.

MA.

VAsco de Gama, Espagnol.
Lima, ville.
Montezuma, Empereur du Mexique.
Numa, second Roi de Rome.
Panama, ville.

VERBES.

verbes au prétérit indéfini.

Abysma, *demersit.*
Accoûtuma, *assuefecit.*
Affama, *fame confecit.*
Aima, *amavit.*
Alarma, *terruit.*
Alluma, *incendit.*
Anima, *-vit, excitavit.*
Arma, *-vit.*
Assomma, *trucidavit.*
Blâma, *vituperavit.*
Blasphéma, *numini Divino obtrectavit.*
Calma, *sedavit.*
Charma, *fascinavit.*
Confirma, *-vit.*
Consomma, *consumpsit, absolvit.*
Déclama, *-vit.*
Desarma, *exarmavit.*
Diffama, *-vit.*
Ecuma, *despumavit.*
Embauma, *odorem diffudit.*
Empauma, *manu cepit.*
Enferma, *inclusit.*
Enflamma, *inflammavit.*
Enrhuma, *gravedinem capitis fecit.*
Entama, *frustum decîdit.*
Envenima, *veneno affecit.*
Estima, *æstimavit.*
Exprima, *expressit.*
Ferma, *clausit.*
Forma, *-avit.*
Fuma, *fumigavit.*
Gourma, *pugnis cecîdit.*
Imprima, *typis mandavit.*
Légitima, *nothum paternæ hæreditatis jure donavit.*
Lima, *-avit.*
Nomma, *nominavit.*
Opprima, *oppressit.*
se Pâma, *animo defecit.*
Parfuma, *suffivit.*
Pluma, *plumas exemit.*
Présuma, *præsumpsit.*
Proclama, *-vit.*
Réclama...
Sema, *seminavit.*
Somma, *nomina exegit.*
Supprima, *suppressit.*
Transforma, *-avit.*

Voyez le prétérit indéfini des autres verbes en mer.

MANT. *voyez* MENT.

MAT. *voyez* AT.

MÉ.

Affamé, *famelicus.*
Bien-aimé, *dilectissimus.*
Bœuf fumé, *caro bubula infumata.*

substantifs & adjectifs masculins.

Bout-rimé, *extrema versuum similiter desinentia.*

Clair-semé, *clarè disseminatus.*

Consommé, nourriture de malade, *succus ex decoctis carnibus expressus.*

Ecrêmé, *cremore exutus.*

Elimé, usé, *detritus.*

Embrumé, *caliginosus.*

Enthousiasmé, *Divino numine afflatus.*

Famé, *famâ notus.*

Gourmé, guindé, *turgidus.*

Innomé, terme de Palais, *innominatus.*

Intimé, terme de Palais, *citatus.*

Lamé, terme de Manufacture.

Mal-famé, *famosus.*

Novissimè.

à Point nommé, *condicto tempore.*

Pois ramé, au plur. *pisa palata.*

Pommé, breuvage, *cervisia è pomis.*

Sublimé, *-atus.*

Vidamé, dignité.

VERBES.

ver. au prét. & part. masc.

Abysmé, *in abyssum detrusus.*

Accoûtumé, *solitus.*

Affamé, *fame confectus.*

Aimé, *amatus.*

Alarmé, *ad arma concitatus.*

Allumé, *accensus.*

Animé, *-atus, incensus.*

Assommé, *interfectus.*

Blâmé, *vituperatus.*

verb. au prét. & part. masc.

Blasphémé, *contumeliosè obtrectatus.*

Calmé, *sedatus.*

Charmé, *fascinatus.*

Comprimé, *compressus.*

Confirmé, *-atus.*

Consommé, *consumptus, absolutus.*

Déclamé, *-atus.*

Desarmé, *exarmatus.*

Diffamé, *-atus.*

Ecumé, *despumatus.*

Embaumé, *odoribus conditus.*

Empaumé, *inescatus.*

Enfariné, *farinâ aspersus.*

Enfermé, *inclusus.*

Enflammé, *inflammatus.*

Enrhumé, *gravidine capitis captus.*

Entamé, *perstrictus.*

Envenimé, *fascinatus.*

Estimé, *æstimatus.*

Exprimé, *expressus.*

Fermé, *clausus.*

Formé, *-atus.*

Fumé, *fumigatus.*

Gourmé, *pugnis cæsus.*

Imprimé, *typis mandatus.*

Inhumé, *-atus.*

Légitimé...

Limé...

Nommé, *nominatus.*

Opprimé, *oppressus.*

Pâmé, *animo defectus.*

Parfumé, *odoribus imbutus.*

Parsemé, *disseminatus.*

Plumé, *plumis nudatus.*

Primé, *anteoccupatus.*

Proclamé, *-atus.*

Réclamé...

Réimprimé, *denuò typis mandatus.*

verb. au prét. & part. masc.

Réprimé, *repressus.*
Rimé, *similiter desinens.*
Semé, *seminatus.*
Sommé, *citatus.*
Supprimé, *suppressus.*
Transformé, *-atus.*

Voyez le prétérit & participe des autres verbes en mer.

MEAU. *voyez* AU.

MÉE.

substantifs féminins.

à l'Accoûtumée, *solitò.*
Affaire consommée, *negotium consummatum.*
Armée, *exercitus.*
Balle ramée, *globulus alligatus.*
Fumée, *fumus.* vanité, *vanitas.*
Fumée, l'action de fumer du tabac.
Idumée, pays, *-maa.*
Laitue pommée, *lactuca capitata.*
Langue envenimée, *lingua venenata.*
Plumée, *intinctura atramenti.*
Pygmée, nain, *-maus.*
Ramée, *ramale.*
Renommée, *fama.*

Voyez les féminins des noms en mé, *& des participes fém. des verbes en* mer.

MENT & MANT.

v Dément, *mendacii arguit.*
v Ment, *mentitur.*

NOMS.

Les noms substantifs ci-dessus sont pour la plûpart des mots verbaux qui expriment l'action ou le mouvement, en latin ils sont terminés en io *ou en* us. *Il y a aussi quelques noms de qualité ou propriété, d'espéce ou de substance.*

substantifs féminins.

Abaissement, *abjectio.*
Abandonnement, *desertio.*
Abâtardissement, *degeneratio.*
Abatellement, terme de Marine, *consulare judicium inter mercatores.*
Abattement, *abjectio.*
Abolissement, *abolitio.*
Abonnement, *pinguefactio.*
Abornement, *ou* Abournement, terme de Jurisprudence, *pactum dominum inter & vassallos.*
Abouchement, *collocutio.*
Aboutissement, *concursus.*
Abrégement, *abbreviatio.*
Abrutissement, *stupiditas.*
Accablement, *oppressio.*
Accaparement, terme de commerce, *coacervatio.*
Accoisement, terme de Médecine, *humorum tranquillitas.*
Accommodement, *conciliatio.*
Accompagnement, *comitatio.*
Accomplissement, *adimpletio.*
Accouchement, *partus.*

Substantifs masculins.

Accouplement, *conjunctio.*
Accourcissement, *contractio.*
* Accoutrement, *ornatus.*
Accrochement, *aduncatio.*
Accroissement, *accretio.*
Acculement, *ad incitas redactio.*
Acharnement, *insectatio.*
Acheminement, *via.*
Achévement, *perfectio.*
Achoppement, *offensio.*
Acquiescement, *assensus.*
Adoucissement, *mitigatio.*
Affaissement, *depulsio.*
Affinement, *purgatio.*
Affoiblissement, *debilitatio.*
Affranchissement, *exemptio.*
Affrétement, *navis conductio.*
Affublement, *amictus.*
Agacement, *irritatio.*
Agencement, *coaptatio.*
Agrandissement, *ampliatio.*
Agrément, *consensus.*
Aheurtement, *obstinatio.*
Aiguisement, *acuatio.*
Aimant, pierre, *magnes.*
Ajournement, *vadimonii indicatio.*
Aisement, *forica.*
Ajustement, *exæquatio.*
Alégement, *allevatio.*
Alignement, *ad lineas directio.*
Aliment, *-um.*
Alléchement, *allectio.*
Alongement, *prolongatio.*
Amandement, *emendatio.*
Amant, *amans.*
Améliorissement, *melioratio.*
Amenuissement, *extenuatio.*
Ameublement, *supellex.*
Amollissement, *mollificatio.*

Substantifs masculins.

Amortissement, *extinctio.*
Amusement, retardement, *mora.* vaine occupation, *nugæ.* d'enfant, *crepundia.* qu'on donne à la douleur, *aberratio à dolore.*
Anéantissement, *annihilatio.*
Annoblissement, *nobilitatio.*
Apetissement, *extenuatio.*
Appartement, *domicilium.*
Appauvrissement, *bonorum amissio.*
Appesantissement d'esprit, *animi torpor.*
Applanissement, *complanatio.*
Applatissement, *complanatio, compressio.*
Applaudissement, *applausus.*
Appointement, *merces.* au plur. gages, *stipendia.* entretien, *pensio.* accord, *conventio.*
Apprivoisement, *cicuratio.*
Approfondissement, *scrutatio.*
Argument, *-um.*
Armement, *armatus.*
Arrangement, *ordinatio.*
Arrondissement, *rotundatio.*
Arrosement, *irrigatio.*
Aspersement, *aspersio.*
Assablement, *arenæ congeries.*
Assaisonnement, *condimentum.*
Assassinement, *cædes ex insidiis.*
Assertivement, *affirmativè.*
Asservissement, *servituti addictio.*
Assortiment, *instructus mercimoniorum.*

substantifs masculins.

Assoupissement, *stupor.*
Assouvissement, *satietas.*
Assujétissement, *subjectio.*
Assurement, *fides.*
Atermoiement, *dilatio diei pecuniæ.*
Atiédissement, *tepefactio.*
Atouchement, *tactus.*
Atroupement, *congregatio.*
Attachement, *alligatio, studium.*
Attendrissement, *mollitio, commiseratio.*
Attérissement, *prostratio.*
Attroupement, *concursus.*
Avancement, *progressus.*
Avénement, *adventus.*
Avertissement, *monitio.*
Aveuglement, *cæcitas.*
Augment, *-um.* accroissement, *incrementum.* addition, *-io.* accession, *-io.*
Avilissement, *abjectio.*
Avisement, *opinio.*
Avitaillement, *commeatûs invectio.*
Avoisinement, *approximatio.*
Avortement, *abortus.*
Bâillement, *oscitatio.*
Balancement, *libramentum.*
Balbutiement, *linguæ hæsitantia.*
Bannissement, *exilium.*
Bâtiment, *ædificium.* navire, *navis.*
Battement, *pulsio.*
Battement, en terme de Musique, *consonantia, concordia.*
Bégaiement, *linguæ titubantia.*
Bêlement, *balatus.*

substantifs masculins.

Bernement, *in sublime jactatio.*
Beuglement, *mugitus.*
Biaisement, *obliquitas.*
Blanchiment, *albarium.*
Blasonnement, *cavillatio.*
Bombardement, *globorum igniariorum immissio.*
Bombement, terme d'Architecture, qui se dit d'un arc peu élevé au-dessus de sa corde.
Bondissement, *resultus.* It. *nausea.*
Bouffement, vieux mot, *halitus.*
Bouillonnement, *ebullitio.*
Bouleversement, *subversio.*
Bourdonnement, *susurratio.*
Braiement d'un âne, *ruditus.*
Brandillement, *agitatio.*
Brisement, *confractio.*
Broïement, *tritura.*
Brouillement, *intricatio.*
Bruissement, *tinnitus.*
Brûlement, *combustio.*
a Calmant, terme de Médecine, *sedans.*
Caiment, vieux mot, *mendicus.*
Campement, *castrametatio.*
Cautionnement, *cautio.*
Chancellement, *titubatio.*
Changement, *mutatio.*
Châtiment, *castigatio.*
Chatouillement, *titillatio.*
Chevissement, *pactio.*
Chuchettement, ou Chuchillement, *susurratio.*
Cillement, *nictatio.*
Ciment, *cœmentum.*
Claquement, *crepitatio.*

substantifs masculins.

Clignotement, *nictatio.*
Cliquement, *conniĉtatio.*
Clochement, *claudicatio.*
Coacement, *coaxatio.*
Commandement, *mandatum, jussio.*
Comblement, *cumulatio.*
Commant, vieux mot, *ou* particule, qui s'employoit en cette phrase, *adieu comment* : c'est comme qui diroit aujourd'hui, *adieu vous dis-je*, *vale.*
Commencement, *initium.*
Compartiment, *descriptio*, *cerostrotum.*
Compliment, *urbanitas officiosa.*
Comportement, *agendi ratio.*
Connoissement, *cognitio.*
Connoissement, terme de Marine, ce qui peut faire connoître ce qu'est un vaisseau.
Consentement, *consensus.*
Contentement, *oblectatio.*
Contre-mandement, *mandati revocatio.*
Convertissement, *conversio.* terme de Monn. *reformatio typis effecta.*
Cornement d'oreilles, *aurium tinnitus.*
Coulement, *fluxus.*
Couronnement, *coronatio.*
Crachement, *sputatio.*
Crachotement, *frequens sputatio.*
Craquement, *crepitatio.*
Crément, terme d'Ordonnance & de Grammaire.

substantifs masculins.

Creusement, *excavatio.*
Croassement, *crocitatio.*
Croisement, terme de Physique, *motus in diversa.*
Crucifiement, *crucifixio.*
Dandinement, balancement, *libramentum.*
Débandement, *remissio.*
Débarquement, *descensio.*
Débillardement, terme de Charpentier.
Débordement, *inundatio.*
Débouchement, *patefactio.*
Déboursement, *suppeditatio.*
Debouquement, *egressus.*
Débrouillement, *extricatio.*
Débridement, *freni solutio.*
Décampement, *migratio è castris.*
Décélement, *patefactio.*
Déchaînement, *effrenata maledicendi licentia.*
Dechaussement, *ablaqueatio.*
Déchifrement, *elucidatio.*
Décochement, *emissio.*
Décollement, *decollatio.*
Découlement, *dimanatio.*
Découragement, *animi infractio.*
Décréditement, *gratiæ diminutio.*
Décroissement, *decretio.*
Decrusement, premier apprêt de la soie.
Dédommagement, *damni reparatio.*
Défiement, *provocatio.*
Défoncement, *fundi exemptio.*
Défrichement, *inculti agri cultura.*
Dégagement, *redemptio*

Dégagement, ter. de guerre.
Dégauchissement, *distractio.*
Déguerpissement, *desertio.*
Dégorgement, *vomitio.*
Dégourdissement, *stuporis depulsio.*
Degravoiement, *eversio.*
Déguisement, *simulatio.*
Déharnachement, *instructûs equini exemptio.*
Délaiement, *dilutio.*
Délaissement, *derelictio.*
Délardement, terme d'Arch.
Délassement, *defatigatio.*
Délogement, *emigratio.*
Démantélement, *propugnaculi* ou *mœnium dejectio.*
Démembrement, *discerptio.*
Déménagement, *supellectilis exportatio.*
Démeublement, *supellectilis exportatio.*
Deniaisement, *ludificatio.*
Dénigrement, *famæ inquinatio.*
Dénombrement, *enumeratio.*
Dénouement, *solutio.*
Dénûment, *denudatio.*
Département, *distributio.* de logis, *domicilii designatio.*
Dépécement, *discerptio.*
Dépérissement, *minutio.*
Dépeuplement, *depopulatio.*
Déplacement, *expulsio.*
Déportement, au plur. *mores, agendi ratio.*
Dépouillement, *spoliatio.*
Dépucellement, *devirginatio.*
Déracinement, *eradicatio*
Dérangement, *turbatio.*
Déréglement, *dissolutio.*
Déroulement, terme de Géométrie.
Desagrément, *injucunditas.*
Désapropriement, terme de Pratique, le même que Désapropriation.
Desenchantement, *fascini depulsio.*
Desarmement, *exarmatio.*
Desassaisonnement, *condimenti remotio.*
Desassiégement de ville, *obsidionis solutio.*
Desintéressement, *sui commodi negligentia.*
Désistement, *discessio.*
Dessaisissement, *desertio.*
Desséchement, *exsiccatio.*
Détachement, *sejunctio.*
Détournement, *deflexus.*
Détriment, *-um.*
Devancement, *antecessio.*
Dévoiement, *ventris dissolutio.*
Dévoilement, *revelatio.*
Dévouement, *consecratio.*
Diamant, *adamas.*
Dirimant, *dirimens.*
Divertissement, *oblectatio.*
Document, *-um.*
Ebahissement, *stupor.*
Ebatement, *oblectamentum.*
Ebaudissement, vieux mot, *gaudium.*
Eblouissement, *tenebrarum effusio.*
Eboulement, *dirutio.*
Ebranchement, *ramorum amputatio.*
Ebranlement, *commotio.*
Ecachement, vieux mot, Ecartement, *disjunctio.*
Ecarquillement, l'action d'écarquiller.

substantifs masculins.

Echaufement, *calefactio.*
Echouement, terme de Marine, *naufragium.*
Echappement, terme d'Horlogerie.
Eclairciſſement, *dilucidatio.*
Ecoulement, *effluxus.*
Ecroulement, *concuſſus.*
Effondrement, *foſſio.*
Egarement, *aberratio.*
Elancement, *impetus.* de douleur, *morſus.*
Elargiſſement, *liberatio.*
Elément, *-um.*
Elément, lieu qui plaît, *locus amœnus, gratus.*
Elément de Grammaire, *rudimenta.*
Eloignement, *receſſus.*
Embarraſſement, *impedimentum, implicatio.*
Embarquement, *in navim conſcenſio.*
Embelliſſement, *decoratio.*
Embraſement, *deflagratio.*
Embraſſement, *amplexus.*
Embrouillement, *intricatio.*
Emolument, *-um.*
Empalement, *ſtipiti infixio.*
Empâtement, *baſis ſtercorata.*
Empêchement, *impedimentum.*
Emplacement, *collocatio.*
Empoiſſonnement, *ſtagni reparatio.*
Empoiſonnement, *infectio.*
Emportement, *exportatio.* de colère, *animi impetus.*
Empreſſement, *acceleratio.*
Empriſonnement, *incarceratio.*
Encenſement, *incenſatio.*

ſubſtantifs maſculins.

Enchaînement, *concatenatio.*
Enchantement, *incantatio.*
Enchériſſement, hauſſement de prix.
Encouragement, *animi excitatio.*
Endommagement, *damni illatio.*
Endoſſement, *chartæ adſcriptio.*
Endormiſſement, *ſopor.*
Endurciſſement, *induratio.*
Enfaîtement, *faſtigii poſitio.*
Enfantement, *partus.*
Enfoncement, *depreſſio.*
Enfourchement, terme d'Architecture, *angulus in furcæ ſimilitudinem formatus.*
Engagement, *pignori obligatio.*
Engoncement, *gurgitatio.*
Engouement, *præfocatio.*
Engourdiſſement, *torpor, ſensûs motûſque hebetudo.*
Enjambement, *crurum divaricatio.*
Enjolivement, *exornatio.*
Enjouement, *feſtivitas.*
Enlaſſement, *intextus*
Enlévement, *raptus.*
Ennortement, vieux mot, *adhortatio.*
Enregiſtrement, *præſcriptio.*
Enrichiſſement, *ditatio.*
Enrôlement, *conſcriptio.*
Enrouement, *raucedo.*
Enſaiſinnement, *in cenſum relatio.*
Enſeignement, *documentum.*
Enſemencement, *ſementis.*

Substantifs masculins.

Enſeveliſſement, *humatio.*
Enſorcellement, *incantatio.*
Entablement, *tabulatum.*
Entendement, *intellectus.*
Entérinement, *impetratio.*
Enterrement, *inhumatio.*
Entêtement, *pertinacia.*
Entrelaſſement, *implicatio.*
Entretenement, *ſuſtentatio.*
Envelopement, *involutio.*
Enivrement, *inebriatio.*
Epaiſſiſſement, *ſpiſſatio.*
Epanchement, *effuſio.*
Epanoüiſſement, *evolutio.*
Epaulement, *fulcrum.*
Epuiſement, *exhauſtus.*
Epurgement, *excuſatio.*
Equipement, *armatio.*
Eraillement, renverſement de la paupiére inférieure.
Eſbraſement, terme d'Architecture, *ampliatio*, *explicatio.*
Eſpacement, *interſtitium.*
Eſpallement, jaugeage.
Etaiement, *fulcitus.*
Etalonnement, *ad modulum conformatio.*
Etanchement, *obturatio.*
Eternûment, *ſternutatio.*
Etêtement, *decacuminatio.*
Etonnement, *ſtupor.*
Etouffement, *ſuffocatio.*
Etourdiſſement, *ſtupor.*
Etranglement, *contractio.*
Erréciſſement, *coarctatio.*
Etuvement, *lotus.*
Evanoüiſſement, *deliquium animi.*
Evénement, *eventus.*
Excrément, *-um.*
Exhauſſement, *exaltatio.*

Substantifs masculins.

Fardement, *fuci inductio.*
Ferment, *-um.*
Ferrement, *ferramentum.*
Feutrement, terme de Teinture.
Figement, *coagulatio.*
Filament, *fibra.*
Finiment, terme de Peinture, *conſummatio.*
Finiment, *illinitus.*
Firmament, *-um.*
Fléchiſſement, *flexus.*
Fondement, *fundamentum.* d'une affaire, *rei.* le cul, *podex.* au plur. *rudimenta.*
Foudroiement, *fulminatio.*
Fourmillement, *motus partium inter ſe.*
Fourniment, *pyxis pulveraria.*
Fourniſſement, terme de Commerce.
Fourvoiement, *deviatio.*
Fragment, *-um.*
Frapement, *percuſſio.*
Frémiſſement, *fremitus.*
Fretillement, *agitatio.*
Froiſſement, *frictio.*
Frôllement, l'action de toucher légérement.
Froment, *frumentum.*
Froncement, *in rugas coactio.*
Frotement, *frictio.*
Gargouillement, *aqua lenis ſuſurrus.*
Gariement, *ou* Cariment, vieux terme de Coutume, Garantie.
* Garnement, *nebulo.*
Gauchiſſement, *flexus.*
Gazouillement, *garritus.*

substantifs masculins

Gémissement, *gemitus.*
Glapissement, *annitus.*
Glissement, *reptio.*
Gloussement, *gemitus gallinæ glocitantis.*
Gourmand, adj. *gulosus.*
Gouvernement, *gubernatio.*
Graillement, *raucus clangor.*
Gresillement.
Habillement, *vestimentum.*
Harnachement, *equi instructio.*
Haussement, *elevatio.*
Hennissement, *hinnitus.*
Hochement de tête, *capitis quassatio.*
Honnissement, *ignominia.*
Hurlement, *ululatus.*
Jaillissement, action de Jaillir.
Japement, *latratus.*
Incitement, vieux mot, *incitamentum.*
Indigitament, livre des Pontifes de l'ancienne Rome, *indigitamentum.*
Instrument, *-um.*
Investissement, *circumdatio.*
Jugement, *judicium.*
Jugement, Arrêt, *judicium.*
jour du Jugement, *dies judicii.*
Jument, *equa.*
Jurement, *juramentum.*
Lavement, *lotio.*
Licentiement, *dimissio.*
Ligament, *-um*
Linéament. . .
Liniment, *illitus.*
Logement, *habitatio.*
Lotissement, pour Lotissage.
Mamant, production singulière de la nature qui se trouve en Sibérie.

substantifs masculins.

Mandement, *-datum.*
Maniment, *tractatio.* d'argent, *pecuniæ administratio.*
Manquement, *defectus.*
Marrement, vieux mot, dommage, *damnum.*
Mécontentement, *offensio.*
Médicament, *-um.*
Ménagement, *administratio.*
Meuglement, *mugitus.*
Miaulement, *clamor felis.*
Moment, *-um.*
Monument, *-um.* marque, *nota.*
Mouvement, *motus.*
Nantissement, *rei exhibitio.*
Nécromant, *ou* Négromant, *Magus.*
Nétoiement, *detersio.*
Nivélement, *ad amussim adæquatio.*
a Nombrant, nombre nombrant.
Non-payement, défaut de payer.
Normand, *Normannus.*
Nouement d'éguillette, *fascinatio.*
Nutriment, nourriture, *nutritio.*
Obscurcissement, *obscuratio.*
Oignement, *unctio.*
Ondoiement, Baptême sans cérémonie.
Ordrement, v. m. *edictum, jussio.*
Ornement, *ornamentum.*
Orpiment, *auripigmentum.*
Ossement, au plur. *ossa.*

substantifs masculins.

Panchement, *propensio.*
Pansement, *curatio.*
Parement d'Autel, *ara ornamentum.* d'habit, *ornatus.*
Parlement, *supremus senatus.*
Passement, *textilis tænia.*
* Partement, *discessus.*
Payement, *solutio.*
Pendement, action de pendre.
Perfectionnement, *perfectio.*
Pétillement, *crepitatio.*
Peuplement, *actio locum civibus frequentandi.*
Piloriement, *alligatio ad stipem.*
Poliment, *politura.*
Portement, terme de Musique, allongement de syllabes.
Prédicament, *prædicamentum.*
Prosternement, *abjectio.*
Pressement, *pressio.*
Pressentiment, *præsentio.*
Prosternement, *prostratio.*
Rabaissement, *diminutio.*
Raccommodement, *reconciliatio.*
Raccourcissement, *restrictio.*
Radoucissement, *levamen.*
Raffinement, *expurgatio.*
Raffermissement, *confirmatio.*
Rafraîchissement, *refrigeratio.* repos, *virium refectio.* renouvellement, *renovatio.*
Rajeunissement, *juventutis restitutio.*
Raisonnement, *ratiocinatio.*
Rajustement, *refectio.*
Râlement, *proflatus lethalis.*

substantifs masculins.

Ralentissement, *remissio.*
Ralliement, *alligatio.*
Rampement, *reptio.*
Rançonnement, *exactio.*
Rassasiement, *saturitas.*
Ravalement, *depressio.*
Ravissement, *raptus.*
Ravitaillement, *commeatûs iterata invectio.*
Rayonnement, action de rayonner.
Razement de place, *abrasio.*
Rebouchement, *obturatio.*
Recélement, *occultatio.*
Recensement, terme de procédure, *recensio.*
Recolement, *testium repetitio.*
Recommencement, *redintegratio.*
Recoquillement, *in orbem convolutio.*
Recouvrement, *recuperatio.*
Recueillement, *recollectio.*
Reculement, *recessio.*
Redoublement, *conduplicatio.*
Refléchissement, *reflexio.*
Refrognement, action de se refrogner.
Refroidissement, *refrigeratio.*
Regement, vieux mot, *regimen.*
Regimbement, *calcitratio.*
Régiment, *legio.*
Réglement, *statutum.*
Regonflement, élévation des eaux.
Rehaussement, *sublatio.*
Rejaillissement, *sanguinis respersio.*
Relâchement, *relaxatio.*

substantifs masculins.

Relévement, *relevatio.*
Remboursement, *restitutio.*
Rembrunissement, *iteratus lævor.*
Remerciment, *gratiarum actio.*
Remuement, *commotio.*
Renchérissement, *pretii auctio.*
Renflement, *adjectio.*
Renfoncement, *adactio.*
Renforcement, *corroboratio.*
Rengagement, action de se rengager.
Rengorgement, *ingurgitatio.*
Rengrégement, *exasperatio.*
Reniement, *denegatio.*
Reniflement, *pituitæ per nares retractio.*
Renoncement, *nodi repetitio.*
Renouvellement, *renovatio.*
Renversement, *inversio.*
Repeuplement, *iterata frequentatio.*
Repoussement, *repulsio.*
Résonnement, *resonatio.* voix, *personatio.*
Resordement, vieux mot, resurrection.
Ressentiment de fiévre, *febris sensatio.* d'une injure, *sensus.*
Resserrement, *restrictio.*
Rétablissement, *restitutio.*
Retaillement, *rescisio.*
Retardement, *mora.*
Retentissement, *soni repercussio.*
Retirement, *contractio.*
Retranchement, *detractio.* diminution, *imminutio.*
Retranchement, fortification, *munitio.*

substantifs masculins.

Retrécissement, *restrictio.*
Reverdissement, *viroris receptio.*
Revêtement, *inductio.*
Ricanement, *sanna.*
Roman, *lingua Romana.*
Rompement, *fractio.*
Ronflement, *ronchissatio.*
Rossignolement, chant du Rossignol.
Roulement, *volutatio.* de voix, *vocis inflexio.*
Rudiment, *-um.*
Rugissement, *rugitus.*
Saccagement, *populatio, direptio.*
Sacrement, *sacramentum.*
Saignement, *phlebotomia.*
Saisissement, *occupatio.*
Sarment, *palmes.*
Sautillement, *saltitatio.*
Sauvement de navire, *navis recuperatio.*
Sauvement, vieux mot, *salvatio, salus.*
Secouement, *succussio.*
Sédiment, *-um.*
Segment, terme de Géométrie, *-um.*
Sentiment, *sensus.* avis, *opinio.*
Serment, *juramentum.*
Serrement, *astrictio.*
Siflement, *sibilatio.*
Signalement, *totius corporis habitûs expressa imago.*
Sillement, *palpebrarum clausio.*
Souflement, *sufflatio.*
Soulévement, *sublevatio.*
Soulévement, *rebellio.*
Sous-bassement, *hyppodium aulæum.*

substantifs masculins.

Spatiement, *ou* Spatîment, *deambulatio.*
Sucement, *suctio.*
Suintement, action de ce qui suinte.
Supplément, *-um.*
Sushaussement, *sublevatio.*
Tapissement, *exsiccatio.*
Tatonnement, *palpatio.*
Tegument, terme d'Anatomie, *tegumentum.*
Tempérament, *-tum.* du corps, *corporis temperatio.* biais, *via*, *ratio.*
Temporisement, *cunctatio.*
Tennement, *detentio.*
Testament, *-um.*
Tintement, *tinnitus.*
Tiraillement, l'action de tirer.
Tortillement, *convolutio.*
Tourment, *tormentum.*
Tournoiment, pour Tournoiement.
Tournoiement, *in orbem agitatio.*
Tracement, *delineatio.*
Tradiment, v. m. *præceptum.*
Traitement, *tractatio.*
Transissement, l'état d'un homme transi.
Transplantement, *-tatio.*
Travestissement, *alienæ vestis indutus.*
Trebuchement, *titubatio.*
Tremblement, *trepidatio.*
Tremoussement, *celer ac mollis concursus.*
Trempement, *temperatio.*
Trépassement, *interitus.*
Trépignement, *pedum ad terram quassatio.*

substantifs masculins.

Tressaillement, *motus subsultans.*
Vengement, vieux mot, *ultio.*
Véhément, adj. *vehemens.*
Verbalisement, *-satio.*
Vêtement, *vestis.*
Virement, action de virer.
Violent, *violatio.*
Voltigement, *volitatio.*
Vomissement, *vomitus.*

Plus les participes des verbes en mer : aimant, &c.

ADVERBES.

Les adverbes en ment, *marquent la qualité ou la modification & la maniére des choses, ils sont formés dans notre langue des mots féminins, en ajoûtant au bout* ment, *comme de* secréte, secrétement, *&c. au participe terminé en* ant, *on ôte le* t, *& on change l'*n *en* m *pour faire l'adverbe, comme* abondant, abondamment, vaillant, vaillamment. *Il y a plus de 730. adverbes semblables.*

adverbes.

Abominablement, *abominandum in modum.*
Abondamment, *copiosè.*
Absolument, *-utè.*
Abstractivement, *-ivè.*
Absurdement, *-dè.*
Abusivement, *-ivè.*
Académiquement, *-icè.*
* Accostement, *commodè.*
Activement, *-ivè.*
Actuellement, *actualiter.*

adverbes.

Adjectivement, *adjectivo more.*
Admirablement, *-biliter.*
Adroitement, *dextrè.*
Affablement, *-biliter.*
Affectionnément, *benevolè.*
Affectueusement, *peramanter.*
Affirmativement, *-ivè.*
Affouagement, *vectigalium descriptio.*
Affreusement, *horridè.*
Agilement, *-liter.*
Agréablement, *gratè.*
Aigrement, *acriter.*
Aisément, *facilè.*
Alaigrement, *alacriter.*
Allégoriquement, *-icè.*
Alternativement, *-tim.*
Altiérement, *superbè.*
Ambiguement, *-guè.*
Ambitieusement, *-iosè.*
Amiablement, *amicè.*
Amoureusement, *amatoriè.*
Amphibologiquement, *-icè.*
Analogiquement...
Analytiquement...
Anatomiquement, *juxta leges anatomiæ.*
Angéliquement, *Angelorum more.*
Annuellement, *annuatim.*
Apertement, *-tè.*
Apostoliquement, *-icè.*
Aprement, *asperè.*
Apparemment, *verè.*
Arbitrairement, *arbitrio.*
Arbitralement, *ex arbitrio.*
Ardemment, *-enter.*
Arithmétiquement, *-icè.*
Arrogamment, *-anter.*
Artificiellement, *-iosè.*

adverbes.

Assertivement, *affirmativè.*
Astronomiquement, *-icè.*
Attentivement, *-entè.*
Attiquement, *Atticè.*
Avantageusement, *utiliter.*
Avarement, *avarè.*
Aucunement, *nullo modo.*
Audacieusement, *audacter.*
Aveuglément, *cæciter.*
Avidement, *-dè.*
Austérement, *-erè.*
Authentiquement, *-icè.*
Autrement, *aliter.*
Badinement, *jocosè.*
Barbarement, *-barè.*
Bassement, *demissè.*
* Bellement, *lentè.*
Bestialement, *ferino ritu.*
Bêtement, *stultè.*
Bienséamment, *decenter*
Bizarrement, *morosè.*
Blanchement, *candidè.*
Bonnement, *simpliciter.*
Bourgeoisement, *agrestiùs.*
Bravement, *strenuè.*
Briévement, *breviter.*
Brusquement, *asperè*
Brutalement, *ferino ritu.*
Burlesquement, *jocosè.*
Cachement, *latenter.*
Calomnieusement, *sycophantiosè.*
Canoniquement, *-icè.*
Capitulairement, *modo capitulari.*
Captieusement, *-iosè*
Casuellement, *casu*
Catégoriquement, *-icè.*
Catholiquement...
Cavaliérement, *arroganter*
* Cauteleusement, *cautè*
Censivement, *cum onere censûs perpendendi.*

adverbes.

Cérémonieusement, *-iose.*
Certainement, *certè.*
Chagrinement, *mœstè.*
Charitablement, avec amour, *amicè.* avec libéralité, *largè.*
Chastement, *castè.*
Chaudement, *calidè.*
Chérement, *charè.*
Chétivement, *exiliter.*
Chichement, *avarè.*
Chimériquement, *fictè.*
Chrétiennement, *christianè.*
Circulairement, *-ariter.*
Civilement, *comiter.*
Clairement, *clarè.*
Clandestinement, *clam.*
Coëment, vieux mot, *sine strepitu, tacitè.*
Cohéremment, *coharenter.*
Collatéralement, *-iter.*
Collusoirement, *-oriè.*
Comiquement, *-icè.*
Comment, *quomodo.*
Commodément, *-odè.*
Communément, *-niter.*
Communicativement, *diffusè.*
Compétamment, *-tenter.*
Complétement, *omninò, perfectè.* il est aussi substantif.
Concurremment, *simul & eodem modo.*
Condignement, *condignè.*
Conditionellement, *sub conditione.*
Confidemment, *-enter.*
Conformément, *congruenter.*
Congruement, *-ru.*
Conjecturalement, *ex conjectura.*

adverbes.

Consciencieusement, *rectâ conscientia.*
Consécutivement, *consequenter.*
Conséquemment, *-enter.*
Considérablement, *insigniter.*
Consubstanciellement, *consubstantialiter.*
Consulairement, *modo consulari.*
Contentieusement, *acerrimè.*
Continuellement, *assiduè, perpetuò.*
Continuement, *continenter.*
Contumélieusement, vieux mot, *-iosè.*
Convenablement, *-nienter.*
Conventuellement, *conventualiter.*
Copieusement, *affluenter.*
Cordialement, *ex animo.*
Corporellement, *-raliter.*
Correctement, *accuratè.*
Courammment, *fluidè.*
Courageusement, *animosè.*
Courament, *cursim.*
Courtement, vieux mot, *breviter.*
Coutumiérement, *more solito.*
Couvertement, vieux mot, *clam, occultè.*
Croustilleusement, *lepidè.*
Cruellement, *crudeliter.*
Cruement, *crudè.*
Curieusement, *curiosè.*
Damnablement, *-andè.*
Dangereusement, *periculosè.*
Débilement, *-liter.*
Dêbonnairement, *benignè.*
Décisivement, *pracisè, modo decretorio.*

adverbes.

Dédaigneusement, *fastidiosè.*
Défavorablement, *non gratiosè.*
Définitivement, *-ivè.*
Délibérément, *audacter.*
Délibérément, *consultò.*
Délicatement, *-atè.*
Délicieusement, *-iosè, molliter.*
Déloyaument, *perfidè.*
Déméfurément, *immoderatè.*
Démonstrativement, *-ivè.*
Dépendamment, *-denter, obnoxiè.*
Déplorablement, *miserabiliter.*
Déraisonnablement, *iniquè.*
Déraisonnément, *irrationaliter.*
Désavantageusement, *incommodè.*
Derniérement, *novissimè.*
Desagréablement, *ingratè.*
Desavantageusement, *inutiliter.*
Desespérément, *desperatò.*
Deshonnêtement, *inhonestè.*
Desobligeamment, *inofficiosè.*
Desordonnément, *inordinatè.*
Despotiquement, *summo cum imperio.*
Déterminément, *-natè.*
Détestablement, *execrandè.*
Dévotement, *piè, sanctè.*
Dévotieusement, *devotè.*
Dextrement, *-rè.*
Diablement, *multùm, plurimùm, valdè.*
Diaboliquement, *-icè.*
Diagonalement, *-liter.*
Dialectiquement, *-icè.*

adverbes.

Diamétralement, *-liter.*
Différemment, *-enter.*
Diffusément, *fusiùs.*
Diligemment, *-enter.*
Directement, *directè.*
Discrétement, *consideratè, prudenter.*
Disertement, *disertè.*
Disgracieusement, *ingratum in modum.*
Dissemblablement, *differenter.*
Dissolument, *-utè.*
Distinctement, *distinctè.*
Distributivement, *-ivè.*
Diversement, *diversè.*
Divinement, *-nitus.*
Docilement, *-liter.*
Doctement, *doctè.*
Dogmatiquement, *-icè.*
Dolemment, *dolenter.*
Dolentement, *mœstè.*
Domestiquement, *-icè.*
Doublement, *dupliciter.*
Doucement, *dulciter.*
* Doucétement, *subdulciter.*
* Douillétement, *molliter.*
Douloureusement, *dolorosè.*
Droitement, *directè.*
Dubitativement, *dubiè.*
Dûment, *debito modo.*
Durement, *durè.*
Ecclésiastiquement, *-icè.*
Echarsement, vieux mot, *avarè.*
Economiquement, *œconomicè.*
Effectivement, *reverâ, reapse.*
Efficacement, *-aciter.*
Effrénement, *effrænatè.*
Effroyablement, *terribiliter.*
Effrontément, *impudenter.*

adverbes.

Egalement, *æqualiter.*
Elégamment, *-anter.*
Eloquemment, *-enter.*
Eminemment, *-enter.*
Emphatiquement, *-icè.*
Energiquement, *fortiter, efficaciter.*
Enigmatiquement, *ænigmaticè.*
Enormément, *enormiter.*
Ennuyeuſement, *moleſtè.*
Enragement, *rabiosè.*
Entiérement, *integrè.*
Eperdûment, *perditè.*
Epouventablement, *horrendum in modum.*
Equitablement, *æquè.*
Equivalemment, *æquivalenter.*
Errament, vieux mot, tout d'un coup.
Erronément, d'une maniére erronée.
Eſſentiellement, *naturâ.*
Eternellement, *æternè.*
Etonnamment, *mirabiliter.*
Etourdiment, *ſtolidè.*
Etrangement, *mirum in modum.*
Etroitement, *ſtrictè.*
Evangéliquement, *-icè.*
Eventuellement.
Evidemment, *-enter.*
Exactement, *exactè.*
Excellemment, *-enter, eximiè.*
Exceſſivement, *nimiùm, impensè.*
Excluſivement, *-ivè, præcisè.*
Exécrablement, *execrandum in modum.*

adverbes.

Exemplairement, *ad exemplum.*
Explicitement, *-itè.*
Expreſſément, *expreſsè.*
Exquiſement, *-ſitè.*
Extérieurement, *-riùs.*
Extrajudiciairement.
Extraordinairement, *præter ſolitum.*
Extravagamment, *inſulsè, abſurdè.*
Extrêmement, *ſummoperè, vehementer.*
Facétieuſement, *lepidè.*
Facilement, *facilè.*
Fallacieuſement, *fallaciter.*
Falotement, *ridiculè.*
Familiairement, *-iariter.*
Fantaſquement, *morosè.*
Fantaſtiquement, *-icè.*
Faſtueuſement, *turgidè.*
Fatalement, *-liter.*
Favorablement, *gratiosè.*
Féodalement, *fiduciariè.*
Fermement, *firmè.*
Fervemment, *fervidè.*
Fichument, *ridiculè.*
Fidélement, *fideliter.*
Fiérement, *ferociter.*
Figurément, *figuratè.*
Filialement, *inſtar filii.*
Finalement, *denique.*
Finement, *cautè.*
Foiblement, *debiliter.*
Folâtrement, *laſcivè.*
Follement, *ſtultè.*
Fonciérement, à fond, *penitùs.*
Fondalement, *fundamentaliter.*
Formellement, *clarè, præcisè.*

adverbes.

Fortement, *fortiter.*
Fortuitement, *fortuitò.*
Fraîchement, *recenter.*
Franchement, *liberè, audacter.*
Fraternellement, *-nè.*
Frauduleusement, *-lenter.*
Fréquemment, *-enter.*
Froidement, *frigidè.*
Fructueusement, *utiliter.*
Frugalement, *sobriè & frugaliter.*
Funestement, *infeliciter.*
Furieusement, *insanè*
Gaiement, *hilariter.*
Gaillardement, *festivè.*
Galamment, *venustè.*
Généralement, *generatim.*
Généreusement, *-rosè.*
Gentiment, *bellè.*
Géométriquement, *-icè.*
Gloutonnement, *gulosè.*
Gracieusement, *blandè, comiter.*
Grandement, *multùm.*
Grassement, *amplè, largiter.*
Gratuitement, *gratis.*
Gravement, *multâ cum gravitate.*
Griévement, *graviter.*
Grossiérement, *stupidè.*
Grotesquement, *ridiculè.*
Habilement, *celeriter. voyez* Adroitement, Finement, Promptement.
Habituellement, *-ualiter, consuetè.*
Hardiment, *fortiter, audacter.*
Hasardeusement, *periculosè.*
Hativement, *festinè.*
Hautainement, *audacter.*

adverbes.

Hautement, *altè, apertè.*
Héréditairement, *hæreditario jure.*
Hermétiquement, *-icè.*
Héroïquement. . .
Heureusement, *feliciter.*
Hideusement, *horridè.*
Hiérarchiquement, *-icè.*
Historiquement. . ,
Honnêtement, *-estè.*
Honorablement, *-rificè.*
Honteusement, *inhonestè.*
Horizontalement, *situ horizonti ad libellam respondente.*
Horriblement, *horrendum in modum.*
Hostilement, *-iliter.*
Humainement, *-maniter.*
Humblement, *-militer.*
Humidement, *humidè.*
Hyperboliquement, *hyperbolico modo.*
Hypostatiquement, *-icè.*
Identiquement. . .
Jeunement, terme de chasse, nouvellement.
Ignoramment, *inscienter.*
Illégitimement, *-imè.*
Illicitement, *-itè.*
Illusoirement, d'une façon illusoire.
Imbécillement, *-lè.*
Immanquablement, *certò, haud dubiè.*
Immatériellement, *-ialiter.*
Immédiatement, *proximè.*
Immodestement, *inverecundè.*
Immuablement, *immutabiliter.*
Impartialement, sans prendre parti.

adverbes.

Impatiemment, *-enter.*
Imparfaitement, *imperfectè.*
Impénétrablement, *impenetrabiliter.*
Impérativement, *more imperantis.*
Imperceptiblement, *ſenſim.*
Imperſonnellement, *imperſonaliter.*
Impertinemment, *ineptè.*
Imperturbablement, *imperturbatè.*
Impétueuſement, *cum impetu.*
Impitoyablement, *immiſericorditer.*
Implicitement, *-itè, tacitè.*
Impoſſiblement, *-biliter.*
Improbablement, *improbabiliter.*
Improprement, *-priè.*
Imprudemment, *-enter.*
Impudemment...
Impudiquement, *-dicè.*
Impunément, *-unè.*
Inceſſamment, *indeſinenter.*
Inceſtueuſement, *inceſtè.*
Incidemment, *conſequenter.*
Incivilement, *inurbanè.*
Incommodément, *-odè.*
Incommutablement, *-biliter.*
Incomparablement, *multò, longè.*
Incompatiblement, *-biliter.*
Incompétement, *-enter.*
Incompréhenſiblement, *incomprehenſibiliter.*
Inconſolablement, *inſolabiliter.*
Inconſidérément, *-atè.*
Incorrigiblement, *inemendabiliter.*

adverbes.

Incroyablement, *incredibiliter.*
Indévotement, *irreligiosè.*
Indéfiniment, *non definitè.*
Indépendamment, *cum ſumma libertate.*
Indéterminément, *incertè, dubiè.*
Indifféremment, *indiſcriminatim.*
Indignement, *-nè.*
Indirectement, *obliquè.*
Indiſſolublement, *vinculo arctiſſimo.*
Indiſtinctement, *-ctè.*
Indiviſiblement, *inſecabiliter.*
Indolemment, *-enter.*
Indubitablement, *ſine dubio.*
Indulgemment, *-enter.*
Induſtrieuſement, *induſtriè.*
Inébranlablement, *immutabiliter.*
Ineſpéremment, *ineſperatò.*
Inévitablement, *ineluctabiliter.*
Inexorablement, *-biliter.*
Infailliblement, *certiſſimè.*
Infamement, *ignominiosè.*
Infatigablement, *improbo labore.*
Inférieurement, *-iùs.*
Infidélement, *infideliter, perfidiosè.*
Infiniment, *-itè.*
Inflexiblement, *-biliter.*
Infructueuſement, *nullo fructu.*
Ingénieuſement, *ſolerter, argutè.*
Ingénûment, *-uè, apertè.*

adverbes.

Ingratement, *ingrato animo.*
Inhumainement, *-aniter.*
Injurieuſement, *-iosè.*
Injuſtement, *injuſtè.*
Innocemment, *-enter.*
Innombrablement, *innumerè.*
Inopinément, *-natò.*
Inſatiablement, *-biliter.*
Inſciemment, *-enter.*
Inſenſiblement, *ſine ſenſu.*
Inſéparablement, *-biliter.*
Inſolemment, *-enter, ſuperbè.*
Inſuffiſamment, *non ſufficienter.*
Inſupportablement, *intoleranter.*
Intégralement, *-liter.*
Intelligiblement, *perſpicuè, dilucidè.*
Intenſivement, *-ivè.*
Intérieurement, *intùs.*
Interprétativement, *-ivè.*
Intrépidement, *-dè.*
Intuitivement, *-ivè.*
Invalidement, *-idè.*
Invariablement, *conſtanter.*
Invinciblement, *firmiſſimè.*
Inviolablement, *inviolatè, ſanctè.*
Inviſiblement, *modo inviſibili.*
Involontairement, *præter voluntatem.*
Inutilement, *-iliter.*
Joliment, *feſtivè.*
Journellement, *quotidiè.*
Ironiquement, *-icè.*
Irréconciliablement, *ultra ſpem reconciliandæ gratiæ.*
Irréguliérement, *contra leges & regulas.*

adverbes.

Irremédiablement, *immedicabiliter.*
Irrémiſſiblement, *citra veniæ ſpem.*
Irréparablement, *ſic ut ſarciri non poſſit.*
Irrépréhenſiblement, *-biliter.*
Irreprochablement, *inexprobabili modo.*
Irréſiſtiblement, *abſque reſiſtentia.*
Irréſolûment, *dubitanter.*
Irrévéremment, *-enter.*
Irrévocablement, *irrevocabiliter.*
Iſnellement, vieux mot, *alacriter.*
Itérativement, terme de Pratique, *iteratò.*
Judicieuſement, *more judiciario.*
Judicieuſement, *conſultè.*
Juridiquement, *ex jure.*
Juſtement, *juſtè.*
Lâchement, *ignaviter.*
Laconiquement, *-icè.*
Laidement, *difformiter.*
Lamentablement, *-biliter.*
Langoureuſement, *languidè.*
Languiſſamment, *idem.*
Largement, *fusè.*
Laſcivement, *laſcivè.*
Latéralement, *-liter.*
Légérement, *leviter.*
Légitimement, *-imè.*
Lentement, *-tè.*
Leſtement, *venuſtè.*
Librement, *liberè.*
Licencieuſement, *diſſolutè.*
Licitement, *-itè.*
Ligement, *ex rigidiore clientelæ formulâ.*

adverbes.

Liquidement, *-dè.*
Liſiblement, *modo legibili.*
Littéralement, *ex genuino verborum ſenſu.*
Longitudinalement, *longè.*
Longuement, *idem.*
Louablement, *laudabiliter.*
Lourdement, *ruſticè.*
Loyalement, *fideliter.*
Lubriquement, *libidinosè.*
Lugubrement, *flebiliter.*
Luxurieuſement, *impudicè.*
Machinalement.
Magiſtralement, *magiſtri in morem.*
Magnanimement, *magno animo.*
Magnifiquement, *-gnificè, ſplendidè.*
Majeſtueuſement, *graviter.*
Maigrement, *tenuiter, duriter.*
Maladroitement, *ineptè.*
Malencontreuſement, *infeliciter.*
Malgracieuſement, *inconcinnè.*
Malhabilement, *ineptè.*
Malheureuſement, *infeliciter.*
Malhonnêtement, *turpiter.*
Malicieuſement, *malignè.*
Malignement, *malitiosè.*
Manifeſtement, *-eſtè.*
Manuellement, *ad manum.*
Marchandement, *mercatorum more.*
Maritalement, *maritorum more.*
Maſſivement, *ſolidè.*
Matériellement, *reſpectu materiæ.*

adverbes.

Maternellement, *materno animo.*
Mathématiquement, *certò & evidenter.*
Matinalement, *matutinè.*
Mauſſadement, *ſordidè, invenuſt.*
Méchaniquement, *mechanicè.*
Méchamment, *nequiter.*
Médiatement, *-atè.*
Médiocrement, *-criter, modicè.*
Mélancoliquement, *mœſtè.*
Mêmement, *imò.*
Mentalement, *ſolâ mentis cogitatione.*
Mercantillement, *mercatorum more.*
Mercenairement, *lucri ſpe.*
Méritoirement, *meritò.*
Merveilleuſement, *mirabiliter.*
Meſquinement, *ſordidè.*
Métaphyſiquement, *-icè.*
Métaphoriquement...
Méthodiquement, *viâ certâ.*
* Mignardement, *lepidè.*
Mignonnement, *blandè.*
Militairement, *more militari.*
Miraculeuſement, *divinâ virtute.*
Miſérablement, *miſerè.*
Modérément, *-ratè.*
Modeſtement, *-ſtè.*
Modiquement, *-dicè.*
Mollement, *molliter.*
Monachalement, *monaſticè.*
Mondainement, *ſuperbè, faſtosè.*
Monſtrueuſement, *monſtrosè.*
Moralement, *ſanctè & integrè.*

adverbes.

Mortellement, *letaliter.*
Mûrement, *maturè.*
Musicalement, *ad harmoniam.*
Mutuellement, *-tuò.*
Mystiquement, *-icè.*
Naïvement, *ingenuè.*
Naturellement, *-raliter.*
Nécessairement, *-ariò.*
Négligemment, *-enter.*
Nettement, *nitidè.*
Neutrement, *neutraliter.*
Noblement, *nobiliter.*
Nocturnement, *noctu.*
Nommément, *nominatim.*
Nonchalamment, *negligenter.*
Notablement, *insigniter.*
Notamment, *præcipuè.*
Notoirement, *manifestè.*
Nouvellement, *recenter.*
Nuitamment, *noctu.*
Nullement, *nullo modo.*
Numériquement, *-icè.*
Obligeamment, *officiosè.*
Obliquement, *-què.*
Obscurément, *-rè.*
Obstinément, *præfractè, pertinaciter.*
Obversement, *contrà.*
Occultement, *-tè.*
Officieusement, *-iosè.*
Oisivement, *otiosè.*
Opiniâtrement, *obstinatè.*
Opportunément, *-nè.*
Opulemment, *-enter.*
Oratoirement, *-oriè.*
Orbiculairement, *in orbem.*
Ordinairement, *plerumque, persæpe.*
Originairement, *ab origine.*
Originellement, *idem.*

adverbes.

Ovent, vieux mot, *anno superiore.*
Outrément, *iracundè.*
Ouvertement, *apertè.*
Pacifiquement, *-ficè.*
Paillardement, *impudicè.*
Paisiblement, *pacificè.*
Palpablement, *evidenter.*
Paraboliquement, *-licè.*
Pareillement, *pariter.*
Parfaitement, *perfectè.*
Partialement, *cum partium studio.*
Particuliérement, *singulariter.*
Passablement, *mediocriter, sat commodè.*
Passionnément, *ardenter.*
Passivement, *passivè.*
Pastoralement, *paterno amore, amico animo.*
Paternellement, *patriè.*
Pathétiquement, *-icè.*
Patiemment, *-enter.*
Pauvrement, *pauperis more.*
Pédantesquement, *insulsi litteratoris more.*
Péniblement, *operosè.*
Perfidement, *-dè.*
Pernicieusement, *-iosè.*
Perpendiculairement, *ad perpendiculum.*
Perpétuellement, *perpetuò, semper.*
Personnellement, *per se.*
Pertinemment, *appositè, aptè.*
Perversement, *pravè.*
Petitement, *exiguè, parcè.*
Philosophiquement, *philosophorum more.*
Physiquement, *-icè.*

adverbes.

* Piétrement, *tenuiter.*
Pirement, *pejùs.*
* Piteusement, *miserè.*
Pitoyablement, *miserabiliter.*
Plaintivement, *lugendo, querendo.*
Plaisamment, *festivè.*
* Plantureusement, *copiosè.*
Plausiblement, *probandum in modum.*
Pleinement, *plenè.*
Poëtiquement, *-icè.*
Poliment, *-itè, eleganter.*
Politiquement, *ex civilis prudentiæ legibus.*
Pompeusement, *splendidè.*
Ponctuellement, *diligentissimè, accuratiùs.*
Pontificalement, *pontificali pompâ.*
Populairement, *-ariter.*
Postérieurement, *-riùs.*
Potentiellement, *-liter.*
Précieusement, *-iosè.*
Précipitamment, *præproperè.*
Préférablement, *omnibus posthabitis.*
Prématurément, *præmaturè.*
Premiérement, *ante omnia.*
Présentement, *nunc.*
Présidialement, *ad modum curiæ præsidialis.*
Présomptueusement, *arroganter.*
Pressamment, *pressè.*
* Prestement, *celerrimè.*
Prévotalement, *capitaliter.*
Primitivement, *primitùs.*
Principalement, *præcipuè.*
Privément, *privatim.*
Probablement, *-biliter.*

adverbes.

Problématiquement, *dubiè.*
Processionnellement, *per modum processionis.*
Prochainement, *propè.*
Prodiguement, *profusè.*
Proditoirement, *perfidè.*
Proportionnément, *servatâ proportione.*
Profanement, *-nè.*
Profondément, *altè.*
Promptement, *celeriter.*
Proportionnément, *proportione servatâ, accommodatè.*
Proprement, *propriè, lautè.*
Provisionnellement, *provisoriè.*
Prudemment, *-enter.*
Puamment, *putidè.*
Publiquement, *-icè.*
Pudiquement. . .
Puérilement, *-liter.*
Puissamment, *potenter.*
Purement, *purè.*
Quatriémement, *quartò.*
Quellement, *quoquo modo.*
Quittement, *liberè.*
Quoiement, vieux mot, *clàm, secretò.*
Radicalement, *radicitùs.*
Raisonnablement, *justè, æquè.*
Rapidement, *-dè.*
Rarement, *rarò.*
Réciproquement, *mutuò.*
Récroyamment, vieux mot, *ægrè.*
Réellement, *realiter.*
Réglément, *statuto & certo tempore.*
Réguliérement, *ex artis legibus; sanctè, integrè.*

adverbes.

Repoſtement, vieux mot, *clàm.*
Réſolument, *fidenter*, *conſtanter.*
Reſpectueuſement, *reverenter.*
Révéremment, *-enter.*
Révérencieuſement, *idem.*
Richement, *opulenter*, *largè.*
Ridiculement, *-lè.*
Rigoureuſement, *aſperè*, *acerbè.*
Robuſtement, *-uſtè.*
Roidement, *rigidè.*
Romaneſquement, *fabulosè.*
Rondement, *in orbem* : *ſincerè.*
Roturiérement, *ignobiliter.*
Royalement, *regiè.*
Rudement, *acerbè.*
Ruſtaudement, *ruſtico more.*
Ruſtiquement, *-icè.*
Sacramentalement, *-liter.*
Sacrilégement, *-legè.*
Safrement, *petulanter.*
Sagement, *ſapienter.*
Sainement, *incorruptè.*
Saintement, *ſanctè.*
Salement, *fœdè.*
Salopement, *ſordidè.*
Salutairement, *ſalutariter.*
Satyriquement, *-icè.*
Savoureuſement, *ſapidè.*
Scandaleuſement, *cum multorum offenſione.*
Sçavamment, *doctè*, *ſcienter.*
Scholaſtiquement, *-icò.*
Sciemment, *-enter.*
Scientifiquement, *doctè.*
Scrupuleuſement, *cum religione.*

adverbes.

Scurrilement, *-liter.*
Secondement, *ſecundò.*
Secrétement, *ſecretò.*
Séculiérement, *hominum profanorum inſtituto.*
Séditieuſement, *-iosè.*
Seichement, *aridè.* voyez Rudement, Aprement.
Semblablement, *ſimiliter.*
Senſiblement, *ſenſim.*
Senſuellement, *libidinosè.*
Sentencieuſement, *-iosè.*
Séparément, *ſeorſim.*
Serrément, *ſtrictim.*
Serviablement, *officiosè.*
Servilement, *-iliter.*
Sévérement, *-rè.*
Seulement, *ſolùm.*
Simplement, *-pliciter.*
Sincérement, *ſincerè.*
Siniſtrement, *ſiniſtrè.*
Sobrement, *ſobriè.*
Soëvement, vieux mot, *ſuaviter.*
Soigneuſement, *ſedulò.*
Solemnellement, *ſolemniter.*
Solidairement, *in ſolidum.*
Solidement, *-dè.*
Solitairement, *-ariè.*
Sommairement, *ſummatim.*
Somptueuſement, *ſumptuosè.*
Sonorement, *ſonorè.*
Sordidement, *-dè.*
Sottement, *ſtultè.*
Soudainement, *ſubitò.*
Souplement, *flexibiliter.*
Sourdement, *occultè.*
Soutiment, vieux mot, *ſubtiliter.*
Souverainement, *ſummâ cum poteſtate.*
Spacieuſement, *ſpatiosè*, *laxè.*

adverbes.

Spécialement, *-liter.*
Spécieusement, *-iosè.*
Spécifiquement, *-ficè.*
Sphériquement, *sphæricè.*
Spirituellement, *ingeniosè, acutè, subtiliter.*
Splendidement, *-idè.*
Stérilement, *-liter.*
Stoïquement, *stoïcè.*
Subitement, *subitò.*
Sublimement, *-miter.*
Subordonnément, *ordinatim.*
Subrepticement, *fraudulenter.*
Subséquemment, *-enter.*
Subsidiairement, *in subsidium.*
Substantiellement, *per modum substantiæ.*
Subtilement, *-iter, solerter.* *voyez* Habilement.
Successivement, *per vices.*
Succintement, *breviter, paucis verbis.*
Suffisamment, *satìs.*
Superbement, *superbè.*
Superficiellement, *leviter, strictim.*
Supérieurement, *superioriter.*
Superstitieusement, *-iosè.*
Supportablement, *toleranter.*
Surabondamment, *superabundanter.*
Sûrement, *securè.*
Surnaturellement, *supra naturæ vires.*
Synodalement, *-dicè.*
Tacitement, *tacitè.*
Tardivement, *tardè, lentè.*
Tellement, quellement, *taliter, qualiter.*
Témérairement, *temerè, inconsultè.*

adverbes.

Temporellement, *ad tempus.*
Tendrement, *tenerè.*
Terriblement, *horrendum in modum.*
Théologiquement, *-icè.*
Théoriquement. . .
Tiédement, *tepidè, remissè.*
Timidement, *timidè.*
Tolérablement, *-biliter.*
Tortueusement, *-uosè.*
Totalement, *ex toto, in totum.*
Tragiquement, *-icè.*
Traîtreusement, *proditoriè.*
Tranquillement, *quietè, sedatè.*
Transversalement, *-liter.*
Triplement, *triplici ratione.*
Tristement, *mœstè.*
Trivialement, *more pervulgatò.*
Troisiémement, *tertiò.*
Tumultuairement, *tumultuosè.*
Tumultueusement, *-tuosè.*
Turbulemment, *-entè.*
Vaguement, *vagè.*
Vaillamment, *strenuè.*
Vainement, *vanè.*
Valablement, *validè.*
Valeureusement, *fortiter.*
Validement, *validè.*
Véhémentement, *graviter.*
Vénalement, *-liter.*
Vénérablement, *-andè.*
Véniellement, *-ialiter.*
Verbalement, *verbo.*
Véritablement, *verè.*
Vertement, *asperè, acriter.*
Verticalement, *perpendiculariter.*

adverbes.

Vertueusement, *sanctè*, *integrè.*
Vicieusement, *-tiosè.*
Victorieusement, *more victoris.*
Vieillement, *senili more.*
Vigilamment, *-anter.*
Vigoureusement, *nervosè.*
Vilainement, *turpiter*, *inhonestè.*
Vilement, *abjectè.*
Violemment, *-enter.*
Virilement, *-liter.*
Virtuellement, *-ualiter.*
Visiblement, *aspectabili specie*, *perspicuè.*
Vîtement, *citò.*
Unanimement, *uno animo.*
Uniment, *æqualiter*, *planè.*
Uniquement, *-icè.*
Universellement, *universè.*
* Voirement, *quasi*, *verò.*
Volontairement, *ultrò*, *spontè.*
Voluptueusement, *libidinosè.*
Vraîment, *verè.*
Vraisemblablement, *ut verisimile est.*
Utilement, *-liter.*
Vulgairement, *vulgò*, *vulgariter.*

MER.

verbes à l'infinitif.

Abysmer, *in abyssum deprimere.*
s'Accoutumer, *assuescere.*
Affamer, *famem afferre.*
Affermer, *locare.*
Affirmer, *-are.*
Aimer, *amare.*
Alarmer, *ad arma concitare.*
s'Alarmer, *trepidare*, *consternari.*
Allumer, *accendere.*
Amalgamer, terme de Chymie, *amalgamare.*
Anagrammer, *circa nominis anagramma versari.*
Animer, encourager, *animum addere.*
Animer, terme de Peintre, *colores vegetiores efficere.*
Apostumer, *suppurare.*
Armer, mettre des gens de guerre sur pied, *armare.*
s'Armer, *armis accingi.*
Arramer, terme de Négoce.
Blâmer, *vituperare.*
Blasphémer, *contumeliosè numini Divino obtrectare.*
Bouffumer, vieux mot, se fâcher, *ambas buccas inflare.*
Bramer; il se dit du cri d'un cerf, *-mare.*
Calmer, *sedare.*
Chalumer, vieux mot, *bibere.*
Charmer, *incantare.*
Chaumer, *stipulas colligere.*
Chêmer, terme populaire, *confici tædio.*
Chommer une fête, *diem festum observare.*
* Chommer, manquer de besogne, *occupatione destitui.*
Clamer, vieux mot, *clamare.*
Comprimer, *-mere.*
Confirmer, *-are.*
Conformer, *-are*, *accommodare.*

verbes à l'infinitif.

Consommer, *consumere*, *absolvere.*
Crêmer; se dit du lait.
Damer, terme de jeu de Dames & d'Echecs, *scrupos geminare.*
Damer, donner qualité de Dame, *dominam nuncupare.*
Décharmer, *fascinationem amovere.*
Déchaumer, *aratro primùm proscindere.*
Décimer, *-are.*
Déclamer. . .
Dédamer, *dignitatem auferre.*
Déflegmer, *ou* Déphlegmer, terme de Médecine, *flegma extrahere.*
Déformer, *-are.*
Déplumer, *explumare.*
Desarmer, *exarmare.*
Desenrumer, *gravedinem capitis tollere.*
Desestimer, vieux mot, *vilipendere.*
Diffamer, *-are*, *suggillare.*
Difformer, changer la figure, *-are.*
Ecimer, vieux mot, *desacuminare.*
Ecrêmer, *cremorem auferre.*
Ecumer le pot, *espumare.* voler, *furari.*
s'Elimer, en parlant d'étoffe, *deleri.*
Embâmer, vieux mot, pour Embaumer.
Embaumer les morts, *mortuos condire.* parfumer, *spirare odorem.*

verbes à l'infinitif.

Empaumer, *manu carpere.* surprendre, *inescare.*
Enfermer, *includere.*
Enflammer, *inflammare.*
Enfumer, *infumare*, *fumigare.*
s'Enrumer, *gravedinem capitis concipere.*
Ensimer, humecter avec les mains d'huile ou de graisse une piéce d'étoffe, pour la tondre plus facilement.
Entamer, *intersecare.*
Enthousiasmer, *afflare spiritu poëtico.*
Envenimer, *veneno inficere.*
Epitomer, *in compendium redigere.*
Espalmer, terme de Marine, *navis rimas obturare.*
Essaimer, vieux mot, *examinare.*
Estimer, *æstimare.*
Everdumer, *viride jus betæ comprimere.*
Etamer, *stanno illinire.*
Exclamer, vieux mot, *exclamare.*
Exfumer, *colores eluere.*
Exhumer, *humana ossa effodere.*
Exprimer, *-ere.*
Fermer, *claudere.*
Former, *-are.*
se Former, terme de chasse, *incubare.*
Fumer, faire fumée, *fumigare.* un jambon, *pernam infumare.* la terre, *stercorare.* se fâcher, *irasci.* prendre du tabac, *tabaci fumum haurire.*

verbes à l'infinitif.

ſe Gendarmer, *tumultuari, irâ excandeſcere.*
Germer, *germinare.*
Gommer, *gummi perlinere.*
Gourmer, *pugnis cædere.* ſe gourmer, *pugnis decertare.*
Gourmer un cheval, *equi lupatos caſtellâ reſtringere.*
Heaumer, faire des heaumes, & toutes ſortes d'armure.
Humer, *ſorbere.*
Imprimer, *typis mandare.* au fig. dans le cœur, *imprimere.*
Infirmer, *reſcindere, tollere.*
Informer, *edocere, inquirere.*
Inhumer, *corpus componere.*
Intimer, *citare, denuntiare.*
Légitimer, *nothum paternæ hæreditatis jure donare.*
Limer, *-are.* au fig. uſer, *deterere.* il ſe dit des ouvrages d'eſprit, *polire.*
Meſeſtimer, *malè æſtimare.*
Nommer, *nominare.*
Opprimer, *-ere.*
Pâmer, *animo linqui.*
Paraimer, vieux mot, *amare.*
Parfumer, *odoribus imbuere, unguento perfricari.*
Parſemer, *diſſeminare.*
ſe Paulmer, vieux mot, *deficere animo.*
Périmer, terme de Palais, inſtance périmée.
Plumer, *explumare.* dépouiller, *ſpoliare.*
Préſumer, *præſumere.* de ſoi, *ſibi nimiùm tribuere.* ſoupçonner, *ſuſpicari.* croire, *credere.* eſtimer, *æſtimare.*

verbes à l'infinitif.

Primer à la paume, *primas tenere.* devancer, *anteire.*
Proclamer, *-are.*
Rallumer, *rursùm accendere, ſuſcitare, redintegrare.*
Ramer, *remigare.* des pois, *ramulis fulcire piſa.*
Recamer, broder, *acu veſtem pingere.*
Réclamer, *implorare, vindicare, repugnare.* un oiſeau, *emiſſum accipitrem accire.*
Reconfirmer, *iterùm firmare.*
Rédimer, *-mere.*
Réformer, *emendare.*
Réformer, ſupprimer, *exauctorare, dimittere.*
Réimprimer, *iterùm typis mandare.*
ſe Remplumer, *novis plumis velari.*
Renfermer, *iterùm concludere, complecti.*
Renommer, *nominare, prædicare.*
ſe Renommer, *nomen ſibi facere.* de quelqu'un, *alicujus nomen uſurpare.*
Réprimer, *cohibere.*
Réſumer, *-ere.*
Semer, *ſeminare.*
Sommer, réduire pluſieurs ſommes, *in ſummam cogere.* quelqu'un d'une choſe, l'avertir, *monere.* un débiteur, *debitorem appellare.* de ſa parole, *fidem repetere.* une ville de ſe rendre, *ad deditionem repellere.* de comparoître, *denuntiare.*

verbes à l'infinitif.

Spulmer, *navem pice illinere.*
Sublimer, terme de Chymie, *-are.*
Supprimer, *-ere, rescindere.*
Surnommer, *cognominare.*
Tramer, ourdir, *ordiri, subtegmen nere.* une trahison, *machinari proditionem.*
Transformer, *-are.*
Trimer, terme bas, Marcher.

MET. *voyez* ET.

MEUX. *voyez* EUX.

MI.

substantifs masculins.

Ami, *-cus.*
Demi, *dimidius, dimidium.*
Endormi, *sopitus.*
Ennemi, *inimicus.*
Fami, vieux mot, *fame pressus.*
Fourmi, *formica.*
Guarami, peuple de l'Amérique Méridionale, *Guaramius.*
Mi, note de Musique.
Mi, pour Demi.
Parmi, préposition, *inter.*
Queussi Queumi, expression paysanne, *similiter.*
Remi, *-gius.*
Salmi.

VERBES.

Affermi, *firmo.*
Blêmi, *palleo.*
Dormi, *dormivi.*
Endormi, *somnum conciliavi.*
Frémi, *horrore perstringor.*
Gémi, *gemo.*
Raffermi, *confirmo.*
Vomi, *vomo.*
Voyez les autres verbes en mir.

MIE.

substantifs feminins.

Académie, *-ia.*
Amie, *amica.*
Anatomie, *-ia.*
Angiotomie, dissection des vaisseaux, *-ia.*
Apobomie, au plur. fêtes Grecques, *-ia.*
Astronomie, *-ia.*
Bigamie...
Bonhommie, qualiré d'un bonhomme.
Boulimie, *-ia.*
Cacochymie...
Chalémie, *uter symphoniacus.*
Chymie, *-ia.*
Dactylonomie...
Echinophthalmie, terme d'Oculiste.
il Emie, *friat.*
Ennemie, *inimica.*
Epidémie, *-ia.*
Exophthalmie, sortie de l'œil hors de son orbite.
Hippodamie, nom de femme, *-ia.*
Jérémie (faire le)
Infamie, *dedecus.*
Lamie, monstre, *-ia.*
Latomie, *lapidicina.*
Lipothymie, *animi deliquium.*
Lithotomie, *-ia.*

Substantifs feminins.

Logophthalmie, terme de Médecine.
Loxodromie, *-ia.*
Mamie, *amica mea.*
Ménotomie, *-ia.*
Mie de pain, *mica.*
Mie, négation, vous ne l'aurez mie, *minimè.*
Momie, *ou* Mumie, *-ia.*
Myotomie, partie de l'Anatomie, *-ia.*
Nymphotomie, terme de Chirurgie, *-ia.*
Oeconomie, *-ia.*
Onkatomie, terme de Chirurgie, *-ia.*
Oxyregmie, *-ia.*
Palindromie...
Parémie, *parœmia.*
Phlébotomie, *-ia.*
Physionomie...
Polygamie...
Prudhommie, *probitas.*
Scotomie, terme de Médecine, *-ia.*
Sodomie, *-ia.*
Tremie, *infundibulum.*
Tristamie, couleur, *color subtristis.*
Vidamie, dignité.

Plus les participes féminins des verbes en mir : affermie.

MIER. monos. & dissyl. *voyez* IER. mon. & diss.

MIN. *voyez* IN.

MION. *voyez* ION.

MIR. *voyez* IR.

MIS. *voyez* IS.

MIT. *voyez* IT.

MON.

Substantifs masculins.

Artimon, *artemon.*
C'est-mon, *sanè, ita sanè.*
Démon, *dæmon.*
Gouêmon, herbe, *alga.*
Limon, fruit, *malum citreum.*
Limon de charette, *temo.*
Limon, fange, *limus.*
Mommon, *pignus ab aleatoribus personatis oblatum.*
Mon, *meus.*
Pharamond, Roi de France, *-mundus.*
Salomon, Roi.
Saumon, *salmo.* de plomb, *massa plumbea.*
v * Semond, impérat. *invita.*
Sermon, *concio.*
Timon, *temo.* gouvernail, *navis temo.*

MU. & MEU.

Emû, *emotus.*
Mû, *motus.*
Promû, *promotus.*

N.

NA.

substantifs masculins & féminins.

CInna, nom propre.
Dina, fils de Jacob.
Etna, montagne.
Guadiana, riviére.
Misna, *ou* Talmud.
Nundina, Déesse.
* O bénigna, soumission, *obsequium, demissio.*
Pinchina, sorte d'étoffe.
Porsenna, Roi.
Quinquina, arbre.
Villa Médiana, Poëte.
* un *salve Regina.*

VERBES.

verbes au prétérit indéfini.

Abandonna, *dereliquit.*
Accompagna, *comitatus est.*
s'Acharna, *insectatus est.*
Affectionna, *amavit.*
Ajourna, *vadimonium nuntiavit.*
Aliéna, *-vit.*
Amena, *adduxit.*
Assassina, *trucidavit.*
Assigna, *constituit, adscripsit.*
Baigna, *in balneum demisit.*
Berna, *irrisit.*
Borna, *limites posuit.*
Canona, *tormentis bellicis petiit.*
Cautionna, *spopondit.*
Chagrina, *molestiâ affecit.*
Chicana, *litigavit.*
Condamna, *condemnavit.*
Confina, *relegavit.*
Consigna, *deposuit.*
Contremina, *specus contrà hostium specus fodit.*
Couronna, *coronavit.*
Daigna, *dignatus est.*
Damna, *damnavit.*
Déchaîna, *è vinculis exemit.*
se Déchaîna, *in aliquem sæviit.*
Déclina, *-vit, effugit.*
Dédaigna, *dedignatus est.*
Déguaîna, *gladium evaginavit.*
Déjeûna, *jentaculum sumpsit.*
Déracina, *eradicavit.*
Désarçonna, *equo dejecit.*
Désigna, *-vit.*
Détermina, *decrevit, præfinivit.*
Déthrôna, *è throno dejecit.*
Détourna, *avertit.*
Devina, *vaticinatus est.*
Discerna, *discrevit, dijudicavit.*
Disciplina, *instituit.*
Domina, *-tus est.*
Donna, *donavit.*
Egratigna, *unguibus laceravit.*
Eloigna, *amovit, amandavit.*
Emprisonna, *in carcerem detrusit.*
Enchaîna, *catenis constrinxit.*
Enseigna, *docuit.*
Entérina, *approbavit.*

verbes au prétérit indéfini.

Entraîna, *abripuit.*
Environna, *circumdedit.*
Epargna, *pepercit.*
Etonna, *stupefecit.*
Etrena, *strenas dedit*, vel *accepit.*
Examina, *ponderavit.*
Extermina, *funditus delevit.*
Façonna, *figuravit*, *finxit.*
Frissonna, *horruit.*
Fulmina, *-vit.*
Gagna, *lucratus est.*
Gangrena, *gangrenâ vitiavit.*
Gêna, *vexavit*, *torsit*, *angustavit.*
Gouverna, *gubernavit.*
Hyverna, *hyemavit.*
Jeûna, *jejunavit.*
Imagina, *finxit.*
Importuna, *molestiâ affecit.*
Inclina, *-vit*, *nutavit.*
Machina, *-tus est*, *molitus est.*
Mena, *duxit.*
Mina, *cuniculos fecit.*
Moissonna, *messuit.*
se Mutina, *refragatus est.*
s'Obstina, *animum obfirmavit.*
Opina, *-tus est.*
Ordonna, *præscripsit.*
Orna, *-vit.*
Pardonna, *condonavit.*
Perfectionna, *perfecit.*
Profana, *-vit.*
Promena, *ambulavit.*
se Prosterna, *se prostravit.*
Rafina, *excoxit.*
Raisonna, *ratiocinatus est.*
Rançonna, *extorsit.*
Regna, *-vit.*

verbes au prétérit indéfini.

Répugna, *-vit.*
Résigna, *-vit*, *transtulit.*
Retourna, *reversus est.*
Rogna, *resecuit.*
Ruina, *destruxit.*
Saigna, *sanguinem extraxit.*
Séjourna, *commoratus est.*
Signa, *chirographum apposuit.*
Soigna, *curavit.*
Soupçonna, *suspicatus est.*
Suborna, *-vit*, *apposuit.*
Témoigna, *testatus est.*
Termina, *-vit.*
Tonna, *intonuit.*
Tourna, *vertit.*
Traîna, *traxit.*
Urina, *minxit.*

Voyez les autres verbes en ner.

NANT. *voyez* ANT.

NAT. *voyez* AT.

NÉ.

substantifs & adjectifs masculins.

Accorné, terme de fortification, *cornuto propugnaculo munitus.*
Aîné, *natu major.*
Archidiaconé, *-natus.*
Basané, *fuscus.*
Blanc-signé, *charta vacua subscripta.*
Blé embruiné, *frumentum uredine tostum.*
Bois veiné, *lignum venosum.*
Capuchonné, *cucullatus.*
Caserné, *in tuguriis manens.*
Chagriné, *scaber.*
Chansonné, *decantatus.*

substantifs & adjectifs masculins.

Chantourné, piéce d'un lit.
Cloisonné, terme de Conchyliologie.
Comminé, *comminatus.*
Complexionné, *benè vel malè constitutus.*
Contaminé, *-natus.*
Cotoné, *lanuginosis flocculis perspersus.*
Cutané, *cutaneus.*
Damasquiné, *Damasceno encausto distinctus.*
Daphné de la Fable.
Dauphiné, *Delphinatus.*
Desir effréné, *libido.*
un Déterminé, *audax.*
le Dîné, *prandium.*
Disproportionné, *proportionem non habens, dispar.*
Doyenné, *Decanatus.*
Elleboriné, *elleboro mixtus.*
Embâtonné, *fuste armatus.*
Embéguiné, *calanticâ coopertum habens caput.*
Emérilloné, *audaculus.*
Emmané, vieux mot, rempli de manne.
Emmariné, *rerum nauticarum peritissimus.*
Encapuchonné, *cucullatus.*
* Enchiffrené, *gravedine oppressus.*
Encorné, *cornutus.*
Endemené, *lascivus.*
Enfariné, *farinâ aspersus.*
* Enguignoné, *fascinatus.*
Erené de coups, *elumbatus ictibus.*
—éreinté, *lumbos fractus.*
Envoisiné, *vicinis instructus.*
E regioné, terme d'Imprimerie, *juxtà.*

substantifs & adjectifs masculins.

Forcené, *vesanus, lymphatus.*
G miné, terme de Palais, *iterat·s.*
Goujonné, terme de chasse,
Homme ruiné, *bonis exutus.*
Indiscipliné, *indoctus.*
Innominé, terme d'Anatomie, *anonymus.*
Instantané, terme de Phys.
Intentionné, *benè* vel *malè affectus.*
Intercutané, *quod est carnem inter & cutem.*
Maigné, *ou* Maisné, vieux mot, *natu minor.*
Mariné, *aquâ marinâ maceratus.*
Maroné, frisé, *crispatus.*
Méhaigné, vieux mot, *malè affectus.*
Mort-né, *mortuus natus.*
Mutiné, *conjuratus.*
Né, *natus.*
Passionné, *cupidus.*
Pavillonné, terme de Blâson.
Proportionné, *in quo est symmetria, accommodatus.*
Puîné, *postnatus, natu minor.*
Rafiné, *recoctus.*
Rapponé, vieux mot, Mocqué, *irrisus.*
Refrogné, *corrugatus.*
Résiné, confiture, *racemi conditi, tostum.*
Ruban satiné, *tænia presso bombyce texta.*
Seigné, vieux mot, Marqué, *signatus.*
Sené, drogue, *senna.*
Turbiné, terme de Conchyliologie, *turbinatus.*

VERBES.

verb. au prés. & part. masculins.

Abandonné, *derelictus.*
Acalifourchonné, *equo insidens cruribus hinc & inde diductis.*
Accompagné, *sociatus.*
Acharné, *carni assuetus, vehementiùs insectatus.*
Adonné, *addictus.*
Affectionné, *affectus.*
Ajourné, *citatus.*
Aliéné, *-natus.*
Amené, *adductus.*
Assaisonné, *conditus.*
Assassiné, *trucidatus.*
Assigné, *-natus, vocatus, præstitutus.*
Baigné, *lotus.*
Berné, *irrisus, illusus.*
* Besongné, vieux mot, *factus.*
Borné, *limitatus.*
Buriné, *cælatus.*
Canoné, *bellicis tormentis impetitus.*
Cantonné, *in angulum conjectus*, vel *in aliquem locum coiit.*
Chagriné, *molestiâ affectus.*
Chicanné, *disceptatus.*
Citronné, *liquore citreo respersus.*
Combiné, *connexus, compositus.*
Condamné, *-demnatus.*
Conditionné, *cui apposita est aliqua conditio, probus & integer.*
Confiné, *amandatus.*
Consigné, *depositus.*

verb. au prés. & part. masculins.

Contourné, *conversus.*
Contreminé, *cuniculis adversis effossus.*
Couronné, *coronatus.*
Damné, *damnatus.*
Déchaîné, *vinclis solutus.*
Dédaigné, *dedignatus.*
Décliné, *-natus*, vel *effugit.*
Déguaîné, *districtus.*
Déjeûné, *jentavit.*
Déraciné, *eradicatus.*
Désarçonné, *equo dejectus.*
Désigné, *-natus, significatus.*
Desordonné, *inordinatus.*
Destiné, *-natus.*
Détourné, *aversus.*
Deviné, *vaticinatus est.*
Dîné, *prandium sumpsit.*
Discerné, *discretus.*
Discipliné, *edoctus.*
Dominé, *domitus.*
Donjonné, *turriculas habens.*
Donné, *datus.*
Echigné, *delumbatus.*
Efféminé, *-natus.*
Egratigné, *unguibus laceratus.*
Eloigné, *elongatus.*
Emméné, *eductus.*
Emprisonné, *in carcere detentus.*
Enchaîné, *concatenatus.*
Enluminé, *variis coloribus illustratus.*
Enseigné, *doctus.*
Entériné, *approbatus.*
Entraîné, *extractus.*
Environné, *circumdatus.*
Epargné, *reservatus*, vel *pepercit.*
Etonné, *stupefactus.*
Etrené, *strenis donatus.*

verb. au prét. & part. masculins.

Examiné, *-natus.*
Exterminé, *deletus.*
Façonné, *efformatus.*
Festonné, formé en feston, *speciem encarpi præ se ferens.*
Fulminé, *diris devotus*, vel *debacchatus est.*
Gagné, *lucratus est.*
Gangrené, *gangrenâ vitiatus.*
Gêné, *vexatus.*
Gouverné, *gubernatus.*
Hyverné, *hyematus.*
Jeûné, *jejunavit.*
Imaginé, *effictus.*
Importuné, *divexatus.*
Incarné, *carnem assumpsit.*
Incliné, *-natus.*
Machiné, *molitus est.*
Maltourné, *malè dispositus.*
Matiné, *objurgatus.*
Mené, *ductus.*
Mentionné, *commemoratus.*
Miné, *cuniculis suffossus.*
Mixtionné, *mixtus.*
Moissonné, *collectus.*
Mutiné, *seditionibus agitatus.*
Obstiné, *pervicax.*
Opiné, *sententiam dixit.*
Ordonné, *ordinatus, jussus.*
Orné, *-natus.*
Pardonné, *condonatus.*
Perfectionné, *elaboratus.*
Précautionné, *præcautus.*
Prédestiné, *prædestinatus & electus.*
Profané, *-atus.*
Promené, *circumductus.*
Prosterné, *prostratus.*
Rafiné, *cautus.*

verb. au prét. & part. masculins.

Raisonné, *ratiocinatus est.*
Rançonné, *is à quo pecunia præter æquum & bonum exacta est.*
Rechigné, *tetricus.*
Regné, *regnavit.*
Renfrogné, *caperatus.*
Résigné, *-natus.*
Retourné, *reversus.*
Rogné, *resecatus.*
Ruiné, *destructus.*
Safrané, *croco respersus.*
Saigné, *qui sanguinem emisit.*
Séjourné, *moratus.*
Signé, *subscriptus.*
Soigné, *curatus.*
Soupçonné, *suspectus.*
Suranné, *exoletus, vetustus.*
Surborné, *-natus.*
Talonné, *pressus.*
Témoigné, *testificatus est.*
Terminé, *-natus.*
Tonné, *intonuit.*
Tourné, *versus.*
Tramé, *clandestinò meditatus est.*
Uriné, *minxit.*

Voyez les autres verbes en ner.

NEAU. *voyez* AU.

NÉE.

substant. & adj. fém.

Aînée, *ætate major.*
Aminée, vin d'Aminée, *vinum Aminæum.*
Année, *annus.* voyez An.
Antipyrénées, au plur. *-næi montes.*
Apnée, difficulté de respirer, *apnœa.*

Araignée, *aranea.*
Aumônée, *panis distributio in gratiam pauperum.*
Batanée, Région de la Palestine, *Batanœa.*
Bazanée, *fusca.*
Brachypnée, respiration courte & lente, *brachypnœa.*
Bulle fulminée, *fulminata bulla.*
Capanée, un des sept Chefs Argiens à la guerre de Thébes, *Capaneus.*
Carnées, au plur. fêtes Lacédémoniennes en l'honneur d'Apollon, *Carnea.*
Cénée, un des Lapithes, *Ceneus.*
Charbonnée, *tosta carnis offella.*
Chasse-poignée, outil de Fourbisseur.
Chauderonnée, plein un chaudron.
Cheminée, *fumarium.*
Chiennée, herbe, *cocicum.*
Citronée, *liquor citrinus.*
Coignée, *securis.*
Cyanées, au plur. *cyaneæ insulæ.*
Destinée, le sort, *sors.*
Dînée, la Dînée, le temps, *prandii tempus.* le lieu, *locus.* le prix, *pretium.*
Donnée, vieux mot, *largitio.*
Dulcinée, maîtresse, *amica.*
Echignée, *ou* Echinée, *dorsi pars.*
Egrenée, étoffe qui n'est pas emballée.

Enée, nom d'homme, *Æneas.*
Enfournée, *panis in furnum calidum immissio.*
Erronée, *falsa.*
Fournée, *panes fornacei.*
* la Gueule enfarinée, *os patulum* vel *inhians.*
Graminée, couronne Graminée, *corona graminea.*
Guinée, pays, *Guinea.*
—monnoie, *Anglia moneta.*
* Halenée, *halitus.*
Haquenée, *tollutarius equus, asturco.*
Hyménée, *-næus.*
Jornée, vieux mot, pour Journée, *dies.*
Journée, *dies.* travail d'un jour, *diurnum opus.* entiére, *justa diei opera.* demie, *dimidia.* journée & demi, *diurna sesquiopera.* payement du travail d'un jour, *diurna merces.* chemin d'un jour, *diurnum iter.* journée de bataille, *pugna.* journée, tâche, *pensum diurnum.*
m Juge pédanée, *judex pedaneus.*
Licence effrénée, *licentia effrænata.*
Lignée, *progenies.*
Macaronnée, *macaronea poësis.*
Maisonnée, terme populaire, *familia.*
Manée, vieux mot, *pugillus.*
Matinée, *matutinum tempus.*
Megnée, vieux mot, *famili-*

substantifs & adjectifs feminins.

Menée, *factio.* intrigue, *clandestinum consilium.*
Menée, terme de Chasse, *cornu.*
Mer Méditerranée, *mare Mediterraneum.*
Momentanée, *-neus.*
Mort-née, *mortua nata.*
Mounée, v. m. monture.
Nécanées, au plur. toiles rayées de bleu & de blanc.
Née, *nata.*
Partie ignée, *ignea pars.*
Périnée, terme d'Anatomie, *femen.*
Plume érenée, *calamus detritus.*
Poignée, *capulus.* ce que l'on peut empoigner, *pugillus, fascis.* de fil, *fili.* d'épée, *capula.* de gens, *manipulus.*
Poilonnée, *sartagúncula plena.*
Puînée, *postnata.*
Pyrénée, au plur. *Pyrenées*, *Pyrenæi montes.*
Remède succédanée, *remedium succedaneum.*
Safranée, *croco resperſa.*
Saignée, *phlebotomia.* de fossé, *ou* de rivière, *alveolus.*
Saugrenée, *condimentum ex sale & aquâ.*
Scammonée, *-nia.*
Semnée, terme d'Histoire Ecclésiastique, *monasterium.*
Senée, rime Senée.
Simultanée, de même temps, *-neus.*
Spontanée, *-neus.*
Tanée, couleur, *fulva.*
Taupinée, pour Taupinière.
Terrinée, ce que contient une terrine pleine.
Tournée, *circuitus.*
Traînée de poudre, *tractus pulveris tormentarii.*
Truite saumonée, *truta stellata.*
Vinée, *proventus vinearum.*

Plus les participes féminins des verbes en ner : ajournée, in jus vocata.

NENT. *voyez* ANT.

NER.

subst. mascul.

Châtaigner, arbre, *castanea.*
Coigner, arbre, *malus cotonea.*
Guigner, arbre, *cerasus racematus.*

VERBES.

verbes à l'infinitif.

Abandonner, *linquere.*
s'Abandonner, *se mancipare.*
Abominer, vieux mot, *execrari.*
Accompagner, *sociare.*
* s'Accoquiner, *desidere.*
* Acertainer, vieux verbe, *certiorem facere.*
Achaisonner, *iniquam exigendi occasionem captare.*
s'Acharner, aimer le carnage, *in cædem avidè ferri.* se déchirer par médisances, *mutuis contumeliis se discerpere.* persécuter à

verbes à l'infinitif.

à outrance, *pertinacissimè insectari.*
Acheminer, *proficisci.*
Actionner, *actiones intendere.*
s'Adonner, *dedere se.*
Affectionner une chose, *rei desiderio teneri.* quelqu'un, *bene velle alicui.*
Affiner de l'or, *aurum excoquere.* du fromage, *caseum maturare.* tromper, *astutè decipere.* rendre plus fin, *recoctum reddere.*
Aiguillonner, *stimulare.* exciter, *-tare.*
Ajourner, *diem dicere.* assigner, *vadari.*
Aliéner son bien, *alienare bona.*
Aligner, *ad amussim dirigere.*
Aluiner un étang, *in stagnum pisces immittere.*
Amariner, *viros ad navem mittere.*
Ambitionner, *ambire.*
Amener, *adducere.*
Amidonner, *odorato pulvere capillos inspergere.*
* Anonner, lire mal, *ineptè legere.* faire un ânon, *asinum pullum edere.*
Aplaner, *villos straguli carduis erigere.*
Arraîsonner, *colloqui.*
Assaisonner, *condire.* donner de l'agrément, *suavitatem afferre.*
Assassiner, *trucidare.* au fig. importuner, *vexare.*
* Assener, *certo ictu ferire.*
Assigner, *-nare.*

verbes à l'infinitif.

* s'Aviner, *vino se ingurgitare.*
Avironner, *remo impellere.*
Avoisiner *vicinum esse.*
Aumôner, *largiri stipem pauperibus.*
Auner, *ulnâ metiri.*
Babouiner, *scurriliter jocari.*
Badigeonner, *incrustamento lapideo* vel *gypseo inducere.*
Badiner, *nugari.*
Baigner, *lavare.*
Baillonner, *lignum in os animalis inserere.*
Baliverner, *jocari.*
Barguigner, *hæsitare.*
Bassiner le lit, *lectum ignitabulo calefacere.* une plaie, *vulnus colluere.*
Bâtonner, *bacillo cædere.* terme de Chancellerie, *delere.*
Baudoüiner, *asinum gignere.*
Beliner; il se dit de l'accouplement des béliers & des brebis.
Berner, *distento sago impositum in sublime jactare.* se mocquer, *aliquem ludificare.*
Besogner, *operari.*
Bestourner, *turbare.*
Bienveigner, vieux mot, *salutare aliquem.*
Bigorer, *ferrum retundere.*
Billonner, *forcipe obnoxiam monetam conquirere.*
Bistourner, *bistorquere.*
Blâsonner, *gentilitia scuta explicare.* injurier, *contumeliis afficere.*

verbes à l'infinitif.

Bobiner, *torquere fusum.*
Bondonner, *dolium obturare.*
Borner, *terminare.*
Boucaner, *carnes fumo siccare.*
Bouchonner un cheval, *equum perfricare.* chifonner, *detere re.*
Boufonner, *nugari.*
Bouillonner, *bullire.* sortir en bouillon, *scaturire.* par-dessus, *ebullire.*
Bouillonner, en terme de Médecine, faire vivre un malade de bouillons.
Bouquiner, lire de vieux livres, *viles & obsoletos codices evolvere.*
Bourdonner, *bombum excitare.*
Bourgeonner, *gemmare.*
Boutonner; il se dit des arbres, *gemmare.* du visage, *papulis rubescere.* un habit, *globulis vestem astringere.*
Braconner, chasser furtivement sur les terres d'autrui.
Bruiner, *uredine torrere.*
Buriner, *insculpere, cœlare.*
Butiner, *prædari.*
Cabaner, faire des cabanes, *casas construere.*
Calciner, *exurere.*
Caliner, *rusticè agere.*
Caner, vieux mot, *cacare.*
Canner, auner, *ulnâ metiri.*
Canoner, *tormenta displodere.* une ville, *tormenta in urbem vibrare.*
Cantonner, *in angulum colligere.*

verbes à l'infinitif.

se Cantonner, s'attrouper, *coïre.*
Caparaçonner, *phaleris instruere.*
Carabiner, *sclopetum explodere.*
Carener, terme de Marine, *rimas navis obturare.*
Carillonner, *tympannm modulatè pulsare.*
Caserner, loger dans des casernes, *in tuguriis manere.*
Cautionner, *spondere.*
Cerner d'un cerne, *circulum ducere.*
—une noix, *juglandem enucleare.*
Chagriner, *molestiâ afficere.*
Chanfreiner, *asserem obliquè angulare.*
Chansonner, faire des chansons.
Chansonner, médire, *maledicis cantiunculis alicujus famam impetere.*
Chantourner, *extrorsum vel introrsum incidere.*
Chaperonner un oiseau, *calyptrum avis capiti imponere.*
Chaponner, *pullum gallinaceum castrare.*
Charbonner, *carbone denigrare.*
Charlataner, *uti verbosis strophis.*
Cheminer, *ambulare.*
Chicaner quelqu'un, *vitiligare.* plaider, *litigare.*
Chienner, faire des chiens, *catellos edere.*

verbes à l'infinitif.

Chifonner, *rugis vestes deformare*, vel *molestare.*
Chopiner, *bibere.*
Citroner, *citreo succo imbuere.*
Cligner, *connivere.*
* Clopiner, *claudicare.*
Cogner, *trudere.*
Combiner, *connectere*, *componere.*
Comminer; il se dit des censures comminatoires, *comminari.*
Complexionner, *benè aut malè constituere.*
Contaminer, vieux mot, *contaminare.*
Concerner, appartenir, *pertinere.* regarder, *spectare.*
Condamner, *condemnare.* à une amende, *mulctam irrogare.* une porte, *januam obstruere.*
Conditionner, *conditionem appònere.*
Confiner, reléguer, *relegare.*
—aboutir à, *confinem esse.*
* Conglutiner, terme de Médecine, *-nare.*
Consigner, *-nare.*
Contemner, vieux mot, *contemnere.*
Contourner, terme de Peinture, *conformare.*
Contreminer, *adversos cuniculos suffodere.*
Coqueliner; ce mot exprime le chant du coq.
Cordonner, *taniolis implicare.*
Corner, publier, *-icare.* sonner du cor, *cornu canere.* comme les oreilles, *tinnire.* résonner, *clangere.*

verbes à l'infinitif.

Cotonner, *gossyppio infarcire.*
Couronner, *coronare.*
Cousiner, *cognitionem affectare.*
Coyonner, *vecordem esse.*
Cramponner, *fibulâ constringere.*
Crayonner, *delineare.*
Cuisiner, faire la cuisine, *cibis coquendis operam dare.*
Culminer, terme d'Astronomie, *culminare.*
Daigner, *dignari.*
Damasquiner, *Damasceno encausto pingere.*
Damner, *-nare.*
* Dandiner, niaiser, *ineptire.*
—se branler, *se jactare.*
Débondonner, *suum dolio operculum extrahere.*
Décerner, *-ere.* établir, *stabilire.*
Déchagriner, *curas pellere.*
Déchaîner, *excatenare.*
Déchaperonner, *capitio aliquem exuere.*
Décharner, *artus carne spoliare.*
Déclaver, terme de Musique, *clavem mutare.*
Décliner, *-nare*, *flectere.* son nom, *nomen appellare.* esquiver, *effugere.* sur l'âge, *in senium vergere.* terme d'Astrologie & de Grammaire, *declinare.*
Dédaigner, *dedignari.*

verbes à l'infinitif.

Définer, *ad finem vergere.*
Défourner, *è clibano extrahere.*
Dégasconner, *dedocere aliquem Vasconum loquendi modum.*
Déguaîner, *evaginare.*
Déguignonner, *dura fata avertere.*
Déjeûner, *jentare.*
Démainer, vieux mot, *tractare.*
* Démener, *agitare.*
Déraciner, *eradicare.*
Déraisonner, *delirare.*
Desarçonner, *equo dejicere.*
Desengrener, *extricare.*
Desetriner, ôter les pieds de dedans les étriers.
Désigner, *-nare.*
Desordonner, *ordinem confundere.*
Dessaisonner, *culturæ ordinem mutare.*
Destiner, *-nare.*
Déterminer...
Détignonner, *capillorum ordinem invertere.*
Détonner, terme de Musique, *perverso cantu voces inflectere.* terme de Chymie, fulminer, *partes impuriores ex metallis expellere.*
Détourner, *avertere.* une riviére, *amnis cursum contorquere.* de quelque chose, *abducere.* du vice, *à vitio deterrere.* un coup, *ictum excludere.* empêcher, interrompre, *interpellare.*

verbes à l'infinitif.

Detrôner, *solio exturbare.*
Dîner, *prandere.*
Discerner, *-ere.*
Discipliner, *edocere.*
Disproportionner, *discrimen apponere.*
Dodeliner, *molliùs tractare.*
* se Dodiner, *molliùs curare se.*
Dominer, *-nari.*
Donner, *dare.* accorder, *concedere.* attribuer, *tribuere.* ceder, *cedere.* libéralement, *largiri.* en pur don, *donare.* dans un sentiment, *opinionem sequi.* mettre, *insumere.* employer, *consumere.* combattre, *irruere.* à entendre, *declarare.* à garder, faire à croire, *imponere.* dans le panneau, *induere se in laqueos.* heurter, *impingere.* des éperons, picquer, *calcar admovere.*
Douanner, mettre le plomb à quelque marchandise.
Eborgner, *eluscare.*
Ebouziner, terme de Maçon.
Echantillonner, couper des échantillons.
Echardonner, *carduis purgare.*
Echigner, *delumbare.*
Echiner, *interficere.*
Ecorner, *cornu frangere.*
Efféminer, *effœminare.*
Egrener, *grana decutere.*
Egratigner, *unguibus lacerare.*
Eloigner, *elongare.*

verbes à l'infinitif.

Emaner, *-nare.*
Embabouïner, *aliquem dictis lactare.*
Embâillonner, *os alicui occludere.*
Embataillonner, *in agmen adscribere.*
Embâtonner, *fuste armare.*
* Embeguiner, *involvere linteo.*
Embesogner, vieux mot, *opus alicui dare.*
Embobeliner, *subdolâ oratione accipere.*
* Embrener, *stercore inficere.*
Embriconner, vieux mot, *decipere.*
Emmanequiner, *cistis deponere.*
Emmener, *educere.*
Empaner, élargir d'un pan, *palmum addere.* mesurer d'un empan, *palmo metiri.*
Empanner, mettre un vaisseau en panne.
Empatronner.
Empenner, *pennis instruere.*
Empoigner, *manu capere.*
Empoisonner, *veneno inficere.* donner du poison, *toxicum miscere.*
s'Empoisonner, *veneno se perimere.*
Empreigner, terme de Phys.
Emprisonner, *in carcerem detrudere.*
Emulsionner, *refrigescere.*
Encapuchonner, *cucullo caput involvere.*
Enchaîner, *concatenare.*
Encomédienner.
Encourtiner, *fasciis ornare.*

verbes à l'infinitif.

Enfariner, *farinâ inspergere.*
Enfourner, *in furno condere.* commencer bien ou mal une affaire, *rem rectè* vel *perversè aggredi.*
Enganner, *decipere.* en Italien, *ingannare.*
Engeigner, ou Enginer, vieux mot, *fallere.*
Engrener, *infundibulo ingerere.*
Enguaîner, *invaginare.*
Enchifrener, enrhumer du cerveau, *gravedine opprimere.*
Enligner, *ad lineam efformare.*
Enluminer, *variis coloribus collustrare.*
s'Enraciner, *radicari.*
Ensaisiner un contrat, *contractum civilem in censum referre.*
Enseigner, *docere.*
Entériner, *ratum facere.*
—une requête, *postulationi annuere.*
Entonner du vin, *vinum in cados infundere.* un air, *cantilenam incipere.*
Entourner, vieux mot, *circumdare.*
Entourtiner, *conopæo instruere.*
Entraîner, *extrahere.*
Environner, *circumdare.*
Epargner, *sumptibus parcere.*
Eperonner, *calcar adhibere.*
* Epoinçonner, *stimulare.*
s'Epoumonner, *totis viribus vocem attollere.*
Errener, *delumbare.*

verbes à l'infinitif.

Escadronner, *in turmas conjungere.*
* Escarpiner, courir légérement, *leviter currere.*
Espionner, *explorare.*
Estançonner, *fulcire.*
Estramaçonner, *cædere.*
Etalonner, échantillonner, *mensuras ad archetypam exigere.* saillir la jument, *in equam salire.*
Etonner, *admirationem creare.*
—épouvanter, *terrere.* surprendre, *commovere.*
Etréner, *strenas dare.*
s'Evaltonner, prendre des maniéres libres, *liberiori modo agere.*
Examiner, *perpendere.*
Exterminer, *funditùs tollere.*
Façonner, instruire, *docere.* figurer, *fingere.* faire des façons, *parùm ingenuè agere.*
Faner, se flétrir, *flaccescere.* faire du foin, *fœnum exsiccare.*
Fasciner, *fascinare.*
Fener, *fœnum exsiccare.*
Festiner, *epulari.*
Festonner, *coronam foliatam efficere.*
* Flagorner, *adulari.*
Fleuronner, vieux mot, *florescere.*
Forcener, *furore corripere.*
* Forligner, *degenerare.*
Formener, vieux mot, *vexare.*
Fourgonner, *ignes disturbare.*
Fredonner, *vocem canendo crispare.*

verbes à l'infinitif.

Friponner, *surripere.*
Frisonner, *crispare.*
Frissonner, *inhorrescere.*
Fulminer une Bulle, *diploma Pontificium publicare.* fulminer contre, *invehi in.*
Gabioner, *terrâ fartis corbibus munire.*
Gagner, *lucrari.*
Galonner, *taniolis exornare.*
Gangrener, *gangrenâ infici.*
* Garçonner, *mares frequentare.*
* Gasconner, *Vascones imitari.*
Gaudronner un navire, *navem pice linire.*
Gazonner, *cæspitibus munire.*
Gêner, *vexare.*
Glaner, *spicas colligere.*
Godronner, faire de gros plis sur une toile empesée.
Gouverner, *gubernare.* administrer, *-trare.* diriger, *dirigere.*
Grener, *in grana efformare.*
Griffonner, *rudibus lineamentis adumbrare.*
Grimeliner, *grammaticare.*
Grisonner, *canescere.*
* Grogner, *grunnire.*
Grogner, terme du jeu de la Canette.
* Guerdonner, *solvere.*
Guidonner, terme de filou, *voyez* Guidon.
Guigner, *collimare.*
Halener, *halare.*
se Hargner, *invicem jurgari.*
Harpigner, *altercari.*
Harponner, *harpagare.*
Hérissonner, *pilis inhorrescere.*

verbes à l'infinitif.

Hogner, vieux verbe, *queri.*
Hongner, *murmurare.*
* Houssiner, *virgulâ percutere.*
Hyverner, *hyemare.*
Jardiner, *hortum colere.* terme de Faucon.
Jardiner l'oiseau, *accipitrem exhilarare.*
Jargonner, *plebeio sermone uti.*
Jaspiner, parler à tort & à travers.
Jeûner, *jejunare.* garder les jeûnes, *jejunia servare.* s'abstenir de manger, *cibo abstinere.*
Illuminer, *-nare.*
Imaginer, *animo effingere.*
Importuner, *molestiam exhibere.*
s'Impreigner, *imbuere se.*
Impugner, *-nare.*
Incarner, terme de Théologie, *humanam carnem assumere.* se faire homme, *hominem fieri.* terme de Chirurgie, *carnem ingenerare.*
Incliner, *inclinare.*
s'Incliner, *inclinare se.*
s'Indigner, *indignari.*
Infortuner, vieux mot, *vexare.*
Inquiner, *inquinare.*
Intentionner, *mentem dirigere.*
Ivrogner, *inebriari.*
Lambiner, *lentè agere.*
Laminer, mettre en lame, *in laminas dividere.*
* Lanterner, *nugari.*

verbes à l'infinitif.

Lantiponner, terme populaire, *cessare.*
Lésiner, *perparcum esse.*
Liaisonner, *adaptare.*
Libertiner, faire le libertin.
Loër, vieux mot, *probare.*
* Lorgner, *avidiùs lumina conjicere.*
* Lutiner, *larvam agere.*
Machiner, *-nari.*
Machonner, parler entre les dents.
Maçonner, *aliquid struere.*
Maisonner, *ædificare.*
Malmener, *malè accipere.*
Maquignonner, *mangonizare.*
Mariner du poisson, *pisces aquâ maris macerare.*
Marmitonner, *lixam culinariam agere.*
Marmonner, *mussare.*
Marner, *margâ campum pinguefacere.*
Maronner, friser en grosses boucles, *in cincinnos crispare.*
Matassiner.
Mâtiner, *malè tractare.*
Médeciner, *mederi.*
Médionner, terme d'Arch.
Médonner, en terme de joueur, Maldonner.
Méhaigner, vieux mot, *mulctare.*
Mener, *ducere.*
Mal-mener, *malè tractare.*
Mentionner, *mentionem facere.*
Merliner, *velum funiculis alligare.*
Mesestimer, *parvi facere.*

verbes à l'infinitif.

Miner une muraille, *murum suffodere*. un édifice, *ædificium subruere*. les forces, *vires frangere*.
Mitonner du potage, *jusculum leviter fervefacere*. une affaire, *fovere*.
Mixtionner, *miscere*.
Moissonner, *messem colligere*.
Moyenner la paix, *pacem conciliare*.
se Mutiner, *refragari*.
Nasonner, *balbâ de nare loqui*.
Obstiner, *pervicacem efficere*.
s'Obstiner, *animum obfirmare*.
Ocagner un gant, terme de Parfumeur.
Occasionner, *ansam præbere*.
Ocquisener, vieux mot, *iniquis tributis vexare*.
Oeilletonner, *surculos resecare*.
Opiner, *-nari*.
Ordonner, mettre en ordre, *ordinare*. disposer, *disponere*. établir, *constituere*. imposer, *imponere*. commander, *decernere*.
Ordonner, conférer les Ordres, *sacris. Ordinibus inaugurare*.
Orner, embellir, *ornare*.
Paner, terme de cuisine, couvrir de pain.
Papillonner, *volitare*.
se Parangonerer, terme de Fleuriste.
Parangonever, vieux mot, *comparare*.
se Passionner, *rei cupiditate flagrari*.

verbes à l'infinitif.

se Passionner, *exardescere*.
Pareliner, *decipere*.
Patiner, *attrectare*.
Patiner, courir sur la glace avec des patins.
Patrociner, vieux mot, *patrocinare*.
Patronner, *applicito archetypo figuram delineare*.
Pavaner, *superbè & graviter incedere*.
Peigner, *pectere*.
Peiner, travailler, *laborare*. quelqu'un, *sollicitudinem afferre*. se peiner, *multùm laboris sumere*.
Pelotonner, mettre en peloton.
Pener, vieux mot, *punire*.
Pensionner, *annuam pecuniam ministrare*.
Perfectionner, *perficere*.
Petuner, fumer, *fistulâ tabaci fumum haurire*.
* Piétiner, *pedibus proterere*.
Piétonner, *ire pedes*.
Pigeonner, *gypsum macerare*.
Planer du bois, *dolare*. terme de Faucon. *pendere expansis alis in aëre*.
se Plastronner, se servir de quelque chose comme d'un plastron.
Poliçonner, *scurriliter jocari*
Poullener, *pullum edere*.
se Précautionner, *provisione uti*.
Prédestiner, *eligere & ad vitam æternam destinare*.
Prédominer, *prævalere*.
Préopiner, *præjudicare*.
Profaner. *-nare*. mésuser, *abuti*.

verbes à l'infinitif.

Promener, *ambulare.* envoyer promener, *expellere.*
Prôner, *promulgare.* publier, *-icare.* prêcher, *monere.* reprendre, *objurgare.*
Proportionner, *aptare.*
se Prosterner, *-ere se.*
Provigner, *propagare.*
Pugner, vieux mot, *pugnare.*
Questionner, *interrogare.*
Rabobeliner, Rapetasser, terme bas.
Raciner, faire raciner des plantes.
Rafiner les métaux, *purgare.* sur les choses, *de rebus nasutiùs judicare.*
Raisonner, *ratiocinari.*
Ramener, *reducere.*
Ramoner une cheminée, *camini spiraculum purgare.*
Ramponner, se mocquer de quelqu'un.
Rancoliner, vieux mot, *attollere terrâ superinjectâ.*
Rançonner, *ab aliquo pecuniam prater aquum & bonum exigere.*
Rapiner, *rapere.*
Rasserener, *serenum efficere.*
Rataconner, terme populaire, *resarcire.*
Ratatiner, *constringere.*
Rayonner, *radiare, radios emittere.*
Réassigner, *-nare.*
Rebiner, *iterùm arare.*
Rebourgeonner, *novas gemmas agere.*
Rechigner, *frontem caperare.*

verbes à l'infinitif.

Récliner, *retro inclinare.*
Recogner, *retundere,*
Récriminer, *crimen ab adversario illatum, in illum transferre.*
Refaçonner, *novam operam navare.*
Refectionner, *cibum sumere.*
Refrener, *-nare.*
se Refrogner, *vultum contrahere.*
Regagner, *rocuperare.*
Regner, *-nare.*
Rejanner, contrefaire quelqu'un en l'insultant.
Rejetonner, *surculos emittere.*
Remaçonner, *iterùm aliquid struere.*
Renfrogner, *vultum corrugare.*
Rengaîner, *vaginâ abscondere.*
Résigner un Bénéfice, une Charge, *sacerdotium*, vel *munus alicui transcribere.*
se Résigner, *se totum permittere.*
Résonner, *-nare.* retentir, *sonitum dare.* fort, *personare.*
Ressiner, faire collation, *merendare.*
Retourner, *redire.* revenir, *reverti.* un habit, *vestem invertere.*
* Ricaner, *cachinnari.*
Rogner, *resecare.*
Rognonner, vieux mot, *murmurare.*
Rondiner, terme populaire, *fuste dolare.*

Rouanner, *radio ferreo versatili notare.*
Ruginer, *dentis cariem tollere.*
Ruiner, renverser, *evertere.* désoler, *depopulari.* ravager, *vastare.* priver de biens, *fortunis spoliare.* sa santé, *valetudinem affligere.* le commerce, *commercia tollere.* de fond en comble, *delere funditus.*
Ruminer, *-nare.* penser avec attention, *recogitare.* rêver, *meditari.*
Safraner, *croco respergere.*
Saigner, *venam incidere.*
Saner, vieux mot, *sanare.*
Satiner, *serico panno densiori ornare.* travailler en satin, *sericum pannum texere.*
Savonner, *sapone perluere.*
Séjourner, *commorari.*
Semonner, vieux mot, prier, appeller.
Sermoner, *concionari.*
se Signer, *se crucis signo munire.*
Signer, *manum* vel *chirographum apponere.*
Sillonner, *sulcare.*
Soigner, *curare.*
Sonner, *sonare.* une cloche, *æs campanum pulsare.* du cor, de la trompette, *tubâ canere. voyez* Battre.
Sorner, vieux mot, se mocquer.
Soupçonner, *suspicari.*
Soussigner, *subscribere.*
Strapaçonner, terme de Peintre, *malè pingere.*

Subordonner, *inferiorem superiori submittere.*
Suborner, *-nare.* aposter, *apponere.*
Suranner, *legitimum tempus supergredi.*
Surmener un cheval, *celeriùs concitare.*
Talonner un cheval, *calcibus urgere.* suivre de près, *insistere.*
* Tambouriner, *tympanum pulsare.*
Tamponner, *obturare.*
Taner le cuir, *coria solidare.*
Tatillonner, entrer mal-à-propos dans toutes sortes de petits détails, *minutissima quæque expendere.*
Tâtiner, terme populaire, *subientare.*
Tâtonner, *manu tentare.* —aller à l'entour, *iter prætentare.*
Teignonner, *ou* Tignonner, se prendre par le tignon.
Témoigner, *testari.*
Terminer, *-nare.*
* Testonner, *capillos & caput concinnare.*
* Tisonner, *titiones movere.*
Tonner, *tonare.*
Tourbillonner, en tournoyant, *gyrare.*
Tourner au tour, *tornare.* en rond, *circumflecti.* à l'envers, *invertere.* d'un côté, vers, *convertere.* à l'opposite, *obvertere.* à l'entour, *circumire.* tourner à son profit, *in commodum vertere.* traduire, *vertere.*

verbes à l'infinitif.

tourner le dos, *terga dare.* casaque, *transfugere.* vers un lieu, *spectare.* la broche, *versare veru.*
se Tourner, *corrumpi.*
Trainegainer, vieux mot, battre le pavé l'épée au côté.
Traîner, *trahere.*
Trépaner, *calvarium terebrare.*
* Trépigner, *tripudiare.*
Tretorner, vieux mot, *divertere.*
Tronçonner, *truncare.*
Tronçonner, *in frusta diffringere.*
* Trotiner, *cursitare.*
Turlupiner, *ineptas facetias proferre.*
Vagabonner, être vagabond, *vagari.*
Vaner, *ventilare.*
Vaticiner, *vaticinari.*
Vener, vieux mot, *-nari.*
Villonner, *decipere.*
Voisiner, *vicinos frequentare.*
Uriner, *meïere.*

NET. *voyez* ET.

NEUX. *voyez* EUX.

NEZ. *ou* NÉS.

subst. & adj. masc.

Aînés, *majores natu.*
Fortunés, *fortunati.*
Infortunés, *infortunati.*
Nés, *nati.*
Puînés, *minores natu.*
Plus les pluriels des participes des verbes en ner.

NI.

substantifs & adjectifs masculins.

Assani, sorte de monnoie.
Banni, *exul.*
Banni, *expulsus.*
Béni, *benedictus.* pain Béni, *panis lustralis.*
* Brouillamini, désordre, *obscuritas, confusio.*
Cassini, Astronome, *-us.*
* Catimini, *clanculum.* en cachette, *latenter.*
Déni de justice, *denegatio justitiæ.*
Desuni, *disjunctus.*
Gémini du Zodiaque, *Gemini.*
Indéfini, *-tus.*
Infini, *-tus.*
à l'Infini, *in infinitum.*
Nenni, *ou* Nani, Non.
Nid, le *d* ne se prononce point, *nidus.*
Or bruni, *aurum politum.*
Omni, vieux mot, *similis.*
Racorni, *induratus ut cornu.*
Repleni, vieux mot, *repletus.*
le Tassoni, Poëte Italien, *-us.*
Uni, *-tus.*
Zini, bouffon, *-us.*

VERBES.

au prét. & par. masc.

Applani, *æquavit.*
Bruni, *polivit.*
Défini, *-vit.*
Dégarni, *nudavit.*
Desuni, *disjunxit.*
Fini, *-vit.*
Garni, *instruxit.*

Verbes au prétér. & part. mascul.

Henni, *hinnivit.*
Jauni, *flavo infecit.*
Muni, *-vit.*
Puni...
Rajeuni, *juventuti restituit.*
Rembruni, *iterùm polivit.*
Réuni, *conjunxit, reconciliavit.*
Terni, *obscuravit.*
Verni, *juniperi gummi linivit.*
Uni, *-vit.*

Voyez les autres verbes en nir, *excepté* venir, tenir, *& leurs composés.*

NIE.

Substantifs féminins.

Abyssinie, pays, *-ia.*
Acarnanie, pays...
Acrimonie...
Agonie...
Angermanie...
Aphonie, extinction de voix, *-ia.*
Astymonie, Police, *-ia.*
Atonie, terme de Médecine, affoiblissement, *-ia.*
Avanie, *contumelia.*
Babylonie, pays d'Asie, *-ia.*
Bannie, vieux mot, *promulgatio.*
Baronie, *Baronatus.*
Bibliomanie, *-ia.*
Cacophonie, terme de Médecine, voix vitrée.
Calomnie, *calumnia.*
Campanie, pays, *-ia.*
Caramanie, pays...
Cérémonie...
Chanoinie, *canonicatus.*
Chapellenie, *capellania.*

Substantifs féminins.

Châtellenie, *Castellania.*
Colonie, *-ia.*
Compagnie, assemblée de personnes, *cœtus.* société, *-tas.* conversation, *consuetudo.* humeur, *usus.* compagnie de gens qui mangent ensemble, *sodalitas.* qui accompagnent, *comitatus.* qui ne cherchent qu'à se divertir, *circulus.* de visite & d'entretien, *salutatores.* de soldats, *centuria.* de gens de cheval, *equitum turma* de gens à pied, *manipulus.* de gens de guerre, *cohors.*
Compagnie Religieuse, *sacer ordo.* de marchands, *negotiantium societas.* d'artisans, *artificum collegium.* de perdrix, *perdicum grex.* aller de compagnie, *simul ire.* fausser compagnie, *discedere ab.* homme de compagnie, *societatis amans.* de bonne compagnie, *hilaris.*
Cosmogonie, description de la maniére dont le monde a été formé.
Démonomanie, *-ia.*
Epiphanie, fête des Rois.
Erotomanie, délire amoureux, *-ia.*
Esclavonie, *Sclavonia.*
Félonie, *clientis fraus capitalis.*
Gastromanie, *-ia.*
Génie, esprit, *ingenium.* démon, *dæmon.*
Germanie, pays, *-ia.*

Substantifs feminins.

Gloutonie, *gula.*
Griffonie, *prava scriptura.*
Harmonie, *-ia.*
Hyrcanie, pays. . .
Ignominie. . .
Ionie, pays. . .
Iphigénie, fille d'Agamemnon, *-ia.*
Laconie, pays, *-ia.*
Laponie, pays. . .
Litanie, *-ia.*
Lithuanie, pays, *-ia.*
Manie, folie.
Megnie, vieux mot, *domus, familia.*
Métromanie, manie des vers.
Monotonie, *-ia.*
Néoménie, *nova luna.*
Nénie, terme de Poësie ancienne, *nænia.*
Neulénie, Divinité de l'Antiquité, *-ia.*
Neuranie, *numerus novenarius.*
Nymphomanie, *furor uterinus.*
Odontotechnie, partie de la Chirurgie.
Pannonie, *-ia.*
Papimanie. . .
Parsimonie, vieux mot. . .
Pensylvanie, pays. . .
Perégrinomanie, maladie de voyage.
Péripneumonie, inflammation de poumon.
Polymnie, Muse.
Poméranie, pays.
Post-liminie, terme de Droit, *post-liminium.*
Prestimonie, *-ia.*

Substantifs feminins.

Pyrotechnie, art des machines à feu.
Quanie, vieux mot, deshabillé, chemise.
Quérimonie, *quærimonia.*
Sclavonie, pays, *-ia.*
Simonie. . .
Strénie, Déesse qui présidoit aux Etrennes.
Symphonie, *-ia.*
Théogonie, Généalogie des Dieux.
Transylvanie, pays, *-ia.*
Tyrannie, *tyrannis.*
Vilainie, *sordes.*
Villonie, *improbitas.*
Virginie, pays, *-ia.*
Volhinie, pays. . .
Uranie, Muse, *-ia.*
Zizanie, mauvaise herbe.

VERBES.

Verbes au présent.

Calomnie, *calumnior.*
Communie, *nico.*
Dénie, *denego.*
Excommunie, *hominis caput devoveo.*
Manie, *contrecto.*
Nie, *nego.*

Voyez les participes féminins des verbes en nir, *excepté* tenir, venir, *& leurs composés.*

NIER. *voyez* IER.

NIN. *voyez* IN.

NION. *voyez* ION.

NIR. *voyez* IR.

NIS. *voyez* IS.

NIT. *voyez* IT.

NOM. & NON.

substantifs masculins.

Agamemnon, Roi de Micène, *Agamemnon.*
Anon, *asellus.*
* un Atrape-minon, *subtilis.*
Avignon, ville, *Avenio.*
—d'Avignon, *Avenionensis.*
Bourguignon, *Burgundus.*
—du Duché, *Burgundio aduus.*
Brugnon, fruit, *persicum duracinum.*
Cabanon, *casula.*
Canon, artillerie, *tormentum bellicum.* d'un Concile, *-lii.* Règle, *regula.* statut, *-um.* décret, *-um.* de la Messe, *Canon Missæ.* d'armes à feu, *tubus.* d'une seringue, *fistula.*
tirer le Canon, *tormentum displodere.*
portée du Canon, *globi tormento emissi jactus.*
volée de Canon, *tormenti emissio.*
Canon à boter, *tibialia majora ocrearum.*
Canon, terme d'Imprimerie, gros & petit canon, *typi canonis majores & minores.*
Canon de soie, terme de Bonnetier, *tibialia serica majora.* de plombier, *tubus plumbeus subrugunda.* d'éperonnier, *epistomii equini species.* de serrurier, tuyau de fer dans une serrure, *tubulus ferreus.* de chaudronnier, canon de l'arrosoir, *irrigatorii alveoli tubus.* à devider, *tubulus convolutorius.* pot de fayance long, *vas faventinum longius.*

substantifs masculins.

Chaînon, *catena annulus.*
Champignon, *fungus.* homme de fortune, *homo subita & secunda fortuna.*
Chignon, *cervix.*
Compagnon de travail & d'office, *socius.* de voyage, *comes.* en guerre, *commilito.* d'école, *condiscipulus.* de bouteille, *compotator.* de jeu, *collusor.* de métier, *operarius.* de logis, *contubernalis.* de même charge, *collega.* à causer & railler, *congerro.* de fortune, *fortunæ consors.* compagnon hors d'apprentissage, *tyro emeritus.* faire le compagnon, *nimiùm sibi arrogare.* bon compagnon, *genialis homo.* pair à compagnon, *æquipar.* petit compagnon, *homuncio.*
Droit Canon, *jus Canonicum.*
* Escafignon, *pedum fœtor.*
Fanon, manipule de Prêtre, *manipulus.* étendart de bagage, *sarcinarium vexillum.* terme de Blâson, *tesserarium brachiale.* pen-

substantifs masculins.

dant de la mître de l'Evêque, *mitra pendula fascia.* de bœuf, peau qu'on lui pend sous le col, *palearia.* toupet de poil au derriére du boulet d'un cheval, *cirrus.* de marine, racourcissement de la voile, *veli contractio.*

Fanons, espéces d'atelles qu'on met à la jambe ou à la cuisse fracturée.

Galbanon, drogue, *galbanum.*

* donner du Galbanon, fig. en faire à croire, *aliquid persuadere.*

Gonfanon, banniére, *vexillum.*

Grenon, vieux mot, qui signifie poil, *granus.*

Grognon, rude coup.

Guenon, sorte de singe, *cercopithecus.* petite guenon, *simia.* barbu & à longue queue, *callitrix.*

Guenon, injure, *deformis.*

Guignon, malheur, *infortunium.*

Guignon de pain, *panis segmen*, vel *frustum.*

Junon, Déesse, *Juno.*

Lavignon, coquillage de mer.

Lignon, riviére, *Lignius.*

Linon, toile fine, *tela tenuissima.*

Lumignon, *ellychnium.*

Maintenon, petite croix qu'on pend au cou.

Maquignon, *mango equorum.* courtier de chevaux, *equarius proxeneta.* faire le métier de Maquignon, *mangonisare.*

Memnon, fils de l'Aurore, *Memnon.*

Minon, chat, *felis.*

Moignon, muscle, *tori*, *orum.*

Moignon d'épaule, *scapulæ extremitas.*

Nom, *nomen.*

Nomocanon, recueil de Canons.

Non, particule, *non.*

Oignon, *cepa*, vel *cœpa.* de fleurs, *bulbus.*

petit Oignon, *cepula.* terre semée d'oignons, *cepina.*

* en rang d'Oignon, *in ordine superiori.*

Pennon, *ou* Pannon, étendart, *pinnatum scutum vexillumque.*

Pignon de pin, *nucis pineæ nucleus.* de maison, *fastigium*, *culmen.* haut d'une muraille qui se termine en angle, *muri triangulare fastigium.* hérisson, ou rouet, *denticulata rota.* à lanterne, *instructa fusis rota.*

Porte-guignon, *infortunii causa.*

Préte-nom, *qui suum alteri nomen commodat.*

Renom, *fama.*

Rognon, *ren.*

Sinon, conjonction, autrement, *alioquin.*

Sternon, le devant de la poitrine, *sternum.*

substantifs masculins.

Surnom, *cognomen.*
Tenon, bout de bois qui entre dans une mortaise, *subscus, cardo.* taillé en queue d'aronde, *securicula.* à mordant, *cardo quadratus.* à patte d'oie, *cardo triangularis.* d'un fusil, *tubi catapultarii lingula.* d'une régle, *gnomonis manubrium.* d'un étui par où passe la corde, *rotaria fibula.* d'une vigne, *viticulum.*
Tiennon, pour Tiennette, *Stephana.*
Tignon, le même que Teignon.
Toinon, *Antonia.*
Trognon, *trunculus.* de chou, *caulis truncus.* petite fille, *puellula.*
Tympanon, instrument de Musique, *tympanum fidiculare.*
Zénon, Philosophe, *Zeno.*

NU.

adjectifs masculins.

Bienvenu, *gratus*, vel *acceptus.*
Biscornu, mal bâti, *malè constitutus* vel *conformatus.*
Charnu, *carnosus.*
Chenu, *canus.*
Connu, *cognitus.*
le Contenu, *summa.*
Continu, *-nuus.*
Cornu, *-tus.*
Grenu, *granosus.*
Inconnu, *incognitus.*
Ingénu, *ingenuus.*

adjectifs masculins.

Méconnu, *ignotus.*
Menu, *minutus.* mince, *exilis.* délié, *tenuis.* menu peuple, *vulgus.* hacher menu, *minutim interere.* couper menu, *minutè secare.* par le menu, en détail, *sigillatim.*
Nû, *nudus.*
Ponnu, vieux mot, pour Pondu.
Provenu, pour Profit, *lucrum.*
Revenu, qui est de retour, *reversus.* rente annuelle, *annuus reditus.* fruit, *fructus.*
Saugrenu, *insipidus.*
Trote-menu, épithéte d'une souris.

VERBES.

verbes au prétérit.

Abstenu, *abstinuit.*
Contenu, *continuit.*
Contrevenu, *contrà egit.*
Convenu, *convenit.*
Détenu, *detinuit.*
Devenu, *factus est.*
Disconvenu, *non convenit.*
Entretenu, *sustentavit.*
Intervenu, *intervenit.*
Maintenu, *tuitus est.*
Obtenu, *obtinuit.*
Parvenu, *pervenit.*
Provenu, *provenit.*
Revenu, *reversus est.*
Soûtenu, *sustinuit.*
Souvenu, *recordatus est.*
Survenu, *supervenit.*
Tenu, *tenuit.*
Venu, *venit.*

O.

Substantifs masculins & feminins.

AB Abrupto, terme latin, sur le champ & sans nulle préparation.
Abdenago, Juif.
Abucco, poids du Pégu.
Annibal Caro, Poëte Italien.
Argument en Baroco.
A-poco, mal habile.
Arrêt d'Iterato.
Asso, terme de Lithologie, *assius lapis*.
Barbélo, Divinité des Nicolaïtes.
Baroco, sorte d'argument.
Bobo, terme d'enfant.
Bocardo, terme de Logique.
le Broglio.
Cacao, arbre *ou* fruit.
Calypso, Déesse.
Cartero, porte-lettre, de l'Italien *curtiero*.
Cerigo, île de la Méditerranée, *Cythera*.
Chaco, grand pays de l'Amérique.
Cicero, terme d'Imprimerie.
Clameur de Haro, *quiritatio*.
Clio, Muse.
Concedo, terme latin, qui signifie je l'accorde.
Congo, Royaume.
Conjungo, terme de Collége.
Coquerico, chant du coq.
Coraco-brachial, muscle, *-lis*.
Coraco-radial, muscle...
Corbegeo, espéce d'oiseau Aquatique.
Credo, Symbole des Apôtres.

Substantifs masculins & feminins.

Cusco, ville.
Dodo, mot popul. *somnus*.
Domino, capuchon.
Ecce-homo.
Echo, Nymphe.
Echo, qui répéte le son de la voix, &c.
Ello, harpie.
Erato, Muse.
Ero, Maîtresse de Léandre.
Escampativo, fuite, *fuga*.
Ex professo.
Ex voto.
Fabago, plante.
Fapesmo. }
Ferio. } mots artific. de Log.
Festino. }
Gano, terme de jeu de l'Ombre.
Gerbo, animal de Barbarie.
à Gogo, *opiparè*.
tout de Go, *uno tractu*.
Gogo, dim. de Marguerite.
Halo, *ou* parélie, *parelion*.
Hoho, ho! interjections.
Jéricho, ville.
Incognito.
Indigo.
Ino, fille de Cadmus.
Io de la Fable.
un Juge *à quo*, *Judex à quo*.
Livre *in folio*, *in quarto*, *in octavo*, &c.
Manto, fille de Tirésias.
Marforio, *-us*. statue de Rome opposée à celle de Pasquin, *-us*.
Memento.

substantifs masculins & feminins.

Monaco, ville, *herculis Monaci portus.*

Niso, une des cinquante Néréïdes.

Numero de Marchand, *numerus.*

* entendre le Numero, *callere numerum.*

O, seiziéme lettre de l'Alphabet.

In petto, mots Italiens qui signifient *in pectore.*

Pitho, Déesse de l'Eloquence, *Suadela.*

le Pô, fleuve, *Padus* vel *Eridanus.*

Po, vieux mot, *parum.*

Populo, petit enfant.

Prestò, adverbe Italien.

Oh! interjection.

Qui pro quo, *error.*

Quévedo, Auteur Espagnol.

Saint-Malo, ville, *Maclovium.*

Sapho, fille sçavante.

Stheno, une des Gorgones.

Vertigo, grain de folie.

Virago, grande Virago, injure, *mulier procera.*

Zero, un homme qui ne sert de quoi que ce soit, *nullo numero homo.*

O B.

subst. masc.

Jacob, Prophéte, *-us.*

Bâton de Jacob, instrument de Mathématique, *crux geometrica.*

Job, modéle de la patience, *-us.*

O B E.

v Dérobe, *furor.*

f Garderobe pour les habits, *vestiarium.* maître de la garderobe, *vestispicus.* fourreau pour conserver les habits, *vestium tegmen.* lieu où est la chaise percée, *latrina.*

m Globe, *globus.*

v * Gobe, *haurio.*

m Lobe, terme d'Anatomie, *fibra.*

f Robe, vêtement, *vestis.* de chambre, *cubicularia.* de femme, *cyclas.* de Palais, *forensis.* d'Université, *academica.* d'enfant, de Sénateur, *prætexta.*

O B L E.

subst. & adj. masc. & fem.

Archinoble, *nobilissimus.*

Garde-noble, *nobilium orphanorum tutela.* qui a la Garde-noble, *nobilium tutor.*

Grenoble, ville, *Gratianopolis.*

Ignoble, *vilis.*

Noble, *nobilis.* généreux, *-rosus.* excellent, *clarus.* célébre, *celeber.*

partie Noble, au pluriel, *partes nobiles & præcipuæ.*

terre Noble, *nobilis nota prædium.*

Vignoble, *vinetum.*

O B R E.

m Octobre, *-ber.*

m Opprobre, *-brium.*
m Sobre, *sobrius.*

OC. & OQ.

substantifs masculins.

Astroc, terme de marine, *rudens.*
Bloc, une chose en gros, *summa rei.* de marbre, *deformatum marmor.* de plomb, *massa plumbea.* sur quoi on coupe la tête des criminels, *brevis sudes.* vendre en bloc, *globatim vendere.*
Broc, *amphora.*
Choc *ou* Choq, heurtement, *collisus.* combat, *conflictus.* impétuosité, *impetus.* le premier choc, *primus conflictus.*
Coq, *gallus.* herbe, *seliquastrum.* coq, au fig. le premier, *coryphæus.* coq, espéce de serpent, *basiliscus.* coq-à-l'âne, *fabula.*
Crête de coq, *crista.*
Croc, *uncus.* à pendre la viande, *uncinus.*
arquebuse à Croc, *hamata catapulta.*
* Croc, terme de débauche.
Croc, pendu au croc, mis en oubli, *oblivione deletus.*
Croc de Batelier, *harpago.*
Croc, au plur. les défenses d'un sanglier, *falcati dentes.*
un Escroc, *æruscator.*
Défroc, vieux mot, *calamitas.*
Estoc, épée longue, *longior gladius.* de taille & d'estoc, *punctim & cæsim.* coup d'épée, *punctim inflicta plaga.* être, race, *genus, stirps.*
Froc, *caputium.* jetter le froc, *monachismum ejurare.*
Hoc, jeu, *ludus.*
Hoc, pour dire Sût, *certus.*
* cela m'est hoc, *hoc in mundo est mihi.*
Le Hoc, *nodus difficultatis.*
Manioc, racine, *-us.*
Maroc, Royaume, *-um.*
Roc, rocher, *rupes.*
Roc, piéce d'Echecs, *turricula.*
Roch, nom propre, *-us.*
Siroc, vent, *Euronotus.*
Soc, *vomer.*
Toc, toc, *strepitus.* tic & toc, *strepitus inconcinnus.*
Troc, *permutatio.*

OCE. & OPCE.

voyez OSSE.

OCHE.

substantifs feminins.

Acroche, *uncus.* empêchement, *impedimentum.*
Anicroche, acroc, *harpagatio.* à un habit, *fractura per uncum facta.* retardement, *mora.*
Antioche, *-chia.* d'Antioche, *Antiochenus.*
Approche, *approximatio.* lunette d'approche, *tubulatum conspicilium.*
Arroche, plante, *atriplex.*

Substantifs feminins.

Baloche, Capucin ou autre Religieux qui ne prêche ni ne confesse.
Bamboche, petite personne, injure, *homuncio*.
Bancroche, *qui divaricatis est cruribus*.
Basoche, terme de Palais, *scribarum jurisdictio*.
Bouroche, herbe, *borrago*.
Brioche, *placenta*.
Broche, *veru*.
Caboche, tête, *caput*. terme de Lapidaire, *gemma rudis*. vieux clou, *clavis rubiginosus*.
Cloche, *tintinnabulum*. ampoulle, *tumor*.
m. Coche, chariot, *essedum*. truie, *sus fæmina*. cran, *crena*. enflure, *tumor*. fig. grasse, *pinguis*.
Coche, petit ais.
Croche, *nota musica adunca*.
Double-croche, *nota bis adunca*.
Filoche, gros cable de moulin.
Galloche, au plur. espéce d'écoliers, *Gallica*.
Glossocatoche, instrument de Chirurgie.
Hoche, *quassatio*. faire hoche, *quassare caput*.
Loche, ville, *Lochia*.
—poisson, *aphia cobites*.
Mailloche, *malleolus*.
Medianoche, réveillon ou repas après un bal.
Pioche, *ligo*.
Poche d'habit, *sacculus*. estomach d'oiseau de proie, *ingluvies*. violon, *fidis*.
a Proche, *proximus*.
Ici proche, *hic propè*.
m Reproche, *objurgatio*.

subst. fem.

Roche, *saxum*.
Sacoche, pour Bougette.
Synecdoche, *synecdoche*.
* Taloche, coup, *ictus*.
m Tourne-broche, instrument d'Horlogerie, *obelotropium*. chien qui tourne la broche, *obelotropos canis*.
Zoroche, espéce de minéral d'argent.

VERBES.

verbes au présent.

Acroche, *adunco*.
Broche, *intexo*.
Cloche, *claudico*.
Décoche, *vibro*.
Embroche, *transfigo*.
Empoche, *in perulam injicio*.
* Hoche, *caput quatio*.
* Poche, *oculos contundo*.
Reproche, *exprobro*.
Voyez les autres verbes en ocher.

OCLE.

substantifs masculins.

Binocle, instrument d'Optique, *tubulatum conspicilium binoculum*.
Sophocle, Poëte Grec, *-es*.
Thémistocle, nom prop...
Tourne-bocle, vieux mot, *supinè*.
Zocle, piedestal, *quadra*.

OCRE.

a Médiocre, *-cris*.

m Ocre, terre jaune, *ochra.*

OCTE.

a Docte, *-tus.* sçavant, *eruditus.* très-docte, *perdoctus.*

OD.

m Ephod, habit sacerdotal des Juifs.

m Nemrod, Roi, *-us.*

ODE.

Substantifs masculins & féminins.

Antipode, au plur. *Antipodes.*

Antispode, terme de Médecine, sorte de cendre.

Code, Ordonnance du Roi, *Edictum Regis.*

Commode, accommodant, *commodus. Voyez* facile, convenable, propre, profitable.

Commode, coëffure de femme, *calidrum.*

Commode, Empereur, *-dus.*

Custode, gardien, *custos.* de Vase sacré, *Eucharistiæ pyxis.* d'un carrosse, *rhedarium pulvinar.* de pistolet, *minoris sclopeti theca.*

Donner le fouet sous la custode, *flagris excipere sub custodia.*

Episode, *-dium.*

Epode, *-dus.*

Exode, un des cinq livres de Moyse, *-dus.*

Gaude, plante, *gualdies.*

m Hérode, *-des.*

m Hésiode, *-dus.*

a Incommode, *-dus. voyez* Importun, Fâcheux.

Substantifs masculins & féminins.

Méthode, *-dus.* voie, *via.* maniére, *modus.* régle pour faire ou pour apprendre, *ratio*, *regula.* de doctrine, *-na.* d'invention, *inventionis.* de disposition, *-nis.* analytique, *-ica.* ou de résolution, *-nis.* synthétique, *-ica.* ou de composition, *compositionis.*

Méthode, habileté, *habilitas.* adresse, *dexteritas.* subtilité, *-tas.*

Mode, maniére, *modus.* coutume, *mos.* rit, *-us.* usage, *usus.*

à la Mode, *more.* mode d'habits, *vestimenti genus.*

Mode, terme de Grammaire, *modus.* de musique, *modus musicus.*

Ode, *ode.*

Pagode, temple d'Idolâtres, *-dus.*

Pagode, monnoie des Indes, *-dus.*

Période, terme d'Astronomie, *-dus.*

Période de discours, *-dus.*

Rhode, île, *Rhodus.*

—de Rhode, *Rhodius.*

Synode, *Synodus.*

Vieux comme Hérode, *decrepitus.*

VERBES.

Accommode, *-odo.*

verb. au prés.

Brode, *Phrygium opus facio.*
Incommode, *noceo.*
Inféode, terme de Palais, *in clientelam tribuo.*

OÉ.

substantifs féminins.

Aloé, suc épaissi, *aloë.*
Arsinoé, nom de plusieurs villes anciennes.
Callirhoé, fille d'Acheloüs.
Chiloé, île de l'Amérique Méridionale.
Doué, *ou* Doé, *castrum Doadium.* C'est une petite ville d'Anjou, à trois lieues de Saumur, où est un Chapître de Chanoines, sous l'invocation de saint Denys.
Evoé, cri poëtique.
Hippothoé, nom de deux Néréïdes.
Méroé, île du Nil.
Noé, Patriarche.
Ocyroé de la Fable.
Ocythoé, une des Harpies.
Phémonoé, Sybille.
Siloé, piscine.

OETE.

Boête, *voyez* ête, *pyxis.*

OESNE. *voyez* ENE.

OEUD. *voyez* EU. dipht. car le D ne se pron. pas.

m Nœud, *nodus.* petit nœud, *nodulus.* coulant, *fluens.* dans les arbres, *nodatio.* plein de nœuds, *nodosus.* de cannes & tuyaux de bled, *geniculum.* article, *articulus.* nœud, difficulté d'une affaire, *cardo rei.* d'une piéce de théâtre, *fabulæ nodus.* jointure, *junctura.* qui a force nœuds, *articulosus.*
Nœud, liaison, *nexus, commissura.* serré, *adstrictus.* durillon d'un bois, *callus.* d'une charniére de compas, d'un couplet, &c. *commissura fibulæ.* morceau de chair qui s'éléve aux flancs d'un cerf, *carnea projectio.*

OF.

Au Lof, au vent, *ad ventum.*

OFE. & OPHE.

substantifs masculins & féminins.

Antistrophe, *antistrophe.*
Apostrophe, *-pha.*
Bustrophe, terme dogmatique. C'est la maniére d'écrire de la gauche à la droite, & ensuite de la droite à la gauche sans discontinuer.
Catastrophe, *tristis fabulæ exitus.*
Christophe, nom propre, *-phorus.*
Etoffe, *pannus.* matiére, *materia.*

v il Etoffe, *opus exornat.*
basse Etoffe, terme de Potier d'Etain, composition de plomb & d'étain.

m Limitrophe, *conterminus.*
m Offe, espéce de jonc d'Espagne.
m Philosophe, *-phus.*
v il Philosophe, *philosophatur.*
f Strophe, terme de Poësie, *stropha.*

OFLE.

m Cloud de Girofle, *caryophylla.*
m Girofle, *caryophyllus.*

OFRE.

m Cofre, *arca.*
v * Encofre, *in arcam condo.*
v Mesoffre, *minus offero.*
f Offre, *oblatio.*
v Offre, *offero.*
v * Suroffre, *superoffero.*

OGE.

Substantifs masculins & feminins.

Allobroge, au plur. peuple, *Allobroges.*
Allobroge, au fig. sot, *fatuus.*
Doge de Venise, *ou* de Gènes, *Dux.*
Eloge, *-gium, præconium.*
Epitoge, partie de l'habit de Président à Mortier, *epitogium.*
Eucologe, recueil de priéres.
Horloge, *horologium.* à roue, *rotalum.* à eau, *hydraulicum.* de sable, *arenarium.* clepsydre, *-drum.* au soleil, *sciotericum solarium.* réguliére, *-lare.* horizontale, *-ale.* verticale, *-ale.* équinoxiale. *-iale.* polaire, *-are.* méridienne, *-ianum.* septentrionale, *-ale.* Orientale, *-ale.* Occidentale, *-ale.* supérieure, *-rius.* inférieure, *-rius.* déclinante, *-ans.* inclinante, *-ans.* astronomique, *-icum.* Babylonique, *-icum.* antique, *-iquum.* Judaïque, *-ïcum.* petite horloge, *manuale.* quadrant, *quadrans horarius.* boëte, boussole, *pyxis horaria.* cylindre, *cylindrus horarius.* bâton, *baculus horarius.* croix, *crux.* anneau, *annulus horarius.*
Loge, *casa.* de Comédie, *casula.*
Martyrologe, histoire de la mort des Martyrs, *-gium.*
Ménologe, Office qui se dit chez les Grecs dans chaque mois, *-gium.*
Nécrologe, catalogue des morts, *-gium.*

VERBES.

Verbes au présent.

Abroge, *abrogo.*
Déloge, *migro.*
Déroge, *derogo : stemmata natalium sordidis factis inquino* vel *maculo.*
Loge, *habito.*
Proroge, *prorogo.*
Subroge, *subrogo.*

Voyez les rimes en auge.

OGME.

f Dogme, *dogma.* opinion

particuliére, *placitum.* maxime, *aphorisma.* chose connue, *scitum.*

OGNE.

substantifs féminins.

Besogne, *opus.*
Besogne de nuit, au plur. *opera nocturna,*
Bisogne, vieux mot, nouveau soldat.
Boulogne, *Bolonia.*
Bourgogne, *Burgundia.*
* Carogne, injure, *fœtens.*
Charogne, *caro putrida.* cadavre, corps mort, *cadaver.* puant comme charogne, *cadaverosus.*
Cicogne, *ciconia.*
m Conte à la Cicogne, *aniles fabula.*
Dordogne, riviére, *Duranius.*
Gascogne, *Vasconia.*
m Hôtel de Bourgogne, cidevant Théâtre des Comédiens à Paris, *Palatium Burgundicum.*
Ivrogne, *ebriosus.*
Pologne, *Polonia.*
Rogne, gale, *scabies.*
* Trogne, *vultus.*
Vergogne, *pudor.*
m Vigogne, espéce de mouton du Pérou, *Vicunius.* chapeau de Vigogne, *pileus ex Vicuneis lanis compactum.*

VERBES.

Besogne, *operor.*
Cogne, *tundo.*

au prés.

Grogne, *grunnio.*
Ivrogne, *perpoto.*
Renfrogne, *vultum corrugo.*
Rogne, *reseco.*

OGRE.

Ogre, monstre imaginaire.

OGUE.

substantifs masculins.

Apologue, fable, *-ogus.*
Astrologue. . .
Catalogue. . .
Chronologue. . .
Décalogue. . ,
Dialogue. . .
Dogue, *molossus canis.*
Dogue, injure, *canis.*
f Drogue, *pharmacum.*
f Eglogue, *-oga.*
Emménagogue, remède qui provoque les menstrues.
Epilogue, fin.
Flegmagogue, *-gus.*
f * Gogue, *hilaritas.* au plur. il est dans ses Gogues, *hilaris & festivus est.*
Héréfiologue, *de hæresibus scriptor.*
Hogue, vieux mot, *collis.*
Lithologue, Naturaliste.
Matrologue, sorte de registre.
Mélanagogue, terme de Médecine.
Mimologue, *mimorum scriptor.*
Monologue, Auteur qui parle seul.
Mythologue, Auteur de Mythologie.

Substantifs masculins.

Néologue, qui affecte un nouveau langage.
Paléologue, *-ogus.*
Panchymagogue, terme de Médecine, *-gogus.*
Paradoxologue, *qui aliquid vel dicit vel scribit contra omnium opinionem.*
Pédagogue, *pædagogus.*
Philologue, *-ogus.*
Prologue...
Rogue, *arrogans.*
f Synagogue, *-oga.*
Trialogue, dialogue de trois personnes.
f Vogue, *fama.*

VERBES.

Epilogue, *concludo.*
Homologue, *auctoritate confirmo.*
Vogue, *navigo.*

OI. & OY.

Substantifs masculins.

Aloi, de la Monnoie, *justa & proba monetæ temperatio.* bon aloi, *æris justa conflatura.*
* Arroi, *ordo.* assortissement, *concinnitas.*
Beffroi, *ou* Beffrai, charpenterie des cloches, *campani æris canterii.* grande cloche, *maximum cymbalum.* échauguette, *specula pensilis.* sonner le beffroi, le toxin, *æs campanum in re trepida pulsare.*
Charroi, voiture, *vectura.* l'action de charrier, *vectio.*
Cheval de renvoi, *equus remissus.*
Coi, *quietus, quietè.*
Convoi d'armée, *commeatus.*
—d'enterrement, *funus.*
Corroi, vieux mot, la façon que le Corroyeur donne aux cuirs.
Dénoi, vieux mot, *denegatio.*
De quoi, *quâ de re.*
De quoi, richesses, *divitiæ.*
Desarroi, *dissipatio.*
v je Doi, *debeo.*
Effroi, *pavor.*
Emoi, vieux mot, *emotio.*
Emploi, charge, *officium.* commission, *provincia.* affaire, *negotium.* occupation, *opera.* usage, *usus.* dépendance, *impensa.* achat, *coëmptio.* qui a de l'emploi, *negotiosus.* emploi dans la guerre, *stipendium.*
Envoi, *missio, missus.* lettre, *epistola.*
f Foi, loyauté, *fides.* serment, *sacramentum.* créance, chrétienne, *fides christiana.* vertu théologale, *fides.* fidélité, *-tas.* confiance, *fiducia.* sans foi, *infidelis.* de bonne foi, *fidei bonæ.* à la bonne foi, *ex æquo & bono.* ingénuement, *ingenuè.* faire foi, *fidem facere.* tenir sa foi, *stare fidei.* fausser sa foi, *fidem violare.* auteur digne de foi, *auctor locuples.* ajoûter foi à, *fidem habere.*

Subſtantifs maſculins.

Fontenoi, village des Pays-Bas, célébre par la victoire remportée par la France ſur ſes ennemis en 1745.

Le je ne ſçai quoi, *neſcio quid.*

Leveroy, ſerment ancien, *per verum Regem.*

f Loi, *lex.* éternelle, *æterna.* divine, *-na.* naturelle, *-ralis.* poſitive, *-iva.* humaine, *-ana.* eccléſiaſtique, *-ica.* civile, *-ilis.* directive, *-iva.* prohibitive, *-iva.* qui commande, *præceptica.* faire une loi, *legem ſancire.* faire la loi, *legem dicere.* l'abolir, *abrogare.* l'annuler, *reſcindere.* donner la loi, *legem dare.* prendre la loi, *obſequi.* ajoûter à la loi, *legi addere.* garder la loi, *legi parere.* exempt de la loi, *lege ſolutus.* ſans faire contre la loi, *ſalvâ lege.* peine ordonnée par la loi, *ſanctio.* ſans loi, *exlex.* loi donnée par le peuple, *plebiſcitum.* par une Cour Souveraine, *Senatûs Conſultum.* par le Prince, *Regis edictum.*

Moi, *ego.* c'eſt moi, *ego ſum.* à vous & à moi, *tibi & mihi.* à cauſe de moi, *mei cauſâ.* ce n'eſt pas à moi, *meæ partes non ſunt.* moi-même, *egomet.* qui eſt à moi, *meus.* de moi-même, *ex me.* par moi, *per me.* en moi-même, *mecum tacitus cogito.* quant à moi, *ego verò.* ſur ſon quant à moi, *glorioſo ſufflatus tumore.*

Subſtantifs maſculins.

Noy, mettre en noy, nier, conteſter.

Octroi, *conceſſio.* choſe octroyée, *conceſſum.* don obtenu, *donum.*

Orfroi, *ſacra trabea ornamenta anteriora.*

v j'Oi, *audio.*

Palefroi, cheval de parade, *equus phaleratus ad pompam.*

Paroi, muraille, *paries.*

Pourquoi, *quare.*

Pulefoi, vieux mot, *mala fides.*

Quoi, *quid.*

Remploi, *ſubſtitutio.*

Renvoi, *dimiſſio.* au Juge, *commeatus ad judicem.*

Roi, *Rex.* petit Roi, *Regulus.* héréditaire, *-arius.* électif, *-ivus.*

Soi, pronom réciproque, *ſui, ſibi, ſe.* avec ſoi, *ſecum.* qui eſt à ſoi, *ſui compos.*

Toi, pronom de la ſeconde perſonne, *tu, tui, tibi, te.* avec toi, *tecum.* toi-même, *tumet, tu ipſe.* parler par toi, *parùm comiter appellare.*

Tournoi, *torneamentum.*

Vaultroi, vieux mot, chien de chaſſe.

Vertugoi, *me herclè.*

Viceroi, *prorex.*

Plus l'impératif des verbes en oire, oiſtre, *& d'une partie de ceux en* oir : boi, convoi, prévoi.

OIBLE.

a Foible, *debilis.* imbécille, *-illis.* infirme, *-mus.* je ſuis foible, *vires deficiunt.*

m Foible, *imbecillitas.* c'eſt-là mon foible, *id mihi vitii eſt.* le fort & le foible des raiſons, *quid valent rationes.* le foible d'une place, *quâ parte ſit expugnatu facilior.* le fort porte le foible, *ditiores pauperiorum vices explent.*

OIA. & OYA.

Oya, dignité Siamoiſe, *oyans.*

VERBES.

verbes au prétérit indéfini.

Broya, *contrivit.*
Côtoya, *littus legit.*
Dévoya, *in errorem induxit.*
Employa, *occupavit.*
Envoya, *emiſit.*
Foudroya, *fulmine percuſſit.*
ſe Fourvoya, *à viâ aberravit.*
Nettoya, *deterſit.*
Noya, *demerſit.*
Octroya, *conceſſit.*
Ondoya, *baptizavit.*
Soudoya, *ſtipendiatus eſt.*
Tournoya, *circuivit.*

Voyez les autres verbes en oier *&* oyer.

OID. *voyez* OIT.

OIDE.

Froide, adj. *frigida.* d'une maniére froide, *frigidè.*

a Roide, *rigidus.* fort, *valens.* robuſte, *-tus.* engourdi, *rigens.* bandé, *contentus.* rapide, *-dus.* eſcarpé, *arduus.* opiniâtre, *tenax.* tenir roide contre, *obniti.* devenir roide, *rigeſcere.*

OIE. & OYE.

ſubſt. fém.

f Aboie, tenir en aboie, repaître de vaines eſpérances, *vanâ ſpe lactare.*

m Anchoie, poiſſon, *lycoſtomus.*

* Arboie, boccage, *ſylvula.*

Bivoie, vieux mot, *bivium.*

Charmoie, *carpinetum.*

Courroie, *lorum.*

m Foie, *jecur.* petit foie, *jecuſculum.* qui a mal au foie, *hepaticus.* maladie du foie, *morbus hepaticus.* le haut du foie, *jecoris caput.* l'entre-deux des piéces du foie, *fiſſum jecoris.* lobe du foie, *jecoris lobus*, *fibra.* de foie, *hepaticus.*

de Guingoie, adv. *obliquè.*

Joie, *gaudium.* lieſſe, *lætitia.* être dans la joie, *gaudere.* être ravi de joie, *lætitiâ efferri.* combler de joie, *lætitiâ afficere.* fille de joie, *proſtibulum.*

Substantifs féminins.

Ivroie, *zizania.*
Lampròie, poisson, *nampreda*, *mustela marina.*
Monnoie, *moneta.*
Monnoie, lieu où l'on fabrique la monnoie, *monetaria.*
fausse Monnoie, *moneta adulterata.*
m La Monnoie, Poëte François.
Montjoie, nom de Héraut d'armes.
Montjoie, cri de France.
Oie, oiseau, *anser.* sauvage, *ferus.* grasse, *pinguis.* petite oie, jeune, *anserculus.* d'oie, *anserinus.* crier comme une oie, *gingrire.* pied d'oie, herbe, *chenopus.* l'île d'oie, *anserina insula.* jeu d'oie, *ludus anseris.*
m Oiseau de proie, *accipiter.*
Ormoie, *ulmarium.*
* petite Oie d'habit, *vestium ornamenta.* petite oie de Rotisseur, *volatilium resegmina.* peau d'oie, rude, *pellis anserina.* pate d'oie, *pes anserinus.*
m Pou de soie, étoffe, *pannus sericus.*
Proie, *præda.*
m * un Rabat-joie, *lætitiæ contrarius.*
Roie, vieux mot, ligne.
Savoie, pays, *Sabaudia.*
—de Savoie, *Sabaudus.*
Soie, *sericus.*
Soie de pourceau, *seta.*
Troye, ville, *Troja.*
—de Troye, *Trojanus.*
m Ver à soie, *bombix.*
f Voie, *via.* chemin, *iter.*
f Voie de bois, *vectura lignea.*

VERBES.

verbes au subjonctif.

Entrevoie, *strictim cernam.*
Pourvoie, *provideam.*
Prévoie, *prævideam.*
Voie, *videam.*

Plus divers temps & diverses personnes des verbes en oier : fourvoie.

OIÉ. & OYÉ.

subst. masc.

un Dévoyé, *devius.*
un Envoyé, *nuntius.*
Plaidoyé, *causæ dictio.*

VERBES.

verbes au prétérit & participe masculins.

Broyé, *tritus.*
Charroyé, *vectus.*
Côtoyé, *littus legit.*
Dévoyé, *devius.*
Employé, *occupatus.*
Envoyé, *missus.*
Fêtoyé, *convivio exceptus.*
Fossoyé, *fossus.*
Foudroyé, *fulmine percussus.*
Fourvoyé, *aberravit.*
Grossoyé, *majusculis litteris exaratus.*
Nettoyé, *tersus.*
Noyé, *mersus.*
Octroyé, *concessus.*
Ondoyé, *baptizatus.*
Renvoyé, *remissus.*
Soudoyé, *stipendio donatus.*
Tournoyé, *circumactus.*

Voyez les autres verbes en oier & oyer.

OIER. & OYER.

Substantifs masculins.

Foyer, *focus.*
Loyer, *merces.* loüage, *conductus.*
Monnoyer, qui travaille à la monnoie, *monetarius opifex.*
Noyer, arbre, *nux.*
Voyer, Grand Voyer, *summus viarum curator.*

OIER. ou plûtôt OYER.

verbes à l'infinitif.

Atermoyer, *diem pecuniæ proferre.*
Broyer, *conterere.*
Charroyer, *vehere.*
Convoyer, *comitari.*
Corroyer, *argillâ subactâ inducere.* de la terre, *terram urgere.* le mortier, *arenatum.* des cuirs, *coria.* du fer, *ferrum subigere.* le bois, *dolare.*
Côtoyer, *ad latus esse.* le rivage, *littus legere.* raser le bord, *abradere oram.* les troupes, *copias obequitare.* suivre la côte de la mer, *oram maris legere.*
Déployer, *explicare.*
Dévoyer du chemin, *à via deducere.* l'estomach, *solvere stomachum.*
se Dévoyer, *à viâ aberrare.*
Emoyer, vieux mot, *commovere*
Employer, occuper, *-pare.* dépenser, *in umere.* s'occuper, *operam dare.* se servir de, *uti.* mettre à, *ponere in.*
Ensoyer, *serico filo munire.*
Envoyer, *mittere.*
s'Esbanoyer, vieux mot, *voluptati indulgere.*
Fêtoyer, faire un festin, *epulas dare.*
—faire fête, *festum agere.*
Flamboyer, *flammas evomere.*
Fossoyer, *fodere.*
Foudroyer, *fulmine percutere.*
se Fourvoyer, *à viâ deflectere.*
Giboyer, *venari.*
Grossoyer, terme de Notaire, *ex archetypo describere.*
Larmoyer, *lacrymari, flere.*
Louvoyer, courir des bordées en mer, *modò in hanc, modò in aliam partem navem detorquere.*
Monnoyer, *monetam cudere.*
Nettoyer, *mundare.*
Noyer, *mergere.* une boule, *globum immergere.*
Octroyer, *concedere.*
Ondoyer, baptiser, *baptizare.*
Ondoyer, se dit d'une banderole, *undulare.*
Ployer, *plicare.*
Rudoyer, *asperè tractare.*
Sudoyer, *stipendiari.*
Tournoyer, aller en tournant, *in orbem agi.* faire tourner, *agere gyros.* aller autour, *circumagere se.* aller autour, *circumire.* çà & là, *huc illuc circumagi.*
Tutoyer, *rusticè appellare.*

v Verdoyer, *virescere*.
v Versoyer, vieux mot, *miscere*.

OIF.

f Soif, *sitis*. qui a soif, *siticulosus*.
f Soif, convoitise, *cupiditas*. avidité, *-tas*.

OIFE.

f Coife, couverture de la tête, *capitis tegumen*. à l'usage des femmes, *calentica*. peau qui couvre les intestins, *omentum*. peau qui envelope l'enfant au ventre de sa mere, *tunica*.
v Coife, *como*.
v Décoife, *calenticâ exuo*.

OIGNE.

verbes au subjonctif.

* Ajoigne, *adjungam*.
Conjoigne, *conjungam*.
Déjoigne, *disjungam*.
Empoigne, *manu capiam*.
Enjoigne, *injungam*.
Joigne, *jungam*.
Oigne, *ungam*.
Poigne, *pungam*.
Témoigne, *testificor*.

OIL.

m * Contrepoil, *adversus pilus*.
m Passe-poil, *tania bombycina*.
m Poil, *pilus*. de tête, *crinis*. des paupiéres, *cilium*. des narines, *vibrica*. des animaux, *villus*. de pourceau, *seta*. poil folet, *lanugo*. prendre poil, *pilum induere*. perdre le poil, *glabrescere*. dresser le poil, *inhorrescere*. faire le poil, *tundere*. couvert de poil, *villosus*.

OILE.

Apostoile, vieux mot, *apostolus*.
Coille, sorte de tabac tamisé,
v Dévoile, *develo*.
f Etoile, *stella*. marque au front d'un cheval, *nota alba*. d'Imprimeur, astérisme, *asteriscus*. d'un bois, *stella in sylva efformata*.
Oille, espéce de potage.
f Toile, *tela*. de Hollande, *linum Batavicum*. fine, *cyssinum*. d'argent, *argenteum textile*. de toile, *linteus*. ouvrier en toile, *linteo*. ouvrage de toile, *lintearia*. blanchisseur de toile, *lintearius fullo*.
Toile, terme de chasse, *tela venatoria*.
Voile de navire, *velum*. grand, *maximi mali*. du trinquet, *dolon minus*. de miséne ou de pouppe, *velum ad puppim*. de beaupré, *proclinati ad proram mali*. caler la voile, *velum contrahere*. la mettre au vent, *permittere velum ventis*. hausser la voile, *elevare*. la ferler & dé-

ployer, *explicare.* faire force voile, *pandere velum.* vaisseau à voile, *navis.*

m Voile, obscurité, *-tas.* prétexte, *ficta species.*

v Voilé, *velo.*

OILE. *ou* OISLE. prononcez Oële.

Poële d'Eglise, *umbella.* à feu, *pultarium.* à frire, *sartago.*

m Poële, lieu chaud, *hypocaustum.*

OIN. OUIN. OIND. & OING.

substantifs masculins.

Aubifoin, plante, *cyanus.*

Babouin, *simius major.*

* Baiser le babouin, *simium osculari.*

Baragoüin, *intricatum loquendi genus.*

Bédouin, *ou* Bédun, secte qui croit en la loi d'Hély.

Besoin, *opus.*

Chafoin, maigre de visage, *macilentus.*

Coin, *angulus.* de fer, *cuneus.* de monnoie, *typus.* fruit, *malum cydonium.* coin de cheveux, *angulus crinium.* de mire, il sert à lever la culasse du canon.

Foin, *fœnum.*

* Foin, terme de dépit, *apage.*

Groin de cochon, *suis rostrum.* petit groin, *rostellum.* groin, fig. visage, *facies, vultus.*

substantifs masculins.

Jamboloin, arbrisseau des Indes.

Loin, riviére, *Lupa.* adv. *longè.* bien loin, *longissimè, procul.*

Marsoin, *tursio.* pourceau de mer, *marinus sus.*

Poing, *ou* la main fermée, *pugnus.* fermer le poing, *pugnum facere.* un coup de poing, *colaphus.* de la grosseur d'un poing, *pugillaris.*

Recoin, *recessus.*

Sagouin, singe, *simiolus.* sale, *sordidus.*

Sainfoin, *medica.*

Soin d'une chose, *cura.* étude, *studium.* affection, *-tio.* diligence, *-entia.* exactitude, *accuratio.* inquiétude, *sollicitudo.*

Talapoin, Prêtre Siamois, *-onius.*

Témoin, *testis.* oculaire, *oculatus.* qui a oui, *auritus.* irréprochable, *gravis, locuples.* suborné, *-natus.* faux témoin, *falsus testis.*

* Tintoin, *tinnitus.*

Vieux-oing, *vetus adeps.*

Plus l'impératif des verbes en oindre : joindre.

OINDRE.

a Moindre, *minor.* le moindre, *minimus.*

VERBES

* Ajoindre, *adjungere.*

Verbes à l'infinitif.

Conjoindre, *conjungere.*
Déjoindre, *ou* Disjoindre, *disjungere.*
Enjoindre, *præcipere.*
Joindre, *jungere.* assembler, *congregare.* aborder, *appellere.*
Oindre, *ungere.*
* Poindre, *pungere.*
Poindre, commencer à paroître, *erumpere.*
Rejoindre, *disjuncta iterùm jungere.*

Voyez INDRE.

OINE.

Substantifs masculins & féminins.

Aigremoine, *eupatorium.*
Antimoine, *stibium.*
Avoine, *avena.*
Bétoine, *betonica.*
Calcédoine, *Chalcedonia.*
Cassidoine, pierre, *murrhinum.*
Chanoine, *canonicus.*
Coine de lard, *laridi cutis.*
feu saint Antoine, *ignis sacer.*
Macédoine, *-donia.*
Moine, *monachus.* solitaire, *solitarius.*
Moine à chaufer le lit, *lecti calefactorium.*
Le Moine, Poëte François.
Patrimoine, *-onium.*
Péritoine, *-onæum.*
Persil de Macédoine, *apium Macedonium.*
Sardoine, *Sardonix.*

OINS.

Moins, adv. *minùs.*
du Moins, adv. *saltem.*
au Moins, *ad minus.*
Néanmoins, *nihilominùs.*

Plus le pluriel des noms en oin.

Plus divers temps & diverses personnes des verbes en oindre : joins.

OINT.

Substantifs & adjectifs masculins.

Acoint, vieux mot, *amicus familiaris.*
Ajoint, *adjunctus.*
Appoint, *minuta moneta.*
Arriére-point, *sutura retroacta.*
Coint, vieux mot, *venustus.*
Contrepoint, terme de Musique, *compositio.*
Disjoint, *disjunctus.*
Embonpoint, *bona corporis habitudo.*
Joint, *junctus.*
Mal en point, *prorsùs.*
Oint, *unctus.* l'Oint du Seigneur, fig. le Roi, *unctus Domini.*
Point, négation, *non.* point du tout, *minimè.* point en interrogeant, *an? nonne? num?*
Point, corps indivisible, *punctum.* trou de piquure, *punctio.* article d'un discours, *caput, pars.* le point, le principal chef d'une affaire, *rei summa.* point du jour, *diluculum.* point de côté, douleur, *lateralis dolor.* état, *status.* lieu, *locus.* moment, *-um.*

substantifs & adjectifs masculins.

un Point d'aiguille de coûture, *lini per acum trajectus.*
être en bon point, *rectè se habere.* point d'honneur, *honoris prarogativa.*
de tout Point, adv. *omninò.* tout à point, *opportunè.* de point en point, *per capita singula.*
petit Point, tapisserie, *Phrygionium minutulum.*
Pourpoint, *thorax.*
le moule du Pourpoint, fig. le corps, *corpus.*

Plus divers temps & diverses personnes des verbes en oindre : joint.

Rejoint, *conjunctus.*
Rond-point, l'extrémité d'une Eglise opposée au grand portail.
Tiers-point, terme de Perspective.
Vieux-oint, *adeps vetus.*

OINTE.

substantifs féminins.

Courtepointe de lit, *lecti stragulum.*
Pointe d'épée, *acumen.* d'armée, *prima acies.* de rocher, de clocher, *apex, cacumen.* d'esprit, *acies ingenii.* d'une sauce, *sapor gustum pungens.*
Pointe, coëfure, de femme, *calyptra pulla angularis.*
Trépointe de soulier, *assuta solea corii tania.*

VERBES.

verbes au prés. & part. féminins.

Ajointe, *adjuncta.*
Apointe un procès, *litem esse perpendendam pronuntio.*
Conjointe, *conjuncta.*
Contrepointe, *obsisto.*
Déjointe, *disjuncta.*
Desapointe, *stipendio privo.*
Enjointe, *injuncta.*
Jointe, *juncta.*
Ointe, *uncta.*
Pointe, *dirigo.*

Voyez les autres verbes en ointer & oindre : *voyez* inte.

OIR.

Les noms en oir, *pour la plûpart, signifient quelque sorte d'instrument, ou quelque lieu.*

substantifs masculins.

Abbreuvoir, *aquarium.* à mouches, fig. plaie, *luculenta plaga.* terme d'Architecture, *apertura, rima.*
Accordoir, *instrumentum quo aptantur instrumenta musica.*
Accotoir, ou plûtôt, Accostoir, *fulcrum.*
Accoudoir, *cubitale.* —terme d'Architecture, *pluteus.*
Achevoir, *locus in quo perficitur aliquid.*
Affinoir, terme de Cordier, *echinus.*
Ajustoir, terme de Fontainier, *fistula quadam area.*
* Amusoir, *ludificatio.*
Arrosoir, *hydria irrigua.* c'est aussi un coquillage.
Assommoir, *muscipula.*
Avoir, pour Richesses, *di-*

Substantifs masculins.

vitia. les facultés, *bona.*
Baignoir, *locus lavationi idoneus.*
Batoir à jouer, *palmula lusoria.* de lavandiére, *lintei tudicula.* à battre un pavé, *tudicula quâ utuntur pavimentorum structores.* à battre un pieu, *fistuca.*
Beaurevoir, terme de Chasse.
Birloir, petite machine qui sert à arrêter un chassis levé.
Blé noir, *melampyrum.*
Bouchoir, *operculum.*
Boudoir, petit réduit.
Bougeoir, *candelabrum cum capulo.*
Bouloir, instrument de Maçon, *tudiculus* vel *contus.*
Boutoir de sanglier, *rostrum.* instrument de Maréchal, *equini cornu sectrix novacula.*
Brunissoir, *politorius lapis.*
Chargeoir de poudre, *infundibulum tormentarii pulveris.*
Chaufoir, *calefactorium.*
Code-noir, nom d'un Edit de 1685.
Cognoir, instrument d'Imprimerie.
Comptoir, *rationum conclave.*
Couchoir, *buxum applicandæ bracteæ idoneum.*
Cueilloir, *cadus.* de cerises, *collectorium cerasorum.*
Décognoir, *cuneus.*
Décrochoir, instrument, *exemptor.*

Substantifs masculins.

Desespoir, *desperatio.*
Devidoir, *rhombus.*
Devoir, *officium.* obligation, *debitum.*
Dévouloir, vieux mot, *voluntatis cessatio.*
Doroir, *scopula quâ pistores panem illidunt.*
Dortoir de Couvent, *dormitorium.*
Douloir, vieux mot, *dolere.*
Drageoir, *cistella tragematica.*
Dressoir.
Ebarboir, instrument des Chaudronniers.
Ebauchoir.
Echarnoir, outil.
Echaudoir, terme de Boucher, lieu où entrent les bêtes, *laniarium.*
Ecussonnoir, *cultellus scotulæ inserendæ idoneus.*
Egoutoir.
Egrisoir, *capsula poliendis ac terendis lapidibus.*
Egrugeoir, *infriabulum.*
Emouchoir, pour chasser les mouches, *muscaria scutica.* de cheval, *reticulum.*
Embouchoir, c'est le bout d'une trompette ou d'un cor qui se sépare.
Emouchoir, *scutica abigendis muscis idonea.*
Encensoir, *thuribulum.* navette d'encensoir, *capsula thuraria.*
Entonnoir, *infundibulum.*
Epanchoir, *foramen.*
Epinçoir, gros marteau de Paveur.

Substantifs masculins.

Epluchoir, *cultellus mundator.*
Espoir, *spes.*
Eteignoir, *extinctorium.*
Etouffoir, *præfocator.*
Eventoir, *flabellum majus.*
Fendoir, outil de Vannier.
Fermoir de livre, *fibula.* ciseau de Menuisier, *scalprum acie latiori.* de Sculpteur, *scalper trifidus.*
Fraisoir, espéce de villebrequin.
Frisoir, ciselet des Fourbisseurs.
Frotoir, *fricatorium.*
Heurtoir, *tudes ostiarius.*
Hoir, terme de Palais, *hæres.*
Houssoir, *scopula plumalis.*
Germoir, sorte de cellier, où l'on porte l'orge germée.
Grattoir, instrument d'écritoire.
Juchoir, *sedile aviarium.*
Lançoir, palle de moulin.
Laminoir, *laminarum ductoria machina.*
Lavoir à laver les mains, *lavacrum.* cuve à se baigner, *labrum balnearium.* lieu à se baigner, *balneum.*
Loir, espéce de rat, *glis.*
Manoir, vieux mot, *domicilium.*
Mattoir, *depressorium.*
Miroir, *speculum.* ardent, *ustorium.* plein, *planum.* convexe, *-xum.* concave, *-vum.* parabolique, *-icum.* elliptique, *-icum.* hyperbolique, *-icum.*

Substantifs masculins.

Montoir, *ascensorium.* pied du montoir, *pes sinister.*
Mouchoir, *sudarium.* de col, *strophium.*
Nichoir, terme d'Oiselier.
Noir, du noir, *atrum*, *ater color.* noir, adj. *ater.* un peu noir, *nigellus*, *subniger.* de fumée, *fuligo.* il fait noir, *nox atra incumbit.* tirer au noir, *subnigrescere.* vêtu de noir, *atratus.*
Ouvertoire, *ou* Ouvroir, vieux mot, *officina.*
Ouvroir, lieu où l'on travaille, *officina.*
Parloir de Religieuse, *allocutorium.*
Pendoir, *funis suspensor.*
Perçoir, *terebella.*
Plioir, instrument de faiseur de gaze.
Polissoir, *lævigatorium.* roue d'Emouleur, *lævigatoria rota.*
Portoir, chez les Chartreux, *portorium.*
Pouvoir, puissance, *potentia.* autorité, *auctoritas.* selon son Pouvoir, *pro virili parte.*
Pressoir, machine à presser, *torculare.* le lieu où est le pressoir, *torcularium.*
Promenoir, *ambulacrum.*
Puisoir, terme d'Astronomie, *haustrum.*
Rafraîchissoir, terme de Sucrerie.
Rasoir, *novacula.*
Recueilloir, terme de Cor-

Substantifs masculins.

dier, *ligneum instrumentum intortum.*
Reposoir, *quietis sedes.*
Repoussoir, instrument de Chirurgie.
Réservoir, *receptaculum.* d'eau, *aqua.* de poisson, *piscina, lacus.* de la provision, *asservandæ annonæ locus.*
Saloir, *vas salsamentarium.*
Sautoir, terme de Blâson, *decussis.* passer en sautoir, *decussare.*
Sçavoir, science, *-tia.* érudition, *-io.* doctrine, *-ina.* littérature, *litteratura.*
à Sçavoir, *scilicet.*
Semoir, v. m. *satorium.*
le Soir, *vespera.* au soir, *ad vesperam.* hier au soir, *heri vespere.* sur le soir, *vesperascente cœlo.* du soir, *vespertinus.*
Tailloir, *ou* abaque, terme d'Architecture, *abacus.*
Terroir, *territorium, ager.*
Tiroir, *cista ductilis.*
Traçoir, *graphis.*
Tranchoir, *scalper.* terme d'Architecture, *abacus.* terme de cuisine, assiette de bois, *orbis mensarius ligneus.*
Vendangeoir, maison où l'on fait vendange.
Vouloir, *voluntas.*

VERBES.

Apercevoir, *aspicere.*
—connoître, *cognoscere.*

Verbes à l'infinitif.

* Apparoir, vieux v. n. *innotescere.*
Asseoir, mettre en un siége, *in sede locare.*
s'Asseoir, *assidere.* se rasseoir, *rursùm sedere.* laisser rasseoir le vin, *vinum desacare.*
Avoir, *habere.* n'avoir pas, manquer, *carere.* faim, *cavere.* faim, *esurire.* soif, *sitire.* peur, *pavescere.* crainte, *timere.* du bien, *divitem esse.* la paix, *pace frui.*
Chaloir, vieux mot, *curare.*
Choir, vieux mot, *cadere.*
Concevoir, parlant d'une mere, *concipere.* comprendre, *percipere.* de grands desseins, *magna animo cogitare.*
Décevoir, *decipere.* tromper, *fallere.* circonvenir, *-nire.* induire dans l'erreur, *in errorem inducere.*
Décheoir, *decidere, dejici, descissere.* tomber, *cadere ex.* diminuer, *diminui.* de son espérance, *spe depelli.*
Démouvoir, *demovere.*
Devoir, *debere.* être tenu, *teneri.* avoir des dettes, *in ære alieno esse.* ne rien devoir, *solutum esse ab ære alieno.*
Echeoir, avenir, *advenire.* arriver, *obtingere.*
Emouvoir, *permovere.* agiter, *-tare.* exciter, *-tare.* sa compassion, *miserationem commovere.* ne s'émouvoir

de rien, *nullâ re moveri.*

Entrevoir, voir à demi, *non satis cernere.*

—une pensée, *mentem subodorari.*

—prévoir, *parùm prospicere.*

s'Entrevoir, se visiter, *se invicem invisere.*

Equivaloir, *æquivalere.*

Falloir, *oportere.*

Mouvoir, *movere.* exciter, *-are.* pousser, *impellere.* fort, *permovere.* se mouvoir, *moveri.* qui se peut mouvoir, *mobilis.* qui ne se peut mouvoir, *immobilis.*

Ombroir, *ou* Ombroyer, vieux mot, *in umbra collocare.*

Percevoir, *percipere.* recueillir, *colligere.*

Pleuvoir, *pluere.* par-tout, *perpluere.*

Pourvoir, *providere.* quelqu'un de, *suppeditare.* fournir, *subministrare.* une fille, la marier, *filiam nuptui collocare.*

se Pourvoir, *sibi quærere.* acheter, *comparare.* contre une personne, *agere jure contra aliquem.*

Pouvoir, *posse.* avoir puissance, *valere.* faire une chose, *quire.* ne pouvoir, *nequire.* n'en pouvoir plus, *deficere.*

Prévaloir, *præstare.* gagner, *vincere.* se prévaloir de, *commodum capere ex.*

Prévoir, *prævidere.* voir l'avenir, *prospicere.*

Promouvoir, *promovere.* aux charges, *ad dignitates.* élever, *efferre.*

Remanoir, vieux mot, *remanere.*

Ramentevoir, vieux mot, *in memoriam reducere.*

Ravoir, recouvrer, *recuperare.* se ravoir d'une maladie, *recolligere se ex morbo.*

Recevoir, *recipere.* quelque perte, *jacturam facere.* quelqu'un, *excipere.* admettre, *admittere.* au nombre des citoyens, *in civitatem adscribere.*

Revaloir, *rependere.*

Revouloir, vouloir de nouveau.

Sçavoir, *scire.* connoître, *noscere.* faire sçavoir, *certiorem facere.* être sçavant, *doctum esse.* son monde, *multâ humanitate limatum esse.* ne sçavoir, *nescire.*

Seoir, *sedere.*

Souloir, vieux mot, *solere.*

Surseoir, *supersedere.* différer, *differre.* le jugement d'un procès, *judicium litis sustinere.* faire surseoir un procès, *causæ judicium inhibere.*

Valoir, être d'un certain prix, *valere.* beaucoup, *maximi pretii esse.* beaucoup plus, *multo pluris valere.* faire valoir ses terres, *agros suos colere.* se faire valoir, *sua venditare.* faire valoir, exagérer, *exaggerare.*

verbes à l'infinitif.

Valoir, coûter, *constare*. rapporter, *reddere*. valoir mieux, *longè præstare*. ne rien valoir, *vitiosum esse*.

Voir, *videre*. regarder, *aspicere*. de près, *comminùs intueri*. apercevoir, *perspicere*. discerner, *-nere*. visiter quelqu'un, *invisere*. considérer, *-rare*. regarder, *attendere*. faire voir, *ostendere*. montrer, *planum facere*.

Vouloir, *velle*. ne vouloir pas, *nolle*. vouloir mieux, *malle*. du bien à quelqu'un, *benè cupere alicui*. du mal, *malè cupere*. en vouloir à, *infensum esse*.

OIRE.

substantifs & adjectifs masculins & féminins.

La plûpart des mots en oire *sont des mots d'instrumens, de Jurisprudence ou de Médecine, il y en a des noms substantifs & adjectifs : ils sont pour la plûpart terminés en latin en* orius, a, um.

Absolutoire, *-orius*. sentence absolutoire, *-tia -lutoria*.

Accessoire, *accessio*. choses accessoires, *res ascititia*. addition, *additamentum*.

faire Accroire, *persuadere*, *fucum facere*. s'en faire accroire, *nimiùm sibi sumere*.

* Adjutoire, vieux mot, *auxilium*.

Ambulatoire, *-orium*.

Armoire, *armarium*. à papiers, *tabularium*. à livres, *librarium*. à argent, *pecuniarium*. à serrer la viande, *obsoniarium*.

Atteloire, sorte de cheville.

Attrapoire, *decipula*.

Avaloire, *guttur*.

Auditoire, assistance, *auditores*. de Juge, *auditorium forense*.

Avocatoire, *-orium*.

Baignoire, cuve où l'on se baigne, *labrum balneare*.

Bajoire, terme de Monnoyeur & de Médailliste, *numisma cum duplici effigie*.

Bassinoire, *vas excalfactorium*.

Blasphématoire, *in Deum vel Sanctos contumeliosus*.

Boire, *bibere*. peu, *subbibere*. tout, *epotare*. vuider le gobelet, *exhaurire poculum*. à quelqu'un, *alicui propinare*.

Bouilloire, vaisseau de métal, propre à faire bouillir de l'eau.

Brandilloire, *oscillum*.

Branloire, ais par le moyen duquel deux enfans font tour à tour le contrepoids.

Caquetoire, petit fauteuil, *sedecula*. de charrue, *aratri sedile*.

Caution juratoire, *cautio juratoria*.

Ciboire, *sacra pyxis*.

Circulatoire, *-orius*.

Clisoire, *syrinx*, *sambuca*.

Collusoire, *-orius*.

Combinatoire, *ars comparandi*.

Subst. & adj. masc. & fém.

Comminatoire, *-orium.*
Compulsoire...
Conservatoire, Siége d'un Conservateur des droits de quelque Siége, *-orium.*
Consistoire, *-orium.*
Consolatoire, *-orius.*
Correctoire, livre dont se servent les Minimes, *correctorium.*
Couloire, *colum.*
Croire, *credere.* penser, *arbitrari.* estimer, *æstimare.* être persuadé, *persuasum esse.* écouter, *audire.* avec opinion, *opinari.* s'en faire accroire, *nimium sibi arrogare.*
Débellatoire, vieux mot, victorieux, *-orius.*
Déboire, *injucundus sapor.*
Déclaratoire, *-orium.*
Déclinatoire...
Décroire, *negare.*
Décrotoire, *detersorium.*
Délégatoire, rescription du Souverain Pontife.
Dépilatoire, *-orium.*
Dépurgatoire...
Dérogatoire...
Diffamatoire, *famosus, probrosus.*
Dilatoire, *-orius.*
Dlatoire, instrument de Chirurgie.
Dimissoire, *-orium.*
Dînatoire.
Directoire, *ordo.*
Discrétoire, *consilium monialium.*
Distillatoire, terme de Chymie.

Subst. & adj. masc. & fém.

Doloire, outil de Tonnelier, *dolabra.* petite doloïre, *dolabella.*
Echappatoire, *effugium.*
Ecritoire, *calamaria theca.*
Ecumoire, *spumatorium.*
Egrainoire, petite cage.
Ejaculatoire, *-orius.*
Elévatoire, *-orium.*
Emunctoire, au plur. *-oria.*
Epître dédicatoire, *epistola dedicatoria.*
Estoire, vieux mot, *classis.*
Evocatoire, *-orium.*
Exécutoire, *pigneratitiâ auctoritate litteræ.*
Exécratoire, terme de Théologie.
Expiatoire, *piacularis.*
Expurgatoire, *index expurgatorius.*
Foire, marché extraordinaire, *nundinæ.* le lieu où elle se tient, *emporium.* de foire, *nundinarius.* établir une foire, *nundinas instituere.*
Foire, excrémens liquides, *foria.* il a la foire, *cita est ipsi alvus.* qui a la foire, *foriolus.*
Frustratoire, terme de Palais, *-orius.*
Frustatoire, vin où l'on met du sucre & de la muscade.
Génitoire, au plur. *genitalia.*
Glissoire, chemin glacé sur quoi on glisse, *stadium glaciatum.*
Gloire, *gloria.* faire gloire de, *gloriari de.* acquérir de la gloire, *gloriam ac-*

Subst. & adj. masc. & fém.

quirere. en obtenir, *adipisci*, gloire, orgueil, *superbia*.
Grimoire, *libellus magicus*.
Histoire, *-oria*.
Illusoire, *fallax*.
Imprécatoire, *-orius*.
Inflammatoire, *inflammationes excitans*.
Interlocutoire, *-orium*.
Interrogatoire. . .
Invitatoire. . .
Invocatoire. . .
Joire, pour dire George.
Ivoire, *ebur*.
Laboratoire, lieu destiné pour les opérations chymiques.
Lacrymatoire, terme d'Antiquaire, *-orium*.
Lardoire, instrument à larder, *acus quâ laridum carnibus infertur*.
Lédoire, vieux mot, *convitium*.
Loire, riviére, *Liger*.
Machicatoire, *ou* Masticatoire, *masticatorium*.
Machoire, *maxilla*. du chien d'un fusil, *labra rostri catapultarii*, *canis catapultarii*. d'un étang, *labra torculi*.
Mangeoire, créche, *præsepe*. ratelier, *ou* creneau, *pabularius alveus*.
Mécroire, vieux mot, *suspicari*.
Mémoire, faculté de retenir, *memoria*. souvenir, *recordatio*. papier pour se ressouvenir, *commentarius*. instruction, *monitum scripto editum*.
de Mémoire d'homme, *post hominum memoriam*.
rappeller la Mémoire, *renovare* vel *refricare memoriam*.
Méritoire, *præmio dignus*.
Moire, *bombix spissiori filo texta*.
Monitoire, *-orium*.
Nageoire de poissons, *pinna*. vessie pour nager, *natantis fulcra axillaria*.
Noire, *nigra*. petite noire, *nigella*. brune, *fusca*. un peu noire, *subnigra*. pierre noire, *stilus plumbeus*. la mer noire, *mare nigrum*.
Notoire, *notus*, *manifestus*.
Obligatoire, *-orius*.
Observatoire, *-orium*. lieu destiné pour les opérations astronomiques.
Offertoire, *-orium*.
Oire, vieux adj. *hodie*.
Olfactoire, terme d'Anatom.
Oraison jaculatoire, *oratio jaculatoria*.
Oratoire, lieu pour prier Dieu, *oratorium*.
Pere de l'Oratoire, qui est de la Congrégation de l'Oratoire, *Congregatio Oratorii Jesu*.
style Oratoire, *ou* fleuri, *stylus oratorius*, *floridus*.
Passoire, *colum*.
Péremptoire, terme de Palais, *-orium*.
une raison Péremptoire & tout-à-fait décisive, *cer-*

subst. & adj. masc. & fém.

tissimum & persuasibile argumentum.

Pétitoire, ter. de Pal. *-orium.*

Poire, fruit, *pyrum.* à poudre, *pyxis pulveraria.* d'angoisse, *pyrum cruciando ferreum.*

Portoire, vaisseau pour porter la vendange.

Possessoire, *ou* la maintenue, *possessio.* le plein possessoire, *exhausta controversia justæ possessionis, pleneque juris possidendi.* possessoire, adj. *possessorrus.*

Préparatoire, *præparatorium.*

Prétoire, *prætorium.*

Préfet du Prétoire, *præfectus prætorii.*

Probatoire, acte probatoire.

Professoire, un an de Profession, terme usité chez les Bernardins.

Promontoire, Cap.

Propitiatoire, *-orium.*

Provoire, vieux mot, *oratio & oratorium.*

Purgatoire, *-orium.*

Purificatoire, *-orium linteum.*

Ratissoire, *radula.*

Réfectoire, *cœnaculum.*

Répertoire, *index.*

Réquisitoire, *-orium.*

Résolutoire...

Révocatoire, dont on peut se relever.

Ruptoire, terme de Chirurgie, *cauterium potentiale.*

Satisfactoire, terme de Palais.

Secrétoire, *secretioni inserviens.*

subst. & adj. masc. & fém.

Séparatoire, *-orium.*

Soupatoire, heure soupatoire, *hora cœnandi.*

Spéculatoire, *cœli phanomenon scientia speculativa.*

Sternutatoire, *sternutationes movens.*

Style, *stylus.* déclamatoire, *-orius.*

Suasoire, persuasif, *-orius.*

Suppositoire, *-orium.*

Suspensoire...

Territoire...

Transitoire, *-orius.*

Trémoire de moulin, *ou* Trémie, *pistrina infundibulum.*

Troussoire, vieux mot, reléve-moustache.

Vésicatoire, *-orium.*

Victoire, *-oria.*

Vomitoire, *-orium.*

Voire, *verùm etiam.* voire qui en auroit, *& verò qui haberet.*

OIRS.

Voyez les noms en oir, *dont le pluriel fait* oirs.

OIS. & OIX.

subst. & adj. masc.

Abois de la mort, *extrema cum morte lucta.*

Abois, terme de chasse.

Adénois, terme de Géographie, *adenensis.*

Alénois, *Nasturtium.*

Alténois, nom de peuple, *Altenensis.*

Ambergois, *Ambergensis.*

Anchois, *encrasicholus.*

Subst. & adj. masc.

Anglois, peuple, *Anglus.*
Arbois, ville de la Franche-Comté, *Arborosa.*
vin d'Arbois, *vinum Arbesium.*
Artois, pays, *Artesia.*
—d'Artois, *Artesius.*
Auchois, *Caletensis.*
Aucunefois, *aliquoties.*
Avignonnois, *Avenionensis.*
Autrefois, adv. *olim.*
Autunois, *Augustodunensis ager.*
Auxois, *Alexiensis tractus.*
Belgeois, qui est des Pays-Bas, *Belga.*
Blois, ville de France, *Blesense castrum.*
Bois de coupe, *sylva cadua.* de taille, *caduum nemus.* de taillis, *tonsilis sylva.* de haute futaie, *sylva materiaria.* mort, *arbor arida.* bois de quartier, *fissum lignum.* à brûler, *focarium lignum.* floté, *lignum ratibus devectum.* de moule, *caudex anularius.* de charpente, *materies.* de marrein, *lignum tignarium.* forêt, *nemus.*
Bois de cerf, ramure, cornes de cerf, *cervi cornua.* porter bien son bois, *bene se gerere.* sur une montagne, *saltus.* fût d'armes, *hastile.* de touche, proche la maison pour le divertissement, *voluptuaria sylva familiaris.* taille de bois, terme de Graveurs, *sculptura in typo ligneo formata.*

Subst. & adj. masc.

bois consacré a quelque Divinité, *lucus.*
Bourgeois, *civis.*
Briois, de Brie, *Briensis.*
Carquois, *pharetra.*
Chamois, animal, *rupicapra.*
Chamois, peau, *rupicapra pellis.*
Champenois, *campanus.*
Chaumonnois, Contrée de Bassigny en Champagne.
Chinois, peuple, *Sina.*
Choix, élection, *electio.*
Co-bourgeois, celui à qui un vaisseau appartient en commun.
Contrepoids, *æquipondium.*
Courtois, *urbanus.* civil, *elegans.*
Croix, *crux.* peine, affliction, *crux, cruciamentum.* de saint André, *crux decussata.*
Danois, peuple, *Danus.*
Dauphinois, *Delphinas.*
* Discourtois, *inurbanus.*
Dunois, pays, *Dunensis ager.*
Empois, *amylum aquâ dilutum.*
Ferrarois, *Ferrariensis.*
Feu Grégeois, *ignis Græcus.*
Fois, *vices.*
à la Fois, *unà, simul.*
François, nom, *Franciscus.*
François, peuple, *Gallus, Francus.*
Garde-bois, *sylvarum custos.*
Gaulois, peuple, *Gallus.*
Génois, peuple, *Genuensis.*
Grand-Croix, Chevalier de Malthe, *Eques Melitensis ex primariis.*

subst. & adj. masc.

Gravois, *rudera.*
Grivois, bon compagnon, *genialis animi vir.*
de Guingois, de travers, *obliquè.*
Harnois de cheval, *equorum strata.*
Hautbois, *major tibia.* joueur de Hautbois, *tibicen.*
Hibernois, peuple, *Hibernus.*
Hongrois, peuple, *Hungarus.*
Japonois, peuple, *Japonensis.*
Iéçois, qui est d'Iéço, *Iesoensis.*
Indois, des Indes, *Indicus.*
Iroquois, peuple, *Iroquoius.*
Issinois, habitant du Royaume d'Issinio, *Issiniensis.*
Lectrois, v. m. *locus lectioni destinatus.*
* Maintefois, souvent, *sæpe.*
Maconnois, *Malicensis ager.*
* Matois, *callidus.*
* Minois, *vultus.*
Mois, *mensis.*
Namurois, *Namurcensis.*
Narquois, vieux mot, *homo recoctus.*
Noblois, vieux mot, *nobilitas.*
Noix, *nuces.*
Ocondrois, vieux adv. *posteà.*
Pantois, vieux mot, *anxiè anhelans.*
* Parfois, *aliquando.*
* Patois, *sermo plebeïus.*
Pavois, *scutum.* bastingne de navire, *navis peribolus.*
Piois, gazouillis d'oiseaux, *avium cantus.*

subst. & adj. masc.

Poids à peser, *pondo.* fardeau, *onus.*
Pois, légume, *pisum*, *cicer.*
Poix, *pix.*
Polonois, *Polonus.*
Putois, animal, *putorius.*
Quelquefois, *aliquandò.*
Rochelois, *Rupellensis.*
Siamois, peuple, *Siamus.*
Sordois, vieux mot, *surdus.*
Souriquois, qui appartient aux rats & aux souris.
Sournois, dissimulé, *tectus & tacitus.*
Suédois, peuple, *Suevus.*
* en Tapinois, *secretò.*
Terrenoix, plante, *bulbocastanum.*
Tournois, monnoie, *moneta Turonica.* exercice, *ludicrum certamen.*
Toutefois, adv. *tamen.*
Tramois, bled de Mars.
Tricois, vieux mot, ornement, broderie.
Trois, *tres.*
Turcois, vieux mot, carquois.
Vaudois, hérétique, *Valdensis.*
Villageois, *villanus.*
Voix, *vox.* bruit, *sermo.* opinion, *sententia.* suffrage, *-gium.* voix basse, *vox demissa.* claire, *clara.* musicale, *canora.* belle, *resonans.* douce, *suavis.* haute, *alta.* forte, *grandis.* discordante, *absona.* fausse, *fucata.* foible, *languens.* grosse, *inflata.* rude, *rauca.*

Voyez le pluriel des noms en oi, oit *&* oid : Rois, froids, droits, *&c.*

Plus divers temps & diverses personnes de tous les verbes: aimois, pouvois, tenois.

OISSE.

substantifs feminin.

Angoisse, au plur. *angustiæ.* être dans les angoisses d'une prison, *esse in angustia carceris.*

Poire d'angoisse, *pyrum anginum.*

Poire d'angoisse, fig. fâcherie, *anxietas.*

Paroisse, *parœcia.*

m * coq de Paroisse, *parœcius curialis primarius.*

VERBES.

verbes au subjonctif.

Accroisse, *accrescat.*
Apparoisse, *videatur.*
Comparoisse, *compareat.*
Connoisse, *cognoscat.*
Croisse, *crescat.*
Décroisse, *decrescat.*
Disparoisse, *evanescat.*
Froisse, *confringat.*
Méconnoisse, *ignoret.*
Paroisse, *videatur.*
Poisse, *impicet.*
Reconnoisse, *agnoscat.*

OIST. & OIT.

m Le croît du bétail, *pecudum accretio.*

m Surcroît, augmentation, *accessio.* de malheurs. *miseriarum cumulus.*

VERBES.

verbes au présent, &c.

Accroît, *accrescit.*
Apparoît, *videtur.*
Comparoît, *comparet.*
Connoît, *cognoscit.*
Croît, *crescit.*
Décroît, *decrescit.*
Disparoît, *evanescit.*
Méconnoît, *ignorat.*
Paroît, *videtur.*
Reconnoît, *agnoscit.*

OIT.

subst. & adj. masc.

Adroit, *dexter.* fin, *callidus.*

Ainsi soit, *sic fiat.*

Détroit, *fretum.*

Doigt, *digitus.* petit doigt, *digitulus.* sur le bout du doigt, par cœur, *memoriter, ad unguem.* à léche doigt, *stillatim.*

Droit, adj. *rectus.*

un Droit, *Jus.*

Droit, science, *Jurisprudentia.*

Endroit, *locus.* étoffe, *pars aspectûs speciosior.*

* à l'Endroit, envers, *erga.*

Etroit, *strictus.*

Exploit militaire, *facinus, expeditio militaris.*

Exploit de justice, *dica.*

Froid, *frigidus.*

pisse-Froid, mélancolique, *-icus.*

Faire froid à quelqu'un, *remissius agere cum.*

Maladroit, *parùm industriùs.*

Passe-droit, *indulgentia, relaxatio.*

m Toit de maison, *tectum.*

Plus divers temps de tous les verbes : aimoit, aimeroit, faisoit, feroit, *&c.*

OITE.

subst. & adj. fém.

Adroite, fille adroite, *callida.*

Boite, appas pour attirer la morue.

Boîte, (long) *claudico.*

vin en Boite, *vinum potui aptum.*

Coite, lit de plume, *culcitra plumea.*

Convoite, *appeto.*

Doite, terme de Tisserand pour marquer la grosseur du fil.

Droite, chose droite, *recta.*

Emboîte, (long) *includo.*

Exploite, *dicam scribo.*

Moite, *madida.*

OITRE.

Cloître, *claustrum.*

VERBES.

verbes à l'infinitif.

Accroître, *augere.*

Apparoître, *apparere.*

Comparoître, *comparere.*

Connoître, *noscere.*

Croître, *crescere.*

Décroître, *decrescere.*

Disparoître, *evanescere.*

Méconnoître, *beneficiorum acceptorum immemorem esse.*

Paroître, *apparere.*

Reconnoître, *agnoscere.*

v Reconnoître un bienfait, *gratiæ memorem esse.* une place, *locum explorare.*

De la manière que l'on prononce à présent ces verbes, on les peut rimer avec être *&* aître.

OIVE.

verb. au subj.

Apperçoive, *aspiciat.*

Boive, *bibat.*

Conçoive, *concipiat.*

Déçoive, *decipiat.*

Doive, *debeat.*

Reçoive, *recipiat.*

OIVRE.

m Poivre, nom, *piper.* blanc, *album.* broyé, *tritum.*

Poivre, fig. quelque chose de piquant, *piperatus.*

v il Poivre, *pipere condit.*

v il Poivre, il y a de la satyre, *mordicat.*

OISE. & OIZE.

subst. & adj. fém.

Amboise, ville, *Ambosia* vel *Ambacia.*

Ambroise, nom prop. *-osius.*

Ardoise, *ardosia.*

Bavaroise, liqueur chaude.

Bourgeoise, *civis.*

Cervoise, boisson, *cervisia.*

Courtoise, *civilis.*

Eloise, vieux mot, qui signifie éclair.

Framboise, fruit, *rubi Idæi morum.*

Grivoise, *meretrix.*

substantifs & adjectifs féminins.

Hollandoise (à la) *durè.*
Matoise, *callida.*
Narquoise, *recocta & vafra mulier.*
Noise, *rixa.* querelle, *contentio.* débat, *jurgium.*
Oise, riviére, *Oesia.*
Pontoise, ville, *Pontisara.*
Portugaloise, piéce d'or de Portugal.
Toise, *orgyia*, *sexpedalis pertica.*
Turquoise, pierre précieuse, *turchoïs.*
Vandoise, poisson, *vandesius piscis.*

OL.

substantifs masculins.

B-mol, terme de Musique.
Bol de casse, *bolus.* d'Arménie, *gleba Armenia.*
Capiscol, Chef *ou* Doyen de Chapitre, *Decanus*, *capituli caput.*
Caracol, *equestris in gyrum procursio.*
Col, *ou* cou, *collum.*
Dol, *dolus.*
Ecu sol, *solatus aureus.*
Entresol, *intertabulatum.*
Espagnol, *Hispanus.*
Faire à col, terme d'Eaux & Forêts, le fardeau qu'une personne emporte ellemême.
Fol, *ou* Fou, adj. *stultus.*
Flageol, vieux mot, *fistula.*
G-re-sol, clef de Musique.
Girasol, pierre précieuse, *opalus.*
Hausse-col, *subjecta collo pelta.*

substantifs masculins.

Licol, *ou* licou, *capistrum.*
Mogol, Indien, *Mogolus.*
le Grand Mogol, Empereur des Indes, *Mogolorum Imperator.*
Mol *ou* mou, adj. *mollis.*
Mouchoir de col, *strophium.*
Parasol, *umbella.*
Pol, vieux mot, *pentarium.*
Rossignol, *philomela.*
Sol *ou* Sou, monnoie, *solidum.*
Sol *ou* Soleil, or des Chymistes, *sol*, *aurum.*
Sol, note de Musique.
Tournesol, fleur, *heliotropium.*
Tournesol à faire empois, *scorpioïdes.*
Vitriol, *chalcanthum.*
Viol, *violatio.*
Vol d'oiseaux, *volatio.*
Vol, larcin, *furtum.*

OLDE.

f Solde, *stipendium.* être à la solde de, *mereri sub aliquo.*

OLE. bref.

m Acanthabole, instrument de Chirurgie, *-bolus.*

substantifs féminins.

Ancillariole, *-riolus.*
Apostole, vieux mot, *-lus.*
Archiviole, terme de Musiq.
Artériole, terme d'Anatomie, *-la.*
Astropole, ter. de Fleuriste.
Atolle, potion des Espagnols des Isles.

Substantifs feminins.

a Auréole, couronne, *-la.*
Azérole, fruit.
Babiole, *ineptiæ.* d'enfans, *crepundia.*
Bractéole, *auri ramentum.*
Banderolle, *pinna vexillaris.*
Barbacolle, *ludi magister.*
a Bénévole, *-lus.*
* Bestiole, *parvula bestia.*
Boussole, *pyxis nautica.*
Bouterolle, *baculus rotá instructus.*
Bricole, sangle, *cingulum bajulatorium.*
Bricole de paume, *pilæ obliquæ impactio.*
Bricole, fig. *frustratio.*
Camisole, *subucula.*
m Canacopole, Catéchiste qui travaille aux Indes sous les Missionnaires.
m Capitole, *-lium.*
Capriole, *agilis in sublime saltus.*
Caracole, *equestris in orbem procursio.*
Cariole, *minor rheda.*
Carmagnole, ville de Savoye, *Carmaniola.*
Carniole, Province d'Autriche.
Casserolle, *ænea paropsis.*
Caulicolle, terme d'Architecture, *cauliculus.*
Chantignole, *laterculus.*
Colle, *gluten.* de poisson, *ichthyocolla.*
—de cuir de bœuf, *taurinum.*
Colle, cassade, *stropha.*
Cocole, pour Nicole.
Console d'Architecture, *ancones, prothyrides.*

Substantifs feminins.

Coupole d'un Dôme, *cameræ fastigium.*
* Croquignole, *talitrum.*
Dariole, *cibi ac placentæ genus.*
Dévole, *nulla lusoria folia auferre.*
Diastole, *-le.*
Echaudole, v. m. *scandula.*
Echignole, fuseau de Boutonnier.
Ecole, *schola.*
Ecole, faute au jeu de Trictrac, *error.*
Entresole, *interjectum tabulatum.*
Eole, Dieu des Vents, *Æolus.*
Etole, vieux mot, *stola.*
Etudiole, v. m. *musæolum.*
Faribole, *nugæ.*
Févrole, petite féve, *fabilla.*
Fole, adj. *stulta.*
Folle, filet à prendre du poisson.
a Frivole, *-lus.*
Furolle, exhalaison enflammée qu'on voit sur mer.
Fuserolle, brochette de fer, dont se servent les Tisserands.
Gingeole, cadet la Gingeole.
Girandole, chandelier à plusieurs branches, *girandula.*
Girandole, corde de feu d'artifice, *pyrausticus funis.*
Gloriole, *-la.*
Gondole, batteau, *cymbula.*
Grolle, corneille, *cornicula, corvus.*
Hélepole, terme d'Antiq.
Hyperbole, *-le.* exagération, *superlatio.*

Substantifs masculins & féminins.

Hypocole, terme de Grammaire, le point & la virgule, *hypocolon*.
Idole, *idolum*.
Idole, sot; *stultus*.
Ignicole, qui adore le feu.
Lauréole, laurier, *laureola*.
Lithocolle, *-la*.
Malévole, malveillant, *malevolus*.
Malléole; *-lus*.
Mariole, vieux mot, *imago beatæ Virginis*.
Mausole, Roi de Carie, *-lus*.
Menole, petit poisson de mer.
Mensole; *camera tholus*.
Métropole; *-lis*.
Molle, cire mollé, *cera mollis*.
Molle, efféminée, *mollis, effeminata*.
Monopole, *-lium*.
Moucherole, oiseau, *muscipeta*.
Muzerolle de cheval, *fistella*.
Nicole, Auteur François, *Nicolaus*.
Nicole, nom de femme, *Nicolaa*.
Niole, terme d'Ecolier; *ictus*.
Norole, brioche, *crustulum*.
Obole; *-lus*.
Oniropole...
Pactole, fleuve, *-olus*.
Parabole, *parabola*. similitude, *similitudo*. allégorie, *allegoria*.
Parole, *vox, verbum*.
Passe-parole.
Pentapole, *-lis*.
Péribole, transport des humeurs sur la surface du corps.
Pétrole, liqueur bitumineuse.
* Pharmacopole, *-ola*.
Phiole, *ou* Fiole, *lagena vitrea*.
Pistole, *nummus aureus*.
Pole, *polus*. arctique, *-icus*. antarctique, *-icus*.
Profiterole, *offa subcinericia*.
Protocole; *scriptum archetypum*.
Rigole; *incile, rivulus*.
Riole, terme bas, faire la riole, se divertir.
Rissole, *minutal tostum*.
Rocambole, légume, *allium tenue*. faire la rocambole, faire bonne chère, *epulari*.
Rougeole, maladie, *rubentes pustulæ*.
Samole, plante, *samolus*.
Sole, poisson, *solea*. de navire, *planus*. terre, *solum*. de terre, *cornu equi tenerius*.
Symbole, *-lum*. des Apôtres, *Apostolorum*. de Nicée, *Nicenum*.
Systole, *-le*.
Tavayole, *tegmen linteum*.
Victoriole, *-la*.
Vérole, *morbus Venereus*.
petite Vérole, *variola*.
Viole, instrument de Musique, *lyra*.
Virevole, *ou* Dévole, terme du jeu de la Bête, *nullorum foliorum lusoriorum ablatio*.
Virole, *carchebus*.

VERBES.

verbes au présent.

Accole, *amplexor.*
Bricole, fig. *tergiversor.*
Cageole, *blandior.*
Capriole, *saltito.*
Colle, *glutino.*
Console, *-clor.*
Décolle, *deglutino.*
Désole, *devasto.* Item : *mœrore afficio.*
Dessole, *soleam eximo.*
Immole, *-olo.*
Recolle, *reglutino.*
* Rigole, *epulor,*
Viole, *violo.*
Vole, *volo.* dérobe, *furor.*
Voyez les autres verbes en oler.

OLE. long. OSLE. & AULE.

subst. & adj: masc. & fém.

Contrôle, *album.* regiſtre, *-ſtrum.*
Dôle, ville, *Dola.*
* Drôle, *facetus.* plaiſant, *lepidus.*
Epaule, *ſcapula.*
prêter l'Epaule, *adjuvare.*
Forte-Epaule, nom de Lutin.
Garde-rôle, *indicum cuſtos.*
Gaule, pays, *Gallia.*
Gaule, bâton, *pertica.*
Geole, *carcer.*
Mariaule, témoin peu digne de foi.
Mole d'un port de mer, *moles.*
Mole de femme, *mola.*
Saint François de Paule, *Sanctus Franciſcus de Paula.*
Rôle, *catalogus.* indice, *index.*

m Saule, *ſalix.*

VERBES.

verbes au présent.

Contrôle, *deſcribo acta in antigrapho.* Item : *redarguo.*
Enjaule, *phaleratis verbis duco.*
Enrôle, *conſcribo.*
Epaule, eſtropie, *mutilo.*
Epaule, ſoûtient, *fulcio.*
Miaule, crie comme un chat, *mia clamito.*

OLFE.

subst. maſcul.

Adolphe, nom propre, *Adolphus.*
Aſtolfe, nom propre, *Aſtolphus.*
Golfe, *ſinus.*

OLTE.

subst. fémin. v

Récolte de fruits, *frugum collectio.*
—faire la récolte, *fruges colligere.*
Révolte, *rebellio.*
Révolte, *rebello.*
Virevolte, *circumactus.*
Volte, danſe, *ſaltatio.*
Volte, terme d'Ecuyer, *circumactus.*

OM. & OMB.

subst. maſcul.

Nom, *nomen.*
Opium, herbe, *opium.*
Plomb, métal, *plumbum.*
à Plomb, *perpendiculariter.*
Pronom, *pronomen.*

subst. masc.

Renom, *fama.*
un Retentum, *-tum.*
Surnom, *cognomen.*
Tire-plomb, *plumbi in cuniculos ducendi rotula.*
Voyez les rimes en on.

OMBE.

substantifs féminins.

Bombe, instrument de guerre, *glans igniaria.*
Catacombe, au plur. grottes souterraines, *catacumba.*
Colombe, pigeon, *columba.*
Dombe, Principauté, *-ba.*
Hécatombe, sacrifice des Anciens, *hecatomba.*
Plombe, *plumbo.*
Succombe, *-cumbo.*
Tombe, pierre de sépulchre, *tumulus.*
Tombe, tombeau, *sepulchrum.*
Tombe, *cado.*

OMBLE.

substantifs masculins.

Comble de maison, *cacumen.* extrémité, *-itas.*
il est au Comble de ses desirs, *est in culmine optatorum.*
de fond en Comble, *funditùs.*
Comble, plein, *completus.*
pié Comble, se dit d'un cheval, *pes plenus.*

OMBRE.

m Concombre, fruit, *cucumer.*
m Décombre, au plur. *rudera.*
v Dénombre, *dinumero.*

substantifs masculins.

Hombre, jeu, *humbra.*
Nombre, *numerus.*
Nombre d'une période, *numerus periodi.*
science des Nombres, au plur. arithmétique, *arithmetica.*
les Nombres, un des cinq livres de Moyse, *liber numeri.*

v Nombre, *numero.*
f Ombre, *umbra.*
Ombre, fig. l'ame séparée du corps, *manes.*
Ombre, poisson, *thymallus.*
v Ombre, *adumbro.*
f Pénombre, terme d'Astronomie, *penumbra.*
a Sombre, obscur, *-us.* épais, *caliginosus.* ténébreux, *tenebrosus.* triste, *tristis.* mélancolique, *-icus.* temps sombre, *tempus subnubilum.* mélancolique, *tristis.*

OMME.

substantifs masculins.

Bon-homme, pour dire vieillard, *vetulus.* bon & simple, *rectus ac simplex.* & pour cocu aussi quelquefois, *curruca.*
Carcinome, *cancer.*
Cardamome, graine, *-omum.*
Comme, ainsi, *sic, ut.*
Comme, lorsque, *cùm.*
Eurynome, Dieu infernal, qui selon Pausanias, se nourrissoit de la chair des morts.
Gentilhomme, *nobilis, scutifer.*

substantifs masculins.

Gomme, *gummi.*
Hippodrome, *-mus.*
Homme, *homo.*
Lépidosarcôme, sorte de tumeur.
Lipome, loupe graisseuse.
Lithotome, instrument de Chirurgie.
Majordôme, *promus-condus.*
Pharyngotome, instrument de Chirurgie, *-mus.*
f Pomme, fruit, *malum.* capendu, *-tum.* renéte, *renetinum.* de Calvire, *Calvirium.* d'Adam, *Adamium.* d'amour, *amatorium.* d'api, *apiolum.* pomme-poire, *melapium.* saint Jean, *melimelum.* girolle sans pepin, passe-pomme, *malum spadonium.* de nouveau, de hâtiveau, *præcox.* tardive, *serotinum.* de garde, *conditaneum.* qui n'est pas de garde, *fugax.* de merveilles, *balsamine.* de pin, *pineum.* de sénateurs, *pila odoraria.*
Pomme de lit, *encarpus.*
Pomme de discorde, *pomum discordiæ.*
Prud'homme, *probus homo.*
Quatrinome, terme d'Algébre, *-mus.*
Rogomme, liqueur.
Rome, ville, *Roma.*
Sclérome, maladie, *-ma.*
Somme d'argent, *summa pecuniæ.*
Somme arrêtée d'un compte, *summarium.*

substantifs masculins.

cheval de Somme, *equus sarcinarius.*
Somme, sommeil, *somnus.*
en Somme, enfin, *tandem.*
nous Sommes, *du verbe* être, *rime avec le pluriel des noms en* omme.
Stadiodrome, terme d'Antiquité, *-mus.*
Syringotome, terme de Chirurgie.
Zigôme, terme de Médecine, *zigoma.*

VERBES.

verb. au prés.

Assomme, *neco.*
Chomme, *festum observo.*
Consomme, *consumo.*
Gomme, *gummi illinio.*
Nomme, *nomino.*
Renomme, *prædico.*
Somme, *in summum cogo.*
Surnomme, *cognomino.*

OME. long. OSME. & AUME.

substantifs mascul.

Ancylotome, instrument de Chirurgie, *-mus.*
Astronome, *-mus.*
Atôme, petit corps, *-mus.*
Axiôme, *axioma.*
Baume, arbre, *balsamum.*
Baume, grotte, *spelunca.*
f la sainte Baume, *sacra spelunca.*
Baume, drogue, *balsamum.*
Brantôme, Aut. Franç. *-mius.*
Cardamôme, plante, *-mum.*
Chaume, *stipula.*
Chrysostôme, nom propre, *Chrysostomus.*

substantifs masculins.

Cinnamôme, *-omum.*
Côme, ville, *Comum.*
—de Côme, *Comensis.*
Cosme, nom propre, *-mus.*
Deutéronome, un des cinq livres de Moyse, *-mium.*
Dôme, *tholus.*
v il Embaume, *spirat odorem.*
Epitome, abrégé, *-ome.*
Fantôme, *phantasma, larva umbratilis.*
Fantôme d'armes, *armorum species.*
Gnome, esprit terrestre selon les Cabalistes, *gnome.*
Guillaume, nom propre, *Guillelmus.*
Heaume, *galea.*
Hippodrome, cirque, *-mus.*
Jérôme, nom propre, *Hieronymus.*
Idiôme, *idioma.*
Majordôme, Maître d'Hôtel en Italie, *palatii major.*
Môme, boufon des Dieux, *-mus.*
Oeconome, *-omus.*
f Paume de la main, *vola.* jeu, *sphæristerii ludus.*
Paume, mesure, *palma.*
Pseaume, *psalmus.*
Royaume, *regnum.*
Sodôme, ville, *Sodoma.*
Symptôme, *-oma.*
Tome d'un livre, *tomus.*

OMNE. *voyez* ONNE.

OMPE.

f Archipompe, terme de Marine, *anthlia primaria.*

substantifs feminins.

Pompe, *pompa.*
Pompe à tirer l'eau, *anthlia hydraulica.*
Trompe de Laquais, *buccinula.*
Trompe d'éléphant, *proboscis.*

VERBES.

à l'ind. & subj.

Corrompe, *corrumpam.*
Détrompe, *errore expedio.*
Interrompe, *interrumpam.*
Pompe, *sentinam exhaurio.*
Rompe, *rumpam.*
Trompe, *fallo.*

OMPHE.

m Triomphe, nom, *Triumphus.*
f Triomphe, jeu, *triumphus ludus.*
v Triomphe, *triumpho.*

OMPRE.

verbes à l'infinitif.

Corrompre, *corrumpere.*
Interrompre, *interpellare.*
Rompre, *rumpere.* briser, *frangere.* déchirer, *scindere.* une chose qui tient à une autre, *abrumpere.* par le milieu, *interrumpere.* par dessous, *suffringere.*
se Rompre par éclats, *dissilire.* rompre avec quelqu'un, *ab amico discedere.* le discours, *abrumpere sermonem.* la tête, *obtundere.* l'assemblée, *consilium dimittere.* une affaire, *rem*

verbes à l'infinitif.

disturbare. les mesures, *consilia dissolvere*. l'alliance, *fœdus frangere*. ses chaînes, *se in libertatem vindicare*. la glace, *difficultates perfringere*. les escadrons ennemis, *acies hostium perfringere*. à tout rompre, tout au plus, *ad summum*.

OMPS.

Voyez divers temps & diverses personnes du verbe rompre, *& de ses composés:* romps.

Le P ne se prononce point, on les peut rimer avec les rimes en ons.

OMPTE. & OMTE. *voyez* ONTE.

ON.

substantifs masculins.

Arbillon, *assumentum corii*.
Arcanson, *resina species qua plectrum illinitur*.
Artimon, terme de Marine, *acatium*.
Attrapeminon, *hypocrita*.
Lycaon de la Fable.
Machaon.
Mahon, vieux mot, gros sol de cuivre.
On, particule, *homo*.
Phaon, nom propre.
Pharaon, Roi d'Egypte.
—sorte de jeu de cartes.

ONC. & ONG.

Adonc, adv. alors, *igitur*.
Donc, adv. *ergò*.
Onc, adv. *unquam*.

ONCE. & ONSSE.

m Alfonse, nom propre, *-sus*.
Annonce, publication de bans, *proclamatio*.
Exponce, terme de Jurisprudence, espéce d'abandonnement, *ou* déguerpissement.
m Internonce, *internuncius*.
m Nonce, *Nuncius*.

substantifs & adjectifs féminins.

Once, *uncia*. vingt-quatriéme partie de l'once, *scrupulum*. la sixiéme, *sextula*. la douziéme, *sextula dimidium*. le quart, *sicilicus*. la demie once, *semuncia*. once & demi, *sescuncia*. deux onces, *sextans*. trois onces, *triens*. quatre onces, *quadrans*. cinq onces, *quincunx*. six onces, *semis*. sept onces, *septunx* huit onces, *bes*. neuf onces, *dodrans*. dix onces, *dextans*. onze onces, *decunx*. douze onces, *libra*. d'une once, *unciarius*. de demie once, *semunciarius*. d'une once & demie, *sescunciarius*. de deux onces, *sextentarius*. de trois onces, *triuncius*. de quatre onces, *quadrantarius*. de cinq onces, *quincunciarius*. de six onces, *semissis*. de sept onces, *septunciarius*. de huit onces, *bessalis*. de neuf onces, *dodran-*

substantifs & adjectifs feminins.

talis. de dix onces, *dextentarius.* de onze onces, *decunciarius.* de douze onces, *librarius.* pesant un quart d'once, *pendens sicilicum.* once à once, *unciatim*, *singulis uncis.* petite once, *unciola.*

Once, loup cervier, *lynx.*

Pierre-ponce, *pumex.*

Quinconce, *ou* Quinconche, *quincunx.*

Raiponce, *rapunculus.*

Renonce, terme de jeu, *renunciatio.*

Réponse, *responsum.*

Réponse, herbe, *rapunculus.*

Ronce, *rubus.*

* Semonce, *invitatio.*

VERBES.

verbes au présent.

Annonce, *annuntio.*

Défronce, *explico.*

Dénonce, *denuntio.*

Enfonce, *deprimo.*

Fonce, *fundum induco.*

Fronce, *linteum in rugas cogo.* It. *frontem capero.*

Prononce, *pronuntio.*

Renonce, *renuntio*, *abdico*, *ejuro.*

ONCHE.

v Bronche, *ad cespitem impingo pedem.* It. *offendere*, *labi.*

f Conche, vieux mot, *secunda vel adversa fortuna.*

* en bonne Conche, fig. propre, bien habillé, *bene vestitus.*

v Jonche, *spargo.*

m Quinconche, plan d'arbres, disposés comme un cinq de jeu de cartes, *quincunx.*

ONCLE.

m * Froncle, *furunculus.*

m Oncle paternel, *patruus.*

—maternel, *avunculus.*

OND.

substantifs & adjectifs masculins.

Blond, *flavus.*

Bond, *saltus.*

Facond, vieux mot, *facundus.*

Faire faux-bond, *rem decoquere.*

Fécond, *fœcundus.*

Fond, *fundum.* creux en large, *latitudo.* en hauteur *ou* profondeur, *altitudo.*

Fond, terroir, *prædium.* fond d'un tableau, *media tabellæ.*

Fonds en deniers *ou* marchandises, *res*, *fortunæ*, *copia.*

Furibond, *furibundus.*

Gond, *cardo.*

Pharamond, premier Roi de France, *-dus.*

Plafond, *lacunar.*

Profond, creux, *profundus.*

Profond, sçavant, *eruditus.*

Rond, *rotundus.*

* Rond, saoul, *satur.*

Sirmond, Jésuite sçavant, *Sirmondus.*

le Sond, détroit, *Sundicum fretum.*

VERBES.

verbes au présent.

Confond, *-fundit.*
Correspond, *-det.*
Fond, *liquescit, liquat, tabescit.*
Morfond, *frigus contrahit.*
Pond, *ova edit.*
Répond, *respondet.*
Tond, *tondet.*

Voyez les rimes en on : bon, don, &c. onc, ong & ont.

ONDE.

substantifs féminins.

Almonde, mesure de Portugal, *almonda.*
Aronde, vieux mot, pour Hirondelle.
Aronde, terme de chapenterie, *incisio caudæ hirundininæ in morem facta.*
Blonde, espéce de dentelle.
Bonde, *obturamentum.*
Faconde, vieux mot, éloquence, *facundia.*
Fronde à jetter des pierres, *funda.*
la Fronde, faction, *funda.*
a Immonde, *immundus.*
l'esprit Immonde, le Démon, *spiritus immundus.*
m Joconde, nom propre, *-dus.*
Mappe-monde, carte du monde, *mappa mundi.*
m Monde, *mundus*
m le beau Monde, *politi homines.*
sçavoir son Monde, *ou* sçavoir le Monde, *urbanum esse.*

substantifs féminins.

Onde, eau, *aqua.*
Onde, vague, *unda.*
Onde d'étofe, *undula.*
Queue d'aronde, terme de fortification, *subscus.*
dame Ragonde, *domina Ragondis.*
Ronde, terme de guerre, *vigiliarum lustratio.*
faire la Ronde, *vigilias lustrare.*
Ronde, ceux qui font la Ronde, *vigiliarum lustratores.*
boire à la Ronde, *bibere alternatim.*
Rosemonde, Reine, *Rosemunda.*
* Rotonde, collet, *collare.*
Sonde de navire, *bolis.*
Sonde de Chirurgien, *specillum.*
Tire-monde, sage-femme, ce mot est bas.
Trébisonde, ville, *Trapezus.*
Yrasconde, vieux mot, *iracundus.*

Plus les féminins des noms en ond : moribond, -bonde.

VERBES.

verbes à l'indicatif & subj.

Abonde, *abundem.*
Confonde, *confundem.*
Corresponde, *correspondeam.*
Débonde, *restagno.*
Emonde, *emundo.*
Fonde, *fundo.*
Fronde, *fundâ lapides jacio.* It. *vitupero, oblatro.*
Gronde, *murmuro.*
Inonde, *inundo.*

verbes à l'ind. & subj.

Morfonde, *frigus contrahat.*
Ponde, *ova edat.*
Redonde, *redundo.*
Refonde, *iterùm liquem.* It. *reficiam, immutem.*
Réponde, *respondeam.*
Seconde, *adjuvo.*
Sonde, *tento.*
Tonde, *tondeam.*
Voyez les autres verbes en onder & ondre.

ONDRE.

a f

Flondre, petit poisson de mer.
Hypocondre, au plur. *-dria.*
Londre, ville, *Londinum.*
Londre, galère, *triremis.*

VERBES.

verbes à l'infinitif.

Confondre, *confundere.* mêler, *permiscere.* rendre confus, *pudorem incutere.* troubler, *perturbare.* prendre pour un autre, *non distinguere.*
Correspondre, *-dere.*
*Enfondre, *effringere.*
Effondre, vieux mot, *effundere.*
Fondre, *fundere.* faire fondre, *liquefacere.* se fondre, *liquari.* en larmes, *in lacrymas effundi.* fondre sur, *irruere in.* tomber en ruine, *ruere.*
Morfondre, *frigus contrahere.*
Obtondre, vieux mot, *obtundere.*
Pondre, *ponere.* des œufs, *ova edere.*

verbes à l'infinitif.

Refondre, *refundere.*
Répondre, *respondere.*
Semondre, vieux mot, *invitare.*
Tondre, *tondere.* sur un œuf, *minutissima carpere.* tout-à-fait, *detondere.* tout autour, *circumtondere.*
Tondre quelqu'un, le réduire, *domare.*

ONE. bref. & ONNE.

substantifs & adjectifs masculins & féminins.

Avone, ville, *-na.*
Alcyone, *Halcyon.*
Amblygone, terme de Géométrie, *-nus.*
Amonne, ville, *-na.*
Ancone, ville de Dauphiné, *Ancona.*
Annone, vivres, *-na.*
Antichthone, au plur. terme de Géographie, *-thon.*
Argemone, *-one.*
Automne, *autumnus.*
Barcelonne, ville, *Barcino.*
Baronne, *Baronis uxor.*
Barretone, Bonnet du Grand Maître de Malthe.
Bellone, Deesse de la guerre, *-na.*
Bonne, *bona.*
Bonne, ville d'Allemagne, *Bona.*
Bonne, ville d'Afrique, *hippo.*
Bouchonne, terme de caresse, *carissima.*
Boufonne, *pantomima.*
Braurone, ville de l'Attique, où étoit une célébre statue de Diane.
Bretonne, capote.

Substantifs & adjectifs masculins & féminins.

Carcassonne, ville, *Carcasum.*
Chaconne, air, *-nia.*
* Chifonne, *detrita.*
Chilone, *labrosus.*
Colonne, *columna.*
Cone, *conus.*
Consonne, *consonans littera.*
Couronne, *corona.* petite couronne, *corolla.* Royaume, *regnum.* Empire, *imperium.* les droits de la Couronne, *regni jura.* les meubles de la Couronne, *regia supellex.*
Crémone, ville, *-na.*
Crotone, ville...
Décagone, *-nus.*
Dodone, ville, *-na.*
Endécagone, *hendecagonus.*
Ennéagone, figure de neuf côtés, *-num.*
Friponne, subst. *nebula, mulier nequam.*
petite Friponne, *suffuratrix.*
Garonne, fleuve, *Garumna.*
Hendécagone, *-nus.*
Heptagone, *-num.*
Hérissonne, *mulier molesta.*
Hexagone, *-num.*
Isagone, terme de Géométrie, *-nus.*
Isochrone, qui a une égale durée, *-nus.*
Lionne, *leæna.*
Lisbonne, ville, *Ulisippo.*
Madelonne, pour Madelon.
Mahonne, vaisseau, *-na.*
Mangone, Maquignonne.
Microphone, *-num.*
Mignonne, *amicula.*
Monotone, chant Monotone.

Substantifs & adjectifs masculins & féminins.

Moutonne, douce, *mitis.*
Nonne, Religieuse, *sanctimonialis.*
None, au plur. Heures Canoniales, *nona.*
Oenone, nymphe, *Oenone.*
Ortonne, ville, *-na.*
Oxygone, terme de Géométrie, *acutum habens angulum.*
Paraphone, *-nus.*
Patronne, galère, *triremis prætoria.*
Patrone, protectrice, *patrona.*
* Patrone, maîtresse, *hera, domina.*
Pentagone, *-nus.*
Personne, *-ona*
Personne, pour dire Nul, est masculin, *nemo.*
Piétonne, *pedes.*
Poltrone, *ignava.*
Pouponne, *venusta.*
Quindécagone, terme de Géométrie, *-nus.*
Ramponne, au pl. Raillerie.
Ratisbonne, ville, *-na.*
Salonne, ville...
Savonne, ville...
Scardonne, ville...
Sorbonne...
Sulmonne, ville, *-mo.*
Tarragonne, ville, *-na.*
Tonne, *amplum dolium.*
Trigone, *triangulus.*
Véronne, ville, *-na.*
Vigneronne, *vinitoria.*
Zogone, au plur. Dieu des Grecs, *Zogoni.*
Zone, terme de Lapidaire & de Conchyliologie.

Voyez divers temps & diverses personnes des verbes en onner ; donne.

O N E. long. O S N E. & A U N E.

substantifs & adjectifs masculins & féminins.

Amazone, *amazon.*
Ancône, ville, *-na.*
Anémone, fleur, *-one.*
Arcaune, minéral.
Archithrône, *-thronus.*
Aumône, *eleemosyna, stips.*
Aulne, arbre, *alnus.*
Aune, mesure, *ulna.*
Ausone, Poëte latin, *-nius:*
Babylone, ville, *-nia.*
Beaune, ville, *Belna.*
v vin de Beaune, *vinum Belnense.*
f
v * Béjaune, *ou* Bec-jaune, fig. niais, *bardus.*
Breaune, sorte de toile.
Cône de Mathématiq. *-nus.*
Dodône, forêt, *-na.*
Eptagone, *-nus.*
Faune, Dieu champêtre, *Faunus.*
Gorgone de la Fable, *Gorgon.*
Hexagone, *-nus.*
Jaune, *flavus.*
Lacédémone, ville, *-dæmon.*
Latone, Déesse, *-na.*
Matrône, sage-femme, *obstetrix.* femme de qualité, *matrona.*
Octogone, *-onus.*
Pentagone. . .
Polygone. . .
Pomone, Déesse, *-na.*
v Prône, *familiaris ad populum exhortatio.*

sub. masc. & fém.

Rhône, fleuve, *Rhodanus.*
Saône, riviére, *Arar.*
Suétone, Hist. Latin, *-nius.*
Thrône, *-nus.*
Tisiphone, furie, *-ne.*
Zone, *-na.*

V E R B E S.

au présent.

Aumône, *stipem largior.*
Aune, *metior.*
Déthrône, *de solio dejicio.*
Prône, *promulgo.*

ONFE. *voyez* OMPHE.

O N F L E.

v Gonfle, *intumesco.*
f Ronfle, jeu, *ronchus.*
v Ronfle, *sterto.*

O N G E.

sub. & adj. masc. & fém.

Allonge, *additamentum.*
Axonge, *axungia.*
Eponge, *spongia.*
Longe de veau, *lumbus vitulinus.* de cuir, *lorum.* d'oiseau, *avis retinaculum.*
Mensonge, *mendacium.*
Saintonge, *Santonia.*
Songe, *somnium.*

V E R B E S.

au présent.

Allonge, *extendo, porrigo.*
Plonge, *immergo.*
Ronge, *rodo.*
Songe, *cogito.*

O N G L E.

v il Jongle, *blaterat.*

m Ongle, *unguis.* petit ongle, *unguiculus.* d'un animal, *falcula.* envie qui vient à l'ongle, *raduvia.* avoir bec & ongles, *viribus & verbis valere.*
m Petongle, *pectunculus.*

ONGRE.

m Congre, poisson, *conger.*
m Hongre, cheval, *canterius.*

ONGUE.

subst. fém.

Diphthongue, *-gus.*
Longue, adj. *longa.*
* tirer de Longue, *prolongare.*
Oblongue, adj. *-ga.*
Verte-longue, poire, *pyrum viride sublongum.*

ONNE. *voyez* ONE.

ONQUE.

Conque, coquille, *concha.*
Onque, vieux mot, *nusquam.*
Quelconque, pour Quenouille.
Quiconque, *quicumque.*
Spélonque, *-lunca.*
Tronque, *detrunco.*

ONS.

subst. masculins.

Bas-fonds, terme de Marine, *vadum, brevia.*
Fonds, *fundi.* d'argent, *pecuniæ massa.* de Baptême, *fontes baptismales.*
Mons, pour Monsieur, *dominus.*

substantifs masculins.

à Reculons, *retrò.*
à Tâtons, *manu tentando.*
Tire-fons, *evulsorium.*

Plus les pluriels des noms en on & ont : larrons, *latrones.* ponts, *-tes.*

Plus divers temps de tous les verbes : aimons, aimions.

ONSTRE. dont l'S ne se prononce point, *voyez* ONTRE.

ONSTRE. dont l'S se prononce.

m Monstre, *-trum.* prodige, *-gium.*

ONT.

substantifs & adjectifs masc.

Affront, *contumelia.*
Amont, *versùs.*
vent d'Amont, *ventus flans ab Occidente.*
Contremont, adv. *sursùm.*
Encontremont, *sursùm.*
S. Evremont, Aut. François.
Front, *frons.* qui a un grand front, *fronto.* de quel front, *quâ fronte?* qui n'a point de front, *impudens.*
Hellespont, détroit, *-us.*
v Interrompt, *-rumpit.*
Mont, montagne, *mons.*
v Ont, *habent.*
Pudibond, *verecundus.*
Piémont, *Pedemontium.*
Pont, *pons.* petit pont, *ponticulus.* de pierre, *lapideus.* de bois, *ligneus.* de cordes, *è funibus.* de bat-

subst. & adj. masculins.

teaux, *navalis.* pont-levis, *pons arrectarius.* le Pont, royaume, *Pontus.*

Prompt, *-us.* vîte, *celer.* colère, *in iram praeceps.*

Repont, vieux mot, *responsio.*

un Rodomont, *inanis jactator.*

v Rompt, *rumpit.*

Rond, *orbis.* cercle, *circulus.* petit rond, *orbiculus.* demi rond, *semicirculus.* un compte rond, *summa integra & solida.*

v Sont, *sunt.*

Surmont, vieux mot, *mustum.*

Plus divers temps de tous les verbes : font, morfond, mangeront, *&c.*

Voyez aussi les rimes en ond, onc, *&c.*

ONTE. & OMPTE.

Substantifs masculins & feminins.

Amalasonte, Reine, *-tis.*

Déesse d'Amathonte, pour dire Vénus, *Amathuntis Dea.*

Compte d'argent, *supputatio.*

Comte, dignité, *comes.*

Conte, narration, *narratio.*

Décompte, *deductio.*

Escompte, *remissio.*

Fonte, sorte de métal fondu, *aes fusile.* l'action de fondre, *fusura.*

Fonte, terme de Sellier.

Honte, *pudor.* avoir honte, *erubescere.*

Mécompte, *error in calculis.*

subst. masc. & fém.

Ponte, terme de jeu.

Prompte, *-pta.*

Refonte, action de refondre.

Remonte de Cavalerie, *equorum suffectio.*

Tonte de brebis, *tonsio ovium.*

Vicomte, *vicecomes.*

VERBES.

verbes au présent.

Afronte, *circumvenio.*

Compte, *numero.*

Confronte, *comparo.*

Conte, *narro.*

Démonte, *equo detraho.*

Domte, *domo.*

Mécompte, *erro in calculis.*

Monte, *ascendo.*

Raconte, *enarro.*

Surmonte, *supero.*

ONTRE. & ONSTRE. dont l'S ne se prononce pas.

substantifs feminins.

A l'encontre, adv. *adversùs.*

Basse-contre, *bassus-contrà.*

Contre, adv. *-trà.* vis-à-vis, *ex adverso.* à l'opposite, *è regione.*

Contre, terme de jeu, *eo contrà.*

Démontre, *demonstro.*

Haute-contre, terme de Musique, *symphonia sonus alter ab acutissimo.*

Ici-contre, adv. *hîc.*

* Malencontre, *infortunium.*

Montre de Marchand, *specimen.* échantillon, *indicium.* apparence, *species.*

d'une horloge, *horarum index*. horloge de poche, *horologium manuale*. d'une armée, la revûe, *exercitûs recensio*. la paie des soldats, *stipendium*.
v faire Montre, au fig. montrer; *ostendere*.
v Montre, *monstro*.
v Remontre; *admoneo*
f Rencontre, *occursus*. de deux armées, *conflictus*. de mots, *verborum occursus*. hazard, *casus*. occasion, *-sio*.
f Rencontre d'esprit, *acutum dictum*.
v Rencontre, *reperio*.

ONZE.

m Bonze, Prêtre Chinois, *-zus*.
Bronze, *æs*. de bronze, *æreus* vel *aneus*.
Onze, nombre, *undecim*.

OP.

m Galop, *equi cursus*.
m Syrop, *syrupus*.
Trop, adv. *nimis*.

OPE.

sub. mas. & fem.
Apocope, *abscissio*. de Grammaire, *-ope*.
Baroscope, *-pium*.
Calliope, Muse, *-pe*.
Chope, verbe, *offendo*.
Cyclope de la Fable, *-ops*.
v Développe, *volvo*.
Echope, *taberna*.
Engyscope, instrument qui fait voir les choses de près; *engyscopium*.

Ecosfia tuſſ ma, culins & feminins.

v Enveloppe, couverture, *involucrum*.
Enveloppe, *involvo*.
Esope, Auteur de la Fable, *Esopus*.
Europe, partie du monde, *-opa*.
Europe de la Fable; *-opa*.
Eutrope, nom propre, *-pius*.
Galope; v. *equi cursu feror*.
Gaupe, *fœtida*.
Héliotrope, fleur & pierre précieuse, *-pium*.
Horoscope, *-pus*. prédiction, *prædictio*, *natalitia prædicta*. tireur *ou* faiseur d'horoscope, *genethliacus*. la science des tireurs d'horoscope, *genethliologia*.
Hyssope, herbe, *-opus*.
Lycanthrope, *-opus*.
Métope, terme d'Architecture, *-opa*.
Météroscope, *-opium*.
Microscope...
Misanthrope, *hominum osor*.
Niloscope, mesure du Nil.
Nyctalope, qui voit mieux la nuit que le jour, *nyctalops*.
Pénélope, *-pe*.
Procope, Hist. Grec, *-pius*.
Salope, *sordida*.
Sinope, ville, *-pe*.
Syncope, pâmoison, *animi defectio*. terme de Grammaire & de Musique, *syncope*.
Téloscope, *-pium*.
Varlope, outil de Menuisier, *runcina*.

OPE. long.

Tôpe, tôpe à cela, *consentio, volo equidem.*

OPLE.

Andrinople, *-opolis.*
Constantinople...
de Constantinople, *Constantinopolitanus.*
m Sinople, verd, terme d'Armoirie, *prasinum.*

OPRE.

adjectifs.

Impropre, *-prius.*
Malpropre, *sordidus.*
Propre, *-prius.* particulier, *pecularis.* terme de Philosophie, *proprium.* 1. 2. 3. 4. *modo.* utilité, *utilitas.* convenable, *conveniens.* l'amour-propre, *sui ipsius amor.* propre, *aptus.* net, *mundus.* bien ajusté, *concinnus.*
Propre, t. de Droit, *proprius.*

OPCE. *voyez* OCE.

OPTE.

v Adopte, *adopto.*
m Copte, *ou* Cophte, nom de Secte, *Cophtus.*
v Opte, *opto.*

OQ. *voyez* OC.

OQUE.

m Antatoque, peuple de la nouvelle Yorck, *-toquus.*

subst. & adj. masc. & fémin.

Baïoque, monnoie, *baïocus nummus.*
Baroque, *durus.*
Bicoque, *nullius momenti oppidum.*
Brelique Breloque, *temerè.*
* Breloque, *quisquiliæ.*
Broque, terme de Jardinage, *surculi caput.*
Broque, *ou* Broquedent, terme de chasse, *dentes falcati.*
Colloque, assemblée, *consessus.* dialogue, *colloquium.*
Coque de limaçon, *concha.* de noix, *putamen nucis.* d'œuf, *testa.* de ver à soie, *bombicis tunica.* œuf à la coque, *ovum suâ testâ incoctum.* pet en coque, tour de page ou d'écolier, *jocosa fallacia.*
* Défroque, dépouille, *spolium.*
Engastriloque, qui parle de l'estomac.
Epoque, *epocha.*
Equivoque, *ambiguum verbum.*
Equïvoque, *ambiguus.*
Loque, sandale de bois.
Manoque, rouleau de tabac.
* Pendeloque, *pendulæ lacinia.*
Poque, jeu de cartes.
Réciproque, *-ocus.*
Soliloque, *-quium.*
Toque, *rugatus pileus.*
Ventriloque, *-oquus.*
Univoque, *-ocus.*

verbes au present.

VERBES.

Bloque, *aditus intercludo.* It. *typum typo suppono.*
Choque, *offendo.*
* Colloque, *-oquor.*
* Croque, *cum crepitu dentibus frango.*
Défroque, *cucullum eximo.*
Disloque, *luxo.*
Equivoque, *ambiguè loquor.*
Evoque, *evoco.*
* Excroque, *ærusco.*
Invoque, *-voco.*
se Moque, *illudo.*
Provoque, *-voco.*
Révoque, *rescindo.*
Roque, *rupem admoveo.*
Suffoque, *-oco.*
Troque, *permuto.*

OR.

substantifs masculins.

Aide-Major, *optio major.*
Almanzor, nom propre.
Appretador, ornement de tête.
Butor, animal, *asterius.* maladroit, *stolidus.*
Castor, animal, *fiber.* de Castor, *fibrinus.*
Castor, chapeau, *fibrinus pileus.*
Castor & Pollux.
Chandernagor, ville des Indes.
Chrodor, Dieu des anciens Germains.
Cor, *ou* Cors de chasse, *cornu.* sonner du cor, *cornu sonare.* qui sonne du cor, *cornicen.* cor de berger, *pastoris buccina.* à cor & à cri, *omnibus nervis.* cors de tête de cerf, *ramuli.* un cerf de dix cor, *cervus decennis.*
Cor au pié, *gemursa.*
Corridor, terme de fortification, *porticus infra fossæ labra.* longue allée d'une maison qui conduit à plusieurs chambres, *peridromus.*
Encor, adv. *adhuc.*
Essor, libre étendüe de l'air, *liberius cœlum.* prendre l'essor comme les oiseaux, *libero cœlo se permittere.* donner l'essor à son esprit *permittere habenas ingenio.* prendre l'essor, élever son style, *assurgere, stylum grandiorem affectare.* s'enfuir, *evolare.* se donner plus de liberté, *liberiùs vivere.*
Estor, vieux mot, embarras.
Etat-Major, *status major.*
For, *forum.* de conscience, *sanctius conscientiæ forum.* intérieur, *-rius.* extérieur, *-rius.*
Hector, Troyen.
Labrador, intervalle de mer, qui coupe par la moitié l'île du Cap Breton, à la réserve de 800 pas de terre.
Major, Officier d'armée, *tribuni legatus.*
Matador, terme de jeu, *mactator.*
Médor, nom propre.

Nestor,

Substantifs masculins.

Nestor, nom d'homme.
Or, particule, *at.* maintenant, *nunc.*
Or, métal, *aurum.* pur, *purum.* très-bon, *optimum.* en masse, *infectum.* en œuvre, *cælatum.* monnoyé, *signatum.* d'or, *aureus.* filé ou trait, *textile.* drap d'or ou étoffe d'or, *aureus pannus.* mêlé dans les habits, *illitum aurum vestibus.* habit tout brodé d'or, *rigens auro vestis.* de l'or ou de la monnoie d'or, *nummi aurei.* écu d'or, *nummus aureus.* pesant d'or, *pondus auri.* siécle d'or, *seculum aureum.* nombre d'or, *numerus aureus.* marc d'or, *bes auri.* de couleur d'or, *aureus.* dire d'or, bien dire, *optimè dicere.* bouche d'or, *Chrysostomus.* dire tout, ne celer rien, *audacter loqui.*
Quacheor, vieux mot, *equus bellator.*
Restor, terme de Palais, *actio subsidiaria.*
Seignor, ou Segnor, vieux mot, Seigneur.
Senhor, vieux mot, Seigneur.
Sergent-Major, *struendæ legionis magister.*
Seror, vieux mot, *soror.*
Similor, composition qui imite l'or.
Tabor, montagne.
Tambor, vieux mot, pour Tambour.

Substantifs masculins.

Tierce-major, terme de jeu de Piquet, *tertia major.*
Traitor, vieux mot, *proditor.*
Trésor, *thesaurus.* d'or & d'argent, *gaza.* public, *ærarium.* d'Eglise, *rerum sacrarum thesaurus.* des chartres, *tabularium.* de la mémoire, *memoriæ thesaurus.* enterrer son trésor, *obruere thesaurum alicubi.*
Tricolor, fleur.

ORBE.

Euphorbe, herbe, *-bium.*
Orbe, rond, *orbis.* coup orbe, *ictus in orbem.* orbe du Soleil, *solis orbis, discus.*
Tuorbe, instrument de Musique, *tiorba.*

ORC.

Porc ou pourceau, *sus.* sanglier, *aper.* entier ou verrat, *verres.* châtré, *majalis.* femelle, truie, *porca.* porc-épi, sorte de hérisson, *histrix.* du porc ou chair de pourceau, *porcina.* de porc, *porcinus.* qui trafique en porc, *suarius negotiator.* qui vend de la chair de porc, *porcinarius.*

ORCE. & ORSE.

Amorce, *esca.* appas, *illicium.* de feu, *flammæ fo-*

mes vel *ignis illicium.* de fusil, *catapultarius pulvis.* attraits, *illecebra.*

Colonne torse, *columna intorta.*

Détorse, *distorsio.*

m Divorce, *-ortium.*

Ecorce d'arbre, *cortex.* qui a une écorce, *corticatus.* qui a beaucoup d'écorce, *corticosus.* quitter l'écorce, *librum dimittere.* écorce de grenade, *mali punici corium.* écorce extérieure ou superficielle des choses, *superficies.*

Entorse, *intorsio.*

Force, vertu, *fortitudo.* du corps, *vires.* fermeté, *firmitas.* âcreté, *acrimonia.* d'esprit, *animi firmitudo.* efficacité des choses, *vis, virtus.* puissance, *vis.* quantité, beaucoup, *vis, numerus multus.*

Force, au plur. *vires.* troupes, *copia.* ciseaux, *forfices.* force bled, *magna frumenti vis.*

Jambe torse, *tibia torta.*

Retorse, *retorta.*

(*subst. féminins.*)

VERBES.

Amorce, *allicio.*

Efforce, *conor.*

Force, *cogo.*

Renforce, *firmo.*

(*au présent.*)

ORCHE.

v Ecorche, *excorio.*

m Porche, *propylaum.* vestibule, *-lum.*

f Torche, flambeau, *cerata tada, funale.*

v Torche, *tergo.*

ORD.

Abord, accès, *accessus.* entrée, *aditus.* la présence, *conspectus.* vûe, *congressus.* rude abord, *congressus asper.* du premier abord, *primâ fronte.* de facile abord, *facillimi aditûs.* abord, plage ou port de mer, *appulsus.*

d'Abord, adv. du commencement, *initio.* sitôt, *cum primùm.* dès le moment, *simul atque.*

Accord, concorde, *-ordia.* union des esprits, *consensus.* même cœur, *unanimitas.* de musique, *harmonia.* d'un instrument de musique, *sociata nervorum concordia.* pacte, *pactio.* traité de paix, *compositio.* pacte, *-tum.* consentement, *assensus.* tomber d'accord, consentir, *assentiri.*

Bord, *ora.* extrémité, *-tas.* rivage, *ripa.* de mer, *littus.* d'un fleuve, *margo.* d'un puits, *crepido.* de gazon, *gramineus margo.* d'un fossé, *labrum.* d'un pot, *poculi ora.* d'une robe, *extremum tunica.*

Bord, vaisseau, *navis.* cou-

(*substantifs masculins.*)

substantifs masculins.

rir le bon bord, *divagari.* bas bord, *lævum latus.*

Debord, vieux mot, *projectura*, *eminentia.*

Destribord, *dextrum latus.*

Discord, *-dia.* dissension, *-sio.* débat, *dissidium.*

Milord, Seigneur Anglois, *Dynastes.*

Nord, Septentrion, *-trio.* du Nord, *septentrionalis.*

Ord, vieux mot, sale, *fœdus.*

Rebord, bord avancé au dehors, *ora extrinsecùs prominens.*

Record, terme de Palais, *testimonium.*

Rougebord, verre plein de vin, *scyphus vino plenus.*

Sabord, *crena tormentaria.*

Stribord, *dextrum latus.*

Tapabord, bonnet, *pileolus nauticus.*

VERBES.

verbes au présent.

Démord, *mordicùs apprehensum dimitto.*

Détord, *evolvit.*

Mord, *mordet.*

Retord, *intorquet.*

Tord, *torquet.*

Voyez ORT.

ORDE.

m Borde, galon, *lacinia aurea*, vel *argentea.*

f Concorde, *-dia.*

f Corde, *funis.* grosse, *restis.* petite, *funiculus.* sur laquelle on danse, *funis.* de violon ou de luth, *chorda*, *fides.* nerf, *nervus.* d'un arc, *arcus*, *nervus.* de bois de chaufage, *acervus ligni in mensura compositi.* corde, mesure de bois, *ligni strues*, *vehes.* danser sur la corde, *extentis funibus currere.* danseur de corde, *funambulus.* friser la corde, *sibi exitum exitialem parare.* corde, fig. potence, *crux*, *patibulum.*

substantifs féminins.

Discorde, *-dia.*

pomme de Discorde, *pomum discordiæ.*

m Exorde, *-dium.*

Horde de Tartares, *Horda.*

Miséricorde, *-dia.*

Miséricorde, petit poignard.

Tétracorde, terme de Musique, *tetrachordon.*

VERBES.

verbes au subjonctif.

Borde, *limbo instruit.*

Démorde, *mordicùs apprehensum dimittat.*

Détorde, *evolvat.*

Morde, *mordeat.*

Retorde, *intorqueat.*

Torde, *torqueat.*

Plus divers temps & diverses personnes des verbes en order : aborde, *ad portum appello.*

ORDRE.

m Desordre, *perturbatio*, *tumultus.*

Substantifs masculins.

Ordre, *ordo.* disposition, *-tio.* de bataille, *acies instructa.* ordre, le mot, *tessera militaris.* ce qui est ordonné, *ordo.*

Ordre de Religieux, *Ordo Religiosorum.* de Chevaliers, *equitum.* Cordon bleu, *Ordo torquatorum.*

Ordre, sacrement, *sacramentum Ordinis.*

VERBES.

à l'infinit.

Détordre, *extorquere.*
Mordre, *mordere.*
Retordre, *retorquere.*
Tordre, *torquere.*

ORE. & AURE.

Substantifs masculins & féminins.

Açore, au plur. îles, *Assora.*
Acratophore, surnom de Bacchus, *-rus.*
Aglaure de la Fable, *-ra.*
Amphore, *-ra.*
Apollodore, Poëte Grec, *-rus.*
Bosphore, détroit...
Carabore, terme de relation, sorte de navire.
Cassiodore, Aut. Latin, *-rus.*
Centaure...
Cistophore, terme d'Antiquité, *-rus.*
Criophore, surnom de Mercure, *-rus.*
Dendrophore, terme d'Antiquité, *-rus.*
Diodore de Sicile, Historien Grec, *-rus.*
Ellébore, plante, *-rus.*
Flore, Déesse, *Flora.*
Frelore, vieux mot, perdu.
Frondipore, plante marine.
Galactophore, *-rus.*
Gorre, truie, *scrofa.*
Héliodore, Aut. Grec, *-orus.*
Iérophore...
* Landore, *somniculosus.*
Laure, nom, *-ra.*
Madrepore, plante qu'on trouve pétrifiée dans la mer, *-ra.*
Mandore, instrument de Musique, *-ra.*
Mandragore, plante, *-ra.*
Massore, ouvrage fait sur la Bible par quelques Rabbins, *-ora.*
Matamore.
Maure, peuple, *-rus.*
Mesore, terme de Liturgie, *intervallum inter horas canonicas.*
Métaphore, *-ra.*
Météore, *-rum.*
Minotaure, *-rus.*
More, noir, *fuscus.*
Nicéphore, Hist. Grec, *-rus.*
Oenophore, *-orum* vel *-rus.*
Oétophore, terme d'Antiq.
Palaure, vieux mot, parole, *verbum.*
Pandore, *-ora.*
Pécore, *pecus.*
Phosphore, *-rus.*
Pléthore, terme de Médecine, réplétion d'humeurs.
Pore, au plur. *pori.*
Pylore, *-rus.*
Rémore, poisson, *-ora.*
Restaure, *restauratio.*
Roquelaure, sorte de manteau.

m Saure, cheval saure, *equus fulvus.*
a Sonore, *-rus.*
f Store, natte qu'on met aux fenêtres pour empêcher le soleil, *storea.*
m Sycomore, arbre, *-rus.*
Télesphore, un des Dieux de la Médecine, *-rus.*
f Terpsicore, Muse, *-chora.*
m Théodore, nom prop. *-orus.*

VERBES.

verbes au présent.

Abhorre, *-reo.*
Adore, *adoro.*
Arbore, *expando.*
Colore, *-oro.*
Déplore...
Deshonore, *inhonoro.*
Dévore, *-oro.*
Dore, *inauro.*
Essore, vieux mot, *egredior.*
Evapore, *in vapores discutio.*
Honore, *-oro.*
Ignore...
Implore...
Incorpore, *in corpus redigo.*
Méliore, *meliorem efficio.*
Voyez les autres verbes en orer.

ORGE.

m Coupe-gorge, *infestum latrosinium.*

subst. féminins.

Forge, *ustrina.*
eau de Forge, *aqua ustrinaria.*
Gorge, *guttur.* sein, *sinus.* rendre gorge, *vomere.* au fig. *restituere.*
v couper la Gorge, *jugulare.*
m Orge, *hordeum.*
v * faire ses Orges, *multùm lucrari.*
m Rouge-gorge, oiseau, *erithacus.*

VERBES.

verbes au présent.

Dégorge, *evomo.*
Egorge, *macto.*
Engorge, *ingurgito.*
Forge, *fabrico.*
Regorge, *abundo.*
se Rengorge, *inflatur, turget.*

ORGNE.

Borgne, *cocles.*
v Eborgne, *alicui oculum effodio.*
v Lorgne, *obliquis oculis aspicio.*

ORGUE.

f Morgue, *os superbum & arrogans.*
v il Morgue, *oculis protervis spectat.*
f Orgue, *organum.*

ORLE.

m Orle, *limbus.*

ORME.

f Forme, *-ma.* Item : *norma.* It. *scamnum.*
m Argument en forme, *argumentum in forma.*
a Conforme, *consentaneus, congruens.*

substantifs & adjectifs masculins & féminins.

Corme, fruit, *sorbum.*
Difforme, *deformis, turpis.*
Enorme, *enormis, immanis.*
Forme, *-ma.* figure, *-ra.* moule, *proplasma.* modéle, *archetypon.* façon, *formula.* situation, *situs.* régle, *norma.* forme de soulier, *calcearia.* de chapeau, *pilearia.* de bas, *tibialis.* de chasseur, *venatoria.* d'Imprimeur, *typus.*
Informe, *informis, nondum absolutus.*
Mammiforme, terme d'Anatomie, *-ormis.*
Orme, arbre, *ulmus.*
Plateforme, *agger terreus.*
Réforme, *-matio.*
Rétiforme, terme d'Anat.
Scutiforme, terme d'Anatomie, *scutum.*
Théïforme.
Uniforme, *consimilis.*
Vorme, ville, *Vormatia.*

VERBES.

verbes au présent, &c.

Conforme, *-mo.*
Difforme, *deformo.*
Dorme, *dormio.*
Endorme, *somnum faciat, consopiat.*
Forme, *-mo.*
Informe, *-ormo.* It. *edoceo.*
s'Informe, *quærit.*
Réforme, *emendo.*
Transforme, *-ormo.*

ORNE.

f Borne, *limes.*

subst. & adj. masc. & fém.

Bigorne, *incus bigornis.*
Capricorne, *-ornus.*
Corne, *cornu.*
Cromorne, instrument de Musique, *tubus longior canorus.*
Escorne, *probrum.* de l'Italien *scorno.*
Licorne, animal, *monoceros.*
Litorne, oiseau.
Malitorne, vieux mot, *ineptus.*
Morne, *tristis.*
lance Morne, *lancea obtusa.*
Sorne, terme de Forge.
Viorne, arbrisseau, *viburnum.*

VERBES.

verb. au prés.

Borne, *termino.*
Corne, *cornu cano.*
Ecorne, *cornu infringo.*
Orne, *orno.*
Suborne, *-orno.*

ORPS. *voyez* ORS.

ORQUE.

m * Orque, enfer, *orcus.*
m Orque, monstre, *orca.*
f Remorque de vaisseau, *remulcatio.*

verb. au prés. & à l'in.

Extorque, *-queo.*
Remorque, *remulceo.*
Retorque, *-queo.*

ORRE.

Clore, *claudere.*
Eclorre, *excludere.*
Forclorre, terme de Palais,

præscriptione temporis excludere.

ORS. & ORPS. car le P ne se prononce pas.

subst. & adj. masc.

Alors, *tunc.*
* Boute-hors, *sermonis facilitas.*
Cahors, ville, *Cadurcum.*
Corps, *corpus.*
Corps d'Etat, d'armée, de ville, &c.
Dehors, *foràs.*
Détors, *extorsus.*
Estors, vieux mot, *conflictus.*
Fors, vieux mot, *præter.*
Gabords, terme de Marine.
Hors, *extrà.*
Juste-au-corps, *vestis* vel *tunica astrictior.*
Lors, *tunc.*
Mors de cheval, *camus.*
Recors, *testes.*
Remors de conscience, *conscientiæ stimulus.*
Taribords, petits hommes sauvages, habitans des montagnes de Madagascar.
Tors, adj. *intorsus.*

VERBES.

verbes au présent.

Démors, *morsum relinquo.*
Détors, *convolutum evolvo.*
Dors, *dormio.*
Entors, *intorqueo.*
Mors, *mordeo.*
Sors, de Sortir, *egredior.*
Tors, *torqueo.*

Plus le pluriel des noms en or, ord & ort : thrésors, bords, ports.

ORSE. *voyez* ORCE.

ORT.

subst. & adj. masc.

Accort, *commodus.*
Confort, vieux mot, *consolatio.*
Déconfort, *afflictio.*
Effort, *conatus.*
Fort, *-is.*
Fort d'un bois, *opacitas sylvæ.* forteresse, *arx.* d'une boule, *globuli pars ponderosior.*
f la Mort, *mors.*
Mort, *mortuus.*
un Mort, *cadaver.*
Passeport, *salvus conductus.*
Port de mer, *portus.* asyle, *asylus.* voiture, *vectura.*
Port de lettre, *vecturæ epistolæ pretium.*
Raifort, plante, *raphanus.*
Rapport de bouche, *ructus.* de procès, *litis relatio.*
terre de Rapport, *terra fertilis.*
Réconfort, *solamen.*
Renfort, *auxiliares copiæ.*
Ressort d'arme, *elaterium.*
Ressort, ce qui anime, *incitamentum.*
Ressort, jurisdiction, *jurisdictio.*
v il Ressort, *jus postulat.*
Rochefort, ville, *Rupifortium.*
v Sort, de Sortir, *egreditur.*
Sort, destin, *fatum.*
Sort de magie, *sortilegium.*
jetter au Sort, *sortem mittere.*

subst. & adj. masc.

Tort, *injuria.*
faire Tort, *injuriâ afficere.*
avoir Tort, *esse in culpâ.*
à Tort, adv. *injustè.*
Transport de dette, *transcriptio.*
—de marchandise, *vectio.*
Transport, passion, *animi impotentia.*

Voyez les rimes en ord.

ORTE.

substantifs & adjectifs féminins.

Accorte, *commoda.*
Aorte, artère, *aorta.*
Cloporte, insecte, *multipeda, porcellio.*
Cohorte, *cohors.*
Colle forte, *gluten taurinum.*
Escorte, *comitatus.*
il Escorte, verbe, *comitatur.*
Fausse-porte, *pseudothyrum.*
Feuille-morte, couleur, *frondis emoriendis color.*
Forte, *fortis.*
Main-morte, *servilis.*
gens de Main-morte, *homines serviles.*
Main-morte, jeu d'enfant.
Morte, *mortua.*
Porte, *janua.*
Porte, cour du Grand Seigneur, *Sultani aula.*
v il Porte, *fert.*
v qu'il Sorte, *egrediatur.*
Sorte, genre, *genus.* espéce, *species.* maniére, *modus.* gens de cette sorte, *hujus generis homines.* de sorte, *ità.* de cette sorte, *sic.* faire ensorte que, *efficere ut.* faites ensorte, *da operam ut.* de la sorte, *hujuscemodi.*

VERBES.

verbes au présent & à l'impératif.

Apporte, *affero.*
Avorte, *abortum patior.*
Comporte, *me gero.*
Conforte, *corroboro.*
Déconforte, *animum frango.*
se Déporte, *re aliquâ absistit.*
Emporte, *aufero.*
Exhorte, *-ortor.*
Importe, *refert.*
Porte, *fero.*
Rapporte, *refero.*
Reconforte, *vires reficio.*
Supporte, *tolero.*
Transporte, *transfero.*

Voyez les autres verbes en orter.

ORVE.

f Morve, *mucus.*

ORZE.

Quatórze, *quatuordecim.*

OS.

subst. & adj. masc.

Amnios, terme d'Anatom.
Amos, Prophéte.
Argos, ville.
Atropos, Parque, fém.
Avant-propos, *præfatio.*
Campos, *induciæ.*
Caros, terme de Médecine.
Chégros, *linum sutorium.*
Clos, qui est fermé, *clausus.* lieu fermé, *septum.* de vigne, *septum vineæ.*

subst. & adj. masc.

v Clos, *claudo.*
Cocos, fruit.
Colchos, pays.
Custodi nos.
Dispos, agile, *agilis.* sain de corps, *rectè affectus.*
Dos, *dorsum.* derriére, *tergum.* donner à dos à quelqu'un, *contra aliquem stare.* avoir à dos, *adversum habere.* échine du dos, *spina dorsi.* donner à dos, fig. médire en l'absence, *absentis famam lædere.* tourner le dos, fuir, *fugere.*
Eclos, *excludo.*
Enclos, ceint, *cinctus.* enfermé, *septus.* enceinte, *ambitus.* clôture, *sepimentum.* lieu clos, *conseptum.*
v Enclos, *includo.*
v Forclos, *excludo.*
Gros, poids, *dragma.* monnoie de six blancs, *sestercius Francicus.*
un Gros de cavalerie, *agmen equitum.* de l'armée, *exercitûs summa.*
Gros, épais, *crassus.* en gros, *summatim.*
Héros, *heros.*
Impôts, *subsidia.*
Lemnos, île.
Lesbos, île.
Los, vieux mot, *laus.*
Minos, Juge d'Enfer.
Molinos, hérésiarque, chef des Quiétistes.
Nescio vos, terme de refus.
Nos, *ou* Noues, tripes de morue salée.

subst. & adj. masc.

Os, *os.* petit os, *ossiculum.* d'os, *osseus.* qui n'a point d'os, *exos.* ôter les os, désosser, *exossare.* saillie d'os, *ossis processus.* bout d'os, *condylus.* careau d'os, *cotyle.* os après os, *ossiculatim.* faire vieux os, *diù vivere.* sur os de cheval, *ossis equini cervix.*
Propos, *propositum.* discours, *sermo.* avant-propos, *præludium.* de propos délibéré, *consultò.* à tout propos, *quâlibet occasione datâ.* à propos, *aptè.* mal-à-propos, *intempestivè.*
Quandros, pierre précieuse.
Quocolos, pierre transparente & semblable au marbre.
Repos après le travail, *requies.* paix, *pax.* sommeil, *somnus.* loisir, *otium.* tranquillité, *-tas.*
Samos, île.
Sandastros, pierre précieuse, *garamantites.*
Tarots, jeu, *foliorum lusoriorum species.*

Voyez le pluriel des noms en o, ot, ost : échos, sots, dépôts, *& les rimes en* aux.

OSE. *voyez* OZE.

OSSE. *voyez* OCE.

OSME.

Macrocosme.
m Microcosme, petit monde *ou* l'homme, *-mus.*

OSME. dont l'S ne se prononce point, *voyez* OME. long.

OSNE. *voyez* ONE.

OSSE. bref. & OCE.

subst. & adj. fém.

Ankyloglosse, vice du filet de la langue, *-ossum.*
Atroce, *atrox.*
Basioglosse, muscle, *-ossus.*
Bosse, *gibbus.* en bosse, *anaglyphus.* bossette d'un bouclier, *umbo.* corne qui commence à pousser aux bêtes, *subula.* en sculpture, *eminentia.*
Bosse, mesure de sel.
Brosse, *scopula.*
v Brosse, *detergo.*
m Carrosse, *rheda.* à deux chevaux, *bigæ.* à quatre, *quadrigæ.*
m Colosse, *-ossus.* fig. grand, *colosseus.*
Cosse de pois, *siliqua.*
Crosse d'Evêque, *pedum.*
Crosse à crosser, *recurvus baculus.*
v Crosse, *baculo recurvo pulso.*
Ecorce, *cortex.*
v Ecorce, *excortico.*
Ecosse, pays, *Scotia.*
Féroce, *ferox.*
Génioglosse, muscle, *genioglossus.*
Hypoglosse, terme d'Anatomie, nerf, *hypoglossus.*
Malbosse, *nodus major* vel *anthrax.*
Molosse, *-ossus.*
Négoce, *-otium.*
f Nôce, au pluriel, *nuptiæ.*
Quiosse, terme de Tanneur.
m fruit Précoce, *præcox.*
Rosse, *equus tardus.*
m Sacerdoce, *-otium.*

OSSE. long. AUCE. & AUSSE.

substantifs & adjectifs féminins.

Beauce, pays, *Belsia.*
Chausse, au pluriel, *tibiale.* d'hypocras, *saccus turbinatus.*
haut de Chausse, *braccæ.* bas de Chausse, *tibialia.*
* Endosse, peine, *pœna.* charge, *onus.* fatigue, *defatigatio.* incommodité, *incommodum.*
Fausse, *falsa.*
Fausse, mauvaise, *mala.*
Fosse, *fossa.* pour la chasse, *fovea.* pour planter, *scrobs.* où l'eau s'arrête, *lacuna.* plein de fosses, *lacunosus.* fosse aux cables, *rudentum apotheca.* fosse au lion, terme de Marine, *minutioris instructûs nautici apotheca.*
Grosse, *crassa.* femme grosse, *prægnans mulier.* grosse de contrat, *scriptura luculentior.* de terrier, *codex censualis.*
Hausse de soulier, *fartum calceariæ soleæ.*
Sausse, *condimentum.* tremper dans la sausse, *intingere conditurâ.*

VERBES.

verbes au présent, &c.

Chausse, *calceo.*
Déchausse, *excalceo.*
Endosse, *loricam induo.*
Engrosse, *gravido.*
Exausse, *exaudio.*
Exhausse, *exalto.*
Fausse, *fallo.*
* se Gausse, *jocor.*
Hausse, *attollo.*
Sausse, *in embammate intingo.*

OST. *voyez* OT.

OSTE. dont l'S ne se prononce point, *voyez* ôte.

OSTE. dont l'S se prononce.

Acoste, *congredior cum.* v
Anagnoste, *-tes.*
Aposte, *appono.* v

substantifs masculins & féminins.

Arioste, Poëte Italien, *-tus.*
Holocauste, *-tum.*
Hypocauste. . .
Périoste, *-osteon.*
Poste, *cursus publicus.* cheval de poste, *veredus.* une poste, *veredi decursio.* la poste, le lieu où l'on tient les chevaux de poste, *veredorum stabulum.* la Poste, le lieu où l'on tient les Postillons, *veredariorum statio.* une poste, espace de deux lieues, *quatuor milliaria.*
Poste, courrier, *veredarius.* maître des postes, *veredariorum præfectus.* poste, terme de guerre, *statio.* poste avantageux, *locus opportunus.* désavantageux, *incommodus.* courir la poste, *veredis uti.* poste de plomb, *glans plumbea.* poste, condition, *-tio.*
Poste, terme de jeu, *sedes.* prêter à poste, prêter de l'argent aux joueurs, *aleatoribus commodare.*
Poste, *colloco.* v
Riposte, coup de pied d'un cheval, *recalcitratio.* donner la riposte, rendre la pareille, *par pari referre.* riposte, terme d'escrime, *ictûs in adversarium illatio.*
Riposte, *par pari refero.*

O T.

substantifs & adjectifs masculins.

Abricot, *Armeniacum malum.*
Angelot, fromage, *parvus caseus.*
Annédot, au plur. Divinités des Chaldéens.
Arbrot, terme d'Oiseleur.
Arcot, espéce de Serge.
Archerot, *jaculator.*
Argot, terme de Jardinier, *lignum succo destitutum.*
Argot, ou Ergot, *unguis posticus.* talon, *calcar.* ergot d'un coq, *galli postica falcula.* de cheval, *subnatum ad suffraginem equinam cornu.* se dresser sur ses ergots, *vehementiùs insurgere.*

Subſtantifs & adjectifs maſculins.

Aſtarot, Démon.
Barberot, *tonſor rudis & imperitus.*
Bardot, *mulus puſillus.*
Baricot, fruit de Madagaſcar.
Baſſicot, inſtrument dont on ſe ſert dans les Ardoiſiéres.
Bergerot, petit berger.
Berlingot, Berline coupée.
Bigot, ſuperſtitieux, *-ioſus.* hypocrite, *pietatis ſimulator.*
Billot, *truncus.* Item : gros livre.
Bimbelot, *crepundia.*
Bromot, plante.
Brûlot, *incendiaria navis.*
Cablot, terme de Marine, *retinaculum.*
Cacharot, poiſſon cétacée.
Cachot, *crypta.*
Cagot, Bigot, *nimiæ & affectatæ religionis homo.*
Cahot de charrette, *rhedæ ſubſultatio.*
Callot, morceau de bois pour caler une piéce de charpente.
Calot, graveur, *calotus.*
Camelot, *textum caprinum.* goffré ou ondé, *undulatum.* pommelé, *ſcutulis diſtinctum.*
Canot, *linter.*
Capot, petite toque, *galerus.* qui eſt capot au jeu, *qui nullum tulit punctum.*
Cavalot, terme d'Artillerie.
Chabot, poiſſon, *capitatus gobio.*
Charriot, *currus.*
Chicot, *radix reſidua.*

Subſtantifs & adjectifs maſculins.

Clergeot, vieux mot, petit clerc.
Complot, conjuration, *-io.* conſpiration, *-io.* de complot, *ex compacto.*
Contre-ſanglot, *retinacula ephippiariorum cingulorum.*
Coquelicot, fleur, *erraticum papaver.*
Cuiſſot de chevreuil, *capreæ coxa.*
Culot, *fuſuræ catinus.*
Dévot, *pius.* religieux, *-ioſus.* faux dévot, bigot, *falsò pius.*
Diablezot, exclamation.
Dot, *dos.* de dot, *dotalis*
Ecalot, mot provincial, *nux.*
Ecot, *ſymbolum.*
Eſcarbot, inſecte, *ſcarabæus*
Eſcargot, limaçon, *limax, cochlea.*
Fagot, *virgultorum faſcis.*
Falot, flambeau, *laterna.*
Falot, injure, *ſtolidus.*
Falot, eſprit folet.
Flibot, navire, *navis oneraria minor.*
Flibot, terme de Charpentier.
Fouille-au-pot.
Garot, *commiſſura humeri & colli.*
Garot, vieux mot, *jaculum.*
Gaſparot, eſpéce de poiſſon.
Gigot de mouton, *vervecis femur.* ſe dit au plur. pour les genoux, *genua.*
Godenot, marionette, *imaguncula.* figure mal taillée, *effigies inſulſa.* injure, difforme, *-mis.*
Got, *Gothus.*

Substantifs & adjectifs masculins.

Goulot, *rostrum, os.*
Grelot, *crotalum.*
Guignot, mot Bourguignon.
Halot, terme de Chasse, *cunicularium.*
Haricot, légume, petite féve, *fabula alba.* ragoût; *condimentum ex napis.*
Huguenot, *Calvini sectator.*
* Jabot, *ingluvies.*
Javelot, *pilum, spiculum.*
Idiot, *idiota.* homme sans lettres, *homo illiteratus.*
Jeannot, diminutif de Jean.
Jovanot, jeunet, *juvenis.*
Indévot, *irreligiosus.*
Islot, diminutif du mot île, *parva insula.*
Lairot.
Lancelot, Auteur François, *Lancelotus.*
*Larigot, flûte, *fistula.* boire à tire-larigot, *bibere opiparè.*
Lingot, *massa,* petit lingot, *massula.* moule à jetter les métaux fondus, *teres proplasma ærarium.* piéce de métal jetté en lingot, *fusilis æris cylindrus.*
Linot, *linarius.*
Loriot, oiseau, *galbulus.*
Lot, *pars.*
Lutrigot.
Machicot.
* Magot, injure, *difformis.* gros singe, *simius major.* trésor, *thesaurus.*
Maillot d'enfant, *fasciæ.*
Manchot, *mancus.*
Margot, *Margarita.*
Margot, *pica.*

Substantifs & adjectifs masculins.

Marmot, *cercopithecus,* vel *imago deformis.*
Marot, Poëte Franç. *-tius.*
Masticot, couleur, *color luteus.*
Matelot, *nauta.*
Mélilot, herbe, *-us.*
Mercelot, *ou* Mercerot, *tenuis mercator.*
Mignot, enfant gâté.
Minot, *quadrans sextarii.*
Miquelot, *peregrinus Sancti Michaëlis.*
Mot, parole, *vox.* à deux ententes, *verbum ambiguum.*
bon Mot, *dictum salsum.* du guet, *tessera militaris.*
prendre au Mot, *conditiones accipere.*
Muchetanpot, à la Muchetanpot, *clàm.*
Mulot, animal, *mus agrestis.*
Mirlirot, j'en dis du Mirlirot, *nihili facio.*
* Nabot, *pumilio.*
No, vieux mot, à No, pour à nage, *natatu.*
Ost, vieux mot, *exercitus.*
Ostrogot, *Ostrogothus.*
Paletot, espéce de juste-au-corps Espagnol, *palla.*
Palinot.
Palot, paysan, *rusticus.*
Paquebot, vaisseau, *tabellaria navis.*
Parpaillot, *Calvini sectator.*
Pavot, plante, *papaver.*
Philippot, dim. de Philippe.
Picot de dentelle, *tæniæ denticulus.*
Pié-bot, *pes contortus.*

subst. & adj. masc.

Pilot, *salis cumulus.*
* Piot, le vin, *vinum.*
Pivot, *cardo turbinatus.*
Pirot, oison, *anserculus.*
Pot à mettre quelque chose, *poculum.* petit pot, *pocillum.* vase, *vas.* petit vase, *vasculum.* à l'eau, *aqualis.* à mettre du vin, *vinarium.* au lait, *sinum lactis.* au feu, *olla.* marmite, *cacabus.* pot d'airain, *vas æreum.* de cuivre, *cupreum.* de terre, *fictile.* de chambre, *matula.* petit pot de chambre, *matella.* le pot de vin, les épingles, *corollarium.* un pot de vin, *vas vini plenum.* pot en tête, *galea.* mettre le pot en tête, *galeare se.* qui est à pain & à pot, *focarius.* pot à l'huile, *olla olearia.* à confiture, *olla condimentaria.* mesure de vin, *hemina*, *sextarius.* à distribuer le vin, *œnophorum.* tourner autour du pot, *tergiversari.*
Pouliot, *pulegium.*
Poulot, enfant, *infantulus*, *puerulus.*
Principiot, petit Prince.
Quillot, mesure de Smyrne pour les grains.
Rabot, *rutrum.*
Ragot, petit homme, *homuncio.* nain, *nanus.* court, *brevis.* cheval bas & ramassé, *humili & corpulentâ staturâ equus.*
Rhinocérot, animal, *rhinoceros.*

subst. & adj. masc.

Rot, *ructus.*
Sabot, plante, *calceolus.*
Sabot, chaussure de bois, *calceus ligneus.*
Sabot, corne du pied de cheval, *cornu equini pedis.* de Cordier, *lignum striatum.*
Sabot, toupie à jouer, *turbo.*
Salicot, *salicornia.*
Sanglot, *singultus.*
Sarot, *ou* Sarrau, habit de Paysan ou de Roulier.
Sercot, *ou* Secot, chemisette.
* Sibilot, qui fait rire, *histrio.* qui parle du ventre, *ventriloquus.*
Sot, *stultus.* fat, *ineptus.* absurde, *-dus.* fort sot, *perabsurdus.* ridicule, *-lus.*
Stradiot, vieux mot, soldat, *miles.*
Subrécot, *ultra collectam.*
Surot, *callus.* auprès du genou d'un cheval, *callus ad equi genu.*
Syrop, *syrupus.*
Tarot, jeu, *lusoriorum foliorum ludi species.* basson, *major tibia soni gravioris.* gros violon, *gravis decumana fidis.*
Tiennot, dim. d'Etienne, *Stephanulus.*
Tripot, jeu de paume, *sphæristerium.* cette affaire est de mon tripot, *res vertitur in meo foro.*
Trot de cheval, *gradus equi succutientis.*
Turbot, poisson, *rhumbus.*
* Vieillot, *vetulus.*

Substantifs & adjectifs masculins.

Visigot, *Visigothus.*
Vitelot, au plut. *massa dulciaria.*
Yvetot, Bourg de Normandie.
* au Diable-Zot, proverbe, *minimè.*

OT. long. ou OST.

Aussitôt, *statim.*
Bientôt, adv. *jam.*
Dépôt, *depositum.*
Entrepôt, *interpositio.*
Impôt, *tributum.*
Prévôt, *tribunus capitalis.* des Maréchaux, *castrensium præfectorum.* dans un Chapître, *præpositus.* des Marchands, *præfectus mercatorum.* de sale, *lanista ludi præpositus.*
Rôt, *assa caro.*
Suppôt, *suppositum.*
Tantôt, il n'y a pas longtemps, *modò, paulò antè.* par fois, *modò.*
Tôt, adv. *citò.*

Plus quelques temps du verbe clorre *& ses composés:* clôt.

Voyez aussi les rimes en aut *&* aud.

OTE.

Substantifs & adjectifs feminins.

Amadote, poire, *pyrum amadotum.*
f Anecdote, *-tum.*
f Antidote, *-tum.*
f Archibigote, *pietatis archisimulatrix.*
f Aristote, Philosophe, *-teles.*
Ballote, petit bulletin *ou* pois.
Barbelote, *rana fontium.*
Barbote, poisson, *rhumbulus.*
Bergamote, poire, *pyrum Bergamium.*
Bergerote, petite Bergère.
Bigote, *pietatis simulatrix.*
Botte à botter, *ocrea.* de foin, de paille, *manipulus.* attaque, coup, *petitio.* porter une botte, *petere aliquem gladio.* quantité, *multitudo.* j'en ai une botte, *multam copiam habeo.*
* Bourguignote, *galea.*
à la Bourguignote, *Burgundinorum morè.*
Calote, *pileolus.* on donne aussi ce nom à un régiment idéal des fous.
Candiote, sorte d'anémone.
Capote, mante de femme.
Carote, herbe potagère, *pastinaca sativa.* on dit aussi carotte de tabac.
Chenevote, *canabinus calamus.*
Compatriote, *popularis.*
Compote, *conditura frugum vel carnium.*
m Cote, taxe, *descriptio tributaria.* somme taxée, *descriptum caput.* cote-part, *æs capitis.* cote d'armes, *militare sagum.* de maille, *hamatus thorax.* chef d'armes, *paludamentum.*
Cote, terme de Palais, *citatio.* cote de femme, *tunica muliebris.*
Crocote, animal des Indes.

subst. & adj. fém.

Crocote, *ou* Crocoton, habit ancien, *-ton.*
Crote, boue, *luium.* de poule, *gallinaceus fumus.*
Culote, *bracca.*
Dévote, *devota.*
Dicrote, récurrent, *recurrens.*
Echalotte, *ascalonia.*
Epiglotte, *-ottis.*
Fiévrote, petite fiévre, *febricula.*
Flote, *classis navalis.*
Galiote, *minoris modi navigium.*
* Gargote, *caupona.*
Gavote, danse, *saltationis species.*
Gelinote, *gallina.*
Gibelote, fricassée.
Griote, cerise, *acidulum cerasum.*
Grotte, *spelunca.*
Hérodote, Hist. Grec, *-tus.*
m Hôte, (long) *hospes.*
m Hotte, *sporta dossuaria.*
Huguenote, terrine, *cymbium fictile.*
Huguenote, Calviniste, *Calvini sectatrix.*
Idiote, *illiterata.*
Ilote, esclave des Lacédémoniens, *-tes.*
Izelotte, monnoie de l'Empire, qui vaut environ 36 sols de France.
Linote, *linaria.*
Main-pote, *manus mutila.*
Maltôte, *tributum.*
* Manchote, *manca.*
Marcote, *vivi radix.*
Marmote, animal, *simia.* injure, *deformis.*

subst. & adj. fém.

* Marote, folie, *stultitia.* espéce d'image ridicule, *ridiculum sigillum.* servir de marote, *esse ludibrio.*
Masselotte, *metalli reliquia.*
Matelote, ragoût de poisson, *piscium conditura.*
Melotte, peau de brebis avec la laine.
Menote, *ferrea manica.*
Mi-côte, (long) *medius clivus.*
m Mont-pagnote, *mons ignavus.*
Mote de terre, *glebula.* petite montagne, *monticulus.*
* Nabote, *nana.*
Note de Musique, *nota.* d'infamie, *infamia nota.*
Oupelotte, racine d'une plante.
Pagnote, poltron, *ignavus.*
Palotte, pour Paulette, *tributum annuum Pauletanum.*
Papillote, paillette d'or ou d'argent, *paleola aurea vel argentea.* de cheveux, *capillorum glomeratio.*
Patriote, compatriote.
Pelote, bale, *sphærula.* peloton, *globulus.*
Picote, nom Provincial, pour la petite vérole.
bible Polyglotte *ou* en plusieurs langues, *Biblia polyglotta.*
Prote, terme d'Imprimerie.
Quenotte, terme populaire, *dentes lactis.*
Ravigote, espéce de sauce.
Redingote, mot Anglois, depuis peu Francisé.

Riote, débat, *jurgium.* contention, *-tio.* querelle, *rixa.*
Rote, jurisdiction de Rome, *Rota Romana.*
auditeur de Rote, *Rota auditor.*
Rote, baguette pliante.
Russiote, *lingua Russica.*
Sote, *stulta.*
Trote, *via spatium.*
Veillote, *parvus fœni cumulus.*
* Vieillote, femme vieillote, *vetula mulier.*

VERBES.

Baisote, *basito.*
Balote, *jacto.*
* Barbote, *aquam rostro agito.*
Bote, *ocreas induo.*
Cahote, *subsulto.*
Chevrote, *irrito.*
* Chipote, *hæsito.*
Complote, *conspiro.*
Cote, *noto.*
Crote, *luto aspergo.*
Débote, *ocreas exuo.*
Décrote, *lutum detergo.*
Dénote, *denoto.*
* Dorlote, *mollius curo.*
Dote, *doto.*
Emmaillote, *in cunabulis colligo.*
Fagote, *in fasces cogo.*
Flote, *fluctuo.*
Frote, *frico.*
Garote, *vinculis constringo.*
Grignote, *rodo.*
Marmote, *mutio.*
Note, *noto.*
Numérote, *numero noto.*
Pelote, *laneâ pilâ datatim ludo.*
Picote, *densè compungo.*
Rabote, *runcinâ polio.*
Radote, *deliro.*
Rote, *eructo.*
Sabote, *turbinem verso.*
Scote, terme de Capucin, *vestimenta purgo.*
Tricote, *reticulatim fila texo.*
Tripote, *misceo.*
Trote, *concurso.*

OTE. long. OSTE. & AUTE.

Argonaute de la Fable, *Argonauta.*
Côte, *os*, *costa.* petite, *costula.* colline, *collis.* de mer, *ora maritima.*
donner à la Côte, faire naufrage, *in ora naufragium facere.*
Côte-à-côte, *ad latus positus.*
Faute, *error.*
* à Faute, adv. *eò quòd non.*
Garde-côte, *orâ maritimæ præsidium.*
Haute, *alta.*
Maltôte, impôt, *vectigal.*
Ote, *aufero.*
Pentecôte, *-coste.*
Plaute, Poëte Latin, *-tus.*

OTRE. long. OSTRE. & AUTRE.

Apôtre, *Apostolus.*
un bon Apôtre, *lepidum caput.*

substantifs & adjectifs masculins & fém. v

Autre, *alter.*
Epeautre, bled, *zea.*
Nôtre, *noster, ra, um.*
le Nôtre, habile pour le Jardinage.
* Patenôtre, *oratio Dominica.* gros grain du chapelet, *majus rosarii granum.*
Patenôtre, terme de Voiturier.
* aux Peautres, au Diable, *ad patibulum.*
Speautre, métal, *metallum impurum.*
il se Veautre, *in cœno se agitat.*
Vôtre, *tuus, a, um.*

O U.

substantifs & adjectifs masculins.

Abouchouchou, sorte de drap.
Acajou, *acajorium.*
Alpiou, terme de jeu.
Bajou, terme de Charpentier.
Banbou, bois, *bambœsium lignum.*
Bijou, *mundus muliebris.*
Bourdalou, étoffe, cordon de chapeau.
Boutou, arme des Caraïbes.
Brise-cou, *locus lubricus.*
Brou.
Cachou, *Kaius.*
Cagou, terme bas, *sordidus.*
Caillou, *silex.* petit caillou, *siliceus.* plein de cailloux, *calculosus.*
Calambou, bois, *calambovium lignum.*
Carcajou, animal de l'Amérique.
Caribou, *cervus Canadensis.*
Casse-cou, *colli frangibulum.*
Chou, légume, *brassica.* cabus ou pommé, *capitatus caulis.* frisé, *brassica crispa.* à cotons, *crambe.* choufleur, *brassica apiana.* rejettons de chou, *caulium cima.* chou de pâtissier, *globuli pistorii.*
Clou, *clavus.* petit clou, *clavulus.* à crochet, *hamatus.* à tête, *capitatus.* gros, *trabalis.* apostume, *clavus.*
Collinhou, vin qui croît en Normandie dans le pays de Caux.
Corfou, île, *Corcyra.*
Cou, col, *collum.* couper le cou, *decollare.* sauter au cou, *in amplexum ruere.*
mouchoir de Cou, *strophium.*
Coucou, oiseau, *curruca.* injure, *curruca.*
Filou, *depeculator.*
Fou, insensé, *insanus.*
Garde-fou, *peribolus.*
Genou, *genu.* instrument de Mathématique, *genu mathematicum.* terme d'Horlogerie.
* Glouglou, *ampula diffundentis sonus.*
* Grigou, injure, *mendicus.*
Grippe-sou, *assium corrasor.*
* courir le Guildou, *divagari, scortari.*
Haussecou, *subjecta collo pelta.*
Hibou, *bubo.*
* vieille Houhou, *vetula difformis.*

substantifs & adjectifs masculins.

Indou, Indien, *Indus.*
Joujou, terme enfantin, *crepundia.*
Licou, *capistrum.* pour étrangler, *laqueus.*
Loup-garou, *lupus anthropophagus.*
Lou, *ou* Loup, *lupus.* de loup, *lupinus.* loup cervier, *lupus cervarius.* poisson de mer & de riviére, *lupus piscis.* masque pour femme, *oscillum.* ulcère, *ulcus.* loup garou, loup égaré & furieux, *lycanthropos.* loup garou de nuit *versipellis.* loup garou, fig. homme mélancolique, *-olicus.*
Marabou, Prêtre Mahométan, *-ovius.*
Matatou, table des Insulaires.
Matou, *felis mas.*
Mou, *ou* Mol, *mollis.* poumon de bête, *pulmo.*
Mou, fig. foible, *mollis.*
Où, adv. de lieu, *ubi.* par où, *quà.* vers où, *quò.* d'où, *undè.* quand, lorsque, *cùm.* ou, ou bien, conjonction, *vel, aut.*
Padou, fleuret, *tania Patavina.*
Pambou, *serpens quidam Indicus.*
Pérou, pays, *Peruvia.*
Pou, vermine, *pediculus.*
Poù, vieux mot, *parùm.*
* Prou, *multùm.*
Rotrou, Poëte Franç. *-vius.*
Sarquiou, vieux mot, pour Cercueil.

substantifs & adjectifs masculins.

Saou, rassasié, *satur.*
Sou, monnoie, *as.*
de Thou, Historien Latin, *Thuanus.*
Toupinambou, peuple.
Tou Tou, petit chien.
Trou, *foramen.* petit, *tenue.* du derriére, *anus.* qui a plusieurs trous, *multiforis.* qui a deux trous, *biforis.* creux, *cavum.* déchirure, *laceratio.*
Verrou, *pessulus.*
Zatou, mesure de grains à Madagascar.

OUA.

verbes au prétérit indéfini.

Avoua, *fassus est.*
Baffoua, *contumeliis affecit.*
Cloua, *clavo fixit.*
Dénoua, *enodavit.*
Désavoua, *negavit.*
Dota, *dotavit.*
Echoua, *pessundatus est.*
s'Enroua, *ravim contraxit.*
Joua, *lusit.*
Loua, *laudavit.*
Noua, *nodavit.*
Rabroua, *duriùs aspernatus est.*
Roua, *membra fregit.*
Secoua, *quassavit.*
Voua, *vovit.*

Voyez les autres verbes en ouer.

OUBE.

v j'Adoube, terme de Trictrac, *reficio.*
v il Radoube, terme de mer, *navem reficit.*

OUBLE.

v Dédouble, *pannum interiùs detraho.*

subst. & adj. masc. & fém. Double, *duplex.* une fois autant, *duplum.* double, monnoie de cuivre, *sembella*, *semis.*
Double-louis, *duplio.*
Double, au fig. trompeur, *fraudator.*
Double-copie, *exscriptum.*
Etouble.
gras Double, *omentum.*

v Double, *duplico.*
Semidouble, terme de Bréviaire, *semiduplex.*
Trouble, confusion, *confusio.*
Trouble, *obscurus*, *opacus.*

v Trouble, *perturbo.*

OUC. & OUG.

subst. masc. Bouc, *hircus.* châtré, *caper.* une peau de bouc, outre, *uter.* de bouc, *hircinus.* sentir le bouc, *hircosum esse.*
Chabouc, terme de Religieux, *flagrum.*
Coyembouc, coffre en usage dans les Indes.
Joug, *jugum.* le subir, *subire.* le secouer, *excutere.*

OUCE. *voyez* OUSSE.

OUCHE. & OUSCHE.

f Accouche, *pario.*

f Babouche, sorte de pantoufle, *crepida cubicularis.*

substantifs féminins. Bouche, *os.* petite, *osculum.* qui a grande bouche, *bucculentus.* bouche forte, *os durius.* fendue, *sparsum.* ouverture de la bouche, *rictus.* fort en bouche, *tenax.* bonne bouche, *jucundus in ore sensus*, *sapor.* fermer la bouche, *elinguem reddere.* dire de bouche, *coràm dicere.* promettre de bouche, *verbo promittere.* ne pas faire la petite bouche, dire ouvertement, *palàm dicere.* faire la petite bouche, manger peu, *modici cibi se fingere.* manger à pleine bouche, *ambabus malis vorare.* bonne bouche, secret, *oris continentia.* avoir bonne bouche, se taire, *linguæ parcere.* avoir souvent en bouche, *crebrò usurpare.* qui loue à pleine bouche, *buccinator.*

v Bouche, *claudo.*
Bouche, ouverture, *apertura.* embouchure, *ostium.*
Cartouche, *voluta.* It. fameux voleur.
Cartouche, bale coupée par quartiers, *globulus quadripartitus.*
Couche, lit, *lectus.* petite, *lectulus.* accouchement, *puerperium.* mauvaise ou fausse couche, *abortus.* couche de couleurs, *crusta colorum.* de melons, *melopeponum areola.* de fumier, *stercoris crusta.*

De broque en bouche, phrase adverbiale, *voraciter.*

substantifs fémin.

v Débouche, *recludo.*

v Découche, *foris cubo.*

Douche, terme de Bain, *irrigatio.*

Escarmouche, *levis pugna.*

Farouche, adj. *ferox.*

Gargouche, charge du canon, *pulveris tormentarii mensura.*

a Louche, *strabo.*

a Louche, qui n'est pas clair, *obscurus.*

Malebouche, *os fœtidum.*

Mouche, *musca.* à miel, *apis.* une grosse mouche, *œstrus*, *tabanus.* luisante, *lampyris.* de mouche, *muscarius.* mouche qu'on met sur le visage, *musca serica.* maîtresse mouche, fine, *vafra.* pied de mouche, écriture difficile à lire, *scriptura malè exarata.* abbreuvoir à mouche, une plaie, *plaga.*

Mouille-bouche, poire, *pyrum vinosum.*

Nitouche, faire la sainte Nitouche.

v Rebouche, *reobturo.*

v Retouche, *retracto.*

Rouche de navire, *navis compages.*

Rouche, herbe, *carex.*

m Scaramouche, célébre Comédien Italien, *Scaramuchius.*

m vêtu en Scaramouche, en masque, *larvatus.*

Souche d'arbre, *truncus.* de famille, *stirps.*

substantifs féminins.

* Souche, stupide, *-idus.*

Touche de clavessin, *organi fidicularis pinna.*

Touche à lire, *stylus.*

pierre de Touche, *lapis basanites.*

Touche, craindre la Touche, *verbera timere.*

OUCLE.

subst. fémin.

Boucle, *fibula.*

Boucle, pendant d'oreille, *inauris.*

Boucle de cheveux, *capillorum cincinni.*

v Boucle, *infibulo.*

v Boucle, une cavale, *equam fibulo.*

Escarboucle, *carbunculus.*

OUD.

verb. au prés.

Absoud, *absolvo.*

Coud, *suo.*

Découd, *dissuo.*

Dissoud, *dissolvo.*

Résoud, *resolvo.*

Voyez OUT.

OUDE.

m Coude, *cubitus.*

faire Coude, terme d'Architecture, *angulum formare.*

f Soude, *ferrumen.*

VERBES.

Accoude, *cubito innitor.*

Boude, *obmurmuro.*

v Dessoude, *exferrumino.*
v. Dissoude, *dissolvo.*
v Soude, *ferrumino.*

OUDRE.

Foudre, m. & f. *fulmen.*
f Poudre, *pulvis.* de projection, *-onis.* à canon, *tormentarius pulvis.* aux cheveux, *odoratus.*
v Poudre, *pulvere conspergo.*

VERBES.

verbes à l'infinitif.

Absoudre, *absolvere.*
Coudre, *suere.*
Découdre, *dissuere.*
* en Découdre, *ardere in arma.*
Dissoudre, *dissolvere.*
Emoudre, *samiare.*
Moudre, *molere.*
Résoudre, réduire, *resolvere.* conclure, *concludere.*
Soudre, *solvere.* un argument, *argumentum.*

OUE. diphthongue.

substantifs feminins.

Aroue, poids du Pérou.
Bachoue, sorte de vaisseau de bois.
Bajoue, *mala.*
Boue, fange, *lutum.* d'une plaie, *sanies.*
Cordoue, ville, *Cordubä.*
Ecroue de prisonnier, *custodis reorum commentarius.*
* Gadoue, *stercus.*
Houe de Vigneron, *ligo.*
Joue, *gena.*

substantifs feminins.

Mantoue, ville, *Mantua.*
Moue, *labiorum porrectio.*
Proue de navire, *prora.*
Quoue, vieux mot, *cauda.*
Roue, *rota.*
* à tour de Roue, lentement, *lentè.*
Toue, bateau, *lembus.*

VERBES.

verbes au présent & à l'impératif.

* Amadoue, *blandior.*
Avoue, *fateor.*
Bafoue, *irrideo.*
Cloue, *configo.*
Dénoue, *nodum solvo.*
Désavoue, *denego.*
Doue, *doto.*
Echoue, *offendo.*
Encloue, *obturo.*
m'Enroue, *raucitatem contraho.*
Joue, *ludo.*
Loue, *laudo.*
Noue, *nodo.*
Roue, *roto.*
Secoue, *excutio.*
Troue, *perforo.*
Voue, *voveo.*

OVE. *voyez* AUVE.

OUÉ.

adjectifs masculins.

* Coué, ayant queue, *caudatus.*
* Ecoué, sans queue, *excaudatus.*
Engoué, *præfocatus.*
Enjoué, *exhilaratus.*
Enroué, *raucus.*
Greloué, vaisseau de Cirier.

verb. au prét. & part. masc.

VERBES.

Alloué, *comprobatus.*
Amadoüé, *blanditiis delinitus.*
Avoué, *confessus.*
Baffoué, *contumeliis vexatus.*
Cloué, *confixus* vel *clavis ornatus.*
Dénoué, *enodatus.*
Désavoué, *pernegatus.*
Doué, *dotatus.*
Echoué, *infractus.*
Ecroué, *in custodis commentariis inscriptus.*
Encloué, *obturatus.*
Enroué, *raucus.*
Joué, *illusus.*
Loué, *laudatus.*
Noué, *nodatus.*
* Rabroué, *objurgatus.*
Roué, *malè multatus.*
Secoüé, *concussus.*
Troué, *perforatus.*
Voué, *Deo votus.*

Voyez les autres verbes en ouer.

substantifs feminins.

OUÉE.

Bouée, terme de Mer, *index latentis anchora.*
Brouée, *nebula.*
Douée, *dotata.*
Enjouée, *exhilarata.*
Enrouée, *rauca.*
Fouée, terme populaire, le feu d'un four qui chauffe
Nouées, au plur. terme de Vénerie, la fiente des cerfs.
Trouée, ouverture faite dans l'épaisseur d'une haie.

Voyez les participes féminins des verbes en ouer.

verbes à l'infinitif.

OUER.

Accouer, terme de chasse, *cervi poplitem abscindere.*
Allouer, *comprobare.* ratifier, *ratum habere.*
Amadouer, *mulcere.*
Avouer, *fateri.* confesser, *confiteri.*
Bafouer, *conviciis afficere.*
Clouer, *clavo figere.*
Dechoüer, terme de Marine.
Dénouer, *enodare.* les choses mêlées, *expedire.* se dénouer, commencer à croître, *crescere.*
Désavouer, *inficiari.*
Désenclouer, *clavem eximere.*
Dévouer, *devovere.*
Douer, *dotare.*
Ebroüer, laver une piéce d'étoffe.
Echouer, briser, *ad scopulum navem infringere.* dans ses entreprises, *in susceptis faustum exitum non habere.* être ruiné, *pessumdari.*
Ecrouer, *in commentarium custodis referre.*
Effroüer.
Enclouer le canon, *tormenta bellica clavis obstruere.*
s'Enclouer, *sibi clavem in pede figere.*
* Engouer, *præfocari.*

Verbes à l'infinitif.

s'Enrouer, *ravim contrahere.*
Froüer, terme d'Oiſeleur, *imitari noctuam.*
Houer, *paſtinare.*
Jouer, *ludere.* des inſtrumens, *canere.* quelqu'un, *illudere.* une piéce a quelqu'un, *dolis deludere.* ſe jouer, *jocari.* jouer ſon perſonnage, *perſonam agere.* ſe jouer à, *rem habere cum.* à tout perdre, *res in extremum diſcrimen adducere.*
Louer, *laudare.* eſtimer, *æſtimare.* donner ou prendre à louage, *locare.* des ouvriers, *conducere operas.*
Nouer, vieux mot, *natare.*
Nouer, faire un nœud, *nodare.* aſteindre, *aſtringere.* relier, *religare, amicitiam inire.*
ſe Nouer, *nodari.*
Rabrouer, *aſperè rejicere.* réfuter, *-tare.* traiter avec mépris, *duriùs aſpernari.*
Ramadoüer, *blandiri.*
Rouer, caſſer les os, *ferreo vecte frangere membra.* roüer de coups, *malè mulctare.*
Sarfouer, *circumfodere.*
Secouer, ébranler, *concutere.* la tête, *caput quaſſare.* un habit, *veſtem excutere.* le joug, *jugo eripere colla.*
Trouer, *forare.* percer, *perforare.* avec une tariére, *terebrare.* ſon habit, *veſtem pertundere.*
Vouer, *vovere.*

OUEUX. *voyez* EUX.

OUF.

m Ouf, expreſſion naturelle, quand on ſent du mal, *heu!*
Pouf, *fragor.*

OUFE.

v Boufe, il eſt en colère, *irâ tumeſcit.*
v Etoufe, *ſuffoco.*
f Toufe d'arbres, *denſa arbores.* de cheveux, *cirrus.*

OUFLE.

v * Bourſoufle, *tumeſco.*
m Ecoufle, oiſeau, *milvus.*
v * Emmitoufle, *veſtibus circumvolvo.*
a * Maroufle, injure, *miſer.*
* Moufle, gand, *manica.* inſtrument de méchanique, *trochlea.*
f Pantoufle, *crepida.*
m Soufle, reſpiration & eſprit, *reſpiratio.*
v Soufle, *ſufflo.*

OUFRE.

v Engoufre, *hiatu devoro.*
m Enſoufre, *inſulphuro.*
v Goufre, *gurges.* de malheurs, *malorum vorago.*
m Soufre, *ſulphur.*
v Soufre, *ſulphuro.*

OUG. *voyez* OUC.

OUGE.

f Bouge, *cellula.*

f Gouge de Menuisier, *scalprum canaliculatum.*
f Gouge, débauchée, *prostibulum.*
m Rouge, couleur, *rubrum.* fard, *purpurissum*, *minium.* d'écarlate, *coccus.* teint en rouge d'écarlate, *cocco infectus.* de pourpre éclatant, *ostro infectus.* de pourpre brun & obscur, *purpurâ lividâ.* teint en rouge obscur, *molochinatus.* sanguin, *sanguineus* de feu, *igneus.* de poil de safran, *croco rubeus.* être rouge, *rubere.* devenir rouge, *rubescere.* de honte & de pudeur, *erubescere.* mer Rouge, *mare Rubrum.*

OUGUE.

f Fougue, *impetus.*
f eaux de Pougue, *Pugenses aquæ.*

OUI. & OUY.

Inoui, adject. *inauditus.*
Oui, adv. *ita.*

VERBES.

verb. au prét. &c.

Conjoüi, *congratulatus*
Ebaroüi, *navis fatiscens.*
Ebloui, *oculorum caligine offusus.*
Enfoui, *infossus.*
Epanoüi, *diffusus.*
Evanoüi, *evanidus.*
Foui, *fossus.*
v Joui, *fruitus.* Item : liqueur alimentaire du Japon.
v Oüi, *auditus.*
v Réjoüi, *exhilaratus.*

OUIE. & OUYE.

f Ouie, sens, *auditus.*
f Ouie de poissons, *branchiæ.*
Voyez les participes féminins des verbes en ouir.

OUIL.

m Fenouil, *fœniculum.*
m Genouil, on prononce Genou, *genu.*
m Verrouil, *pessulus.*

OUILLE.

substan. tous féminins.

Andouille, *hilla.*
Bredouille, terme de Trictrac, *implicatio.*
Brouille, pour Brouillerie.
Citrouille, légume, *major cucurbita.*
* Citrouille, femme grossiére, *pinguis mulier.*
Coquefredouille, vieux mot, *irrisor.*
Dépouille, *spolium.*
Douille, terme d'Armurier, *tabulatus scalpus.*
Empouille, *fructus.*
Favouille, féverole, *fabæ species.*
Fouille au pot, *vilis culinæ minister.*
Fouille de terre, *terræ fossio.*
Gargouille, espéce de verre à boire, *stillicidium vitreum.*

substantifs féminins.

Gargouille d'eau, *canalis aquæ emissarius.*
Gargouille, terme de guerre.
Grenouille, *rana.* de buisson, *rubeta.*
* Gribouille, *projectaneus.* m
maussade, *tetricus.* m
Houille.
* Niquedouille, *facetus.*
Ouille, potage, *jusculum fartum.*
Patrouille, *vigiliæ.*
* Pouille, chanter pouille, *conviciis lacessere.*
la Pouille, pays, *Apulia.*
Quenouille à filer, *colus.* de lit, *lecti columella.* chargée, *pensum.*
Rouille, *ærugo.*

VERBES.

verbes au présent.

Agenouille, *genuflecto.*
Barbouille, *inquino.*
Bredouille, *verba frango.*
Brouille, *intrico.*
Chatouille, *titillo.*
Débarbouille, *abstergo.*
Débrouille, *extrico.*
Dépouille, *spolio.*
Embrouille, *involvo.*
Farfouille, *permisceo.*
Fouille, *fodio.*
Gargouille, *aquam stillo.*
Gazouille, *garrio.*
Mouille, *madefacio.*
Rouille, *rubiginem contraho.*
Souille, *inquino.*

OUIN. voyez OIN.

OUIR. voyez IR.

OUIT. voyez IT.

OUL.

m Capitoul, *Scabinus.*
m Mansoul, Officier Turc dépossédé de sa Charge, *-ius.*
Toul, ville, *Tulum.*

OULE. bref.

substantifs féminins.

Ampoulle, *ampulla.*
sainte Ampoulle, *sancta ampulla.*
Boule, *globus.*
tenir pied à Boule, *stare ad metam.*
Ciboule, *gethyon.*
Coulle, *ou* Froc, *cucullus.*
Foule, *turba.*
Houle, *ou* vague, *unda.*
Poule, *gallina.* d'eau, *fulica.*

VERBES.

au présent.

Coule, *fluo.*
Découle, *dimano.*
Eboule, *emoveo.*
Ecoule, *effluo.*
Saboule, *huc illuc voluto.*

OULE. long.

m Moule, *forma.* à se coëffer, *typus.*
f Moule, poisson, *mutuli.*
m bois de Moule, *justæ mensionis caudex.*
f Saoule, adj. *satura.*

VERBES.

Croule, *labo.*

verbes au présent.

Ecroule, *quatefacio.*
Empoule, *inflo.*
* Engoule, *ore patulo haurio.*
Foule, *calco.*
Moule, *ex proplasmatè effingo.*
Roule, *volvo.*
Saoule, *saturo.*

OULPE.

f Coulpe, *culpa.*
m Poulpe, la chair, *pulpa.*
m Poulpe, poisson, *polypus.*

OUP.

substantifs masculins.

Beaucoup, *multùm.*
Contre-coup, *repercussus.*
Coup, *ictus.* blessure, *plaga.* coup de la mort, *mortiferum vulnus.* coup, jet, *jactus.* un coup, une fois, *semel.* deux coups, *bis.* coup sur coup, *identidem.* tout d'un coup, *statim.* coup perdu, *cæcus ictus.* coup, œuvre, *opus.* action, *facinus.* encore un coup, *iterùm.* c'est à ce coup, *nunc demùm.* donner un coup, *plagam infligere.* boire un coup, *haustum haurire.* coup de poing, *inflictus pugnus.*
Houp, interject. pour appeller, *hem!*
Loup, *lupus.*
* entre chien & Loup, *ineunte nocte.*
* Vesse de Loup, espéce de champignon; *fungus.*

OUPE.

substantifs féminins.

Chaloupe, *scapha.*
Coupe à boire, *patera.* tasse, *poculum.* soucoupe, *hypocratera.* action de couper, *cæsio.* de bois, *sylvæ cæsio.* de pierres, *lapidum cæsura.*
Coupe, dôme du Temple, *tholus.*
Croupe de cheval, *equi tergum.* de montagne, *montis vertex.*
Entrecoupe, terme d'Architecture, intervalle vuide dans deux voûtes qui sont l'une sur l'autre.
Etoupe, *stupa.*
m Groupe de figures, *unita corpora.*
Houpe, sommet, *apex.* de soie, *panicula.* la tête de fenouil, *fœniculi umbella.*
Loupe, tumeur, *ganglion.* au col, *panus.* aux jambes, *crurum cancer.*
Loupe, verre qui grossit les objets, *perspicillum.*
vent en Poupe, fig. heureux, *ventus secundus.*
Soupe, potage, *offa.*
Tazoupe, poil du haut nez.
Troupe, *turba.* au plur. se prend pour armée, *copia.*

VERBES.

Atroupe, *congregor.*
Coupe, *cædo.*
Découpe, *discindo.*

v Etoupe, *obturo.*
v Soupe, *cœno.*

OUPLE.

v Acouple, *copulo.*
v Couple, *combino.*
f Couple, *par.*
v Découple, *abjugo.*
a Souple, pliable, *flexilis.* docile, *-ilis.* obéïssant, *tractabilis.*

OUPS.

m Coups, *ictus.*
m Loups, *lupi.*
Voyez le pluriel des noms en ou : hiboux, *noctuæ.*

OUQUE.

a * Bouque, chagrine, *mœsta.*
f Félouque, *phaselus.*
f Zamberlouque, robe, *toga species.*

OUR.

substantifs & adjectifs masc.

Alentour, *circùm.*
Amour, Cupidon, *-ido.*
Amour, passion, est m. & f. *amor.* pour les femmes, *mulierositas.* pour l'amour de, *in gratiam.*
Atour, habillement de femme, *ornatus muliebris.*
Dame d'Atour, *cultûs præfecta.*
Ausbourg, ville, *Augusta Vendelicorum.*
Autour, adv. *circà.*
Autour, & Tiercelet d'Autour, oiseaux de proie, *accipiter.*

substantifs & adjectifs masculins.

Balourd, *stupidus.*
Bourg, *oppidum.*
Brandebourg, casaque, *chlamys major.* Item : galon d'or ou d'argent qu'on applique en forme de boutonniére sur les habits.
Calambour, bois des Indes.
Canteour, ancien Farceur, *balatro.*
Carrefour, *quadrivium compitum.*
Chauffour, *fornax calcaria.*
Clamour, vieux mot, *planctus.*
Contour, *ambitus.*
Cour, Maison *ou* Palais d'un Prince, *aula, palatium.* qui est de la Cour du Prince, *aulicus.* Cour, suite du Prince, *comitatus.* Cour de Justice, *curia forensis.* souveraine, *suprema.* cour d'une maison, cour de devant, *atrium.* basse-cour, *cavadium.* anti-cour, *prochors.* avant-cour, *prothyrum.*
Détour, *flexus.*
Ecuyer, Cavalcadour, *equorum præfectus.*
Engignour, vieux mot, *machinarum bellicarum artifex.*
Entour, vieille prép. *circùm.*
Essour, vieux mot, source, *fons.*
Fauxbourg, *suburbanum.*
Four, *furnus.*
Fribourg, ville, *Friburgum.*

Gastadour, pionnier pour applanir le chemin, *castrensis fossor.*

Jour, *dies.* lumiére, *lumen.* avant le jour, *ante lucem.* au cœur du jour, *de medio die.* en plein jour, *de die.* il est jour, *lucescit.* le premier jour de chaque mois, *calendæ.* petit jour, *diluculum.* jour, journée assignée, *dicta dies.* de jour en jour, *in singulos dies.* le jour s'apprête, *apparet dies.* ce jour, *hodiernus dies.* nuit & jour, *diu noctuque.* l'espace d'un jour, *diurnum spatium.* deux jours, *biduum.* trois, *triduum.* quatre, *quatriduum.* au jour la journée, *in diem.* chaque jour, *singulis diebus.* au premier jour, *propediem.* en deux jours, *post duos dies.* un jour, pour un temps passé, *olim.* le jour de devant, *pridie.* le jour d'après, *postridie.* jour précédent, *prior dies.* le suivant, *postera.* un beau jour, *dies serenus.* mettre au jour, *edere.* mettre en son jour, *in lucem proferre.* bon jour, *salve.* au plur. *salvete.* point du jour, *diluculum.* à contre jour, *obverso lumine.* faux jour, *lumen obliquum.* jour d'assises, *dies fastus.* jour auquel on ne plaide point, *dies nefastus.* jour ouvrier, *dies profestus.* dernier jour, *extrema vita dies.*

Jour, fig. biais, *modus, via, ratio.*

terre de Labour, *terra arabilis ager.*

Luxembourg, ville, *Luxemburgium.*

* Mamour, caresse, *amica mea.*

Philisbourg, ville, *Philippoburgum.*

Pour, en faveur, *ad, propter, pro.* pour l'usage, *ad usum.* pour l'amour de vous, *propter vos.* pour la vie, *pro capite.* à cause, *ob causam, gratiâ.* en faveur de, *pro.* envers, *erga.* pour mort, *pro occiso.* pour moi, *ego verò.* pour ne rien dire, *ne dicam.* pour rien, *de nihilo.* afin que, *ut.* pour le moins, *saltem.* pour le plus, *ut plurimùm.* avoir le pour, honneur qu'on accorde aux Grands, *præcedere.*

Pastour, vieux mot, *Pastor.*

Patour, qui tâche de tromper ceux à qui il a affaire.

Pourtour, *ambitus.*

Rambour, pomme.

Rebours, vieux mot, *intractabilis.*

Retour, *reditus.* supplément, *-um.* être sur le retour, fig. vieillir, *veterascere.*

Samour, animal, c'est la martre zibeline.

Séjour, *mansio.*

Strasbourg, ville, *Argentoratum.*

Substantifs & adjectifs masculins.

Tambour, instrument militaire, *tympanum.* de Basque, *Cantabricum.* celui qui bat le tambour, *tympanotriba.*
Tambour de tripot, *pharisterii tympanum.*
Tour, pour tourner, *tornus.* ouvrage de tour, *opus toreuticum.* tour de couvent, *versatile tympanum.* rouet à filer, *rhombus.* moulinet à tirer fardeau, *peritroclium.*
Tour, *turris.* petite tour, *turricula.* fait en tour, *turritus.* forteresse, *arx.* à double tour, *duplici versaturâ.*
Tour qu'on fait en marchant, *circuitio.* de la France, *Franciæ ambitus.* des astres, *astrorum conversiones.* promenade, *decursio.* espace, *spatium.* étendue, *ambitus.* ordre, *vicis.* chacun à son tour, *vicissim.* tour rond, *orbis.* tour à tour, *statis vicibus.* biais, *modus.* action, trait, *index animi.* acte, *facinus.* finesse, *astutia.* tour de cheveux, *corymbium.*
fait au Tour, *elegantis formæ.*
Troubadour, *Poëta Provincialis.*
Vautour, *vultur.*

OURBE.

f Bourbe, *cœnum.*
ligne Courbe, *linea curva.*
f Courbe, mal qui vient aux jambes des chevaux, *callosus tumor.*
f Courbe, piéce de charpenterie, *arcus succubus.*
v Courbe, *curvo.*
v Embourbe, *cœno immergo.*
v Desembourbe, *è cœno extraho.*
Fourbe, subst. *fraus.* trompeur, *fallax.*
Fourbe, *fraudo.*
f * Tourbe, *turba.* multitude, -*do.* charbon, *gleba exsiccata.*

OURCE. & OURSE.

Substantifs féminins.

f Bourse, *crumena.*
m Coupeur de bourse, *sector zonarius.*
Course, *cursus.* en avant, *procursus.* lice, *stadium.* à cheval, *catadromus.* de bague, *equestris palæstra.* irruption, *excursio.*
Débourse, *impendo.*
Embourse, *in loculis abdo.*
Ourse, femelle d'un ours, & constellation, *ursa.*
Ourse, pour dire le Septentrion, *septentrio.*
Pource, conjonct. *quia.*
v Rembourse, *rependo.*
Ressource, *perfugium.*
Source d'eau, *scaturigo.* fontaine, *fons.* origine, *origo.*

OURCHE.

f Fourche, *furca.* petite fourche, *furcilla.* patibulaire, *patibulum.*

* à la Fourche, mal fait, *perfunctoriè*.
v il Fourche, *claudicat in duas partes.* il dit un mot pour un autre, *verbo titubat*.

OURD. & OURT.

v Accourt, *accurrit*.
v Concourt, *concurrit*.
Court, adj. *brevis*.
d'Ablancourt, fameux Traducteur François.
v Difcourt, *voyez* our.
m * Lime-fourd, rêveur & malicieux, *morofus*.
a Lourd, pefant, *gravis*. fort lourd, *prægravis*. lent, tardif, *tardus*. ftupide, groffier, *ftupidus*.
v Parcourt, *percurrit*.
v Secourt, *fuccurrit*.
a Sourd, *furdus*.

OURDE.

fubftantifs & adjectifs feminins.

* Balourde, *ftupida*.
* Bourde, menterie, *mendacium*.
Falourde, *perticarum fectarum fafcis*.
Gourde, callebaffe, *cucurbita*.
main Gourde, *manus ftupida*.
Hapelourde, pierre fauffe, *falfa gemma*.
Hapelourde, fig. un fot *ou* une fote, *ftultus*, *ftulta*.
Lambourde, *trabs*.
Lourde, terme d'Argot, porte, *janua*.
Lourde, *tarda*.

fubft. & adj. femin.

Sourde, *furda*.
lanterne Sourde, *laterna cæca*.
lime Sourde, outil pour limer fans bruit, *fcobina*.
lime Sourde, perfonne rêveufe & malicieufe, *veterator*.
v Sourde, de Sourdre, *fcaturit*.

OURDRE.

v Sourdre, *fcaturire*.

OURE. & OURRE.

verb. au préf. fubj. & imp.

Accoure, *accurrat*.
Bourre, *tomento farciat*.
qu'il Coure, *currat*.
Débourre, *tomentum extrahit*.
Difcoure, *fermocinetur*.
Elaboure, *elaborat*.
Encoure, *incurrat*.
Entourre, *circumdat*.
Laboure, *laborat*.
Savoure, *guftat*, *fapit*.
Secoure, *opituletur*.

OURGE.

Bourge, ville, *Bituricæ*. de Bourges, *Bituricenfis*.
f Courge, *cucurbita*.

OURLE.

v Ourle, *limbo circumdat*.

OURME.

Chiourme de galère, *remiges*.
f Gourme de cheval, *craffior equi pituita*.

v Gourme, frape, *pugno incu-tio.*

OURNE.

subst. fém.

Libourne, ville, *Liburnum.*
Ligourne, ville, *Ligurnum.*
la Tourne, *ou* Retourne, terme de jeu, *reversio.*

VERBES.

verbes au présent.

Ajourne, *diem dico.*
Contourne, *converto.*
Détourne, *averto.*
Enfourne, *in furnum condo.*
Retourne, *revertor.*
Séjourne, *commoror.*
Tourne, *verto.*

OURPRE.

v Empourpre, *purpurâ intingo.*
m Pourpre, poisson, *murex.* couleur, *purpura.* de pourpre, *purpureus.* vêtu de pourpre, *purpuratus.*
f Pourpre, violette, *purpura violacea.*
le Pourpre, maladie, *livida macula.*
Pourpre, grandeur, *celsitudo.* marque de grandeur, *purpurea vestis.*

OURQUE.

f Hourque, navire, *oneraria Batavica.*

OURRE.

f Aroure, mesure de terre.

substantifs fem.

Bourre, *tomentum.*
Bravoure, *strenuitas.* valeur, *valor.*
Machemoure, terme de mer, *panis nautici mica.*
Mourre, jeu Italien, *ludus Italus.*
m Tire-bourre, *strombulcus.*

VERBES.

verbes à l'impératif.

Accoure, *accurre.*
Bourre, terme d'Escrime, *ferro tudito.*
Bourre une arme, *tomento farcio.*
Courre, *currere.*
* Débourre, *tomentum extraho.*
Discourre, *differe.*
* Embourre, *farci.*
Encoure, *incurre.*
* Fourre, de Fourrer, *insere.*
Parcoure, *percurre.*
Recoure, *recurre.*
Secoure, *adjuva.*

OURS.

substantifs masculins.

Bouhours, Auteur François.
Concours, *concursus.*
Cours de l'eau, *cursus.* promenade, *deambulacrum.*
Cours de Philosophie, de Médecine, &c. *cursus Philosophiæ, &c.*
Décours de la lune, *decursus lunæ.*
Discours, *discursus.*
Nemours, ville, *Nemorosium.*
Ours, animal, *ursus.*

Substantifs masculins.

Passe-velours, fleur, *amaranthus.*
tout au Rebours, *præposterè.*
Recours, *perfugium.* recours, *recursus.*
Secours, *auxilium.*
Toujours, *semper.*
Tours, ville, *Turones.*
Velours, *sericus pannus alterâ parte villosus.*

Plus le pluriel des noms en our, ourd, & ourt : tambours, *tympana.* sourds, *surdi.* courts, *breves.*

VERBES.

verbes au présent, &c.

Accours, *accurro.*
Concours, *concurro.*
Cours, *curro.*
Discours, *colloquor.*
Encours, *incurro.*
Parcours, *percurro.*
Recours, *recurro.*
Secours, *adjuvo.*

OURSE. *voyez* OURCE.

OURT. *voyez* OURD.

OURTE.

a Courte, *brevis.*
f Tourte, pâtisserie, *panis spira.*
f * Tourte, oiseau, *turtur.*

OUS. & OUX.

m Absous, *absolutus.*
m Aigre-doux, *ex acerbo dulcis.*
m Bernous, *penula cucullata.*

Substantifs & adjectifs masculins.

* Boëte à cailloux, fig. prison, *carcer.*
Chiaoux, Officier Turc.
Citron doux, *malum citreum dulce.*
Couroux, *ira.*
Cous, *ou* Coyer, vieux mot, *cos.*
Coux, vieux mot, cocu, *curruca.*
Dessous, adv. *subter.* par dessous, *subter, infrà.* être dessous, *subesse.* mettre dessous, *subdere.* retirer dessous, *subducere.* aller par dessous, *subire.* couler par dessous, *subter fluere.* creuser par dessous, *suffodere.* le dessous, *pars inferior.* dessous, préposit. *sub, subter.* sans dessus, dessous, *sursùm, deorsùm.* donner du dessous, *supplantare.*
Dissous, *dissolutus.*
Doux, *dulcis.*
* filer Doux, *mitiùs agere.*
Entrevoux des solives, *intertignium.*
Epoux, *sponsus.*
Houx, arbre, *aquifolium.*
Jaloux, *zelotypus.*
Nous, *nos.*
Poderoux, vieux mot, *potens.*
Poiloux, terme populaire, *pilosus.* It. *homo nihili.*
Poux, *pediculus.*
Poux du bras, *pulsus arteriæ.* tâter le Poux, *venas tangere.*
un rendez-Vous, *condictus locus.*

substantifs & adjectifs masculins.

Roux, *rufus.*
Sain-doux, *arvina.*
Secous, vieux mot, *agitatus.*
Sous, préposit. *sub.*
Topinambour, peuple, *Topinambovii.*
Topinambous, racine, *tubera.*
Tous, *omnes.*
Toux, rhûme, *tussis.*
Vertouchoux, *me herclè.*
Vigucroux, vieux mot, *robustus.*
Vous, *vos.*

Voyez quelques temps des verbes en oudre, *& le pluriel des noms en* out *&* ous : genoux, touts *&* loups.

OUSCHE. *voyez* OUCHE.

OUSSE. & OUCE.

substantifs féminins.

* Carousse, terme de débauche, *potatio.*
Douce, *dulcis.* a
Gousse d'ail, *allii siliqua.*
Gousse, fruit sur le chapiteau Ionique, *encarpi.*
Housse, couverture, *amplius stragulum.* de cheval, *equi stragulum.* housse de chaise, *stragula.* lit à housse, *lectus stragulo ornatus.*
Mousse des arbres, *mucus, cani arborum capilli.*
Mousse, écume, *spuma.*
Mousse, valet de navire, *nauticulus tyrunculus.*
Mousse, *ou* émoussé, *despumatus.*
m Pouce, mesure & doigt de la main, *pollex.*
Pousse, maladie des chevaux, *anhelitus.*
Recousse, *recuperatio.*
Rousse, *rufa.*
Secousse, *succussus.*
Taille-douce, *mollior caelatura.*
Trousse, carquois, *pharetra.* croupe, *tergus equi.* avoir à ses trousses, être suivi, *ab hostibus instantibus premi.*

VERBES.

verbes au présent.

Courrouce, *iram concito.*
Détrousse, *vestes resolvo.*
Eclabousse, *aspergo.*
Emousse, *hebeto, retundo.*
Housse, *equum sterno.*
Rebrousse, *iter relego.*
Tousse, *tussio.*
Tremousse, *trepidè concurso.*
Trousse, *vestem colligo.*

OUST. *voyez* OUT.

OUSTE. *voyez* OUTE.

OUT. & OUST.

subst. masculins.

Août, mois, *Augustus.* faire l'Août, la moisson, *messem colligere.*
A tout, terme de jeu, *ad omnia.*
Avantgoût, *pragustatio.*
Auzout, Mathématicien François, *-tius.*
Bout, extrémité, *-tas.* d'en haut, *suprema pars.* d'en bas, *ima pars.* le haut bout, la premiére place,

substantifs masculins.

prima sedes. bout du monde, *ultima terra.* bout du doigt, *extremum digiti.* venir à bout, *assequi.* bout des mammelles, *papilla.* bout d'un tuyau, *finis*, *exitus.* il est venu à bout, *perfecit.* debout, *stans.* debout, levez-vous, *surge*, *surgite.*

Brout, écaille de noix, *culeolus.* de bois, *gemma.* bête de brout, *fera pascualis.*

Coût, dépens, *sumptus.*

Egout, canal, *stillicidium.* des villes, *cloaca.* des immondices & des eaux, *sentina.* cloaque, *colluvies.* issue, jour, *meatus.* soupirail, *spiramentum.*

Glout, pour Glouton, vieux mot.

Goût, *gustus.*

Marabout, terme populaire, *deformis*, *turpissimus.*

Moult, vieux mot, *multùm.*

Passe-par-tout, clef, *clavis translatitia.*

Prepatout, vieux mot, *collectio.*

Ragoût, *embamma.*

Roupt, vieux mot, pour Rompu.

Surtout, habit, *vestis amplior.*

Tout, *totus.* multitude, *omnis.* du tout, tout-à-fait, *omninò.* par-tout, *ubique.* sur-tout, *præsertim.* en tout & par-tout, *usquequaque.*

Vatout, terme de Brelan.

VERBES.

verb. au prés.

Absout, *absolvit.*
Bout, *bullit.*
Cout, *consuit.*
Dissout, *dissolvit.*
Emout, *samiit.*
Mout, *molit.*
Résout, *resolvit.*

OUTE. long. & OUSTE.

subst. féminins.

Croûte, *crusta.* petite, *crustula.* qui a de la croûte, *crustatus.*

Joûte, *ludicra pugna.*

Langoûte, poisson, *cancer marinus.*

Soute de navire, *intima navis contignatio.*

Soute de marché, *emptionis ratio.*

* Virevoute, au plur. *circumactus.*

Voute, *camera.* en berceaux, *fornix.* en cul de four, *testudo.* en trompe, *concha.* à ogives *ou* en arc de cloîtres, *camera sectilis ac politis lapidibus decussata.* fait en voute, *cameratus.*

VERBES.

verbes au présent.

Ajoûte, *addo.*
Broute, (bref) *pasco.*
Coûte, *consto.*
Dégoûte, *fastidio.*
Dégoutte, (bref) *distillo.*
Egoutte, (bref) *exhaurio.*
Goûte, *gusto.*

verbes.	Goutte, *stillo.*	*f*	Somme toute, *ou* totale, *summa.*
	Joûte, *lanceis concurro.*	*a*	Toute, *tota.*
	Voute, *concamero.*	*f*	Vauderoute, *strages.*

OUTE. bref.

substantifs feminins.	Absoute, déclarée innocente, *absolutio.*	*v*	Accoutre, *adorno.*
	Absoute, cérémonie de l'Eglise, *absolutio deprecatoria.*	*m*	Coutre de charrue, *aratri culter.*
	Aspergoute, plante.	*f*	Loutre, animal, *lutra.*
	Avauderoute, *prona praecepsque fuga.*	*m*	Outre de bouc, *uter.*
	Banqueroute, *fraudulenta renunciatio.*		Outre, au-delà, *ultrà.* davantage, *insuper.*
	Déroute, *dissipatio.*	*m*	Outre, *excedo.*
	Dissoute, *soluta.*	*f*	Poutre, cavale, *equa.*
m	Doute, *dubium.*	*f*	Poutre, *trabs.*
v	Doute, *dubita.*		
v	Ecoute, *audi.*	*f*	Douve, *doliarius asser.*
	* Ecoute, au plur. *auditorium.*	*f*	Louve, *lupa.* injure, *meretrix.*
	Goutte, qui découle, *gutta.* goutte à goutte, *guttatim.* maladie des jointures, *arthritis.* aux mains, *chiragra.* aux genoux, *gonagra.* à l'os ischion, *ischias.* aux pieds, *podagra.* goutte, crampe, *spasma.*	*verbes au présent.*	Approuve, *approbo.* Controuve, *commentor.* Désapprouve, *improbo.* Eprouve, *experior.* Prouve, *probo.* Réprouve, *reprobo.* Trouve, *invenio.*
	Mere-goutte, *lixivium vinum.*		
	* Passeroute, *commeatus.*	*v. au prés.*	Couvre, *tego.*
	Redoute, terme de Fortification, *munimentum.*		Découvre, *detego.*
v	Redoute, *time.*		Douvre, ville, *m. Dubris.*
	Route d'un chemin, *via.* sentier, *semita.* dans un bois, *trames.*		Entr'ouvre, *diduco.*
	Sœur-écoute, Religieuse, *soror observatrix.*	*m*	Louvre, Maison du Roi, *Lupara.*
			Ouvre, *aperio.*

Right column section headings, in order: OUTRE. (before Accoutre); OUVE. (before Douve); *VERBES.* (before Approuve); OUVRE. (before Couvre).

Recouvre, *iterùm tego.* v

OUX. *voyez* OUS.

OUZE.

substantifs & adjectifs feminins.

Belouze, *fundula.*
Bouze de vache, *fimus vaccinus.*
Couse, verb. *suam.*
Découse, verb. *dissuam.*
Douze, *duodecim.*
Epouse, *sponsa.*
Epouse, verb. *spondeo.*
Hlimouse, terme populaire, *vultus crassus & pinguis.*
Fouillouse, vieux mot, *pera, saccus.*
Jalouse, *zelotypa.*
Naplouze, *Neapolis.*
Pampelimouse, fruit des Indes.
Pelouse, campagne de verdure, *incultus terræ tractus.*
Pérouze, *Perusia.*
Rangouze, Auteur Epistolaire Franç. *Rangouzius.*
Schafouze, Canton Suisse, *Schaffosia.*
Talmouse, pâtisserie, *caseatum ovatumque libum.*
Toulouse, ville, *Tolosa.*
Touze, vieux mot, *amasia.*
Tricouse, espéce de guêtre.
Tricouze, gamache, *ocreæ laneæ.*
Triquehouse, vieux mot, *pero.*
Ventouse, soupirail, *spiraculum.* ouverture aux murailles, *colliquiæ.* pour ventouser, *cucurbitula.*

v Ventouse, *cucurbitulas admoveo.*

OX.

m Coyzevox, Sculpt. Franç.
Médianox, faire médianox, manger à minuit après un jour maigre, *post mediam noctem edere.*
m Palafox, Auteur Espagnol.

OXE.

masculins.

f Equinoxe, *-xium.*
Eudoxe, nom propre, *-xius.*
Hétérodoxe, *-xus.*
Orthodoxe...
Paradoxe, *-xum.*

OY. *voyez* OI.

OYA. *voyez* OIA.

OYE. *voyez* OIE.

OZE. OSE. & AUZE.

substantifs & adjectifs feminins.

Alose, poisson, *alosa.*
Amaurose, *oculorum obscuritas.*
Aponevrose, terme de Médecine, *-osis.*
Baudose, instrument de Musique, *-osa.*
Buglose, herbe, *-ossa.*
Cause, principe, *causa.* sujet, *causa.* procès, *lis.* à cause de, *propter.* sans cause, *injuriâ.*
Cause, affaire, *negotium.*
Chose, *m. & f.* *res:*
Chylose, terme de Médecine, *-osis.*

subst. & adj. fem.

Clause, fermée, *clausa.*
Clause, *clausula.*
Couperose, *calchantum.*
Dose, prise, *dosis.*
Eclose, *exclusa.*
affaire Eclose, fig. *res perfecta.* forclose, terme de Palais, *causa exclusa.*
Ecchymose, meurtrissure, *sugillatio.*
Emphythéose, bail à longues années, *-osis.*
Epanorthrose, *correctio.*
Epiplérose, surréplétion, *-osis.*
Exostose, *ossis eminentia.*
Glose, explication, *-sa.*
Glose, poëme, *glosema.*
Hyperscariose, excrescence des chairs, *-osis.*
Laurier-rose, *rhododaphne.*
Métamorphose, *-osis.*
Métempsycose, transmigration des ames, *-osis.*
Pause, *pausa.*
à la Perclose, vieux mot, *tandem.*
Phlogose, terme de Médecine, *-osis.*
Pneumatose, enflure de l'estomach, *-osis.*
Prose, *soluta oratio.*
Prose d'Eglise, *prosa.*
Ptilose, chûte des cils, *-osis.*
Rose, *rosa.*
eau Rose, *aqua rosacea.*
noble à la Rose, *nummus rosâ insignitus.*
Théodose, Empereur, *-sius.*
Virtuose, *virtute præditus.*

VERBES.

verbes au présent.

Appose, *appono.*
Arrose, *irrigo.*
Cause, *produco.*
Compose, *-ono.*
Couperose, *pustulis aspergo.*
Dépose, *depono.*
Dispose, *-ono.*
Expose...
Glose, *interpretor.*
Impose, *-ono.*
Interpose...
Oppose...
Ose, *audeo.*
Prépose, *præpono.*
Présuppose, *præsuppono.*
Propose, *-ono.*
Repose, *quiesco.*
Suppose, *-ono.*
Transpose...

P.

PA.

m AGrippa, nom propre.
m Monomotapa, pays.
m * Papa, terme d'enfant.
f eaux de Spa, *aquæ Spatenses.*

VERBES.

au prét. ind.

Campa, *castrametatus est.*
Constipa, *astrinxit.*
Coupa, *concidit.*
Décampa, *castra solvit.*
Développa, *evolvit.*

verbes au prétérit indéfini.

Disculpa, *culpa exemit.*
Dissipa, *-avit.*
Dupa, *illusit.*
Echappa, *effugit.*
Emancipa, *-pavit.*
Enveloppa, *involvit.*
Extirpa, *-pavit.*
Frappa, *percussit.*
Grimpa, *ascendit.*
Occupa, *-pavit.*
Participa, *particeps fuit.*
Pipa, *fraudavit.*
Sapa, *suffodit.*
Soupa, *cœnavit.*
Trempa, *temperavit.*
Trompa, *fraudavit.*
Usurpa, *-pavit.*
Voyez les autres verbes en per.

PAIS. *voyez* AIS.

PAT. *voyez* AT.

PEAU. *voyez* AU.

PÉ.

substantifs & adjectifs masculins.

P, lettre de l'Alphabet.
Accipé, terme de jeu de Toton, *accipe.*
point Coupé, *textum scissum.*
homme Dissipé, *homo distractus.*
Echappé, *effrenis.*
cheval Echappé, *equus ex equo & equa nota inferioris genitus.*
* Eclopé, *mutilatus.*
roc Escarpé, *rupes abrupta.*
Houppé, *panniculatus.*
Hupé, *plumis cristatus.*
haut Hupé, *altè cristatus.*
Jaspé, *jaspideo colore variatus.*

m Rapé de vin, *vinum acinis mixtum.*
m un Récipé, *præscripta à Medico formula.*
m * Ripopé, *vappa, vinum mixtum.*

VERBES.

verb. au prétérit & part. masc.

Campé, *castrametatus.*
Constipé, *cui alvus astricta est.*
Contrescarpé, *præruptus.*
Coupé, ter. de Danse, *scissus.*
Croupé.
Décampé, *è castris discessus.*
Desatrempé, vieux mot, demesuré.
Détrompé, *ab errore ereptus.*
Dévelopé, *evolutus.*
Disculpé, *culpâ exemtus.*
Dissipé, *-patus.*
Dupé, *fraudatus.*
Emancipé, *-patus.*
Enveloppé, *involutus.*
Equipé, *instructus.*
Etoupé, *obturatus.*
Extirpé, *-patus.*
Frappé, *verberatus.*
Grimpé, *qui repsit.*
Occupé, *-patus.*
Participé, *-patus.*
Pipé, *deceptus.*
Sapé, *suffossus.*
Trempé, *intinctus.*
Trompé, *falsus.*
Usurpé, *-patus.*
Voyez les autres verbes en per.

PÉE.

f Canapée, espéce de fauteuil fort large, *bisellium.*

Substantifs & adjectifs féminins.

Cassiopée, constellat. *-ea.*
Chrysopée, la science de faire de l'or, *-pœa.*
Développée, terme de l'analyse des infiniment petits, *evoluta.*
femme Dissipée, *dissipata mulier.*
Echappée, *evasio.*
Ecoupée, terme de Marine, Balai.
Epée, *ensis, gladius.* blanche, *prœliaris.* d'escrime, *rudis gladiatoria.* à bouton, *retusus & prœpilatus.* à deux mains, *amplior machæra.* de combat, *duellicus ensis.* lame d'épée, *ensis lamina vel scapus.* la poignée, *capulus.* le pommeau, *pila capularis.* la garde, *scabula.* épée nue, *ensis districtus.* le fort de l'épée, *imus ensis.* le foible, *summus ensis.* longue épée, *rhomphæa.* tirer l'épée, *distringere gladium.* la remettre, *in vaginam recondere.*
Epée, poisson de mer, *gladius piscis.*
Epopée, *-pœa.*
une Equipée, *inanis molitio.*
Ethopée, *-pœa.*
Haut-hupée, *altè cristata.*
Hupée, *plumis cristata.*
alouette Hupée, *cristata alauda.*
* Lampée de vin, *haustus vini.*
Lipée, *bolus.*
* Lipée, franche-lipée, *gratuita mensa.*

Substantifs & adjectifs féminins.

Mapée, nymphe, *-ea.*
Ménippée, satyre, *-pea.*
Pharmacopée, *-pœa.*
à la Pipée, *per illicem.*
Porte-épée, *m.* *ensifer.*
Poupée d'enfant, *pupa.* de filace, *pensum lini.*
Priapée, au plur. poësies deshonnêtes, *poësis inhonesta.*
Prosopopée, *-pœa.*
Soupée, *locus ubi cœnant viatores.*
l'après-Soupée, *ou* l'après Soupé, *post cœnam.*

Plus les participes féminins des verbes en per: rapée.

PEL. *voyez* EL.

PER.

Verbes à l'infinitif.

Acciper, terme burlesque, pour dire Prendre.
Agriper, *accipere.*
Aguimper, *pectorale amictorium induere.*
Anticiper, *-pare.*
Atremper, *attemperare.*
s'Atrouper, *congregare se.*
Attraper, atteindre, *assequi.* de l'argent, *pecuniam exprimere.* sur le fait, *in maleficio deprehendere.* tromper, *decipere.*
Camper, *castrametari.*
Chipper des peaux, terme de Tanneur.
Choper, *offendere ad.*
Constiper, *alvum contrahere.*
Couper, *cædere.* terme de jeu de cartes, *scindere.*

verbes à l'infinitif.

se Couper, se contredire, *contradicere sibi.*
Décamper, *castra movere.*
Décaper, terme de Chymie.
Découper, *discindere.*
Dépréoccuper, *liberare à præjudiciis.*
Détraper, débarrasser, *expedire.*
Détremper, *macerare.*
Détromper, *errore levare.*
Développer, *evolvere.*
Disculper, *ex culpa eximere.*
Dissiper, *-pare.*
Draper un carrosse, *panno rhedam tegere.*
Draper, railler, *vellicare.*
Duper, *decipere.*
Echaper, *evadere.*
* Echarper, balafrer, *luculentis plagis deformare.*
Egrapper, *racemos tollere.*
Ehouper un arbre.
Emanciper, *-pare.*
s'Emanciper, *plus æquo sibi indulgere.*
Encouper, vieux mot, *reum facere.*
Encrêper, orner d'un crêpe, *panno bombycino ornare.*
s'Entrecouper, *interscindere se.*
Envelopper, *involvere.*
Equiper, *instruere.*
Escarper, *declivem facere.*
* Escloper, *mutilare.*
Estamper, *sublimi scalpro excudere.*
Estamper, terme de Papetier.
Estraper, *culmi reliquias sectare.*
Etemper, terme d'Horloger.

verbes à l'infinitif.

Etouper, *obturare.*
Etriper, *exenterare.*
Exciper, *excipere.*
Extirper, *-pare.* couper, *resecare.* ôter, *amputare.* tout-à-fait, *funditùs tollere.*
Frapper, *percutere.* battre, *verberare.* des mains, *plaudere manibus.* des pieds, *pedibus supplodere.* à la porte, *fores pulsare.*
Friper, manger, *mandere.* gâter, *pessumdare.*
Galoper, *cursu equi incedere.*
Grimper, *adrepere.*
Griper, *furari.*
Groupper.
* Guimper, mettre en Religion.
Haper, *prehendere.*
Harper, *harpagare.*
Horoscoper quelqu'un, *alicui futura conjicere.*
Houper, *paniculâ ornare.*
Huper, *cristâ instruere.*
Japer, *latrare.*
Jasper, *jaspideo colore variegare.*
Increper, vieux mot, *increpare.*
Lamper, *avidiùs bibere.*
Laper, *lingere.*
Mapper, nettoyer les meubles.
Noper, terme de Manufacture, le même qu'énouer.
Occuper, *-pare.* tenir, *tenere.* donner de l'occupation, *negotium ducere.* s'exercer, *se exercere.* s'occuper à des bagatelles, *nugis detineri.*

verbes à l'infinitif.

Participer, *-pare.*
Piper des oiseaux, *decipere aves.*
Piper au jeu, *fallere.*
* Piper, fig. s'entendre à quelque chose, *aliquid callere.*
Pomper, *anthliâ aquam haurire.*
Préoccuper, *praoccupare*
Ramper, *repere.* faire le chien couchant, *subjicere se.*
Râper, *radere.*
Ratraper, *assequi.*
Réchaper de péril, *è periculo evadere.* de maladie, *convalescere.*
Saper, *suffodere.*
Serper, mettre à la voile, *vela ventis dare.*
Souper, *cœnare.*
le Souper, *cœna.*
Tôper, *annuere.*
Traper, terme de Jardinier, *pulchrum esse.*
Tremper, *intingere.* une lame, *laminam temperare.* dans une affaire, être complice, *esse rei conscium.*
Treper, vieux mot, *tenere tempus.*
Tromper, *fallere.* frauder, *-dare.* décevoir, *decipere.* se tromper, *errare.* s'abuser, *falli.* se méprendre, *allucinari.*
Usurper, *-pare.*

PET. *voyez* ET.

PEUX. *voyez* EUX.

PI.

Api, *malum apiolum.*
* Acoupi, vieux mot, cocu, *cuculus.*
v Assoupi, *sopivit.*
v Croupi, *stertit.*
v Déguerpi, *deseruit.*
m Epi de bled, *spica.*
v Glapi, *gannivit.*
m Missisipi, fleuve.
Pipi, terme d'enfant, faire pipi, pisser, *meïere.*
m Porc-épi, *histrix.*
m Thlaspi, fleur, *species floris.*

PIE.

substantifs féminins.

* Acoupie, vieux mot, cocue.
Apanthropie, *-pia.*
Asclépie, au plur. fête de Bacchus, *-pia.*
mer Caspie, *mare Caspium.*
Centroscopie, partie de la Géométrie qui traite des centres, *-pia.*
Charpie, *lineum tomentum.*
Copie, *exscriptum.*
Cynanthropie, délire, *-pia.*
Ethiopie, Royaume...
Galéanthropie, délire...
Géloscopie...
Harpie, oiseau fabuleux, *-pya.*
Harpie, avare, *avarus.*
a Impie, *impius.*
Karpie, vieux mot, hachis de carpes.
Kéraunoscopie, *-pia*
Lycanthropie, maladie, *-pia.*
Métoposcopie...
Misanthropie, *diritas.*

Substantifs féminins.

Myopie, terme de Médecine.
Nyctalopie, *-pia.*
Oniroscopie, interprét. des songes, *-pia.*
Pepie à la langue, *arida summa lingua cuticula.*
* Pepie, *sitis.*
Pie, oiseau, *pica.* cheval, *equus ex albo discolor.*
œuvre Pie, *opus pium.*
Roupie au nez, *naris stiria.*
Roupie, monnoie des Indes & de Perse, *rupius nummus.*
Tératoscopie, science qui examine les prodiges.
Toupie, *turbo.* fait en toupie, *turbinatus.*
Utopie, pays imaginaire.

VERBES.

verbes au présent.

Copie, *exscribo.*
Epie, *observo.*
Estropie, *mutilo.*
Expie, *expio.*
Toupie, *turbinem verto.*

Voyez les participes féminins des verbes en pir : accroupie.

PIER. *voyez* IER.

PIN, *voyez* IN.

PION. *voyez* ION.

PIR. *voyez* IR.

PIS. *voyez* IS.

PIT. *voyez* IT.

PLI. *voyez* LI.

PLIE. *voyez* LIE.

PLIR. *voyez* LIR.

PON.

substantifs masculins.

Chapon, *capo.*
v Correspond, *-det.*
Coupon de toile, *tela resegmen.*
Crampon, *fibula unca.*
Crêpon, *pannus tenuissima textura.*
Fripon, *nebulo.* Item : ornement de la coëffure des femmes.
Giupon, habillement des femmes Turques, *subucula mulierum Turcarum.*
Harpon, *harpago.*
Japon, pays, *Japonia.*
Jupon, petite jupe, *crocotula.*
Lappon, peuple, *Lapo.*
Pompon, ornement de femme.
v Pond, *ova ponit.*
Poupon, enfant, *pusio.*
Répond, *respondet.*
Tampon, *obturamentum.*
* Colin Tampon, *Helveticorum tympani sonus.*
* en Tapon, *conglobatim.*
Tapon, mot popul. *globulus.*

PRER. *voyez* RER.

PU.

m Chepu, terme de Tonnelier.

v. subst. & adj. masc.

Corrompu, *corruptus.*
Crêpu, *crispatus.*
Interrompu, *interruptus.*
Lipu, *labeo.*
il a Pu, verb. *potuit.*
Rompu, roué, *confractus.* qui a une descente de boyau, *herniosus.* il a rompu avec moi, nous sommes mal ensemble, *amicitiam dissolvimus.*

subst. & adj. masc.

Trapu, d'une taille courte & grossiére, *homo brevi & compacto corpore.*

Q.

QUA. qui se prononce comme K A.

Reliqua de compte, *reliqua.* de festin, *reliquiæ.* voyez CA.

VERBES.

verbes au prétérit indéfini.

Appliqua, *-cavit.*
Attaqua, *lacessivit.*
Bloqua, *interclusit.*
Brusqua, *duriùs tractavit.*
Choqua, *offendit.*
Confisqua, *-cavit.*
Critiqua, *carpsit.*
Débarqua, *è navi descendit.*
Disloqua, *laxavit.*
Embarqua, *navem conscendit.*
Evoqua, *-ocavit.*
Excroqua, *aruscavit.*
Expliqua, *-cavit.*
Extorqua, *extorsit.*
Fabriqua, *-cavit.*
Impliqua...
Indiqua...
Invoqua...
Manqua, *deliquit.*
Marqua, *notavit.*

verbes au prétérit indéfini.

Masqua, *larvâ induit.*
Mocqua, *illusit.*
Piqua, *punxit.*
Pratiqua, *executus est.*
Prévariqua, *prævaricatus est.*
Provoqua, *-cavit.*
Répliqua...
Révoqua...
Risqua, *periculo exposuit.*
Sophistiqua, *adulteravit.*
Suffoqua, *-ocavit.*
Trafiqua, *mercatus est.*
Tronqua, *detruncavit, mutilavit.*
Troqua, *permutavit.*

Voyez les autres verbes en quer.

QUAND. QUENT. & QUANT. *voyez* AND. & ANT.

QUAT. *voyez* AT.

QUÉ.

verb. &c.

Appliqué, *-catus.*
Attaqué, *aggressus.*
Baraqué.
Bloqué, *interclusus.*

verb. au prét. & part. masc.

Brusqué, *duriùs tractatus.*
Casqué, terme de Médailliste, *galeâ tectus.*
Choqué, *offensus.*
Colloqué, *-catus.*
Compliqué. . .
Confisqué, *fisco addictus.*
Convoqué, *-ocatus.*
Critiqué, *argutus.*
Croqué, *delineatus.*
Débarqué, *qui è navi descendit.*
Débusqué, *dejectus.*
Dépiqué, *depunctus.*
Détraqué, *deerratus.*
Disloqué, *luxatus.*
Eflanqué, *tenuatus*
Embarqué, *qui navem conscendit.*
Emberloqué, *opertus.*
Empaletoqué.
Evoqué, *-ocatus.*
Excroqué, *æruscatus.*
Expliqué, *-icatus.*
Extorqué, *extortus.*
Fabriqué, *-catus.*
Flanqué, *munitus.*
Froqué, *cucullatus.*
Hypothéqué, *oppigneratus.*
Impliqué, *-catus.*
Indiqué. . .
Invoqué. . .
Manqué, *erratus.*
Marqué, *notatus*
Masqué, *larvatus.*
Mastiqué, *signino imbutus.*
Moqué, *illusus.*
Musqué, *moscho inodoratus.*
Offusqué, *-catus.*
Perruqué (bien perruqué.)
Piqué, *punctus.*
Pratiqué, *professus.*

verb. au prét. & part. masc.

Prévariqué, *prævaricatus.*
Provoqué, *-catus.*
Répliqué, *oblocutus.*
Revendiqué, *-icatus.*
Révoqué, *-ocatus.*
Risqué, *periculo expositus.*
Sophistiqué, *fucatus.*
Suffoqué, *-ocatus.*
Trafiqué, *negotiatus.*
Tronqué, *truncatus.*
Troqué, *mutuatus.*
Voyez les autres verbes en er.

QUÉ'E.

substantifs feminins.

a femme Authentiquée, *ou* condamnée à être mise dans un Couvent & rasée, *mulier adulterii convicta.*
Béquée, *rostrum plenum.*
Flaquée, flaquée d'eau.
Maladie compliquée, *morbus complicatus.*
Mosquée, Temple des Mahométans, *-quea.*
Pissipesquée, qui fait la précieuse.
a * Requinquée, *vetula curiosiùs ornata.*

Plus le prétérit des verbes en quer : mocquée, *illusa.*

QUER.

verbes à l'infinitif.

Alambiquer, *animum frustra torquere.*
Appliquer, *-care.* joindre, *jungere.* mettre dessus, *admovere.* auprès, *apponere.* accommoder, *-dare.* destiner, *-nare.* son esprit à, *animum intendere ad.*

verbes à l'infinitif.

s'Appliquer, *ad aliquid animum appellere.*
Attaquer, *appetere.* provoquer, *-ocare.* irriter, *lacessere.* une place, *oppugnare.*
Authentiquer, *auctoritate comprobare.*
Baraquer, *tuguria condere.*
Bloquer, *intercludere.*
* Bouquer, *impetum frangere.*
Braquer, *vibrare.*
Brusquer, *duriùs tractare.*
Busquer, *fortunam tentare.*
Calquer un tableau, *ichnographiam exprimere.*
Chinquer, *multùm bibere.*
Choquer, heurter contre, *collidere.* offenser, *offendere.* blesser, *cadere.* déplaire, *displicere.* terme de guerre, *irrumpere in.*
* Chroniquer, *chronicas scribere.*
Claquer, *crepare.*
* Colloquer, *-care.*
Compliquer...
Confisquer...
Contremarquer, *adversis notis obsignare.*
Convoquer, *-care.*
Coqueriquer, ce mot exprime la maniére de crier du coq.
Craquer, *crepitare.*
Craquer, mentir, *mentiri.*
Croquer, *frangere.*
* Croquer, *informare.*
Débanquer, terme de jeu de Bassette.
Débarquer, *è navi descendere.*

verbes à l'infinitif.

Débouquer.
Débusquer, *è loco detrudere.*
Décalquer, tirer une contre-épreuve d'un dessein.
Défalquer, *deducere.*
Déféquer, *expurgare.*
Défroquer, *cucullum exuere.*
Délinquer, *delinquere.*
Démarquer, *notas tollere.*
Démasquer, *larvam deponere.*
Démastiquer, *lithocollâ solvere.*
se Dépiquer, *molestiam deponere.*
Désembarquer, *è navi merces deponere.*
Détorquer, *-quere.*
Détraquer, dérégler, *de cursu deflectere.*
se Détraquer, se déregler, *deerrare.*
Domestiquer, apprivoiser, *cicurare.*
Dupliquer, *-care.*
Efflanquer, *deflectere.*
Embarquer, *in navem imponere.*
s'Embarquer, *navem conscendere.* au fig. s'engager, s'intriguer, se mêler, *se immiscere in.*
* Emberloquer, *operire.*
Embrelucoquer, *infatuare.*
Embusquer, *in insidiis ponere.*
* Enfroquer, *cucullum induere.*
s'Entrechoquer, *congredi.*
Equivoquer, *æquivocatione uti.*
Escroquer, *æruscare.*
Estomaquer, *stomachari.*

Evoquer, *-care.*
Extorquer, *-quere.*
Fabriquer, *-care.*
Fantastiquer, *imaginari.*
Flanquer, *latera munire.*
se Flanquer, *cingere se ex parte.*
Friquer, faire la fricarelle.
Hypothéquer, *oppignerare.*
Impliquer, *-care.*
Inculquer. . .
Indiquer. . .
Interloquer, *ampliare.*
Invoquer, *-care.*
Manquer, avoir faute, *aliquâ re defici.* à quelqu'un, *alicui deesse.* à son devoir, *officio deesse.* de faire une chose, *rem omittere.* faillir, *delinquere.* à sa parole, *fidem datam fallere.* son coup, *scopum non attingere.* ne pas venir à bout, *nihil assequi.*
Marquer, *notare.*
Masquer, *larvare.*
se Masquer, *larvam induere.*
Mastiquer, *signino induere.*
Métaphysiquer.
Mocquer, *illudere.*
Musquer, *moscho inodorare.*
Offusquer, *caliginem offundere.*
Parquer, *textis cratibus pecus claudere.*
Piquer, poindre, *pungere.* un cheval, *calcaribus equum concitare.* de la viande, la larder, *carnes larido figere.* une étoffe d'or & d'argent, *pannum filo aureo aut argenteo figere.* un absent, *nomen in albo pungere.* comme les viandes qui ne sont pas fraîches, *mordere.* offenser, *offendere.* se piquer l'un contre l'autre, *se invicem aculeis & maledictis mordere.*
se Piquer d'une chose, *ostentare, præ se ferre.* se piquer d'honneur, *gloriæ studio incitari.*
Plaquer, *applicare.*
Politiquer, raisonner sur les affaires publiques.
Poquer, jouer à la boule en l'élevant.
Pratiquer, mettre en pratique, *exequi.* un art, *artem exercere.* quelqu'un, le hanter souvent, *cum aliquo consuescere.* une chose, la ménager, *disponere.* suborner, *-nare.* solliciter, *-tare.*
Prévariquer, *prævaricari.*
Pronostiquer, *portendere.*
Provoquer, *-care.*
Rebéquer, *verbis obluctari.*
Reliquer, vieux mot, *morari.*
Reluquer, regarder de travers, *transversa tueri.*
Remarquer, *notare.*
Rembarquer, *iterùm in navem imponere.*
Remorquer, *remigare.*
* Renasquer, *irâ excandescere.*
Répliquer, *-care.*
se Requinquer, *curiosiùs se ornare.*

verbes à l'infinitif.

Retorquer, *-quere.*
Revendiquer, *vindicare.*
Révoquer, *-care.*
Risquer, *periculo exponere.*
Roquer aux Echecs, *turrim ad Regem admovere.*
* Sophistiquer, *adulterare.*
Suffoquer, *-care.*
Syndiquer, fig. *carpere.*
Tanquer, terme de mer, *à prorâ mergi.*
Topioquer, vieux mot, *disputare.*
Trafiquer, *negotiari.*
Traquer, terme de Chasse.
* Trinquer, *bibere & rebibere.*
Tronquer. *mutilare.*
Troquer, *permutare.*
Vaquer, *vacare.* à une chose, s'y employer, *operam dare.* n'avoir rien à faire, *otiosum esse.* aux études, *studere.*
Vendiquer, *vendicare.*
Voquer, *argillam præparare.*

QUET. *voyez* ET.

QUEUX. *voyez* EUX.

QUI.

Qui, lequel *ou* laquelle, *qui, quæ, quid.* de qui, *cujus.* à qui, *cui.* je ne sçai qui, *nescio quis.*

QUIE.

Thalassarquie, l'Empire des Mers.

QUIER. *voyez* IER.

QUIN. *voyez* IN.

QUIS. *voyez* IS.

QUIT. *voyez* IT.

QU. *voyez* CU.

R.

RA.

subst. masc. & fém.

ABra, monnoie de Pologne.
Alcantara, Ordre Militaire.
Dapifera.
Débora, Prophéteſſe.
Egra, ville & riviére.
Et cætera.
Laura, Monastère, *Laura.*
Non plus ultrà, *terminus.*
Opéra, Tragédie en Musiq.
Rémora, poisson.
Saâra, pays d'Afrique.
Samara, *indumentum funebre.*
Sara, femme d'Abraham.
Sotira, Reine.
Séphora, femme de Moyse.
Sumatra, île.
Zara, ville capitale de la Dalmatie.

VERBES.

verbes au prétérit indéfini.

Abjura,	*deteſtatus eſt.*
Adminiſtra,	*-vit.*
Admira,	*miratus eſt.*
Adora,	*-vit.*
Altéra. . .	
Ancra,	*anchoram fixit.*
Arbora,	*erexit.*
Aſpira,	*-vit.*
Aſſura,	*certiorem fecit.*
Attira,	*attraxit.*
Augura,	*-tus eſt.*
Bourra,	*tomento farcivit.*
Célébra,	*-vit.*
Cenſura,	*cenſurâ notavit.*
Chamarra,	*varicgavit.*
Chapitra,	*reprehendit.*
Concentra,	*coagmentavit.*
Conféra,	*contulit.*
Conjectura,	*conjecit.*
Conjura,	*-vit.*
Conſacra,	*conſecravit.*
Conſidéra,	*-vit.*
Conſpira. . .	
Contrequarra,	*adverſatus eſt.*
Déchifra,	*diſcuſſit.*
Déchira,	*laceravit.*
Déclara,	*-vit.*
Déféra,	*honorem detulit.*
Déferra,	*ferro exarmavit.*
Défigura,	*deformavit.*
Dégénéra,	*-vit.*
Délibéra. . .	
Délivra,	*liberavit.*
Démembra,	*dilaceravit.*
Demeura,	*manſit.*
Démontra,	*-onſtravit.*
Dépétra,	*expedivit.*
Déplora,	*-vit.*
Deſenivra,	*crapulam ſolvit.*
Déſeſpéra,	*deſperavit.*
Deshonora,	*inhonoravit.*
Déſira,	*deſideravit.*
Deſſerra,	*ſolvit.*
Déterra,	*exhumavit.*
Dévora,	*-vit.*
Différa,	*diſtulit.*
Digéra,	*digeſſit.*
Dora,	*inauravit.*
Dura,	*-vit.*
Echancra,	*introrsùm incîdit.*
Eclaira,	*illuxit.*
Effleura,	*leviter attigit.*
Egara,	*erravit.*
Empara,	*occupavit.*
Empira,	*pejorem reddidit.*
Endura,	*paſſus eſt.*
Engendra,	*genuit.*
Enivra,	*inebriavit.*
Enterra,	*inhumavit.*
Entoura,	*ambivit.*
Entra,	*intravit.*
Eſpéra,	*ſperavit.*
Expira,	*-vit.*
Figura. . .	
Folâtra,	*jocatus eſt.*
Fourra,	*inſeruit.*
Fruſtra,	*-vit.*
Honora. . .	
Idolâtra,	*idola côluit.*
Ignora,	*-vit.*
Implora. . .	
Incorpora. . .	
Inſpira. . .	
Jura. . .	
Laboura,	*-oravit.*
Leurra,	*decepit.*
Livra,	*tradidit.*
Maſſacra,	*trucidavit.*
Meſura,	*menſus eſt.*
Modéra,	*-vit.*
Montra,	*monſtravit.*

verbes au prétérit indéfini.

Murmura, *-vit.*
Narra...
Nombra, *numeravit.*
* Opiniâtra, *obfirmavit ſe.*
Outra, *divexavit.*
Para, *ornavit.*
Pénétra, *-vit.*
Perſévéra...
Pleura, *ploravit.*
Poivra, *pipere reſperſit.*
Préféra, *prætulit.*
Prépara, *præparavit.*
Procura...
Proſpéra...
Recouvra, *recuperavit.*
Réintégra, *redintegravit.*
Réitéra, *-vit.*
Rembarra, *confutavit.*
Rencontra, *offendit.*
Répara, *-vit.*
Reſpira....
Révéra, *reveritus eſt.*
Sacra, *-vit.*
Sépara...
Serra, *ſtrinxit.*
Soupira, *ſuſpiravit.*
Tempéra, *-vit.*
Tira, *extraxit.*
Toléra, *-vit.*
Tonſura, *tonſurâ inſignivit.*
Transféra, *tranſtulit.*
Voyez les autres verbes en rer.

RAÏT. *voyez* AIT.

RAL. *voyez* AL.

RANT. *voyez* ANT.

RAT. *voyez* AT.

RÉ.

m homme Affairé, *homo negotiis diſtentus.*

ſubſtantifs & adjectifs maſculins.

Altéré, *ſitiens, mutatus, depravatus.*
Ambré, *ambaro illitus.*
croix de S. André, *crux decuſſata.*
Archiprêtré, *Archipreſbyteratus.*
Atterré, *dejectus.*
Azuré, *cæruleus.*
Beaupré, mât de navire, *thallaſſomachus.*
Bigarré, *variegatus.*
* Billebarré, *variegatus.*
de Bon gré, *ſpontè.*
Cabré, *efferatus.*
Cambré, *concameratus.*
blond Cendré, *è rutilo cinereus.*
Géſaré, terme artificiel de Logique.
Chamarré, *variis coloribus diſtinctus.*
Châtré, *caſtratus.*
Confédéré, *fœdere conjunctus.*
un Conjuré, *-ratus.*
Curé, *Parochus.*
Concuré.
Dégré, eſcalier & marche d'eſcalier, *gradus.* de longitude *ou* de latitude, *longitudinis* vel *latitudinis.* de Maître ès Arts, *gradus Magiſtri in artibus.* élévation, *elevatio.*
Dégré de gloire, *gradus gloriæ.*
Délabré, *detritus.*
Délibéré, *-ratus.*
Dénaturé, *inhumanus.*
Diapré, *variegatus.*
vermeil Doré, *vaſa ex argento inaurata.*

substantifs & adjectifs masculins.

Effaré, *efferatus.*
Effondré, *immersus.*
Egaré, *alienatus.*
Empourpré, *purpurâ tinctus.*
Enamouré, vieux mot, *amator.*
Enlangouré, vieux mot, *languens.*
Ensépulturé, *sepultus.*
Evaporé, *-ratus.*
Grand-pré, ville de France en Champagne.
Gré, sçavoir gré, *gratias habere.*
Illétré, *illiteratus.*
Immodéré, *-ratus.*
Inconsidéré. . .
Infiltré, *insinuatus, dilapsus.*
mal Invétéré, *inveteratum malum.*
Iré, vieux mot, *iratus.*
Juré, *-ratus.* expert, *-us.*
Légat à latéré, *legatus à latere.*
Liseré, *ora.*
Machuré.
Madré, *ou* fin, *cautus.*
Malgré, *invitò.*
Maniéré.
Marbré, *marmoratus.*
papier Marbré, *charta marmorata.*
Membré, terme de Blâson, *membris variatis.*
* Miséréré, priére.
Miséréré, un instant, *instans.*
colique de Miséréré, *cœliacus morbus.*
Abbé crossé & Mitré, *Abbas infulatus.*
Modéré, *-ratus.*
Moiré, qui a l'œil de la moire.

substantifs & adjectifs masculins.

Nacré.
Narré, *narratio.*
Narré, *narratus.*
Noli me tangere, terme latin : c'est une espéce de cancer.
Obéré, *obæratus.*
Obombré, *obumbratus.*
Ombré, *inumbratus.*
linge Ouvré, *linteum opere vario distinctum.*
non Ouvré, *materia rudis & indigesta.*
Paré, *ornatus.*
Pestiféré, *-ferus.*
Poiré, breuvage fait de poires, *potio ex pyris.*
Pourpré, terme de Médec.
Pré, *pratum.*
Prématuré, *præmaturus.*
Prémontré, Ordre de Religion, *Præmonstratensis Ordo.*
Prieuré, *Prioratus.*
Quarré, *quadratus.* empreinte de la monnoie, *typus monetarius.*
Ré, note de Musique.
Référé, terme de Palais, *relatio.*
Réméré, terme de Palais, *redemptio.*
Robillaré, réjoüissance, *tripudium.*
Roturé, *conditionis plebeiæ factus.*
Sidéré, vieux mot, *cœlestis.*
Souffré, *sulphuratus.*
Sulfuré, *sulphuratus.*
Taré, gâté, *vitiatus.*
Timbré, *galeâ ornatus.*
papier Timbré, *charta regio signo impressa.*

m Tigré, moucheté, *maculis distinctus.*
m Seigneur Titré, *Dynastes.*
m Carrosse vitré, *carruca vitris clausa.*

VERBES.

verbes au prétérit & participe masculins.

Abjuré, *-ratus.*
Administré, *-stratus.*
Admiré, *admirationi habitus.*
Adoré, *-ratus.*
Anchré, *anchoratus.* au fig. *innatus.*
Arboré, *defixus.*
Aspiré, *-ratus.*
Assûré, *securus.*
Attiré, *attractus.*
Auguré, *-ratus.*
Balafré, *cicatricosus.*
Balustré, *ornatus pilarum ordine.*
Bienheuré, vieux mot, *fortunatus.*
Bourré, *tomento fartus.*
Calamistré, *crispatus.*
Camphré, *camphorâ respersus.*
Ceinturé, *cingulo instructus.*
Célébré, *-bratus.*
Censuré, *virgulâ censoriâ notatus.*
Chapitré, *reprehensus.*
Cofré, *in arca reclusus.*
Comparé, *-ratus.*
Concentré, *in unum veluti corpus coactus.*
Conféré, *collatus.*
Conjecturé, *conjecturâ assecutus.*
Consacré, *-secratus.*
Considéré, *-ratus.*

verbes au prétérit & participe masculins.

Conspiré, *-ratus.*
Contrequarré, *lacessitus.*
Déchevêtré.
Déchifré, *explicatus.*
Déclaré, *-ratus.*
Dédoré, *exauratus.*
Déféré, *delatus.*
Déferré, *ferro exarmatus.*
Défiguré, *deformatus.*
Dégénéré, *degener.*
Délivré, *liberatus.*
Démembré, *disjunctus.*
Demeuré, *qui mansit.*
Démontré, *-stratus.*
* Dénigré, *denigratus.*
Dépêtré, *expeditus.*
Dépuré, *defœcatus.*
Desenamouré, *amore solutus.*
Desenivré, *vino solutus.*
Desespéré, *insperatus.*
Deshonoré, *inhonoratus.*
Déploré, *-ratus.*
Désiré, *desideratus.*
Desœuvré, *occupatione carens.*
Desserré, *laxatus.*
Déterré, *exhumatus.*
Dévoré, *-ratus.*
Diapré, *versicolor.*
Différé, *dilatus.*
Digéré, *digestus.*
Doré, *inauratus.*
Dulcoré, dulcifié.
Duré, *-ratus.*
Echancré, *incisus.*
Eclairé, *illuminatus.*
Ecuré, *elutus.*
Effleuré, *leviter tactus.*
Emparé, *occupatus.*
Empiré, *pejor factus.*
Empourpré, *purpuratus.*
Enduré, *toleratus.*
Engendré, *genitus.*

verb. au prét. & part. masculins.

Engoufré, *alto gurgite haustus.*
Enivré, *inebriatus.*
Enterré, *inhumatus.*
Entré, *ingressus.*
Espéré, *speratus.*
Expiré, *-ratus.*
Fenestré, vieux mot, *fenestratus.*
Ferré, *ferro armatus* vel *munitus.*
Feutré, vieux mot, *vestitus.*
Figuré, *-ratus.*
Folâtré, *qui lascivit.*
Fourré, *pelle munitus.*
Frustré, *-ratus.*
Honoré...
Idolâtré, *qui idola coluit.*
Ignoré, *-ratus.*
Illustré...
Impétré...
Imploré...
Incorporé...
Inspiré...
Invétéré...
Juré..,
Labouré, *aratus.*
Libéré, *liberatus.*
Livré, *traditus.*
Lustré, *-ratus.*
Massacré, *jugulatus.*
Mesuré, *mensus.*
Montré, *monstratus.*
Murmuré, *-ratus.*
Nombré, *numeratus.*
Outré, *immoderatus.*
Parjuré, *perjuratus.*
Pénétré, *-ratus.*
Persévéré...
Plâtré, *gypso indutus.*
Pleuré, *ploratus.*
Poivré, *pipere respersus.*

verb. au prétérit & part. masculins.

Poudré, *pulvere respersus.*
Préféré, *prælatus.*
Préparé, *præparatus.*
Procuré, *-ratus.*
Prospéré...
Recouvré, *recuperatus.*
Régénéré, *-ratus.*
Réintégré, *in integrum restitutus.*
Rencontré, *nactus.*
Réparé, *-ratus.*
Respiré...
Révéré, *honoratus.*
Sacré, *sacratus.*
Saupoudré, *aliquâ re respersus.*
Séparé, *-ratus.*
Sequestré...
Serré, *constrictus.*
Sucré, *sacchar illinitus.*
Suggéré, *suggestus.*
Surdoré, *iterùm deauratus.*
Tempéré, *-ratus.*
Tiré, *extractus.*
Tonsuré, *tonsurâ insignitus.*
Transféré, *translatus.*
Ulcéré, *-ratus.*
Voituré, *vectus.*
Voyez les autres verbes en rer.

REAU. *voyez* AU.

RÉE.

subst. & adj. féminins.

Airée, *manipuli in area contenti.*
Ambrée, *ambaro illita.*
Astrée, Déesse de la Justice, *Astræa.*
Astrée, Roman, *-træa.*
Beurrée, du beurre mis sur du pain, *panis butyro illitus.*

Substantifs & adjectifs feminins.

poire de Beurrée, *pyrum butyraceum.*
Borée, vent, *Boreas.*
Bourée, danse, *saltationis species.* de fagot, *virgultorum fasciculus.*
Briarée, géant, *-reus.*
Camphrée, plante, *camphorata.*
Cendrée, poudre de plomb, *pulvis plumbeus.*
Centaurée, herbe, *-rea.*
Césarée; les Anciens appelloient ainsi les Eglises Chrétiennes.
Chasse-marée, Marchand de poisson de mer, *piscium marinorum propola.*
Chicorée, *intubus.*
Contrée, *regio.*
Coulevrée, herbe, *vitis Brionia alba.*
Cuillerée, *cochlearium.*
Curée, *esca prædacea.* faire curée de sa proie, *captam prædam absumere.* ce qu'on donne aux chiens & aux oiseaux, *esca prædatoria.*
Cythérée, *-rea.*
Demourée, vieux mot, *mora, absentia.*
Dénaturée, *inhumana.*
Denrée, *merces.*
Diaprée.
Diarrhée, maladie, *-rhea.*
Dichorée, *ou* Ditrochée, terme de Prosodie ou de poësie latine.
Durée, *duratio.*
Echaufourée, *equitatio.*
Effarée, *efferata.*
Empourprée, *purpurata.*

Substantifs & adjectifs feminins.

ciel Empyrée, *cœlum empyreum.*
Entrée, *ingressus.* abord, *aditus.* séance de gens de Justice, *consessus.* entrée, commencement, *primordium.* entrée de table, *promulsio.* de ballet, *dramatica chorea.* entrée, au pl. impôt, *vectigalia.*
mer Erythrée, rouge, *mare erythreum.*
Estorée, vieux mot, *classis.*
voute Ethérée, le ciel, *cœlum.*
Evaporée, *-orata.*
* Galimafrée, ragoût, *condimentum.*
Gonorrhée, *-rhea.*
Hérées, fêtes de Junon, *-rea.*
Horée, vieux mot, *nimbus.*
Livrée, couleur, *insignia.* présent de nôces, *sportula nuptialis.*
Marée, flux de mer, *maris fluxus.*
Marée, poisson de mer, *piscis marinus.*
* Mijaurée, injure, *deformis*
Montrée, terme de Palais, *ostentatio.*
Morée, *-rea.* ou Péloponèse, *-sus.*
Nérée, Dieu marin, *Nereus.*
Nirée, fille de la Nymphe Aglia.
Panerée, *cophinus refertus.*
Picorée, *prædatio.*
paix plâtrée, *palliata pax.*
Poirée, herbe, *beta.*
fiévre Pourprée, *febris pestifera.*
Prématurée, *immatura.*

substantifs & adjectifs féminins.

Purée, *puls.*
Rentrée, *ingressus.*
Rhée, femme de Saturne, *Rhea.*
Septerée, vieux mot, *jugerum.*
Simagrée, *inanis simulatio.*
Soirée, *vespertinum tempus.*
voix Stentorée, qui est très-forte, *vox stentorea.*
Sucrée, faire la sucrée, *ou* l'hypocrite, *vanæ veritatis ostentatrix.*
cervelle bien ou mal Timbrée, *homo sanæ* vel *non sanæ mentis.*
conscience Timorée, *conscientia timorata.*
Ventrée, *partus.*
humeur Vitrée, *humor vitreus.*

Voyez les participes féminins des verbes en rer : parée, sucrée, outrée.

Plus divers temps & diverses personnes des verbes en éer : agrée.

REL. *voyez.* EL.

RENT. *voyez* ANT.

RER.

verbes à l'infinitif.

Abhorrer, *abhorrere.*
Abjurer, détester, *-tari.* une erreur, *errorem publicè repudiare.*
Accaparer, terme de Commerce, *exacervare.*
Accarer, terme de Palais, *testes cum reo componere.*
Accélérer, *-rare.* presser, *urgere.* hâter, *festinare.*
Acérer, *calybe mixto durare.*
* Acoutrer, *exornare.* au fig. maltraiter, *malè excipere.*
Adhérer, *adhærere.*
Adinérer, vieux terme de Jurisprudence, *ad æris pretium constituere.*
Administrer, *-trare.* avoir soin, *curare.* distribuer, *-buere.* gouverner, *gubernare.*
Admirer, *mirari.* fort, *demirari.* faire admirer, *movere admirationem.*
Adorer, rendre un souverain culte, *adorare.* révérer, *venerari.* honorer, *colere.* aimer beaucoup, *adamare.* estimer fort, *valdè æstimare.*
Adultérer, *-rari.*
Aërer, *liberiori cœlo exponere.*
Altérer, *-rare.* changer, *mutare.* corrompre, *corrumpere.* gâter, *vitiare.* la vérité, *contaminare veritatem.* causer de la soif, *sitim accendere.* les métaux, *metalla adulterare.* la santé, *sanitatem vitiare.*
Amarer, terme de mer, *rudente religare.*
Ambrer, *ambaro illinere.*
Améliorer, *melius facere.*
Ancrer, *anchoram emittere.*
Apurer un compte, *rationem absolvere.*
Arborer, *figere.*
Arrher, *arrhabonem dare.*
Arriérer, mettre en arriére.

verbes à l'infinitif.

Aspirer, soupirer à, *aspirare ad.* terme de Grammaire, *spiritu aspero vocalem notare.*

Assûrer, *firmare.* par des étais, *fulcire.* rendre sûr, *securum efficere.* mettre en lieu sûr, *in tuto collocare.* certifier, *asserere.* les chemins, *itinera tuta reddere.* s'assûrer des passages, *aditus occupare.*

Atterrer, *humi prosternere.*

Attirer, tirer avec force, *attrahere.* par douceur, *allicere.* par caresse, *illicere.* par persuasion, *inducere.* à soi les yeux de tout le monde, *omnium oculos in se convertere.*

s'Attirer un malheur, *malum sibi creare.* de méchantes affaires, *periculum sibi facessere.* de l'estime, *existimationem comparare.* la bienveillance de quelqu'un, *alicujus benevolentiam colligere.* la haine de tout le monde, *omnium odia in se incendere.*

s'Aventurer, s'exposer au péril, *se se objicere periculis.* au danger, *fortunæ aleam tentare.*

Avérer, *certum reddere.*

Augurer, *-rari.* conjecturer, *conjicere.* par parole, *ominari.* prédire l'avenir, *præsagere.*

Azurer, *cæruleo colore pingere.*

Bâfrer, *belluari.*

verbes à l'infinitif.

Balafrer, *luculentis plagis deformare.*

Barrer une porte, *vecte obducere.* un compte, *rationem delere.*

Bauffrer, *belluari.*

Beurrer, *butyro illinere.*

Bigarer, *variegare.*

* Bilbarrer, *variegare.*

Bourrer un fusil, *tomento catapultam instruere.* terme d'escrime, *ense petere.* fig. maltraiter de paroles, *objurgare.*

Câbrer un cheval, *equum in pedes concitare.* se câbrer, *arrigi.* s'emporter contre, *efferri in.*

Calamistrer, *crispare comam.*

Calandrer des étoffes, *pannos polire.*

Calfeutrer, *rimas explere.*

Calibrer, terme d'artillerie & d'horlogerie.

Cambrer, *camerare.*

se Carrer, *ansatum ambulare.*

Cathédrer, vieux mot, *præesse.*

Célébrer, *-rare.*

Censurer, reprendre, *reprehendere.* condamner, *damnare.* noter, *notare.*

Chaffourrer, défigurer, barbouiller.

Chamarrer, *vestem segmentis variare.*

Chambrer, loger sous une même tente, *sub eodem tecto recumbere.*

Chapitrer, *increpare.*

Châtrer, *castrare.* ôter, *demere.* diminuer, *minuere.*

énerver, *enervare.* les ruches des mouches à miel, *favos succidere.* couper, *desecare.*

Chérer, vieux mot, *benignè aliquem tractare.*

Chiffrer, *notis arithmeticis notare.*

Cintrer, *camerare.*

Cirer, *cerâ illinere.*

Claquemurer, renfermer, *includere.*

* Cofrer, emprisonner, *in carcerem detrudere.*

Colorer, *-rare.* déguiser, *falsam speciem obdere.*

se Colorer, *-rari.*

Comparer, *-rare.* égaler, *æquiparare.* faire comparaison, *cum aliquo componere.*

Concélébrer, vieux mot, *concelebrare.*

Concentrer, *in unum centrum cogere.* la chaleur, *calorem coagmentare.*

se Concentrer, s'unir, *in unum coalescere.*

Confédérer, *fœdus inire.*

Conférer, avoir conférence, *colloqui.* comparer, *-rare.*

Conjecturer, *conjecturâ assequi.*

Conjurer, *-rare.* conspirer, *-rare.* prier instamment, *obsecrare.* exorciser le démon, *per Dei numen adjurare.* une tempête, *tempestatem precibus avertere.*

Considérer, *-derare.* peser, *ponderare.* des yeux, *attentè intueri.* avoir de l'estime, *magni facere.* avoir des égards, *rationem alicujus habere.*

Conspirer, *-rare.* conjurer, *-rare.* contre quelqu'un, *in aliquem conspirare.*

Contre-carrer, *adversari.*

Coopérer, *-rari.*

Corroborer, *-rare.*

Curer, nétoyer, *purgare.* un fossé, *fossam luto & terrâ expedire.*

Curer les dents, *dentes pennâ levare.* les puits, *puteos expurgare.*

Débarrer, *repagula revellere.*

Débourrer, fig. façonner quelqu'un, *efformare.*

Déchifrer, *litteras occultis notis exaratas explicare.* une lettre écrite à mots couverts, *verborum ambagibus obvolutam epistolam evolvere.*

Déchirer, *dilaniare.* la réputation, *famam dilacerare.*

Decintrer, *incamerare.*

Décirer, *ceram tollere.*

Déclarer, *-rare.*

Décolorer, *-rare.* ôter la couleur, *colorem eluere.*

Décombrer, *rudera tollere.*

Décorer, *-rare.* orner, *-nare.*

Dédorer, *aurum illitum radere.*

Déférer à, *deferre.* avoir des déférences, *tribuere.* accorder, *concedere.* céder, *cedere.* consentir, *-ire.* accuser, *accusare.*

Déferrer, *ferro exarmare.* un-

verbes à l'infinitif.

cheval, *equo soleas detrahere.* fig. faire perdre contenance, *perturbare.*
Défigurer, gâter, *deformare.* rendre laid, *deturpare.*
Défiorer, *-rare.*
Dégénérer. . .
Délabrer, *dilacerare.*
Délibérer, *liberare.* de la marchandise, *tribuere mercem.* de peine, *curâ solvere.* mettre en liberté, *in libertatem asserere.* en payant, *redimere.* soustraire, *subtrahere.* de prison, *è carcere liberare.* des charges, *dare immunitatem munerum.* des ordres à, *jussa exponere.* une femme de couche, *puerperam adjuvare.* expédier à l'enchère, *proscripta bona licenti addicere.*
Démarrer, *navem solvere.*
Démembrer, *dilacerare.*
Demeurer, *manere.* habiter, *-tare.* dans une Ville, *urbem incolere.* faire séjour, *commorari.* s'arrêter, *manere.* hésiter, *hærere.* au fond, *subsidere.* ferme, *stabilem permanere.* persister, *-ere.* persévérer, *-rare.* d'accord, *fateri.*
Démontrer, *-onstrare.* faire voir, *ostendere.*
Démourer, vieux mot, *manere.*
Dénaturer, *naturam mutare.*
Dénigrer, *-grare, famam inquinare.*
Dénombrer, *dinumerare.*

verbes à l'infinitif.

Déparer, *deformare.*
Dépêtrer, *expedire.* se dépêtrer de, *extricare se.* sortir d'une affaire, *à negotio emergere.*
Dépoudrer, *pulverem abjicere.*
Desancrer, *solvere anchoram.*
Desemparer, quitter, *deserere.* s'en aller, *discedere.*
Desenivrer, *crapulam edormiscere.*
Desespérer, *desperare.*
Deshonorer, *inhonorare.*
Desirer, *desiderare.* fort, *exoptare.* souhaiter, *cupere.*
Desserrer, *relaxare.*
Déterrer, *exhumare.* trouver, *invenire.*
Détirer, *explicare.*
Dévorer, *-rare.* son bien, *bona sua exsorbere.* consumer, *-mere.*
Diaprer, *coloribus variis distinguere.*
Différer, *differre.* remettre, *procrastinare.* le jugement d'une cause, *ampliare causam.* sans différer, *sine cunctatione.*
Digérer, *digerere.* un affront, *injuriam concoquere.*
Dorer, *inaurare.* la pilule, *amara dulcedine temperare.* les chaînes, *servitutem lenire.*
Durer, *-rare.* longtemps, *subsistere.* faire durer, *producere.*
Ecarter, *repellere.*
Echancrer, *incidere.*
Eclairer, jetter des éclairs, *fulgurare.* faire de la lu-

miére, *illuminare.* luire, *fulgere.* l'esprit, *lumen animo preferre.* les actions, les observer, *acta observare.*

Ecurer, nétoyer, *detergere.* la vaisselle, *eluere.*

Effarer, *efferare.*

Effleurer, *stringere.* une matiére, *delibare.* traiter légérement, *leviter attingere.*

Effondrer, *exenterare.*

Egarer quelqu'un, *à recto itinere deducere.* perdre, *amittere.*

s'Egarer, *deerrare.*

Elabourer, *-borare.*

s'Emparer, *occupare.* se saisir, *invadere.* occuper, *-pare.* usurper, *-pare.*

Empêtrer, *impedire.* embarrasser, *irretire.*

s'Empêtrer, *se implicare.*

Empiffrer, *ingurgitare.*

* s'Empiffrer, *potu & cibo saginari.*

Empirer, *ingravescere.* un mal, *morbum augere.* s'empirer, devenir pire, *deteriorem fieri.*

Empourprer, *purpurâ imbuere.*

s'Empourprer, *purpurascere*

Encadrer, *tabellam quadrato includere.*

Enceinturer, vieux mot, engrosser, *gravidam efficere.*

s'Enchevêtrer, s'embarrasser les pieds d'un licol, *pedes sibi capistro irretire.*

Encirer, *telam cera imbuere.*

* Encloîtrer, *claustro includere.*

Encoffrer de l'argent, *pecuniam in arcâ condere.*

Endurer, souffrir, *pati.* supporter, *perpeti.* tolérer, *-rare.* aisé à endurer, *tolerabilis.*

Enferrer, percer d'un fer, *ferro transfigere.* mettre dans les fers, *ferreis vinculis prepedire.* s'enferrer, s'embarrasser, *induere se in laqueos.*

Engendrer, *gignere.* terme de Géomét. *generare.*

Engoufrer, *in voraginem conjicere.*

Enivrer, *inebriare.*

s'Enivrer, *inebriari.*

Enregistrer, *in actis perscribere.*

Ensépulturer, vieux mot, *tumulare.*

Ensoufrer, *insulphurare.*

Enterrer, *inhumare.*

Entourer, *circumdare.*

Entrer, *ingredi.* venir, *venire.* s'assembler, *convenire.* pénétrer, *penetrare.* par force, *vi invadere.* laisser entrer, *admittere.* faire entrer, *introducere.* un clou dans une muraille, *clavum parieti adigere.* entrer en discours, *sermonem exordiri.* dans le détail des choses, *res sigillatim enarrare.* en Charge, *Magistratum inire.* dans le sens de, *ad sen-*

verbes à l'infinitif.

sum penetrare. dans le sentiment, *assentiri.* dans l'esprit, *animum subire.* dans les intérêts de, *commodis servire.* dans la douleur de, *ad dolorem descendere.* dans l'amitié de, *in amicitiam venire.* s'insinuer, *irrepere.* dans la conversation, *colloquiis se immiscere.* entrer en procès, *litem inire.* en défiance, *diffidere.* en fureur, *furore agi.* en partage, *participare.* dans la terre, *descendere.*

Epierrer, *elapidare.*

Epoudrer, *pulverem discutere.*

Epurer, purifier, *purgare.* rendre pur, *defœcare.*

Errer çà & là, *errare.* faillir, *allucinari.*

Espérer, *sperare.*

Essorer, exposer au grand air, *patenti cœlo exponere.*

s'Essorer, *sub Dio liberiorem auram captare.*

Etirer, vieux mot, *explicare.*

Evaporer, *in vapores solvere.*

s'Evaporer, *in vapores abire.* se dissiper, *evanescere.*

Eventrer, *eviscerare.* vuider les intestins, *exenterare.*

Exécrer, vieux mot, *execrari.*

Expectorer, *ex pectore ejicere.*

Expirer, *expirare.* rendre l'ame, *animam exhalare.* écheoir, *advenire.*

Fanfarer, *tubâ canere.*

Fenêtrer, *fenestris instruere.*

verbes à l'infinitif.

Féier, vieux mot, *ferire.*

Ferrer, garnir de fer, *ferro munire.* un cheval, *equum calceare.*

Feutrer, *sub coactu fabricare.*

Figurer, *delineare.* aller de pair avec les Grands, *more procerum agere.*

se Figurer, s'imaginer, *fingere.* penser, *putare.*

Flairer, *olfacere.* sentir une chose, *odorari.* le fleurer, l'odorat, *odoratus*, *olfactus.* l'action de fleurer, *odoratio.*

Flâtrer, vieux mot, *ferro adurere.*

Foirer, avoir le cours de ventre, *liquidam alvum reddere.*

Folâtrer, *scurrari.*

Forer, *forare.* avec un forêt, *terebrare.*

Fourrer avec de la Fourrure, *vestem pelle villosâ munire.* doubler de fourrure, *pelliculare.* terme de Médailliste, *vestire argenti bracteolâ.*

Fourrer, mettre une chose en un endroit, *inserere.* se fourrer dans, *se introducere in.*

Gaufrer, friser les cheveux, *capillum crispare.* une étoffe en broderie, *Phrygionium opus muscariis describere.* imprimer diverses figures avec le fer chaud, *pannum variis figuris inurere.*

Gérer, *-ere.*

Harer, vieux mot, *in aliquem concitare.*
Hongrer, *equum castrare.*
Honorer, *-rare.* respecter, *colere.* vénérer, *-rari.*
Jachérer, *terram proscindere.*
Idolâtrer, adorer les faux Dieux, *falsos colere Deos.* aimer éperdûment, *deperire.*
Ignorer, *-rare.* ne sçavoir pas, *nescire.*
Illustrer, *-rare.* orner, *ornare.*
Impétrer, *-rare.* obtenir, *obtinere.*
Implorer, *-are.*
Impropérer, vieux mot, *improperare.*
Inaugurer, consulter le vol des oiseaux.
Incorporer, *in unum corpus redigere.*
Inférer, *inferre.*
Infiltrer.
s'Ingérer, *immiscere se.*
Insérer, *-ere.*
Inspirer, *-rare.* suggérer, *-rere.* mettre dans l'esprit, *in mentem injicere.*
Intégrer, terme de Géomét. *integrare.*
Invétérer; il ne se dit guère qu'au participe, *-terare.*
Jurer, *jurare.* Dieu, *Deum testari.* faire jurer, *jusjurandum exigere.*
Labourer, *arare.* une seconde fois, *iterare.* une troisiéme fois, *tertiare.*
Labourer, vieux mot, pour travailler, *laborare.*

Leurer l'oiseau, *accipitrem illicio assuefacere.* donner de fausses espérances, *ludere dolis.*
Libérer, *-rare.*
Liserer, terme de Brod. *limbum ornare.*
Livrer, *tradere.* bataille, *cum hoste congredi.* un assaut, *oppugnatione invadere.*
Lustrer une étoffe, *panno nitorem addere.*
Macérer, *-rare.*
Manœuvrer, terme de mer, *nauticos funes versare.*
Manufacturer, *manu effingere.*
Marbrer, *in marmoris modum variare.*
Martyrer, vieux mot, *divinare.*
Massacrer, *trucidare.*
Méliorer, *-rare.* rendre meilleur, *meliorem efficere.*
Mesurer, *metiri.* les autres à son aune, *alios ex se metiri.*
Mirer, *collimare.* son coup, *collineare.* se regarder dans le miroir, *in speculo se intueri.*
* Mitrer, *mitrâ ornare.*
Modérer, *-rare.* ses affections, *temperare animos.* se modérer, *se cohibere.*
Montrer, faire voir, *ostendere.* indiquer, *-icare.* prouver, *probare.* déclarer, *-rare.* enseigner, *docere.* se montrer, *dare se in conspectum.* véritable ami, *amicum agere.*

Verbes à l'infinitif.

Murer, *muris cingere*. entourer de murailles, *mœnibus sepire*.
Murmurer, *-rare*. entre ses dents, *muscitare*. marmoter, *mutire*.
Narrer, *-rare*. réciter, *-tare*.
Navrer, blesser, *sauciare*. faire une plaie, *vulnerare*.
Nombrer, *numerare*.
s'Obérer, *ære alieno se obstringere*.
Obscurer, vieux mot, *obscurare*.
Obtempérer, *-rare*.
Odorer, *olfacere*.
Oirrer, vieux mot, *ire*, *in viâ esse*.
Ombrer, *obumbrare*.
Opérer, *-rari*.
Opiniâtrer, *obfirmare*. s'opiniâtrer, *obfirmare se*.
Orer, vieux mot, *orare*.
Oupurer, vieux mot, *operari*.
Outrer, *transfodere*. excéder, *-dere*. les choses, *præter æquum res eloqui*. de douleur, *dolore percellere*.
Ouvrer, *operari*. la monnoie, *monetam cudere*.
Proférer, *-ferre*. prononcer, *pronuntiare*.
Procurer le bien, *commodis servire*. le mal, *malum accersere*. avoir soin, *procurare*.
Prospérer, *-rare*. faire prospérer, *fortunare*. secourir, *secundare*.
Quadrer, *-rare*.

Verbes à l'infinitif.

Quarrer, se quarrer, *superbe pede incedere*.
Raccoutrer, *resarcire*.
Rancurer, se plaindre, vieux mot, *queri*.
Rassûrer, *confirmare*.
Raturer, *radere*. effacer, *delere*.
Ravigourer, *ou* Revigourer, reprendre de la vigueur, *vires recuperare*.
Recalcitrer, vieux mot, *-rare*.
Recouvrer, *recuperare*. la santé, *convalescere*. peu-à-peu la parole, *recipere vocem*.
se Récupérer, se récompenser, *remunerari*.
Redorer, *secundò inaurare*.
Réembrer, vieux mot, racheter, *redimere*.
Référer, *referre*.
Régénérer, *-rare*.
Registrer, *in acta referre*.
Regrer, vieux mot, *recreare*.
Réintégrer, rétablir, terme de Palais, *in integrum restituere*.
Réitérer, *-rare*. répéter, *-ere*.
Relustrer, donner un nouveau lustre.
Remansurer, vieux mot, *remanere*.
Rembarrer, *retundere*.
Rembourer, *tomentum inserere*.
Remémorer, *meminisse*.
Remontrer, *admonere*. avertir, *monere*. persuader, *-ere*. dissuader, *-ere*.
Remparer une place, *urbem vallare*. munir, *munire*.

verbes à l'infinitif.

fortifier, *circumvallare.*

Remunérer, *-rari.*

Rencontrer, *reperire.* trouver, *invenire.* avoir à sa rencontre, *occurrere.* en chemin, *obviàm habere.*

Rentrer, *denuò ingredi.* dans les bonnes graces de, *in gratiam redire.* en soi-même, *colligere se.*

Repairer, vieux mot, *jacère in cubili.*

Réparer, *-rare.* une faute, *culpam emendare.* une injure, *injuriam luere.* l'honneur, *famam restituere.* une maison, *ædem reficere.* une perte, ses forces, *damnum, vires resarcire.* réparer, raccommoder, *renovare.* refaire, *reficere.* restituer, *-ere.*

Respirer, *-rare.* aisément, *commodiùs spiritum trahere.* difficulté de respirer, *animi interclusio.*

Resserrer, *astringere.* ensemble, *constringere.* dans un coffre, *in arcâ recondere.* le ventre trop libre, *alvum comprimere.* en peu de paroles, *angustiùs concludere.* presser, *premere.* se resserrer en soi-même, *latere in occulto.* restaurer, *-rare.*

Réverbérer, *-rare.*

Révérer, *-eri.* vénérer, *-rari.* porter respect, *reverentiam præstare.*

Revirer, terme de mer, *retrorsùm vela dare.*

verbes à l'infinitif.

Sâbrer, *ense cæsim percutere.*

Sacrer, *-rare.*

Sacrer, jurer, faire des imprécations.

Savourer, *gustare.* prendre plaisir, *delectari.*

Saupoudrer, *cibum sale aspergere.*

Saurer, *ou* Saurir.

Sayrer, vieux mot, *irasci.*

Séparer, *-rare.* une chose, *seponere.* un mari d'avec sa femme, *divortium facere.* un Royaume d'avec un autre, *disterminare.* se séparer, *dissidere.*

Séquestrer, *-rare.* prendre, *auferre.* dérober, *furari.*

Serrer, *stringere.* étroitement, *arctiùs constringere.* presser, *premere.* en liant, *vincula contendere.*

Sevrer, *ablactare.* se sevrer, se priver, *se abdicare.*

Sombrer une vigne, une terre, *vinariam humum pannariâ fossione vertere.* sous les voiles, terme de mer, submerger, *navem expansis velis vi ventorum submergere.*

Soufrer, *sulphure aliquid intingere.*

Soupirer, *suspirare.*

Sucrer, *saccharo illinire.*

Suggérer, *-ere.* dire tout bas, *insusurrare.*

Suppurer, se résoudre en pus, *suppurare.* jetter du pus, *pus emittere.*

Surdorer, *iterùm deaurare.*

Taborer, vieux mot, battre du tambour.

verbes à l'infinitif.

Tempérer, *-rare.*

Timbrer un casque, *apice galeam coronare.* du papier, *chartam regio signo imprimere.*

Timbrer, vieux mot, *tympano ludere.*

Tintamarer, faire du tintamare, *tumultum concitare.*

Tirer, *trahere.* à soi, *attrahere.* par force, *retrahere.* par finesse, *extorquere.* arracher, *avellere.* aveindre, *reducere.* faire sortir, *emitere.* peindte, *pingere.* épreindte, *exprimere.* puiser, *haurire.* imprimer, *excudere.* par force, *abstrahere.* lancer, *vibrare.* allonger, *producere.* inférer, *inferre.* incliner, *vergere.* aller, *petere.* jetter, *conjicere.* débarrasser, *expedire.* tirer hors, *eripere.* à part, *seducere.* séparer, *sejungere.* le feu, *ignem elicere.* l'argent, *pecuniam exprimere.* du profit, *fructum percipere.*

Tirer raison, *argumentum petere.* de loin, *longiùs petere.* à quatre chevaux, *equis lacerare.* de l'arc, *sagittâ petere.* une fléche, *sagittam emittere.* des armes, *displodere.*

Tirer, arracher, *revellere.* ravir, *rapere.* l'oreille, *aurem vellicare.* tirer à sa fin, *animam agere.* ravir, *rapere.* à la rame, *remigare.* à bord, *ad terram.*

verbes à l'infinitif.

des pierres de la terre, *è terrâ lapides eximere.* dans un carrosse, *curru raptare.* au sort, *sortes ducere.* son vent & le pousser dehors, *attrahere & reddere animam.* du sang à quelqu'un, *sanguinem emittere.* tirer une vache, *vaccam mulgere.* les larmes, *lacrymas excutere.* les vers du nez, *expiscari.* la vérité, *verum elicere.* de l'argent par adresse, *argento emungere.* se tirer, se retirer, *subducere se.* d'un malheur, *emergere aliquo malo.* se tirer à son honneur d'une affaire, *abire honestè à re aliquâ.* se tirer d'une maladie, *evadere ex morbo.* des mains de quelqu'un, *ab aliquo se expedire.* de la foule, *ex turbâ.* tirer des oiseaux en volant, *volantes aves transfigere.* au blanc, *collineare.* l'épée, *gladium stringere.* par les cheveux, *longiùs petere.* un bas en le chaussant, *tibiale contendere.* les bas à, *detrahere tibialia.* des figures sur le marbre & l'airain, *statuas ex marmore aut ex ære ducere.* un patron, *delineare.* tirer, détourner, *avocare.* tirer ses paroles, *ducere verba.* de la gloire de ses ancêtres, *habere gloriam à majoribus.* tirer gloire d'une méchante action, *convertere.*

verbes à l'infinitif.

vertere crimen in laudem. des oracles à son avantage, *ad utilitatem suam oracula interpretari.* contre, *obniti contrà.* tirer au cœur, *vomere.* raison d'une injure, *injuriam ulcisci.* obtenir, *obtinere.* impétrer, *-trari.* sur quelque couleur, *ad aliquem colorem accedere.*

Tolérer, *-rare.* supporter, *ferre.*

Tonsurer, *tonsurâ insignire.*

Torturer, donner la question, *torquere.*

Tournevirer, faire d'une personne ce que l'on veut.

Transférer, *transferre.* transporter, *-tare.*

Transfigurer, *-rare.* prendre une nouvelle forme, *novam formam induere.*

Transpirer, *humores per meatus corporis transmittere.*

Veautrer, terme de Chasse, *cum vertago & molosso venari.*

Veautrer, *volutare.*

se Veautrer, *volutari.*

Virer, terme de mer, *agere gyros.* terme de charge, *versuram facere.*

Vitrer, *vitreis specularibus obducere.*

Ulcérer, *-rare.*

s'Ulcérer, *-rari.*

Voiturer, porter, *vehere.* faire métier de voiturier, *vecturam facere.*

RET. *voyez* ET.

REUX. *voyez* EUX.

RI. & RY.

substantifs masculins.

Abri, lieu exposé au soleil, *apricus locus.* à l'abri du vent, *à vento tutus.* se mettre à l'abri, *in tuto loco se recipere.*

* Aheuri, *obstupefactus.*

Alangouri, *languidus.*

Bari, pour Baril, *cadus.*

Berri, pays, *Bituricum.* de Berri, *Biturix.* mouton de Berri, *vervex Bituricensis.*

Besidéry, *pyrum Besideriacum.*

Bistouri de Chirurgien, *excisorius scalper.*

Bon-henri, plante.

Cabri, chevreau, *capreolus.*

Celeri, plante, *apium Macedonicum.*

Chamberri, ville, *Chamberiacum.* de Chamberri, *Chamberiacensis.*

Charivari, *tumultuosus & clamosus sonitus.* confus de voix & d'instrumens de cuisine, *nocturnæ vociferationes & vasorum æreorum pulsationes ubi convicium iteratur.* faire un charivari, *stridulis conviciis aliquem proscindere.* railler avec grand bruit, *convitium facere.*

Cri, *clamor* public, *præconium.* de guerre, *militaris vociferatio.* de douleur, *ejulatus.* des vendeurs de denrées, *propolarum præconia.* de nautonnier, *ce-*

substantifs masculins.

leusma. de corbeau, *crocitus.* à cor & à cri, *omni conatu.* cri, instrument, *tollo dentatus.*
Décri, *inhibitio.* de quelque personne, *obtrectatio.* de quelque étoffe, *interdictio.*
Desaigri, *ex acido dulcis factus.*
Défleuri, *planta cujus flores cecidere.*
Emeri, Emeril, *smyris.*
Favori, *gratiâ florens.*
langage Fleuri, *sermo floridus.*
Gri, *ou* Gril, *craticula.*
Gribouri, injure, *spiritus fatuus.*
Guillery, chant du moineau.
Henri, nom prop. *-cus.*
* Hourvari, *cervi fraus.*
Lémeri, Chymiste, *-us.*
Mari, marié, *maritus.*
Marri, fâché, *iratus.*
Mondori, Comédien, *-us.*
Mal nourri, maigre, *macer.* mal élevé, *malè educatus.* mal formé, parlant de l'écriture, *scriptura macilenta.*
Pari, gageure, *sponsio.*
Pilori, *numella versatilis.*
Pot pourri, terme de cuisine, *cibi diversi condimentum.*
Rabougri, desséché, *aridus.*
faire le Renchéri, *difficiliorem se prabere.*
Scudéri, Poëte François, *-us.*
Mademoiselle Scudéri, *domitilla Scuderiana sui saculi sappho.*

VERBES.

verbes au participe.

Aigri, *acescens.*
Aguerri, *militiâ imbutus.*
Apauvri, *pauper factus.*
Attendri, *mollitus.*
Enchéri, *auctus.*
Guéri, *sanatus.*
Flétri, *defloratus, flaccidus.*
Maigri, *macie confectus.*
Meurtri, *contusus.*
Nourri, *nutritus.*
Pétri, *pinsitus, subactus.*
Pourri, *putrefactus.*

Voyez divers temps & personnes des autres verbes en rir : chérir, *diligere. Il faut excepter* férir, guérir, courir, mourir, *& leurs composés.*

RIE.

substantifs feminins.

La plûpart des noms en rie *sont des noms de qualité, de métier, & d'action.*

Acheterie, *emptio.*
Aëromêtrie, *-ia.*
Afféterie, *exquisitior elegantia.*
Affronterie, *fraus, fraudatio.*
Allégorie, *-ia.*
Altimétrie...
Anerie, *stupiditas, asini stupor.* ignorance, *nescitia.*
Apothicairerie, *pharmacola officina.*
Argenterie, *vasa argentea.*
Armoirie, *stemma.*
Arquebuserie, lieu où l'on tire l'arquebuse, *catapultaria palastra.*

substantifs feminins.

Artillerie, *bellica tormenta.*
Assyrie, pays, *-ia.*
Astérie, sœur de Latone, *-ia.* terme de Lithologie, *lapis stellaris.*
Asturie, au plur. *-ia.*
Aumônerie, *eleemosynarii munus.*
Avocasserie, *advocatio.*
Avoinerie, *terra ubi seritur avena.*
Badauderie, *ineptia.*
Badinerie, *nugæ.*
Bain-marie, *balneum mariæ.*
Barbarie, cruauté, *crudelitas.* —pays, *Barbaria.*
Barberie, *ars barbam capillosque tondendi.*
Batterie de gens qui se battent, *pugna.* de canons, *tormenta bellica in sede collocata.* de cuisine, *coquinaria ex ære vasa.*
Bavarderie, *stulta loquacitas.*
Bélitrerie, *mendicitas.*
Bellerie, cinquiéme espéce de myrobolans.
Bergerie, *ovile.* condition de berger, *munus pastoritium.*
Bigoterie, *vana pietatis simulatio.*
Bizarrerie, *morositas.*
Blanchisserie, *officina albaria.*
Bluterie, *succretoria cella.*
Bodinerie, contrat en usage sur les côtes de Normandie.
Boiserie, *tabulatum.*
Boucherie, *laniena.* massacre, *cædes.* mener à la boucherie, *ducere ad necem.*
Bouderie, *morositas.*
Bouffonnerie, *scurrilitas.* de théâtre, *mimicus jocus.*
Boulangerie, *pistrina.*
Bouverie, *boum stabulum.*
Brasserie à bierre, *cerevisiæ officina.*
Bravacherie, *frivola jactantia.*
Braverie, *nimius vestitus.*
Brie, pays, *-ia.*
Broderie, *acu pictum opus.*
Brouillerie, *perturbatio, dissidium.*
Brusquerie, *vehemens animi incitatio.*
Buanderie, *officina lavandis linteis comparata.*
Caffarderie, hypocrisie, *hypocrysis.*
Cafrerie, pays des Cafres.
Cagnarderie, *segnities.*
Cagoterie, *hypocrisis.*
Cajolerie, *blanditiæ.*
Canarie, île, *-ia.* danse, *Canariensis saltatio.*
Cantabrie, petit pays d'Espagne.
Canturie, *-ia.*
Capitainerie de chasse, *præfectura venationis.* de château, *arcis.*
Caquétérie, *garrulitas.*
Carie, *caria.*
Catégorie, *-ia.* ordre, *ordo.*
Cavalerie, *equitatus.*
Causerie, *loquacitas.*
Chancellerie, *cancellarii prætorium.* particuliére d'un Parlement, *curia signatoria exhedra.*

Substantifs féminins.

Chantrerie, office de Chantre, *Cantorum præfectura.*
Charcuterie, *tractandi operis inscitia.*
Charlatanerie, *fraudulenta assentatio.*
Charpenterie, *materiaria structura.*
Chaudronnerie, *lebetum officina.*
Chaufferie, terme de forges.
Chévecerie, *ou* Chefecerie, bénéfice de Chéfecier, *primiceriatus.*
Chicannerie, *cavillatio.* de procès, *subdolæ in litigando fraudes.*
Chuchoterie.
Clouterie, *claviaria officina.*
Coadjutorerie, *coadjutoriatus.*
Cochonnerie, *squallor.*
Commanderie, *commendatura.*
Conciergerie, *carcer.*
Confrairie, *sodalitium.*
Contrebatterie, *tormenta tormentis opposita.*
Coquéterie, *verborum blanditiæ.*
* Coquinerie, *mendicatio.*
Corderie, *restiaria officina.*
Cordonnerie, *sutrina.*
Coterie, *societas.*
Couterie, terme d'Histoire Ecclésiastique.
Coutumerie, *vectigalium exactio.*
* Coyonnerie, *ignavia.*
Craquerie, menterie, *mendacium.*
Crierie, *vociferatio.*

Substantifs féminins.

Cuisinerie, vieux mot, maniére d'apprêter à manger.
Daterie de Rome, *dataria Romana.*
Diablerie, *nequitia.*
Dîmerie, où l'on dîme, *decimarum coactio* vel *locus.*
Disputaillerie, *molesta disputatio.*
Doctorerie, *-ratus.*
Domerie, espéce de Bénéfice.
Draperie, tissure de draps, *pannorum laneorum textura.* donner sur la draperie, railler, *illudere.* terme de Peinture & de Sculpture, *vestium pictura, effigies.*
* Drôlerie, *geniale facinus.*
Dysenterie, *ou* flux de sang, *dysenteria.*
Echansonnerie, *cella vinaria.* office d'Echanson, *cellæ vinariæ præfectura.*
Echarpillerie, vieux mot, *grassatio.*
Ecorcherie, *laniena.* à l'Ecorcherie, chérement, *extortoriè.*
Ecornifleríe, *alienarum mensarum affectatio.*
Ecurie, *equile.*
Effronterie, *impudentia.*
Emprisonnerie, vieux mot, *incarceratio.*
Enchanterie, *fascinatio.*
Enragerie, tout ce que la colère peut inspirer.
Epicerie, *aromata.*
Ergoterie, *trica.*

Substantifs féminins.

Escopéterie, *sclopetorum explosio.*
Etrurie, pays, *Etruria.*
Euphorie, maniére aisée dont les malades souffrent des évacuations considérables sans inconvénient.
Excroquerie, *aruscatio.*
Fâcherie, *molestia.*
Façonnerie, maniére de façonner les étoffes.
Factorerie, *ou* comptoir de commerce, *institoria camera.*
Faligoterie, *ineptia.*
Fanfaronnerie, *jactantia.*
Faquinerie, action de Faquin, *fatuitas.*
Fauconnerie, *ars accipitraria.*
Féerie, science des Fées.
Fenderie, vieux mot, *fissura.*
Férie, *-ia.*
Féronnerie, *ars fabrilis.*
Ferrerie.
Filerie, lieu où l'on file.
Filouterie, *occultum latrocinium.*
Flaterie, *adulatio.*
Pâque Fleurie, *Dominica in ramis palmarum.*
Folâtrerie, *ludus, insania.*
Fonderie, *furfuraria officina.*
Forcénerie, *furens insania.*
Forfanterie, *superbiloquentia.*
Foulerie. *calcatorium.*
Fourberie, *fraus.*
Frairie, *confraternitas.*
Frarie, vieux mot, *fratrum vinculum.*
Friperie, lieu où l'on vend de vieux habits, *interpolatoria officina.* donner sur la friperie, battre, *percutere.*
Friponnerie, *nebulonis fraus.* action de débauche, *nequitia.*
Fromagerie, *caseale.*
Fruiterie, *pomarium.*
Furie, fureur, *furor.*
Furie d'Enfer, *infernalis furia.*
Galerie de maison, *porticus.* couverte, *xystum.* découverte, *xystus.* petite, *ambulatiuncula.* allée de charpente, terme de guerre, *vinea, pluteus.* d'une mine, *meatus ad cuniculum.* balcon de vaisseau, *podium navis.* galerie de Peintre, *pinacotheca.*
Ganterie.
Gaufferie, *cavillatio.*
Gématrie, *-ia.*
Gendarmerie, *equitatus.* grande, *gravis armatura.* légère, *levis.*
Gentilhommerie, *nobilis exigui domus.*
Géomérrie, *-ia.*
Gloutonnerie, *voracitas.*
* Goguenarderie, *dicta jocosa.*
Graisserie, ouvrage fait de pierres de grais, *opus siliceum.*
Gredinerie, *sordes.*
Grimacerie, *dissimulatio.*
Grimauderie, *grammaticatio.*
Grivellerie, *fraus mala in quæstu faciendo.*

Substantifs féminins.

Gronderie, *durior increpatio.*
Gruerie, *nemoris custodia.*
Gueuserie, *mendicatio.*
Guinderie, gêne, contrainte, *coactus, vis.*
* Hâblerie, *mendacium.*
Hoirie, terme de Palais, *hæreditas.*
Hongrie, Royaume, *Hungaria.* point de Hongrie, espéce de tapisserie, *tapes Hungaricus.*
Hôtellerie, *caupona.*
Huerie, du verbe Huer, mot Provincial.
Ibérie, pays, *-ia.*
Idolatrie, *idolatria.*
Illyrie, pays, *-ria.* d'Illyrie, *Illyricus.*
Impéritie, *inscitia.*
Imprimerie, *typographia.*
Incurie, indolence, *-ia.*
Indigoterie, lieu où l'on fait l'indigo.
Industrie, *-ia.*
Ineptie. . .
Infanterie, *peditatus.*
Infirmerie, *valetudinarium.*
Intempérie, *-ies.*
Jonglerie, *nugæ fallaces.*
Joayllerie, *annularia ars.*
Istrie, pays, *Istria.*
Jugerie, vieux mot, *judicis munus & officium.*
Juiverie, quartier des Juifs, *Judæorum vicus.*
Ivrognerie, *ebrietas.*
Ladrerie, *lepra, avaritia.*
Laiterie, *lactaria officina.*
Lamarie, plante.
Lanternerie, *inania verba.*
Latrie, *-ia.* culte de Latrie, *cultus Latriæ.*

Substantifs féminins.

Léproserie, *leprosorum nosocomium.*
Librairie, *-aria.*
Lienterie, maladie, *diarrhea.*
Ligurie, pays, *-ia.* de Ligurie, *Ligur.*
Lingerie, *officina* vel *ars lintearia.*
Lorgnerie, regard à la dérobée.
Lormerie, ouvrage de Lormerie.
Loterie, *ludicra schedularum sortitio.*
Lourderie, *ineptia.*
Louvéterie, *venationis lupinæ præfectura.*
L[illegible]pirie, fiévre ardente, *lypirias.*
Macellerie, vieux mot, *macellum.*
Maçonnerie, *ars lapidaria fabrica, structoria.* chose maçonnée, *structura cæmentitia.*
Mairie, *majoratus.*
Maladerie, *nosocomium.*
Mangerie, *comessatio.*
Mangerie, rapine, *-na.*
Marguillerie, *Æditui munus.*
Vierge Marie, exclamation, *ô Virgo Maria !*
Marqueterie, *opus vermiculatum.*
Matoiserie, *versutia.*
Maussaderie, mauvaise grace, *inconcinnitas.*
Méchaniquerie, mesquinerie, *sordes.*
Mégisserie, *alutaria.*

substantifs feminins.

Ménagerie, *parcimonia.* de maison, *palatium pecorosum.*
Menterie, *mendacium.*
Mercerie, *merces.*
Mesellerie, vieux mot, *lepra.*
Mesquinerie, *indigentia.* chicheté, *sordes.*
Messagerie, *tabellaria.*
Messerie, vieux mot, *tractus.*
Métairie, *villa.*
Miévrerie, *puerilis alacritas.*
Minauderie, *vultûs & oris variata & blanda efformatio.*
Ministrerie, bénéfice des Mathurins, *ministeriatus.*
Miroiterie, *speculorum commercium.*
Mitonnerie, terme de cuisine.
Moinerie, *monachatus.*
Momerie, *mimica larvatorum chorea.* hypocrisie, *ridicula simulatio virtutis.* d'ivrogne, *bacchantium ludus.* tromperie, *fallacia.*
Monnoierie, *monetalis officina.*
Moquerie, *irrisio.*
Moucherie.
Mousqueterie, *sclopetaria.*
Mutinerie, *seditio.*
Mystiquerie, *theologia mystica acutior.*
Mytoyerie.
Niaiserie, *nugæ.*
Négrerie, *Nigritanorum venalium custodia.*
Nigauderie, *ineptia.*

substantifs feminins.

Oeilleterie, *ocellarium.*
Oiselerie, *aucupatoria.*
Orfévrerie, *auraria officina.*
Orangerie, *malorum aureorum theca.*
Oubliyerie, art de faire des oublies.
Pagnoterie, *inertia.*
Pairie, Duché-pairie, *paris ordo & Ducatus.*
Panéterie, *panarium.* chef de panéterie, *panarii præfectus.*
Papeterie, *chartarum officina.*
Parangerie, *ou* Corvée.
Parcheminerie, *officina membranaria.*
Parlerie, babil.
Pâtisserie, *pistoris dulciarii ars* vel *opus.*
Patrie, *-ia.*
Pêcherie, *piscatura.*
Pédanterie, *ludi magisterium.*
Pelleterie, *pellionis opus* vel *officina.*
Penderie, action de pendre au gibet, *strangulatio.*
Pénitencerie, *pœnitentiaria.*
Pénurie, manque de fourniture, *-ia.*
Périférie, *ambitus.*
Pesterie, emportement, *mali imprecatio.*
Piaillerie, *clamitatio.*
Picoterie, *de meris nugis contentio.*
Piétrerie, *vilitas.*
Pillerie, *prædatura.*
Piperie au jeu, *fraus aleatoria.* beau semblant, *dissimulata fraus.*

substantifs féminins.

Piraterie, *piratica.*
Pitancerie, *mensaria.*
Plaidoierie, *causæ dictio.*
Plaisanterie, *facetiæ.*
Plomberie, art de travailler le plomb.
Poacrerie, *spurcitia.*
Pointillerie, *acuta de re vili disputatio.*
Poissonnerie, *forum piscatorium.*
Polissonnerie.
Poltronerie, *ignavia.* lâcheté, *inertia.*
Porcherie, *porcaria.*
Postiquerie, *pueriles nequitiæ.*
Poterie, *figlina.*
Pouillerie, *sordida egestas.*
Prairie, *pratum.*
Pruderie, *prudentiæ affectatio.*
Pudoterie, *hypocrisis.*
Puterie, vieux mot, *scortatio.*
Rafinerie de sucre, *sacchari purgatoria officina.*
Raillerie, *cavillatio.*
Rapinerie, *latrocinium.*
Ravauderies, au plur. *veteramentaria.*
Renarderie, *astutia.*
faire la Renchérie, *difficiliorem se præbere.*
Reniflerie, *narium pituitæ resorbitio.*
Rêverie, *delirium.* application à penser, *commentatio.*
* Riaillerie, *risus frequens.*
Robinerie, vieux mot, Raillerie, *cavillatio.*
Rotisserie, *forum coquinarium.*

substantifs féminins.

Rubannerie, profession de Rubannier.
Saveterie, *veteramentaria.*
Savonerie, *saponaria.*
Saurerie, plante, *ruta muraria.*
Scorie, *-ia.*
Secretairerie, *-aria.*
Segrairie, *sylva communis.*
Seigneurie, *dominatio, dynastia.*
Serie, vieux mot, *tempestas vespertina.*
Sibérie, pays, *-ia.*
Silphyrie, pays des Silphes.
Singerie, *gesticulatio, mimicus corporis motus.*
Sirerie, dignité d'une terre.
Soierie, *bombycina merx.*
Sommellerie, charge de Sommelier, *cellæ vinariæ cura.* lieu, où le Sommelier distribue le vin, *cella vinaria.*
Sonnerie, cloche qui sonne, *æs campanum.* son des cloches, *campani æris sonus.*
Sophistiquerie, *adulteratio.* corruption, *-io.* sophisme, *-ma.*
Sorcellerie, *sortilegium.*
Sorcerie, vieux mot, *magia.*
Soufflerie, *exercitatio chymica.*
Soûpénitencerie, *vice-pœnitentiaria.*
Spagirie, *-ia.*
Strangurie, maladie...
Sucrerie, *sacchara,ria.*
Suisserie, *Helvetii taberna* vel *cubiculum.*

substantifs féminins.

Supercherie, *captio fraudulenta.*
Symmétrie, *-ia.*
Syrie, pays...
Tableterie, *tabularia officina.*
Tannerie, *officina ubi querneo pulvere perficiuntur coria.*
Tapisserie, *aulæum.*
Taquinerie, *parcitas.*
Tartarie, *-ia.*
Tartufferie, *hypocrisis.*
Teignerie, *camera porruginosaria.*
Teinturerie, métier, *infectorum ars.* lieu où l'on teint, *tinctoria officina.*
Témoignerie, vieux mot, *testatio.*
Tenderie, sorte de chasse.
Théorie, *-ia.*
Thorie, vieux mot, *vitula.*
Tousserie, action de tousser.
Tracasserie, méchant procédé, *iniqua agendi ratio.*
Trésorerie, *quæstorium.* d'Eglise, *sacrarium.*
Tricherie, *dolus.*
Trigauderie, *deceptio.*
Trigonométrie, *-ia.*
Tromperie, *fallacia.* dol, *dolus.* fraude, *fraus.*
Tuerie, *cædes.*
Tuerie, *carnificina, cædes.*
Tuilerie, où l'on fait les tuiles, *lateraria.* Tuilleries, jardin du Roi, *palatium lateritium.*
Turquerie, *Turcarum mos.*
Vacherie, *bubulcaria.*
Vannerie, *ars viminearia.*

substantifs féminins.

Vanterie, *jactantia, ostentatio.*
Vénerie, *venatio.*
Verrerie, *vitrorum officina.*
Verroterie, *vitrinæ merces.*
Vespérie, thèse, *actus vesperarius.* réprimande, *reprehensio.* châtiment, *castigatio.*
Vétillerie, chicanerie, *techna, litigatio.*
Vicairerie, *vicariatus.*
Vieillerie, *veteramentaria.*
Viguerie, *tribunatus.*
Vitrerie, *vitraria.*
Voierie, charge de Voyer, *viarum curæ præfectura.*
Voierie, *cloaca.*
Volerie, brigandage, *latrocinium.* chasse aux oiseaux, *aucupium.*
Zacharie, nom d'homme, *-ias.*
Zahorie, *lynceis oculus instructus.*

VERBES.

verbes au prétérit & part. fém.

Abrie, *aprico.*
Aigrie, *exacerbata.*
Aparie, *conjungo.*
Apauvrie, *bonis spoliata.*
Approprie, *expolio.*
Attendrie, *emollita.*
Charrie, *curru veho.*
Contrarie, *impugno.*
Crie, *clamo.*
Décrie, *rei usum damno.*
Démarie, *connubium solvo.*
Déparie, *disjungo.*
Déprie, *deprecor.*
s'Ecrie, *exclamo.*
Flétrie, *marcida.*

verb. au prés. & part. fém. i.

Fleurie, *florida.*
Historie, *variis simulacris distinguo.*
Injurie, *injuriis lacesso.*
Inventorie, *bonorum indicem scribo.*
Maigrie, *marcida.*
Marie, *nubo.*
Meurtrie, *plagis contusa.*
Mûrie, *maturata.*
Parie, *sponsionem facio.*
Pêtrie, *pinsita.*
Prie, *precor.*
Rapatrie, *reconcilio.*
Récrie, *reclamo.*
Rie, *rideam.*
Trie, *seligo.*
Varie, *vario.*
Voyez les autres verbes en rier *&* rir.

RIER. *voyez* IER.

RION. *voyez* ION.

RIN. *voyez* IN.

RIS. *voyez* IS.

RIT. *voyez* IT.

RON.

substantifs masculins.

Aaron, frere de Moyse, *Aaron.*
Achéron, fleuve d'Enfer.
Aîleron de poisson, *prima.* d'habit, *extremum vestis.*
maître Aliboron, *vagus.*
Ancyloblépharon, maladie des yeux.
Aviron, *ramus.*

substantifs masculins.

Baron, *Baro.*
Biberon, *potator.*
Bucheron, *lignator.* qui coupe le bois, *materiarius.*
Cabron, *ou* Cabril, *capreolus.*
Caron, *Caron.* barque à Caron, *cymba Caronis.*
Cédron, torrent.
Ceinturon, *balteus.*
Chaperon de femme, *rica.* de Docteur, *cucullus honorarius.* d'oison, *cucullus.* de mur, *corona.*
Charron, *carrucarius.*
Chaudron, *lebes.*
Chevron, *canterius.* de croupe, *angularis.* petit chevron, *capreolus.* d'armoiries, *capreolus scutarius.*
Chiron, Centaure.
Cicéron, Orateur, Romain, *Cicero.*
Ciron, animal, *minutissimus vermiculus.*
Citron, fruit, *malum citreum.* couleur, *color citrinus.*
Clairon, *lituus.*
Coteron, cotillon, *crocota.*
Cuceron, insecte.
Décameron de Bocace.
* le Décoron, *decorum.*
Diatessaron, *ou* quarte de Musique.
Environ, préposition, *circa.*
Eperon de botte, *calcar.* de navire, *rostrum.*
Escadron, *equitum turma.*
Etron, *fimus.*
Fanfaron, *miles gloriosus.* qui se vante fort, *jactabundus.*

substantifs masculins.

Ferron, Marchand qui vend le fer neuf.
Fleuron, *flos.*
Forgeron, *faber ferrarius.*
Giron, sein, *gremium.* terme d'Armoirie, *pinnula scutaria.* foulée d'une marche, *gradûs latitudo.*
Glouteron, herbe, *personata.*
Gouderon, *pix.*
Héron, *ardea.*
Juron, mot bas, *sacramentum.*
Laidron, *puella deformis.*
Lampron, pour Lampion, *lucerna.*
Larron, *latro.* de nuit, *fur nocturnus.*
Levron, *ou* Levrot, *lepusculus.*
Liburon, poisson, *piscis species.*
Licophron, Poëte Grec.
Liron, rat, *mus.*
Lisserons, au plur. terme de Rubannier.
Litron, mesure, *modii decima sexta pars.*
Macaron, *massula ex amygdalis cum sacchαro.*
Maron, *castanea major.*
Mascaron, terme d'Archit.
Mitron, garçon Boulanger, *pistorculus.*
Moucheron, *culex.*
Mouron, *anagallis.*
Mousseron, *boletus.*
Myron, Sculpteur de l'Antiq.
Néron, Empereur.
Paleron, *omoplata.*
Passe-Cicéron, *Cicerone præstantior.*
Patron, modéle, *archetypus.* exemple, *-plar.* fait sur patron, *apographum.* Pilote, *navarchus.* Protecteur, *Mecœnas.* maître d'un esclave, *servi dominus.* qui a droit de patronage, *patronus.*
Pâturon de cheval, au plur. *setæ longiores equi calcibus impendentes.*
Pelleron, *palmula.*
Perron, *podium.*
Piqueron, *aculeus.*
Plastron, *pectorale.*
Poltron, *ignavus.* en poltron, *ignavè.*
Potiron, *fungus.*
Pyrrhon, Philosophe.
Quarteron, *viginti quinque.* terme de Batteur d'or, quart du boisseau, *modii quarta pars.*
Quiqueron, terme de Normandie, *latrinarum & cloacarum purgator.*
Sacramaron, herbe potagère d'Amérique.
Scarron, Poëte burlesque François, *-ius.*
Sécheron, *pratum aridum.*
Tendron de la vigne, *clavicula*, *capreolus.* du nez, *cartilago.* de choux, *cyma caulis.* jeune personne, *juvenis.*
Tiboron, poisson fort appréhendé des Plongeurs de l'Amérique.
Vairon, œil Vairon, *oculus dissimilis.*
Vesceron.
Vigneron, *vinitor.*

RU.

Substantifs masculins.

Avaledru, *helluo.*
Bécharu, oiſeau, *phœnicopterus.*
Bourru, fantaſque, *moroſus & difficilis.* bourru fieffé, *mirabiliter moroſus.* plein de bourre, *tomento plenus.* vin Bourru, *vinum haud satis defæcatum.* naturel bourru, *moroſa indoles.* moine bourru, *ſpectrum.*
Congru en langue Latine, *linguæ latinæ doctus, peritus.*
Cru, fonds de terre, *fundus.* cru, qui n'eſt point cuit, *crudus.* chauſſé à cru, *abſque linteo calceatus.* cru, dur, *durus.* rude, *aſper.* mot cru, *durum reſponſum.* armé à cru, *armis ſuper nudum indutus.*
Cru, vieux mot, *creber.* ſerré, *preſſus.* épais, *denſus.*
Ecrû, *crudus.*
Féru, frappé, *percuſſus.*
Guaïcuru, peuple du Paraguai, *-raus.*
Incongru, *barbarus.*
Luſtucru, terme populaire, *lepidum caput.*
Malotru, *fortunæ injuria miſerabilis.*
Membru, *corpulentus.*
Patru, Orateur Franç. *-vius.*
Recru, augmenté, *auctus.* fatigué, *defatigatus.* las, *defeſſus.*
Ru, v. m. ruiſſeau, *rivus.*
Tru, *ou* Treu, vieux mot, *tributum.*
Ventru, *ventroſus.*

VERBES.

verbes au préſent.

Accrû, *accrevit.*
Apparu, *-it.*
Comparu. . .
Cru, de Croire, *credidit.*
Crû, de Croître, *crevit.*
Diſparu, *evanuit.*
Paru, *viſus eſt.*

S.

SA. qui ſe prononce comme ZA. *voyez* ZA.

SA. & ÇA.

ÇA, *hîc, hùc.* Ça, depuis peu, en Ça, *nuper.*
Canapſa, ſac, *ſaccus.*
Deça, *hîc, hùc.*
Fetſa, décret du Mouphti des Turcs, *mandatum.*
Maſſiniſſa, Roi.
Micipſa, Roi de Numidie.
Orça, *heus.*
Par deça, *cis, citrà.*
* Piéça, *dudum.*

VERBES.

Amaſſa, *collegit.*

verbes au prétérit indéfini.

Amorça, *attraxit.*
Annonça, *annuntiavit.*
Avança, *progreſſus eſt.*
Baiſſa, *depreſſit.*
Balança, *vibravit.*
Bleſſa, *vulneravit.*
Careſſa, *blanditiis delinivit.*
Caſſa, *fregit.*
Ceſſa, *ceſſavit.*
Chaſſa, *expulit.*
Commença, *cœpit.*
Compaſſa, *circinavit.*
Confeſſa, *confeſſus eſt.*
Contumaça, *per diverſos dies vadimonii judicavit.*
Courrouça, *irritavit.*
Débarraſſa, *extricavit.*
Débourſa, *pecuniam impendit.*
Dégraiſſa, *expurgavit.*
Délaiſſa, *dereliquit.*
Délaſſa, *vires recuperavit.*
Dénonça, *denuntiavit.*
Dépenſa, *impendit.*
Déplaça, *è loco movit.*
Dreſſa, *erexit.*
Eclabouſſa, *luto perſparſit.*
Eclipſa, *defecit.*
Effaça, *delevit.*
Embarraſſa, *implicavit.*
Embraſſa, *amplexatus eſt.*
Emouſſa, *retudit.*
s'Empreſſa, *feſtinavit.*
Enfonça, *demerſit.*
Engraiſſa, *ſaginavit, ſtercoravit.*
Engroſſa, *gravidavit.*
Entaſſa, *congeſſit.*
Exerça, *exercuit.*
Exauça, *exaudivit.*
Exhauſſa, *exaltavit.*
Finança, *pecuniam ſuppeditavit.*

m

verbes au prétérit indéfini.

Fracaſſa, *confregit.*
Froiſſa, *fregit.*
Gliſſa, *in loco lubrico lapſus eſt, inſeruit, repſit.*
Hauſſa, *erexit.*
Laiſſa, *reliquit.*
Lança, *conjecit.*
Laſſa, *fatigavit.*
Offenſa, *offendit.*
Panſa, *curavit.*
Paſſa, *tranſivit.*
Penſa, *cogitavit.*
Perça, *perfodit.*
Plaça, *locavit.*
Preſſa, *preſſit, urſit, feſtinavit.*
Prononça, *pronuntiavit.*
Rebrouſſa, *iter relegit.*
Récompenſa, *remuneravit.*
Rembourſa, *rependit.*
Remplaça, *iterùm collocavit.*
Renverſa, *eruit.*
Surpaſſa, *ſuperavit.*
Touſſa, *tuſſiit.*
Traverſa, *tranſivit.*
Trépaſſa, *mortuus eſt.*
Trouſſa, *levavit.*
Verſa, *fudit.*

Voyez les autres verbes en ſer *&* cer.

SSANT. & CENT. *voyez* ANT.

SAT. *voyez* AT.

SSÉ. & CÉ.

C, lettre de l'Alphabet.
A, B, C, Alphabet.
Avant-foſſé, *foſſa prior.*

Substantifs & adjectifs masculins.

Balancé, *passus libratus.*
Blessé, *vulneratus.*
Cadenassé, *catenâ reseratus.*
Cadencé, *numerosus.*
Cassé, *fractus.*
Chassé, terme de danse; Il est aussi partie du verbe Chasser.
Circé, Magicienne, *Circe.*
Concassé, *contritus.*
Contrebrétessé, terme de Blâson.
Controversé, *in controversiam vocatus.*
Convulsé, terme de Physique, *convulsus.*
linge Damassé, *Damasceno opere figurata lintea.*
Déchaussé, *discalceatus.*
Carme Déchaussé, *Carmelita discalceatus.*
Décontenancé, *vultu immutatus.*
Déplacé, *indecorus.*
Engoncé, *exuperans.*
Facé, *faciem habens pulchram.*
Fiancé, *sponsus.*
Fossé, *fossa.*
Froncé, *caperatus.*
Glacé, *glacie constrictus.*
Imbricé; il se dit des tuiles concaves.
Insensé, *insanus, demens.*
Intéressé, *commodis suis serviens.*
Leucé, tache blanche qui vient à la peau.
Macé, nom propre, *-ius.*
Obicé, vieux mot, *oppositus.*
Obversé, *-sus.*
mettre in Pacé, *ponere in pace.*
le Passé, *præteritum.*
Prononcé, terme de Palais.
Récépissé, *acceptilatio.*
Sensé, *benè cordatus.*
Strapassé, *transgressus.*
Trépassé, *defunctus.*
Trepensé, vieux mot, pensif, *cogitabundus.*
Troussé, cheval bien Troussé, qui léve bien les jambes, *equus levipes.*
Verglacé, *vitreâ glacie concretus.*
pot Vernissé, *vernigine illitum vas.*

VERBES.

Verbes au prét. & part. masculi.

Abaissé, *depressus.*
Amassé, *collectus.*
Amorcé, *inescatus.*
Annoncé, *annunciatus.*
Apetissé, *minutus.*
Avancé, *promotus.*
Baissé, *depressus.*
Balancé, *ponderatus.*
Bouleversé, *inversus.*
Caressé, *blanditiis delinitus.*
Cessé, *intermissus.*
Chassé, *expulsus.*
Commencé, *cœptus.*
Compassé, *circino mensus.*
Concassé, *contritus.*
Confessé, *confessus.*
Contumacé, *ob desertum vadimonium damnatus.*
Courroucé, *iratus.*
Crevassé, *hians.*
Débarrassé, *extricatus.*
Déboursé, *impensus.*
Décrassé, *detersus.*
Dégraissé, *expurgatus.*

verbes au prétérit & participe masc.

Délassé, *refectus.*
Dénoncé, *denunciatus.*
Dépecé, *discerptus.*
Dépensé, *expensus.*
Déplacé, *è loco amotus.*
Dressé, *erectus.*
Eclaboussé, *luto resperſus.*
Eclipsé, *eclipsim passus.*
Effacé, *deletus.*
Embarrassé, *intricatus.*
Emoussé, *obtusus.*
Empressé, *negotii plenus, districtus.*
Encensé, *thure suffitus.*
Enchassé, *incastratus.*
Endossé, *inscriptus.*
Enfoncé, *demersus.*
Engraissé, *impinguatus.*
Engrossé, *gravidavit.*
Enossé, *osse præfocatus.*
Entassé, *congestus.*
Essensé, *liquidis odoribus perfusus.*
Exercé, *exercitatus.*
Exhaussé, *exaltatus.*
Fayancé, qui a un air de fayance, *quod vasis fictilis faventini speciem refert.*
Financé, *suppeditatus.*
Foncé, *fundo instructus.*
Forcé, *coactus.*
Fracassé, *fractus.*
Froissé, *confractus.*
Glissé, *lapsus, insertus.*
Gypsé, enduit de plâtre, *gypso coopertus.*
Harrassé, *fatigatus.*
Haussé, *erectus.*
Laissé, *relictus.*
Lancé, *vibratus.*
Lassé, *fatigatus.*
Matelassé, *culcitrâ fartus.*

verbes au prétérit & participe masc.

Offensé, *offensus.*
in Pacé, mots latins, prison chez les Moines.
Pansé, *curatus.*
Pensé, *cogitatus.*
Percé, *perforatus.*
Pincé, *vellicatus.*
Placé, *locatus.*
Policé, *benè institutus.*
Pressé, *pressus.*
Prononcé, *pronuntiatus.*
Rapetassé, *resarcinatus.*
Rebroussé, *reversus.*
Récompensé, *remuneratus.*
Redressé, *erectus.*
Rehaussé, *elevatus.*
Relancé, *vibratus.*
Remboursé, *exsolutus.*
Remplacé, *collocatus.*
Renforcé, *corroboratus.*
Renoncé, *renunciatus.*
Renversé, *subversus.*
Repassé, *iterùm tractatus.*
Surpassé, *superatus.*
Tiercé, *tertiatus.*
Tracé, *delineatus.*
Traversé, *transversus.*
* Trépassé, *defunctus.*
Troussé, *collectus.*
Versé, *fusus.*
Voyez les autres verbes en ser.

SEAU. *voyez* AU.

SÉE. & CÉE.

sub. & adj. fem.

Brassée, *ulna.*
Caducée, *caduceus.*
Cétacée, *cete.*
Chaussée, *agger.*
Fessée, terme bas & popul. une Fessée, *virgarum ictus.*

Substantifs & adjectifs feminins.

Fiancée, *sponsa.*
Fricassée, *pulmentum.*
lévre Gercée, *labrum fissuris incisum.*
Housée, vieux mot, pluie d'orage.
Laissée, au plur. *apri stercus.*
Lycée, Académie, *Lycæus*
Maréchaussée, *Marescalli curia.*
Nicée, Nayade, *-cea.*
Panacée, remède, *-cea.*
Passée de soldats, *transitus militum.*
Passée, piste, *vestigium.*
Pensée, *cogitatio.* fleur, *flos Trinitatis.*
chaise Percée, *perforata sella.*
Perce-chaussée, insecte.
Persée de la Fable, *-seus.*
Pincée, *pugillus.*
Sénéchaussée, *Senescalli curia.*
Tassée, *patera plena.*
Testacée, *-ceus.*
Traversée de mer, *trajectus.*

Plus les participes féminins des verbes en sser *&* cer : passée, pincée.

SER. qui se prononce comme ZER. *voyez* ZER.

SER. & CER. dont la prononciation est ferme.

Verbes à l'infin.

Vous trouverez sous zer *les verbes en* ser, *dont la prononciation est douce.*

Abaisser, *deprimere.*
Acquiescer, *assentiri.*
Adosser, *tergum obvertere.*
Adresser, tirer au but, *collimare.* à quelqu'un, *ad aliquem mittere.*
s'Adresser à, *ire ad.* y avoir recours, *confugere ad.* attaquer, *appetere.*
Affaisser, *degravare.*
s'Affaisser, *desidere.*
Agacer, picoter, *irritare.* les dents, *dentes hebetare.*
Agencer, *disponere.*
Amasser, *colligere.* des soldats, *milites cogere.*
Amorcer du poisson, *inescare.* un fusil, *pulvere pyrio instruere.*
—attirer, *allicere.*
Angoisser, *angere.*
Annoncer, *annuntiare.*
Apetisser, *minuere.*
Apiécer, *resarcire.*
s'Aparesser, vieux v. pronom. *pigrum fieri.*
Avancer, *progredi.*
Avocasser, *causam dicere.*
Baisser, *deprimere.*
Bercer, *cunas agitare.*
Blesser, *vulnerare.* offenser, *lædere.* faire une plaie, *vulnus infligere.* la réputation, *famam lædere.* la pudeur, *pudorem offendere.* blesser les yeux, *oculos lædere.*
Boësser, ou gratte Boësser, se servir de la Boësse.
Bouleverser, *subvertere.*
Brasser, remuer, *machinari.*
Brosser la tête, *caput detergere.* un bois, *fruticeta perforare.*
Cabasser, vieux mot, *machinari.*

Cadenasser,

verbes à l'infinitif.

Cadenasser, *catenâ obserare.*
Cadencer, *numerum dare.*
Caresser, *blandiri.*
Casser, briser, *frangere.* rompre, *confringere.* déposer d'un emploi, *ab munere dimittere.* aux gages, *rescindere.* il est cassé aux gages, *dissiluit gratia ejus apud aliquem.* des troupes, *milites dimittere.*
Cesser, *cessare.*
Chausser, *calceare.*
Compasser, *circinare.*
Compenser, *-sare.*
Compisser, vieux mot, *meïere in aliquid.*
Compulser, *exigere ab actuaria exemplum tabularum, quæ sunt penes illum.*
Concasser, *confringere.*
Contrebalancer, *suspendere.* les suffrages, *suffragia coæquare.*
—compenser, *-sare.*
Confesser, *fateri.*
Contumacer, *propter vadimonium damnare.*
Converser, *-sari.* parler ensemble, *colloqui.*
Courroucer, *irasci.*
Croasser, *crocitare.*
Crosser, jeu, *ossiculum jactare recurvo jaculo.*
Créancer, vieux mot, *afferere.*
Crevasser, *rimas agere.*
Danser, *saltare.*
Débourser, *pecuniam depromere.*
Décaisser, *plantas suis de capsulis extrahere.*

verbes à l'infinitif.

Déchasser, vieux mot, *detrudere.*
Déchausser, *discalceare.*
Décontenancer, *perturbare.*
Décrasser, *detergere.*
Défroncer, *rugas explicare.*
Dégraisser, *expurgare.*
Dégrosser, *extenuare.*
Délacer, *funiculum laxare.*
Delaisser, *derelinquere.*
Délasser de la fatigue, *lassum reficere.* l'esprit, *animum recreare.* un lacet, *ligulam solvere.*
Dénoncer, *denuntiare.*
Dépenser, *impendere.*
Dépiécer, *in frusta scindere.* un bœuf, *bovem laniare.*
Déplacer, *loco movere.*
Déplisser, *explicare.*
Dépresser, *è pralo detrahere.*
Desagencer, *disturbare.*
Desapétisser, *fastidium inducere.*
Desembarrasser, *expedire*
Desosser, *exossare.*
Détresser, *detexere*
Détrousser, *laxare.* voler, *furari.*
Devancer, *antecedere.*
Dispenser, *dispensare.* exempter, *eximere.*
Dresser, *erigere.* dresser un cheval, *equum domare.* mettre en ordre, *ordinare.*
Eclabousser, *conspergere luto.*
Ecorcer, *decorticare.*
Ecosser, *siliquâ exuere.*
clipser, *deficere.*
Effacer, *delere.*
Efforcer, *conari.*
Embourser, *in loculos dimittere.*

verbes à l'infinitif.

Emincer, *attenuare.*
Emousser, *obtundere.*
Emplacer, *collocare.*
Empoisser, *pice oblinere.*
s'Empresser, *festinare.*
Encenser, *thure litare.* une personne, *thure suffire.*
Enchausser, vieux mot, *fugare.*
Enconvenancer, *pacisci.*
Endosser, *humeris imponere.* une charge, *jugum ferre.* subir, *onus subire.* écrire au dos d'un papier, *adversæ chartæ adscribere.* les armes, *arma induere.*
Enfoncer, mettre à fond, *deprimere.* une porte, *fores effringere.* les bataillons ennemis, *hostium acies perfringere.* une matiére, *in rem descendere.*
s'Enfoncer, aller au fond, *pessum ire.*
Engoncer, *compingere.*
Engraisser, *saginare.*
s'Engraisser, devenir gras, *pinguescere.*
Engrosser, *gravidam efficere mulierem.*
s'Enoncer, *enuntiare.*
Ensemencer, *seminare.*
Entasser, *colligere.*
Entrelasser, *implectere.* interposer, *interponere.* faire un tissu, *texere.*
s'Entrelasser, *se intexere.* s'impliquer, *se implicare.*
Entrepasser, terme de Médecine, *interpassare.*
Epicer une sauce, *aromatis condire.*

verbes à l'infinitif.

Epicer, terme de Palais, *judiciariæ operæ pretium statuere.*
Epucer, *pulices eximere.*
Espacer, *exspatiari.*
Esquisser, *adumbrare.*
Evincer, terme de Palais, *evincere.*
Exaucer, *exaudire.*
Exercer, *-cere.*
Exhausser un bâtiment, *exaltare.*
Expulser, *expellere.*
Facer, terme du jeu de Bassette.
Farcer, *mimis ludere.*
Fausser compagnie, *consortio discedere.* des armes, *arma distorquere.* sa foi, *fidem frangere.* une cuirasse, *loricam trajicere.*
Fesser, *fustigare.*
Fiancer, *spondere.*
Financer, *pecuniam suppeditare.*
Foncer un tonneau, *dolio fundum induere.* de l'argent, *pecuniam suppeditare.*
Forcer, *vim inferre.*
Forlancer, *extrudere.*
Fracasser, *frangere.*
Fricasser, *frigere.*
Froncer, *corrugare.* le sourcil, *supercilium caperare.*
Fuyasser, vieux mot, *agere fraudulenter.*
Garencer, *rubiâ inficere.*
se Gausser, *irridere.*
Gercer, *in rimulas discindere.*
Glacer, *glaciare.*

verbes à l'infinitif.

se Glacer, *glaciari.*
Gliſſer, *in loco lubrico labi.*
ſe Gliſſer, s'introduire, *irrepere.*
Glouſſer, *glocire.*
Graiſſer, *adipe ungere.* une terre, *agrum.* la fumer, *ſtercorare.* ſon habit, *veſtem inquinare.*
Grimacer, *os diſtorquere.*
Haraſſer, *vexare.*
Hauſſer, *tollere.* Item: terme de Banquier, *augeri.*
Hercer, *occare.*
Houſſer, nétoyer avec un houſſoir, *detergere ſitum.* mettre une houſſe, *ſtragulo inſtruere.*
s'Immiſcer, terme de Palais, *ſe immiſcere.*
Incraſſer, terme de Médecine, *-ſare.*
Intéreſſer, *ſpe lucri ducere.* dans ſon parti, *in ſuas partes trahere.* dans les groſſes fermes, *in ſocietatem cum publicanis venire.*
s'Intéreſſer pour une perſonne, *ad alicujus rationes ſe adjungere.* dans une affaire, *negotium uti ſuum ſuſcipere.*
Lacer avec un lacet, *ligulâ ſtringere.* Il ſe dit auſſi de l'accouplement des chiens.
Laiſſer, *linquere.*
Lambriſſer, *lacunare.*
Lancer un cerf, *cervum è latebris excire.*
Lancer un javelot, *jaculari.*
Laſſer, *fatigare*
Luxer, *luxare.*

verbes à l'infinitif.

Malverſer, *male & inique rem adminiſtrare.*
Manigancer, *dolos nectere.*
Maſſer, terme de jeu, *in maſſam coacervare.*
Matelaſſer, *culcitras tomento farcire.*
Menacer, *minari.*
Muſſer, *abſcondere.*
Noncer, vieux mot, *nuntiare.*
Nuancer, *varios colores exprimere.*
Offenſer, *offendere.* s'offenſer, *iraſci.*
Oppreſſer, *opprimere.*
Outrepaſſer, *tranſgredi.*
Paliſſer, *arbores muro adjungere.*
Panſer une plaie, *curare vulnus.* un cheval, *equum.*
Paperaſſer, *continuò ſcribere.*
Paſſer par, *tranſire.*
ſe Paſſer d'une choſe, *abſtinere ſe aliquâ re.*
Paſſer, *tranſgredi.*
Paſſer le temps, *tempus terere.*
Penſer, faire réflexion, *cogitare.*
Penſer, nom, *cogitatio.*
Percer, *perforare.*
Pincer, *ſtringere.*
Piſſer, *meïere.*
Placer, mettre en condition, *collocare.*
Poiſſer, *pice illinere.*
Poliſſer une ville, *urbem optimis legibus informare.*
Poncer, *lineamenta in papyrum tranſmittere.*
Pot à piſſer, *matula.*
Pouſſer, *pellere.*

verbes à l'infinitif.

se Prélasser.
Préocacer, vieux mot, *persequi.*
Presser, *premere.*
Professer, *profiteri.*
Prononcer, *pronuntiare.*
Quiosser, terme de Tanneur, *cote corium allidere.*
Rabaisser, mettre bas, *deprimere.* diminuer les tailles, *tributa levare.* le prix des choses, *submittere pretia.* quelqu'un, *dejicere.* le caquet, *linguam retundere.* le courage, *remittere spiritus.* se rabaisser, *humiliter se demittere.*
Ramasser, *colligere.* en un monceau, *coacervare.*
Rapetasser, *resarcire.*
Rebrousser, *reverti.* chemin, *iter relegere.*
Récompenser, *remunerare.*
Redresser ce qui est tombé, *erigere.* ce qui est courbé, *corrigere.* donner un bon pli, *in viam reducere.*
Rehausser, *attollere.*
Relancer au jeu, *exaugere.*
Relancer quelqu'un, *inclamare & commovere aliquem.* deux parties, *inter duas partes libram æqualem tenere.* la puissance, *auctoritatem suspendere.* peser à la balance, *in trutina suspendere.* être en balance, *suspensum & incertum pendere.*
Relancer, fig. pousser à bout, *quempiam exagitare.*
Rembourser, *summam refundere.*

verbes à l'infinitif.

Remplacer son argent, *pecuniam iterùm collocare.* mettre à intérêt, *fœnore ponere.*
Rencorser, *novum tunicæ thoracem assuere.*
Renfoncer, *iterùm defigere.*
Renforcer, fortifier, *firmare.* un malade, *ægro vires accersere.* un corps de garde, *præsidiariæ stationi subsidia adjungere.*
Renoncer, quitter, *relinquere.*
Renoncer au jeu, *ludum deserere.*
Renoncer, terme de Palais, *desistere provocatione, litibus.*
Renverser, abattre de force, *evertere.* jetter à bas, *subvertere.* l'esprit, le troubler, *animum perturbare.*
Repasser, *iter repetere.* revoir, *recognoscere.*
Repasser du linge, *lintea retractare.*
Repousser, *repellere.*
Resasser, *iteratò succernere.*
Retracer, *iterùm delineare.*
Rêvasser, *delirare.*
Rimasser, *versus utcumque condere.*
Rincer, *eluere.*
Rosser, battre, *percutere.*
Sasser, *succernere.*
Saucer, *intingere.*
Strapasser, *ire per, malè excipere.*
Sucer, *sugere.*
Surpasser, *superare.*
Tanser, *minari.*

verbes à l'infinitif.

Tapisser, *aulæis instruere.*
Tasser, terme de Jardinier, s'élargir.
Tergiverser, *tergiversari.*
Terrasser, *prosternere.*
Tiercer, accroître d'une moitié, *dimidiâ parte augere.* une terre, *agrum tertiâ operâ renovare.*
Tousser, *tussire.*
Tracasser, *negotium facessere.* troubler, *turbare.* barguigner en achetant, *in licitando cunctari.*
Tracer, aller, *gradi.*
Tracer, *delineare.*
Transgresser, *transgredi.*
Traverser, *transfodere.*
Treillisser, *cancellis obducere.*
se Tremousser, *agitare se.*
Trépasser, *mori.*
Tresser des cheveux, *cirros decurssatim implicare.*
Tripolisser, *lapide samiare.*
Trousser, *succingere.*
Verglacer, *conglaciare.*
Vernisser, *vernigine illinire.*

SET. & CET. *voyez* ET.

SEUX. & CEUX. *voyez* EUX.

SI. & CI.

substantifs mascul.

Ainsi, *sic, ita.*
Assas-Bassi, l'un des Capitaines des Janissaires.
Arsi, vieux mot, brûlé, *arsus.*
Aussi, *etiam, quoque.*
Bussi, Auteur François.
Ceci, *hoc.*

substantifs masculins.

Chanci, pourri, *putridus.*
Ci, adv. *hic.*
Ici, adv. *hic.*
Merci, pardon, *venia.* pitié, *misericordia.* à la merci, à la discrétion, *ad arbitrium.* être à la merci des vents, *ventorum vi objici.*
grand Merci, *gratiarum actio.*
Racourci, *epitome.*
en Racourci, *compendiosè.*
Revoici, voici encore.
Resurrexi, vieux mot, *ad vitam revocatus.*
de Saci, Auteur François.
Si, conjonct. *si.*
Si, défaut, *menda.*
Souci, soin, *cura.*
Sourcil, *supercilium.*
Voici, adv. *en, ecce.*

VERBES.

verbes au prétérit & participe.

Accourci, *abbreviavit.*
Adouci, *mollivit.*
* Arsi, brûlé, *ustus.*
Dégrossi, *minuit.*
Durci, *induravit.*
Eclairci, *explanavit.*
Endurci, *obduravit.*
Epaissi, *spissavit.*
Etréci, *constrinxit.*
Farci, *farcivit.*
Grossi, *accrevit.*
Noirci, *denigravit.*
Obscurci, *-uravit.*
Ranci, *rancescens.*
Réussi, *prosperè egit.*
Roussi, *rufavit.*
Transi, *frigore horruit.*

Substantifs féminins.

Voyez les autres verbes en cir *& en* ſir.

SIE. TIE. & CIE. que l'on prononce de même.

Aëromancie, *-tia.*
Alopécie, ſorte de mal...
Anorexie, *cibi faſtidium.*
Aoraſie, terme de Mithologie, *-ſia.*
Apepſie, *-ſia.*
Aphrodiſies, au plur. fête de Vénus, *-ſia.*
Apoplexie, mal, *-xia.*
Argutie, *-tia.*
Ariſtocratie...
Artémiſie, au plur. fête en l'honneur de Diane.
Artie, canton du Vexin, *Artegia.*
Aſpaſie, médicament aſtringent, *-ſia.*
Aſphyxie, terme de Médecine, *-xia.*
Aſſie, pierre dont les Anciens ſe ſervoient pour conſerver les chairs.
Ataraxie, terme de Phil. *-ia.*
Ataxie, défaut d'ordre...
Autopſie, évidence oculaire, *-ſia.*
Bétie, pays, *Batia.*
Bélomancie...
Bradypepſie, mauvaiſe indigeſtion, *-ia.*
Brizomancie, *-ia.*
Calvitie, chauveté, *-ties.*
Catalepſie, *-lepſis.*
Catoptromancie, divination par le moyen d'un miroir, *-tia.*

Subſtantifs féminins.

Céromancie, *-tia.*
Chaſſie, *lippitudo.*
Chiromancie, *-tia.*
Circaſſie, *-aſſia.*
Contre-partie, terme de Banque.
Convertie, *converſa.*
Courſie de galère, *agea.*
Cryſtallomantie, *-tia.*
Cynécocratie, *cynæcocratia.*
Dalmatie, *-tia.*
Démocratie...
Enoptromantie, ſorte de divination.
Epilepſie, *-ſia.*
Eſquinancie, mal, *angina.*
Facétie, *facetia.*
Fiducie, terme de Palais, *fiducia.*
Goëtie, eſpéce de Magie.
Grenetie, *granorum ordo.*
Hydromancie, *-tia.*
Ictérie, *icterius.*
Impéritie, terme de Palais, *-ties.*
Inertie, *-ia.*
Inorthodoxie...
Lécanomancie, ou Lécanomance, ſorte de divination, *-tia.*
Leucophegmatie, eſpéce d'hydropiſie, *-ia.*
Libanomantie, *ou* Libanomance, ſorte de divination, *-ia.*
Lithomantie, *ou* Lithomance, ſorte de divination, *-ia.*
Meſſie, *Meſſias.* le Chriſt, *Chriſtus.*
Minutie, *-ia.*
Onomancie, *-tia.*
Onycomancie...

substantifs féminins.

Orthodoxie, *-xia.*
Parasynancie, *-tia.*
Péripétie, *-ium.*
Pharmacie, *-tia.*
Porcie, Dame Romaine...
Primatie...
Prophétie...
Romancie, art de composer des Romans.
Superficie, *-ies.*
Suprémacie, *-tia.*
Théocratie...
Thie, instrument de Fileuses.
Turcie, *ager.*
Vessie, *vesica.*

VERBES.

verbes au présent.

Apprécie, *pretium appono.*
Associe, *-cio.*
Etrécie, *strictius efficio.*
Licencie, *dimitto.*
Négocie, *negotior.*
Officie, *sacra facio.*
Préjudicie, *noceo.*
Remercie, *gratias ago.*
Sentencie, *damnatione mulcto.*
Soucie, *curo.*

Voyez les participes féminins des verbes en cir *&* sir.

SIER. *voyez* IER.

SIN. *voyez* IN.

SION. *voyez* ION.

SIR. *voyez* IR.

SIS. *voyez* IS.

SIT. *voyez* IT.

SON. & CON.

substantifs masculins.

Arçon de la selle, *equariæ sellæ arculus.* de Charpentier, *arcus.* se tenir à l'arçon, *hærere affixum in ephippio.*
Basson, instrument de Musique, *gravis decumena fidis.*
Beniçon, vieux mot, *benedictio.*
Besson, jumeau, *gemellus.*
Boisson, *potus.*
Bourson, *crumena.*
Briançon, ville, *Brigantia.*
Buisson, *sepes.*
Caleçon, *subligaculum.*
Caisson, *capsa.*
Caparaçon, *stragulum.*
Cavesson, *asperius retinaculum.*
Charanson, ver qui ronge les bleds, *curculio.*
Chausson, *soccus.*
Chaussons, au plur. pour Chaussins, Marquisat.
Colimaçon, terme populaire, *limax.*
Contrefaçon, sorte de fraude, *fraudulenta fabrica.*
Cresson, herbe, *nasturtium.* d'eau, *aquaticum.*
Cuisson de pain, *coctio.* douleur, *dolor.*
Ecusson d'armoiries, *scutum tesserarium.* platine de serure, *palmula serarum.* plaque d'écorce pour enter en

substantifs masculins

écusson, *insitiva scutula.* enter en écusson, *emplastrare.*
Enfançon, vieux mot, *infantulus.*
Estramaçon, *plaga cæsim illata.*
Etançon, *fulcrum*, *sustentaculum.*
Façon, maniére, *modus.* forme, *forma.* figure, *-ra.* des terres, des vignes, *cultio*, *cultura.* de l'ouvrier, *artificium.* ouvrage, *artis opera.* prix, salaire, *manu-pretium.* maniére d'agir, *agendi ratio.* de cette façon, *hoc modo.* de quelque façon, *aliquo modo.*
Frisson par froid, *horror ex frigore.* de fiévre, *febrilis rigor frigidus.*
Garçon, enfant mâle, *mas.* petit garçon, *adolescentulus.* grand garçon à marier, *adolescens.* encore garçon, *nondum conjugatus.* valet, *famulus.* mauvais garçon, prompt à se battre, *ad pugnam promptus & acer adolescens.* de la chambre du Roi, *cubicularius famulus Regis.*
Gerson, Auteur Latin, *-ius.*
Glaçon, *glacies.*
Hameçon, *hamus.*
Hérisson, *herinaceus.*
Lançon, petit poisson de mer.
Leçon d'écolier, *ediscenda lectura*, *lectio.* leçon que fait un maître, *prælectio.*

substantifs masculins.

enseignement, *præceptio.* faire leçon, *docere.*
Leçon de Matines, *lectio.*
Limaçon, *limax.*
Maçon, *structor.*
Malefaçon, *malus modus.*
Maudisson, *maledictio*, *imprecatio.*
Moisson, *messis.* bled mûr, *matura seges.*
Monçon, temps propre à naviger, *tempus navigandi.*
Nourrisson, *alumnus.*
Ourson, le petit d'un ours, *ursulus.*
Paillasson, *teges.*
Pélisson, Auteur François.
Pélisson, *ou* Plisson, habit de peaux, *pellita vestis.*
Pinson, oiseau, *fringilla.*
Pinçon, *perstrictionis nota.*
Poinçon, tonneau, *dolium.* à percer, *pugiunculus.* pour agencer les cheveux, *discriminalis acus.* de Graveur, *cælum*, *scalprum.* d'une machine, *malus.* de médailles, *scalprum signatorium.* pointe de ciseau, *scalprum in acumen desinens.* de Serrurier, *verruculum pertusorium.*
Poisson, *piscis.* à coquille, *concha.* œuvé, *ova ferens.* laité, *piscis mas.* à écaille, *squammatus.* à cuir mol, *molli corio tectus.* âpre, *asper.* à écorce, *crustatus.* à croûte dure, *testâ obductus.* de mer, *marinus.* de riviére, *fluviatilis.* d'en-

Substantifs masculins.

tre les rochers, *saxatilis.* petit poisson, *pisciculus.* de poisson, *piscarius.* abondant en poisson, *piscosus.* museau de poisson, *rostrum.* écaille de poisson, *squamma.* arête de poisson, *spina.* sa chair, *caro.* son oreille, *brachia.* son aîleron, *prima.* réservoir à poisson, *piscina.* vivier, *vivarium.* étang, *stagnum.* grand poisson, *cete.* au pl. vendeur de poisson, *piscarius propola.* qui vend de grands poissons, *cetarius.*
Poisson, mesure de lait, *semisextarius.*
Polisson, fripon, *nebulo.*
Samson, *Samso.* fort comme Samson, *fortis ut Samso.*
Samson, Géographe, *-ius.*
Saucisson, saucisse, *bolulus.* de poudre, *sulphuratus cesticellus.* fascine de gros bois, *grandiores fasces.*
Saxon, *-xo.*
Scarisson, *cassia lignea.*
Senesson, herbe, *senecio.*
Son, pronom poss. *suus, ua, um.*
Son, bruit résonnant, *sonus.* d'instrument, *cantus.* bruit des coups, *crepitus.* de tambour, *strepitus.* du tonnerre, *fragor.* d'une foule de gens, *tumultus.* son aigu, *acutus.* clair, *canorus.* doux, *suavis.* cassé, *raucus.* sombre, *fuscus*, rude, *asper.* qui rend son, *sonorus.* rendre son, *sonum edere.*

Substantifs masculins.

Son de farine, *furfur.* de son, *furfurosus.*
Suçon, *ex osculo relicta nota.*
Tanson, vieux mot, dispute, *rixa.*
Tesson, animal, *taxus.*
Trenqueson, vieux mot.
Tronçon, *truncus.*
Unisson, terme de Musique, *unisonus.*

SON. qui se prononce comme ZON. *voyez* SON.

SU & C,U.

Substantifs masculins.

Bossu, *gibbosus.*
Fessu, *natibus probè instructus.*
Insçu, inconnu, *incognitus.* à son insçû, *ipso inscio.*
Issu, *oriundus.*
Moussu, *muscosus.*
Ossu, qui a de gros os, *magnis ossibus constans.*
Pansu, *ventricosus.*
Sçu, connu, *scitus, cognitus.* à son sçu, *ipso conscio.*
Tiensu, idole du Tonquin.
Tissu, *textus.* étoffe, *textum.* faire un tissu, *texere.* tissu, ruban étroit de fil pour faire des dentelles, *tæniola delineatoria.*

VERBES.

Verbes au présent.

Aperçû, *perspectus.*
Déçû, *deceptus.*
Conçû, *conceptus.*
Perçû, *visus.*
Reçû, *receptus.*
Sçû, *cognitus.*
Tissu, *textus.*

T.

TA.

substantifs masculins.

CAtaphracta, terme de Chirurgie, Bandage.
Duplicata, expédition de quelque acte, *duplicatum transcriptum.*
Encenquesta, vieux mot, aveuglement, *cæcitas.*
Errata, *menda.*
Geta, Empereur.
Jugurtha, Roi, *-tha.*
Nota.
Oepata, grand arbre maritime.
rio de la Plata.
Podesta, Magistrat, *Podesta.*
Prorata.
Recta, adverbe.
Vesta, Déesse, *Vesta.*

VERBES.

verbes au prétérit indéfini.

s'Absenta, *abfuit.*
Accepta, *-vit.*
Acheta, *emit.*
Acosta, *aliquem adiit.*
Acquitta, *ære alieno liberavit.*
s'Accrédita, *sibi auctoritatem comparavit.*
Adopta, *-vit.*
Affronta, *à fronte aggressus est.*
Agita, *-vit.*
s'Aheurta, *obfirmavit.*
Ajoûta, *addidit.*
Ajusta, *adaptavit.*
Alaita, *lactavit.*
Alimenta, *aluit.*
Appointa, *composuit.*
Apporta, *attulit.*
Apposta, *apposuit.*
Apprêta, *paravit.*
Argumenta, *-tus est.*
Arrêta, *detinuit.*
Assista, *adfuit.*
Attrista, *molestiâ affecit.*
Augmenta, *auxit.*
Avorta, *abortum fecit.*
Balota, *jactavit.*
Béqueta, *rostro appetivit.*
Cacheta, *obsignavit.*
Chanta, *cantavit.*
Cimenta, *signino coagmentavit.*
Cimenta l'amitié, *amicitiam conglutinavit.*
Cita, *-vit.*
Commenta, *-tus est.*
Complota, *conspiravit.*
se Comporta, *se gessit.*
Compta, *numeravit.*
Concerta, *composuit.*
Conforta, *-vit.*
Confronta, *contulit.*
Conta, *narravit*, *enumeravit.*
Contenta, *satisfecit.*
Contesta, *-tus est.*
Contracta, *-xit.*
Consulta, *-vit.*
Contrista...
Convoita, *concupivit.*
Cota, *notavit.*
Crocheta, *uncino effregit.*

verbes au prétérit indéfini.

Crota, *luto aſperſit.*
Culbuta, *pronum in caput dejecit.*
Data, *notavit.*
Débita, *vendidit.*
Débuta, *exorſus eſt.*
Décapita, *amputavit.*
Déchanta, *decantavit.*
Déchiqueta, *incidit.*
Déconforta, *animum fregit.*
Décompta, *è numero deduxit.*
Décrédita, *auctoritatem imminuit.*
Décréta, *decrevit.*
Dégoûta, *ſatietatem movit.*
Délecta, *oblectavit.*
Démonta, *dejecit.*
Dépita, *indignatus eſt.*
Députa, *legavit.*
Deshérita, *exharedavit.*
Déſiſta, *deſtitit.*
Déteſta, *-tus eſt.*
Dicta, *-vit.*
Diligenta, *acceleravit.*
Diſcuta, *diſcuſſit.*
Diſputa, *-vit.*
Dompta, *domuit.*
Dota, *-vit.*
Douta, *dubitavit.*
Ecarta, *amovit.*
Eclata, *fulſit.*
Ecouta, *audivit.*
Empaqueta, *in ſarcinam collegit.*
Empeſta, *peſte infecit.*
Empiéta, s'empara, *aliena occupavit.*
Emprunta, *mutuatus eſt.*
Enchanta, *incantavit.*
Enfanta, *peperit.*
Enſanglanta, *cruentavit.*
s'Entêta, *ſtudio pertinaci animam accendit.*

verbes au prétérit indéfini.

Epouvanta, *terruit.*
Ereinta, *delumbavit.*
Etiquetta, *piſtaciis notavit.*
Eventa, *ventilavit.*
Exalta, *-vit.*
Excepta, *-cepit.*
Excita, *-vit.*
Exécuta, *executus eſt.*
Exempta, *exemit.*
Exhorta, *-tatus eſt.*
Expérimenta, *expertus eſt.*
Exploita, *libello vadimonium denuntiavit.*
Facilita, *facilem reddidit.*
Félicita, *gratulatus eſt.*
Feuilleta, *evolvit.*
Filouta, *furatus eſt.*
Flata, *blanditus eſt.*
Flotta, *fluctuavit.*
Fomenta, *fovit.*
Fouetta, *flagro cecîdit.*
Fréquenta, *-vit.*
Frotta, *fricuit.*
Fureta, *perſcrutatus eſt.*
Gâta, *corrupit.*
Grata, *ſcabit.*
Habita, *-vit.*
Hanta, *frequentavit.*
Hâta, *feſtinavit.*
Hérita, *hareditate adeptus eſt.*
Héſita, *haſitavit.*
Heurta, *offendit.*
Humecta, *-vit*, *madefecit.*
Jetta, *projecit.*
Imita, *-tus eſt.*
Imputa, *-vit.*
s'Impatienta, *patientiam amiſit.*
Incita, *-vit.*
Infecta, *infecit.*
Inquiéta, *vexavit.*
Inſiſta, *perſtitit*, *inſtavit.*

verbes au prétérit indéfini.

Insulta, *-vit.*
Intenta...
Intercepta, *intercepit.*
Interpréta, *-tus est.*
Invita, *-vit.*
Irrita...
Lamenta, *-tus est.*
Lesta, *saburrâ instruxit.*
Limita, *finibus circumscripsit.*
Luta, *luctatus est.*
Maltraita, *malè excepit.*
Manifesta, *-vit.*
Marqueta, *vermiculatus est.*
Mata, *vexavit.*
Mécontenta, *animum offendit.*
Médicamenta, *medicatus est.*
Médita, *-tus est.*
Mérita, *meritus est.*
Molesta, *molestiâ affecit.*
Monta, *ascendit.*
Nota, *-vit.*
Ota, *abstulit.*
Palpita, *-vit.*
Parlementa, *collocutus est.*
Permuta, *-vit.*
Persécuta, *persecutus est.*
Persista, *perstitit.*
Pesta, *malè precatus est.*
Pinta, *bibit.*
Piroüeta, *in gyrum versatus est.*
Planta, *-vit.*
Porta, *tulit.*
Posta, *collocavit.*
Présenta, *obtulit.*
Prêta, *commodavit.*
Prétexta, *prætexuit.*
Profita, *profecit.*
Projetta, *consilium inivit.*
Protesta, *testificatus est.*

verbes au prétérit indéfini.

Quêta, *quæsivit.*
Quitta, *reliquit*
Raconta, *narravit.*
Rapporta, *retulit.*
Rebuta, *repulit.*
Récita, *-vit.*
Réconforta, *refocillavit.*
Redouta, *veritus est.*
Réfuta, *refellit.*
Régenta, *docuit.*
Regréta, *luxit.*
Répéta, *-tiit.*
Réputa, *existimavit.*
Représenta, *exposuit.*
Résista, *restitit.*
Respecta, *reveritus est.*
Resta, *mansit.*
Résulta, *ex quo colligere licuit.*
Résuscita, *resurrexit.*
Rétracta, *-vit.*
Révolta, *prævaricatus est.*
Sauta, *saliit.*
Sollicita, *-vit.*
Souffleta, *colaphisavit.*
Souhaita, *optavit.*
Subsista, *substitit.*
Supplanta, *-vit.*
Supporta...
Supputa...
Surmonta, *superavit.*
Suscita, *-vit.*
Sustenta...
Tâta, *degustavit.*
Tenta, *-vit.*
Testa, *-tus est.*
Tourmenta, *divexavit.*
Traita, *tractavit.*
Transplanta, *-vit.*
Transporta, *transtulit.*
Trompetta, *tubâ promulgavit.*

verbes, &c.

Vanta, *jactavit.*
Venta, *flavit.*
Violenta, *vim intulit.*
Voûta, *cameravit.*

TANT. *voyez* ANT.

TAT. *voyez* AT.

TE.

La plûpart des mots substantifs terminés en té, *sont des mots de qualité, de propriété, de modalité, ou de modification, & se terminent en latin en* tas.

Substantifs féminins.

T, lettre de l'Alphabet.
Absurdité, *-tas.*
Acidité...
Activité...
Adversité...
m Affecté, adj. *elegantiæ nimis affectator.*
Affinité, *-tas.*
Agilité...
Alité, adj. malade, *lecto decumbens.*
Amabilité, *-tas.*
Aménité, *amœnitas.*
Ambiguité, *-tas.*
Amirauté, *rei maritimæ præfectura.*
Amissibilité, *-tas.*
Amonêté, *monitum.*
Amovibilité, *-tas.*
Ancienneté, *antiquitas.*
Anfractuosité, *anfractus.*
Animosité, *-tas.*
Annuité, terme de Commerce, *annuus proventus.*
Antiquité, *-tas.*

subst. fémin.

Anxiété, *-tas.*
Aparté, *seorsim.*
Apparenté, fort bien apparenté, *qui est amplissimâ cognatione.*
m Appointé, adj. mis bout à bout, *compositus.* contraire, *contrarius.* soldat appointé, *miles stipendiosus.*
Appréhensibilité, *-tas.*
Apreté, *asperitas.*
Archiconfraternité, *-tas.*
Aridité...
Aséité, terme de Scholastique, *-ïtas.*
Aspérité, *-tas.*
Assiduité...
Avidité...
Austérité...
Authenticité, *veritas.*
Authorité, *auctoritas.*
Beauté, *pulchritudo.*
Benedicité, *mensæ consecratio.*
Bénignité, *-tas.*
Bestialité...
Bonté, *bonitas.*
Briéveté, *brevitas.*
a Briqueté, terme de Médecine, *rubescens, lateritio colore.*
Brutalité, *ferocitas.*
Calamité, *-tas.*
Callosité...
Canonicité, qualité d'une Doctrine orthodoxe.
Capacité, *-tas.*
Captivité...
Carnosité...
Casualité, *fortuna.*
Catholicité, *-tas.*
Cavernosité, *caverna.*

Substantifs féminins.

Cavité, *-tas.*
Causalité, *ratio quâ agit causa.*
Causticité, *mordacitas.*
Cécité, *cæcitas.*
Célébrité, *-tas.*
Célérité, ..
Charité, vertu, *charitas.*
Charité, Hôpital, *publicum nosocomium.*
Charseté, terme de Monnoie, *parcitas.*
Chasteté, *castitas.*
Chauveté, *calvities.*
Cherté, *annonæ caritas.*
Chicheté, *parcimonia.* ténacité, *-tas.*
Chrétienté, *Christianus orbis.*
Cité, ville, *Civitas.*
Civilité, *-tas.*
Clandestinité...
Clarté, *claritas.*
Coéternité, *coæternitas.*
Commensurabilité, terme de Géométrie.
Commodité, biens, *bona.*
Committé d'Angleterre, *delegatorum consessus.*
Communauté, *communitas, societas.*
Complicité, *-tas.*
Compréhensibilité...
Compressibilité...
Comté, *m.* & *f.* *comitatus*
Communicabilité, *facultas ab uno ad alium transeundi.*
Concavité, *-tas.*
Condignité, ter. dogm...
Conformité...
Confraternité...
Congruité, *meritum de congruo.*

Substantifs féminins.

Connexité, *-tas.*
Contiguité, *continuitas.*
Convexité, *-tas.*
Consanguinité...
Contiguité...
Continuité...
Contrariété...
Conventualité...
Cordialité...
Corporalité...
Corruptibilité...
Côté, *latus.* partie, *pars.* douleur de côté, *lateris dolor.* de côté, *ad latus.*
Crédibilité, *-tas.*
Crédulité...
Cruauté, *crudelitas.*
Crudité, *-tas.*
Cupidité...
Curiosité...
Curvité...
Débilité...
Débonnaireté, *mansuetudo.*
a Décolleté, *qui collum sinumve aperit.*
a Décrépité, terme de Chymie, *suâ virtute spoliatus.*
Déclivité, terme d'Hydrométrie, *-tas.*
Défectuosité, *-tas.*
Dégoûté, adj. *satiatus.*
a Dehaité, vieux mot, *ægrotus.*
Déité, Divinité, *Deïtas.*
Deloyauté, *infidelitas.*
Densité, *-tas.*
a Deraté, *promptus & alacer.*
Desorienté, adj. *disturbatus.*
Despoticité, *-tas.*
Dextérité...
Diapenté, *ou* quinte de Musique, *diapente.*
Diaphanéïté, *-tas.*

substantifs féminins.

Difficulté, *-tas.*
Difformité...
Dignité...
Dilatabilité, *dilatandi vis.*
Disparité, *-tas.*
Diversité...
Divinité...
Docilité...
Domesticité...
Ductilité...
Duplicité...
Dureté, *duritas.*
Ebriété, *-tas.*
a Ecourté, *mutilus.*
Edenté, adj. *edentatus.*
Edilité, *-tas.*
Efficacité...
Effronté, *inverecundus.* sans retenue, *effrenatus.* sans modération, *immoderatus.*
Egalité, *æqualitas.*
Ehonté, adj. *qui est perfrictæ frontis.*
Elasticité, *elaterium.*
Electricité, *-tas.*
Eligibilité...
Emporté, adj. *effrenus.*
Encharboté, embarrassé.
Encharté, vieux mot, *incarceratus.*
Enchisté, terme de Médec.
Endenté, *dentatus.*
Enfermeté, vieux mot, *infirmitas.*
Enforesté, vieux mot, *abditus in sylvâ.*
cheval Engaroté, *equus læsus in commissura humeri & colli.*
cheval Enjareté, *equus ad pedem religatus.*
Enormité, *-tas.*

m nez Epaté, *nasus simus & latus.*
f Equité, *æquitas.*
m Eraté, fin, rusé, *astutus.*
Ergoté, *calcaribus armatus.*
Esprité, *ingeniosus.*

substantifs féminins.

Esté, *ou* Eté, *æstas.*
Eternité, *æternitas.*
Eventé, adj. *vapidus.*
Eviternité, vieux mot, *Ævum.*
Excentricité, *-tas.*
Excepté, adj. *exceptus.*
Exilité, *-tas.*
Expérimenté, adj. *expertus.*
Extensibilité, *-tas.*
Extrémité...
Facilité...
Faculté, pouvoir, *potestas.* de Théologie, de Médecine, *theologiæ, medicinæ.*
Faculté, au plur. argent, *facultates, copiæ, divitiæ.*
Faillibilité, *-tas.*
Familiarité...
Fatalité...
Fatuité...
Fatuosité...
Fausseté, *falsitas.*
Féauté, vieux mot, *fides.*
Fécondité, *fœcunditas.*
Félicité, *-tas.*
Féodalité, *beneficiaria conditio.*
Fermété, *firmitas.*
Férocité, *-tas.*
Fertilité...
gâteau Feuilleté, sorte de pâtisserie, *placenta foliata.* vérolé, *pustulata.* de miel, *favus mellis.*
Fidélité, *-tas.*

subst. féminins.

Fixité, *fixorum qualitas.*
Flatuosité, *flatus.*
Flexibilité, *-tas.*
Flûté, adj. harmonieux.
Formalité, *-tas.*
Fierté, *ferocitas.*
m bois Flotté, *lignum fluctuatum.*
Fluidité, *-tas.*
Fragilité...
Fraternité...
Frigidité, *impotentia.*
Frivolité, qualité de ce qui est frivole, *futilitas.*
Frugalité, *-tas.*
Fusibilité...
Fusilité...
a Fûté, *sagax.*
Futilité, *-tas.*
m Gâté, ruiné, *eversus.* corrompu, *corruptus.* ravagé, *vastatus.* pourri, *putrefactus.* dépravé, *-vatus.* flétri, *marcidus.* charcuté, *deformatus.*
m enfant Gâté, *puer depravatus.*
Gayeté, *hilaritas.*
Généralité, au plur. choses communes, *-tas.*
Générosité, *-tas.*
Gentilité...
a Gesté, celui dont les mouvemens du corps sont nobles.
Gigotté, terme de manége & gracieux.
Gracieuseté, *comitas.*
Gracilité, *-tas.*
Gravité, pesanteur, *-tas.* gravité, fig. tenir sa gravité, *gravitatem servare.*

substantifs féminins.

Gringotté, vieux mot, mis en musique.
Grossiéreté, *rusticitas.*
Habileté, *-tas, aptitudo.*
Hativeté, vieux mot, *festinatio.*
Hébété, adj. *hebes.*
Hérédité, *hæreditas.*
Héréticité, *heterodoxia.*
Héroïcité, *fortitudo*, vel *generosum factum.*
Hilarité, mot hors d'usage, *hilaritas.*
Homogénéité, *convenientia.*
Honnêteté, *honestas.*
Hospitalité, *-tas.*
Hostilité...
Humanité...
Humidité...
Humilité...
Identité...
Jetté, terme de Danse.
Illégalité, *-tas.*
Illégitimité...
Illimité, *absque limitibus.*
Imbécillité, *-tas.*
Incompatibilité...
Immatérialité...
Immensité...
Immobilité...
Immondicité...
Immortalité...
Immunité...
Immutabilité...
Impalpabilité...
Impartialité, *æquitas in omnes.*
Impartibilité, terme de Jurisprudence féodale.
Impassibilité, *-tas.*
Impeccabilité...
Impécuniosité, *pecuniæ inopia.*

Substantifs féminins.

Impétuosité, -*tas*.
Importunité...
Impossibilité...
Improbabilité...
Impropreté, inhabileté.
Impropriété, -*tas*.
Impudicité...
Impureté, -*ritas*.
Inaccessabilité, -*tas*.
Inaliénabilité...
Inanité, la durée du monde jusqu'à la Loi de Moyse.
Incapacité, -*tas*.
Incombustibilité...
Incommensurabilité...
Incommodité...
Incompréhensibilité...
Incongruité...
Incontestabilité, *perfecta & absoluta certitudo*.
Incorporalité, -*tas*.
Incorrigibilité...
Incorruptibilité...
Incurabilité...
Incivilité...
Incrédibilité...
Incrédulité...
Indéfectibilité...
Indemnité...
Indestructibilité...
Indignité...
Indivisibilité...
Inégalité, *inæqualitas*.
Ineffabilité, -*tas*.
Inefficacité...
Inexpérimenté, adj. *inexpertus*.
Infaillibilité, -*tas*.
Infatigabilité...
Infécondité, *sterilitas*.
Infélicité, -*tas*.
Infériorité...

Substantifs féminins.

Infertilité, -*tas*.
Infidélité...
Infinité...
Infirmité...
Inflammabilité...
Inflexibilité...
Ingénuité...
Inhabilité...
Inhospitalité...
Inhumanité...
Inintelligibilité...
Iniquité...
Innascibilité...
Inofficiosité...
Insatiabilité...
Insensibilité...
Inséparabilité...
Insipidité...
Insociabilité...
Insolvabilité...
Instabilité...
Intégrité...
Intelligibilité...
Intensité, terme de Physique, -*tas*.
Intimité, liaison intime, *necessitudo*.
Intrépidité, -*tas*.
Invalidité...
Invariabilité...
Inviolabilité...
Invisibilité...
Invulnérabilité...
Inusité, adj. *inusitatus*.
Inutilité, -*tas*.
Joliveté, action jolie, *festivitas*. bijoux bien travaillés, *concinna corporis cultûs ornamenta*.
Joyeuseté, *hilaritas*. au pl. *festiva verba*.
Irréformabilité, -*tas*.

Substantifs féminins.

Irrégularité, *-tas.*
Irrésistibilité...
Irrévocabilité...
Irrépréhensibilité...
Lâcheté, *ignavia.*
Lasciveté, *lascivia.*
Laité, *lacteam pulpam habens.*
Latinité, *-tas.*
Légalité...
Légéreté, *levitas.* inconstance, *-antia.*
Léthé, fleuve d'oubli.
Leze-antiquité.
Libéralité, *-tas.*
Liberté...
Limpidité...
Liquidité...
Littéralité...
Lividité...
Loyauté, vieux mot, *fidelitas.*
Lubricité, *-tas.*
Magnanimité...
Majesté, *-tas.* Sa Majesté, le Roi, *Rex.* crime de lèze-Majesté, *crimen læsæ Majestatis.*
Majorité, *-tas.*
Mal-habileté, manque d'adresse.
Malhonnêteté, *inhonestas.*
Malignité, *-tas.*
Malléabilité...
Malpropreté, *sordes.*
Masculinité, *-tas.*
Massiveté, *soliditas.*
Matérialité, *-tas.*
Maternité...
Maturité...
Méchanicité...
Médiocrité...
Mendicité...

Substantifs féminins.

Ménuité, petitesse.
Minorité, *-tas.*
Mobilité...
Modicité...
Mondanité...
Mondicité...
Moralité...
Mordacité...
Mortalité...
Multiplicité...
Muscocité...
Mysticité...
Naïveté, sincérité, *-ritas.*
Nativité, *-tas.*
Naturalité...
Nébulosité, *obscuritas.*
Nécessité, *-tas.*
Neutralité...
Netteté, *nitiditas.*
Nobilité, vieux mot, Noblesse, *nobilitas.*
Noireté, obscurité, *obscuritas, caligo.*
Nouveauté, *novitas.*
Nouvelleté, terme de Palais, *usurpatio.*
Nudité, *-tas.*
Nullité...
Numéroté, adj. *numeratus.*
Obliquité, *-tas.*
Obscénité, *obscœnitas.*
Obscurité, *-tas.*
Oecumenicité...
Officialité...
Oisiveté, *desidia.*
Onctuosité, *unctuositas.*
Opacité, *-tas.*
Opiniâtreté, *obstinatio.*
Opportunité, *-tas.*
Originalité...
Papauté, *Papatus.*
Parenté, *consanguinitas.*

subst. fémins.

Parité, *-tas.*
Partialité...
Particularité...
Paternité...
Passibilité...
Passiveté...
Patavinité...
m Pâté de pâtisserie, *artocreas.* de veau, *vitulinum.* de truite, *truteum.* en pot, *minutal.* toute sorte de chair ou pâté, *panarium fartum.*
m Pâté, terme de fortification, *abjunctum propugnaculum rotundum.*
m Pâté d'encre, *atramentaria macula.*
Pauvreté, *paupertas.*
Pénalité, *pœnalitas.*
Pénétrabilité, *-tas.*
Pérégrinité...
Perpendicularité...
Perpétuité...
Perplexité...
Perpicacité...
Personnalité...
Perspicuité...
Perversité...
Picoté, adj. légérement, *leviter punctus.*
Piété, *-tas.*
Planté, vieux mot, *abundantia.*
Plausibilité, *-tas.*
Pluralité...
Poesté, vieux mot, *potens.*
Ponctualité, *punctualitas.*
m vaisseau Ponté, *navis tabulata.*
Popularité, *-tas.*
Porosité, terme de Physique.

substantifs fémins.

Possibilité, *-tas.*
Postérité...
Postériorité...
Poté, titre d'honneur accordé à une terre.
Préciosité, *-tas.*
Précocité, *præcocitas.*
Prématurité, *-tas.*
Prévôté, *præpositura.*
Primauté, *primatus.*
Principalité, *-tas.*
Principauté, *-patus.*
Priorité, *-tas.*
Privauté, *familiaritas.*
Probabilité, *-tas.*
Probité...
Prodigalité...
Prolixité...
Propreté, *elegantia.*
Propriété, *-tas.*
Prospérité...
Proximité, *-tas.* parenté, *consanguinitas.*
Puberté, *-tas.*
Publicité...
Puérilité...
Pudicité...
Pupillarité, ter. de Droit...
Pureté, *puritas.*
Pusillanimité, *-tas.*
Qualité, *-tas.* propriété, *-tas.* dignité, *-tas.*
Quantité, *-tas.*
Quaternité, terme dogmatique, *-tas.*
Questalité, *servitus.*
Quinté, lingot d'or quinté.
Quotité, *-tas.*
Rancidité...
Rapacité...
Rapidité...
Rareté, *raritas.*

Substantifs féminins.

Raucité, âpreté de la voix.
Réalité, *-tas.*
Réciprocité, qualité réciproque.
Refrangibilité, *-tas.*
Reflexibilité...
Régularité...
Reinté; il se dit d'un chien de chasse.
Repité, vieux mot, pour Sauvé, *servatus.*
a Résumpté.
Révolté, *rebellis.*
Ridiculité, *-tas.*
Rigidité...
Rigoureuseté, vieux mot, *severitas.*
Risibilité, faculté de rire.
Rivalité, concurrence entre des amans.
Rotondité, *rotunditas.*
Royauté, *regnum.*
Rubanté, en guise de ruban.
Rusticité, *-tas.*
Sagacité...
Sagamité, mets du Canada.
Sainteté, *sanctitas.*
Saleté, *sorditas.*
Salubrité, *-tas.*
Santé, *valetudo*, *sanitas.*
Santé à boire, *propinatio.*
la Santé, Hôpital des pestiférés, *nosocomium lue pestiferâ affectorum.*
Scholarité, terme de Barreau, *jus academiarum.*
Scurrilité, *-tas.*
Sécularité...
Semblableté, vieux mot, *similitudo.*
Sensibilité, *-tas.*
Sensualité...

Substantifs féminins.

Sérénité de l'air, *ou* du visage, *serenitas.*
Sérénité, titre d'honneur, *serenitas.*
Sériosité, air sérieux, *frontis severitas.*
Sérosité, *-tas.*
Sévérité...
Siccité...
Siliginosité, *farinaceus.*
Simplicité, *-tas.*
Sincérité...
Singularité...
Sinuosité...
Sobriété...
Solemnité...
Solidité...
Solvabilité...
Somptuosité, *luxus*, *sumtuosa magnificentia.*
Sordidité, *-tas.*
Soudaineté, *velocitas.*
Soudanité.
Souffreté, vieux mot, *penuria.*
Soutraité, *subacta.*
Souveraineté, *summa potestas.*
Spécialité, *-tas.*
Speciosité, vieux mot, *pulchritudo.*
Sphéricité, *-tas.*
Spiritualité...
Spontaneité...
Stabilité...
Spumosité...
Stérilité...
Stoïcité...
Stupidité...
Suavité...
Subtilité...
Superficialité...

substantifs féminins.

Superfluité, *-tas.*
Supériorité...
Surdité...
Sureté, *securitas.*
Taciturnité, *-tas.*
Tardiveté, *-ditas.*
Taroté.
Témérité, *-tas.*
Temporalité...
Ténacité...
Ténuité...
Timidité...
Tortuosité...
Totalité...
Traité, discours, *tractatus.* accord, *pactum.* convention, *-tum.* marché, *pactio.* d'alliance, *confœderatio.* dissertation, *-tio.* dispute, *-tatio.* commentaire, *commentatio.*
garder un Traité, *servare fœdera.* le violer, *violare.* le rompre, *frangere.* entrer en traité, *pacisci.* articles d'un traité, *conventa.*
Tranquillité, *-tas.*
Triennalité...
Trinité...
Triplicité...
Trivialité...
Tubérosité, terme de Médecine, *condylus.*
Vacuité, *inanitas.*
Validité, *-tas.*
Vanité...
Variabilité...
Ubiquité...
Vélocité...
Velouté, *villosus.*
Vénalité, *-tas.*

substantifs féminins.

Ventosité, *-tas.*
Vénusté...
Véracité...
Verbosité...
Vérité...
Véridicité...
Verjuté, qui a une pointe d'acide.
Verticalité, *-citas.*
Verticité, terme de Physique.
Vétusté, *-tas.*
Vice-Amirauté, Charge.
Vice-Royauté, *proregis auctoritas.*
Vicomté, *m.* & *f.* *vice-comitatus.*
Viduité, *-tas.*
Vileté, *vilitas.*
Virginité, *-tas.*
Virilité...
Virtualité, terme d'Ecole.
Viscocité, *-tas.*
Visibilité...
Vivacité...
Unanimité...
Uniformité...
Unité...
Universalité...
Université...
Volatilité...
Volonté, *voluntas.*
Volubilité, *-tas.*
Volupté...
Voracité...
Urbanité...
Usité, *-tatus.*
Utilité, *-tas.*

VERBES.

Abrité, terme de Jardinage.

verbes au prétérit & participe masculins.

Abſenté, *abſens.*
Accepté, *-tatus.*
Accrédité, *auctoritate fultus.*
Acheté, *emptus.*
Acoſté, *adjunctus.*
Adopté, *-tatus.*
Affronté, *fraudatus.*
Agité, *agitatus.*
Ajoûté, *additus.*
Ajuſté, *adaptatus.*
Alaité, *lactatus.*
Alimenté, *alitus.*
Annoté, *-tatus.*
Antidaté, *dies antiquior adſcripta alicui inſtrumento vel epiſtola.*
Antidoté, *conditus* de *condire.*
Appointé, *duplici ſtipendio donatus.*
Apposté, *collocatus.*
Apprêté, *paratus.*
Arrenté, *fœnori locatus.*
Arrêté, *detentus.*
Aſſiſté, *adjutus.*
Aſſoté, *infatuatus.*
Atinté, *ornatus.*
Attenté, *-tatus.*
Attriſté...
Augmenté...
Augmenté, *auctus.*
Baloté, *jactatus.*
Béqueté, *roſtro appetitus.*
Brillanté; il ſe dit d'un diamant taillé à facettes.
Cahoté, *ſuccuſſus.*
Cacheté, *ſigillo munitus.*
Cailleboté, *coagulatus.*
Caſematé, *cameratus.*
Cataracté, terme d'Oculiſte, *ſuffuſione vitiatus.*
Chanté, *cantatus.*

verbes au prétérit & participe masculins.

Charpenté, *ſciſſus.*
Cimenté, *ſignino coagmentatus.*
Cité, *citatus.*
Comploté, *conſpiratus.*
Compté, *numeratus.*
Concerté, *compoſitus.*
Confronté, *collatus.*
Conſulté, *-tatus.*
Contenté, *ſatisfactus.*
Conté, *narratus.*
Contracté, *pactus.*
Contriſté, *contriſtatus.*
Convoité, *concupitus.*
Crocheté, *uncatus.*
Culbuté, *pronus, in caput dejectus.*
Daté, *die notatus.*
Débité, *venditus.*
Débuté, *incœpit.*
Décapité, *capite plexus.*
Déchanté, *recantatus.*
Déchiqueté, *inciſus.*
Déconforté, *animo debilitatus.*
Décompté, *è numero deductus.*
Décrédité, *auctoritate privatus.*
Décreté, *decretus.*
Dégoûté, *ſatiatus.*
Délecté, *-tatus.*
Démonté, *deturbatus.*
Deshabité, *qui emigravit.*
Deshérité, *hæreditate privatus.*
Deſiſté, *deſtitit.*
* Deſorienté, *turbatus.*
Déteſté, *-tatus.*
Dicté...
Diligenté, *acceleratus.*
Diſcuté, *diſcuſſus.*

verbes au préterit & participe masculins.

Diſputé, *-tatus.*
Domté, *domitus.*
Doté, *-tatus.*
Douté, *dubitatus.*
Ebruité, *propagatus.*
Ecarté, *amotus.*
Eclaté, *aſſulosè fractus.*
Ecouté, *auditus.*
Empaqueté, *in ſarcinam collectus.*
Empiété, *occupatus.*
Emprunté, qui n'eſt pas naturel, *mutuatus.*
Enfanté, *partus.*
Enſanglanté, *cruentatus.*
Entêté, *pertinaci ſtudio accenſus.*
Epointé, *obtuſus.*
Epouvanté, *territus.*
Ereinté, *delumbatus.*
Eſconté, *deductus.*
Etiqueté, *piſtaciis notatus.*
Eventé, *ventilatus.*
Evité, *-tatus.*
Exalté...
Excepté, *-ceptus.*
Excité, *-tatus.*
Exécuté, *executioni mandatus.*
Exempté, *-tus.*
Félicité, *felix reclamatus.*
Fermenté, *-tatus.*
Feuilleté, *evolutus.*
Filouté, *furatus.*
Flaté, *delinitus.*
Floté, *fluctuatus.*
Fomenté, *fotus.*
Froté, *frictus.*
Fréquenté, *-tatus.*
Fureté, *ſcrutatus.*
Gâté, *corruptus.*
Goûté, *guſtatus.*

verbes au préterit & participe maſculins.

Graté, *ſcalptus.*
Habité, *-tatus.*
Hanté, *frequentatus.*
Hâté, *feſtinatus.*
Héſité, *-tatus.*
Humecté...
Jetté, *projectus.*
Illimité, *-tatus.*
Implanté, terme d'Anatomie, *inſertus.*
Imputé, *-tatus.*
Incité...
Inconteſté...
Inexercité...
Infecté, *-tus.*
Inhabité, *-tatus.*
Inquiété, *vexatus.*
Intenté, *-tatus.*
Intercepté, *-tus.*
Interprété, *-tatus.*
Inſiſté, *inſtitit.*
Inſulté, *-tatus.*
Invité...
Limité...
Liſté, vieux mot, qui a une bordure, *limbo circumdatus.*
Luté, *luto munitus.*
Maltraité, *malè exceptus.*
Marqueté, *vermiculatus.*
Médicamenté, *-tatus.*
Médité...
Mécompté, *malè numeratus.*
Mécontenté, *malè tractatus.*
Mérité, *-tus.*
Mité, rongé des mites.
Monté, *elevatus.*
Moucheté, *variegatus.*
Natté, *ſtoreâ tectus.*
Néceſſité, *coactus.*
Noté, *-tatus.*
Numéroté, *numeratus.*

verbes au prétérit & participe masculins.

Opté, *optatus.*
Oté, *ablatus.*
Parqueté, *sectilibus tenellatus.*
Permuté, *-tatus.*
Persécuté, *persecutionem passus.*
Persisté, *perstitit.*
Planté, *-tatus.*
Posté, *locatus.*
Précipité, *præcipitatus.*
Prémédité, *præmeditatus.*
Présenté, *oblatus.*
Prêté, *mutuatus.*
Prétexté, *obtentus.*
Profité, *fœneratus.*
Projetté, *animo perpensus.*
Protesté, *-tatus.*
Quitté, *relictus.*
Rebuté, *repulsus.*
Redouté, *veritus.*
Réfuté, *-tatus.*
Régenté, *edoctus.*
Regrété, *deploratus.*
Répété, *-titus.*
Replanté, *-tatus.*
Représenté...
Réputé...
Respecté, *veneratus.*
Résisté, *restitit.*
Resuscité, *-tatus.*
Rétracté...
Sauté, *saliit.*
Sollicité, *-tatus.*
Souflete, *colaphisatus.*
Souhaité, *optatus.*
Subsisté, *substitit.*
Supplanté, *-tatus.*
Supputé...
Surmonté, *superatus.*
Suscité, *-tatus.*
Sustenté...
Tâté, *gustatus.*

verb. au prét. & part. masc.

Tenté, *-tatus.*
Tourmenté, *tortus.*
Traité, *tractatus.*
Transplanté, *-tatus.*
Trompeté, *tubâ promulgatus.*
Vanté, *jactatus.*
Violenté, *vim passus.*
Visité, *-tatus.*
Voûté, *concameratus.*
Voyez les autres verbes en ter.

TEAU. *voyez* AU.

TEE.

substantifs féminins.

Adamantée, nourrice de Jupiter, *-tæa.*
une Affétée, *vafra mulier.*
Aiguille aimantée, *acus magnete perfricta.*
Althée, fille d'Agenor, *Althæa.*
corne d'Amathée, *amathea cornu.*
m Anthée, Géant, *-eus.*
Antithée, au plur. espéce de mauvais génies, *Antithei.*
m Athée, *-eus.*
Cassetée, ce que peut contenir une tasse.
Chartée, *vehes.*
Effrontée, *inverecunda.* impudente, *-dens.*
Eventée, *vana & levis.*
Frottée, pain frotté, frottée, les coups qu'on donne à quelqu'un, *ictus.*
femme Hébétée, *mulier hebes.*
Hotée, *sporta dorsuaria plena.*
Jattée, *quod gabata continet.*
Jettée de pierres, *lapidum moles projecta.*

substantifs feminins.

Jettée, nouvel essai que font les abeilles.
Indotée, *-tata.*
Jointée, *quantum capere potest juncta manus utraque.*
voie Lactée, *via lactea.*
carpe Laitée, *lactaria pulpa pinguis.*
Montée, *ascensus.* escalier, *scala.*
Nictée, terme de Mytholog.
Nuitée, *una nox.*
Panthée, Reine, *-ea.*
Pâtée, *massa furfurea delibuta.*
Portée, terme de Musique.
Portée, part, *gestata.* ventrée, *fœtura.* capacité, *captus.* selon sa portée, *ad captum.*
Potée, *stannum igne tostum.*
m Prométhée, *-eus.*
m Protée, Dieu marin...
m Protée, qui prend diverses formes, *multiformis.*
Révoltée, *rebellis.*
carte Tarotée, *folia lusoria utrinque depicta.*
m Timothée, nom, *-eus.*
Plus les participes féminins des verbes en ter : crotée, *lutosa.* frotée, *fricta.* &c.

TENT. *voyez* ANT.

TER.

verb. à l'infin.

Absenter, *abesse.*
Abuter, supputer, *-tare.*
Accepter...
Accointer, vieux mot, *inire consuetudinem.*

verbes à l'infinitif.

* Accravanter, *aggravare.*
Accréditer, *auctoritatem tribuere.*
s'Accréditer, *auctoritatem sibi comparare.*
Acheter, *emere.* argent comptant, *præsenti pecuniâ.* marchander, *mercari.* à crédit, *obstrictâ fide.* à bon marché, *parvo pretio.* chérement, *carè emere.*
Acoster, *adjungere ad.*
* Acouter, vieux mot, *audire.*
Adapter, *-tare.*
Adopter...
Affecter, rechercher, *-tare.* désirer, *consectari.* toucher, *afficere.* destiner à, *destinare ad.* attribuer, *-ere.* faire exprès & à dessein, *deditâ operâ facere.*
Affronter, faire affront à, *à fronte aggredi.* l'ennemi, *provocare hostem ad certamen.* les dangers, *pericula confidenter adire.* la mort sans crainte, *impavidus se morti offerre.*
Affronter, tromper, *fraudare.*
Afûter un canon, *tormentum bellicum instruere.* une batterie, *tormenta in suo armamento statuere instructa.* mettre en état, *adaptare.*
Agiter, *-tare.*
s'Aheurter, *propositi esse tenacem.*
Aiguilleter, *ligulis subligare.*
Aimanter, *magnete fricare.*

verbes à l'infinitif.

Ajoûter, *addere.*
Ajuster, *adaptare.* parer, *ornare.*
Alaiter, *lactare.*
Alimenter, *alere.*
s'Aliter, *lecto decumbere.*
Ameuter, *catervatim agere.* s'Ameuter, *coire in unum agmen.*
Amignoter, *blandiri.*
Amputer, *-tare.*
Annoter...
Antidater, *diem priorem adscribere.*
Antidoter, *miscere.*
Aoûter les fruits, *coquere.*
Apointer, mettre but à but, accommoder, *componere.* le procès, *pronuntiare discrepationem juris esse.* les parties au Conseil, *rem esse consilii pronuntiare.* convenir, *pacisci cum.* opposer, *duos inter se conferre.* ordonner, *decernere.* une Requête, *inscribere decretum supplici libello.* un différend, *dissidium dirimere.* terme de guerre, apointer un soldat, *militi duplex stipendium assignare.* assigner une pension à, *annuam pensionem assignare.*
Apointer, faire une pointe, aiguiser, *acuere.*
Aposter de faux témoins, *falsos testes opponere.*
s'Apparenter, *affinitatem jungere cum.*
Appâter, *escâ allicere.*
Appéter, *-tere.* desirer, *cupere.*

verbes à l'infinitif.

Apporter, *afferre.*
Aprêter, préparer, *apparare.* un repas, *cibum parare.* du cuir, *corium adaptare.* à rire, *esse derisui.*
s'Apprêter, *se comparare.* à tout événement, *animos futuros accingere.*
Aptester, terme de marine, *explicare.*
* Acquêter, *acquirere.*
Aquiter, payer, *solvere.*
s'Acquiter de son devoir, *officio fungi.* le remplir, *officium solvere.* exécuter parfaitement, *munus suum præclarè obire.*
Argenter, *argento ornare.*
Argoter, terme de Jardinier, *lignum aridum amputare.*
Argumenter, *-tari.*
Arpenter, mesurer par arpens, *agros metiri.* marcher fort, *gradum proferre.*
Arrêter un mal, *sistere.* empêcher, *inhibere.* réprimer, *-mere.* un prisonnier, *aliquem comprehendere.* fixer, *stabile efficere; præfinire.* déterminer, *-nare.* établir, *statuere.* marquer le jour & l'heure, *diem & horam dicere.* une chose, *retinere.* empêcher le mouvement, *motum prohibere.*
s'Arrêter, séjourner, *manere.* cesser de marcher, *consistere.* dans sa marche, *cursum reprimere.* en beau chemin, *in re facili hærere.* en parlant, *hæsitare.*

verbes à l'infinitif.

faute de mémoire, *caspitare memoriâ.* sur les choses, *singulis rebus insistere.* s'amuser, *cessare.* demeurer, *considere.*

Assermenter, terme de Palais, *jurejurando aliquem adigere.*

Assister, donner aide, *adjuvare.* accompagner, *comitari.* être présent, *abesse.*

Assoter, *infatuare.*

Atinter, vieux mot, *ornare.*

Attenter, *-tare.*

Attester, *-tari.*

Attrister, *molestiâ afficere.*

Augmenter, *augere.*

Avorter, *abortum facere.*

Bacqueter, *exhaurire aquam.*

* Baisoter, *basiare.*

Baloter, tirer au sort, *calculis sortiri.* donner son suffrage par balotes, *calculis suffragium edere.* une affaire, consulter, *de re quâpiam consulere.* se jouer de, *exagitare.*

* Banqueter, *convivari.*

Barboter, *mutire.*

Bâter, *clitellas imponere.*

Béqueter, *rostro impetere.*

Biqueter, *hadulum parere.*

Bluter, *incernere.*

* Bonneter, *detracto pileo salutare.*

Boter, *ocreas induere.*

Brillanter, tailler des diamans à facettes dessus & dessous.

Brimboter, vieux mot, parler entre ses dents.

Briqueter, *lateres imitari.*

verbes à l'infinitif.

Brocanter.

Broueter, *vehiculo tursatili vehere.*

Brouter, *herbam pascere.*

Buffeter, *apposito ad dolium ore vinum sugere.*

Buter, *collimare ad.*

Buvoter, *sorbillare.*

Caboter, *littora radere.*

Cacheter, *obsignare sigillo.*

Cahoter, *subsultare.*

Calfater, *rimas obturare.*

Canneter, *anaticulas excludere.*

Canqueter, on s'en sert pour exprimer la maniére de crier des cannes.

Caqueter, *garrire.*

Carotter, jouer mesquinement.

se Cataracter, terme d'Oculiste, *suffundi.*

Changeotter, *frequenter mutare.*

Chanter, *canere.* souvent, *cantitare.* la musique, *symphoniâ canere.* publier, *dicere.* toujours la même chanson, *cantilenam eandem canere.* c'est bien chanter, c'est bien dire, *egregiè scilicet dicere.* chanter en entonnant, en commençant, *præcinere.* après un autre, *recinere.* chanter & jouer ensemble d'un luth, *voce fidibusque simul canere.* en plain-chant, *simplicibus modis.* derechef, *recinere.* desagréablement, *insulsè canere.*

verbes à l'infinitif.

faire Chanter quelqu'un, le mettre à la raison, *ad officium revocare.*
pain à Chanter, *panis sacrificus.*
* Charpenter, *materiam exercere.*
Chenevotter, *ramos tenuiores edere.*
Chevroter, terme de Musique, *vocem caprinam imitari.*
Chevroter, *hædulos edere.*
Chicaner, *argutiis pugnare.*
Chicoter, *contendere.*
Chipoter, *inani contentione tempus terere.*
Chucheter, *in aurem insusurrare.*
Chucheter, crier comme le moineau, *fritinnire.* ce verbe a été employé par Varron, pour exprimer le cri de l'hirondelle.
Cimenter, *cœmento imbuere.*
Citer un Auteur, *auctorem laudare.* appeller, *citare.*
Claqueter; ce verbe exprime la maniére de crier des cigales.
* Clignoter, *nictitare.*
Clinquanter, *auro vestem texere.*
Clouter, *clavis distinguere.*
Coëxister, *-tere.*
Cohabiter, *-tare.*
Coleter, *injectâ faucibus manu vim inferre.* se coleter, *mutuò in fauces involare.*
Commenter, *-tari.*
Completter, terme de Libraire, *complere.*

verbes à l'infinitif.

Comploter, *conspirare.*
Comporter, *-tare.*
se Comporter, *se gerere.*
Compter, nombrer, *numerare.*
Concerter, terme de Musique, *ad symphoniam componere musicam.* une affaire, *de re consilia commiscere.*
se Concerter, *se componere.*
Conforter, *-tare.*
Confronter, comparer, *-are.* mettre en présence, *componere.* l'original avec la copie, *exemplar cum archetypo conferre.*
Confuter, *-tare.*
* Conquêter, *subigere.*
Constater, *rei veritatem confirmare.*
Consulter, *-lere.*
Contenter, *satisfacere.*
Conter, narrer, *narrare.*
Contester, *-tari.*
Contracter, *contrahere.* amitié, *amicitiam conjungere.*
Contraster, faire un contraste.
Contredater, *diem contrarium adscribere.*
Contrepetter, vieux mot, contrefaire.
Contrepointer une étoffe, la pointer à l'aiguille, *stragulam acu densè configere.* contredire, *adversari.*
se Contrepointer les uns les autres, *dicteriis sese invicem lacessere.*

verbes à l'infinitif.

Contrister, *-tari.*
Convoiter, *concupiſcere.*
Coopter, *cooptare.*
Coqueter, chanter comme un coq, *cucurire.* comme les poules, *gracillare.* cajoler, *verbis delinitis aures mulcere.*
Coter, *citare.* citer un Auteur, *auctorem laudare.* un paſſage, *locum adſcribere.*
Coupletter, faire des chanſons contre quelqu'un.
Coûter, *conſtare.*
* Crachoter, *ſpuſſitare.*
Craqueter, *crepitare.* ce mot exprime la maniére de crier des cicognes.
Crocheter, *uncino aperire.*
Croter, *luto aſpergere.*
Culbuter, *pronum in caput verſari.*
Dater, *diem adſcribere.*
Débiliter, *-tare.*
Débiter, vendre, *vendere.* diſtribuer, *diſtrahere.* vendre ſouvent, *venditare.* dire, *proferre.* répandre, *ſpargere.* ſemer çà & là, *diſſeminare.* des montagnes, *proferre mendacia.* une nouvelle, *rumorem ſpargere.*
Déboiter un membre, *membrum luxare, à ſuâ ſede movere.*
Déboter, *ocreas exuere.*
Débouter, terme de Palais, *dejicere.*
Débuter une boule, *globulum è metâ dejicere.* fig.

verbes à l'infinitif.

ſermonem auſpicari. commencer, *ordiri.*
Décacheter, *litteras reſignare.*
Décapiter, *capite plectere.*
Déchanter, *recantare.*
Déchiqueter, *diſcindere.*
Décolleter, *collum denudare.*
Décompoter, *agri ſtationes immutare.*
Décompter, *è numero deducere.*
Déconcerter, *turbare.*
Déconforter, *animos debilitare.*
Décréditer, *fidem alicui detrahere.*
Décreter, faire un décret, *decretum facere.* priſe de corps contre, *decernere ut aliquis comprehendatur.*
Décroter, *lutum detergere.*
Décroter, manger, *manducare.*
Défouetter, *funiculum diſſolvere.*
Déganter, *chirothecas exuere.*
Dégoter, déplacer, *è loco movere.*
Dégoûter, *faſtidium movere.*
Dégoutter, *guttatim ſtillare.*
Dejetter, *dejicere.*
ſe Délecter, *-tari.*
Déleſter, terme de mer, *ſaburram emittere.*
Délicater, *delicias ſectari* vel *tractare molliter.*
ſe Délicater, *molliter ſe curare.*
Déliter.
Démailloter, *è faſciis infantulum eximere.*
Démâter, ôter le mât, *malo*

navem exarmare. briser les mâts, *malum frangere.*
Démonter un ouvrage, *machinam dissolvere.* le canon, *tormenta bellica exarmare.* ôter à quelqu'un sa monture, *equo deturbare.* le troubler, *de mente suâ deturbari.*
Dénatter, *storeas detrahere.*
Dénoter, *-tare.*
Dépaqueter, *fasciculum solvere.*
Depister, *investigare.*
Dépiter, fâcher, *stomachum movere.*
se Dépiter, se fâcher, *stomachari.*
Déplanter, *explantare.*
se Déporter, *desistere.*
Déposter, *ejicere.*
Dépoter, *flores ex vaso fictili avellere.*
Députer, *-tare.*
Dérater, *lienem extrahere.*
Derester, terme de jeu, *reliqua solvere.*
Dérouter, *mentem* vel *fortunam alicujus conturbare.*
Desapointer, *militem exauctorare.*
Desatrister, *exhilarare.*
Desemporter, ôter la base, *basim evellere.* arracher les rais d'une roue, *radios extrahere.*
Desentêter, *noxios capitis vapores discutere.*
Desergoter, *posticum unguem findere.*
Deshabiter, *exhabitare.*
Deshériter, *exhæredare.*

Désister, *-ere.*
* Desorienter, déconcerter, *disturbare.*
Détester, *-tari.*
Détracter, *-tare.*
Dicter. . .
Dilater, *-tare.* étendre, *extendere.*
Diligenter, *festinare.*
Discuter, *-ere.*
Disputer, *-tare.*
Disserter, *disserere.*
Doigter, terme de Musique, *micare digitis.*
Domter, *domare.*
* Dorloter, *molliùs accipere.*
Doter, *-tare.*
Douter, *dubitare.*
Ecarter les cartes, *folia lusoria ab aliis seponere.* les jambes, *crura distendere.* éloigner de, *removere.* la foule, *turbam arcere.* chasser, *fugare.* dissiper, *-pare.* les ténébres de l'esprit, *dispellere mentis caliginem.*
s'Ecarter de son chemin, *aberrare.* de son sujet, *à proposito declinare.*
Eclater, briller, *fulgere.* reluire, *micare.* avoir de l'éclat, *splendere.* faire un bruit éclatant, *fragorem edere.* se fendre par éclat, *assulosè frangi.* avoir de la réputation, *omnium sermone percrebrescere.* éclater de rire, *sustollere cachinnum.*
Ecourter, *decurtare.*
Ecouter, *audire.*
Ecrouter, *crustam eximere.*

verbes à l'infinitif.

verbes à l'infinitif.

Edenter, *-tare.*
Effloter, se séparer d'une flote.
Effriter, vieux mot, épouvanter, *terrere.*
Egouter, *guttatim exhaurire.*
Embâter, *clitellas imponere.*
Emboiter, joindre l'un dans l'autre, ce qui se dit des os, *os in suum acetabulum ponere.* enchâsser, *includere mutuis commissuris.* mettre dans une boëte, *in pyxidem includere.*
Emmailloter, *fasciis involvere.*
Emmenotter, *manicis ferreis constringere.*
Empaqueter, *in fascem cogere.*
Empâter, mettre de la couleur grassement, *colores spissè apponere.* faire les pâtés des rais des roues, *radiorum insertiones formare & inserere.* une statue, *statuam basi firmare.*
Empester, *peste inficere.*
Empiéter sur, *usurpare.* occuper, *-pare.*
Empointer, faire quelques points à une piéce d'étoffe pour la retenir dans ses plis.
Emporter, *auferre.*
s'Emporter, se mettre en colère, *irasci.*
Emprunter, *mutuare.*
Enchanter, *incantare.*
s'Encorneter, prendre une cornette de femme.
Encrouter, *incrustare.*

verbes à l'infinitif.

Enhorter, vieux mot, *hortari.*
Endetter, *alieno ære implicare.*
s'Enquêter, *inquirere.*
Enrégimenter, *legioni adscribere.*
Ensanglanter, *cruentare.*
Envelioter le foin, *congerere.*
Enter un arbre, *arborem inserere.*
Entêter, donner dans la tête, comme le vin, &c. *caput tentare.*
s'Entêter de son mérite, *magnificè de se sentire, opinioni pertinaciùs adhærere.* de quelque opinion pour quelque chose, *studio pervicaci animum accendere.* de quelqu'un, *maximam de aliquo opinionem habere.*
s'Entreheurter, *sese invicem collidere.*
Epater, *pedem distendere.*
Epointer, *acumine minuere.*
Epousseter, *pulverem scopulâ excutere.*
* Epousseter, rosser, *verberibus excipere.*
Epouvanter, *terrere.*
Ereinter, *delumbare.*
Ergoter, *argutari.*
* Escamoter, *furto subtili auferre.*
Escompter, *deducere.*
Essarter, *stirpitùs evellere.*
Etater, terme de Barreau.
Etêter, *decapitare.*
Etiqueter des sacs, *epigraphas sacculis indere.*
s'Eventer, parlant du vin, *evanescere.*

verbes à l'infinitif.

Eventer, donner du vent, *ventilare.* avec un éventail, *tenui flabello ventum movere.* exposer au vent, *vento exponere.* le gibier, *feram odorari.* mettre à l'air, divulguer un secret, *arcanum efferre.* une mine, la découvrir, *hostilem cuniculum adverso cuniculo difflare vel excipere.*
Eviter, *-tare.*
Exalter. . :
Excepter, *excipere.*
Exciter, *-tare.*
Exécuter, *exequi.*
Exempter, *eximere.*
Exerciter, vieux mot, *exercere.*
Exhorter, *-tari.*
Expérimenter, *experiri.*
Exploiter, terme de Palais, *vadimonium denuntiare.* exécuter, *exequi.*
Exulter, *-tare.*
Faciliter, *expedire, explanare.*
Fagoter, *in fascem colligere.*
se Fagoter, railler, *irridere.*
Fainéanter, *otio torpere.*
Féliciter, *alicui de aliquâ re gratulari.*
Fermenter, *-tare.*
Fêter, *diem festum agere.*
Feuilleter, *evolvere.*
* Fienter, *egerere stercus.*
Filouter, *furari.*
Flater, caresser, *adulari.* par complaisance, *blandiri.* un portrait, *imaginem prototypo elegantiorem depingere.* sa douleur, *aberrare à dolore.*

verbes à l'infinitif.

Floter, *fluctuare.*
Fluter, *fistulâ canere.*
Fermenter, *fovere.*
Foueter, *fustigare.*
Frelater, mêlanger, *spurcare.*
Fréquenter, *-tare.*
Freter, affreter, terme de mer, *navem conducere.*
Frigotter, *ou* Fringotter; on s'en sert pour exprimer la maniére de chanter du pinson.
Frisotter, *crispare frequentiùs.*
Froter, nétoyer, *detergere.* contre quelque chose, *affricare.* battre, *percutere.*
Fruster, *fallere.*
Fureter, *scrutari.*
Fuster, battre à coups de bâton.
Ganter, *chirothecas induere.*
Garoter, *ligare.*
Gâter, salir, *inficere.* corrompre, *corrumpere.* un tableau, *difformare tabellam.* nuire, *nocere.* une affaire, *negotium invertere.*
Gigoter, *crura vel femora frequentiùs divaricare & motare.*
Gîter, *decumbere.*
Glouglouter; on s'en sert pour exprimer le cri des dindons.
Glouglotter, *gluglotire.*
Gobeleter, *pitissare.*
Goûter, *merendare.*
Goûter, *gustare.*
Gralicuter, terme de dessein.
Grapetter, *reliquias colligere.*
Grater, *scabere.* avec les ongles, *unguis scalpere.*

verbes à l'infinitif.

Graviter, terme de Physique, *comprimere*.
* Greloter, *præ frigore horrere*.
* Grignoter, *eradere*.
Gringoter, *vocem canendo crispare*. Il exprime le chant du Rossignol.
Guémanter, vieux mot, *quæritare*.
Guéter, être au guet, *excubare*. observer, *observare*.
Habiter, *-tare*.
Halter, *gradum sistere*.
Haleter, *anhelare*.
Hanter les compagnies, *cœtus frequentare*.
Hâter, avancer, *festinare*. d'approcher, *approperare*. se hâter, *properare*.
Hébéter, *-tare*.
Hériter, *hæreditate obtinere*.
Hésiter, *hæsitare*.
Heurter, *offendere ad*.
Holocauster, sacrifier, *sacra facere*.
Humecter, *-tare*.
Huter, *casam sibi struere*.
Jarreter, terme de Jardinier, *ramos ramo advenientes præcidere*.
Jetter, *jacere*. lancer, *torquere*. jetter dedans, *injicere*. dessous, *subjicere*. dessus en étendant, *supra sternere*. au-devant, *objicere*. entre, *interjicere*. avec roideur, *contorquere*. par dédain, *abjicere*. dehors, *ejicere*. par terre, *prosternere*. à bas, *diruere*. de haut en bas, *disturbare*. les yeux sur, *oculos conjicere in*. des larmes, *lacrymas diffundere*. un propos, *sermonem inferre*. sa gourme, *capitis pituitam exhaurire*. la faute sur, *culpam derivare in*. un mot à la traverse, *verbum trajicere*. de l'eau sur la tête, *aquâ perfundere*. jetter, en parlant des plantes, *gemmas agere*. des branches, *ramos profundere*. jetter en moule, *typo* vel *plasmate fingere*. jaillit comme une fontaine, *scaturire*. jetter, supputer une somme, *summam ducere*. se jetter, *conjicere se*. en avant, *procurrere*. sur l'ennemi, *irruere in hostes*. dans la maison, la ville, *domum*, *urbem invadere*. dehors, *erumpere*. dans le danger, *in discrimen se inferre*.
Imiter, *-tari*.
s'Impatienter d'attendre, *impatienter præstolari*. dans le mal, *morbum* vel *dolorem ægrè ferre*.
Implanter, terme d'Anatomie, *inserere*.
Importer, *-tare*.
Imputer. . .
Incidenter, terme de Palais, *causæ accessionem producere*.
Inciter, *-tare*.
Incruster. . .
Infecter, rendre infect, *tetro odore inficere*.

verbes à l'infinitif.

Infester, *-tare.*
Injecter, terme de Médecine, *injicere.*
Inquiéter, *-tare.* troubler, *turbare.* donner du chagrin, *molestiam afferre.* gêner, *angere.*
Insister, *-ere.*
Instrumenter, *acta publica & authentica scribere.*
Insulter, *-tare.*
Intercepter, *-cipere.*
Interjetter appel, *ad judicem superiorem provocare.*
Interpréter, *-tari.*
Inventer, *invenire.*
Inviter, *-tare.*
Joûter, *equestribus hastis ludere.*
Irriter, *-tare.*
Lamenter, *-tari.*
Latter, *tegulas asseribus imponere, tegulis tegere.*
Lester, terme de mer, *saburram immittere.*
Liciter un héritage, *licitari.*
Limiter, *-tare.*
Lunetter, se servir de lunettes.
Luter, combattre, *luctari.* terme de Chymie, *luctare.*
Machicoter, *ad libitum occinere.*
Maltraiter, *malè excipere.*
Manifester, *-tare.*
Marester, *vineam malleolis frequentare.*
Marmoter, *mutire.*
Marqueter, *vermiculari.*
Mater, mortifier, *duriùs tractare.* fatiguer, *-gare.* affliger, *vexare.* lasser, *vexare. voyez* Dompter, *domare.*

verbes à l'infinitif.

Mâter, terme de mer, *malo navem instruere.*
Mécompter, se tromper en comptant, *in subducendis calculis errare.*
Mécontenter, *offendere.*
Médicamenter, *mederi.*
Méditer, *-tari.* penser, *cogitare.* de grands desseins, *magna secum volvere consilia.*
Mériter, *mereri.*
Mignoter, *blandiri.*
Minuter, *moliri.* sa fuite, *fugam.*
Molester, *-tiam afferre.*
Monter, *ascendere.*
Moucheter, *maculis distinguere.*
* Mugueter, cajoler les filles & les femmes, *faminis blandiri.*
Muloter.
* Naqueter, *cavillari de nihilo.*
Nater, vieux mot, *-tare.*
Nater, *storeâ instruere.*
Nonanter, terme du jeu de Piquet, faire 90. points.
Nordester, terme de mer, *euronotum agere.*
Numéroter, *-rare.*
Objecter, *objicere.* opposer, *opponere.* reprocher, *exprobrare.*
Opter, choisir, *optare, eligere.*
Orienter, *ad Orientem disponere.*
s'Orienter, *vertere se ad Orientem.*

verbes à l'infinitif.

Oter, *auferre.*
Oxicrater, laver avec de l'Oxicrat, dissoudre avec du vinaigre.
Palleter, vieux mot, *leviter pugnare.*
Palpiter, *-tare.*
Papilloter, *glomeratim colligere.*
Parlementer, *colloqui.*
Parqueter, *tessellulis instruere.*
Passementer, *taniâ textili ornare.* il signifie aussi battre.
Patienter, *habere patientiam.* attendre patiemment, *patienter expectare.*
Pauleter, payer la Pauléte, *sexagesimam pro pretii dignitate partem quotannis Regi solvere.*
Pédanter.
Peloter, *laneâ pilâ datatim ludere.*
Permuter, *-tare.*
Persécuter, *-sequi.*
Persister, *-ere.*
Pester, invectiver, *acerbiùs invehi.* faire des imprécations, *acerbiùs invehi.* détester, *-tari.*
Picoter, *pungere.*
Piéter, *ad metam pedem sistere.*
Piloter, *defixis palis aquosum solum stipare.*
Pincetter.
Pinter, *bibere.*
Pirater, *piraticam exercere.*
Pirouéter, *gyros agere.*
Pistoletter, *sclopetis brevioribus occidere.*

verbes à l'infinitif.

Pivoter, boire du vin qu'on verse d'en-haut.
Plaisanter, *scurrari.*
Planter, *-tare.*
* Planter, laisser là, *deserere.*
Pointer, tourner la pointe, *mucronem obvertere.* le canon, *tormenta bellica dirigere in.* la carte marine, *mappam nauticam examinare.*
Porter, *ferre.*
Post-dater.
Poster, courir, *citato equi cursu ferri.*
Poster, terme de guerre, *locum occupare.*
Précipiter, *præcipitare.*
Préméditer, *præmeditari.*
Présenter, offrir, *offerre.* un criminel, *reum sistere judici.* la pointe, *cuspidem intentare.* un cheval à, *equum admovere.* sa tête, *caput præbere.*
se Présenter, *se sistere.* comparoir en droit, *in jure se sistere.*
Prêter, *commodare.* de l'argent, *pecuniam credere.* l'oreille, *aurem præbere.* à intérêt, *fœnori dare.* attention, *auscultare.* prêter la main, aider, *adesse.* la gloire à, *concedere de gloriâ.* sa voix à, *vocem suppeditare.* prêter serment, *dicere sacramentum.*
se Prêter, *se alicui dare ad tempus.* à sa bonne fortune, *se fortunæ bonæ præbere.*

verbes à l'infinitif.

Prétexter, *obtendere.*
Profiter, *proficere.* des malheurs d'autrui, *alicujus calamitate res suas augere.* croître, *crescere.* tirer profit, *utilitatem capere.* avancer dans les sciences, *in litteris promoveri.* faire profiter son argent, *pecuniam collocare fœnori.*
Projetter, *consilium inire.*
Protester, *-tari.* terme de Banquier, *contestando denuntiare.*
Quêter, *quærere.* mendier, *mendicare.* amasser, *cogere.* à l'Eglise, *in Ecclesia stipem corrogare.*
Quinter, marquer l'or & l'argent.
Quitter, *deserere.* délaisser, *relinquere.*
Rabaster, ou plûtôt Raboter, faire du bruit.
Raboter, *dolare.*
Racheter, *redimere.*
Raconter, *narrare.*
Radoter, *delirare.*
Ragoûter, *gustum irritare.*
Rapporter, *referre.*
Rassoter, *hebetare.*
Rater, se dit d'un chat, *murium venationi vacare.*
Ravigoter, *reficere.*
Rebuter, *repellere.*
Rechaiter, v. m. *occultare.*
Réciter, *-tare.*
Recoiter, vieux mot, *occultare.*
Réconforter, *refocillare.*
Recruter un Régiment, *legionem augere.*

verbes à l'infinitif.

Redouter, *timere.*
Refêter, *diem festum restituere.*
Réfuter, *-tare.*
Régenter, enseigner, *professorem publicè agere.* gouverner, *præsidere.* faire le maître, *imperium sibi assumere.* professer, *profiteri.*
Regrater, *interpolare.*
Regréter, *alicujus desiderio affici.* la mort de, *alicujus mortem dolere.* se faire regretter, *suî desiderium movere.* le malheur de, *vicem dolere.*
Réhabiliter, *-tare.*
Rejetter, repousser, *repellere.* loin de soi, *rejicere.* refuser, *repudiare.* la faute sur un autre, *culpam transferre in.* pousser des rejettons, *germinare.*
Remonter, monter derechef, *rursùm ascendere.* à cheval, *iterùm equum conscendere.* l'eau, *adverso flumine navigare.* reprendre de plus haut, *altiùs res repetere.* sur sa bête, *ab afflictâ fortunâ exurgere.* la Cavalerie, *equitatui equos suppeditare.*
Répercuter, *-ere.*
Répéter, redire, *repetere.* réïtérer, *-rare.* redemander, *repetere.* reprendre, *resumere.*
Replanter, *plantare iterùm.*
Reporter, *referre.*
Représenter un accusé, *reum exhibere.* au naturel, *simi-*

verbes à l'infinitif.

litudinem ex vero effingere. une piéce de Théâtre, *fabulam agere.* démontrer, *demonſtrare.* expoſer, *exponere.* ſes raiſons avec force, *momenta ſua vehementer proferre.* une difficulté, *difficultatem exhibere.*

ſe Repréſenter, *animo ſibi fingere.*

Réputer, *-tare.*

Réſiſter, *-ere.*

Reſpecter, honorer, *colere.* vénérer, *-rari.* avoir égard, *rationem* vel *reſpectum habere.*

Reſſauter, *reſilire.*

Reſter, *manere.*

Réſuſciter, *-tare.*

Rétracter, *dictum revocare.* les injures, *recantare opprobria.*

Révolter, *rebellare.*

Rioter, rire à demi.

Ripoſter, *refellere.*

Riſter, vieux mot, preſſer, *urgere.*

Roter, *eructare.*

Saboter, *verſare turbinem.*

Sacqueter.

Saignoter, faire de petites ſaignées.

Sangloter, *ſingultire.*

Saveter, *indoctè aliquid efficere.*

Sauter, *ſalire.*

Sergenter, *aliquem vadari.*

Serpenter, *-ere.*

Siroter, boire, *bibere.*

Siſter, terme de Palais, *ſiſtere in judicium.*

verbes à l'infinitif.

Soixanter, terme du jeu de Piquet.

Solliciter, *-tare.* ſoigner, *curare.*

Souffleter, *alapis afficere.*

Souhaiter, *optare.*

Soutraiter, *ſubredempturam paciſci.*

Subſiſter, *-ere.*

Suçoter, *ſæpius exſugere.*

Suinter, *humeſcere.*

Supplanter, *-tare.*

Supporter...

Supputer...

Surgeter, *ad limbum panni leviter ſuere.*

Surmonter, *ſuperare.*

Suſciter, *-tare.*

Suſtenter...

Tacheter, *maculis diſtinguere.*

Taluter, *in talum efformare.*

Tapoter, *icere.*

Tarabuſter, *laceſſere.*

Taroter, ſe plaindre, *queri.*

Tâter, goûter, *guſtare.*

Tempêter, *debacchari.*

Tenter, *-tare.*

Teſtamenter, vieux mot, *teſtamentum componere.*

Teſter, *-tari.*

Téter, *lac ſugere.*

Tinter, *tinnire.*

Loucher, *tangere.*

Tourmenter, *divexare.*

Traiter, terme de Médecine, *curare.* donner à manger, *menſâ excipere.* diſputer ſur quelque ſujet, *differere.* négocier, *agere.* accorder, *concedere.* gouverner, régir, *adminiſtrare.*

Tranſlater les Auteurs, vieux

verbes à l'infinitif.

mot, *auctores transferre.*
Transplanter, *-tare.*
Transporter...
Trembloter, *tremere.*
Tressauter, vieux mot, tressaillir, *subsilire, tremulis motibus concuti.*
Tricoter, *reticulatim fila texere.*
Tripoter, *rem exagitare.*
Trompetter, *buccinâ promulgare.*
Troter, *cursitare.*
Turluter, contrefaire le flageolet.
Valeter, *ancillari.*
Vanter, louer, *laudare.* prêcher, *prædicare.* se vanter de, *gloriari de.* de son esprit, *ingenium venditare.* se vanter d'une maniére insupportable, *intolerantiùs se jactare.*
Venter, faire du vent, *flare.*
Végéter, *vegetare.* vivre comme les plantes, *vigere.*
Velouter, *opus bombycinum ad modum Hetoromalli aptare.*
Violenter, *vim afferre.*
Visiter, *-tare.*
Vivoter, *victitare.*
* Voleter, *-litare.*
Volter, *in ictum impactum conversio.*
Voluter, devider le fil dans les fusées, *evolvere.*
Voûter, *camerare.* se voûter, *incamerari.*

TEUX, *voyez* EUX.

TI.

substantifs & adjectifs masculins.

Apprenti, *tyro.*
Bâti, le bâti d'un habit.
Cati, monnoie de Java.
Concetti, mot Italien, *acumina, scintillæ.*
un Converti, *Neophyta.*
Couti, *compactissima tela.*
Démenti, *admissi mendacii exprobratio.*
Desassorti, terme de Libraire, *imperfectus.*
Genti, *festivus.*
l'Herti, fou, *-us.*
Loti, *in partem divisus.*
Malbâti, *malè dispositus.*
Miparti, *bipartitus.*
Mouphti, chef de la Religion Mahométane, *Muphtus.*
Nanti, *munitus.*
Outi, *instrumentum.*
Parti, faction, *factio.* offre, *conditio.* de finance, *redemptorum societas.* de guerre, *militares manus, copiæ.* mariage, *conjugium.*
un Repenti, *pœnitentia.*
Rôti, *assa caro.*
Voloqueti, vieux mot, *salutatio.*

VERBES.

ver. au prés. &c.

Abêti, *hebes factus.*
Abrouti, terme d'Eaux & Forêts.
Abruti, *brutus ac stupidus factus.*
Amorti, *extinctus.*

verbes au présent & participes masculins.

Anéanti, *ad nihilum redactus.*
Applani, *applanatus.*
Assorti, *instructus.*
Assujéti, *subjectus.*
Averti, *monitus.*
Bâti, *ædificatus.*
Compâti, *misertus.*
Consenti, *concessus.*
Converti, *conversus.*
Diverti, *aversus.*
Empuanti, *putidus*, *fœtidus.*
Englouti, *absorptus.*
Garanti, *tutus.*
Parti, *profectus.*
Pâti, *passus.*
Perverti, *perversus.*
Ralenti, *remissus.*
Retenti, *resonatus.*
Rôti, *tostus.*
Voyez les autres verbes en tir.

TIE.

substantifs féminins.

Agrestie, vieux mot, *rusticitas.*
Alectoromantie, *ou* Alectryomantie, *-tia.*
Amnistie, pardon, *-tia.*
Antipathie...
Argutie, *-tia.*
Aristocratie, *-tia.*
Arithmantie...
Atropatie, pays...
Bélomantie, sorte de divination, *-tia.*
Clytie, nymphe, *-tia.*
Croatie, pays...
Dalmatie, pays...
Départie, *partitio.*
Dynastie, *-tia.*
Egnatie, pays...
Eucharistie, *-tia.*
Garantie, *authoritas.*
Gastromantie, sorte de divination, *-tia.*
Hostie, victime, *hostia.* S. Sacrement, *sanctissimum Sacramentum.*
Immodestie, *-tia.*
Modestie...
Nigritie, pays...
Ochlocratie, sorte de gouvernement.
Omphalomantie, espéce de divination.
Oneirocritie, l'art d'interpréter les songes.
Ornithomantie, l'art d'expliquer toutes choses, par le vol ou le chant des oiseaux.
Ortie, *urtica.* piquer d'ortie, *urticâ urere.* ortie morte, *archangelica urtica.*
Orythie, nayade.
Ostie, ville, *Ostia.*
Partie, *pars.* petite, *particula.* en partie, *partìm.* une bonne partie, *magna pars.* adverse, *adversarius.* femme, *adversaria.* prendre à partie, *adversarium se intendere.* forte partie, *potens adversarius.* partie qu'un Avocat défend, *cliens.* partie du jeu, *lusoria concertatio.* de chasse, *venationis.* de guerre, *belli.* d'un discours, *caput.* casuelle, *lucrum fortuitum.* jouer une partie, *ludo concertare.* gagner une partie, *unâ concerta-*

Substantifs féminins.

tione vincere. la perdre, *vinci.* partie de promenade, *deambulationis indictio.* région, *regio, plaga.*
Partie, au plur. comptes, *rationes.* mémoire de dépense, *rationum ordo.*
Parties, qualités, *naturales dotes.*
Partie naturelle, au plur. d'un homme, *genitalia.* d'une femme, *partes naturæ, virginale.*
Pédérastie, sodomie.
Pégomantie, divination par l'eau des fontaines.
Péripétie, *-ia.*
Philantie, amour de soi-même, *-ia.*
Polymathie, *-ia.*
* Poutie, ordure, *sordecula.*
Repartie, *responsum.*
Repentie, au plur. Religieuses, *Pœnitentes.*
Rôtie de pain, *tosti panis quadra.*
m vin de côte-Rôtie, *vinum è clivo tosto.*
Sacristie, *sacrarium.*
Samogitie, pays, *-ia.*
Sarmatie, pays. . .
Scythie, pays. . .
Sortie, l'action de sortir, *egressus.* issue d'un lieu, *exitus.* sortie que font les Assiégés, *eruptio.*
Sotie, vieux mot, *stultitia.*
Sympathie, *-thia.*
Tutie, *-tia, flos æris.*

VERBES.

verbes au prétérit & participes féminins.

Abêtie, *hebes facta.*
Abrutie, *vecors effecta.*
Amortie, *extincta.*
Anéantie, *ad nihilum redacta.*
Applatie, *applanata.*
Assortie, *instructa.*
Assujettie, *subjecta.*
Avertie, *monita.*
Bâtie, *ædificata.*
Catie, *pectine textorio stipo.*
Châtie, *castigo.*
Convertie, *conversa.*
Engloutie, *absorpta.*
Garantie, *tuta.*
Partie, *partita.*
Pervertie, *perversa.*
Rôtie, *tosta.*
Sortie, *egressa.*

TIE. qui se prononce comme SIE. *voyez* SIE.

TIER. *voyez* IER.

TIF. *voyez* IF.

TIN. *voyez* IN.

TION. *voyez* ION.

TIR. *voyez* IR.

TIS. *voyez* IS.

TIT. *voyez* IT.

TO. *voyez* O.

TON.

m Argenton, ville de Berry en France, *Argentomagum.*

Substantifs masculins.

Avorton, *abortivus.*
Baralipton, sorte d'argument.
Bâton pour s'appuyer, *baculum.* pour soûtenir, *scipio.* pour frapper, *fustis.* petit, *bacillum.* courbé par le haut comme une crosse, *lituus.* à deux bouts, ferré aux deux bouts, *hastile utrinque cuspidatum.* à bâton rompu, *interruptè.* tour du bâton, *industriæ fructus.* volerie, *rapinæ improbissimæ prædæ.*
Breton, peuple, *Brito.* langue, *Celtica lingua.*
bas Breton, peuple, *Aremoricus Brito.*
Bouton d'habit, *globulus.* bourgeon, *gemma.* de fleur, *calix.* de vérole, *pustula.* élevûre, *papula.* nœud coulant, *ductilis nodus.* serrer le bouton, parler avec vigueur, *urgere verbis.*
Brocheton, *luciolus.*
Canneton, le petit d'une canne.
Capiton, soie, *bombycinum infectum.*
Carton, *charta densior.* terme d'Imprimerie, *folium excussum typis.*
Caton, Philosophe, *Cato.* un Caton, fig. sage, *sapiens.*
Charenton, *Carentonium.*
* Charton, cocher, *auriga.*
Chaton d'une bague, *pala.* piéce d'Orfévrerie, *gemmarius umbilicus.* jeton de certains arbres en façon de queue de chat, *panus.* de noyer & de coudrier, *nucamentum.* peau verte qui couvre la noisette, *culeolus.* petit chat, *catulus.*
Chaton, terme d'Oculiste, c'est l'endroit où le crystallin de l'œil est enchâssé.
Clocheton, petit Clocher.
Cloton, Parque, *Cloto.*
Cotton, *gossipium.*
Court-bouton, sorte de cheville de bois.
Cretons, au plur. sorte de mets.
Crouton de pain, *crustula panis.*
Dicton, sentence, *sententia.*
Dictum d'Arrêt, *sententiæ expressio.*
Ducaton, monnoie, *ducatus argenteus.*
Esponton, arme, *lancea.*
Facton, *ou* Factum.
Factoton, *omnium satagens.*
Felapton, terme artificiel de Logique.
Feston, *encarpus*, *implexus florum frondiumque.*
Fronton, terme d'Architecture, *fastigium.*
Glouton, *gulosus.*
Hanneton, *scarabeus.* injure, *levis.*
Hocqueton, casaque, *sagum.* archer, *sagatus apparitor.*
Jeanneton, dim. de Jeanne.
Jetton à compter, *calculus.*

Substantifs masculins.

d'arbres, *surculus*. de mouches, *examen apum*.
Laton, fil de Laton, *filum orichalci*.
Laveton, *decepta carduis lana*.
Leton, *ou* Laiton, *orichalcum*.
Luiton, le même que Lutin.
Marmiton, *mediastinus coculus*.
Miroton, terme de cuisine.
Miton, sorte de mitaine.
Moineton, petit Moine, *monachus juvenis*.
Molleton, *textum lanenm molliculum*.
Molleton, oiseau.
Mouton, *vervex*.
Oeilleton, bouton à côte des racines des artichaux.
Othon, Empereur, *Otho*.
Pâton de soulier, *obstraguli subditium corium*. de graisse, *perpinguis*.
Peloton, petite boule, *globulus*. de fil, de laine, *glomus*. à épingle, *acicularius*. de gens de guerre, *militum manus, turma*. d'une bataille, *pila nuda*.
Peton, *parvus pes*.
Phlegéton, fleuve d'Enfer, *Phlegeton*.
Piéton, *pedes*.
Piton de fer, *clavus ferreus in capite perforatus*.
Platon, Philosophe, *Plato*.
Pluton, Dieu des Enfers, *Pluto*.
Python, serpent, *pytho*.
Raton de pâtisserie, *scriblitula dulciaria*.

Substantifs masculins.

Rejetton au pied d'un arbre, *stolo*. de vieux choux, *cyma*. d'abeille, *examen apum*.
* Rogaton, *reliquiæ*.
Seton, *cauterium in cervice*.
Semiton, *semitonus*.
Sommeton, vieux mot, Sommet, *vertex*.
Teston, *capitatus nummus*.
Teton, *uber*.
Tithon, serpent, *titho*.
Ton, *ou* Thon, *Thunnus*.
Ton, le tien, *tuus, tua, tuum*. de la voix, *sonus*. dans la Musique, *tonus*. lugubre, *vox lugubris*. plaintif, *querula*. grave, *gravis*. ton, qualité du son, *tonus*. demi-ton, *semitonium*. haut & bas, *acutus, sublimis, canorus*. donner le ton, *toni modum præcinere*. celui qui donne le ton, *præcentor*.
Ton, *ou* Taon, grosse mouche, *œstrus*.

v Tond, *tondeo*.
Tonton, dim. de Jeanneton
Toton, jeu, *tessara cuspidata versatilis*.
Toureleton ton-ton, refrain d'une chanson de Benserade.
Triton, Dieu marin, *Trito*.
Truiton, petite truite.
Valeton, vieux mot, enfant.

TRER. *voyez* RER.

TU. & TEU.

Abatu, *percussus*.

substantifs masculins.

Battu, *verberatus.* des yeux battus, *liventes oculi.*
* Cogne-fêtu, *in vanum agens,*
Combatu, *impugnatus.*
Courbatu, cheval courbatu, *equus vehementi anhelitu respirans,*
Débatu, *agitatus.*
Défructu, fig. le reste de la table, *mensæ reliquiæ.*
Fêtu, *festuca.*
Fort-vêtu, *novus homo.*
Francatu, espéce de pomme,
Impromptu, *ex tempore.*
Pigeon patu, *plumipes columbus.*

substantifs masculins.

Pointu, *verutus.*
Rabatu, *deductus.*
Revêtu, *vestitus.*
Sentu, pour Senti, vieux mot.
Têtu, *obstinatus.* poisson de mer ou de riviére, *capito anadromus.*
Teu, de Taire, *tacitus.*
Tortu, *tortuosus.*
Tu, pronom, *tu.*
Vertu, *virtus.* faculté, *-tas.* force, *vis.*
Vertu des plantes, *vires herbarum.*
en Vertu, terme de Palais, *ex, per.*
Vêtu, *vestitus.*

V.

VA.

Calatrava, Ordre militaire.
Java, île, *Java.*
Ichova, nom de Dieu.
Nerva, Empereur.
Sept & le Va, quinze & le Va, terme de jeu, *septem & vadit,*

VERBES.

verb. au prét. ind.

Abreuva, *adaquavit.*
Acheva, *adimplevit.*
Agrava, *aggravavit.*
Approuva, *-obavit.*
Arriva, *accessit.*
Brava, *insultavit.*
Captiva, *captavit.*

verbes au prétérit indéfini.

Cava, *excavavit.*
Conserva, *-vit.*
Créva, *crepuit.*
Cultiva, *coluit.*
Déprava, *-vit.*
Desaprouva, *improbavit.*
Eleva, *-vit.*
Enerva...
Enjoliva, *ornavit.*
Enleva, *abstulit.*
Eprouva, *exploravit.*
Grava, *cœlavit.*
Improuva, *-obavit.*
Innova, *-vit.*
Lava...
Leva, *extulit.*
Mesarriva, *malè accidit.*
Observa, *-vit.*
Préserva, *defendit.*
Priva, *-vit.*

verbes au prét. ind.

Prouva, *-obavit.*
Réserva, *-vit.*
Rêva, *deliravit.*
Sauva, *salvavit.*
Souleva, *sublevavit.*
Va, *vadit.*
Voyez les autres verbes en ver.

U A. dissyllabe.

Gargantua, Géant.
Strenua, Déesse de la vigueur.

VERBES.

verbes au prétérit indéfini.

Atténua, *minuit.*
Attribua, *-uit.*
Continua, *-vit.*
Contribua, *-buit.*
Constitua, *-stituit.*
Dénua, *-nudavit.*
Destitua, *-stituit.*
Diminua, *imminuit.*
Distribua, *-buit.*
Effectua, *effecit.*
Eternua, *sternutavit.*
Evacua, *-vit.*
s'Evertua, *enixus est.*
Habitua, *assuefecit.*
s'Infatua, *opinionem imbibit animo.*
Influa, *-uxit.*
Insinua, *-vit.*
Institua, *-stituit.*
Mua, *mutavit.*
Perpétua, *-vit.*
Prostitua, *-stituit.*
Remua, *movit.*
Restitua, *-stituit.*
Rua, *calcitravit.*

verbes au prét. ind.

Salua, *-utavit.*
Situa, *posuit.*
Sua, *sudavit.*
Substitua, *-stituit.*
Tua, *occidit.*
Voyez les autres verbes en uer.

VANT. UANT. *voyez* ANT.

VAT. *voyez* AT.

UBE.

substantifs masc. & fém.

Bube, *pustula.*
Cube, *ou* quarré, *cubus.*
Danube, fleuve, *-bius.*
Hécube, femme de Priam, *Hecuba.*
Incube, *-bus.*
Jujube, fruit, *ziziphum.*
Succube, *-bus.*
Tube, *ou* Tuyau, *tubus.*

UBLE.

v Affuble, *amicit.*
f Chasuble de Prêtre, *casula.*
a Dissoluble, *-bilis.*
f Ensuble de Tisseran, *textoris succula.*
a Indissoluble, *-bilis.*
a Irrésoluble, *qui solvi nequit.*
a Insoluble, *-bilis.*
a Orruble, vieux mot, *horribilis.*
a Résoluble, terme de Géométrie, *qui solvi potest.*
m Ruble, monnoie de Moscovie.
a Soluble, *-bilis.*

UBRE.

a Lugubre, *-bris.*
a Salubre. . .

UC.

ſubſtantifs maſculins.

Aquéduc, *-ductus.*
Archiduc, dignité, *-dux.*
Balaruc, Bourg de Languedoc, *Balarucum.*
Baruch, Prophéte.
Belbuch, Dieu des Vandales, *-chus.*
Bonduc, plante originaire des deux Indes.
Caduc, *caducus.*
Duc, *Dux.*
Duc, oiſeau nocturne, *bubo.*
Habacuc, Prophére.
Heyduc, *pedes Hungarius.*
Juc, lieu où ſe mettent les poules, *gallinarium.*
Luc, nom d'homme, *Lucas.* oiſeau de S. Luc, fig. un bœuf, *bos.*
Mal-caduc, *morbus herculeus.* épilepſie, *-ſia.*
Stuc, marbre pilé, *albarium marmoratum.*
Zeomebuch, nom du mauvais Génie chez les Vandales.

UCE. USSE. & EUSSE.

f * Aſtuce, fineſſe, *aſtutia.*
f Aumuſſe, *pelliceum & villoſum amiculum.*
m Prépuce, *præputium.*
f Puce, *pulex.*

VERBES.

verbes au ſecond imparfait du ſubjonctif.

Accruſſe, *accreſcerem.*
Aperçuſſe, *perſpicerem.*
Apparuſſe, *apparerem.*
Buſſe, *biberem.*
Chuſſe, *caderem.*
Comparuſſe, *comparerem.*
Compluſſe, *-placerem.*
Concouruſſe, *concurrerem.*
Conçuſſe, *conciperem.*
Connuſſe, *cognoſcerem.*
Cruſſe, de Croire, *crederem.*
Cruſſe de Croître, *creſcerem.*
Déchuſſe, *deciderem.*
Décruſſe, *decreſcerem.*
Deçuſſe, *deciperem.*
Dépluſſe, *diſplicerem.*
Diſcouruſſe, *diſcurrerem.*
Diſparuſſe, *evaneſcerem.*
Eluſſe, *eligerem.*
Emûſſe, *emoverem.*
Encouruſſe, *incurrerem.*
Epuce, *pulices diſcutio.*
j'Euſſe, d'Etre, *eſſem.*
j'Euſſe, d'Avoir, *haberem.*
Fuſſe, *eſſem.*
Imbuſſe, *imbuerem.*
Luſſe, de Lire, *legerem.*
Méconnuſſe, *ignorarem.*
Mouruſſe, *morerer.*
Mûſſe, *moverem.*
Parcouruſſe, *percurrerem.*
Paruſſe, *parerem.*
Pluſſe, *placerem.*
Puſſe, de Paître, *paſcerem.*
Puſſe, de Pouvoir, *poſſem.*
Prévaluſſe, *prævalerem.*
Reçuſſe, *reciperem.*
Réſoluſſe, *reſolverem.*
Sçuſſe, *ſcirem.*

verbes, &c.

Suce, de Sucer, *sugerem.*
Tusse, de Taire, *tacerem.*
Valusse, *valerem.*
Voulusse, *vellem.*

UCHE. long.

f Bûche, *caudex.* lourdaut, *stipes.*
f Embûche, *insidia.*

UCHE. bref.

substantifs feminins.

Autruche, oiseau, *struthio-camelus.* estomach d'autruche, *stomachus struthio-camelinus.*
Coqueluche, mal, *cuculus morbus.*
Cruche, *hydria.*
* Cruche, idiot, *stultus.*
v Epluche, *seligo.*
Fanfreluche, *nugæ.*
Freluche, *pannicula.*
Guenuche, *simia.*
Huche, *mactra.*
Peluche, *villosa pellis.*
v Trebuche, *laborat.*

UCRE.

m Lucre, *lucrum.*
m Sucre, *saccharum.*
m un pain de Sucre, *sacchari meta.*

UD.

sub. & adj. n. as.

Bogud, nom propre.
Flud, Philosophe, *-dius.*
Sud, au midi, *auster.*
Talmud des Juifs, *-dium.*
Talud, *propes, in talum exiens projectio.*

UDE.

substantifs feminins.

Amplitude, terme d'Astronomie, *-do.*
Aptitude, *-do.*
Arctitude, terme d'Anatomie, étrecissement, *-do.*
Attitude, terme de Peinture, *situs, positio.*
Béatitude, *-do.*
Bude, ville, *-da.*
Celsitude, ancien titre de dignités.
Certitude, *-tudo.*
Décrépitude, *senecta.*
v Elude, d'Eluder, *eludo.*
Etude, cabinet, *museum.* sçavoir, *scientia.* soin, *cura*, *studium.* au plur. les sciences, *studia litterarum.*
Exactitude, *accuratio.*
Gratitude, *-do.*
Habitude. . .
Incertitude. . .
Ingratitude, *ingrati animi vitium.*
Inquiétude, *angor.*
Latitude, *-do.*
Longitude. . .
* Mansuétude, *-do, lenitas.*
Multitude, *-do.*
Plénitude. . .
Prélude, *præludium.*
Promptitude, *-do.*
a Prude, *prudens.*
Quiétude, *quies.* oraison de quiétude, *oratio quieta.*
Rectitude, *rectum*, vel *integritas.*
a Rude, *rudis*

Substantifs feminins.

Servitude, *servitus.* sujétion d'héritage, *servitus*, *subjectio.*
Similitude, *-do.*
Solitude...
Sollicitude...
Turpitude...
Vicissitude...

VÉ. monosyllabe.

Substantifs & adjectifs masculins.

Avé, priére, *ave.* un instant, *instanti temporis.*
Civé, terme de cuisine, *cepolla.*
Dépravé, *-vatus.*
Douvé; il se dit du foie des animaux qui est altéré, *corruptus.*
Lessivé, *lexivio lotus.*
pain Levé, *panis fermentatus.*
à-cu-Levé, *ludi species.*
Oeuvé, *ovatus.*
Pavé, *pavimentum.* un batteur de pavé, *errabundus.*
Privé, domestique, un canard privé, &c. *cicur.*
Privé, particulier, *privatus*, *particularis.*
conseil Privé, *consilium sanctius.*
Privé, garderobe, *forica.*
un Salvé, *salutatio.*
Senevé, plante, *sinapi.*
Sens réprouvé, *sensus reprobus.*
enfant Trouvé, *infans expositus.*
Vé, v. m. pour Vrai, *verus.*

VERBES.

Verbes au prétérit & part. mascul.

Abbreuvé, *adaquatus.*
Accouvé, v. m. *alsiosus, iners.*
Achevé, *absolutus.*
Aggravé, *-vatus.*
Approuvé, *-obatus.*
Arrivé, *qui advenit.*
Bravé, *ferociùs insultatus.*
Captivé, *captatus.*
Cavé, *-vatus.*
Conservé...
Crevé, *disruptus.*
Cultivé, *cultus.*
Dépravé, *-vatus.*
Desapprouvé, *improbatus.*
Elevé, *-vatus.*
Emblavé, *seminatus.*
Enervé, *-vatus.*
Enjolivé, *ornatus.*
Elevé, *raptus.*
Entravé, *compedatus.*
Eprouvé, *probatus.*
Esquivé, *vitatus.*
Gravé, *cœlatus.*
Grevé, *læsus.*
Involvé, embrouillé, *intricatus.*
Lavé, *lotus.*
Levé, *levatus.*
Observé, *-vatus.*
Préservé, *ab aliquo malo propulsus*, *servatus.*
Privé, *-vatus.*
Prouvé, *probatus.*
Réprouvé, *-obatus.*
Réservé, *-vatus.*
Sauvé, *salvatus.*
Soulevé, *sublevatus.*
Trouvé, *inventus.*
Voyez les autres verbes en ver.

UÉ. dissyllabe.

m Gradué, *gradum adeptus.*

m Joſué, *Joſue.*

verbes au prét. & part. maſcul.

V E R B E S.

Atténué, *-nuatus.*
Attribué, *-butus.*
Conſpué, *-putus.*
Conſtitué, *-tutus.*
Continué, *-nuatus.*
Contribué, *impertitus.*
Dénué, *denudatus.*
Deshabitué, *inaſſuefactus.*
Deſinfatué, *ſtoliditate liberatus.*
Deſtitué, *-ſtitutus.*
Diminué, *-nutus.*
Diſtribué, *-butus.*
Effectué, *effectus.*
Eternué, *qui ſternutavit.*
Evacué, *-uatus.*
Exténué...
Habitué, *aſſuefactus.*
Infatué, *-tuatus.*
Influé, *influxus.*
Inſinué, *-nuatus.*
Inſtitué, *-ſtitutus.*
Mué, *mutatus.*
Perpétué, *æternitati mandatus.*
Pollué, *-lutus.*
Ponctué, *punctis diſtinctus.*
Proſtitué, *-tutus.*
Remué, *motus.*
Reſtitué, *-tutus.*
Rué, *jactus.*
Salué, *-utatus.*
Situé, *ſitus.*
Subſtitué, *-ſtitutus.*
Sué, *ſudatus.*
Tué, *occiſus.*
Voyez les autres verbes en uer.

ſubſtantifs & adjectifs féminins.

UE. diſſyllabe.

Abbatue, terme d'Architecture.
Abſolue, *-luta.*
Anchue, terme de Manufacture, *ſubtegmen.*
Avenue d'arbres, *acceſſus arboribus conſitus.*
Barbue, poiſſon, *rhombus levis.* ſarment avec ſa racine, *viviradix.*
Baſſe-continue, *baſſus continuus.*
Battue, *præda diverberandis dumis per ſtrepitum elicita.*
Berlue, *caligo.* avoir la berlue, *caligare.*
Beſaigue, *bipennis.*
Bévûe, *erratum.* faire une bévûe, *errare.*
Boſſue, *gibba.*
Charrue pour labourer, *aratrum.* ſon manche, *ſtiva.* ſon ſoc, *vomer.*
Chenue, vieille, *cana.*
Ciguë, herbe, *cicuta.*
baſſe-Continue, *baſſus continuus.*
fiévre Continue, *febris continua.*
à la Continue, *continuò.*
Coqueſigrue, poiſſon, *clyſter.* chimère, *-mæra.*
Cornue, *-nuta.* à diſtiller, *ampulla cornuta.*
ſoie Crûe, *bombyx cruda.*
Crûe de riviére, *accretio.*
* Déconvenue, *infortunium.*
Diſſolue, *-luta.*

Substantifs & adjectifs feminins.

Entrevûe, *congressus.*
Etendue, *extensio.*
Feuillue, *frondosa.*
Goulue, *gulosa.*
Grue, oiseau, *grus.* niais, *bardus.* pour élever des fardeaux, *grus tractatoria.*
heure Indue, *hora indebita, intempestivè.*
Imbûe, *-buta.*
Jouflue, *malis turgidis & crassis.*
Irrésolue, *dubia, anceps.*
Issue, succès, *successus.* sortie des maisons, *exitus.* entrée de table, *promulsis.*
Laitue, herbe, *lactuca.*
Maintenue, *justa possessio.*
Massue, *clava.* coup de massue, *clavæ ictus.*
Menstrue, terme de Chirurgie, *menstrua.* au plur. sang menstruel, *menses, menstrua.*
Morue, *morua.*
Mue d'oiseau, *saginarium.* de serpent, *vernatio.* du cerf, *cervi mutatio.* mettre en mue, *in saginario includere.*
Nue, nuage, *nubes.*
Pelue, *villosa.*
sentinelle Perdue, *hostibus proximus vigil.*
Recrue, *auctio.* faire une recrue, *supplementum militum scribere.* les envoyer, *incrementa mittere.* recrue de subsides, *vectigalium accessio.*
Repue, repas, *mensa.*
* franche-Repue, *pastus gratuitus.*

Substantifs & adjectifs feminins.

femme Résolue, *virago.*
Retenue, modération, *-io.* qui n'en a point, *intemperans.* réservation, *-tio.* modestie, *-tia.* pudeur, *pudor.* qui a de la retenue, *moderatus.* avec retenue, *moderatè.* sans retenue, *immoderatè.*
Revûe d'un procès, *revisio.* d'une armée, *exercitûs recensio.*
Rûe de Ville, *vicus.*
Rue, herbe, *ruta.*
Sangsûe, *sanguisuga.* Maltotier, *hirudo.*
Statue, *statua.* simulacre, *-crum.* au naturel, *iconica.* d'une grandeur extraordinaire, *colossea.* équestre, *-stris.* pédestre, *-stris.* de bronze, *ex ære.* bien faite, *spirans.* petite, *sigillum.* dresser une statue, *collocare statuam.* la faire en bronze, *ducere statuam ex ære.*
Superflue, *-flua.*
Tenue, changé, *ordo, series.* d'une tenue, *continenti serie.* possession, *-io.* des Etats, *comitiorum celebratio.* de l'ancre au fond de la mer, *arrepta in fundo terræ portio ab anchora.*
Touffue, *densa.*
Tortue, animal, *testudo.* terme de guerre des Romains, *testudo.*
Tue, tue, *macta, macta.*
Venue, *adventus.*

ſubſtantifs & adjectifs feminins.

bien-Venue, *fauſtus adventus.* repas, *adventitium epulum.*
* tout d'une Venue, *continuò.*
Vermoulue, *carioſa.*
Verrue, poreau, *verruca.*
Vûe, *viſus.* à ma vûe, *me vidente.* aſpect, *-us.* inſpection, *-tio.* intention, intention, *-tio.* deſſein, *conſilium.* point de vûe, *punctum viſionis.* baſſe-vûe, *myopia.* qui a la vûe baſſe, *myops.* à perte de vûe, *ad aſpectum immenſum.* hors la vûe, *procul à conſpectu.* à vûe d'œil, *oculorum judicio.*

VERBES.

verbes au préſent & participe feminins.

Attendue, *expectata.*
Atrribue, *-buit.*
Bue, de Boire, *quam bibit aliquis.*
Confondue, *confuſa.*
Contribue, *-buit.*
Conſtitue, *-tuo.*
Continue, *-nua.*
Crûe, de Croire, *credita.*
Crue, de Croître, *aucta.*
Défendue, *tuta.*
Dépendue, *demiſſa.*
Deshabitue, *deſuefacio.*
Deſtitue, *-tuo.*
Détendue, *laxata.*
Diſtribue, *-buit.*
Effectue, *efficio.*
Elue, *electa.*
Emoulue, *acuata.*
Entendue, *audita.*
Etendue, *extenſa.*

verbes au préſent & participe feminins.

Evertue, *conor.*
Fendue, *fiſſa.*
Fondue, *fuſa.*
Habitue, *aſſuefacio.*
Infatue, *-tuo.*
Inſtitue...
Mordue, *admorſa.*
Morfondue, *frigore rigens.*
Moulue, *molita.*
Pendue, *ſuſpenſa.*
Pollue, *-luta.*
Prétendue, *pratenſa.*
Proſtitue, *-tituo.*
Pue, de Puer, *fœtens.*
Rendue, *reddita.*
Réſolue, *-luta,* *ſtatuta,* *certa.*
Rue, de Ruer, *calcitrans.*
Sous-entendue, *ſubaudita.*
Subſtitue, *-tuo.*
Survendue, *cariùs vendita.*
Suſpendue, *ſuſpenſa.*
Tendue, *tenſa.*
Tondue, *tonſa.*
Tue, *occîdo.*
Vendue, *vendita.*
Venue, *qua venit.*

Plus les féminins des noms & des participes en u *& en* eu : boſſue, émue.

EAU. *voyez* AU.

VÉE. diſſyllabe.

m Abat-chauvée, ſorte de laine, *lana vilis.*
f Arrivée, *adventus.* d'arrivée, *in ipſo adventu.*
f Carpe œuvée, *carpio ovis farta,*
f Cavée, *via cava.*

substantifs & adjectifs féminins.

Corvée, *opera vectigalis.*
Couvée, *pullatio.*
Cuvée, *labrum plenum.*
Etuvée, *pulmentum.*
Havée, *havagium.*
Levée, digue, *agger.* avancée dans l'eau, *moles.* de deniers, *coactio argentaria.* de gens de guerre, *militum delectus.* faire des levées, *milites colligere.* levée de bouclier, *ab obsidione discessio.* d'un siége, *soluta obsidio.* du Parlement, *à curia discessio.*
Main-levée, faire *ou* donner main-levée, *manum tollere caduci juris.*
Navée, vieux mot, *navis onus.*
Privée, domestique, *domestica.* familiére, *-liaris.*
* de Relevée, le soir, *serò.*
Travée, *intertignium.*
Tunique uvée, *tunica uvea.*
Voyez les participes féminins des verbes en ver : levée.

UEE. trissyllabe.

substantifs féminins.

Huée, *vociferatio.*
Nuée, *nubes.*
Rente constituée, *reditus constitutus.*
Suée, *sudor, trepidatio.*
Prostituée, *-stituta.*
Plus les participes féminins des verbes en uer : attribuée, *-uta.* tuée, *occisa.*

VER. monosyllabe.

verbes à l'infinitif.

Abreuver, *irrigare.* mouiller, *intingere.* remplir, *inficere.* s'abreuver d'une opinion, *opinione infici.*
Achever, *absolvere.* terminer, *-nare.* finir, *-ire.* mettre à chef, *perficere.* mettre à fin, *conficere.* conclure, *-udere.* son somme, *perdormiscere.* sa tâche, *pensum absolvere.* sa vie, *vitam peragere.* de mûrir, *permaturescere.* de payer, *persolvere.* perfectionner, *perficere.*
Aggraver, *-vare.*
Approuver, *-obare.* louer, *laudare.*
Arcuer, *in arcum inflectere.*
Arriver, *adventare.* venir, *-ire.* devenir, *-ire.* parvenir, *pervenire.* atteindre, *attingere.* par mer, *appellere.* écheoir, *advenire, contingere.* par hazard, *casû evenire.*
Aviver, terme de Doreur.
Baguer, *sponsa annulum offerre.*
Baver, *stillare pituitam.*
Braver, *contemptim insultare.*
Captiver, *-vare.* tenir court, *nullam licentiam dare.* prendre, *capere.* retenir, *detinere.* serrer de près, *arctè contenteque habere.* les volontés, *voluntates captare.* assujettir, *submittere.* contraindre, *cogere.*
Caver, creuser, *excavare.* terme de jeu, *cavare.*
Conniver, *-ere.* dissimuler, *-lare.*

Conſerver, *-vare.* garder, *tueri.* ſa ſanté, *valetudinem curare.* ſe conſerver, *ſaluti conſulere.*

Conſpuer, *conſpuere.*

Controuver, *confingere.* inventer une fauſſeté, *comminiſci.*

Crever, rompre, *diſrumpere.* ſe fendre, *diſſilire.* les yeux, *effodere oculos.* de dépit, *ſe diſrumpere.* dans ſes panneaux, *rumpi ad ilia.*

ſe Crever, *diſrumpi.* à force de manger, *cibis ſe ingurgitare.*

Cultiver, *colere.* avec ſoin, *excolere.* orner, *-nare.*

Cuver, bouillir, *effervescere.* s'écumer, *ſpumare.* laiſſer cuver, *ſinere vinum effervescere.* cuver ſon vin, *vinum obdormiſcere.* l'exhaler, *exhalare.*

Délaver, *diluere.*

Dépaver, *ſilices avellere.*

Dépraver, *-vare.* corrompre, *-rumpere.*

Dériver un mot d'un autre, *verbum ab altero deducere.* ce qui eſt arrivé, *clavum retuſum ſubrigere.* une choſe d'une autre, *derivare.* des ruiſſeaux par la plaine, *rivos in planitiem deducere.*

Déſapprouver, *improbare.* ne pas prouver, *non probare.*

Echever, vieux mot, *effugere.*

Elever en haut, *attollere.* bâtir, *erigere.* dreſſer, *ſtatuere.* poſer, *ponere.* la voix, *vocem attollere.* quel qu'un aux honneurs, *provehere ad honores.* exciter, *-tare.* des enfans, *educare pueros.* nourrir, *nutrire.* inſtruire, *docere.*

s'Elever de la poſſiére, *humo ſe tollere.* hauſſer la tête, *caput erigere.* par ſon ſçavoir, *ſtudiis procedere.* parvenir aux honneurs, *ad honores pervenire.* s'agrandir, *creſcere.*

Emblaver, *ſeminare.*

Encaver, *in cellam demittere.*

Enclaver, *includere.*

Encuver, mettre dans la cuve, *in labrum ponere.*

* Endêver, *ringi.* faire endêver, *urere aliquem.*

Enerver, *-vare.* affoiblir, *debilitare.*

Engraver, s'enſabler, *adhæreſcere arenæ.*

Enjoliver, *ornare.*

Enlever en haut, *ſurſum attollere.* emporter, *auferre.* ravir, *rapere.* arracher, *eripere.* tranſporter, *tranſferre.* d'admiration, *commovere admiratione.*

Entraver un cheval, *equo compedes induere.*

Eprouver, *explorare.* expérimenter, *experiri.* tenter, *-tare.* une arme, *probare.* ſentir, *-tire.*

Etuver, *aquâ vel alio liquore fovere.*

Eſquiver, *effugere.* éviter, *-tare.* fuir, *fugere.* éluder,

-*ere.* le coup en se détournant, *corporis declinatione ictum declinare.*

s'Esquiver, *evadere.* faire esquiver quelqu'un, *dare fugam alicui.*

Estriver, vieux mot, *contendere.*

Graver, *cœlare.*

Grever, maltraiter, *malè excipere.*

Grever, terme de Jurisprudence, charger.

Griever, vieux mot, *molestare.*

Improuver, -*obare.* condamner, *condemnare.*

Innover, -*vare.* introduire, *introducere.* de nouvelles coutumes, *novos mores inducere.*

Invectiver, *invehi in.*

Laver, *lavare.*

Lessiver, *lixivium coquere.* laver, *lixivio eluere.* laver avec de la lessive; *lixivio lavare.*

Lever, -*vare.* un fardeau, *onus extollere.* en haut, *in sublime levare.* la main, *manum extollere.* la lever sur quelqu'un, *intentare alicui ictus.* la tête, *caput efferre.* boutique, *officinam instruere.* des troupes, *milites conscribere.* le siége de devant une ville, *obsidionem solvere.* faire lever le siége, *obsidione liberare.* le gibier, *è latibulis ferum excitare.* la pâte, *fermentare.* le masque, *prodere se in publicum.* recueillir, *cogere.* desservir la table, *efferre.* les doutes, *dubia tollere.* de la marchandise, *merces eximere.* un enfant, *puerum levare.*

se Lever du lit, *surgere è lecto.* étant courbé, *erigere se.* par honneur à, *assurgere.* être debout, *stare.*

Lever, s. m. *surrectio.* du soleil, *solis ortus.*

Mesarriver, *malè accidere.*

Morver, *mucum contrahere.*

Mouver, terme de Jardinier, *fodere.*

Nerver (un livre) terme de Relieur, *nervos quosdam in librorum dorso exprimere.*

Observer, -*vare.* garder, *custodire.* tenir, *tenere.* contempler, -*lari.* le mouvement des astres, *astra speculari.*

Over, vieux verbe, *audire.*

* Parachever, *perficere.*

Paver, *pavimentare.* les rues, *plateas lapidibus sternere.*

Préserver, *servare.* défendre, -*dere.* garder, *servare.*

Priver, -*vare.* dénuer, *orbare.* dépouiller, *spoliare.* quelqu'un de sa Charge, *abrogare alicui magistratum.* de la dignité, *dignitatem detrahere.* se priver de, *abstinere à.*

Prouver, *probare.* confirmer, -*mare.* ensemble, *comprobare.*

Réaggraver, *iterùm aggravare.*

Relever, *-vare.* ce qui est tombé, *erigere.* se lever davantage, *attollere.* le courage, *animos addere.* un courage abbatu, *animum abjectum excitare.* un affligé, *afflictum erigere.* de maladie, *convalescere.* de ses couches, *è puerperio exurgere.* donner de l'éclat, *splendorem addere.* le goût, *saporem acuere.* par des louanges, *laudibus efferre.* de peine, *curâ eximere.* reprendre, *redarguere.* mettre au même état, *in integrum restituere.* des fins de non recevoir, *actionem restituere.* de son serment, *jurisjurandi religione solvere.* un appel, *justam provocationem rectè atque ordine peragere.* un mineur, *ob defectum ætatis minorem in integrum restituere.* de quelqu'un, être son vassal, *ab aliquo fundum beneficiarium habere.*

se Relever du lit, *è lecto surgere.* hausser la tête, *caput extollere.*

Repaver, *iterùm silicibus sternere.*

Réprouver, *-obare.* rejetter, *rejicere.*

Réserver, *-vare.* mettre en réserve, *recondere.* mettre à part, *seponere.* excepter, *excipere.*

se Réserver, *se servare.*

Retrouver, *iterùm invenire.*

Rêver en dormant, *somniare.* à quelque chose, *de re cum animo cogitare.* méditer, *-tari.* radoter, *delirare.*

River un clou, *clavo cuspidem retundere.* réprimer, *retundere.*

Saliver, *salivam emittere.*

Sauver quelqu'un, *servare.* tirer d'un danger, *periculo eripere.* procurer le salut, *salutem procurare.* sa conduite, la justifier, *agendi rationem probare.* le dehors, les apparences, *speciem dare.* son honneur, *honori suo consulere.*

se Sauver, faire son salut, *æternam sibi procurare salutem.* s'enfuir, *fugere.* d'un péril, *è periculo evadere.*

Soulever, lever par dessous, *sublevare.* en haut, *sustollere.*

se Soulever, se révolter, *deficere.* contre son Prince, *se contra Principem commovere.* soulever le Peuple, *seditionem commovere.*

Suiver, induire de suif, *sabo illinire.*

Trouver, *reperire.* inventer, *invenire.* à force de chercher, *excogitare.* par hazard, *casu adinvenire.* aller trouver, *adire.* trouver, sembler, *videri.* bon, *probari.* à dire ou de manque, *desiderare.*

ſe Trouver en un lieu, *adeſſe.* dans un feſtin, *convivio intereſſe.* mal, *graviter ſe habere.* en peine, *angi, ſollicitum eſſe de.*

UER. diſſyllabe.

Abluer, *-ere.*
Accentuer, *accentu notare.*
Affluer, *-ere.*
Arguer, *in arcum flectere.*
Atténuer, *-nuare.*
Attribuer, *-ere.* donner, *dare*
s'Attribuer, *ſibi tribuere.* la gloire d'autrui, *gloriam alienam in ſe tranſmovere.*
Bafouer, *contumeliis vexare.*
Boſſuer, *tubera excitare.*
Commuer, *-utare.*
Conſtituer, *-ere.*
Continuer, *-nuare.*
Contribuer, *-ere.*
Décruer, *lixiviam facere.*
Dégluer, *deglutinare.*
Dénuer, *denudare.*
ſe Deshabituer, *conſuetudinem mutare.*
Deſtituer, *-ere.*
Diminuer...
Diſcontinuer, *intermittere.* interrompre, *-rumpere.* parler ſans diſcontinuer, *verba perpetuare.*
Diſtribuer, *-ere.*
Effectuer, *efficere.*
Engluer, *inglutinare.*
Eternuer, *ſternutare.*
Evacuer, *-cuare.*
Evaluer, *æſtimare.*
s'Evertuer, *conari.*
Exténuer, *-nuare.*

verbes à l'infinitif.

Fluer, terme de Chirurgien, *fluere.*
Gluer, *glutinare.*
Habituer, *aſſuefacere.* s'habituer, *aſſueſcere.* enſemble, *conſueſcere.* à la vertu, *virtutis ſtudium imbibere.* en quelque lieu, *alicubi ſedes & domicilium collocare.*
Huer, *clamoribus & ſibilis inſequi.*
Infatuer, *-tuare.*
Influer, *-ere.*
Inſinuer, *-uare.*
Inſtituer, *-ere.*
Muer, *mutare.* changer de plume, *vernationem pati.* de plume, de poil, *plumam aut pilos inſtaurare.*
Nuer, *umbrare.*
Perpétuer, *-tuare.*
Pertuer, vieux mot, *perforare.*
Polluer, *-ere.*
Ponctuer, marquer les Chanoines abſens, *punctuare.*
Proſtituer, *-ere.*
Rédarguer...
Refluer...
Remuer, *movere.* agiter, *-tare.* un enfant, *puerum curare.* la paſſion, l'exciter, *affectum movere.* troubler un Etat, *rempublicam movere.* troubler, *turbare.*
Reſtituer, *-ere.*
Reſuer, *iterùm ſudare.*
Ruer des pieds, *recalcitrare.* jetter des pierres, *jacere lapides.* ſe ruer ſur quelqu'un, *in aliquem irruere.*

verbes à l'infinitif.

Saluer, *-utare.*
Situer, *locare.*
Statuer, *-ere.*
Substituer. . .
Suer, *sudare.*
Tortuer, *torquere.*
Transmuer, *-utare.*
Tuer, *occidere.* éteindre, *extinguere.*
Tumultuer, vieux mot, *tumultuari.*

VERT. UET. *voyez* ET.

VEUX. UEUX. *voyez* EUX.

U F.

Tuf, *tofus.* de tuf, *tofinus.*

U F E.

a Tartufe, faux dévot, *ou* hypocrite, *-fus.*
f Trufe, *ou* Trufle, *tuber.*

U F L E.

substantifs masculins.

Bufle, animal, *urus.*
* Bufle, lourdaut, *stupidus.* collet de Bufle, *collare bubalinum.*
Mufle, *rostrum.*
Panufle, *crepida.*
Trufle, *ou* Trufe, *tuber.*

U G E.

v Adjuge, *adjudico.*
a Axifuge, terme de Géométrie, *-gus.*
m Bruge, ville, *Brugæ.* de Bruge, *Brugensis.*

substantifs masculins.

Déluge, *diluvium.*
Fébrifuge, remède contre la fiévre, *-ga.*
Grabuge, querelle, *rixa.*
Gruge, verbe, *mando.*
Juge, *judex.* bon juge & bon connoisseur, *æquus rerum judex* vel *æstimator.* intégre, *integer.* incorruptible, *incorruptus.* civil, *civilium rerum.* criminel, *rerum capitalium prætor*, vel *quæsitor.* souverain, *supremus judex.* prendre pour juge, *judicem sumere de.* faire l'office de juge, *judicium exercere.* être juge, *sedere ad judicium.*
v Juge, *judico.*

U G N E.

v Impugne, *impugno.*
v Répugne, *-gno.*

U G U E.

v Conjugue, *-go.*
f Fugue, piéce de Musique, *fuga.*
m Hugue, nom, *Hugo.*
v Subjugue, *subigo.*

V I.

subst. masculins.

Allouvi, *famelicus.*
Chenevi, *granum Canabinum.*
Envi, terme de jeu, *æmulatio.*
Envi, vieux mot, *invitus.*

m à l'Envi, *certatim.*
m Pavi, ou Pavie, *Patavium.*

VERBES.

verbes à l'imp. & au prétérit.

Asservi, *in servitutem asserui.*
Assouvi, *satiavi.*
Desservi, *offendi.*
Poursuivi, *persecutus.*
Ravi, *rape.*
Savy, vieux mot, Sage, *sapiens.*
Servi, *servivi.*
Suivi, *secutus.*
Survi, *superstes esto.*
Vi, *vive.*

UI. dissyllabe.

substantifs masculins.

Appui, *fulcrum.* soutien, *fulcimen.* protecteur, *-tor.*
Aujourd'hui, adv. *hodie.*
Autrui, *alius, alia, aliud.*
Celui, *is, ea, id.*
Ennui, dégoût, *tædium.* nausée, *fastidium.* fâcherie, chagrin, *molestia.* causer de l'ennui, *tædium afferre.* du dégoût, *fastidium creare.* prendre de l'ennui, du chagrin, *molestiam suscipere.*
Essui-main, *manutergium.* terme de Courroyeur, lieu où l'on fait sécher le cuir tanné, *corii exsiccatorium.*
Etui, *theca.*
Glui, vieux mot, *palea.*
* Hui, dans Hui, *hodie.*
Lui, *ille, illa, illud.*
Meshui, *hoc ipso die.*
Mui, ou Muid, *modius.*
demi-muid, *semimodius.*
m Refui, vieux mot, *perfugium.*

VERBES.

verbes à l'impératif.

Condui, *-duc.*
Construi, *instrue.*
Cui, *coque.*
Détrui, *destrue.*
Endui, *illini.*
Fui, *fuge.*
Indui, *induc.*
Instrui, *instrue.*
Introdui, *-duc.*
Nui, *noce.*
Poursui, *persequere.*
Produi, *produc.*
Rédui, *reduc.*
Sédui, *seduc.*
Sui, *sequere.*
Tradui, *traduc.*

Voyez les autres verbes en uire.

UIA. & UYA.

Alléluya.
m Alleluya, fleur, *trifolium acetosum.*

verbes.

Appuya, *fulsit.*
Ennuya, *tædium creavit.*
Essuya, *tersit.*

Voyez les autres verbes en uier.

VIE.

substantifs fém.

Bivie, Déesse, *-via.*
Convie, verbe, *invita.*
Cracovie, ville, *-via.*
Eau-de-vie, *vinum igne vaporatum.*
Envie, *invidia.*

v substantifs féminins.

Envie, *invide.*
Envie, terme de Médecine, *nævus.*
Moldavie, pays, *-via.*
Moſcovie, pays...
Obvie...
Pavie, *ou* Pavi, fruit, ſorte de pêche, *perſicum duracinum.*
Pavie, ville, *Patuvia.*
Sigovie, ville, *-via.*
pain de Sigovie, *panis Sigovinus.*
Silvie, couleur, *coloris ſpecies.*
Survie, *vita ſuperſtes.*
Sylvie, nom, *-via.*
Varſovie, ville...
Vie, *vita.* divine, *-na.* angélique, *-ica.* raiſonnable, *rationabilis.* ſenſitive, *-va.* végétative, *-va.* intellectuelle, *-ualis.* longue, *-ga.* courte, *brevis.* diſſipée, *diſſipata.* débauchée, *diſſoluta.* illuſtre, *-ſtris.* le temps de la vie, *ætas.* le cours de la vie, *curſus vitæ.* fin de la vie, *ætatis flexus.* être en vie, *vivere.* jouir de la vie, *vitâ frui.* plein de vie, *vivax.* qui a plus de vie, *vivacior.* longueur de vie, *vivacitas.* prendre vie, *naſci.* la perdre, *mori.* l'ôter, *vitam adimere.* la redonner, *revocare ad vitam.* donner la vie, *gignere.* à ſon ennemi, *hoſtem incolumem dimittere.* ſur peine de la vie, *ſub capitis pœna.*

ſubſtantifs féminins.

Vie, aliment, *cibus, alimentum.* faire la vie, *epulari.* faire bonne vie, *totum eſſe in comeſſationibus.* mener une pauvre vie, *parcè ac duriter vitam agere.* gagner ſa vie par le travail, *labore vitam tolerare.* mendier ſa vie, *mendicare.* demander ſa vie, *victum quærere.*
Vie, contentement, *deliciæ.* plaiſir, *voluptas.* amour, *amor.* la lecture, la priére, &c. ſont ma vie, *ſtudio, litteris, oratione, &c. delector.*
Vie, maniére de vivre, de ſe gouverner, *vitæ ratio.* homme de bonne vie, *homo frugi.* d'une vie intégre, *integer ſceleriſque purus.*
Vie, ſanté, *ſalus, ſanitas.* remettre en vie, *ſaluti reddere.* ſauver ſa vie, *ſaluti conſulere.* qui eſt ſans vie, *exanimis.* qui eſt preſque ſans vie, *ſemianimis.*
Vie, action, *facta.* écrire la vie de quelqu'un, *facta alicujus illuſtrare.*

Plus les pluriels des verbes ravir, ſuivre, pourſuivre: ravie, ſuivie, pourſuivie.

UIE.

Buie, *hydria.*
Fuie, colombier, *columbarium minus.*

substant. fém. m

Ouie, *auditus.* bonne, *solers.* qui a l'ouie dure, *surdaster.*
Ouie de poissons, au plur. *brachia.*
Parapluie, *umbella.*
Pluie, *-uvia, imber.* forte, eau de pluie, *aqua pluviatilis.* vent de pluie, *ventus pluvius.* qui apporte la pluie, *imbrifer.* durant la pluie, *per imbrem.*
Pluie, sorte d'étoffe.
Suie de cheminée, *fuligo.*
Truie, *scropha.* injure, une femme trop grasse, *mulier obœsa.*

VERBES.

prés. de l'ind. &c.

Appuie, *fulciam.*
Desennuie, *tædiam levem.*
Enfuie, *effugiam.*
Ennuie, *tædeat te.*
Essuie, *tergam.*
Fuie, *fugiam.*

UIE. ou plûtôt UYÉ.

participes masculins & fém.

Appuyé, *fultus.*
Desennuyé, *tædio levatus.*
Ennuyé, *tædio affectus.*
Essuyé, *tersus.*

UIEE. ou plûtôt UYÉE.

Appuyée, *suffulta.*
Desennuyée, *tædio levata.*
Ennuyée, *tædio affecta.*
Essuyée, *tersa.*

VIER. UIER. *voyez* IER.

VIN. *voyez* IN.

VIR. *voyez* IR.

VIR. UIR. *voyez* IR.

UIRE. *voyez* IRE.

VIS. UIS. *voyez* IS.

VIT. UIT. UIST. *voyez* IT.

UL.

substantifs masculins.

Accul, fond des terriers, *specuum extrema fundula.*
Archiconsul.
Calcul, *-lus.* supputation, *-tio.*
Calcul, maladie, *-lus.*
Cassecul, chûte.
Consul, Juge des Marchands, *Consul, mercatorum Judex.*
Consul Romain, *Romanus Consul.*
Cul, *ou* Cu, *culus, podex.* fesses, *nates.* culasse, fond, *fundum.*
Coupe-cul, terme de jeu.
Léve-cul, terme de Joueur.
Nul, *nullus, la, lum.*
Phul, Roi des Assyriens, *-lus.*
Pousse-cul, *satelles.*
Proconsul, *Proconsul.*
Recul du canon, *tormenti recessus.*
Tape-cul, partie d'une bascule, *anthliæ pars extrema.* Item: poche que portent les Capucins.
Vice-consul.

ULBE.

f Bulbe, *-bus.* oignon de plante, *bulbosa radix.*

ULCE. & ULSE.

v * Compulse, *compello.*
v * Expulse, *expello.*

ULCRE.

m Sépulchre, *-chrum.* tombeau, *tumulus.* monument, *-um.* mettre dans le sépulchre, *mortuum humare.* de sépulchre, *sepulchralis.* lieu plein de sépulchres, *sepulchretum.* faire un sépulchre, *sepulchrum extruere.* mis au sépulchre, *humatus.* sépulchre honoraire, *cœnotaphium.*

ULGUE.

v il Divulgue, *-gat.*

ULE. long.

v il Brûle, *incendit.*

ULE. bref.

subst. masc. &c.

Adminicule, *-lum.*
Animalcule...
Atabule, vent, *-ulus.*
Bacule, croupiére, *postilena.*
Bajule, Officier Grec, *-ulus.*
Bascule, *anthlia.*

substantifs masculins & feminins.

Bulle, *-la.*
Camaldule, Ordre de Religieux, *-lus.*
Campanule, plante, *-la.*
Canicule...
Cannule, *tubulus.*
Capsule, *-ula.*
Caroncule, *caruncula.*
Catulle, Poëte Latin, *-ullus.*
Cédule, *syngrapha.*
Cellule, *-la.*
Cicatricule...
Clavicule...
Conciliabule, *-lum.*
Conventicule...
Copule, terme de Logique, *copula.*
Corpuscule, *-lum.*
Crapule, *-la.*
a Crédule, *-lus.*
Crépuscule, *-lum.*
Cuculle, *-ullus.*
Curule, *-ulis.*
Emule, *æmulus.*
Entitatule, petite entité, *-ula.*
Espatule, plante, *ciris.*
Facule, *-ula.*
Fécule, au plur. *-ulæ.*
Férule, *-la.*
Fistule...
Formule...
Funambule, danseur de cordes, *-lus.*
Galéricule, tour des cheveux à l'usage des Dames de la Gréce.
Glandule, *-lus.*
Globule, petit globe...
Gule, vieux mot, *-la.*
Hercule, *-les.*
Colomnes d'Hercule, *columnæ Herculis.*

substantifs masculins & féminins

Janicule, *-ulum.*
Indicule, qui montre, *-lus.*
Immatricule, *in album relatio.*
Incrédule, adj. *-lus.*
Jule, nom, *-lius.* monnoie, *Julius nummus.*
Lacrymule, *-la.*
Lobule, terme d'Anat. *-lus.*
Locules, au plur. *-uli.*
Raimond-Lulle, Philosophe Chymique, *Raimundus-Lullius.*
Macule, *-la.*
lettre Majuscule, *majuscula littera.*
Mandibule, terme d'Anatomie, mâchoire.
Manipule, *-lus.*
Matricule, *index nominum.*
Minuscule, terme d'Imprimerie.
Module, terme d'Architecture, *-lus.*
Monocule, verre convexe de deux côtés.
Monticule, *-lus.*
Mule, *mula.* pantoufle, *crepida.* aux talons, *pernio.* ferrer la mule, voler, *pecuniam suffurari.*
Noctambule, *-lus.*
Notule, *-la.*
Nubécule...
Nulle, adj. *nulla.*
Opuscule, *-lum.*
Panicule, terme d'Anatomie, *membrana carnosa.*
Papules, au plur. terme de Médecine.
Particule, *-la.* terme de Grammaire; les interjections, plusieurs pronom & adverbes sont des particules.
Patibule, vieux mot, *expositus.*
Pécule, *-lium.*
Pédicule, *tenuissimus ramulus.*
Pellicule, *-la.*
Pendule, *-lus.* horloge à pendule, *pendulum horologium.*
Peninsule, *-la.*
Perpendicule, *-lum.*
Pilule, *-la.* avaler la pilule, au fig. en passer par-là, *hoc est deglutiendum.*
Pinnule, *-la.*
Préambule, *procemium.*
Prostibule, lieu de débauche, *lupanar.*
Pustule, *-la.*
Régule, terme de Chymie, *stibium præparatum.*
Renoncule, fleur, *renuncula.*
Ridicule, *-lus.*
Romule, fondateur de Rome, *-lus.*
Rotule, *os orbiculare.*
Scrupule de conscience, *-lus.* poids, *scrupus.*
Sénatule, petit Sénat.
Somnambule, *ou* Noctambule, qui marche la nuit étant endormi, *somnambulus.*
Spatule, *-la.*
Sympule, terme d'Anatomie, *-ulum.*
Tarentule, *-ula.*
Testicule, *testis.*
Tibulle, Poëte Latin, *-lus.*

substantifs masc. & fém.

Valvule, *-la.*
Véhicule, *-lum.*
Ventricule, *-lus.*
Véſicule, *-la.*
Veſtibule, *-lum.*
Virgule, *-la.*
Utricule, petit Outre.

VERBES.

verbes au préſent, &c.

Accule, *in arctum cogo.*
Accumule, *-lo.*
Annule, *abrogo.*
Articule, *diſtinguo.*
Calcule, *numero articulis.*
Capitule, *capite præſcribo.*
Coagule, *-lo.*
Diſſimule...
Ecule, *altero.*
Geſticule, *-lor.*
Immatricule, *in album refero.*
Intitule, *inſcribo.*
Macule, *-lo.*
Poſtule...
Pullule...
Recule, *recedo.*
Stipule, *-lor.*

ULTE.

a Adulte, *-tus.*
f Catapulte, ancienne machine de guerre, *-ta.*
v Conſulte, *-ſulto.*
m Culte, *-tus.*
a Inculte...
m Inſulte, *-tatio.* outrage, *ludibrium.*
v Inſulte, *-to.*
a Occulte, *-tus.*
m Juriſconſulte...
v Réſulte, *ex re infertur.*
Tumulte, *-tus.* faire du tumulte, *tumultuari.* l'appaiſer, *compeſcere.* faire tout en tumulte, *omnia trepidantiùs agere.*

UM.

ſubſtantifs maſculins.

Coagulum, matiére coagulée, *-lum.*
Gabellum, l'entre-deux des ſourcils.
Ilium, ville.
Infundibulum, entonnoir.
Ladanum, *ciſtus ladanifera.*
Mandatum, lavement des pieds le Jeudi Saint.
Nahum, nom d'un Prophéte.
Nutritum, onguent deſſicatif.
Parfum, *odor.* jetter un doux parfum, *gratum odorem afflare.* parfum liquide, *unguentum.* l'art d'en faire, *unguentaria.*
Penſum, ſurcroît de travail à un écolier.
Quadrifolium, plante.
Quinquennium, terme de l'Univerſité.
Retentum, terme de Palais.
Succinum, *ambarum citrinum.*
Te Deum, hymne de réjouiſſance & d'action de graces.
Vade-mecum, ce qui ſe porte par-tout.
Veni-mecum, *idem.*

UME. & USME.

f Amertume, *amaritudo.*

Substantifs feminins.

Apostume, *-stema.*
Brume, brouillard, *bruma.*
Bitume, *-men.*
Coutume, *consuetudo.* loi, *lex.*
Ecume, *spuma.* ôter l'écume, *spumare.*
Enclume, *incus.* être entre le marteau & l'enclume, *utrâque parte aqualiter premi.*
Légume, *legumen.*
Plume, *-ma.* petite, *plumula.* grosse plume, *penna.* de plume, *plumeus.* qui a de la plume, *plumosus.* qui n'en a point, *implumis.* commencer d'avoir des plumes, *plumescere.* boutique de plumes, *circulus plumatilis.* garni de plumes, *plumis instructus.* plume à mettre au chapeau, *pluma ornatilis.* plume pour écrire, *calamus.* tailler une plume, *aptare calamum.* passer la plume par le bec à, *os alieni sublinire.*
Plume, Auteur, *Scriptor.* au poil & à la plume, *aptus ad omnia.*
Posthume, *-mus.*
Rhûme, *rheuma.* qui a un rhûme, *rheumaticus.*
Tranche-plume, *scapella.*

VERBES.

Verbes au présent, &c.

s'Accoutume, *assuefacio.*
Allume, *accendo.*
Déplume, *plumas eximo.*
Ecume, *exspumo.*
Emplume, *plumis orno.*
Enfume, *infumigo.*
Enrhume, *raucedinem contraho.*
Fume, *fumigo.*
Hume, *sorbeo.*
Inhume, *inhumo.*
Parfume, *odoribus imbuo.*
Présume, *præsumo.*
Résume, *-mo.*

Voyez les autres verbes en umer.

Pour rimer au pluriel, voyez les autres verbes qui font umes *au prétérit, comme* fumes, *&c.*

UMBLE.

Humble, *-milis.* modeste, *modestus.*

UN.

Substantifs & adjectifs masculins.

Ambrun, ville, *Ebredunum.*
Aucun, *ullus, a, um.*
Autun, ville, *Augustodunum.*
d'Autun, *Augustodunensis.*
Brun, *fuscus.* un peu noir, *subniger.*
Le Brun, Peintre, *-nius.*
temp: Brun, *tempus obscurum.*
Clair brun, *fuscus dilutior.*
Chacun, *quisque, quæque, quodque.*
Commun, *-nis.* ordinaire, *-narius.* usité, *-tatus.* vulgaire, *-aris,* le commun, *vulgus.* lieu commun, *-nis locus.*
à Jeun, *jejunus.*

substantifs & adjectifs masculins.

Importun, *-unus.* fâcheux, *molestus.* odieux, *odiosus.*
Issoudun, *Issodunum.*
Loudun, *Julio-dunum.*
Melun, ville, *Melodunum.*
de Melun, *Melodunensis.*
Parfun, *ou* Parfum, *suffimentum.* senteur, *odor.*
Quelqu'un, *aliquis, qua, quod*, vel *quid.*
Trente & un, jeu, *triginta & unum.*
Tribun, *-nus.*
Verdun, ville, *Virodunum.*
de Verdun, *Virodunensis.*
Vert-brun, couleur, *austerum glaucum.*
Un, *unus, a, um.*
c'est tout Un, *idem est.*

UNE.

substantifs féminins.

Bétune; on appelle ainsi à Paris un carrosse à un cheval.
sur la Brune, *sub vesperam.*
la Commune, *plebs.*
Chune, peuple de l'Amérique Méridionale, *Chunus, a, um.*
Dune de mer, *moles arenaria.*
Fortune, Déesse & hazard, *Fortuna.* événement, *casus.* biens, richesses, *fortuna, res.* grandeur, *elevatio.* de mer, tourmente, *procella.*
Hune de navire, *carchesium.*
a Importune, *-na.*
Infortune, *-nium.*
Lacune, *-na.*

substantifs féminins.

Lacune, *palus*
Lagune, au plur. canaux de Venise, *lacuna.*
Lune, *luna.* pleine-lune, *plenilunium.* le croissant de la lune, *luna crescens.* le cours de la lune, *luna cursus.*
Lune, argent des Chymistes, *argentum chymicum.*
pleine Lune, gros visage, *plenilunium.*
demi Lune, fortification, *semilunare munimentum.*
Lune, poisson de mer.
Lune, maladie des chevaux.
Neptune, *-nus.*
Pampelune, ville, *Pampelona.*
* Pécune, *-nia.*
Prune, fruit, *prunum.* blanche, *horderarium.* de Damas, *Damascenum.* jaune d'abricot, *prunum cerinum.* noire, *nigrum.* sauvage, *sylvestre.*
Rancune, *acerbior simultas.*
Tribune, lieu élevé pour haranguer, *suggestum.* aux harangues à Rome, *rostra.* pour regarder, *forus.*

Voyez les féminins des noms en un : chacune.

UNS.

sub. & ad. m. pl.

Aucuns, *aliqui.*
Bruns, *fusci.*
Communs, *-unes.*
lieux Communs, *loci communes.*
Importuns, *importuni.*

Parfums,

m Parfums, *odores.*
m Quelques-uns, *quidam.*
m Tribuns, *tribuni.*

Voyez le pluriel des noms en un.

UNT.

m Défunt, subst. & adj. *defunctus.*
m Emprunt, *mutuum.* chose empruntée, *commodatum.* emprunt d'argent, *mutua pecunia.*

UNTE.

f Défunte, *defuncta.*
v Emprunte, *mutuor.*

VOIR. *voyez* OIR.

VON.

m Esclavon, *Sclavonicus.*
m Savon, *sapo.*

UPE.

f Dupe, *stolidus.*
v Dupe, *illudo.*
Hupe, oiseau, *upupa.* aigrette d'oiseau, *crista.*
f Jupe, *crocota.*
v Occupe, *-po.*
v Préoccupe, *praeoccupo.*

UPLE.

Les noms en uple *sont des noms proportionnels en latin, ils sont terminés en* uplum. *Il y en a autant qu'il y a de proportion de nombres.*

Substantifs masculins.

Centuple, *-plum.*
Dixtuple, *decuplum.*
Octuple, terme d'Arithmétique, *octuplus, a, um.*
Quadruple, *-plum.* monnoie, *quadruplio.*
Quintuple, quantité multipliée par cinq.
Sextuple, *-plum.*

UQ *voyez* UC.

UQUE.

v * Buque, *pulso.*
a Caduque, *caducus.*
m Eunuque, *eunuchus.*
v * Juque, *persica insideo.*
Luque, ville, *Luca.* de Luque, *Lucensis.*
f Moluque, îles, *Moluca.*
a Noctiluque, *nocte lucens.*
Nuque du col, *ima cervix.*
f Perruque, *coma ascititia.*

UR. & EUR. qui se prononce de même.

Substantifs & adjectifs masculins.

Avant-mur, *promurale.*
Azur, bleu, terme d'Armoiries, *color cyaneus.*
Contre-mur, *antemurale.*
Dur, *durus.*
Futur, *futurus.*
Impur, *impurus.*
Mûr, *ou* Meur, en maturité, *maturus.*
Mur, muraille, *murus.*
Obscur, *obscurus.*
clair-Obscur, terme de Pein-

subst. & adj. masc.

ture, *obscurum dilutius.*
Pur, *purus.*
Saumur, ville, *Salmurium.*
de Saumur, *Salmuriensis.*
Sûr, fidéle, *fidelis.* assûré, *securus.* certain, *certus.*
Sur, prép. *super.*
Sur, aigre, *acidus.*

URBE.

* Turbe, terme de Palais, *turba.* par turbe, *catervatim.*

URC.

Turc, peuple, *Turca.* homme dur, *durus.*

URDE.

Absurde, adj. *-dus.*

URE.

Les noms en ure *marquent quelques actions, passions, qualités ou propriétés, ou choses faites par mouvement, ou quelque instrument ou mouvement.*

substantifs feminins.

Abbréviature, *abbreviatio.*
Accolure, *vinculum.*
Agriculture, *-ra.*
Aiglure, *versicolores avium plumæ.*
Allure, *incessus.*
Ancrure, terme de Tondeur de draps, *panni rugæ.*
Annelure, *in cincinnos flexio.*
Ardure, vieux mot, *ustio.*
* Aridure, maigreur, *ariditas.*
Armure, *-atura.*
Arriére-voussure, terme d'Architecture.
Arure, ancienne mesure de terre, *arura.* on dit aussi aroure.
Aventure, *casus.* cas fortuit, *fortuna.* événement, *eventus.* dire la bonne aventure, *quæ ventura sunt prænuntiare.* à toute aventure, *in omnem eventum.* par aventure, *fortuitò.* mal d'aventure, *malum fortuitum.* bonne aventure, *bona fortuna.* d'aventure, *fortè.*
m Augure, *-rium.*
Baisure de pain, *pars panis minùs cocta.*
Baliûre, *peripsema.*
Bariolure, *variegatio.*
Batture, au plur. terme de mer, *brevia.* Item : terme de Doreur en détrempe.
Bavochure, trait de Graveur qui n'est pas net.
Bénéficiature, bénéfice de Chantre, *beneficium.*
Bigarrure, *varietas.*
Blessure, *vulnus.*
Boiture, vieux mot, *pergræcatio.*
Bordure, *limbus.* de tableau, *margo.*
Bosselure, ciselure.
Boucheture, *obturamentum.*
Bouture, branche d'arbre qu'on plante, *talea.* planter en bouture, *clavulas serere.*

substantifs féminins.

Bretture, *denticuli.*
Brisure d'armes, *armorum fractura.*
Brochure, *textura.* Item: petit livre.
Brodure, *Phrygionium opus.*
Broüissure, *arentiæ folia.*
Brûlure, *combustio.*
Brunissure, *expolitio.*
Bure, *pannus crassior lanâ contextus.*
Cadrature, terme d'Horlog.
Calenture, espéce de fiévre.
Cannelure, *striatura.*
Capture, *-ra.* faire capture, *comprehendere.*
Carelure, *stratura.*
Cassure, *fractio.*
Catur, *ou* Cature, sorte de vaisseau de guerre.
Ceinture, *cingulum.*
Ceinture d'Hildanus, terme de Chirurgie, *cingulum Hildani.*
Censure, *-ra.*
Césure de vers, *cæsura.*
Champelure, terme Provincial, le robinet d'un vaisseau qu'on a mis en perce.
Chancissure, *mucor.*
Chanteplure, *rima.*
Chapelure, *crustarum segmenta.*
Chargeure, terme de Blâson, *gestatio.*
Charnure, *carnatura*, *caro.*
Chaussure, *calceus.* militaire, *caliga.*
Chevelure, *cæsaries.*
Chevillure, *cervini cornu ramuli.*
Chiure, *stercus.*

substantifs féminins.

Ciselure, *cœlatura.*
Clôture, *septum.*
Coëffure, *comptus.*
Colure, cercle de la sphère, *colurus.*
Commissure, *commissura.*
Confiture, l'action, *conditura.* la chose, *salgama.*
Conjecture, *-ra.*
Conjoncture, *occasio*, *articulus.*
Contexture, *-ra.*
Coulure, *roratio.*
Coupure, *cæsura.*
Courbature, *frequens & violenta anhelatio.*
Courbure, *curvatura.*
Coûture, *sutura.* armée défaite à plate coûture, *deletus omninò exercitus.*
Couverture, *operimentum.* enveloppe, *involucrum.* de lit, *stragulum.* de maison, *tectum.* voile, *velum.* prétexte, *prætextus.* excuse, *-satio.*
Créature, *-ra.* qui doit sa fortune à un autre, *cliens.* femme de mauvaise vie, *meretrix.*
Crépissure, *trullisatio.*
Criblure, *cribro excretum.*
Croisure, *panni fila transversa.*
Cubature, *methodus cubandi quantitatem aliquam.*
Culture, *-ra.*
Cure, bénéfice, *cura*, *parœcia.* guérison, *curatio.*
Curvature, vieux mot, *curvatio.*
Damasquinure, *Damascenum opus.*

substantifs feminins.

Damassure, *operis Damasceni artificium.*
Déchaussure, *lupi cubile.*
Déchiqueture, *incisio.*
Déconfiture d'une armée, *exercitûs profligatio.*
Découpure, *incisio.*
Décousure, *dissutura.*
Dentelure, *opus denticulatum.*
Denture, *dentium ordo.*
Dérayure, *sulcus.*
Desenflure, *tumoris solutio.*
Diaprure, *colorum varietas.*
Dictature, *-ra.*
Dorure. *auratura.*
Doublure, *pannus vesti aptatus.*
Droiture d'ame, *æquitas.* intégrité, *-tas.* justice, *rectum.* en droiture, *rectà.*
Dure, adj. *dura.*
Dure, terre, *humus.*
Echancrure, *particula introrsùm incisio.*
Echauboulure, *æstus.*
Echauffure, *æstus gravior.*
Eclaboussure, *aspersio.*
Ecorchure, *pellis distractio.*
Ecriture, *scriptura.* au plur. terme de Palais, *litis instrumenta.*
sainte Ecriture, *Scriptura sacra.*
Effaçure, *litura.*
Effilure, fils ôtés d'un tissu.
Egratignure, *laceratio unguibus facta.*
Elargissure, *laxatio.*
Elevure, *vessicula.* pustule, *pustula.*
Emaillure, *inductio encausti.*

substantifs feminins.

Emblure, *arvum.*
Emboëture, *in se invicem immissio.* Item : terme de danse.
Embouchure, *ostium.*
Embrâsure, *fenestra.*
Encastelure, *inclusio.*
Enchassure, *inclusio.*
Enchevauchure, *commissura.*
Enclavure, *inclusio.*
Enclouure de cheval, *clavi in equi pedem fixio.* difficulté, *-ultas.*
Encognure, *ancones.*
Encolure, *habitus corporis.* mine, *situs corporis.*
Endenture, *charta indentata.*
Enflure, *inflatio.*
Enfonçure, *depressio.* de lit, *lecti tabulatum.* creux, cavité, *recessus.* de la bouche, *oris recessus.* du pavé, *in pavimento lacuna.* terme de bouclier, piéces du fond d'un vaisseau, *fundus.*
Enfourchure, terme d'Ecuyer, la partie du corps qui est entre les cuisses.
Engelure, *pernio.*
Engrelure, *intextus.*
Enluminure, *auraria pictura.*
Entamure, *frustum desectum.*
Entournure, *gyrus.*
Enture, *insitio.*
Equartelure, terme de Blâson.
Eraflure, *laceratio.*
Eraillure, *distentio*
Espure, terme d'Architecture & de dessein, *fornici adumbratio.*

substantifs féminins.

Etamure, *stanno illitus.*
Facture, *-ra.*
Feiture, vieux mot, *forma.*
Fêlure, *fissura.*
Fermeture, *claustrum.*
Ferrure, *ferramenta.*
Feuillure, *incisus angularis.*
Figure, terme de Théologie & de Rhétorique, *figura.*
Filure, *ductio in fila.*
Flétrissure, *marcor.* marque d'ignominie, *ignominia.*
Floiriture, vieux mot, état florissant des choses, *splendor.*
* Forfaiture, *scelus.*
Foulure, *vehemens fatigatio.*
Fourbissure, *politura.*
Fourbure, vieux mot, *fallacia.*
Fourniture, assortiment, *instructus.* supplément, *-um.* provision, *comparatio.* maison, *penus.* de bouche, *cibaria annona.* de sel, *salaria.*
Fourure, *villosa pellis.*
Fracture, *-ra.*
Fressure, *exta.*
Frisure, *crispatio.*
Friture, avec quoi l'on frit, *butyrum* vel *oleum ad frigendum.* la chose, *frixum.*
Froidure, *frigus.*
Fronsure, *ruga.*
Future, *-ra.*
Gageure, *sponsio.*
Garniture, *instructus.* de lit de chambre, *lecti cubiculi instructi supellex.* d'habit, *ornatus.*

substantifs féminins.

Garniture, terme d'Imprimerie, ce sont les bois avec lesquels les Compositeurs serrent les formes.
Géniture, *fœtus.*
Germure, *germinatio.*
Gersure, *fissura.*
Glanure, ce qu'on glane après les Moissonneurs.
Gravelure, obscénité, *spurcitia.*
Gravûre, *cœlatura.*
Guipure, *denticulata tænia.*
Hachure, *incisura.*
Hure, *aprugnum caput.*
Imposture, *fraus.* tromperie, *dolus.* calomnie, *calumnia nefaria.*
Imprimure, *arca pigmentaria subactus.*
Impure, adj. *impura.*
Infoliature, vieux mot, *incrustatio.*
Injure, *-ria.*
Internonciature, *internuncii munus.*
Investiture, *-ra.*
Jointure, *junctura.*
Judicature, *judiciarium munus.*
La[illegible]ure, *per rigulas commissio*
Laidure, vieux mot, *difformitas.*
Lavure, *lotura.*
Lecture, *lectio.*
Levure, écume de biere, *cervisiæ spuma.*
Ligature, *ligamen.*
Limure, *limatura.*
Littérature, *-ra.*
Liture, rature, *litura.*
Luxure, *-ria.* superbe, *-bia.*

substantifs féminins.

Maculature, *-ra.*
Magistrature, *-stratus.*
Malaventure, *infortunium.*
Mangeure, *abrosia.*
Manufacture, *officina.*
Masure, *parietina.*
Mâture de vaisseau, *malorum navis positus.*
Mémarchure, entorse de cheval, *equi distorsio.*
Membrure, *asser.*
Menadure, vieux mot, *in jus vocatio.*
Mercure, Dieu, *-rius.* vif-argent, *argentum vivum.* ouvrage périodique.
Mesaventure, *infortunium.*
Mesocure, *-curos.*
Mesure, *mensura.* petite, *modiolus.* bonne, *cumulata mensura.* fausse, *falsa.* faire bonne mesure, *cumulare.*
Mesure de Musique, *modulatio.* cadence, *numerus.* par mesure, *numerosè.* battre la mesure, *canendi modum definire.* mesure du temps, *temporis circumscriptio.*
Mesure, médiocrité, *-critas.* modération, *-tio.* qui est sans mesure, *immensus.* outre mesure, *extra modum.* avec mesure, *suo modo.* à mesure, *ut.*
Mesure, maniére d'agir prudente & reglée, *prudens ac consulta agendi ratio.*
Meurtrissure, *livida contusio.*
Mignature, *pictura miniata.*
Moisissure, *mucor.*

substantifs féminins.

Monture, cheval, *equus.*
Morfondure, *ex nimis frigore ægrotatio.*
Moucheture, *macula.*
Mouchure, *emunctura.*
Moüillure, *mador.*
Morsure, *morsus.*
Moucheture, *macula.*
Mouture, *molitura.*
bled de Mouture, *miscellaneum frumentum.* farine moulue, *farina molita.*
Mûre, adj. *matura.*
Mûre, fruit, *morus.*
Murmure, *-mur.*
Nature, *-ra.* essence, *-entia.* l'univers, *universitas rerum.* inclination naturelle, *ingenium.* force, *vires.* d'un lieu, d'un Pays, *loci, originis conditio.* sorte, *genus.* espéce, *species.* partie naturelle des animaux, *naturalia, genitalia.* tempérament, *-um.* inclination, *indoles.* penchant, *animi affectus.* contre-nature, *præter naturam.* dons de nature, *naturæ dotes.* âne de nature, *naturâ ignarus.* nature, principe du mouvement & du repos, *principium motûs & quietis.* matiére & forme, *materia & forma.*
Nervure, l'art d'appliquer les nerfs.
Noircissure, *nigror.*
Nomenclature, *-ra.*
Nonciature, *Papæ Legati munus.*
Nourriture, *nutricatio.* édu-

Substantifs féminins.

cation, *-tio*, *puerilis institutio*. prendre nourriture, *adolescere*.

Nourriture, aliment, *-um*. vivres, *cibaria*. nourriture de l'esprit, *animi pabulum*. appartenant à la nourriture, *cibarius*.

Obscure, adj. *-ra*.

Ointure, vieux mot, *unguentum*.

Ordure, *sordes*.

Ouverture, *apertio*. trou, *foramen*. dommage, *labes*. commencement, *exordium*. disposition, *aditus*. moyen, *via*.

Paisselure, menu chanvre dont se servent les Vignerons.

Panture, *longurius ferreus*.

Par aventure, vieux mot, par hazard, *fortuitò*.

Parjure, subst. & adj. *perjurus*.

Parure, *ornatus*.

Pâture, *pastus*.

Peinture, *pictura*. l'art de peindre, *pictura ars*. couleur, *color*.

Penture, vieux mot, *alimenta*.

Piquûre, *punctio*.

Planure, *lamina*.

Plissure, *plicatura*.

Ponture., *acûs punctum*.

Portraiture, *perfecta imaginis expressio*.

Posture, *situs*. situation, *positus*. assiéte, *status*. du corps, *corporis habitus*. indécente, *indecens*. majestueuse, *basilicus*. voilà sa posture, *stat ad hunc modum*.

Substantifs féminins.

Pourriture, *putredo*.

Préfecture, *præfectura dignitas*.

Prélature, *præsulis dignitas*.

Presure, *coagulum*.

Préture, *prætoris munus*.

Primogéniture, *-ra*.

Procédure, *litis formula*.

Procure, charge de Procureur.

Projecture, terme d'Architecture, *-ra*.

Pure, adj. *pura*.

Quadrature, terme d'Horlogerie, *-ra*.

Quarrure, *quadratio*.

Raclure, *rasura*.

Rasure, *rasura*.

Rature, *litura*.

Rayure, *irradiatio*.

Regardure, vieux mot, aspect.

Réglure, terme d'Imprimerie, *exaratio*.

Reliure, *compactura*.

Rentraiture, *sutura ad unguem exacta*.

Rinsure, *proluvies*.

Rompure, terme de Fondeur de Caractère d'Imprimerie.

Roture, *plebeius status*.

Rougissure, la couleur du cuivre rouge.

Rouillure, *rubigo*.

Rudenture, terme d'Architecte.

Ruinure, terme d'Architecte, *incisura*.

Substantifs féminins.

Rupture, *-ra.* fracture, *-tio.* discorde, *-dia.* descente, *hernia.*
Sacrificature, *sacerdotium.*
Salure, *salcedo.*
Sarclure, *quod sarculatum est.*
Sciure, *scobs.*
Sculpture, *-ra.*
Seillure, terme de Marine, *sulcatio.*
Sépulture, *-ra.*
Serrure, *sera.*
Sertrissure, *modus inserendi gemmas.*
Signature, *chirographum.*
Solbature, maladie de cheval, *soleæ equinæ contusio.*
Soudure, *ferrumen.*
Souillure, *inquinatio.*
Souspresure, vieux mot, faux, *dolus.*
Stature, *statura.*
Structure, *-ra.*
Suppresure, vieux mot, *dissimulatio.*
Sûre, assûrée, *secura.* aigre, *acida.*
Suture, *sutura.*
Tablature, *musicæ tabulares notæ.*
Tapure, sorte de frisure.
Tavelure, *maculosa varietas.*
Teinture, *tinctura.* l'art de teindre, *infectorum ars.*
Températture, *-ra.* de l'air, *aëris temperies.*
Tenture, *textorium.*
Tenure, terme de Jurisprudence féodale.
Ternissure, *splendoris hebetatio.*

Substantifs féminins.

Terrure, action de Terrier.
Texture, terme de fabrique de toile.
Tissure, *textura.*
Tolture, vieux mot, *vectigal.*
Tonsure, *tonsura.*
Tonture, *tonsum.*
Torture, *tormentum.* la gêne, *cruciatus.* mettre à la torture, *extorquere.* donner la torture, *cruciare.*
Turelure, *ou* Turlure, terme populaire.
Verdure, *viriditas.*
Vermoulure, *caries.*
Vernissure, *sandaracina gummitio.*
Verure, vieux mot, pour verue, *verruca.*
Vêture, *vestitura.* maniére de vêtement, *vestimenti modus.*
Voilure, terme de mer, *veli explicati situs.*
Voiture, *vectura.* charge, *vehes.* salaire, *pretium vectionis.*
Voiture, Poëte Fr. *Vecturius.*
Voussure, terme d'Architecture, *flexura.*
Ure, bœuf sauvage, *bos ferus.*
Usure, déchet, *intertrimentum.*
Usure, intérêt de chose prêtée, *fœnus.* à deux, trois, quatre, cinq, &c. pour cent, *usura bina, terna, quaterna, quinterna, &c. centesima.* prêter *ou* prendre à usure, *fœnori dare vel accipere.*

verbes au présent & à l'impératif.

VERBES.

	Abjure,	*-ro.*
	Assûre,	*assevero.*
	Censure,	*censurâ noto.*
	Conclure,	*-cludere.*
	Conjure,	*-ro.*
	Défigure,	*deformo.*
	Endure,	*patior.*
	Epure,	*defæco.*
	Exclure,	*excludere.*
	Inclure,	*-udere.*
	Jure,	*-ro.*
	Pressure,	*premo.*
	Procure,	*-ro.*
	Rassûre,	*confirmo.*
	Reclure,	*recludo.*

Voyez les autres verbes en ure.

URER. *voyez* RER.

URGE.

f	Epurge, plante,	*lathyris.*
m	* Panurge,	*-urgus.*
v	Purge,	*-go.*
	se Purge d'une accusation, *impositum sibi crimen à se amovet.*	

URLE.

v	Hurle,	*ululo.*

URNE.

subst. masc.

	Cothurne,	*-nus.*
	Diurne...	
	Furne, ville,	*Furne.*
	Nocturne,	*-nus.*

subst. masculins.

	Saturne, Dieu,	*-nus.*
	Saturne, planéte...	
	Saturne, plomb des Chymistes, *plumbum.*	
	Taciturne,	*-nus.*
	Urne,	*-na.*
	Vulturne, fleuve,	*-nus.*

URPE.

v	Usurpe,	*-po.*

URS.

subst. & adject. masc.

	Durs,	*-ri.*
	Futurs...	
	Impurs...	
	Mûrs,	*maturi.*
	Murs,	*-ri.*
	Obscurs...	
	Sûrs,	*securi, certi.*
	Surs,	*acidi.*

US.

substantifs & adjectifs masculins.

	Abus,	*-us.*
	Abstrus...	
	Acheloüs, fleuve célébre.	
	Agnus de la Messe, *Agnus Dei.* de dévotion, *amuletum pium.*	
	Andromachus, nom.	
	Angle-obtus, *angulus obtusus.*	
	Antiochus, Roi.	
	Argus, nom propre,	*Argus.*
	Assuerus, Roi.	
	Bacchus.	
	Balanus, gland.	
	Belle-&-flux, jeu de cartes.	
	Belus, Dieu des Babyloniens.	
	* Bibus,	*res nihili.*

Blanc-battus, Confrairie de Pénitens, établie par Henri III. Roi de France.
Blocus, *urbis circumclusio.*
Borgnibus, terme burlesque.
Bolus, *ou* Bol, terme de Médecine.
Brutus, Romain.
Chou-cabus, *capitatus caulis.*
Cacus, Géant.
Cadmus de la Fable.
Callimachus, Poëte Grec.
Câlus, *callus.*
Camus, *simus.* rendre camus, *silonem facere.*
Carolus, monnoie.
faire Chorus, chanter en troupe, *chorum agere.*
Clitus, nom propre.
Cocus, *curruca.*
Colera-morbus, maladie.
Committimus, *Regium diploma.*
Confucius, Philosophe Chinois.
Confus, *-us.*
Consus, Dieu du Conseil.
Corpus, pain à chanter.
Crassus, Romain.
Cresus, Roi très-riche, un Cresus, riche, *dives.*
Crocus, fleur.
Cyrus, Roi.
Danaüs, Roi.
Darius, Roi.
Debitoribus, on dit bassement : il est tout *debitoribus*, pour il ne sçait quelle posture tenir.
Démétrius, Roi.
Dessus, *super.* dessus de Musique, *superior.*

Diffus, *-us.*
Ecus, *nummi, scuta.*
Emmaüs, les pélerins d'Emmaüs, *peregrini Emmaüs.*
Ennius, Poëte Latin.
Exclus, *-us.*
Flus, *ou* Flux, *fluxus.* de sang, *dysenteria.* de ventre, *ventris proluvium.* de la mer, *maris æstus.* terme de jeu, *fluxus.*
le Fœtus.
Gracchus, nom propre.
* faire Gaudeamus, *convivari.*
Héraclius, Empereur.
Hiatus d'un vers.
Jacobus, monnoie, *nummus Jacobeus.*
Janus, Dieu du Paganisme.
nachus, Roi & fleuve.
Jesus, *ou* Jesus-Christ, *Jesus-Christus.* la Compagnie de Jesus, l'Ordre des Jésuites, *societas Jesu.*
Inclus, *-us.*
Infus. . .
Intrus. . .
Jus, *jus.* liqueur, *succus.*
Malchus, nom propre.
Mésus, *abusus.*
Modius, vieux mot, pour Boisseau.
Momus, bouffon.
Moschus, Poëte Grec.
Motus, *sile.*
Nessus, Centaure.
Ninus, Roi.
Nisus, fils d'Hirtacus.
Nisus, frere d'Egée.
Noctulius, Dieu de la nuit.
Nodus, terme de Chirurgie.

substantifs & adjectifs masculins.

Nomius, surnom de Mercure.
Nostradamus.
Nyctelius, surnom de Bacchus.
Nycteus, un des quatre chevaux de Pluton.
Nycteus, pere de Nyctiméne.
Obtus, angle obtus, *angulus obtusus.*
Ochrus, plante.
Ochus-boccus, mot de Charlatan, *circulatoris verba.*
Oenus, nom d'homme.
Olibrius, suffisant.
Orémus.
Palus, marais.
Pardessus, *insuper.*
Péleus.
Perclus, *membris captus.*
Phœbus, parler Phœbus, *sermonis elegantiam sequi.*
Pittacus, un des sept Sages.
Plus, *magis.*
Porbus, Peintre.
Porus, Roi.
Proclus, Philosophe.
Pus, *sanies.*
Pyrrhus, Roi.
Quibus, en terme populaire, *pecunia.* avoir du quibus, être riche.
Quitus, terme de Finance, *solutio.*
Quoniam bonus, qui fait le *quoniam bonus.*
Quoqus, vieux terme méprisant, *homo nihili.*
* Rasibus, *juxtà.*
Réatus, être *in reatu.*
Rebus, *expositio ludicra symbolorum vocalium.*

substantifs & adjectifs masculins.

Reclus,
Reflux...
Refus, *denegatio.* déniement, *recusatio.* rebut, *repulsa.* rejettement, *repudiatio.*
Remus, frere de Romulus.
Romulus.
à bâtons Rompus, *interruptìm.*
Saluts, monnoie d'or.
Seleucus, Roi.
Senuïus, Dieu de la Vieillesse.
Sertorius, nom propre.
Sinius, nom de Géant.
le Surplus, *reliquum.*
Surplus, *præterea.*
* Sus, *suprà.* courir sus, *irruere in.*
Talus, *declivitas.*
mont Taurus, *mons.*
Titus, Empereur.
Venus, Déesse Venus, planéte, cuivre des Chymistes, *æs.*
Vidimus, collation de piéces.
Vitellius, Empereur.
* Us, *usus.* coutume, *mos.*
Uterus, matrice.
Xuthus, petit fils de Deucalion.

Voyez le pluriel des noms en us, *qui riment avec* uts, *comme :*

Attributs, *-ta.*
Luths, *lyræ.*
Préciputs, *præcipua.*
Saluts, *salutationes.*
Statuts, *statuta.*
Substituts, *-tuti.*
Tributs, *-ta.*

VERBES.

verbes au participe masculins.

Apperçûs, *percepti.*
Attendus, *expectati.*
Battus, *percussi.*
Combattus, *certati.*
Conçus, *concepti.*
Confondus, *confusi.*
Contenus, *contenti.*
Convenus, *pacti.*
Cousus, *consuti.*
Décousus, *dissuti.*
Déçûs, *decepti.*
Défendus, *tuti.*
Descendus, *descensi.*
Détendus, *remissi.*
Emus, *emoti.*
Entendus, *auditi.*
Entretenus, *servati.*
Entrevûs, *interlocuti.*
Etendus, *extensi.*
Fendus, *fissi.*
Fondus, *fusi.*
Intervenus, *qui intervenerunt.*
Maintenus, *servati.*
Mordus, *morsi.*
Morfondus, *frigidi.*
Obtenus, *obtensi.*
Parvenus, *assecuti.*
Pendus, *appensi.*
Pondus, *editi.*
Pourvûs, *provisi.*
Prétendus, *prætensi.*
Prévûs, *prævisi.*
Promus, *promoti.*
Provenus, *proventi.*
Rabatus, *diminuti.*
Reçûs, *recepti.*
Recousus, *iterùm assuti.*
Répandus, *dispersi.*

verbes au participe masculins.

Répondus, *responsi.*
Sçus, *sciti.*
Sous-entendus, *subauditi.*
Soûtenus, *sustenti.*
Survendus, *cariùs venditi.*
Survenus, *qui supervenerunt.*
Suspendus, *suspensi.*
Tendus, *tensi.*
Tenus, *tensi.*
Tondus, *tonsi.*
Tordus, *torti.*
Vendus, *venditi.*
Venus, *qui venerunt.*
Vûs, *visi.*

Voyez les participes des verbes en endre, ondre, ordre, tenir, venir, voir *&* oudre.

USC.

m Busc de femme, *assula pectoralis.*
m Musch, *moschus.*

USCLE.

m Muscle, *-culus.*

USLE. *voyez* ULE.

USQUE, dont l'S se prononce.

a Brusque, *præceps.*
v Brusque, *duriùs adorior.*
v. Embusque, *in latibulum se abdit.*
m Etrusque, peuple, *-scus.*
Jusque, adv. *usque.*
m Musque, *moscho inodoro.*
v Offusque, *caliginem offundo.*

UST. *voyez* UT.

USTE, dont l'S se prononce.

a Aduste, *-stus.*
v Affuste, *adapto.*
v Ajuste, *adapto.*
v s'Ajuste, se pare, *ornat se.*
m Arbuste, *arbuscula.*
m Auguste, Empereur, *-stus.*
m Auguste, *-stus.*
m Buste de statue, *hermes.*
a Fruste, médaille fruste *ou* effacée, *frustum numisma.*
a Injuste, *-stus.*
a Juste, *-stus.* équitable, *æquus.* saint, *sanctus.*
Juste, justement, adv. *justè.*
a Robuste, *-stus.*
m Saluste, Historien Latin, *-stius.*
v * Tarabuste, *vexo.*

USTRE.

m Balustre, *clathrum.*
v Frustre, *-stro.*
a Illustre, *-stris.*
v Illustre, *-stro.*
m Lustre, fin de chaque cinquiéme année, *lustrum.*
m Lustre d'étoffe, *panni nitor.* luisant, *fulgor.* splendeur, *-dor.*
m Lustre, chandelier à branches de crystal, *candelabrum crystallinum ramis distinctum.*
Lustre, *-stro.*
m * Rustre, *agrestis.* terme de Blâson, *rhombus in orbem foratus.*

UT. long. & UST.

subst. masc.

Debut, futaille.
Fût, *dolium.* vin qui sent le fût, *vinum dolii vitium redolens.*

UT. bref.

a substantifs masculins.

m Acut, *-us.*
a * Argut...
Attribut, *-um.*
Azimut, terme d'Astronomie, *azimutalis circulus.*
Béelzébut.
Bismut, étain de glace, *-um.*
But où l'on vise, *scopus.* à jouer, *meta.* terme, *-minus.* fin, *finis.* dessein, *exitus.* aller au but, *rem attingere.* but à but, *pari conditione.*
Cajebut, huile aromatique des Indes Orientales.
* Chut, *pax.*
Début, *initium.*
Ferragut, terme Provincial, *thraso.*
Institut, *-um.*
Luth à jouer, *cithara.*
Lut de Chymie, *lutum hermeticum, chymicum.*
Occiput, terme d'Anatomie.
Préciput, *præcipuum.*
Rebut, refus, *repulsa.* ce qu'on rejette comme inutile, *quisquiliæ.* ce qu'on n'aime point, *fastidium.* rebut de marchandises, *rejectanea.* mépris, *contemptus.* rebut du peuple, *vulgi fabula.*

substantifs masculins.

Rut, terme de Chasse, *cervi cervam expetentis venereus æstus.* être en rut, fig. *libidinis amore inflammari.*
Salut, salutation, *salus.* faire son salut, *salutem operari.*
Scorbut, maladie de mer, *morbus scorbuticus.*
Statut, *-um.*
Substitut, *-us.*
Tabut, vieux mot, *rixa.*
Talut, *acclivitas.*
Tribut, *-um.* enfant de tribut, *puer tributarius.*

VERBES.

verbes au prétérit, &c.

Accourut, *accurrit.*
Accrut, *accrevit.*
Apparut, *-ruit.*
Aperçut, *perspexit.*
s'Aperçut, *perspexit.*
But, *bibit.*
Comparut, *-paruit.*
Complut, *-placuit.*
Concourut, *concurrit.*
Conçut, *concepit.*
Connut, *novit.*
Courut, *cucurrit.*
Crût, *crevit.*
Déplut, *displicuit.*
Discourut, *disseruit.*
Disparut, *-ruit.*
Emoulut, *exacuit.*
Encourut, *incurrit.*
Imbut, *-buit.*
Méconnut, *non agnovit.*
Moulut, *commoluit.*
Mourut, *mortuus est.*
arut, *-ruit.*

verbes au prétérit, &c.

Plut, *placuit.*
Pollut, *-luit.*
Pourvut, *providit.*
Put, de Puer, *malè olet.*
Reconnut, *recognovit.*
Reçut, *recepit.*
Résolut, *-olvit.*
Sçut, *scivit.*
Secourut, *succurrit.*
Survécut, *superstes fuit.*
Vécut, *vixit.*

UTE. long.

f

Flûte à jouer, *fistula.* navire, *navis rotunda.* verre, *urceus major.*

UTE. bref.

substantifs féminins.

Abbute, Dieu du Japon.
Bute, *tumulus.* à tirer, *meta.*
Brute, *brutum animal.*
Chapechute, *casus.*
Chute, *prolapsio.*
Culbute, *prolapsio in caput.* saut, *Cybisticus saltus.*
Dispute, *-tatio.*
Emute, sédition, *-tio.*
Hute, *casa.*
Institute, au pl. terme de Droit, *Justiniani institutiones.*
Lute, *lucta.* de lute, *palæstricus.* lieu du combat de la lute, *palæstra.* de haute lute, *per vim.*
Minute d'heure, *-ta.* instant, *-ans.* moment, *-um.* petite lettre, *minuscula littera.*
Minute, original d'un Acte,

prototypon scriptum. de Mat. *minutum.*

f Rebute, petit instrument dont jouent les laquais & les polissons.

f Saquebute, instrument de Musique.

VERBES.

verbes au présent & à l'impératif.

Blute, *farinam incerno.*
Débute, *incipio.*
Députe, *-to.*
Discute, *-tio.*
Exécute, *exequor.*
Impute, *-to.*
Permute...
Persécute, *persequor.*
Rebute, *repello.*
Réfute, *-to.*
Répute...
Suppute...

Voyez les autres verbes en uter.

VU. *ou* VEU.

verbes au prétérit.

Au Dépourvû, *imparatus.*
Entrevû, *perspexi.*
à l'Impourvû, *ex improviso.*
Pourvû, adj. *aliquâ re instructus.*
Pourvû, *providi.*
Pourvû, adv. *modò.*
Prévû, *prævidi.*
Vû, *vidi.*
le Vû d'un Arrêt, *visus Decreti.*

UVE.

f Cuve, *cupa.* au vin, *labrum vinarium.* petite cuve, *[illegible] bellum.* fossé à fond de cuve, *lateribus directis fossa.* j'ai dîné à fond de cuve, *sum omnium rerum satur.*

v Cuve, *effervescit.*

v Encuve, *in lacum immittit.*

f Etuve, bain chaud, *thermæ.* lieu où est l'étuve, *balnearium.* lieu sans eau, *caldarium.*

v Etuve, *liquore foveo.*

m Pacuve, Poëte Latin, *-vius.*

m Vésuve, montagne enflammée, *Vesuvius mons.*

m Vitruve, Auteur Latin, *-vius.*

UX.

m Pollux de la Fable.

UX. où l'X ne se prononce point comme flux, *-xus.* *voyez* US.

UXE.

m Luxe, *luxus.* somptuosité, *sumptuositas.* vivre dans le luxe, *luxuriâ diffluere.*

UYA. *voyez* UIA.

UZE. *ou* USE.

sub. & adj. fém.

Achéruse, lac d'Egypte.
Anduse, ville de France, *-sa.*
Aréthuse, fontaine...
Arquebuse, *catapulta.*
Betuse, tonneau où l'on met de l'avoine.

subst. & adj. fém.

Blamuſe, vieux mot, tape, coup donné avec la main.
Buſe, *buteo.* injure, *ſtultus.*
Camuſe, *ſima.*
Céruſe, blanc d'Eſpagne, *ceruſa.* vermillon, *pſimmithium.*
Cornemuſe, *utriculus ſymphoniacus.*
Ecluſe, ville, *Cluſa.*
Excluſe, *-ſa.*
Incluſe...
Méduſe de la Fable...
Muſe...
Oluſe, vente de vin en fraude.
Percluſe, *membris capta.*
Plamuſe, terme populaire.
Récluſe, *-ſa.*
Ruſe, *aſtutia.* fineſſe, *calliditas.* de guerre, *ſtratagema.* uſer de ruſe, *technas*, vel *ſtrophas adhibere.* avec ruſe, finement, *callidè.*
Suze, (la Comteſſe de la) qui a fait des vers François, *Comitiſſa Suziana.*

X.

XA.

v. au prét. ind.

Annexa, *-avit.*
Fixa, *fixit.*
Surtaxa, *plus taxavit.*
Taxa, *-avit.*
Vexa...

XANT. *voyez* ANT.

XÉ.

partic. masc.

Annexé, *-xus.*
Fixé, *fixus.*
Surtaxé, *ultra modum taxatus.*
Taxé, *taxatus.*
Vexé, *-xatus.*

XÉE.

part. fém.

Annexée, *-xa.*
Fixée, *fixa.*
Taxée, *taxata.*
Vexée, *vexata.*

XER.

verbes à l'infinitif.

Annexer, *-nectere.*
Fixer, *ſtabile efficere, conſtituere.*
Surtaxer, *ſupertaxare.*
Taxer, *-xare.* eſtimer, *æſtimare.* les dépens d'un procès, *litem æſtimare.* cenſurer, *carpere.* noter, *cenſurâ notare.* accuſer, *accuſare.*

XIE.

f. Apoplexie, *-xia.*

XIN.

Pont-Euxin, *Pontus Euxinus.*
Toxin, *æs campanum.*
Voyez IN.

XION. *voyez* ION.

Y.

Y.

YANT. *voyez* ANT.

YAU. *voyez* AU.

YEUX. *voyez* EUX.

Z.

ZA. *ou* SA.

GUazza, Peinture à Guazza; c'eſt une eſpéce de détrempe faite avec des couleurs broyées avec de la roſée & une certaine colle.

m le Viſa, *viſa.*

VERBES.

verbes au prétérit indéfini.

Abuſa, *-ſus eſt.*
Accuſa, *-vit.*
Agoniſa, *animum egit.*
Aiguiſa, *acuit.*
Amuſa, *detinuit.*
Appaiſa, *ſedavit.*
Apprivoiſa, *cicuravit.*
Arroſa, *irrigavit.*
Aviſa, *monuit.*
Autoriſa, *auctoritate munivit.*
Baiſa, *oſculatus eſt.*
Baptiſa, *-vit.*
Briſa, *fregit.*
Canoniſa, *inter Sanctos adſcripſit.*

verbes au prétérit indéfini.

Cauſa, *produxit.*
Compoſa, *-ſuit.*
Cotiſa, *juſtam partem perſolvit.*
Courtiſa, *gratiam venatus eſt.*
Croiſa, *diviſit.*
Dégoiſa, *deblateravit.*
Déguiſa, *diſſimulavit.*
Déniaiſa, *rudem recoxit.*
Dépaïſa, *in exteras regiones miſit.*
Dépoſa, *-ſuit.*
Dévaliſa, *ſpoliavit.*
Diſpoſa, *-ſuit.*
Diviſa, *-ſit.*
Ecraſa, *contrivit.*
Embraſa, *incendit.*
Epouſa, *deſpondit.*
Epuiſa, *exhauſit.*
Eterniſa, *æternitate donavit.*
Excuſa, *-vit.*
Exorciſa...
Familiariſa, *familiarior factus eſt.*
ſe Formaliſa, *offenſus eſt.*
Friſa, *criſpavit, perſtrinxit.*
Galantiſa, *pudicitiam oppugnavit.*

verbes au prétérit indéfini.

Glosa, *illustravit.*
Humanisa, *humaniorem reddidit.*
Immortalisa, *immortalitate donavit.*
s'Impatronisa, *possessionem iniit.*
Imposa, *-suit.*
Latinisa, *latinum fecit.*
Maîtrisa, *domuit.*
Martyrisa, *martyrio affecit.*
Méprisa, *contempsit.*
Mésura, *abusus est.*
Métamorphosa, *transformavit.*
Moralisa, *documenta moralia hausit.*
Naturalisa, *peregrinum Jure Civitatis donavit.*
Opposa, *-suit.*
Osa, *ausus est.*
Paraphrasa, *scriptorem uberiùs, interpretatus est.*
Pesa, *ponderavit.*
Posa, *-suit.*
Préconisa, *celebravit.*
Prisa, *æstimavit.*
Prophétisa, *-tavit.*
Proposa, *-suit.*
Puisa, *hausit.*
Rasa, *rasit.*
Recusa, *-vit.*
Refusa, *denegavit.*
Reposa, *-suit, quievit.*
Scandalisa, *offendit.*
Solemnisa, *celebravit.*
Subdivisa, *subdivisit.*
Subtilisa, *extenuavit.*
Supposa, *-suit.*
Sympathisa, *convenit.*
Temporisa, *distulit.*
Thésaurisa, *thesauros congessit.*

verb. au prét. ind.

se Tranquillisa, *se compescuit.*
Transposa, *-suit.*
Tyrannisa, *tyrannicè vexavit.*
Visa, *collineavit.*
Usa, *usus est.*
Voyez les autres verbes en zer *&* ser.

ZANT. *ou* SANT. *voyez* ANT.

ZAT. *ou* SAT. *voyez* AT.

ZÉ. *ou* SÉ.

substantifs & adjectifs masculins.

Aisé, facile, à son aise, riche, *dives.*
Alésé, *accisus & ad oram scuti non pertingens.*
vent Alisé, *ventus secundus.*
Arrasé, *ad libellam collocatus.*
Avisé, *cautus.* prudent, *prudens.*
Boisé, *ligno ornatus.*
Carisé, étoffe, *cirratus.*
Composé, *concinnatus.*
Couperosé, *pustulis refertus.*
Déniaisé, *illusus.*
* Ehansé, occupé, *-patus.*
Emphasé, *tumidus.*
un Epousé, *sponsus.*
Extravasé, *extra venas effusus.*
Frisé, *crispatus.*
Malaisé, *inops.*
Malavisé, *malè cautus.*
Organisé, *-satus.*
vin Rosé, *vinum rosatum.*
Rusé, *astutus.*
le Toisé, *mensio.*

VERBES.

verbes au présent & participe masculins.

Abusé, *illusus.*
Accusé, *-satus.*
Aiguisé, *acuatus.*
Amenuisé, *attenuatus.*
Amusé, *detentus.*
Anathématisé, *-satus.*
Appaisé, *placatus.*
Apposé, *-situs.*
Apothéosé, *in divos relatus.*
Aprivoisé, *cicurisatus.*
Arrosé, *irrigatus.*
Attiré, *excitatus.*
Avisé, *cogitatus.*
Autorisé, *auctoritate munitus.*
Baisé, *osculatus est.*
Baptisé, *-satus.*
Belousé, *allucinatus.*
Blasé, *vitiatus.*
Brisé, *collisus.*
Canonisé, *-satus.*
Caractérisé, *caractere donatus.*
Casé, *in casâ receptus.*
Causé, *-satus.*
Cautérisé, *caustico inustus.*
Cicatrisé, *cicatrice affectus.*
Civilisé, *ad humanitatem efformatus.*
Coaccusé, *simul cum aliis accusatus.*
Composé, *-situs.*
Cotisé, *taxatus.*
Couperosé, *qui est tuberosissimæ frontis.*
Courtisé, *blanditiis delinitus.*
Croisé, *decussatus.*
Débrutalisé, *ad humanitatem inductus.*

verbes au présent & participe masculins.

Dégoisé, *deblateratus.*
Déguisé, *larvatus.*
Dépaïsé, *in exteras regiones actus.*
Désabusé, *errore liberatus.*
Défrisé, *excrispatus.*
Déposé, *-situs.*
Détonisé, terme de Chymie, *qui fragorem edidit.*
Dévalisé, *spoliatus.*
Devisé, *confabulatus.*
Disposé, *-situs.*
Divisé, *-sus.*
Dogmatisé, *-satus.*
Ecrasé, *fractus.*
Electrisé, frotté pour attirer la paille ou autre chose.
Embrasé, *accensus.*
Empesé, *amylo imbutus.*
Epousé, *sponsatus.*
Epuisé, *exhausit.*
Espagnolisé, *Hispano more vivens.*
Eternisé, *æternitati mandatus.*
Excusé, *-satus.*
Exorcisé. . . .
Exposé, *-situs.*
Familiarisé, *-satus.*
Favorisé, *favore donatus.*
Fleurdelisé, *lilio regio notatus.*
Formalisé, *-satus.*
Froisé, v. m. *complicatus.*
Galantisé, *blanditiis illusus.*
Glosé, *illustratus.*
Humanisé, *-nior factus.*
Immortalisé, *immortalitate donatus.*
Impatronisé, *possessione donatus.*
Imposé, *-situs.*

verbes au présent & part. masc.

Incisé, *-sus.*
Indemnisé, *cautus.*
Infusé, *-sus.*
Interposé, *-situs.*
Latinisé, *latinitate donatus.*
Lésé, *læsus.*
Lettrisé, Poëme lettrisé.
Maîtrisé, *domitus.*
Martyrisé, *martyrio affectus.*
Méprisé, *contemptus.*
Mesusé, *malè usus.*
Métamorphosé, *transformatus.*
Moralisé, *documento ex re aliqua eruto institutus.*
Notarisé, passé devant Notaires.
Opposé, *-situs.*
Osé, *ausus.*
Paraphrasé, *illustratus.*
Pesé, *ponderatus.*
Pindarisé, *-satus.*
Posé, *-situs.*
Préconisé, *multùm laudatus.*
Préposé, *præpositus.*
Présupposé.
Prisé, *æstimatus.*
Prophétisé, *prænuntiatus.*
Proposé, *-situs.*
Puisé, *haustus.*
Pulvérisé, *in pulverem redactus.*
Rasé, *rasus.*
Recusé, *-satus.*
Refusé, *repulsam passus.*
Rusé, *callidus.*
Scandalisé, *malo exemplo offensus.*
Sécularisé, *communi vitæ redditus.*
Solemnisé, *celebratus.*

verbes au présent & part. masc.

Stigmatisé, *stigmatibus notatus.*
Subdivisé, *-sus.*
Subtilisé, *argutior factus.*
Supposé, *-situs.*
Sympathisé, *conventus.*
Tabisé, *undulatus.*
Temporisé, *dilatus.*
Thésaurisé, *collectus.*
Toisé, *mensus.*
Tournisé, qui a des étourdissemens, *attonitæ mentis stupore perculsus.*
Tranquillisé, *tranquillior factus.*
Transposé, *trajectus, inversus.*
Tympanisé, *publicatus.*
Tyrannisé, *vexatus.*
Ventousé, *cucurbitulas passus.*
Vespérisé, *objurgatus.*
Visé, *collimatus.*
Usé, *tritus.*

Voyez les autres verbes en zer *ou* ser.

ZÊAU. *voyez* AU.

ZÉE. *ou* SÉE.

subst. & adj. fém.

Avisée, *dives.*
bien Avisée, *cauta.*
Amasée, ville du Pont, *Amasia.*
* Billevesée, *ineptiæ.*
Brisée, *fractura.* terme de chasse, *vestigium.* aller sur les brisées de quelqu'un, *aliquem supplantare.*
m Champ-Elisée ne se dit qu'au plur. *Campi Elisii.*

substantifs & adjectifs féminins.

m Colisée, *Vespasiani amphitheatrum.*
Croisée, *decussata structura.* de fenêtre, *fenestralis.* de chemin, *decussata via.*
Damasée, linge fabriqué en façon de damas.
Déhousée, terme comique, pour Dépucellée, *devirginata.*
Déniaisée, *recocta.*
Elisée, Prophéte, *-saus.*
Epousée, *sponsa.*
Fusée, *filum fuso circumvolutum.* de montre, *horologii fusum versatile.* de feu d'artifice, *tubulus fartus nitrato pulvere.* fusée, fig. affaire embarrassée, *implicata res.*
Malaisée, *pauper.*
Mal-avisée, *incauta.*
Musée, *museum.*
Ozée, Prophéte, *Ozeas.*
Pesée, *ponderatio.*
Prisée, estimation, *æstimatio.* mise à prix, *indicatio.* offre de prix, *licitatio.* vente à l'enchère, *auctio.*
Rasée, *rasa.* ville rasée, *urbs eversa.* femme rasée, *mulier tonsa.*
Reposée, terme de chasse, *cubile.*
Risée, *risus.*
Rosée, *ros.*
Rusée, *astuta.*
m Thésée, Roi, *-seus.*
Visée, *collineatio.* de canon, *ou* d'armes à feu, *dioptra.* dessein, *consilium.* ordonnance visée, *mandatum visum.*

Plus les participes féminins des verbes en zer ou ser.

ZER. *ou* SER. qui se prononce de même.

un Baiser, *osculum.*

VERBES.

verbes à l'infinitif.

Abuser, mal user, *abuti.* tromper, *in fraudem inducere.*
s'Abuser, *errare.* se tromper, *falli.*
Accuser, *-sare.*
Agoniser, *animam agere.*
Aiguiser, *acuere.*
Allégoriser, *allegoricè loqui.*
* Amenuiser, *minuere.*
Amuser, *detinere.*
s'Amuser, *morari.*
Anagrammatiser, *anagrammata exscribere.*
Analyser, *resolvere.*
s'Anastomoser, terme d'Anatomie, *copulari.*
Anathématiser, *-sare.*
Antoiser, vieux mot, *acervare.*
Appaiser, *placare.*
Apposer le scellé, *sigillum ponere.*
Apothéoser, *in divos referre.*
Aprivoiser, *cicurare.*
Ariser, terme de Marine, *deprimere.*
Arraser, *lapides ad eandem altitudinem horizonti res-*

prudentem ad libellam collocare.

Arroſer, *irrigare.*

Atiſer, *ignem ſtruere.*

Aviſer, donner avis, *monere.* ſonger, *cogitare.* pourvoir à, *providere.* ſe ſouvenir, *recordari.*

Autoriſer, *auctoritatem tribuere.* un acte, *ſcriptum auctoritate munire.*

Bacchanaliſer, *liberiùs luxuriari* vel *compotare.*

Baiſer, *oſculari.*

Baptiſer, *-ſare.*

Belouſer, *globulum eburneum in cavum detrudere.* ſe belouſer, *allucinari.* ſe tromper, *errare.*

Biaiſer, mettre de biais, *obliquare.* aller de biais, *obliquè ferri.* Item : *aliquem moleſtare.*

Blaſer, ſe blaſer, gâter, &c. *vitiari.*

Boiſer, *inſtructo ligno ornare.*

Briſer, *conterere.*

Bronzer, *æris colore inficere.*

Canoniſer, *in album Sanctorum referre.*

Canoniſer, louer, *laudare.*

Caractériſer, *deſcribere.*

Cardinaliſer, *Cardinalem facere.*

Caſer, terme du Trictrac, *uni laminæ duas imponere rotulas.*

Catéchiſer, *myſteriis fidei imbuere.*

Cauſer, *-ſare.* faire naître, *creare.* produire, *producere.* engendrer, *gignere.* faire, *facere.* apporter, donner, *creare*, *afferre.* babiller, *garrire.*

Cautériſer, *cauterium indere.*

Chanoiniſer, *Canonicum facere.*

Chimériſer, *res pro falsò conceptis habere.*

Chriſtianiſer, *Chriſtianum efficere.*

Cicatriſer, *cicatrices inducere.*

Civiliſer une affaire, *cauſam capitis in civilem mutare.* quelqu'un, *ad mores humaniores efformare.*

Colaphiſer, *palmâ os alicujus pulſare.*

Coloniſer, établir des Colonies, *Colonias inſtituere.*

Compoſer, *-onere.*

Cotiſer, *juſtam partem perſolvere.*

ſe Cotiſer, *imperare ſibi certam pecuniæ ſummam.*

Contrepeſer, valoir autant, *paris eſſe pretii.* peſer autant, *pondere æquare.*

Couperoſer, *puſtulis aſpergere.*

Courtiſer, *gratiam venari.*

Criminaliſer, *civilem cauſam in criminalem vertere.*

Croiſer, *decuſſare*, *haſtas hoſti objicere.*

ſe Croiſer, aller à la guerre ſainte, *teſſerariæ crucis militiam inire.*

Cruéliſer, mot nouveau, *crudeliter agere.*

Débourgeoiser, *abjectos mores emendare.*
Débrutaliser, *è ferinis moribus ad humanitatem traducere.*
Décaniser, *Decanum agere.*
Décanoniser, ôter du catalogue des Saints.
Décardinaliser, *è Cardinalium albo eximere.*
Décomposer, *destruere.*
Défriser, *excrispare.*
Dégoiser, *modulari.*
Déguiser, *larvare.* dissimuler, *-lare.* travestir, *aliam speciem induere.* son nom, *nomen ementiri.* se déguiser, *obtegere se.*
Déhouser, vieux mot, *ocreas detrahere.*
Démarquiser, faire connoître que quelqu'un n'est pas Marquis.
Dématérialiser, *à materia separare.*
Déniaiser, tromper, *illudere.* guérir de la niaiserie, *ab ineptâ simplicitate sanare.* rendre rusé, *callidum efficere.*
Dépayser, *in exteras regiones mittere.*
Dépédantiser, *rusticitatem dedocere.*
Déposer, *-onere.*
Dépriser, *despicere.*
Désabuser, *errore liberare.*
Desautoriser, ôter l'autorité.
Deshumaniser, *humanitatem adimere.*
Dévaliser, *spoliare.*
Deviser, *colloqui.*

Dialogiser, *dialogos facere.*
Diéser, terme de Musique, *diesim servare.*
Disposer, *-onere.*
Diviniser, *-nitatem tribuere.*
Diviser, *-idere.* mettre mal, *discordiam serere.*
Dogmatiser, *aliquod dogma disseminare.*
Doser, *in doses distribuere.*
Economiser, *res ordinare.*
Ecraser, *proterere.*
Egoïser, parler de soi.
Egriser un diamant, *adamantem mutuo affrictu deterere.*
Electriser, *electricitatem impertiri.*
* Emboiser, tromper, *fallere.*
Embraser, *incendere.* faire une embrasure, *limina obliquare.* se laisser embraser d'amour, *amore ardere, flagrare.*
s'Emmarquiser, prendre le nom de Marquis.
Empeser, *amylo imbuere.*
Enjalouser.
Episcopiser, prétendre à l'Episcopat, *Episcopatum ambire.*
Epouser, marier, *matrimonio sponsos conjungere.* se marier, *nuptias inire.* prendre femme, *uxorem ducere, virginem in matrimonium assumere.* Voyez Marier.
Epouser, embrasser un parti, *in partes alicujus descendere.*

verbes à l'infinitif.

N'épouser aucun parti, *neutram partem amplecti.* les intérêts de, *causam suscipere.* les inquiétudes, *partiri curas & sollicitudines.*
Epuiser, *exhaurire.*
Espagnoliser, *Hispanum reddere.*
Eterniser, *posteritati consecrare.*
Etymologiser, *vocabuli etymon exponere.*
Evangéliser, *-sare.*
Excuser, *excusatum habere.*
Exorciser, *nequissimos spiritus Dei nomine adjuvare & fugare.*
Exposer, *-onere.*
Fabuliser, *commentitia narrationi addere.*
Familiariser, *familiaritatem contrahere.*
Fanatiser, *Fanatico more insanire.*
Fataliser, *fato destinare.*
Favoriser, *favere.*
Féminiser, rendre de genre féminin, *fœmineum genus voci tribuere.*
Fertiliser, *fertilem efficere.* rendre, fécond, *fœcundare.*
Fleurdeliser, *lilio cauterisare.*
se Formaliser, être offensé, *offendi.* se plaindre, *conqueri.*
Fraiser, façonner en fraise, *in rugas cogere.* un bataillon de piquiers, *agmen hastatis cingere.*
Franciser, *Gallicum agere.*
Fraterniser, *fraternè agere.*

verbes à l'infinitif.

Friser, *crispare.* la corde, *funem stringere.*
Friser, terme de Musique.
Fuser, terme de Médecine, se fondre, *liquari.*
Galantiser, *pudicitiam amatoriis blandimentis oppugnare.*
Gargariser, *-sare.*
Généraliser, *generatim agere.*
Gloser, *interpretari.* expliquer, *-icare.* trouver à redire, *redarguere.*
Gracieuser, *comiter excipere.*
Grécaliser, terme usité sur la Méditerranée.
Gréciser, terme de Grammaire, *Hellenismis uti.*
Gueuser, *mendicare.*
Guittariser, *cytharâ canere.*
Herboriser, *medicas herbas indagare.*
Humaniser, *-niorem efficere.*
s'Humaniser, *humanum se præstare.*
Jalouser, *æmulari.*
Jaser, *garrire.*
s'Immatérialiser, *immateriale efficere.*
Immortaliser, *immortalitati mandare.*
s'Impatroniser, *possessionem inire.*
Imposer, *-onere.*
Inciser, *-cidere.*
Indemniser, *damnum præstare.*
Infuser, *infundere.*
Interposer, *-onere.*
s'Inthroniser, *se insolii possessionem inducere.*
Italianiser, *Italorum mores affectare.*

verbes à l'infinitif.

Judaïser, *Judaïcam religionem tenere.*
Jupitriser, vivre dans la débauche.
Latiniser, parler latin, *latinè loqui.* faire des mots qui ont des terminaisons latines, *verba latinæ terminationis effingere.*
Légaliser, *fidem scripto facere auctoritate publicâ.*
* Léser, *lædere.*
Maîtriser, *dominari.*
Marquiser, faire le Marquis.
Martyriser, *excruciare.*
Matérialiser, *ad corpus coagmentare.*
Materniser, se dit des enfans qui tiennent de leur mere.
Menuiser, *tenuare.*
Mépriser, *contemnere.*
Mésuser, mal user, *abuti.*
Métagrabolіser, mot inventé par Rabelais, *invitâ Minervâ aliquid scribere.*
Métamorphoser, *transformare.*
Monseigneuriser, *titulo uti honorificentissimo.*
Moraliser, *dogmata moralia dare.*
* Muser, *morari.*
Naturaliser, *peregrinum Civitate donare.*
Nauliser, *ou* Noliger, *navem ducere.*
Neutriser, *neutrius partes sectari, neutrum facere.*
Niaiser, *nugari.*
Oeconomiser, *sumptui parcere.*

verbes à l'infinitif.

Opérer, *-rari, agere.*
Organiser, *formare.*
Oser, *audere.*
Pactiser, *fœdus inire.*
Parloriser, parler d'une maniére affectée.
Paraphraser, *scriptorem paraphrasi explanare.*
Partialiser, *alicujus partes amplecti.*
Particulariser, *particulatim edicere.*
Pasquiniser, faire des Pasquinades.
Paterniser, *patrissare.*
Pédantiser, *insulsorum litteratorum more agere.*
Péremptoriser, *prolatare.*
Pertuiser, percer, *perforare.*
Peser, *ponderare.* être pesant, *gravi esse pondere.* peser, *præponderare.* être de tel poids, *pendere.* deux choses ensemble pour sçavoir laquelle a plus de poids, *compensare duo inter se.* peser à la balance, *expendere.* examiner, *examinare.* considérer, *-rare.* être à charge, *oneri esse.*
Pétrarquiser, *Petrarcham imitari.*
* Phlébotomiser, *sanguinem extrahere, venam secare.*
* Pindariser, *affectare cultum effusiorem in verbis.*
Poëtiser, *poëtas imitari, carmina pangere.*
Poiser, vieux mot, *angere.*
Porphyriser, broyer sur le porphyre.
Poser, *locare.*

* Poſtpoſer, *-onere.*
Préconiſer, *ſummis aliquem laudibus efferre.*
Prépoſer, *præponere.*
Préſuppoſer, *præſupponere.*
Priſer, *æſtimare.* faire cas, *plurimi facere.* louer, *prædicare.* priſer peu, *minimi putare.*
Propoſer, *-onere.*
Proſer, *ſoluto ſermone ſcribere.*
Puiſer, *haurire.*
Pulvériſer, *in pulverem convertere.*
Quinquinatiſer, *kinæ ſorbitionem exhauriendam exhibere.*
Racoiſer, } *mitigare.*
Rapaiſer, }
Raſer le poil, *radere pilos.* cotoyer, *abradere.* un bâtiment, *excindere.* couper, *detruncare.* effleurer, *perſtringere.* le tapis, galoper ſans lever les pieds, *humum abradendo currere.*
Ratiſer, *iterùm ignem colligere.*
ſe Raviſer, *mentem mutare.*
Réaliſer, *ratum efficere.*
Rebaiſer, *denuò oſculari.*
Rebouiſer, *rudem aliquem & ſimplicem recoquere.*
Recuſer, *-ſare.*
Refuſer une choſe, *negare.* dénier, *denegare.* ne vouloir point, *recuſare.* répudier, *-iare.* la porte à, *domo excludere.* d'obéir, *detractare imperium.*
Repoſer, *quieſcere.* dormir, *dormire.* s'aſſeoir, *ſedere.*
Reviſer, *reviſere.*
Ridiculiſer, *ridiculum exhibere.*
ſe Ridiculiſer, *ſe ridiculum præſtare.*
Romaniſer, *fabuloſas narrationes effingere.*
Ronſardiſer, écrire comme Ronſard.
Ruſer, *inſidiosè agere.*
Satyriſer, *ſatyras ſcribere.*
Scandaliſer, *offendere.*
Séculariſer, *inter ſæculares Clericos religioſum tranſcribere.*
ſe Singulariſer, *ſeorsùm ab aliis ſentire.*
Socratiſer, *Socratis more philoſophari.*
Solemniſer, *celebrare.*
Soupeſer, *onus ſublatum expendere.*
Sousdiviſer, *ou* Subdiviſer, *-videre.*
Spiritualiſer, *ſeparare à concretione materiæ.*
Stigmatiſer, *ſtigmate notare.*
Subtiliſer, *extenuare.* dans ſa diſpute, *ſubtiliter diſputare.*
Suppoſer, *-nere.*
Syllogiſer, *argumentari.*
Symboliſer, reſſembler, *ſimilem eſſe.* quadrer, *-rare.* convenir, *-ire.*
Sympathiſer, *-ſare*, *moribus convenire.*
Tabiſer, *ſub prælo levigatorio undulare.*
Tamiſer, *ſuccernere.*
Tartariſer, *trigoni mundare.*

verbes à l'infinitif.

Temporiſer, *procraſtinare.*
Théologiſer, *Theologorum more loqui.*
Théſauriſer, *opes congerere.*
Tituliſer, donner un titre.
Toiſer, *perticâ metiri.*
Tramerer, vieux mot, *tranſmittere.*
Tranquilliſer, *quieſcere.*
Tranſpoſer, *-onere.*
Treilliſer, *cancellis obducere.*
Tympaniſer, *-ſare.*
Tyranniſer, *tyrannicè ſævire.*
Ventouſer, *cucurbitulas parti corporis adhibere.*
Verbaliſer, *ſcripto rem geſtam narrare.*
* Veſpériſer, *objurgare.*
Viſer, *collimare.*
Volatiliſer, *attenuare.*
Uſer d'une choſe, *re aliquâ uti.* de redite, *eadem repetere.* de ſon droit, *uſurpare quod noſtrum eſt.* mal d'une choſe, *abuti.* bien quelqu'un, *bene agere cum.* un habit, *veſtem atterere.* ſes pieds, *pedes deterere.* conſumer, *-ere.* s'uſer, *deteri.*

ZET. *voyez* ET.

ZEUX. *voyez* EUX.

ZI. *ou* SI.

v Choiſi, *electus.*
m Cramoiſi, couleur, *cramesina tinctura.*
v Deſſaiſi, *è manibus dimiſſus.*
Glazi, vieux mot, *gladius.*
Lazzi, jeu muet de Théâtre.
v Moiſi, *mucesſit.*
m Potoſi, montagne du Pérou, *Potoſium.*
Puteſi, vieux mot, aller en puteſi, *ire in perditum, in malam crucem.*
Quaſi, adv. *quaſi.*
v Saiſi, *captus.* mis en dépôt, *ſub cuſtodis manu traditus.*

ZIE. & SIE.

ſubſtantifs féminins.

Ambroſie, nectar, *-ſia.*
Apoſtaſie...
Andalouſie...
Aſie, partie du monde, *Aſia.*
Auſtraſie, pays, *-ſia.*
Bourgeoiſie, *cives.* droit de bourgeoiſie, *jus municipale.*
Courtoiſie, *urbanitas.*
Croiſie, vieux mot, *crux.*
Diſcourtoiſie, *inurbanitas.*
Eucraſie, bon tempérament, *eucraſia.*
Fantaiſie, *-taſia.* imagination, *-tio.* opinion, *-io.*
Frénéſie, *phreneſis.*
Gélaſie, une des trois Graces ſelon quelques-uns, *Gelaſia.*
Géodéſie, *-ſia.*
Hectiſie, maladie, *tabes.*
Hémoptiſie, *-ſia.*
Héréſie, *hæreſis.*
Hydropiſie, *aqua intercus.*
Hypocriſie, *-ſis.*
Hypophaſie, terme d'Oculiſte, *-aſis.*
Jalouſie, *zelotypia.* paſſion, *invidia.* jalouſie, chaſſis, *cancelli.*

Substantifs féminins.

Lithiasie, maladie des paupiéres, *-asis.*
Magnésie, *magnesius lapis.*
Malvoisie, *arvisium vinum.*
Métonomasie, changement de nom, *-sia.*
Paralysie, *-sis.*
Paranomasie, terme dogmat.
Philothésie, cérémonie des Grecs en buvant à la santé les uns des autres.
Pleurésie, *pleuritis.*
fausse Pleurésie, *pseudopleuritis.*
Poësie, *-sis.*
Punaisie, *naris fœtor.*
Saisie, terme de Palast, *bonorum obsignatio.*

VERBES.

au partic. fém.

Apostasie, *deserit fidem.*
Choisie, *electa.*
Dessaisie, *dimissa.*
Moisie, *mucida.*
Rassasie, *satiat.*
Saisie, *capta.*

ZIER. *ou* SIER. *voyez* IER.

ZIN. *ou* SIN. *voyez* IN.

ZION. *ou* SION. *voyez* ION.

ZIR. *ou* SIR. *voyez* IR.

ZIS. *ou* SIS. *voyez* IS.

ZIT. *ou* SIT. *voyez* IT.

ZON. & SON.

m Angle d'inclinaison, *inclinationis angulus.*

Substantifs masculins & féminins.

Arriére-saison, *sera tempestas.* de l'âge, *extrema senecta.*
Avalaison d'eau, *alluvio.*
Bison, bœuf sauvage des Indes.
Blâson, *ars heraldica.*
Camuson, petite camuse.
Cargaison, terme de mer, *oneratio navis.*
Cloison, *sepimentum.*
Combinaison, *-natio.*
Comparaison, *-ratio.*
Conjugaison, *-gatio.*
Contrepoison, *antidotus.*
Déclinaison, terme de Grammaire, *declinatio.*
Démangeaison, *pruritus.*
Déraison, *delirium.*
Diapazon, octave de Musique, *diapente.*
Echaufaison, *sanguinis æstus gravior.*
Echaufoison, vieux mot, *calefactio.*
Exhalaison, *-latio*, *aëreus spiritus.*
Fauchaison, le temps où l'on fauche les prés.
Fenaison, *fœnisecia.*
Ferison, mot artif. de Log.
Floraison, *tempus florum.*
Flottaison, flottage.
Foison, abondance, *abundantia.* grande quantité, *magna vis.*
Friseson, terme artificiel de Logique.
Garison, vieux mot, *sanatio.*
Garnison, *præsidium.*
Gazon, *cespes.*
Guérison, *curatio.*

Substantifs masculins & féminins.

Grenaison, *granorum perceptio.*
Grison, *subcanus.* peuple, *Rhæti Alpini.*
Harengeaison, *harengorum piscatus.*
Horison, *orbis finiens*, vel *finitor.*
Jason de la Fable, *Jaso.*
Inclinaison, *inclinatio.*
Liaison, *alligatio.* enchaînement, *catenatio.* amitié, *amicitia.*
Livraison, *traditio.*
Lunaison, *menstruus lunæ cursus.*
Maison, *ædes.* petite, *ædicula.* de plaisance, de campagne, *villa.* de ville, *basilica.* famille, *-ilia.* race, *genus.* naissance, *ortus.* train, *domestici.*
petite-Maison, au pl. Hôpital des fous, *Anadochium.*
Ochoison, vieux mot, *occasio.*
Oison, *anserculus.*
Oison, injure, *stultus.*
Olivaison, *olivarum perceptio.*
Oraison, *oratio.* priére, *preces.* harangue, *oratio.*
Pamoison, *animi defectio.*
Pendaison, l'action de Pendre.
Péroraison, *-ratio.*
Peson à peser, *pundo.* à tourner, *verticillum.*
Poison, *venenum.*
Prison, *carcer, custodia.* être en prison, *carcere detineri.* mettre en prison, *in carcerem contrudere.* tirer de prison, *è carcere emittere.*

Substantifs masculins & féminins.

Raison, équité, *æquitas.* droit, *jus.* c'est la raison, *æquum est.* outre la raison, *præter jus.* plus que de raison, *diutiùs quàm par sit.* sans raison, *temerè.* non sans raison, *non immeritò.* aller à la raison, *æquum & bonum dicere.* avoir raison, *ratione niti.* faire raison, payer, *nomina expedire.* faire raison en buvant, *propinanti nobis vicissim propinare.*
Réclinaison, terme de Gnomonique, situation d'un plan qui s'incline sur l'horison.
Saison, *tempestas.*
Salaison, *salitura.*
Suzon, dimin. de Suzanne.
Tison, *titio.*
Toison, laine de brebis, *vellus.* terme libre & comique, *pubes.* Ordre d'Espagne, *equester Ordo velleris aurei.*
Trahison, *proditio.*
Tremblaison, vieux mot, *concussio.*
Zon, zon, *sonus ictûs.*

ZU. *ou* SU.

Cousu, *consutus.*
Décousu, *desutus.*
Visum-visu, terme populaire.

FIN.

APPROBATION.

J'Ai lû par ordre de Monseigneur le Chancelier le Livre intitulé *Dictionnaire des Rimes, par Richelet, considérablement augmenté & mis dans un nouvel ordre.* Il m'a paru qu'on pouvoit en permettre la réimpression. A Paris ce 10. Octobre 1749. VATRY.

PRIVILE'GE DU ROI.

LOUIS PAR LA GRACE DE DIEU, ROI DE FRANCE ET DE NAVARRE : A nos amés & feaux Conseillers les Gens tenans nos Cours de Parlement, Maîtres des Requêtes ordinaires de notre Hôtel, Grand-Conseil, Prévôt de Paris, Baillifs, Sénéchaux, leurs Lieutenans Civils, & autres nos Justiciers qu'il appartiendra, SALUT. Notre bien-amé GUILLAUME DESPREZ, Libraire à Paris, Nous a fait exposer qu'il désireroit faire imprimer & donner au Public des Ouvrages qui ont pour titre : *Nouveau Traité de Diplomatique, Maniére de penser dans les Ouvrages d'esprit, Pensées ingénieuses des Anciens, Entreticns d'Ariste & Sentimens de Cléante par le P. Bouhours,* DICTIONNAIRE DES RIMES, *par Richelet, Description des Châteaux & Parcs de Versailles & de Marly, Relation de la vie & de la mort de quelques Religieux de la Trappe, Histoire des Superstitions, Explication des Cérémonies de la Messe, Discours sur la Comédie, par le P. le Brun,* s'il Nous plaisoit lui accorder nos Lettres de Privilége pour ce nécessaires. A CES CAUSES, voulant favorablement traiter l'Exposant, nous lui avons permis & permettons par ces Présentes de faire imprimer lesdits Ouvrages, en un ou plusieurs volumes, & autant de fois que bon lui semblera, & de les vendre, faire vendre & débiter par tout notre Royaume pendant le temps de neuf années consécutives, à compter du jour de la datte des Présentes. Faisons défenses à tous Libraires, Imprimeurs, & autres personnes, de quelque qualité & condition qu'elles soient, d'en introduire d'impression étrangère dans aucun lieu de notre obéissance : comme aussi d'imprimer ou faire imprimer, vendre, faire vendre, débiter ni contrefaire lesdits Ouvrages, ni d'en faire aucuns extraits, sous quelque prétexte que ce soit, d'augmentation, correction, changemens, ou autres, sans la permission expresse & par écrit dudit Exposant, ou de ceux qui auront droit de lui, à peine de confiscation des exemplaires contrefaits, de trois mille livres d'amende contre chacun des contrevenans, dont un tiers à Nous, un tiers à l'Hôtel-Dieu de Paris, & l'autre tiers audit Exposant, ou à celui qui aura droit de lui, & de tous dépens, dommages & intérêts : à la charge que ces Présentes seront enregistrées tout au long sur le Registre de la Communauté des Libraires & Imprimeurs de Paris, dans trois mois de la datte d'icelles ; que l'impression desdits Ouvrages sera faite dans notre Royaume & non ailleurs, en bon papier & beaux caractères, conformément à la feuille imprimée & attachée pour modéle sous le contrescel des Présentes : & que l'impétrant se conformera en tout aux Réglemens de la Librairie, & notamment à celui du 10. Avril 1725. qu'avant de les exposer en vente, les manuscrits ou imprimés qui auront servi de copie à l'impression desdits Ouvrages seront remis dans le même état où l'Approbation y aura été donnée, ès mains de notre très-cher & féal Chevalier le Sieur Daguesseau, Chancelier de France, Commandeur de nos Ordres ; & qu'il en sera ensuite remis deux exemplaires de chacun dans notre Bibliothéque publique, un dans celle de notre Château du Louvre, & un dans celle de notre très-cher & féal Chevalier le Sieur Daguesseau, Chancelier de France : le tout à peine de nullité des Présentes : du contenu desquelles vous mandons & enjoignons de faire jouir ledit Exposant & ses ayans cause, pleinement & paisiblement, sans souffrir qu'il leur soit fait aucun trouble ou empêchement. Voulons que la copie des Présentes, qui sera imprimée tout au long au commencement ou à la fin desdits Ouvrages, soit tenue pour dûement signifiée, & qu'aux copies collationnées par l'un de nos amés & féaux Conseillers & Secretaires, foi soit ajoûtée comme à l'original. Commandons au premier notre Huissier ou Sergent sur ce requis, de faire pour l'exécution d'icelles tous actes requis & nécessaires, sans demander autre permission, & nonobstant clameur de haro, charte Normande, & Lettres à ce contraires : Car tel est notre plaisir. DONNE' à Fontainebleau le dix-huitieme jour du mois d'Octobre, l'an de grace mil sept cent quarante-neuf, & de notre Regne le trente-cinquieme. Par le Roi en son Conseil,

SAINSON.

Registré ensemble les deux Cessions ci-après, sur le Registre XII. de la Chambre Royale des Libraires & Imprimeurs de Paris, N° 358. fol. 237. conformément aux anciens Réglemens, confirmés par celui du 28. Février 1723. A Paris ce 25. Novembre 1749.

Signé LEGRAS, *Syndic.*

Je céde & transporte à M. Cavelier fils mon Associé, la moitié dans le présent Privilége. Fait à Paris le 31. Octobre 1749. G. DESPREZ.

Nous soussignés reconnoissons avoir cédé au Sr Nicolas Poirion, la moitié dans le présent Privilége, à l'exception du Nouveau Traité de Diplomatique, 5. vol. in 4°. Fait à Paris ce 31. Octobre 1749. G. DESPREZ & CAVELIER.

www.ingramcontent.com/pod-product-compliance
Lightning Source LLC
Chambersburg PA
CBHW050555270326
41926CB00012B/2062